U0655899

中華古籍保護計劃

ZHONG HUA GU JI BAO HU JI HUA CHENG GUO

·成果·

貴州省圖書館古籍普查登記目録

全國古籍普查登記目録

國家圖書館出版社
National Library of China Publishing House

圖書在版編目(CIP)數據

貴州省圖書館古籍普查登記目録/本書編委會編. --北京:國家圖書館出版社,2015. 12
(全國古籍普查登記目録)
ISBN 978 - 7 - 5013 - 5744 - 4

Ⅰ. ①貴… Ⅱ. ①本… Ⅲ. ①古籍—圖書目録—貴州省 Ⅳ. ①Z838

中國版本圖書館 CIP 數據核字(2015)第 285131 號

書　　名　貴州省圖書館古籍普查登記目録
編　　者　本書編委會　編
責任編輯　趙　嫄　張珂卿

出　　版　國家圖書館出版社(100034　北京市西城區文津街 7 號)
(原書目文獻出版社　北京圖書館出版社)
發　　行　010 - 66114536　66126153　66151313　66175620
66121706(傳真),66126156(門市部)
E-mail　nlcpress@ nlc. cn(郵購)
Website　www. nlcpress. com ——→投稿中心
經　　銷　新華書店
印　　裝　河北三河弘翰印務有限公司
版　　次　2015 年 12 月第 1 版第 1 次印刷

開　　本　787 × 1092 毫米　1/16
印　　張　43. 7
字　　數　900 千字

書　　號　ISBN 978 - 7 - 5013 - 5744 - 4
定　　價　390. 00 圓

《全國古籍普查登記目録》

工作委員會

《全國古籍普查登記目録》

序　言

全國古籍普查登記工作是“中華古籍保護計劃”的首要任務，是全面開展古籍搶救、保護和利用工作的基礎，也是有史以來第一次由政府組織、參加收藏單位最多的全國性古籍普查登記工作。

2007年國務院辦公廳發佈《關於進一步加强古籍保護工作的意見》（國辦發［2007］6號），明確了古籍保護工作的首要任務是對全國公共圖書館、博物館和教育、宗教、民族、文物等系統的古籍收藏和保護狀況進行全面普查，建立中華古籍聯合目録和古籍數字資源庫。2011年12月，文化部下發《文化部辦公廳關於加快推進全國古籍普查登記工作的通知》（文辦發［2011］518號），進一步落實了全國古籍普查登記工作。根據文化部2011年518號文件精神，國家古籍保護中心擬訂了《全國古籍普查登記工作方案》，進一步規範了古籍普查登記工作的範圍、内容、原則、步驟、辦法、成果和經費。目前進行的全國古籍普查登記工作的中心任務是通過每部古籍的身份證——“古籍普查登記編號”和相關信息，建立古籍總臺賬，全面瞭解全國古籍存藏情况，開展全國古籍保護的基礎性工作，加强各級政府對古籍的管理、保護和利用。

《全國古籍普查登記工作方案》規定了全國古籍普查登記工作的三個主要步驟：一、開展古籍普查登記工作；二、在古籍普查登記基礎上，編纂出版館藏古籍普查登記目録，形成《全國古籍普查登記目録》；三、在古籍普查登記工作基本完成的前提下，由省級古籍保護中心負責編纂出版本省古籍分類聯合目録《中華古籍總目》分省卷，由國家古籍保護中心負責編纂出版《中華古籍總目》統編卷。

在党和政府領導下，在各地區、各有關部門和全社會共同努力下，古籍普查登記工作得以扎實推進。古籍普查已在除臺、港、澳之外的全國各省級行政區域開展，普查内容除漢文古籍外，還包括各少數民族文字古籍，特别是於2010年分别啓動了新疆古籍保護和西藏古籍保護專項，因地制宜，開展古籍普查登記工作；國家古籍保護中心研製的“全國古籍普查登記平臺”已覆蓋到全國各省級古籍保護中心，並進一步研發了“中華古籍索引庫”，爲及時展現古籍普查成果提供有力支持；截至目前，已有11375部古籍進入《國家珍貴古籍名録》，浙江、江蘇、山東、河北等省公佈了省級《珍貴古籍名録》,古籍分級保護機制初步形成。

《全國古籍普查登記目録》是古籍普查工作的階段性成果,旨在摸清家底,揭示館藏,反映古籍的基本信息。原則上每申報單位獨立成册,館藏量少不能獨立成册者,則在本省範圍内幾個館目合併成册。無論獨立成册還是合併成册,均編製獨立的書名筆畫索引附於書後。著録的必填基本項目有:古籍普查登記編號、索書號、題名卷數、著者(含著作方式)、版本、册數及存缺卷數。其他擴展項目有:分類號、批校題跋、版式、裝幀形式、叢書子目、書影、破損狀況等。有條件的收藏單位多著録的一些擴展項目,也反映在《全國古籍普查登記目録》上。目録編排按古籍普查登記編號排序,内在順序給予各古籍收藏單位較大自由度,可按分類排列古籍普查登記編號,也可按排架號、按同書名等排列古籍普查登記編號,以反映各館特色。

此次全國古籍普查登記工作,克服了古籍數量多、普查人員少、普查難度大等各種困難,也得到了全國古籍保護工作者的極大支持。在古籍普查登記過程中,國家古籍保護中心、各省古籍保護中心爲此舉辦了多期古籍普查、古籍鑒定、古籍普查目録審校等培訓班,全國共1600餘家單位參加了培訓,爲古籍普查登記工作培養了大量人才。同時在古籍普查登記工作中,也鍛煉了普查員的實踐能力,爲將來古籍保護事業發展奠定了良好的基礎。

《全國古籍普查登記目録》的出版,將摸清我國古籍家底,爲古籍保護和利用工作提供依據,也將是古籍保護長期工作的一個里程碑。

國家古籍保護中心
2013年10月

《全國古籍普查登記目録》

編纂凡例

一、收録範圍爲我國境内各收藏機構或個人所藏，産生於 1912 年以前，具有文物價值、學術價值和藝術價值的文獻典籍，包括漢文古籍和少數民族文字古籍以及甲骨、簡帛、敦煌遺書、碑帖拓本、古地圖等文獻。其中，部分文獻的收録年限適當延伸。

二、以各收藏機構爲分册依據，篇幅較小者，適當合併出版。

三、一部古籍一條款目，複本亦單獨著録。

四、著録基本要求爲客觀登記、規範描述。

五、著録款目包括古籍普查登記編號、索書號、題名卷數、著者、版本、册數、存缺卷等。古籍普查登記編號的組成方式是：省級行政區劃代碼—單位代碼—古籍普查登記順序號。

六、以古籍普查登記編號順序排序。

七、編製各館藏目録書名筆畫索引附於書後，以便檢索。

《貴州省圖書館古籍普查登記目録》

編委會

《貴州省圖書館古籍普查登記目録》

前　言

貴州省圖書館創建於 1937 年。館藏古籍中,約兩萬冊是繼承民國時期貴州省立圖書館的收藏,其餘大多係 20 世紀 50 年代接受捐贈、調撥和徵集獲得。20 世紀 50 年代,本館先後兩次發起徵募圖書活動,古籍數量猛增到 11 萬多冊,成爲貴州省圖書館古籍收藏史上的一個奇迹,並且館藏古籍中的大部分珍善本也來源於這一時期。

貴州省圖書館是貴州省古籍收藏最多、最豐富的藏書單位。經普查統計,館藏古籍數量爲 10288 部 117717 冊,其中善本 421 部 4200 冊。現有 11 部古籍被收入《國家珍貴古籍名録》。館藏古籍以清中期至清末版本居多,約占總數的三分之二,其中不乏善槧珍刻,尤以何應欽舊藏的明、清版兵書爲鎮館之寶:明正德十一年(1516)藍章、高朝用刻本《八陣合變圖說》,圖文並茂,内容詳細,是一部具有實戰指導意義的兵書,具有極高的文獻價值和版本價值;明刻本《武德全書》,由明代進士李槃彙集《易經》《詩經》《書經》等 15 部書中有關兵法方面的全部内容而成,版刻精美,流傳甚少。此外,明刻本《黄石公素書》,衹有貴州省圖書館一家收藏,係海内孤本,具有極爲重要的版本價值;清刻本《新雕校證大字白氏諷諫》,以諷諫之特點爲後世推崇,具有極高的文學價值,此書朱印,版刻精美,又經清代著名藝術家、鑒賞家費念慈批校,更具版本藝術價值,尤爲珍貴,僅貴州省圖書館獨家收藏。貴州省圖書館還收藏有 111 種珍貴抄稿本,其中清稿本《莫友芝先生存真集手稿》三篇爲莫友芝親筆手稿,實屬珍貴。

2007 年,國務院辦公廳發佈《關於進一步加强古籍保護工作的意見》(國辦發[2007]6 號),拉開了“中華古籍保護計劃”的序幕,貴州省古籍保護工作也隨之全面啓動。在貴州省省委、省政府的高度重視下,在省文化廳和省古籍保護工作廳際聯席會議成員單位的領導下,在國家古籍保護中心的大力支持幫助下,貴州省圖書館古籍保護工作取得了顯著成績。2008 年貴州省圖書館入選首批“全國古籍重點保護單位”。2014 年文化部授予貴州省圖書館“全國古籍保護工作先進單位”稱號。2014 年,貴州省古籍保護中心與貴州民族大學圖書館合作申報“國家古籍保護人才培訓基地”獲得成功,成爲文化部在全國範圍評選出的 12 家“國家古籍保護人才培訓基地”之一。

古籍普查是古籍保護工作的基礎，貴州省圖書館工作人員在時間緊、任務重、人員少的情況下，嚴格按照《全國古籍普查登記手册》中的《漢文古籍著録規則》，秉承據實著録、摸清家底、加强保護的工作原則，對館藏古籍文獻進行了認真細緻的普查登記。在審校過程中，嚴格按照《全國古籍普查登記目録審校要求》中的細則和《古籍普查登記表格整理規範》的具體要求進行了三次審校工作，儘量做到普查數據登記客觀、準確、明晰，避免内容和格式上的"硬傷"。《貴州省圖書館古籍普查登記目録》歷時3年多全部編輯完成，它凝聚了貴州省圖書館古籍工作人員的心血，是他們辛勤工作的結晶。《貴州省圖書館古籍普查登記目録》的出版爲貴州省圖書館古籍書目數據庫建設奠定了堅實基礎，也是貴州省圖書館完成的一項劃時代的工作。

儘管工作人員竭力想將錯誤降到最低，但由於經驗不足、時間緊迫、水平有限，難免有疏漏之處，希望專家和廣大讀者予以指正。

貴州省圖書館

2015年7月

目　録

520000－2801－0000001　00001
欽定古今圖書集成六編三十二典目錄四十卷　(清)陳夢雷等編　**考證二十四卷**　(清)龍琴松著　清光緒二十年(1894)石印本　四千九百四十三冊　缺(庶征典第五函三至四冊、九至十冊;坤輿典第四函三至八冊,第六函第一冊、三至四冊,第八函;職方典第三、十三、十四函,第七十九函一至八冊;山川典第九函第十冊;人事典第三至四函;藝術典第三十二函;經籍典第二十六函一至四冊;文學典第二函第一冊,第八函五至六冊、九至十冊;字學典第四函第十冊;食貨典第十函一至五冊;禮儀典第十六函第一冊)

520000－2801－0000002　00003
廿四史　(漢)司馬遷等撰　清同治八年(1869)刻本　六百七冊

520000－2801－0000003　00007
[乾隆]貴州通志四十六卷首一卷　(清)鄂爾泰　(清)張廣泗修　(清)靖道謨　(清)杜詮纂　清乾隆六年(1741)刻本　二十四冊

520000－2801－0000004　00009
[咸豐]安順府志五十四卷首一卷　(清)常恩修　(清)鄒漢勛等纂　清咸豐元年(1851)刻光緒十六年(1890)補刻本　十六冊

520000－2801－0000005　00013
[同治]石阡府志八卷　(清)方齊壽等修　(清)楊大鏞等纂　清光緒二年(1876)刻本　四冊

520000－2801－0000006　00014
[道光]思南府續志十二卷　(清)夏修恕等修　(清)蕭琯等纂　清道光二十一年(1841)抄本　十冊　存十卷(一至八、十一至十二)

520000－2801－0000007　00015
[道光]銅仁府志十一卷補遺一卷　(清)敬文修　(清)徐如澍纂　清道光四年(1824)刻本(卷三至五、卷九為抄配)　八冊

520000－2801－0000008　00016
[光緒]平越直隸州志四十卷　(清)瞿鴻錫等修　(清)賀緒蕃纂　清光緒二十八年(1902)刻光緒三十三年(1907)補刻本　十六冊

520000－2801－0000009　00020
[道光]永寧州志十二卷首一卷　(清)黃培傑纂修　**[光緒]續志十二卷**　(清)沈毓蘭修　(清)楊棫林等纂　清光緒二十年(1894)沈毓蘭刻本　十二冊

520000－2801－0000010　21
[光緒]鎮寧州志八卷　(清)李昶元等纂　清光緒元年(1875)凌惕安抄本　五冊

520000－2801－0000011　00022
[道光]廣順州志十二卷首一卷末一卷　(清)金臺修　(清)但明倫纂　清道光二十七年(1847)刻本　一冊　存二卷(一、首一卷)

520000－2801－0000012　00024
[道光]平遠州志二十卷　(清)徐豐玉等修　(清)諶厚光等纂　**[光緒]續志八卷首一卷**　(清)黃紹先修　(清)申云根等纂　清光緒十六年(1890)刻本　十冊

520000－2801－0000013　00025
[嘉慶]黔西州志八卷首一卷　(清)劉永安等修　(清)徐文璧等纂　清嘉慶八年(1803)刻本　六冊

520000－2801－0000014　00026
[光緒]續修正安州志十卷　(清)彭焯等修　(清)楊德明等纂　清光緒三年(1877)刻本　十冊

520000－2801－0000015　00036
[光緒]清平縣志六卷附錄二卷　(清)段榮勛增修　(清)孫茂櫃等續纂　清光緒七年(1881)刻本　八冊

520000－2801－0000016　00037
[光緒]荔波縣志十一卷　(清)蘇忠廷修　(清)董成烈等纂　清光緒元年(1875)抄本　十二冊

520000－2801－0000017　00039
[光緒]天柱縣志八卷首一卷附錄一卷　(清)

林佩倫等修　（清）楊樹琪等纂　清光緒二十九年（1903）天柱縣志書局木活字印本　八冊

520000－2801－0000018　00041
［光緒］湄潭縣志八卷首一卷　（清）吳宗周修　（清）歐陽曙纂　清光緒二十五年（1899）刻本　六冊

520000－2801－0000019　00043
［光緒］古州廳志十卷首一卷　（清）余澤春修　（清）余嵩慶等纂　清光緒十四年（1888）刻本　六冊

520000－2801－0000020　00045
［光緒］畢節縣志十卷首一卷　（清）陳昌言修　（清）徐廷燮纂　清光緒五年（1879）刻本　八冊

520000－2801－0000021　00048
［光緒］黎平府志八卷首一卷　（清）俞渭修（清）陳瑜纂　清光緒十八年（1892）黎平府志書局刻本　十一冊　存九卷（一、二上、三上下、四上下、五上下、六上、七下、八，首一卷）

520000－2801－0000022　00049
［道光］松桃廳志三十二卷　（清）徐鋐修（清）蕭琯纂　清道光十六年（1836）刻本　三冊　存十七卷（九至二十五）

520000－2801－0000023　00050
家蔭堂詩抄一卷　（清）周際華撰　清末刻本　一冊

520000－2801－0000024　00054
紫泥日記一卷　（清）黃彭年撰　清光緒十五年（1889）刻本　一冊

520000－2801－0000025　00055
樗繭譜一卷　（清）鄭珍撰　（清）莫友芝注　清宣統元年（1909）遵義府官書局鉛印本　一冊

520000－2801－0000026　00058
黔書二卷　（清）田雯撰　清康熙二十九年（1690）刻本　二冊

520000－2801－0000027　00060
平平言四卷　（清）方大湜撰　清光緒二十五年（1899）黔有課吏局刻本　二冊　存二卷（三至四）

520000－2801－0000028　00061
東洲草堂詩鈔二十七卷詩餘一卷目錄一卷　（清）何紹基撰　**東洲草堂題詞一卷**　（清）賀長齡撰　（清）何慶涵編次　清同治六年（1867）長沙無園刻本　六冊

520000－2801－0000029　00062
一樹梅花書屋詩鈔四卷文稿一卷　（清）楊學煊撰　清同治七年（1868）刻本　四冊

520000－2801－0000030　00065
高陶堂遺集四種　（清）高心夔撰　清光緒八年（1882）平湖朱氏經注經齋刻本　四冊

520000－2801－0000031　00066
俞俞齋詩稿初集二卷文稿初集四卷　（清）史念祖撰　清光緒十六年（1890）黔南藩署刻本　六冊

520000－2801－0000032　00069
味蔬齋詩話四卷　（清）余雲煥撰　清光緒三十四年（1908）思南府署刻本　二冊

520000－2801－0000033　70
趙忠毅公儕鶴先生史韻四卷　（明）趙南星撰　（清）陳忠祥補詮　清同治元年（1862）刻本　二冊

520000－2801－0000034　00071
貴州余慶縣應征地丁耗羨銀總數民欠未完散數徵信冊不分卷　（清）貴州等處承宣布政使司布政使史署理貴州通有糧儲兵備道儲編　清光緒木活字印本　一冊

520000－2801－0000035　00073
竹里詩存不分卷　（清）王惠撰　清咸豐十年（1860）刻本　一冊

520000－2801－0000036　00075
全上古三代秦漢三國六朝文十五種　（清）嚴可均輯　清光緒十三年至清光緒十九年（1887－1893）廣州廣雅書局刻本　一百十

一冊

520000－2801－0000037　00076
碑傳集一百六十卷首一卷末一卷　(清)錢儀吉纂錄　清光緒十九年(1893)江蘇書局刻本　五十九冊

520000－2801－0000038　00081
滇詩重光集十七卷首一卷　(清)許印芳輯　清光緒十四年(1888)五塘山人刻本　六冊

520000－2801－0000039　00082
測海集六卷　(清)彭紹升撰　清嘉慶二十四年(1819)刻本　二冊

520000－2801－0000040　00083
[道光]巴州志十卷首一卷　(清)朱錫穀纂　(清)陳一津等修　清道光十三年(1833)刻本　四冊

520000－2801－0000041　00084
[康熙]射洪縣志十卷首一卷　(清)唐麟翔輯　清康熙五十一年(1712)刻本　四冊

520000－2801－0000042　00085
[乾隆]續修蒙化直隸廳志六卷首一卷　(清)劉垲等監修　(清)吳蒲續修　清光緒七年(1881)刻本　四冊

520000－2801－0000043　86
問影樓輿地叢書第一集十五種　胡思敬輯　清光緒三十四年(1908)京師鉛印本　八冊

520000－2801－0000044　87
[康熙]湘陰縣圖志三十四卷首一卷末一卷　(清)郭嵩燾編　清光緒六年(1880)刻本　一冊　存二卷(一至二)

520000－2801－0000045　00088
[乾隆]四川直隸綿州安縣志四卷　(清)張仲芳纂　清乾隆五十三年(1788)刻本　四冊

520000－2801－0000046　00089
[光緒]歸順直隸廳志六卷　(清)顏嗣徽等纂修　清光緒二十五年(1899)靖城官廨刻本　六冊

520000－2801－0000047　00090
[同治]劍州志十卷　(清)李溶編次　清同治十二年(1873)刻本　四冊

520000－2801－0000048　00091
瞿脈和禪師語錄九卷　(清)釋德久等編　清康熙五十六年(1717)刻本　一冊　存五卷(一至五)

520000－2801－0000049　92
蜀典十二卷　(清)張澍輯　清光緒二年(1876)尊經書院刻本　四冊

520000－2801－0000050　00093
[同治]湖南沅州府志四十卷首一卷　(清)張官五等纂修　(清)吳嗣仲續纂修　清同治十二年(1873)刻本　二十冊

520000－2801－0000051　00095
[光緒]東川府續志四卷　(清)馮譽驄等纂修　清光緒二十三年(1897)刻本　四冊

520000－2801－0000052　00096
[同治]長陽縣志七卷首一卷　(清)陳惟模修　(清)譚大勳纂　清同治五年(1866)刻本　六冊

520000－2801－0000053　00097
[光緒]續雲南通志稿一百九十四卷首六卷　(清)王文韶修　(清)唐炯纂　清光緒二十七年(1901)四川岳池刻本　六冊　存十六卷(十五至三十)

520000－2801－0000054　00098
[嘉慶]廣西通志二百七十九卷首一卷　(清)謝啟昆修　(清)胡虔纂　清光緒十七年(1891)補刻本　二十四冊　存七十六卷(九十二至一百二十五、二百至二百三、二百三十九至二百七十三、二百七十七至二百七十九)

520000－2801－0000055　00099
[乾隆]辰州府志五十卷首一卷　(清)席紹葆等修　(清)謝鳴謙　(清)謝鳴盛纂　清乾隆三十年(1765)刻本　二十四冊

520000－2801－0000056　00100
[光緒]大足縣志八卷　(清)王德嘉修

(清)高雲從等纂　清光緒元年(1875)刻本　五冊

520000－2801－0000057　102
邊事彙鈔十二卷續鈔八卷　(清)朱克敬輯　清光緒六年(1880)長沙刻本　十冊

520000－2801－0000058　103
新元史二百五十七卷　(清)柯劭忞撰　清末鉛印本　五十五冊　存二百三十七卷(一至五十四、六十四至九十七、一百四至二百四十三、二百四十九至二百五十七)

520000－2801－0000059　00104
共城從政錄不分卷附莘原從政錄一卷共城士庶十願歌一卷　(清)周際華著　清道光十九年(1839)家蔭堂刻本　一冊

520000－2801－0000060　106
周易或問六卷　(清)文天駿撰　清光緒十一年(1885)刻本　六冊

520000－2801－0000061　00109
[乾隆]清江志八卷　(清)胡章等纂修　清中刻本　五冊　存七卷(一至七)

520000－2801－0000062　00110
[道光]廣順州志十二卷首一卷末一卷　(清)金臺修　(清)但明倫纂　清道光二十七年(1847)刻本　六冊

520000－2801－0000063　00111
[康熙]餘慶縣志八卷　(清)蔣深輯　清末抄本　一冊　存二卷(四至五)

520000－2801－0000064　00113
[同治]石阡府志八卷　(清)方齊壽等修　(清)楊大鏞等纂　清光緒二年(1876)刻本(卷八配現代油印本)　四冊　存五卷(一至二、六至八)

520000－2801－0000065　115
詒謀隨筆二卷　(清)但明倫撰　清光緒四年(1878)刻本　二冊

520000－2801－0000066　117
史姓韻編六十四卷總目一卷　(清)汪輝祖輯　(清)馮祖憲重校　清光緒十年(1884)耕餘樓書局鉛印本　十六冊

520000－2801－0000067　00118
[嘉慶]滇繫四十卷首一卷　(清)師範纂輯　清光緒十三年(1887)雲南通志局刻本　四十一冊

520000－2801－0000068　119
戶部則例九十九卷首一卷　(清)三壽等纂　清咸豐元年(1851)刻本　四十冊

520000－2801－0000069　00120
二十二史考異一百卷　(清)錢大昕撰　清光緒二十年(1894)廣雅書局刻本　十八冊

520000－2801－0000070　00121
廣東海防匯覽四十二卷　(清)陳鴻墀等纂　清末刻本　二十四冊

520000－2801－0000071　122
兩廣鹽法志三十五卷首一卷　(清)阮元修　(清)伍長華纂　清道光十六年(1836)刻本　三十六冊

520000－2801－0000072　124
黑龍江外記八卷　(清)西清撰　清光緒二十年(1894)刻本　二冊

520000－2801－0000073　00125
[同治]重修涪州志十六卷首一卷　(清)呂紹衣等修　(清)王應元等纂　清同治九年(1870)刻本　八冊

520000－2801－0000074　126
國朝閨秀正始集二十卷附錄一卷補遺一卷　(清)完顏惲輯　清同治七年(1868)刻本　八冊

520000－2801－0000075　127
犧經法門不分卷　(清)李之暘編輯　清光緒三十三年(1907)抄本　四冊

520000－2801－0000076　00128
欽定大清會典一百卷首一卷　(清)昆岡等修　(清)吳樹梅等纂　清宣統元年(1909)商務印書館石印本　七十三冊　存八十九卷(一

至十九、三十一至一百）

520000－2801－0000077　00130
［道光］松桃廳志三十二卷　（清）徐鋐修　（清）蕭琯纂　清道光十六年（1836）刻本（卷十五至十九為補配）　四冊　存二十三卷（四至八、十五至三十二）

520000－2801－0000078　00131
［光緒］西充縣志十四卷圖一卷　（清）高培穀修　（清）劉藻纂　清光緒二年（1876）西充官廨刻本　六冊

520000－2801－0000079　132
懷浙堂詩鈔四卷　（清）顧立志撰　清末刻本　二冊

520000－2801－0000080　133
金湯借箸十二籌十二卷　（明）李盤等撰　清刻本　十冊

520000－2801－0000081　134
戊寅直省同年錄不分卷　（清）□□編　清咸豐元年（1851）刻本　二冊

520000－2801－0000082　138
國朝名臣言行錄三十卷首一卷　（清）董壽纂輯　清光緒二十九年（1903）上海順成書局石印本　八冊

520000－2801－0000083　00139
［光緒］浪穹縣志略十三卷　（清）周沆纂輯　清光緒二十九年（1903）刻本　六冊

520000－2801－0000084　140
國朝御史題名不分卷　（清）戴璐輯　清末刻本　二冊

520000－2801－0000085　00142
欽定四庫全書總目二百卷首一卷未收書目五卷簡明目錄二十卷　（清）紀昀等纂　清光緒二十年（1894）上海點石齋石印本　二十四冊

520000－2801－0000086　143
古香書屋詩鈔十二卷　（清）趙輝璧著　清光緒十八年（1892）刻本　四冊

520000－2801－0000087　00145
河曲縣志採遺四卷　（清）黃宅中纂輯　清道光二十五年（1845）刻本　二冊

520000－2801－0000088　146
水經注釋四十卷首一卷附錄二卷刊誤十二卷　（清）趙一清錄　清光緒六年（1880）刻本　二十四冊

520000－2801－0000089　147
歷代職官表六卷　（清）黃本驥舊校　（清）王廷學重校　清光緒八年（1882）上海王廷學刻本　四冊

520000－2801－0000090　148
張日晸行述一卷　（清）張軸新等述　清同治十一年（1872）刻本　一冊

520000－2801－0000091　151
凌雪軒詩六卷　（清）徐夔撰　清乾隆九年（1744）刻本　一冊

520000－2801－0000092　155
庶幾錄一卷　（清）于斌撰　（清）徐先春注　清咸豐三年（1853）刻本　一冊

520000－2801－0000093　157
省齋詩鈔四卷　（清）文天駿撰　清光緒二十三年（1897）刻本　二冊

520000－2801－0000094　158
西輶日記一卷　（清）黃楙材撰　清光緒刻本　一冊

520000－2801－0000095　00159
鳧氏為鐘圖說一卷　（清）鄭珍撰　清光緒二十年（1894）貴築高氏資州官廨刻本　一冊

520000－2801－0000096　00163
海國圖志一百卷　（清）魏源撰　清光緒六年（1880）邵陽急當務齋刻本　二十九冊　存九十一卷（一至十四、二十四至一百）

520000－2801－0000097　164
播雅二十四卷　（清）鄭珍編次　（清）唐樹義校訂　清宣統三年（1911）貴陽文通書局鉛印本　七冊　存二十一卷（一至二十一）

520000－2801－0000098　165

雲左山房詩鈔八卷附錄一卷 （清）林則徐撰 清光緒十二年(1886)刻本 四冊

520000－2801－0000099 00166
焚餘草一卷 （清）張琚撰 清咸豐趙廷璜抄本 一冊

520000－2801－0000100 00168
鐵笙庵雜鈔僧寺碑記一卷 （清）□□鈔 清中抄本 一冊

520000－2801－0000101 170
宋張宣公全集六十一卷 （清）張栻撰 清綿邑洗墨池刻本 十冊 存五十四卷（南軒先生孟子說一至七、南軒先生論語解六至十、南軒先生文集三至四十四）

520000－2801－0000102 00171
丁文誠公奏稿二十六卷首一卷 （清）丁寶楨撰 陳夔龍輯 清光緒十九年(1893)京師刻本 十四冊 存十四卷（六至十二、二十至二十六）

520000－2801－0000103 00173
漢名臣傳三十二卷 （清）國史館編 清末刻本 二十九冊 存二十九卷（二至十六、十八至二十、二十二至三十二）

520000－2801－0000104 00174
滿洲名臣傳四十八卷 （清）國史館編 清末刻本 四十四冊 存四十五卷（二至三十四、三十七至四十八）

520000－2801－0000105 00175
皇朝謚法表不分卷 （清）楊樹編 清光緒二十八年(1902)刻本 二冊

520000－2801－0000106 176
增訂南詔野史二卷 （明）楊慎輯 （清）胡蔚訂正 清光緒六年(1880)雲南書局刻本 二冊

520000－2801－0000107 177
慎盦文鈔一卷詩鈔一卷 （清）左宗植撰 清光緒元年(1875)刻本 二冊

520000－2801－0000108 179
悔昨非齋倣陶詩集不分卷 （清）錢登熙著 清光緒二十六年(1900)刻本 一冊

520000－2801－0000109 180
怡怡樓遺稿一卷 （清）高以莊撰 清光緒元年(1875)西充官廨刻本 一冊

520000－2801－0000110 181
光緒丙午籌振記四卷 王闓運編集 清光緒三十四年(1908)衡陽刻本 四冊

520000－2801－0000111 182
逆臣傳四卷 （清）國史館編 清都城琉璃廠半松居士木活字印本 一冊

520000－2801－0000112 183
顓頊歷考二卷紅崖碑釋文一卷 （清）鄒漢勛撰 清光緒刻本 一冊

520000－2801－0000113 186
音學五書三十八卷 （清）顧炎武撰 清刻本 十六冊

520000－2801－0000114 187
太平寰宇記二百卷目錄二卷補闕七卷 （宋）樂史撰 清嘉慶八年(1803)刻本 四十八冊

520000－2801－0000115 00188
印度劄記二卷 （清）黃楙材述 清末刻本 一冊

520000－2801－0000116 189
遊歷芻言一卷 （清）黃楙材述 清末刻本 一冊

520000－2801－0000117 190
讀史兵略四十六卷目錄一卷 （清）胡林翼纂 清咸豐十一年(1861)武昌節署刻本 十六冊

520000－2801－0000118 00193
三忠合編六卷 （清）何瑩庵 （清）陳冠山原本 （清）胡長新重輯 清光緒八年(1882)刻本 四冊

520000－2801－0000119 194
貳臣傳十二卷 （清）國史館編 清北京琉璃廠半松居士木活字印本 三冊

520000－2801－0000120　195
天隱崇禪師語録八卷　(清)釋圓教録　(清)海鹽編　(清)德常續編　清刻本　八册

520000－2801－0000121　196
西徼水道一卷　(清)黄楙材述　清末刻本　一册

520000－2801－0000122　198
燕黔詩鈔二卷　(清)狄覲光撰　清同治抄本　二册

520000－2801－0000123　00199
三通序一卷　(宋)鄭樵撰　清末刻本　一册

520000－2801－0000124　200
古音類表九卷　(清)傅壽彤撰　清光緒三年(1877)武昌刻本　一册　存五卷(一至五)

520000－2801－0000125　00201
共城從政録不分卷附莘原從政録一卷共城士庶十願歌一卷　(清)周際華著　清道光十九年(1839)家蔭堂刻本　一册

520000－2801－0000126　202
宦游紀略二卷　(清)高廷瑤撰　清咸豐刻本　一册

520000－2801－0000127　203
家蔭堂尺牘一卷家言一卷渭川劄存一卷　(清)周際華著　清道光十九年(1839)家蔭堂刻本　一册

520000－2801－0000128　00205
海陵從政録一卷　(清)周際華撰　清道光十九年(1839)家蔭堂刻本　一册

520000－2801－0000129　00206
共城從政録不分卷附莘原從政録一卷共城士庶十願歌一卷　(清)周際華著　清道光十九年(1839)家蔭堂刻本　一册

520000－2801－0000130　00207
守拙齋文集一卷　(清)楊兆麟撰　清末抄本　一册

520000－2801－0000131　209
樗繭譜一卷　(清)鄭珍纂　(清)莫友芝注　清光緒七年(1881)瀘州刻本　一册

520000－2801－0000132　210
學闉一卷　(清)傅龍光撰　清道光二十七年(1847)刻本　一册

520000－2801－0000133　213
宋史紀事本末一百九卷　(明)陳邦瞻編輯　(明)張溥論正　清光緒二十八年(1902)上海捷記書局石印本　七册

520000－2801－0000134　214
遼史紀事本末四十卷首一卷　(清)李有棠編纂　清光緒二十八年(1902)上海捷記書局石印本　二册

520000－2801－0000135　215
金史紀事本末五十二卷首一卷　(清)李有棠編纂　清光緒二十八年(1902)上海捷記書局石印本　二册　存五十卷(三至五十二)

520000－2801－0000136　216
西夏紀事本末三十六卷首二卷　(清)張鑒撰　清光緒二十八年(1902)上海捷記書局石印本　一册

520000－2801－0000137　217
元史紀事本末二十七卷　(明)陳邦瞻編輯　(明)張溥論正　清光緒二十八年(1902)上海捷記書局石印本　一册

520000－2801－0000138　218
明史紀事本末八十卷　(清)谷應泰編輯　(清)朱記榮校正　清光緒二十八年(1902)上海捷記書局石印本　四册

520000－2801－0000139　00219
三藩紀事本末二十二卷　(清)楊陸榮編輯　(清)朱記榮校定　清光緒二十八年(1902)上海捷記書局石印本　一册

520000－2801－0000140　220
左傳紀事本末五十三卷　(清)高士奇編輯　(清)閔萃祥點勘　清光緒二十八年(1902)上海捷記書局石印本　五册

520000－2801－0000141　222

禹貢提要一卷　(清)李昭纂輯　清道光十八年(1838)朗如主人抄本　一冊

520000－2801－0000142　223
禹貢山水彙鈔二卷　(清)蕭光遠編　清光緒元年(1875)鹿山草堂刻本　一冊

520000－2801－0000143　00224
丁文誠公遺藁二卷　(清)丁寶楨撰　清光緒二十年(1894)京師刻本　一冊

520000－2801－0000144　225
樹萱背遺詩一卷　(清)鄭淑昭撰　清光緒二十年(1894)京師刻本　一冊

520000－2801－0000145　227
復廬詩萃三卷　(清)陳丙撰　清道光八年(1828)刻本　一冊

520000－2801－0000146　00228
東牢溪廬文鈔六卷　(清)黎汝謙撰　清光緒二十七年(1901)羊城刻本　二冊

520000－2801－0000147　230
皇朝中外壹統輿圖中一卷南十卷北二十卷首一卷　(清)鄒世詒等編　(清)李廷簫增訂　清同治二年(1863)刻本　十二冊

520000－2801－0000148　231
大學薪傳一卷位育山房稿不分卷　(清)吳隆輝撰　清光緒三十二年(1906)刻本　三冊

520000－2801－0000149　234
巢經巢遺文五卷　(清)鄭珍撰　清光緒十九年(1893)貴築高氏資州官署刻本　三冊

520000－2801－0000150　00235
[**道光**]**蘭州府志十二卷**　(清)陳士楨等纂　清道光十二年(1832)刻本　八冊

520000－2801－0000151　236
惜抱軒今體詩選十八卷　(清)姚鼐輯　清同治五年(1866)金陵書局刻本　五冊

520000－2801－0000152　00238
[**光緒**]**沔縣志四卷**　(清)孫銘鐘修　(清)彭齡纂　清光緒九年(1883)刻本　四冊

520000－2801－0000153　00240
[**光緒**]**西充縣志十四卷圖一卷**　(清)高培穀修　(清)劉藻纂　清光緒二年(1876)西充官廨刻本　六冊

520000－2801－0000154　242
太平御覽一千卷目錄十五卷　(宋)李昉等撰　(清)鮑崇城重校　清嘉慶十二年至十七年(1807－1812)歙鮑氏刻本　一百二十冊

520000－2801－0000155　244
韓昌黎全集四十卷外集十卷遺文一卷點勘四卷　(唐)韓愈撰　清宣統三年(1911)上海掃葉山房石印本　十一冊　缺三卷(全集八至十)

520000－2801－0000156　00248
陸象山先生全集三十六卷　(宋)陸九淵撰　(清)李紱點次　(清)周毓齡重校　清宣統二年(1910)江左書局鉛印本　八冊

520000－2801－0000157　249
李空同詩集三十三卷附錄一卷　(明)李夢陽撰　清宣統二年(1910)上海掃葉山房石印本　十冊

520000－2801－0000158　251
漢魏叢書　(明)何允中輯　清光緒二十年(1894)湖南藝文書局刻本　一百冊

520000－2801－0000159　254
御批歷代通鑑輯覽一百二十卷　(清)傅恒總裁　(清)楊述曾等纂修　清光緒三十年(1904)上海美華書局鉛印本　二十四冊

520000－2801－0000160　255
重訂教乘法數十二卷　(清)釋超海等編　清光緒三十四年(1908)常州天寧寺刻本　六冊

520000－2801－0000161　00256
唯識二十論一卷　(印度)世親菩薩造　(唐)釋玄奘譯　**唯識二十論述記四卷**　(唐)釋窺基撰　清宣統二年(1910)江西刻經處刻本　二冊

520000－2801－0000162　00257

大佛頂如來密因修證了義諸菩薩萬行首楞嚴經十卷　(唐)釋般剌密帝譯　清同治八年(1869)金陵刻經處刻本　二册

520000－2801－0000163　00258
大方廣佛華嚴經普賢行願品别行疏鈔十五卷首一卷　(唐)釋宗密疏鈔　清光緒三十二年(1906)金陵刻經處刻本　五册

520000－2801－0000164　263
肇論略注六卷　(明)釋德清述　清光緒十四年(1888)金陵刻經處刻本　二册

520000－2801－0000165　265
根本説一切有部毘奈耶三十八卷　(唐)釋義淨譯　清末刻本　十册

520000－2801－0000166　266
釋摩訶衍論十卷　(印度)釋馬鳴等論　(印度)釋波羅末陀等譯　清末金陵刻經處刻本　四册

520000－2801－0000167　00267
成唯識論十卷　(印度)釋護法等菩薩造　(唐)釋玄奘譯　清光緒二十二年(1896)金陵刻經處刻本　二册

520000－2801－0000168　00268
成唯識論述記六十卷　(唐)釋窺基撰　清光緒二十七年(1901)金陵刻經處刻本　二十册

520000－2801－0000169　00269
成唯識論觀心法要十卷　(明)釋智旭撰　清光緒二十六年(1900)揚州藏經院刻本　一册　存一卷(十)

520000－2801－0000170　271
遏雲閣曲譜初集不分卷　(清)王錫純輯　清光緒十九年(1893)著易堂鉛印本　八册

520000－2801－0000171　272
百子全書一百種　(清)崇文書局輯　清光緒元年(1875)湖北崇文書局刻本　一百十册

520000－2801－0000172　274
荀子二十卷　(戰國)荀況撰　(唐)楊倞注　清光緒二年(1876)浙江書局刻本　六册

520000－2801－0000173　275
揚子法言十三卷音義一卷　(漢)揚雄撰　(晉)李軌注　清光緒二年(1876)浙江書局刻本　一册

520000－2801－0000174　276
文中子中説十卷　(隋)王通撰　(宋)阮逸注　清光緒二年(1876)浙江書局刻本　二册

520000－2801－0000175　277
董子春秋繁露十七卷目錄一卷附錄一卷　(漢)董仲舒撰　清光緒十九年(1893)鴻文書局石印本　二册

520000－2801－0000176　278
孫子十家注十三卷　(春秋)孫武撰　(三國魏)曹操等注　**敘錄一卷**　(清)畢以珣撰　**遺説一卷**　(清)孫星衍等同校　清光緒三年(1877)浙江書局刻本　六册

520000－2801－0000177　279
晏子春秋七卷　(春秋)晏嬰撰　**音義二卷**　(清)孫星衍撰　**校勘二卷**　(清)黄以周撰　清光緒元年(1875)浙江書局刻本　四册

520000－2801－0000178　281
尸子二卷存疑一卷　(戰國)尸佼撰　(清)汪繼培輯　清光緒三年(1877)浙江書局刻本　一册

520000－2801－0000179　282
韓非子二十卷　(戰國)韓非撰　**識誤三卷**　(清)顧廣圻識誤　清光緒元年(1875)浙江書局刻本　六册

520000－2801－0000180　283
吕氏春秋二十六卷總目一卷附攷一卷　(戰國)吕不韋撰　(漢)高誘訓解并攷　清光緒元年(1875)浙江書局刻本　六册

520000－2801－0000181　284
墨子十六卷篇目考一卷　(戰國)墨翟撰　(清)畢沅注　清光緒二年(1876)浙江書局刻本　四册

520000－2801－0000182　285

淮南子二十一卷敘目一卷　(漢)劉安撰　(漢)高誘注　清光緒二年(1876)浙江書局刻本　六冊

520000－2801－0000183　286
管子二十四卷　(春秋)管仲撰　(唐)房玄齡注　(明)劉績補　清光緒二年(1876)浙江書局刻本　六冊

520000－2801－0000184　287
老子道德經二卷　(三國魏)王弼注　**經典釋文一卷**　(唐)陸德明撰　清光緒元年(1875)浙江書局刻本　一冊

520000－2801－0000185　00288
莊子十卷　(戰國)莊周撰　(晉)郭象注　(唐)陸德明音義　清光緒二年(1876)浙江書局刻本　四冊

520000－2801－0000186　00289
列子八卷　(戰國)列禦寇撰　(晉)張湛注　清光緒二年(1876)浙江書局刻本　二冊

520000－2801－0000187　290
山海經十八卷　(晉)郭璞傳　**文子纘義十二卷**　(元)杜道堅撰　清光緒三年(1877)浙江書局刻本　三冊

520000－2801－0000188　291
文子纘義十二卷　(元)杜道堅撰　清光緒三年(1877)浙江書局刻本　二冊

520000－2801－0000189　292
竹書紀年統箋十二卷　(南朝梁)沈約附注　(清)徐文靖統箋　**雜述一卷**　(清)徐文靖彙輯　清光緒三年(1877)浙江書局刻本　四冊

520000－2801－0000190　293
西泠詞萃九卷　(清)丁丙輯　清光緒十一年至十三年(1885－1887)刻本　二冊

520000－2801－0000191　294
李義山詩集三卷　(唐)李商隱撰　(清)朱鶴齡箋注　(清)沈厚塽輯評　清同治九年(1870)廣州倅署刻三色套印本　三冊

520000－2801－0000192　295
說文解字通釋四十卷　(五代)徐鍇傳釋　**繫傳校勘記三卷**　(清)祁寯藻撰　清道光十九年(1839)刻本　八冊

520000－2801－0000193　296
釋名疏證補八卷續一卷補遺一卷補附一卷　王先謙撰集　清光緒二十二年(1896)刻本　三冊

520000－2801－0000194　297
杜工部集二十卷首一卷　(唐)杜甫撰　(明)王弇州(王世貞)等評　清光緒二年(1876)粵東翰墨園刻五色套印本　十冊

520000－2801－0000195　298
杜詩鏡銓二十卷本傳一卷年譜一卷墓誌一卷目錄一卷附錄一卷　(唐)杜甫撰　(清)楊倫編輯　**讀書堂杜工部文集註解二卷**　(清)張溍評註　清同治十一年(1872)望三益齋刻本　十四冊

520000－2801－0000196　299
說文解字十五卷　(漢)許慎撰　(清)段玉裁注　**六書音韻表五卷**　(清)段玉裁撰　**汲古閣說文訂一卷**　(清)段玉裁撰　清同治十一年(1872)湖北崇文書局刻本　十八冊

520000－2801－0000197　300
說文解字句讀三十卷　(漢)許慎撰　(清)王筠撰集　清刻本　九冊　存十六卷(三至四、九至十二、十八至二十七)

520000－2801－0000198　301
水經注四十卷首一卷　(漢)桑欽撰　(北魏)酈道元注　**附錄二卷**　(清)趙一清錄　清光緒十八年(1892)思賢講舍刻本　十六冊

520000－2801－0000199　302
小學集解六卷　(清)張伯行纂輯　(清)李蘭汀校訂　清光緒十年(1884)貴州藩署刻本　四冊

520000－2801－0000200　00303
字類標韻六卷　(清)華綱輯　(清)王乃棠重校　清光緒元年(1875)刻本　二冊

520000－2801－0000201　304
杜詩偶評四卷　(唐)杜甫撰　(清)沈德潛纂　清乾隆十二年(1747)刻本　二册

520000－2801－0000202　305
昌黎先生詩增注證訛十一卷首一卷　(唐)韓愈撰　(清)顧嗣立刪補　(清)黄鉞增注證訛　清道光二十八年(1848)刻本　四册

520000－2801－0000203　306
世説新語六卷　(南朝宋)劉義慶撰　(南朝梁)劉孝標注　清光緒三年(1877)湖北崇文書局刻本　四册

520000－2801－0000204　307
天下郡國利病書一百二十卷　(清)顧炎武輯　清光緒慎記書莊石印本　二十三册　存一百十七卷(一至三十一、三十五至一百二十)

520000－2801－0000205　308
四書正蒙十九卷　(宋)朱熹集注　清道光八年(1828)刻本　八册

520000－2801－0000206　309
史通削繁四卷　(唐)劉知幾撰　(清)紀昀削繁　(清)浦起龍注　清道光十三年(1833)兩廣節署刻朱墨印本　二册

520000－2801－0000207　310
史通通釋二十卷　(唐)劉知幾撰　(清)浦起龍釋　清光緒十一年(1885)刻本　四册

520000－2801－0000208　311
古史六十卷　(宋)蘇轍撰　清嘉慶元年(1796)掃葉山房刻本　六册

520000－2801－0000209　312
樂府詩集一百卷目録二卷　(宋)郭茂倩編次　清同治十三年(1874)湖北崇文書局刻本　十六册

520000－2801－0000210　315
水經注四十卷首一卷補遺一卷　(漢)桑欽撰　(北魏)酈道元注　(清)全祖望校　**附録二卷**　(清)趙一清録　清光緒十四年(1888)無錫薛福成刻本　十二册

520000－2801－0000211　00316
錢牧齋箋注杜工部集二十卷　(清)錢謙益箋注　清宣統二年(1910)國光印刷所鉛印本　八册

520000－2801－0000212　318
音學五書三十八卷　(清)顧炎武撰　清光緒十一年(1885)四明觀稼樓刻本　十二册

520000－2801－0000213　319
唐代叢書十二集　(清)王文誥輯　清宣統三年(1911)上海天寶書局石印本　十二册

520000－2801－0000214　320
古玉圖考不分卷　(清)吴大澂撰　清光緒十五年(1889)石印本　四册

520000－2801－0000215　321
王氏四種　(清)王念孫撰　清光緒二十一年(1895)上海鴻文書局石印本　十四册

520000－2801－0000216　322
爾雅圖三卷　(晋)郭璞注　(清)姚之麟摹繪　清光緒八年(1882)上海同文書局石印本　二册

520000－2801－0000217　323
毛詩稽古編三十卷　(清)陳啟源述　**毛詩稽古録附考一卷**　(清)費雲倬輯　清光緒九年(1883)上海同文書局石印本　八册

520000－2801－0000218　00328
三國志六十五卷　(晋)陳壽撰　(南朝宋)裴松之注　清末刻本　十册

520000－2801－0000219　00330
澤存堂五種　(清)張士俊輯　清光緒十四年(1888)上海蜚英館石印本　八册

520000－2801－0000220　331
皇朝掌故彙編内編六十卷首一卷外編四十卷首一卷　(清)張壽鏞等編　清光緒二十八年(1902)求實書社鉛印本　六十册

520000－2801－0000221　334
佩文韻府一百六卷　(清)張玉書彙閲　(清)孫致彌纂　**拾遺一百六卷**　(清)張廷玉校勘

(清)汪灝等纂　清光緒十二年(1886)上海同文書局石印本　六十冊

520000－2801－0000222　335
說文解字句讀三十卷目錄一卷　(漢)許慎記　(清)王筠撰集　清光緒八年(1882)四川尊經書局刻本　十六冊

520000－2801－0000223　337
古經解匯函十六種小學匯函十四種　(清)鍾謙鈞等輯　清光緒十四年(1888)上海蜚英館石印本　二十冊

520000－2801－0000224　338
古今僞書考一卷　(清)姚際恒撰　清末刻本　一冊

520000－2801－0000225　00339
漁洋山人精華錄箋注十二卷補注一卷　(清)王士禛撰　(清)金榮箋注　(清)徐淮纂輯　清刻本　十二冊

520000－2801－0000226　340
重訂李義山詩集箋注三卷　(唐)李商隱撰　(清)朱鶴齡箋注　(清)程夢星刪補　**集外詩箋注一卷詩話一卷**　(清)程夢星編輯　清末刻本　五冊　缺一卷(下)

520000－2801－0000227　342
增補箋注繪像第六才子西廂釋解八卷　(元)王實甫撰　(清)金喟評　清刻本　十一冊　存七卷(二至八)

520000－2801－0000228　344
古唐詩合解十二卷　(清)王堯衢注　清末善成堂刻本　二冊

520000－2801－0000229　345
莊子内篇注四卷　(明)釋德清注　清光緒十四年(1888)金陵刻經處刻本　二冊

520000－2801－0000230　00347
九種曲九種　(清)蔣士銓輯　清刻本　十冊

520000－2801－0000231　348
紀文達公文集十六卷　(清)紀昀撰　(清)紀樹馨編校　清末刻本　八冊

520000－2801－0000232　00349
夷堅志十集二十卷　(宋)洪邁撰　清乾隆四十三年(1778)刻涇縣洪氏修補本　十冊

520000－2801－0000233　350
明紀六十卷　(清)陳鶴纂　清光緒十六年(1890)上海積山書局石印本　六冊

520000－2801－0000234　351
六朝唐賦讀本不分卷　(清)馬傳庚選註　清同治十三年(1874)京都玉燕書巢馬氏刻本　二冊

520000－2801－0000235　352
疑雨集四卷　(明)王彥泓撰　清光緒三十一年(1905)郎園葉氏刻本　二冊

520000－2801－0000236　00353
白香詞譜箋四卷　(清)舒夢蘭輯　(清)謝朝徵箋　清光緒十一年(1885)刻本　二冊

520000－2801－0000237　354
樊南文集詳註八卷　(唐)李商隱撰　(清)馮浩編訂　清同治七年(1868)刻本　四冊

520000－2801－0000238　356
溫飛卿詩集箋注九卷　(唐)溫庭筠撰　(明)曾益謙原注　(清)顧予咸補注　清秀野草堂刻本　一冊

520000－2801－0000239　357
草字彙不分卷　(清)石梁集　清同治五年(1866)刻本　六冊

520000－2801－0000240　358
小學集解六卷　(清)張伯行纂輯　(清)李蘭汀校訂　清同治六年(1867)湖北崇文書局刻本　三冊

520000－2801－0000241　359
紀文達公詩集十六卷　(清)紀昀撰　(清)紀樹馨編校　清道光三十年(1850)刻本　六冊

520000－2801－0000242　360
閱微草堂筆記五種　(清)紀昀撰　清道光二十七年(1847)小蓬萊山館刻本　十八冊

520000－2801－0000243　362

寶刻類編八卷　(□)□□編　清道光十八年(1838)十七樹梅花山館刻本　四冊

520000－2801－0000244　363

文心雕龍十卷目錄一卷　(南朝梁)劉勰撰　(清)黃叔琳注　(清)紀昀評　清道光十三年(1833)兩廣節署刻朱墨印本　二冊

520000－2801－0000245　366

牡丹亭還魂記二卷　(明)湯顯祖編　清光緒十二年(1886)同文書局石印本　四冊

520000－2801－0000246　00367

莊子集解八卷　王先謙集解　清宣統元年(1909)上海掃葉山房石印本　四冊

520000－2801－0000247　00368

法苑珠林一百卷　(唐)釋道世撰　清道光七年(1827)燕園蔣氏刻本　三十六冊

520000－2801－0000248　370

御纂朱子全書六十六卷　(宋)朱熹撰　(清)李光地等編校　清刻本　三十二冊

520000－2801－0000249　371

樊南文集補編十二卷附錄一卷　(清)錢振倫箋　(清)錢振常注　清同治五年(1866)刻本　八冊

520000－2801－0000250　372

容齋隨筆十六卷續筆十六卷三筆十六卷四筆十六卷五筆十卷　(宋)洪邁撰　清乾隆五十九年(1794)掃葉山房刻本　六冊

520000－2801－0000251　374

困學紀聞集證二十卷　(清)萬希槐輯　清嘉慶八年(1803)會友堂刻本　十二冊

520000－2801－0000252　375

庾子山集十六卷庾集總釋一卷　(北周)庾信撰　(清)倪璠注　清初金閶書業堂刻本　十冊

520000－2801－0000253　376

庾子山全集十卷　(北周)庾信撰　(清)吳兆宜箋注　清初吳郡寶翰樓刻本　六冊

520000－2801－0000254　00377

欽定四庫全書總目二百卷首一卷　(清)紀昀等纂　清宣統二年(1910)存古齋石印本　三十二冊

520000－2801－0000255　378

李太白文集三十六卷　(唐)李白撰　(清)王琦輯注　清乾隆二十四年(1759)刻本　十四冊

520000－2801－0000256　00379

陸放翁全集六種　(宋)陸游撰　明末汲古閣刻本　三十七冊

520000－2801－0000257　381

李太白文集三十六卷　(唐)李白撰　(清)王琦輯注　清乾隆二十四年(1759)刻本　十三冊　存二十九卷(一至五、十至二十一、二十五至三十六)

520000－2801－0000258　00382

二曲全集二十六卷　(清)李顒撰　清光緒二十六年(1900)刻本　七冊

520000－2801－0000259　383

壯悔堂集十卷四憶堂詩集六卷　(清)侯方域撰　清初刻本　八冊

520000－2801－0000260　00384

列朝詩集六集八十一卷　(清)錢謙益輯　清宣統二年(1910)上海國光印刷所鉛印本　五十六冊

520000－2801－0000261　386

重訂路史全本□□卷　(宋)羅泌撰　(宋)羅蘋注　(清)羅大振輯　清乾隆元年(1736)刻本　十六冊

520000－2801－0000262　00387

[前四史]四種　(清)弘書編　(清)張廷玉編　清光緒二十年(1894)上海同文書局石印本　九十九冊

520000－2801－0000263　00388

[前四史]四種　(清)弘書編　(清)張廷玉編　清光緒三十一年(1905)武林竹簡齋石印本　三十一冊

520000－2801－0000264　00389

七家試帖輯注匯鈔九卷　(清)王植桂輯　清同治九年(1870)京師琉璃廠刻本　四冊

520000－2801－0000265　390

文選六十卷　(南朝梁)昭明太子蕭統撰　(唐)李善注　**考異十卷**　(清)胡克家撰　清末四明林氏石印本　二十四冊

520000－2801－0000266　391

徐孝穆全集六卷　(南朝陳)徐陵撰　(清)吳兆宜箋注　**本傳一卷**　(清)姚思廉撰　清善化經濟書堂刻本　四冊

520000－2801－0000267　392

古文辭類纂五十卷　(清)姚鼐纂集　清光緒十九年(1893)思賢講舍刻本　六冊

520000－2801－0000268　393

四六法海九卷　(明)王志堅編次　明天啟七年(1627)刻本　十二冊

520000－2801－0000269　00394

十八家詩鈔二十八卷首一卷　(清)曾國藩纂　(清)李鴻章審訂　清同治十三年(1874)傳忠書局刻本　二十冊

520000－2801－0000270　397

續資治通鑑二百二十卷外紀十卷　(清)畢沅編集　清光緒十六年(1890)上海積山書局石印本　十七冊

520000－2801－0000271　401

五代詩話十二卷　(清)王士禛輯　(清)宋弼編次　(清)黃叔琳校訂　清乾隆十三年(1748)養素堂刻本　六冊

520000－2801－0000272　402

重刻養蒙圖説不分卷　(清)塗時相撰　(清)塗大輅等編次　(清)桂馥繪圖　清同治十三年(1874)勤修天爵齋刻本　一冊

520000－2801－0000273　00403

龍文鞭影四卷　(明)蕭良有撰　(清)楊臣諍增訂　清光緒二十七年(1901)聚賢齋刻本　四冊

520000－2801－0000274　407

朱子原訂近思錄十四卷　(宋)朱熹撰　(清)江永集注　清同治七年(1868)楚北崇文書局刻本　四冊

520000－2801－0000275　408

文獻通考詳節二十四卷　(元)馬端臨撰　(清)嚴虞惇錄　清乾隆二十九年(1764)刻本　四冊

520000－2801－0000276　409

文選六十卷　(南朝梁)昭明太子蕭統撰　(唐)李善注　**考異十卷**　(清)胡克家撰　清宣統三年(1911)上海會文堂粹記石印本　十六冊

520000－2801－0000277　411

説文解字十五卷　(漢)許慎撰　(清)段玉裁注　**六書音韻表五卷**　(清)段玉裁撰　**汲古閣説文訂一卷**　(清)段玉裁撰　清同治十一年(1872)湖北崇文書局刻本　十八冊

520000－2801－0000278　00412

三忠合編六卷　(清)何瑩庵　(清)陳冠山原本　(清)胡長新重輯　清光緒八年(1882)刻本　四冊

520000－2801－0000279　413

啖影集四卷　(清)范興榮撰　清末貴州盤縣鴻文五彩石印局石印本　四冊

520000－2801－0000280　00414

列女傳八卷　(漢)劉向撰　(清)梁端校注　清道光錢塘汪氏振綺堂刻同治十三年(1874)補刻本　二冊

520000－2801－0000281　415

賦學正鵠十卷　(清)李元度編　清同治十二年(1873)爽溪書院刻本　四冊

520000－2801－0000282　416

時學正衡一卷　(清)雷廷珍撰　清光緒二十八年(1902)貴陽刻本　一冊

520000－2801－0000283　418

四書正蒙辨句兼附字辨疑字辨增旁訓不分卷

（□）□□編　清光緒二十一年（1895）黔南書局刻本　八册

520000－2801－0000284　419
於越先賢像傳贊二卷　（清）王齡撰　清光緒五年（1879）上海點石齋石印本　二册

520000－2801－0000285　423
桐埜詩集四卷　（清）周起渭撰　清咸豐二年（1852）刻本　一册　存二卷（一至二）

520000－2801－0000286　427
重刊宋本十三經注疏附校勘記　（清）阮元審定　（清）盧宣旬摘錄　清光緒十八年（1892）湖南務本書局刻本　一百六十册

520000－2801－0000287　429
重刊宋本十三經注疏附校勘記四百十六卷（清）阮元審定　（清）盧宣旬摘錄　清同治十二年（1873）江西書局刻本　一百七十四册

520000－2801－0000288　431
樊川詩集四卷別集一卷外集一卷補遺一卷（唐）杜牧撰　（清）馮集梧注　清光緒十六年（1890）湘南書局刻本　六册

520000－2801－0000289　432
李長吉歌詩四卷首一卷外集一卷　（唐）李賀撰　（清）王琦匯解　清乾隆二十五年（1760）刻本　二册

520000－2801－0000290　433
香祖筆記十二卷　（清）王士禎撰　清初刻本　四册

520000－2801－0000291　434
六一詩話一卷　（宋）歐陽修撰　（明）毛晉訂　明汲古閣刻津逮秘書本　一册

520000－2801－0000292　00435
廣川書跋十卷　（宋）董逌撰　明汲古閣刻津逮秘書本　四册

520000－2801－0000293　436
庚子銷夏記八卷聞者軒帖考一卷　（清）孫承澤撰　清乾隆二十六年（1761）刻本　四册

520000－2801－0000294　442
重訂文選集評十五卷首一卷末一卷　（清）于光華編　清同治十一年（1872）江蘇書局刻本　十六册

520000－2801－0000295　443
詞律二十卷　（清）萬樹論次　**詞律拾遺八卷**　（清）徐本立纂　**詞律補遺一卷**　（清）杜文瀾編　清同治十二年至光緒二年（1873－1876）刻本　十六册

520000－2801－0000296　444
李義山詩集十六卷　（唐）李商隱撰　（清）姚培謙箋　（清）王原閲　清乾隆五年（1740）刻本　八册

520000－2801－0000297　00446
納書楹四夢全譜四卷　（明）湯顯祖編　（清）葉堂訂譜　清乾隆五十七年（1792）納書楹刻本　八册

520000－2801－0000298　447
子史精華一百六十卷目錄一卷　（清）允祿等監修　（清）張廷玉等校對　（清）吳士玉等總裁　清光緒十三年（1887）上海積山書局石印本　十册

520000－2801－0000299　451
樊川詩集四卷別集一卷外集一卷補遺一卷（唐）杜牧撰　（清）馮集梧注　清嘉慶六年（1801）刻本　二册

520000－2801－0000300　453
元遺山詩集箋注十四卷首一卷末一卷　（金）元好問撰　（元）張德輝類次　（清）施國祁箋注　**傳銘一卷年譜一卷全集附錄一卷**　（明）儲瓘輯　（清）華希閔增輯　**補載一卷**　（清）施國祁輯　清宣統三年（1911）掃葉山房石印本　八册

520000－2801－0000301　456
評選古詩源四卷　（清）沈德潛選　清光緒二十年（1894）上海圖書集成印書局石印本　四册

520000－2801－0000302　457
周禮十二卷　（漢）鄭玄注　（唐）陸德明音義

清光緒十二年(1886)湖北官書處刻本　六册

520000－2801－0000303　458
儀禮十七卷　(漢)鄭玄注　(清)張爾岐句讀　**監本正誤一卷**　清同治七年(1868)金陵書局刻本　四册

520000－2801－0000304　00459
禮記十卷　(元)陳澔集説　清光緒十二年(1886)湖北官書處刻本　十册

520000－2801－0000305　460
儀禮圖六卷　(清)張惠言述　清同治九年(1870)楚北崇文書局刻本　一册　存二卷(一至二)

520000－2801－0000306　461
春秋穀梁傳十二卷　(晉)范甯集解　清同治七年(1868)金陵書局刻本　二册

520000－2801－0000307　463
經典釋文三十卷孟子音義二卷附札記一卷國語補音三卷附札記一卷　(唐)陸德明撰　清光緒二年(1876)成都尊經書院刻本　十二册

520000－2801－0000308　464
國語二十一卷　(三國吴)韋昭解　**校刊明道本韋氏解國語劄記一卷**　(清)黄丕烈撰　**國語明道本攷異四卷**　(清)汪遠孫著　清同治八年(1869)湖北崇文書局刻本　五册

520000－2801－0000309　465
尚書古文疏證八卷　(清)閻若璩撰　**朱子古文書疑一卷**　(清)閻詠復輯　清嘉慶元年(1796)津門刻本　八册

520000－2801－0000310　00466
三蘇全集二百四卷　(宋)蘇洵等著　清道光十二年(1832)刻本　八十册

520000－2801－0000311　467
施注蘇詩四十二卷總目二卷　(宋)蘇軾撰　(宋)施元之注　(清)顧嗣立等删補　**蘇詩續補遺二卷**　(清)馮景補注　**東坡先生年譜一卷東坡先生墓誌銘一卷王註正譌一卷宋史本傳一卷**　(元)脱脱撰　清刻本　十六册

520000－2801－0000312　468
經典釋文三十卷　(唐)陸德明撰　**經典釋文考證三十卷**　(清)盧文弨輯　清同治八年(1869)湖北崇文書局刻本　十二册

520000－2801－0000313　469
戰國策三十三卷　(漢)高誘注　(宋)姚宏補注　**札記三卷**　(清)黄丕烈撰　清同治八年(1869)湖北崇文書局刻本　五册

520000－2801－0000314　470
爾雅郭注義疏三卷　(晉)郭璞注　(清)郝懿行學　清光緒十四年(1888)湖北官書處刻本　八册

520000－2801－0000315　471
周易四卷　(宋)朱熹本義　**圖説一卷**　(□)□□撰　**新增圖説一卷書經六卷**　(宋)蔡沈集傳　**詩經八卷**　(宋)朱熹集傳　**禮記十卷**　(元)陳澔集説　**春秋左傳三十卷**　(晉)杜預撰　(宋)林堯叟附注　(唐)陸德明音釋　(清)馮李驊集解　清光緒十二年(1886)湖北官書處刻本　二册　存六卷(周易四卷、圖説一卷、新增圖説一卷)

520000－2801－0000316　472
書經六卷　(宋)蔡沈集傳　清光緒十二年(1886)湖北官書處刻本　四册

520000－2801－0000317　477
文選六十卷　(南朝梁)昭明太子蕭統撰　(唐)李善注　**考異十卷**　(清)胡克家撰　清乾隆三十七年(1772)海録軒刻本　十六册

520000－2801－0000318　00478
[乾隆]貴州通志四十六卷首一卷　(清)鄂爾泰　(清)張廣泗修　(清)靖道謨　(清)杜詮纂　清乾隆六年(1741)刻本　三十二册

520000－2801－0000319　483
西堂全集十七種　(清)尤侗撰　清刻本　二十四册

520000－2801－0000320　484

爾雅疏十卷 （宋）邢昺疏 （清）陸心源校 清光緒四年（1878）吳興陸氏十萬卷樓刻本 二册

520000－2801－0000321 485
蘇文忠詩合注五十卷首一卷目録一卷 （宋）蘇軾撰 （清）馮應榴輯訂 清刻本 二十册

520000－2801－0000322 487
國朝先正事略六十卷 （清）李元度纂 清同治五年（1866）循陔草堂刻本 二十四册

520000－2801－0000323 488
有正味齋集六種 （清）吳錫麒撰 清刻本 二十四册

520000－2801－0000324 490
漢魏六朝百三名家集 （明）張溥輯 清光緒十八年（1892）長沙謝氏翰墨山房刻本 九十七册

520000－2801－0000325 00491
知不足齋叢書三十集 （清）鮑廷博輯 （清）鮑志祖續輯 清刻本 五十八册

520000－2801－0000326 493
墨池編二十卷 （宋）朱長文撰 清雍正十一年（1733）寶硯山房刻本 六册

520000－2801－0000327 00495
全唐詩三十二卷總目一卷 （清）曹寅等輯 清光緒十三年（1887）上海同文書局石印本 三十二册

520000－2801－0000328 497
儀禮十七卷首一卷 （漢）鄭玄注 清末稽古樓刻本 八册

520000－2801－0000329 00498
禮記十卷首一卷 （漢）鄭玄註 清末稽古樓刻本 十册

520000－2801－0000330 499
春秋左傳注五十卷 （晉）杜預注 清末稽古樓刻本 五册 存十四卷（三十二至四十五）

520000－2801－0000331 502
爾雅十一卷 （晉）郭璞注 清末稽古樓刻本 四册

520000－2801－0000332 503
皇清經解一千四百卷 （清）阮元輯 （清）朱鏡清補 清光緒十三年（1887）上海書局石印本 八册 存八册（一至三、十五、二十九、四十四至四十五、四十七）

520000－2801－0000333 504
洋務經濟通考十六卷 （清）應祖錫纂定 清光緒二十七年（1901）石印本 六册 存十卷（七至十六）

520000－2801－0000334 00505
詩經八卷 （宋）朱熹集傳 清末刻本 二册 存二卷（三至四）

520000－2801－0000335 506
慈悲道場懺悔法十卷重修梁皇慈悲道場懺法淨壇科文一卷 （南朝梁）武帝蕭衍集 清末常州天寧寺刻本 十一册

520000－2801－0000336 00507
地藏菩薩本願經三卷 （唐）釋實叉難陀譯 **讚禮地藏菩薩懺願儀一卷** （明）釋智旭述 清光緒十四年（1888）揚州藏經院刻本 四册

520000－2801－0000337 00508
居士傳五十六卷 （清）彭際清撰 清乾隆四十年（1775）刻本 四册

520000－2801－0000338 00511
妙法蓮華經文句記三十卷 （後秦）釋鳩摩羅什譯 （隋）釋智顗説 （隋）釋灌頂記 （唐）釋湛然述 清光緒七年（1881）姑蘇刻經處刻本 三十册

520000－2801－0000339 512
菩薩藏經二十卷 （唐）釋玄奘譯 清末刻本 六册

520000－2801－0000340 513
宗鏡錄一百卷 （宋）釋延壽集 清光緒二十五年（1899）江北刻經處刻本 二十册

520000－2801－0000341 515
大慈恩寺三藏法師傳十卷 （唐）釋彦悰箋

清宣統元年(1909)常州天寧寺刻本　三冊

520000－2801－0000342　516
金剛經石註一卷　(清)石成金集註　清乾隆四十九年(1784)刻本　一冊

520000－2801－0000343　517
增壹阿含經五十卷　(前秦)釋曇摩難提譯　清光緒十二年(1886)江北刻經處刻本　十二冊

520000－2801－0000344　519
阿毗達磨集異門足論二十卷　(唐)釋玄奘譯　清末刻本　四冊

520000－2801－0000345　522
雜阿含經五十卷　(南朝宋)釋求那跋陀羅譯　清光緒十四年(1888)常熟刻經處刻本　十二冊

520000－2801－0000346　524
說文通檢十四卷首一卷末一卷　(清)黎永椿編　清光緒二年(1876)文昌書局刻本　二冊

520000－2801－0000347　525
歷代賢儒實錄不分卷　(清)邊鳴珂輯　清同治元年(1862)刻本　一冊

520000－2801－0000348　00526
大佛頂如來密因修證了義諸菩薩萬行首楞嚴經貫珠集十卷　(明)釋戒潤述　清刻本　四冊　存八卷(三至十)

520000－2801－0000349　00531
般若綱要十卷　(清)釋通門閱正　清光緒二十二年(1896)揚州藏經院刻本　四冊

520000－2801－0000350　537
楞伽阿跋多羅寶經四卷玄義一卷　(南朝宋)釋求那跋陀羅譯　(明)釋智旭疏義　清宣統元年(1909)常州天寧寺刻本　五冊

520000－2801－0000351　542
觀楞伽阿跋多羅寶經記十八卷首一卷　(南朝宋)釋求那跋陀羅譯　(明)釋德清筆記　清光緒三十一年(1905)金陵刻經處刻本　六冊

520000－2801－0000352　546
方聚成禪師語錄三十卷年譜一卷續錄九卷　(清)釋真光等輯　清道光刻本　十冊

520000－2801－0000353　00547
佛祖歷代通載三十六卷　(元)釋念常集　清宣統元年(1909)江北刻經處刻本　八冊

520000－2801－0000354　00548
大佛頂如來密因修證了義諸菩薩萬行首楞嚴經玄義二卷　(明)釋智旭撰述　**大佛頂如來密因修證了義諸菩薩萬行首楞嚴經文句十卷**　(唐)釋般剌密諦譯經　(明)釋智旭文句　清同治十三年(1874)金陵刻經處刻本　八冊　存十卷(玄義上、下,文句二、四、五至十)

520000－2801－0000355　00550
成實論二十卷　(後秦)釋鳩摩羅什譯　清末刻本　六冊

520000－2801－0000356　00559
御選語錄十九卷　(清)世宗胤禛選　清光緒四年(1878)金陵刻經處刻本　十二冊

520000－2801－0000357　00563
禪林寶訓筆說三卷　(清)釋智祥述　清光緒十九年(1893)江北刻經處刻本　三冊

520000－2801－0000358　00564
金剛般若波羅蜜經宗通九卷　(後秦)釋鳩摩羅什譯　(明)曾鳳儀宗通　清末刻本　二冊

520000－2801－0000359　566
恒贊如禪師語錄十卷　(清)釋悟潔等輯　清宣統二年(1910)常州天寧寺刻經處刻本　四冊

520000－2801－0000360　00568
八宗綱要二卷　(日本)釋凝然述　清宣統三年(1911)揚州藏經院刻本　一冊

520000－2801－0000361　569
大般若波羅蜜多經六百卷　(唐)釋玄奘譯　清末刻本　一百十九冊　存五百九十五卷(一至一百六十、一百六十六至六百)

520000－2801－0000362　570

佛説長阿含經二十二卷　(後秦)釋佛陀耶舍等譯　清光緒十三年(1887)姑蘇刻經處刻本　六册

520000－2801－0000363　00571
佛祖歷代通載三十六卷　(元)釋念常集　清宣統元年(1909)江北刻經處刻本　八册

520000－2801－0000364　575
大清重刻龍藏匯記不分卷　(清)工布查等校閲　(清)赫德等監督　清同治九年(1870)金陵刻經處刻本　一册

520000－2801－0000365　577
顯揚聖教論二十卷　(唐)釋玄奘譯　清宣統元年(1909)揚州藏經院刻本　四册

520000－2801－0000366　00580
華嚴一乘教義分齊章四卷　(唐)釋法藏述　清末刻本　一册

520000－2801－0000367　00581
大方廣佛華嚴經要解一卷　(宋)釋戒環集　清同治十一年(1872)金陵刻經處刻本　一册

520000－2801－0000368　588
大華嚴經略策一卷　(唐)釋澄觀述　**答順宗心要法門一卷**　(唐)釋宗密注　**三聖圓融觀門一卷原人論一卷**　(唐)釋宗密述　**華嚴念佛三昧論一卷**　(清)彭際清述　清同治十三年至光緒二十三年(1874－1897)雞園刻經處、金陵刻經處刻本　一册

520000－2801－0000369　00589
大方廣佛華嚴經吞海集三卷法界觀披雲集一卷　(宋)釋道通述　清光緒十三年至十六年(1887－1890)金陵刻經處刻本　一册

520000－2801－0000370　00590
修華嚴奥旨妄盡還源觀一卷　(唐)釋法藏述　清同治十一年(1872)如皋刻經處刻本　與520000－2801－0000371至0000372合一册

520000－2801－0000371　00590
華嚴經旨歸一卷　(唐)釋法藏述　清同治九年(1870)如皋刻經處刻本　與520000－2801－0000370、0000372合一册

520000－2801－0000372　00590
華嚴經義海百門一卷　(唐)釋法藏述　清光緒二十一年(1895)金陵刻經處刻本　與520000－2801－0000370至0000371合一册

520000－2801－0000373　00591
高僧傳初集十五卷首一卷　(南朝梁)釋慧皎撰　清光緒十年(1884)金陵刻經處刻本　四册

520000－2801－0000374　00592
高僧傳二集四十卷　(唐)釋道宣撰　清光緒十六年(1890)江北刻經處刻本　十册

520000－2801－0000375　00593
高僧傳三集三十卷　(宋)釋贊寧等撰　清光緒十三年(1887)江北刻經處刻本　二册　存七卷(一至三、二十七至三十)

520000－2801－0000376　00594
高僧傳四集六卷　(明)釋如惺撰　清光緒十八年(1892)江北刻經處刻本　一册　存三卷(一至三)

520000－2801－0000377　00595
注維摩詰經十卷　(晉)釋僧肇撰　**維摩詰經元憲集一卷**　(宋)宋庠撰　清末刻本　四册

520000－2801－0000378　596
妙法蓮華經玄義十卷　(隋)釋智顗説　(隋)釋灌頂記　清宣統二年(1910)江北刻經處刻本　十册

520000－2801－0000379　00597
成唯識論述記六十卷　(唐)釋窺基撰　清光緒二十七年(1901)金陵刻經處刻本　二十册

520000－2801－0000380　599
揞黑豆集八卷首一卷　(清)釋心圓撰　清末刻本　四册

520000－2801－0000381　600
楞伽阿跋多羅寶經四卷　(南朝宋)釋求那跋陀羅譯　清同治九年(1870)金陵刻經處刻本　二册

520000－2801－0000382　00601
三千諸佛名經三卷　(南朝宋)釋畺良耶舍等譯　清光緒元年(1875)金陵刻經處刻本　一册

520000－2801－0000383　00602
續指月錄二十卷首一卷尊宿集一卷　(清)釋聶先編集　清光緒十二年(1886)金陵刻經處刻本　六册

520000－2801－0000384　00607
宗范八卷　(清)釋錢伊庵編輯　清光緒十二年(1886)金陵刻經處刻本　三册

520000－2801－0000385　00614
三千諸佛名經三卷　(南朝宋)釋畺良耶舍等譯　清光緒元年(1875)金陵刻經處刻本　一册

520000－2801－0000386　616
大乘起信論直解二卷　(明)釋德清述　清光緒十六年(1890)金陵刻經處刻本　一册

520000－2801－0000387　619
釋摩訶衍論十卷　(印度)釋馬鳴等論　(印度)釋波羅末陀等譯　清末金陵刻經處刻本　四册

520000－2801－0000388　620
博山和尚參禪警語一卷首一卷　(清)釋成正集　清光緒三十四年(1908)金山江天寺刻本　一册

520000－2801－0000389　621
楞伽阿跋多羅寶經四卷玄義一卷　(南朝宋)釋求那跋陀羅譯　(明)釋智旭疏義　清宣統元年(1909)常州天寧寺刻本　五册

520000－2801－0000390　00622
楞伽阿跋多羅寶經會譯四卷　(南朝宋)釋求那跋陀羅初譯　(北魏)釋菩提留支再譯　(唐)釋實叉難陀后譯　(明)釋員珂會譯　清光緒三十四年(1908)金陵刻經處刻本　四册

520000－2801－0000391　625
楞伽阿跋多羅寶經注解四卷　(南朝宋)釋求那跋陀羅譯　(明)釋宗泐等注　清光緒四年(1878)長沙刻經處刻本　二册

520000－2801－0000392　626
大唐西域記十二卷　(唐)釋玄奘述　(唐)釋辯機撰　清宣統元年(1909)常州天寧寺刻本　四册

520000－2801－0000393　629
摩訶般若波羅密經三十卷　(後秦)釋鳩摩羅什譯　清光緒十五年(1889)如皋刻經處刻本　八册

520000－2801－0000394　636
金陵毘盧寺印魁文祖法語一卷　(清)釋清池輯　清宣統三年(1911)刻本　一册

520000－2801－0000395　637
天台四教儀一卷　(高麗)釋諦觀錄　**始終心要一卷**　(唐)釋湛然述　**天台八教大意一卷**　(隋)釋灌頂撰　清宣統元年(1909)揚州藏經院刻本　一册

520000－2801－0000396　638
維摩詰所說經三卷　(後秦)釋鳩摩羅什譯　清同治九年(1870)金陵刻經處刻本　一册

520000－2801－0000397　00639
因明入正理論疏八卷　(唐)釋窺基撰　清光緒二十二年(1896)金陵刻經處刻本　二册

520000－2801－0000398　643
觀楞伽阿跋多羅寶經記十八卷首一卷　(南朝宋)釋求那跋陀羅譯　(明)釋德清筆記　清光緒三十一年(1905)金陵刻經處刻本　六册

520000－2801－0000399　00645
六度集經八卷　(三國吳)釋康僧會譯　清光緒五年(1879)金陵刻經處刻本　二册

520000－2801－0000400　00646
華嚴經四十卷　(唐)釋般若等譯　清末刻本　一册

520000－2801－0000401　647
佛母大孔雀明王經三卷　(唐)釋不空譯　清

同治九年(1870)如皋刻經處刻本　一冊

520000－2801－0000402　00649
翻譯名義集二十卷　(宋)釋法雲編　清光緒四年(1878)金陵刻經處刻本　六冊

520000－2801－0000403　00650
老子道德經解二卷首一卷　(明)釋德清著　清光緒十二年(1886)金陵刻經處刻本　二冊

520000－2801－0000404　652
大乘起信論疏二卷　(唐)釋法藏疏　(唐)釋宗密注　清光緒三年(1877)長沙刻經處刻本　二冊

520000－2801－0000405　00653
陰符經發隱一卷道德經發隱一卷冲虛經發隱一卷南華經發隱一卷　(清)楊文會注　清光緒三十年(1904)金陵刻經處刻本　一冊

520000－2801－0000406　657
大智度論一百卷　(後秦)釋鳩摩羅什譯　清光緒九年(1883)姑蘇刻經處刻本　二十五冊

520000－2801－0000407　00658
陰符經發隱一卷道德經發隱一卷冲虛經發隱一卷南華經發隱一卷　(清)楊文會注　清光緒三十年(1904)金陵刻經處刻本　一冊

520000－2801－0000408　00659
悲華經十卷　(北涼)釋曇無讖譯　清光緒四年(1878)金陵刻經處刻本　三冊

520000－2801－0000409　660
四分戒本如釋十二卷　(明)釋弘贊譯　清光緒十一年(1885)渝城羅漢寺刻本　六冊

520000－2801－0000410　661
相宗八要解八卷　(唐)釋玄奘譯　(明)釋明昱釋　清光緒二十八年(1902)金陵刻經處刻本　三冊

520000－2801－0000411　662
佛說梵網經二卷　(後秦)釋鳩摩羅什譯　清光緒十年(1884)金陵刻經處刻本　一冊

520000－2801－0000412　00663
賢首五教儀開蒙一卷　(清)釋緒法輯　清光緒二年(1876)長沙刻經處刻本　一冊

520000－2801－0000413　00663
禪源諸詮集都序四卷　(唐)釋宗密撰　清光緒十八年(1892)金陵刻經處刻本　一冊

520000－2801－0000414　00664
法界宗五祖略記一卷　(清)釋續法輯　清光緒二十二年(1896)金陵刻經處刻本　一冊

520000－2801－0000415　670
慧日永明智覺壽禪師山居詩一卷　(宋)釋延壽撰　**幻居詩一卷**　(清)釋悟開諫堂　清道光二十一年(1841)刻本　一冊

520000－2801－0000416　673
大智度論一百卷　(後秦)釋鳩摩羅什譯　清光緒九年(1883)姑蘇刻經處刻本　二十五冊

520000－2801－0000417　676
赤松禪師由行草二卷　(清)釋寂源等譯　清末刻本　一冊

520000－2801－0000418　677
升菴外集一百卷　(明)楊慎著　(明)焦竑編　明萬曆四十五年(1617)刻本　十冊　存八十四卷(一至二十一、三十八至一百)

520000－2801－0000419　678
性相通說二卷　(明)釋德清撰　清光緒三十二年(1906)寶光寺刻本　一冊

520000－2801－0000420　679
阿毗達磨俱舍論三十卷　(唐)釋玄奘譯　清宣統三年(1911)常州天寧寺刻本　六冊

520000－2801－0000421　00682
大方廣佛華嚴經著述集要二十三種　(唐)釋澄觀等撰　清光緒金陵刻經處刻本　十二冊

520000－2801－0000422　00683
大方廣佛華嚴經疏鈔懸談二十八卷首一卷　(唐)釋澄觀撰　清光緒三十三年(1907)金陵刻經處刻本　八冊

520000－2801－0000423　687
維摩詰所說經註八卷　(後秦)釋鳩摩羅什譯　(晉)釋僧肇註　清光緒十三年(1887)金陵

刻經處刻本　二冊

520000－2801－0000424　691

大乘理趣六波羅蜜多經十卷　(唐)釋般若譯　清光緒十九年(1893)金陵刻經處刻本　二冊

520000－2801－0000425　00692

十八羅漢寶相一卷　(清)李元度等修　清末拓本　一冊

520000－2801－0000426　00693

法界宗五祖略記一卷　(清)釋續法輯　清光緒二十二年(1896)金陵刻經處刻本　一冊

520000－2801－0000427　00693

賢首五教儀開蒙一卷　(清)釋續法輯　清光緒二年(1876)長沙刻經處刻本　一冊

520000－2801－0000428　00694

法界宗五祖略記一卷　(清)釋續法輯　清光緒二十二年(1896)金陵刻經處刻本　一冊

520000－2801－0000429　00694

賢首五教儀開蒙一卷　(清)釋續法輯　清光緒二年(1876)長沙刻經處刻本　一冊

520000－2801－0000430　696

四分戒本一卷　(後秦)釋佛陀耶舍譯　清宣統元年(1909)刻本　一冊

520000－2801－0000431　00699

華嚴一乘十玄門一卷　(唐)釋智儼撰　**華嚴五十要問答二卷**　(唐)釋智儼集　清光緒二十二年(1896)金陵刻經處刻本　一冊

520000－2801－0000432　00700

大方廣佛華嚴經疏鈔會本二百二十卷　(唐)釋實叉難陀譯　(唐)釋澄觀撰述　清光緒九年(1883)常昭刻經處刻本　六十冊

520000－2801－0000433　00701

選佛譜六卷　(明)釋智旭撰　清光緒十七年(1891)金陵刻經處刻本　二冊

520000－2801－0000434　00702

大方廣佛新華嚴經合論一百二十卷首一卷　(唐)釋實叉難陀譯　**大方廣佛華嚴經入不思議解脱境界普賢行願品一卷**　(唐)釋般若譯　清同治十一年(1872)金陵刻經處刻本　三十冊

520000－2801－0000435　00707

大佛頂如來密因修證了義諸菩薩萬行首楞嚴經五卷　(唐)釋般剌密帝譯　清末刻本　一冊

520000－2801－0000436　00708

大乘本生心地觀經八卷　(唐)釋般若等譯　清末刻本　一冊　存四卷(一至四)

520000－2801－0000437　713

說文聲讀表七卷　(清)苗夔撰　清光緒六年(1880)福山王氏刻本　四冊

520000－2801－0000438　00715

徑中徑又徑徵義三卷首一卷　(清)張師誠輯　(清)徐槐廷徵義　清光緒二十五年(1899)刻本　一冊

520000－2801－0000439　00717

因明入正理論疏八卷　(唐)釋窺基撰　清光緒二十二年(1896)金陵刻經處刻本　二冊

520000－2801－0000440　00718

思益梵天所問經四卷　(後秦)釋鳩摩羅什譯　清光緒五年(1879)金陵刻經處刻本　一冊

520000－2801－0000441　00720

十住毗婆沙論十七卷　(後秦)釋鳩摩羅什譯　清末刻本　一冊　存五卷(十一至十五)

520000－2801－0000442　721

大乘起信論裂網疏六卷　(明)釋智旭述　清末金陵書局刻本　一冊

520000－2801－0000443　722

略釋新華嚴經修行次第決疑論四卷　(唐)李通玄撰　清同治九年(1870)如皋刻經處刻本　二冊

520000－2801－0000444　00726

智證傳一卷寶鏡三昧一卷　(宋)釋覺范撰　(宋)釋覺慈編　清光緒二年(1876)金陵刻經處刻本　一冊

520000－2801－0000445　730

過去現在因果經四卷　（南朝宋）釋求那跋陀羅譯　清光緒十年（1884）江北刻經處刻本　一册

520000－2801－0000446　732

顯密圓通成佛心要集二卷　（唐）釋道㲀撰　清光緒二十一年（1895）萬邑彌陀院刻本　一册

520000－2801－0000447　00736

禪門鍛煉説一卷　（清）釋戒顯著　清同治十一年（1872）如皋刻經處刻本　一册

520000－2801－0000448　737

佛説觀彌勒菩薩上生兜率陀天經一卷　（南朝宋）釋沮渠京聲譯　**佛説彌勒下生經一卷**　（後秦）釋鳩摩羅什譯　**佛説觀彌勒菩薩下生經一卷**　（晉）釋竺法護譯　清光緒三年（1877）金陵刻經處刻本　一册

520000－2801－0000449　00737

佛説彌勒下生經一卷　（後秦）釋鳩摩羅什譯　清同治十一年（1872）金陵刻經處刻本　一册

520000－2801－0000450　738

四教儀六卷　（隋）釋智顗撰　清末刻本　二册

520000－2801－0000451　739

佛説末利支提婆華鬘經一卷佛説摩利支天經一卷　（唐）釋不空譯　清光緒十五年（1889）如皋刻經處刻本　一册

520000－2801－0000452　00740

大乘本生心地觀經八卷　（唐）釋般若等譯　清末刻本　二册

520000－2801－0000453　741

大乘起信論一卷　（南朝梁）釋真諦譯　清光緒二十四年（1898）金陵刻經處刻本　一册

520000－2801－0000454　00742

大佛頂如來密因修證了義諸菩薩萬行首楞嚴經合轍十卷　（明）釋通潤述　清末刻本　十册

520000－2801－0000455　00743

解深密經疏三十四卷　（唐）釋圓測撰　清末刻本　十二册

520000－2801－0000456　00746

大佛頂如來密因修證了義諸菩薩萬行首楞嚴經十卷　（唐）釋般剌密帝譯　（明）釋智旭文句　清末刻本　一册　存一卷（一）

520000－2801－0000457　748

大慧普覺禪師宗門武庫一卷雪堂行和尚拾遺録一卷　（宋）釋道謙編　清光緒七年（1881）常熟刻經處刻本　一册

520000－2801－0000458　750

佛説觀無量壽佛經一卷　（南朝宋）釋畺良耶舍譯　清末刻本　一册

520000－2801－0000459　761

天仙正理直論增注一卷　（明）伍守陽撰并注　（明）伍守虛同注　清末刻本　一册

520000－2801－0000460　765

慈悲水懺法三卷　（唐）釋知玄述　清同治十二年（1873）江北刻經處刻本　一册

520000－2801－0000461　772

瞿脈和禪師語録九卷　（清）釋瞿脈撰　（清）釋德久等譯　清末刻本　三册

520000－2801－0000462　773

宗教律諸家演派一卷佛祖心燈一卷摘録聖武記之卷五溯查西藏喇嘛來源一卷　（清）釋守一輯　清光緒十六年（1890）金陵刻經處刻本　一册

520000－2801－0000463　778

毗尼日用切要一卷　（清）釋讀體集　清末刻本　一册

520000－2801－0000464　779

天仙正理直論增注一卷　（明）伍守陽撰并注　（明）伍守虛同注　清宣統元年（1909）刻本　一册

520000－2801－0000465　786

太平寰宇記二百卷目錄二卷補闕七卷　（宋）樂史撰　清嘉慶八年（1803）刻本　三十九册　存二百卷（太平寰宇記二百卷）

520000－2801－0000466　00789
文殊師利所説摩訶般若波羅蜜經一卷　（南朝梁）釋曼陀羅仙譯　清光緒元年（1875）江北刻經處刻本　與 520000－2801－0000467 合一册

520000－2801－0000467　00789
般若波羅蜜多心經一卷　（唐）釋玄奘譯　**摩訶般若波羅蜜大明咒經一卷**　（後秦）釋鳩摩羅什譯　**寶相般若波羅蜜經一卷**　（北魏）釋菩提流支譯　清同治十年（1871）金陵刻經處刻本　與 520000－2801－0000466 合一册

520000－2801－0000468　791
仁王護國般若波羅蜜經二卷　（後秦）釋鳩摩羅什譯　清末刻本　一册

520000－2801－0000469　792
仁王護國般若波羅蜜經二卷　（唐）釋不空譯　清同治九年（1870）金陵刻經處刻本　一册

520000－2801－0000470　793
大乘理趣六波羅蜜多經十卷　（唐）釋般若譯　清光緒十九年（1893）金陵刻經處刻本　二册

520000－2801－0000471　795
佛説無量清淨平等覺經三卷　（漢）釋支婁迦讖譯　清同治十年（1871）金陵刻經處刻本　一册

520000－2801－0000472　796
佛説無量清淨平等覺經三卷　（漢）釋支婁迦讖譯　清同治十年（1871）金陵刻經處刻本　一册

520000－2801－0000473　00797
無量壽如來會二卷　（北魏）釋菩提流志譯　清光緒二十二年（1896）金陵刻經處刻本　一册

520000－2801－0000474　798
佛説大乘無量壽莊嚴經一卷　（宋）釋法賢譯　清光緒十年（1884）金陵刻經處刻本　一册

520000－2801－0000475　799
佛説大乘無量壽莊嚴經一卷　（宋）釋法賢譯　清光緒十年（1884）金陵刻經處刻本　一册

520000－2801－0000476　800
佛説阿閦佛國經三卷　（漢）釋支婁迦讖譯　清末刻本　一册

520000－2801－0000477　801
佛説胞胎經一卷　（晉）釋竺法護譯　**佛説法鏡經二卷**　（漢）釋安玄等譯　清光緒六年（1880）常熟刻經處刻本　一册

520000－2801－0000478　802
佛説離垢施女經一卷　（晉）釋竺法護譯　**佛説阿闍世王女阿術達菩薩經一卷**　清光緒六年（1880）常熟刻經處刻民國八年（1919）印本　一册

520000－2801－0000479　803
善住意天子所問經三卷　（北魏）釋毗目智仙等譯　清光緒六年（1880）常熟刻經處刻本　一册

520000－2801－0000480　806
佛説如幻三昧經三卷太子刷護經一卷　（晉）釋竺法護譯　**太子和休經一卷**　（□）□□譯　**入法界體性經一卷**　（隋）釋闍那崛多譯　清光緒六年（1880）常熟刻經處刻本　一册

520000－2801－0000481　811
勝鬘師子吼一乘大方便方廣經一卷　（南朝宋）釋求那跋陀羅譯　**勝鬘夫人會一卷**　（北魏）釋菩提流志譯　清光緒二十二年（1896）金陵刻經處刻本　一册

520000－2801－0000482　812
毗耶娑問經二卷　（北魏）釋瞿曇般若流支譯　清光緒六年（1880）常熟刻經處刻民國八年（1919）印本　一册

520000－2801－0000483　00813
大方等大集經三十卷　（北涼）釋曇無讖譯

清光緒七年至八年(1881－1882)常熟刻經處刻本　八冊

520000－2801－0000484　00819
大方廣十地經一卷　(唐)釋實叉難陀等譯　清宣統二年(1910)常州天寧寺刻本　一冊

520000－2801－0000485　00820
大方廣十地經一卷　(唐)釋實叉難陀等譯　清宣統二年(1910)常州天寧寺刻本　一冊

520000－2801－0000486　822
楞嚴經指掌疏十卷　(清)釋通理撰　清光緒二十八年(1902)四川文殊院刻本　十冊

520000－2801－0000487　00823
大方等大集賢護經五卷　(隋)釋闍那崛多等譯　清同治十二年(1873)江北刻經處刻本　一冊

520000－2801－0000488　824
佛祖統紀五十四卷　(宋)釋志磐撰　清光緒三十四年(1908)慈邑西方寺刻本　十冊

520000－2801－0000489　825
虛空孕菩薩經二卷　(隋)釋闍那崛多譯　**虛空藏菩薩經一卷**　(後秦)釋佛陀耶舍譯　**虛空藏菩薩神呪經一卷觀虛空藏菩薩經一卷**　(南朝宋)釋曇摩密多譯　清光緒五年(1879)姑蘇刻經處、光緒八年(1882)常熟刻經處刻本　一冊

520000－2801－0000490　00826
大方等大集賢護經五卷　(隋)釋闍那崛多等譯　清同治十二年(1873)江北刻經處刻本　一冊

520000－2801－0000491　00827
般舟三昧經三卷　(漢)釋支婁迦讖譯　清宣統三年(1911)常州天寧寺刻本　一冊

520000－2801－0000492　829
大寶積經一百二十卷　(北魏)釋菩提流志譯　清末刻本　二十三冊　存一百十五卷(六至一百二十)

520000－2801－0000493　830
佛說大方等大集經菩薩念佛三昧經十卷　(隋)釋達磨笈多譯　清末常州天寧寺刻宣統元年(1909)印本　一冊　存五卷(一至五)

520000－2801－0000494　00831
大乘本生心地觀經八卷　(唐)釋般若等譯　清末刻本　二冊

520000－2801－0000495　00832
大乘本生心地觀經八卷　(唐)釋般若等譯　清末刻本　二冊

520000－2801－0000496　00833
大乘本生心地觀經八卷　(唐)釋般若等譯　清末刻本　二冊

520000－2801－0000497　839
佛說造像量度經一卷　(清)工布查布譯　**造像量度經續補一卷**　(清)工布查布述　清同治十三年(1874)金陵刻經處刻本　一冊

520000－2801－0000498　00842
諸法本無經三卷　(隋)釋闍那崛多譯　清宣統二年(1910)常州天寧寺刻本　一冊

520000－2801－0000499　843
佛說大灌頂神呪經十二卷　(晉)釋帛尸黎蜜多羅譯　清宣統三年(1911)常州天寧寺刻本　三冊

520000－2801－0000500　00849
千眼千臂觀世音菩薩陀羅尼神呪經　(唐)釋智通譯　**千手千眼觀世音菩薩姥陀羅尼身經一卷**　(北魏)釋菩提流志譯　**千手千眼觀世音菩薩廣大圓滿無礙大悲心陀羅尼經一卷**　(唐)釋伽梵達摩譯　**觀世音菩薩秘密藏神呪經一卷**　(唐)釋實叉難陀譯　**觀世音菩薩如意摩尼陀羅尼經一卷**　(唐)釋寶思惟譯　**觀自在菩薩如意心陀羅尼呪經一卷**　(唐)釋義淨譯　清末刻民國八年(1919)印本　一冊

520000－2801－0000501　851
佛說七俱胝佛母准提大明陀羅尼經一卷　(唐)釋金剛智譯　**千手千眼觀世音菩薩廣大圓滿無礙大悲心陀羅尼經一卷**　(唐)釋伽梵達摩譯　**佛頂尊勝陀羅尼經一卷**　(唐)釋佛

陀波利譯　**穢跡金剛說通神大滿陀羅尼法術靈要門經一卷**　(印度)釋無能勝譯　清同治八年至光緒八年(1869－1882)金陵刻經處刻本　一冊

520000－2801－0000502　858
佛說末利支提婆華鬘經一卷佛說摩利支天經一卷　(唐)釋不空譯　清光緒十五年(1889)如皋刻經處刻本　一冊

520000－2801－0000503　00862
大乘三聚懺悔經一卷　(隋)釋闍那崛多等譯　**佛說迦葉禁戒經一卷**　(南朝宋)釋沮渠京聲譯　**佛說犯戒罪報輕重經一卷**　(漢)釋安世高譯　**佛說戒消災經一卷**　(三國吳)釋支謙譯　**佛說優婆塞五戒相經一卷**　(南朝宋)釋求那跋摩譯　清同治十年(1871)常熟刻經處刻本　一冊

520000－2801－0000504　868
四分戒本一卷　(後秦)釋佛陀耶舍等譯　(清)釋讀體重錄　清光緒十八年(1892)金陵刻經處刻本　一冊

520000－2801－0000505　869
沙彌律儀要略一卷　(清)釋讀體輯　**四分比丘尼戒本一卷**　(後秦)釋佛陀耶舍等譯　清光緒二十九年(1903)新都寶光寺刻本　一冊

520000－2801－0000506　00874
大佛頂如來密因修證了義諸菩薩萬行首楞嚴經貫珠集十卷　(明)釋戒潤述　清刻本　五冊

520000－2801－0000507　876
佛說目連問戒律中五百輕重事經二卷　(□)□□譯　清光緒二年(1876)江北刻經處刻本　一冊

520000－2801－0000508　00880
大佛頂如來密因修證了義諸菩薩萬行首楞嚴經玄義二卷　(明)釋智旭撰述　**大佛頂如來密因修證了義諸菩薩萬行首楞嚴經文句十卷**　(唐)釋般剌密諦譯經　(明)釋智旭文句　清同治十三年(1874)金陵刻經處刻本　十冊

520000－2801－0000509　889
佛說梵網經二卷　(後秦)釋鳩摩羅什譯　清光緒十年(1884)金陵刻經處刻本　一冊

520000－2801－0000510　892
別譯雜阿含經二十卷　(□)□□譯　清末刻本　四冊

520000－2801－0000511　899
梵網經菩薩戒本疏十卷　(唐)釋法藏撰　清光緒二十五年(1899)金陵刻經處刻本　二冊

520000－2801－0000512　00900
佛說梵網經菩薩心地品玄義一卷　(明)釋智旭撰　**佛說梵網經菩薩心地品合註七卷**　(後秦)釋鳩摩羅什譯　(明)釋智旭註　**菩薩戒羯磨文釋一卷**　(唐)釋玄奘譯　(明)釋智旭釋　**重定授菩薩戒法一卷**　(明)釋智旭撰　**菩薩戒本經一卷**　(北涼)釋曇無讖譯　**梵網經懺悔行法一卷**　(明)釋智旭撰　**毘尼後集問辯一卷**　(明)釋智旭撰　清同治九年至十三年(1870－1874)金陵刻經處刻本　五冊

520000－2801－0000513　903
占察善惡業報經玄義一卷行法一卷　(明)釋智旭撰　**疏二卷**　(隋)釋菩提登譯　(明)釋智旭述　清同治七年(1868)邵陽清芬堂刻本　二冊

520000－2801－0000514　908
佛說八大人覺經一卷　(漢)釋安世高譯　**疏一卷**　(清)釋續法集　**二林居唱和詩一卷**　(清)彭紹升等撰　清光緒二十三年(1897)江北刻經處刻本　一冊

520000－2801－0000515　910
佛說四十二章經解一卷　(明)釋智旭撰　**佛遺教經解一卷**　(後秦)釋鳩摩羅什譯　**八大人覺經略解一卷**　(漢)釋安世高譯　(明)釋智旭解　清光緒十一年(1885)金陵刻經處刻本　一冊

520000－2801－0000516　00915
楞嚴摸象記十卷　(明)釋袾宏撰　清光緒二十四年(1898)金陵刻經處刻本　一冊

520000－2801－0000517　00916

起世經十卷　（隋）釋闍那崛多等譯　清末刻本　二册

520000－2801－0000518　917

大般涅槃經三卷　（晉）釋法顯譯　清宣統元年（1909）常州天寧寺刻民國八年（1919）印本　一册

520000－2801－0000519　918

大般涅槃經三卷　（晉）釋法顯譯　清宣統元年（1909）常州天寧寺刻民國八年（1919）印本　一册

520000－2801－0000520　920

佛説四十二章經　（漢）釋迦葉摩騰等譯　**佛遺教經一卷**　（後秦）釋鳩摩羅什譯　**八大人覺經一卷**　（漢）釋安世高譯　清同治九年（1870）金陵刻經處刻本　一册

520000－2801－0000521　921

佛説四十二章經　（漢）釋迦葉摩騰等譯　**佛遺教經一卷**　（後秦）釋鳩摩羅什譯　**八大人覺經一卷**　（漢）釋安世高譯　清同治九年（1870）金陵刻經處刻本　一册

520000－2801－0000522　922

鬼問目連經一卷　（漢）釋安世高譯　**褋藏經一卷**　（晉）釋法顯譯　**餓鬼報應經一卷**　（□）□□譯　**佛説四十二章經一卷**　（漢）釋迦葉摩騰等譯　清光緒九年（1883）江北刻經處刻本　一册

520000－2801－0000523　927

過去現在因果經四卷　（南朝宋）釋求那跋陀羅譯　清光緒十年（1884）江北刻經處刻本　一册

520000－2801－0000524　928

過去現在因果經四卷　（南朝宋）釋求那跋陀羅譯　清光緒十年（1884）江北刻經處刻本　一册

520000－2801－0000525　929

佛説大安般守意經二卷　（漢）釋安世高譯　清末刻本　一册

520000－2801－0000526　931

佛説罵意經一卷禪行法想經一卷佛説處處經一卷佛説分别善惡所起經一卷　（漢）釋安世高譯　清宣統二年（1910）常州天寧寺刻本　一册

520000－2801－0000527　932

佛説出家緣經一卷　（漢）釋安世高譯　**阿含正行經一卷十八泥犁經一卷法受塵經一卷進學經一卷**　（宋）釋沮渠京聲譯　**得道梯隥錫杖經一卷**　（□）□□譯　**貧窮老公經一卷**　（宋）釋慧簡譯　**須摩提長者經一卷**　（三國吴）釋支謙譯　**長者懊惱三處經一卷犍陀國王經一卷**　（漢）釋安世高譯　清宣統二年（1910）常州天寧寺刻本　一册

520000－2801－0000528　933

分别世王十七經一卷　（晉）釋竺法護等譯　清同治十三年（1874）常熟刻經處刻本　一册

520000－2801－0000529　935

藥師瑠璃光如來本願功德經直解二卷　（清）釋靈耀撰　清宣統二年（1910）常州天寧寺刻本　一册

520000－2801－0000530　00936

成實論二十卷　（後秦）釋鳩摩羅什譯　清末刻本　六册

520000－2801－0000531　937

阿毗達磨俱舍論三十卷　（唐）釋玄奘譯　清宣統三年（1911）常州天寧寺刻本　六册

520000－2801－0000532　00938

大方廣佛新華嚴經合論一百二十卷首一卷　（唐）釋實叉難陀譯　**大方廣佛華嚴經入不思議解脱境界普賢行願品一卷**　（唐）釋般若譯　清同治十一年（1872）金陵刻經處刻本　三十册

520000－2801－0000533　00939

大方廣佛華嚴經疏論纂要一百二十卷　（唐）釋澄觀疏鈔　（唐）李通玄論　（唐）釋道霈纂要　清康熙十八年（1679）刻光緒元年（1875）印本　四十八册

520000－2801－0000534　940
佛說阿彌陀經義疏一卷　（宋）釋元照述　清光緒二十四年（1898）金陵刻經處刻本　一冊

520000－2801－0000535　942
金剛般若波羅蜜經論三卷　（隋）釋達磨笈多譯　**金剛般若波羅蜜經論三卷**　（北魏）釋菩提留支譯　清宣統三年（1911）常州天寧寺刻本　一冊

520000－2801－0000536　943
金剛般若波羅蜜經論三卷　（隋）釋達磨笈多譯　**金剛般若波羅蜜經論三卷**　（北魏）釋菩提留支譯　清宣統三年（1911）常州天寧寺刻本　一冊

520000－2801－0000537　945
文殊師利菩薩問菩提經論二卷　（北魏）釋菩提留支譯　**金剛般若波羅蜜經破取著不壞假名論二卷**　（唐）釋地婆訶羅譯　清宣統三年（1911）常州天寧寺刻本　一冊

520000－2801－0000538　00950
大乘中觀釋論十卷　（宋）釋惟淨等譯　清光緒三十四年（1908）金陵刻經處刻本　二冊

520000－2801－0000539　951
菩提資糧論六卷　（隋）釋達磨笈多譯　清宣統三年（1911）常州天寧寺刻本　一冊

520000－2801－0000540　955
大乘阿毗達磨雜集論十六卷　（唐）釋玄奘譯　清宣統三年（1911）常州天寧寺刻本　三冊

520000－2801－0000541　958
大乘起信論一卷　（南朝梁）釋真諦譯　清光緒二十四年（1898）金陵刻經處刻本　一冊

520000－2801－0000542　976
佛本行經七卷　（南朝宋）釋寶雲譯　清宣統三年（1911）江北刻經處刻本　二冊

520000－2801－0000543　00982
金剛般若波羅密經宗通九卷　（後秦）釋鳩摩羅什譯　（明）曾鳳儀宗通　清光緒十一年（1885）金陵刻經處刻本　二冊

520000－2801－0000544　00984
金剛般若波羅蜜經破空論一卷　（後秦）釋鳩摩羅什譯　（明）釋智旭造論　**般若波羅蜜多心經釋要一卷金剛般若波羅蜜經觀心釋一卷**　（明）釋智旭述　清同治十年（1871）如皋刻經處刻本　一冊

520000－2801－0000545　00985
金剛般若波羅蜜經破空論一卷　（後秦）釋鳩摩羅什譯　（明）釋智旭造論　**般若波羅蜜多心經釋要一卷金剛般若波羅蜜經觀心釋一卷**　（明）釋智旭述　清同治十年（1871）如皋刻經處刻本　一冊

520000－2801－0000546　00987
金剛般若波羅蜜經二卷般若波羅蜜多心經解義一卷　（清）徐槐廷校刊　清咸豐八年（1858）刻本　一冊

520000－2801－0000547　993
佛頂光明摩訶薩怛多般怛啰無上神咒一卷（清）釋續法集　**千手千眼觀世音菩薩無礙大悲心陀羅尼合音譯釋一卷**　（□）□□撰譯　**佛頂尊勝陀羅尼一卷**　（唐）釋佛陀波利譯　**七俱胝佛母所説準提陀羅尼經（節要）準提神咒念誦儀軌一卷**　（□）釋不空譯　**藥師瑠璃光如來灌頂真言往生淨土神咒一卷**　（□）□□譯　**拔一切輕重罪業障得生淨土陀羅尼一卷**　（□）□□譯　**正出定咒一卷**　（□）□□譯　清末三峯寺刻本　一冊

520000－2801－0000548　00996
勝鬘經寶窟十五卷　（唐）釋吉藏撰　清光緒二十六年（1900）金陵刻經處刻本　四冊

520000－2801－0000549　00997
仁王護國般若經疏五卷　（隋）釋智顗述（隋）釋灌頂記　清光緒十一年（1885）江北刻經處刻本　一冊

520000－2801－0000550　01027
大般涅槃經四十卷　（五代）釋曇無讖譯　**後分二卷**　（唐）釋若那跋羅陀等譯　清光緒五年（1879）刻本　十冊

520000－2801－0000551　01028
竹里詩存不分卷　（清）王惠撰　清咸豐十年（1860）刻本　一册

520000－2801－0000552　01029
大悲經五卷　（南朝齊）釋那連提黎耶舍譯　（南朝齊）釋法智譯　清宣統元年（1909）常州天寧寺刻本　二册

520000－2801－0000553　01030
大悲經五卷　（南朝齊）釋那連提黎耶舍譯　（南朝齊）釋法智譯　清宣統元年（1909）常州天寧寺刻本　四册

520000－2801－0000554　01032
金剛般若經疏一卷　（隋）釋知顗說　（隋）釋顯宗會　**般若波羅蜜多心經疏一卷**　（唐）釋玄奘譯　（唐）釋靖邁撰疏　清光緒二十三年（1897）金陵刻經處刻本　一册

520000－2801－0000555　01037
大乘大悲分陀利經八卷　（□）□□譯　清宣統二年（1910）常州天寧寺刻本　三册

520000－2801－0000556　01038
悲華經十卷　（北涼）釋曇無讖譯　清光緒四年（1878）金陵刻經處刻本　三册

520000－2801－0000557　01039
悲華經十卷　（北涼）釋曇無讖譯　清光緒四年（1878）金陵刻經處刻本　三册

520000－2801－0000558　01040
大佛頂如來密因修證了義諸菩薩萬行首楞嚴經玄義二卷　（明）釋智旭撰　**大佛頂如來密因修證了義諸菩薩萬行首楞嚴經文句十卷**　（唐）釋般剌密諦譯　（明）釋智旭文句　清宣統元年（1909）刻本　十册

520000－2801－0000559　01043
大樹緊那羅王所問經四卷　（後秦）釋鳩摩羅什譯　清宣統二年（1910）常州天寧寺刻本　一册

520000－2801－0000560　01044
佛昇忉利天為母說法經三卷　（晉）釋竺法護譯　清宣統元年（1909）揚州藏經院刻本　一册

520000－2801－0000561　01046
思益梵天所問經四卷　（後秦）釋鳩摩羅什譯　清光緒五年（1879）金陵刻經處刻本　一册

520000－2801－0000562　01047
思益梵天所問經四卷　（後秦）釋鳩摩羅什譯　清光緒五年（1879）金陵刻經處刻本　一册

520000－2801－0000563　01053
楞伽阿跋多羅寶經會譯四卷　（南朝宋）釋求那跋陀羅初譯　（北魏）釋菩提留支再譯　（唐）釋實叉難陀后譯　（明）釋員珂會譯　清光緒三十四年（1908）金陵刻經處刻本　四册

520000－2801－0000564　01058
諸法本無經三卷　（隋）釋闍那崛多譯　清宣統二年（1910）常州天寧寺刻本　一册

520000－2801－0000565　01059
六度集經八卷　（三國吳）釋康僧會譯　清光緒五年（1879）金陵刻經處刻本　二册

520000－2801－0000566　01061
佛說藥師如來本願經一卷　（隋）釋達磨笈多譯　**藥師琉璃光如來本願功德經一卷**　（唐）釋玄奘譯　**藥師琉璃光七佛本願功德經二卷**　（唐）釋義淨譯　清宣統元年（1909）常州刻本　一册

520000－2801－0000567　01062
佛說阿者世王經二卷　（漢）釋支婁迦讖譯　清宣統元年（1909）常州天寧寺刻本　一册

520000－2801－0000568　01065
佛為海龍王說法印經一卷　（唐）釋義淨譯　**右遶佛塔功德經一卷**　（唐）釋實叉難陀譯　**佛說妙色王因緣經一卷**　（唐）釋義淨譯　**師子素馱娑王斷肉經一卷**　（唐）釋智嚴譯　**差摩婆帝受記經一卷**　（北魏）釋菩提留支譯　**師子莊嚴王菩薩請問經一卷**　（唐）釋那提譯　**中陰經二卷**　（晉）釋竺佛念譯　**佛說蓮花面經二卷**　（隋）釋那連提耶舍譯　**佛說三品弟子經一卷**　（三國吳）釋支謙譯　**佛說四輩**

經一卷 （晉）釋竺法護譯 **佛說當來變經一卷** （晉）釋竺法護譯 **過去佛分衛經一卷** （晉）釋竺法護譯 **佛說法滅盡經一卷** （□）□□譯 **佛說甚深大迴向經一卷** （□）□□譯 **天王太子辟羅經一卷** （□）□□譯 清宣統三年(1911)常州天寧寺刻本 一冊

520000－2801－0000569 01066
金剛三昧經二卷 （五代）釋□□譯 清同治十二年(1873)金陵刻經處刻本 一冊

520000－2801－0000570 01068
金剛三昧經二卷 （五代）釋□□譯 清同治十二年(1873)金陵刻經處刻本 一冊

520000－2801－0000571 01069
大乘本生心地觀經八卷 （唐）釋般若等譯 清末刻本 二冊

520000－2801－0000572 01070
大乘本生心地觀經八卷 （唐）釋般若等譯 清末刻本 二冊

520000－2801－0000573 01075
觀佛三昧海經十卷 （晉）釋佛陀跋陀羅譯 清光緒十七年(1891)金陵刻經處刻本 二冊

520000－2801－0000574 01077
大方便佛報恩經七卷 （□）□□譯 清同治十年(1871)如皋刻經處刻本 二冊

520000－2801－0000575 01078
大方便佛報恩經七卷 （□）□□譯 清同治十一年(1872)金陵刻經處刻本 二冊

520000－2801－0000576 01086
大佛頂如來密因修證了義諸菩薩萬行首楞嚴經十卷 （唐）釋般剌密帝譯 清宣統二年(1910)貴陽刻本 二冊

520000－2801－0000577 01093
佛垂般涅槃略說教誡經一卷 （後秦）釋鳩摩羅什譯 **佛臨涅槃記法住經一卷** （唐）釋玄奘譯 **佛滅度後棺斂葬送經一卷** （□）□□譯 **般泥洹後灌臘經一卷** （晉）釋竺法護譯 清光緒二十八年(1902)毘陵天寧寺刻本 一冊

520000－2801－0000578 01094
佛垂般涅槃略說教誡經一卷 （後秦）釋鳩摩羅什譯 **佛臨涅槃記法住經一卷** （唐）釋玄奘譯 **佛滅度後棺斂葬送經一卷** （□）□□譯 **般泥洹後灌臘經一卷** （晉）釋竺法護譯 清光緒二十八年(1902)毘陵天寧寺刻本 一冊

520000－2801－0000579 01096
佛為海龍王說法印經一卷 （唐）釋義淨譯 **右遶佛塔功德經一卷** （唐）釋實叉難陀譯 **佛說妙色王因緣經一卷** （唐）釋義淨譯 **師子素馱娑王斷肉經一卷** （唐）釋智嚴譯 **差摩婆帝受記經一卷** （北魏）釋菩提留支譯 **師子莊嚴王菩薩請問經一卷** （唐）釋那提譯 **中陰經二卷** （晉）釋竺佛念譯 **佛說蓮花面經二卷** （隋）釋那連提耶舍譯 **佛說三品弟子經一卷** （三國吳）釋支謙譯 **佛說四輩經一卷** （晉）釋竺法護譯 **佛說當來變經一卷** （晉）釋竺法護譯 **過去佛分衛經一卷** （晉）釋竺法護譯 **佛說法滅盡經一卷** （□）□□譯 **佛說甚深大迴向經一卷** （□）□□譯 **天王太子辟羅經一卷** （□）□□譯 清宣統三年(1911)常州天寧寺刻本 一冊

520000－2801－0000580 01100
佛說觀無量壽佛經一卷 （南朝宋）釋畺良耶舍譯 **佛說阿彌陀經一卷** （後秦）釋鳩摩羅什譯 **稱贊淨土佛攝受經一卷** （唐）釋玄奘譯 **拔一切業障根本得生淨土神咒一卷** （南朝宋）釋求那跋陀羅譯 **後出阿彌陀佛偈經一卷** （漢）□□譯 **阿彌陀佛鼓音聲王陀羅尼經一卷** （□）□□譯 **觀世音菩薩得大勢菩薩受記經一卷** （南朝宋）釋曇無竭譯 **無量壽經優波提舍一卷** （北魏）釋菩提留支譯 **佛說阿彌陀經疏一卷** （唐）釋元曉撰 清同治十一年至光緒七年(1872－1881)金陵刻經處、江北刻經處刻本 一冊

520000－2801－0000581 01101
佛說觀無量壽佛經一卷 （南朝宋）釋畺良耶舍譯 **佛說阿彌陀經一卷** （後秦）釋鳩摩羅

什譯　**稱贊淨土佛攝受經一卷**　(唐)釋玄奘譯　**拔一切業障根本得生淨土神咒一卷**　(南朝宋)釋求那跋陀羅譯　**後出阿彌陀佛偈經一卷**　(漢)□□譯　**阿彌陀佛鼓音聲王陀羅尼經一卷**　(□)□□譯　**觀世音菩薩得大勢菩薩受記經一卷**　(南朝宋)釋曇無竭譯　**無量壽經優波提舍一卷**　(北魏)釋菩提留支譯　**佛說阿彌陀經疏一卷**　(唐)釋元曉撰　清同治十一年至光緒七年(1872－1881)金陵刻經處、江北刻經處刻本　一册

520000－2801－0000582　01102

佛說觀無量壽佛經一卷　(南朝宋)釋畺良耶舍譯　**佛說阿彌陀經一卷**　(後秦)釋鳩摩羅什譯　**稱贊淨土佛攝受經一卷**　(唐)釋玄奘譯　**拔一切業障根本得生淨土神咒一卷**　(南朝宋)釋求那跋陀羅譯　**後出阿彌陀佛偈經一卷**　(漢)□□譯　**阿彌陀佛鼓音聲王陀羅尼經一卷**　(□)□□譯　**觀世音菩薩得大勢菩薩受記經一卷**　(南朝宋)釋曇無竭譯　**無量壽經優波提舍一卷**　(北魏)釋菩提留支譯　**佛說阿彌陀經疏一卷**　(唐)釋元曉撰　清同治十一年至光緒七年(1872－1881)金陵刻經處、江北刻經處刻本　一册

520000－2801－0000583　01105

佛說彌勒下生經一卷　(後秦)釋鳩摩羅什譯　清同治十一年(1872)金陵刻經處刻本　一册

520000－2801－0000584　01105

佛說觀彌勒菩薩上生兜率陀天經一卷　(南朝宋)釋沮渠京聲譯　**佛說彌勒下生經一卷**　(後秦)釋鳩摩羅什譯　**佛說觀彌勒菩薩下生經一卷**　(晉)釋竺法護譯　清光緒三年(1877)金陵刻經處刻本　一册

520000－2801－0000585　01114

菩薩瓔珞經二十卷　(晉)釋竺佛念譯　清光緒十八年(1892)江北刻經處刻本　五册

520000－2801－0000586　01115

三千諸佛名經三卷　(南朝宋)釋畺良耶舍等譯　清光緒元年(1875)金陵刻經處刻本　一册

520000－2801－0000587　01116

三千諸佛名經三卷　(南朝宋)釋畺良耶舍等譯　清光緒元年(1875)金陵刻經處刻本　一册

520000－2801－0000588　01119

妙法蓮華經文句記三十卷　(後秦)釋鳩摩羅什譯　(隋)釋智顗說　(隋)釋灌頂記　(唐)釋湛然述　清光緒七年(1881)姑蘇刻經處刻本　三十册

520000－2801－0000589　01123

法華擊節一卷　(明)釋德清撰　清宣統元年(1909)揚州藏經院刻本　一册

520000－2801－0000590　01125

妙法蓮華經文句記三十卷　(後秦)釋鳩摩羅什譯　(隋)釋智顗說　(隋)釋灌頂記　(唐)釋湛然述　清光緒七年(1881)姑蘇刻經處刻本　三十册

520000－2801－0000591　01128

妙法蓮華經文句記三十卷　(後秦)釋鳩摩羅什譯　(隋)釋智顗說　(隋)釋灌頂記　(唐)釋湛然述　清光緒七年(1881)姑蘇刻經處刻本　三十册

520000－2801－0000592　01130

維摩詰所說經註八卷　(後秦)釋鳩摩羅什譯　(晉)釋僧肇註　清光緒十三年(1887)金陵刻經處刻本　二册

520000－2801－0000593　01137

法華經安樂行義一卷　(南朝陳)釋慧思撰　清光緒三年(1877)江北刻經處刻本　一册

520000－2801－0000594　01137

法華龍女成佛權實義一卷　(南朝宋)釋源清撰　清光緒二十三年(1897)金陵刻經處刻本　一册

520000－2801－0000595　01138

永嘉禪宗集註二卷　(明)釋傳燈編註　清光緒二十二年(1896)丹徒縣李培楨刻本　一册

520000－2801－0000596　01139
選佛譜六卷　(明)釋智旭撰　清光緒十七年(1891)金陵刻經處刻本　二册

520000－2801－0000597　01151
金光明經玄義二卷　(隋)釋智顗說　(隋)釋灌頂記　清光緒七年(1881)姑蘇刻經處刻本　一册

520000－2801－0000598　01152
金光明經玄義拾遺五卷　(宋)釋知禮撰　清末刻本　一册

520000－2801－0000599　01153
十不二門指要鈔詳解二卷　(唐)釋湛然釋籤　(宋)釋可度詳解　清末刻本　四册

520000－2801－0000600　01154
四念處四卷　(隋)釋智顗說　(隋)釋灌頂記　清光緒三年(1877)江北刻經處刻本　一册

520000－2801－0000601　01161
瞿脈和禪師語錄九卷　(清)釋德久等編　清康熙五十六年(1717)刻本　三册

520000－2801－0000602　01164
御選語錄十九卷　(清)世宗胤禛選　清光緒四年(1878)金陵刻經處刻本　十四册

520000－2801－0000603　01165
宗范八卷　(清)釋錢伊庵編輯　清光緒十二年(1886)金陵刻經處刻本　三册

520000－2801－0000604　01166
宗范八卷　(清)釋錢伊庵編輯　清光緒十二年(1886)金陵刻經處刻本　一册　存三卷(四至六)

520000－2801－0000605　01167
月心笑巖寶祖二卷　(明)釋月心撰　(明)釋曇芝編集　清光緒十二年(1886)昭慶慧空經房刻本　二册

520000－2801－0000606　01168
大覺普濟玉林禪師語錄十二卷首一卷　(清)釋音綽等編　(清)釋超琦等彙　**能仁國師年譜二卷**　(清)釋超琦輯錄　清同治十三年(1874)杭州昭慶寺慧空經房刻本　六册

520000－2801－0000607　01169
禪門鍛煉說一卷　(清)釋戒顯著　清同治十一年(1872)如皋刻經處刻本　一册

520000－2801－0000608　01170
禪門鍛煉說一卷　(清)釋戒顯著　清同治十一年(1872)如皋刻經處刻本　一册

520000－2801－0000609　01171
洞上古轍二卷　(清)釋元賢輯　(清)釋道霈編　清末刻本　一册

520000－2801－0000610　01172
寶藏論一卷　(晉)釋僧肇著　清光緒二十三年(1897)金陵刻經處刻本　一册

520000－2801－0000611　01173
壇經一卷　(唐)釋慧能撰　(唐)釋法海錄　清同治十一年(1872)如皋刻經處刻本　一册

520000－2801－0000612　01174
壇經一卷　(唐)釋慧能撰　(唐)釋法海錄　清同治十一年(1872)如皋刻經處刻本　一册

520000－2801－0000613　01175
永嘉真覺大師證道歌一卷　(唐)釋玄覺撰　(清)釋彥琪注　清光緒二十二年(1896)丹徒縣李培楨刻本　一册

520000－2801－0000614　01177
龐居士語錄三卷　(唐)龐蘊撰　(唐)于頔編　清咸豐元年(1851)姑蘇虎邱普度寺刻本　一册

520000－2801－0000615　01178
高峯大師語錄一卷　(元)釋原妙撰　清光緒十五年(1889)金陵刻經處刻本　一册

520000－2801－0000616　01179
高峯大師語錄一卷　(元)釋原妙撰　清光緒十五年(1889)金陵刻經處刻本　一册

520000－2801－0000617　01180
天目中峰和尚廣錄三十卷　(元)釋慈寂編　清光緒七年(1881)姑蘇刻經處刻本　六册

520000－2801－0000618　01181
天目中峰和尚廣錄三十卷　（元）釋慈寂編　清光緒七年（1881）姑蘇刻經處刻本　三册　存十九卷（六至十、十二至十六、二十二至三十）

520000－2801－0000619　01182
龍池幻有禪師語錄十卷　（明）釋幻有撰　（明）釋圓悟等編　清宣統二年（1910）常州天寧寺刻本　四册

520000－2801－0000620　01183
龍池幻有禪師語錄十卷　（明）釋幻有撰　（明）釋圓悟等編　清宣統二年（1910）常州天寧寺刻本　四册

520000－2801－0000621　01184
龍池幻有禪師語錄十卷　（明）釋幻有撰　（明）釋圓悟等編　清宣統二年（1910）常州天寧寺刻本　四册

520000－2801－0000622　01195
鐔津文集十九卷首一卷　（宋）釋契嵩撰　清光緒二十八年（1902）揚州藏經院刻本　四册

520000－2801－0000623　01199
法海觀瀾五卷　（明）釋智旭撰　清光緒二十三年（1897）揚州藏經禪院刻本　二册

520000－2801－0000624　01205
天台四教儀註彙補輔宏記十卷首一卷　（高麗）釋諦觀錄　（元）釋蒙潤集註　（清）釋性權彙補　清光緒二十四年（1898）觀宗講寺刻本　五册　存五卷（一至四、首一卷）

520000－2801－0000625　01208
選佛譜六卷　（明）釋智旭撰　清光緒十七年（1891）金陵刻經處刻本　二册

520000－2801－0000626　01209
選佛譜六卷　（明）釋智旭撰　清光緒十七年（1891）金陵刻經處刻本　二册

520000－2801－0000627　01210
選佛譜六卷　（明）釋智旭撰　清光緒十七年（1891）金陵刻經處刻本　二册

520000－2801－0000628　01213
天台四教儀註彙補輔宏記十卷首一卷　（高麗）釋諦觀錄　（元）釋蒙潤集註　（清）釋性權彙補　清光緒二十四年（1898）觀宗講寺刻本　十一册

520000－2801－0000629　01221
毘尼珍敬錄二卷　（明）釋廣承輯錄　（明）釋智旭會補　清光緒二年（1876）維揚藏經禪院刻本　二册

520000－2801－0000630　1222
大乘起信論義記七卷别記一卷　（唐）釋法藏撰　清刻本　二册

520000－2801－0000631　01223
大乘止觀法門釋要六卷　（明）釋智旭撰　清光緒二十二年（1896）刻本　二册

520000－2801－0000632　01226
摩訶止觀輔行傳弘決四十卷　（唐）釋湛然撰　（明）釋傳燈增科　清末刻本　二十册

520000－2801－0000633　01227
摩訶止觀輔行傳弘決四十卷　（唐）釋湛然撰　（明）釋傳燈增科　清末刻本　二十册

520000－2801－0000634　01230
妙法蓮華經文句記三十卷　（後秦）釋鳩摩羅什譯　（隋）釋智顗說　（隋）釋灌頂記　（唐）釋湛然述　清光緒七年（1881）姑蘇刻經處刻本　三十册

520000－2801－0000635　01232
大乘起信論科注一卷　（清）桂柏華輯　清光緒三十年（1904）武昌刻本　一册

520000－2801－0000636　01233
大乘起信論科注一卷　（清）桂柏華輯　清光緒三十年（1904）武昌刻本　一册

520000－2801－0000637　01238
大乘法界無差别論疏二卷　（唐）釋法藏撰　清光緒二十一年（1895）金陵刻經處刻本　一册

520000－2801－0000638　01239

往生論註四種　（北魏）釋菩提凿支等譯註　清光緒十九年（1893）金陵刻經處刻本　一冊

520000－2801－0000639　01241

十二門論宗致義記三卷　（唐）釋法藏撰　清光緒二十一年（1895）金陵刻經處刻本　一冊

520000－2801－0000640　01245

毘尼關要十六卷毘尼關要事義一卷　（清）釋德基輯　清光緒三十二年（1906）華山律堂刻本　九冊

520000－2801－0000641　01246

毘尼止持會集十六卷首一卷　（清）釋讀體集　清末刻本　七冊

520000－2801－0000642　01250

佛說八大人覺經疏一卷二林居唱和詩一卷　（清）釋續法　（清）彭紹升等撰　清光緒二十三年（1897）江北刻經處刻本　一冊

520000－2801－0000643　01251

佛說八大人覺經疏一卷二林居唱和詩一卷　（清）釋續法　（清）彭紹升等撰　清光緒二十三年（1897）江北刻經處刻本　一冊

520000－2801－0000644　01252

大佛頂首楞嚴經疏解蒙鈔六十卷首一卷　（清）釋蒙叟撰　清光緒十五年（1889）蘇城瑪瑙經房刻本　二十冊

520000－2801－0000645　01254

楞嚴摸象記十卷　（明）釋袾宏撰　清光緒二十四年（1898）金陵刻經處刻本　一冊

520000－2801－0000646　01255

楞嚴摸象記十卷　（明）釋袾宏撰　清光緒二十四年（1898）金陵刻經處刻本　一冊

520000－2801－0000647　01256

楞嚴摸象記十卷　（明）釋袾宏撰　清光緒二十四年（1898）金陵刻經處刻本　一冊

520000－2801－0000648　01260

蕅益解經一卷佛說四十二章經解一卷佛遺教經解一卷八大人覺經略解一卷　（明）釋智旭解　清光緒十一年（1885）金陵刻經處刻本　一冊

520000－2801－0000649　01264

梵網經心地品菩薩戒義疏發隱五卷戒義疏發隱事義一卷菩薩戒問辯一卷　（明）釋袾宏撰　清光緒二十四年（1898）金陵刻經處刻本　五冊

520000－2801－0000650　01265

佛說梵網經菩薩心地品玄義一卷　（明）釋智旭撰　**佛說梵網經菩薩心地品合註七卷**　（後秦）釋鳩摩羅什譯　（明）釋智旭註　**菩薩戒羯磨文釋一卷**　（唐）釋玄奘譯　（明）釋智旭釋　**重定授菩薩戒法一卷**　（明）釋智旭撰　**菩薩戒本經一卷**　（北涼）釋曇無懺譯　**梵網經懺悔行法一卷**　（明）釋智旭撰　**毘尼後集問辯一卷**　（明）釋智旭撰　清同治九年至十三年（1870－1874）金陵刻經處刻本　五冊

520000－2801－0000651　01268

菩薩戒本經一卷箋要一卷　（五代）釋曇無懺譯　（明）釋智旭箋　清光緒六年（1880）金陵刻經處刻本　一冊

520000－2801－0000652　01269

菩薩戒本經一卷箋要一卷　（五代）釋曇無懺譯　（明）釋智旭箋　清光緒六年（1880）金陵刻經處刻本　一冊

520000－2801－0000653　01270

菩薩戒本經箋要一卷　（五代）釋曇無懺譯　（明）釋智旭箋　清光緒六年（1880）金陵刻經處刻本　一冊

520000－2801－0000654　01272

妙法蓮華經七卷　（後秦）釋鳩摩羅什譯　清嘉慶十九年（1814）貴陽黔靈山經樓刻本　七冊

520000－2801－0000655　01277

佛祖歷代通載三十六卷　（元）釋念常集　清宣統元年（1909）江北刻經處刻本　八冊

520000－2801－0000656　01278

續指月錄二十卷首一卷尊宿集一卷　（清）釋聶先編集　清光緒十二年（1886）金陵刻經處

刻本　六册

520000－2801－0000657　01280

雍正上諭一卷　(清)世宗胤禛撰　清同治八年(1869)刻本　一册

520000－2801－0000658　01281

寒山詩一卷　(唐)釋寒山撰　**拾得大士詩一卷**　(唐)釋拾得撰　**張平叔語録一卷**　(元)張平叔撰　**栯堂山居詩一卷**　(□)□□撰　清光緒十一年(1885)金陵刻經處刻本　一册

520000－2801－0000659　01282

金屑一撮一卷　(清)□□撰　清宣統三年(1911)常州天寧寺刻本　一册

520000－2801－0000660　01283

金屑一撮一卷　(清)□□撰　清宣統三年(1911)常州天寧寺刻本　一册

520000－2801－0000661　01284

牧牛圖一卷　(清)□□繪　(清)釋普明撰　清光緒二十四年(1898)揚州衆香庵刻本　四册

520000－2801－0000662　01285

牧牛圖一卷　(清)□□繪　(清)釋普明撰　清光緒二十四年(1898)揚州衆香庵刻本　四册

520000－2801－0000663　01286

牧牛圖一卷　(清)□□繪　(清)釋普明撰　清光緒二十四年(1898)揚州衆香庵刻本　四册

520000－2801－0000664　01287

牧牛圖一卷　(清)□□繪　(清)釋普明撰　清光緒二十四年(1898)揚州衆香庵刻本　四册

520000－2801－0000665　01293

禪林僧寶傳三十卷首一卷　(宋)釋惠洪撰　清光緒五年(1879)常熟刻經處刻本　三册

520000－2801－0000666　01295

明州定應大師布袋和尚傳一卷　(元)釋曇噩撰　**布袋和尚後序一卷**　(明)釋廣如撰　清同治十三年(1874)杭州昭慶寺刻本　一册

520000－2801－0000667　01310

啟信雜説一卷　(清)周安士輯　清末刻本　一册

520000－2801－0000668　01312

淨業知津一卷　(清)釋悟開撰　清同治十三年(1874)金陵刻經處刻本　一册

520000－2801－0000669　01314

念佛百問一卷　(清)釋悟開撰　清同治五年(1866)刻本　一册

520000－2801－0000670　01316

夢東禪師遺集二卷　(清)釋訥堂撰　清嘉慶二十二年(1817)刻本　一册

520000－2801－0000671　01317

受持佛説阿彌陀經行願儀一卷　(清)釋成時輯　清同治九年(1870)如皋刻經處刻本　一册

520000－2801－0000672　01318

受持佛説阿彌陀經行願儀一卷　(清)釋成時輯　清同治九年(1870)如皋刻經處刻本　一册

520000－2801－0000673　01319

淨土警語一卷　(清)釋截流撰　**起一心精進念佛七期規式一卷**　(清)釋行策定　清光緒六年(1880)常熟刻經處刻本　一册

520000－2801－0000674　01324

西齋淨土詩四卷　(明)釋梵琦撰　清末新都寶光寺刻本　一册

520000－2801－0000675　01325

西齋淨土詩四卷　(明)釋梵琦撰　清末新都寶光寺刻本　一册

520000－2801－0000676　01326

西齋淨土詩四卷　(明)釋梵琦撰　清末新都寶光寺刻本　一册

520000－2801－0000677　01327

西齋淨土詩四卷　(明)釋梵琦撰　清末金陵刻經處刻本　一册

520000－2801－0000678　01328
徑中徑又徑徵義三卷首一卷　(清)張師誠輯　(清)徐槐廷徵義　清光緒二十五年(1899)刻本　一册

520000－2801－0000679　01329
徑中徑又徑徵義三卷首一卷　(清)張師誠輯　(清)徐槐廷徵義　清光緒二十五年(1899)刻本　一册

520000－2801－0000680　01330
徑中徑又徑徵義三卷首一卷　(清)張師誠輯　(清)徐槐廷徵義　清光緒二十五年(1899)刻本　一册

520000－2801－0000681　01332
西方願文解一卷　(明)釋袾宏著并釋　清光緒二十四年(1898)金陵刻經處刻本　一册

520000－2801－0000682　01336
梵室偶談一卷　(明)釋智旭撰　**徹悟禪師語錄二卷**　(清)釋了亮等輯　清光緒十六年(1890)揚州藏經院刻本　一册

520000－2801－0000683　01337
龍舒淨土文十卷　(宋)王日休撰　清乾隆五十六年(1791)刻本　一册

520000－2801－0000684　01338
西方要決釋疑通規一卷　(唐)釋窺基撰　清末金陵刻經處刻本　一册

520000－2801－0000685　01339
西方要決釋疑通規一卷　(唐)釋窺基撰　清末金陵刻經處刻本　一册

520000－2801－0000686　01341
無量壽經宗要一卷　(唐)釋元曉撰　清末刻本　一册

520000－2801－0000687　01342
無量壽經宗要一卷　(唐)釋元曉撰　清末刻本　一册

520000－2801－0000688　01345
淨土論三卷　(唐)釋迦才撰　清末金陵刻經處刻本　一册

520000－2801－0000689　01351
大乘法界無差别論疏二卷　(唐)釋法藏撰　清光緒二十一年(1895)金陵刻經處刻本　一册

520000－2801－0000690　01352
十二門論宗致義記三卷　(唐)釋法藏撰　清光緒二十一年(1895)金陵刻經處刻本　一册

520000－2801－0000691　01356
成唯識論觀心法要十卷　(明)釋智旭撰　清光緒二十六年(1900)揚州藏經院刻本　十册

520000－2801－0000692　1357
唯識二十論述記四卷　(唐)釋窺基撰　清宣統二年(1910)江西刻經處刻本　二册

520000－2801－0000693　01361
相宗八要直解八種　(明)釋智旭解　清同治九年(1870)金陵刻經處刻本　二册

520000－2801－0000694　01362
相宗八要直解八種　(明)釋智旭解　清同治九年(1870)金陵刻經處刻本　二册

520000－2801－0000695　01363
相宗直解一卷八識規矩直解一卷大乘百法明門論直解一卷　(唐)釋玄奘譯　(明)釋智旭解　清光緒三十年(1904)新都寶光寺刻本　一册

520000－2801－0000696　01364
相宗直解一卷八識規矩直解一卷大乘百法明門論直解一卷　(唐)釋玄奘譯　(明)釋智旭解　清光緒三十年(1904)新都寶光寺刻本　一册

520000－2801－0000697　01367
破邪論二卷　(唐)釋法琳撰　清光緒三十四年(1908)揚州藏經院刻本　一册

520000－2801－0000698　01371
辯僞錄六卷　(元)釋祥邁撰　清光緒三十三年(1907)揚州藏經院刻本　二册

520000－2801－0000699　01385
重訂教乘法數十二卷　(清)釋超海等編纂

清光緒三十年(1904)刻本　六册

520000－2801－0000700　01386
佛爾雅八卷　(清)周春撰　清末刻本　一册

520000－2801－0000701　01387
重訂教乘法數十二卷　(清)釋超海等編纂　清光緒三十年(1904)刻本　六册

520000－2801－0000702　01391
翻譯名義集二十卷　(宋)釋法雲編　清光緒四年(1878)金陵刻經處刻本　六册

520000－2801－0000703　01395
成唯識論述記六十卷　(唐)釋窺基撰　清光緒二十七年(1901)金陵刻經處刻本　二十册

520000－2801－0000704　1397
阿育王山誌略二卷　(明)郭子章等撰　明刻本　一册

520000－2801－0000705　01398
相宗八要直解八種　(明)釋智旭解　清同治九年(1870)金陵刻經處刻本　二册

520000－2801－0000706　1400
性相通說二卷　(明)釋德清撰　清同治十二年(1873)金陵刻經處刻本　一册

520000－2801－0000707　1406
菜根譚二卷　(明)洪應明撰　清光緒二十八年(1902)刻本　一册

520000－2801－0000708　1414
靈峰蕅益大師宗論十卷　(清)釋成時輯　**天學初徵一卷再徵一卷**　(清)鍾始聲撰　**見聞錄一卷**　(明)釋智旭撰　清光緒元年(1875)江北刻經處刻本　十册

520000－2801－0000709　1415
靈峰蕅益大師宗論十卷　(清)釋成時輯　**天學初徵一卷再徵一卷**　(清)鍾始聲撰　**見聞錄一卷**　(明)釋智旭撰　清光緒元年(1875)江北刻經處刻本　十册

520000－2801－0000710　01416
八指頭陀詩集五卷　(清)釋敬安撰　清刻本　一册

520000－2801－0000711　1417
閱藏隨筆二卷　(清)釋元度撰語　(清)釋太穆節解　清宣統元年(1909)揚州天寧寺刻本　二册

520000－2801－0000712　01425
十不二門指要鈔詳解二卷　(唐)釋湛然釋籤　(宋)釋可度詳解　清末刻本　四册

520000－2801－0000713　1441
天台四教儀一卷　(高麗)釋諦觀錄　**始終心要一卷**　(唐)釋湛然述　**天台八教大意一卷**　(隋)釋灌頂撰　清宣統元年(1909)揚州藏經院刻本　一册

520000－2801－0000714　1446
釋禪波羅密次第門法十卷　(隋)釋法慎記　清光緒三十四年(1908)揚州藏經院刻本　四册

520000－2801－0000715　1447
釋禪波羅密次第門法十卷　(隋)釋法慎記　清光緒三十四年(1908)揚州藏經院刻本　四册

520000－2801－0000716　01448
四念處四卷　(隋)釋智顗說　(隋)釋灌頂記　清光緒三年(1877)江北刻經處刻本　一册

520000－2801－0000717　1449
修習止觀坐禪法要二卷六妙法門一卷　(隋)釋智顗述　清光緒十八年至二十九年(1892－1903)金陵刻經處刻本　一册

520000－2801－0000718　1450
妙法蓮華經玄義釋籤四十卷　(隋)釋灌頂記　(唐)釋湛然釋　清光緒七年(1881)刻本　二十册

520000－2801－0000719　01451
菩薩戒本經箋要一卷　(五代)釋曇無懺譯　(明)釋智旭箋　清光緒六年(1880)金陵刻經處刻本　一册

520000－2801－0000720　1452
大乘起信論疏記會本六卷　(南朝梁)釋真諦

譯　清光緒二十五年(1899)金陵刻經處刻本　二冊

520000－2801－0000721　1457
性相通說二卷　(明)釋德清撰　清光緒三十二年(1906)刻本　一冊

520000－2801－0000722　1477
兜率龜鏡集三卷　(清)釋弘贊輯　清宣統元年(1909)常州天寧寺刻本　一冊

520000－2801－0000723　01493
大乘起信論裂網疏六卷　(明)釋智旭述　清末金陵書局刻本　一冊

520000－2801－0000724　1494
大乘起信論纂注二卷　(南朝梁)釋真諦譯　(明)釋真界纂註　清光緒二年(1876)湘東精舍刻本　一冊

520000－2801－0000725　01495
真心直說一卷　(高麗)釋知訥撰　**八識規矩補註二卷**　(明)釋普泰補註　**大乘百法明門論科一卷**　(□)□□撰　**大乘百法明門論解二卷**　(唐)釋玄奘譯　(唐)釋窺基註解　(明)釋普泰增修　清刻本　一冊

520000－2801－0000726　01496
真心直說一卷　(高麗)釋知訥撰　**八識規矩補註二卷**　(明)釋普泰補註　**大乘百法明門論科一卷**　(□)□□撰　**大乘百法明門論解二卷**　(唐)釋玄奘譯　(唐)釋窺基註解　(明)釋普泰增修　清刻本　一冊

520000－2801－0000727　01497
真心直說一卷　(高麗)釋知訥撰　**八識規矩補註二卷**　(明)釋普泰補註　**大乘百法明門論科一卷**　(□)□□撰　**大乘百法明門論解二卷**　(唐)釋玄奘譯　(唐)釋窺基註解　(明)釋普泰增修　清刻本　一冊

520000－2801－0000728　01498
真心直說一卷　(高麗)釋知訥撰　**大乘百法明門論解二卷**　(唐)釋玄奘譯　(唐)釋窺基註解　(明)釋普泰增修　清刻本　一冊

520000－2801－0000729　01499
真心直說一卷　(高麗)釋知訥撰　**八識規矩補註二卷**　(明)釋普泰補註　**大乘百法明門論科一卷**　(□)□□撰　**大乘百法明門論解二卷**　(唐)釋玄奘譯　(唐)釋窺基註解　(明)釋普泰增修　清刻本　一冊

520000－2801－0000730　1500
因明入正理論疏八卷　(唐)釋窺基撰　清光緒二十二年(1896)金陵刻經處刻本　二冊

520000－2801－0000731　1501
五重唯識觀注一卷　(清)梅光羲編　清刻本　一冊

520000－2801－0000732　01502
高僧傳三集三十卷　(宋)釋贊寧等撰　清光緒十三年(1887)江北刻經處刻本　八冊

520000－2801－0000733　01507
大唐西域記十二卷　(唐)釋玄奘述　(唐)釋辯機撰　清宣統元年(1909)常州天寧寺刻本　四冊

520000－2801－0000734　01509
集神州塔寺三寶感通錄四卷　(唐)釋道宣撰　清宣統元年(1909)揚州藏經院刻本　一冊

520000－2801－0000735　01510
神僧傳九卷　(明)成祖朱棣輯　清宣統元年(1909)天寧寺刻本　四冊

520000－2801－0000736　01511
善女人傳二卷　(清)彭際清撰　清同治十一年(1872)常熟刻本　一冊

520000－2801－0000737　01512
居士傳五十六卷　(清)彭際清撰　清乾隆四十年(1775)刻本　四冊

520000－2801－0000738　01513
高僧傳四集六卷　(明)釋如惺撰　清刻本　一冊　存三卷(一至三)

520000－2801－0000739　01514
翻譯名義集二十卷　(宋)釋法雲編　清光緒四年(1878)金陵刻經處刻本　六冊

520000－2801－0000740　01515
重訂教乘法數十二卷　（清）釋超海等編纂　清光緒三十年（1904）刻本　六冊

520000－2801－0000741　01516
翻譯名義集選一卷　（宋）釋法雲編　（□）□□選　清同治十二年（1873）江北刻經處刻本　一冊

520000－2801－0000742　01517
翻譯名義集二十卷　（宋）釋法雲編　清光緒四年（1878）金陵刻經處刻本　六冊

520000－2801－0000743　01518
翻譯名義集二十卷　（宋）釋法雲編　清光緒四年（1878）金陵刻經處刻本　六冊

520000－2801－0000744　01523
阿育王山誌略二卷　（明）郭子章等撰　明刻本　一冊

520000－2801－0000745　01524
弘明集十四卷　（南朝梁）釋僧祐集　清光緒二十二年（1896）金陵刻經處刻本　四冊

520000－2801－0000746　01528
老子道德經解二卷首一卷　（明）釋德清著　清光緒十二年（1886）金陵刻經處刻本　二冊

520000－2801－0000747　01529
老子道德經解二卷首一卷　（明）釋德清著　清光緒十二年（1886）金陵刻經處刻本　二冊

520000－2801－0000748　01531
闢邪集二卷　（明）鍾如聲著　**見聞錄一卷**　（明）釋智旭撰　清末刻本　一冊

520000－2801－0000749　01532
一乘決疑論一卷　（清）彭際清述　清同治八年（1869）如臯刻經處刻本　一冊

520000－2801－0000750　01538
八宗綱要二卷　（日本）釋凝然述　清宣統三年（1911）揚州藏經院刻本　一冊

520000－2801－0000751　01542
居士傳五十六卷　（清）彭際清撰　清乾隆四十年（1775）刻本　四冊

520000－2801－0000752　01544
善女人傳二卷　（清）彭際清撰　清同治十一年（1872）常熟刻本　一冊

520000－2801－0000753　01547
緇門崇行錄十卷　（明）釋袾宏輯　清光緒二十四年（1898）金陵刻經處刻本　一冊

520000－2801－0000754　01550
佛祖心燈一卷　（□）□□撰　**宗教律諸家演派一卷**　（清）釋守一重編　**摘錄聖武記之卷五溯查西藏剌麻來源一卷**　（清）釋守一編輯　清光緒十六年（1890）金陵刻經處刻本　一冊

520000－2801－0000755　01552
蓮宗諸祖畧傳四卷　（清）釋貫通編訂校刊　清末刻本　一冊

520000－2801－0000756　01564
佛頂光明摩訶薩怛多般怛啰無上神咒一卷　（清）釋續法集　**千手千眼觀世音菩薩無礙大悲心陀羅尼合音譯釋一卷**　（□）□□撰譯　**佛頂尊勝陀羅尼一卷**　（唐）釋佛陀波利譯　**七俱胝佛母所說準提陀羅尼經（節要）準提神咒念誦儀軌一卷**　（□）釋不空譯　**藥師瑠璃光如來灌頂真言往生淨土神咒一卷**　（□）□□譯　**拔一切輕重罪業障得生淨土陀羅尼一卷**　（□）□□譯　**正出定咒一卷**　（□）□□譯　清末三峯寺刻本　一冊

520000－2801－0000757　01565
佛頂光明摩訶薩怛多般怛啰無上神咒一卷　（清）釋續法集　**千手千眼觀世音菩薩無礙大悲心陀羅尼合音譯釋一卷**　（□）□□撰譯　**佛頂尊勝陀羅尼一卷**　（唐）釋佛陀波利譯　**七俱胝佛母所說準提陀羅尼經（節要）準提神咒念誦儀軌一卷**　（□）釋不空譯　**藥師瑠璃光如來灌頂真言往生淨土神咒一卷**　（□）□□譯　**拔一切輕重罪業障得生淨土陀羅尼一卷**　（□）□□譯　**正出定咒一卷**　（□）□□譯　清末三峯寺刻本　一冊

520000－2801－0000758　01566
七俱胝佛母所說準提陀羅尼經會釋三卷

(唐)釋不空譯　(清)釋宏贊會釋　清宣統三年(1911)常州天寧寺刻本　一册

520000－2801－0000759　01567
七俱胝佛母所說準提陀羅尼經會釋三卷　(唐)釋不空譯　(清)釋宏贊會釋　清宣統三年(1911)常州天寧寺刻本　一册

520000－2801－0000760　01577
西方願文解一卷　(明)釋袾宏著并釋　**具戒便蒙一卷沙彌律儀要略一卷沙彌尼比丘尼戒錄要一卷半月誦戒儀式一卷**　(明)釋袾宏輯　清光緒十八年至二十四年(1892－1898)金陵刻經處刻本　一册

520000－2801－0000761　01578
毗尼日用切要一卷　(清)釋讀體彙集　**沙彌律儀要略一卷**　(明)釋袾宏輯　清光緒十八年(1892)金陵刻經處刻本　一册

520000－2801－0000762　01579
毗尼日用切要一卷　(清)釋讀體彙集　**沙彌律儀要略一卷**　(明)釋袾宏輯　清光緒十八年(1892)金陵刻經處刻本　一册

520000－2801－0000763　01581
三壇傳戒儀範三卷　(清)釋讀體撰　清同治三年(1864)新都寶光寺刻本　三册

520000－2801－0000764　01582
三壇傳戒儀範三卷　(清)釋讀體撰　清同治三年(1864)新都寶光寺刻本　三册

520000－2801－0000765　01584
見祖傳戒正範四卷　(清)釋讀體撰　清同治九年(1870)昭慶寺刻本　四册

520000－2801－0000766　01585
三壇傳戒正範四卷　(清)釋讀體撰　清同治十二年(1873)江北刻經處刻本　三册

520000－2801－0000767　01587
沙彌律儀要略集解二卷　(明)釋袾宏輯　(清)釋元度集解　清末刻本　二册

520000－2801－0000768　01589
沙彌律儀要略一卷　(明)釋袾宏輯　**毘尼日用切要一卷**　(清)釋讀體集　清末刻本　一册

520000－2801－0000769　01594
楞伽阿跋多羅寶經四卷玄義一卷　(南朝宋)釋求那跋陀羅譯　(明)釋智旭疏義　清宣統元年(1909)常州天寧寺刻本　五册

520000－2801－0000770　01601
佛說觀無量壽佛經疏妙宗鈔四卷　(宋)釋知禮撰　清同治十二年(1873)昭慶寺刻本　三册

520000－2801－0000771　01602
佛說觀無量壽佛經疏妙宗鈔四卷　(宋)釋知禮撰　清同治十二年(1873)昭慶寺刻本　三册

520000－2801－0000772　01603
觀經義疏妙宗鈔證義二卷　(明)釋廣承集　(明)釋廣印較　清同治十三年(1874)昭慶寺刻本　一册

520000－2801－0000773　01604
觀經義疏妙宗鈔證義二卷　(明)釋廣承集　(明)釋廣印較　清同治十三年(1874)昭慶寺刻本　一册

520000－2801－0000774　01605
大佛頂如來密因修證了義諸菩薩萬行首楞嚴經會解二十卷　(唐)釋般剌密帝譯　(元)釋惟則會解　清宣統元年(1909)常州天寧寺刻本　六册

520000－2801－0000775　01606
大佛頂如來密因修證了義諸菩薩萬行首楞嚴經會解二十卷　(唐)釋般剌密帝譯　(元)釋惟則會解　清宣統元年(1909)常州天寧寺刻本　六册

520000－2801－0000776　01607
大佛頂如來密因修證了義諸菩薩萬行首楞嚴經纂註十卷首一卷末一卷　(唐)釋般剌密諦譯　(明)釋真界纂註　清光緒三十四年(1908)金陵刻經處刻本　五册

520000－2801－0000777　01611
大佛頂如來密因修證了義諸菩薩萬行首楞嚴經貫珠集十卷　(明)釋戒潤述　清刻本　五册

520000－2801－0000778　01621
佛説阿彌陀經義疏一卷　(宋)釋元照述　清光緒二十四年(1898)金陵刻經處刻本　一册

520000－2801－0000779　01622
佛説阿彌陀經義疏一卷　(宋)釋元照述　清光緒二十四年(1898)金陵刻經處刻本　一册

520000－2801－0000780　01623
佛説阿彌陀經義疏一卷　(宋)釋元照述　清光緒二十四年(1898)金陵刻經處刻本　一册

520000－2801－0000781　01624
大方廣圓覺脩多羅了義經近釋六卷　(明)釋通潤述　清光緒十二年(1886)金陵刻經處刻本　二册

520000－2801－0000782　01625
大方廣圓覺脩多羅了義經近釋六卷　(明)釋通潤述　清光緒十二年(1886)金陵刻經處刻本　二册

520000－2801－0000783　01626
圓覺經略疏之鈔二十五卷　(唐)釋宗密輯　清宣統三年(1911)揚州藏經院刻本　五册

520000－2801－0000784　01627
大方廣圓覺修多羅了義經略疏二卷　(唐)釋宗密述　清光緒三十年(1904)揚州藏經院刻本　二册

520000－2801－0000785　01632
請觀音經疏一卷　(隋)釋智顗説　清刻本　一册

520000－2801－0000786　01636
註心賦四卷　(宋)釋延壽述　清光緒三年(1877)金陵刻經處刻本　四册

520000－2801－0000787　01637
註心賦四卷　(宋)釋延壽述　清光緒三年(1877)金陵刻經處刻本　四册

520000－2801－0000788　01638
林間錄二卷　(宋)釋德洪集　**林間錄後集一卷**　(宋)釋惠洪撰　清光緒二十七年(1901)揚州藏經院刻本　二册

520000－2801－0000789　01640
禪林寶訓筆説三卷　(清)釋智祥述　清光緒十九年(1893)江北刻經處刻本　三册

520000－2801－0000790　01641
賢首五教儀開蒙增註五卷　(清)釋通理述　(清)釋心興校訂　清宣統元年(1909)揚州藏經院刻本　五册

520000－2801－0000791　01642
筠州黄蘗山斷際禪師傳心法要二卷　(唐)裴休輯　清光緒十年(1884)金陵刻經處刻本　一册

520000－2801－0000792　01645
大慧普覺禪師宗門武庫一卷雪堂行和尚拾遺錄一卷　(宋)釋道謙編　清光緒七年(1881)常熟刻經處刻本　一册

520000－2801－0000793　01649
萬善同歸集六卷　(宋)釋延壽述　清刻本　一册

520000－2801－0000794　01650
天目中峯和尚信心銘闢義解三卷　(元)釋慈寂進　清同治十二年(1873)如皋刻經處刻本　一册

520000－2801－0000795　01651
禪關策進二集　(明)釋袾宏輯　清光緒二十四年(1898)金陵刻經處刻本　一册

520000－2801－0000796　01652
禪關策進二集僧訓日紀一卷　(明)釋袾宏輯　清光緒二十四年(1898)金陵刻經處刻本　一册

520000－2801－0000797　01653
禪門鍛煉説一卷　(清)釋戒顯著　清同治十一年(1872)如皋刻經處刻本　一册

520000－2801－0000798　01654

頓悟入道要門論一卷諸方門人參問語錄一卷 (唐)釋慧海撰　清宣統二年(1910)常州天寧寺刻本　一册

520000－2801－0000799　01655
筠州黄蘗山斷際禪師傳心法要二卷 (唐)裴休輯　清光緒十年(1884)金陵刻經處刻本　一册

520000－2801－0000800　01659
原人論一卷 (唐)釋宗密述　清同治十三年(1874)雞園刻經處刻本　一册

520000－2801－0000801　01661
法界宗五祖略記一卷 (清)釋續法輯　清光緒二十二年(1896)金陵刻經處刻本　與520000－2801－0000802合一册

520000－2801－0000802　01661
賢首五教儀開蒙一卷 (清)釋證詢較　清光緒二年(1876)長沙刻經處刻本　與520000－2801－0000801合一册

520000－2801－0000803　01664
華嚴法界玄境三卷 (唐)釋澄觀述　**注華嚴法界觀門一卷** (唐)釋宗密注　清光緒二十一年(1895)金陵刻經處刻本　一册

520000－2801－0000804　01665
修華嚴奥旨妄盡還源觀一卷 (唐)釋法藏述　清同治十一年(1872)如皋刻經處刻本　與520000－2801－0000805至0000806合一册

520000－2801－0000805　01665
華嚴經旨歸一卷 (唐)釋法藏述　清同治九年(1870)如皋刻經處刻本　與520000－2801－0000804、0000806合一册

520000－2801－0000806　01665
華嚴經義海百門一卷 (唐)釋法藏述　清光緒二十一年(1895)金陵刻經處刻本　與520000－2801－0000804至0000805合一册

520000－2801－0000807　01666
華嚴一乘十玄門一卷 (唐)釋智儼撰　**華嚴五十要問答二卷** (唐)釋智儼集　清光緒二十二年(1896)金陵刻經處刻本　一册

520000－2801－0000808　01675
資治通鑑二百九十四卷 (宋)司馬光編集(元)胡三省註　**釋文辨誤十二卷** (元)胡三省撰　清同治八年(1869)江蘇書局刻本　一百册

520000－2801－0000809　1676
資治通鑑外紀十卷目錄五卷 (宋)劉恕編集(清)胡克家補注　清同治十年(1871)江蘇書局刻本　十册

520000－2801－0000810　1677
滇軺紀程一卷荷戈紀程一卷政書蒐遺一卷 (清)林則徐撰　清光緒三年(1877)刻本　一册

520000－2801－0000811　1677
林文忠公政書三十七卷首一卷 (清)林則徐撰　清光緒刻本　十册

520000－2801－0000812　1677
林文忠公政書三集三十五卷目錄一卷事略一卷畿輔水利議一卷本傳一卷滇軺紀程一卷政書蒐遺一卷 (清)林則徐撰　清光緒二年(1876)三山林氏刻本　十二册

520000－2801－0000813　01678
輶軒語一卷 (清)張之洞撰　清光緒五年(1879)貴陽刻本　一册

520000－2801－0000814　01679
[嘉慶]納谿縣志十卷 (清)趙炳然　(清)陳廷玉纂修　清嘉慶十八年(1813)納谿縣署刻本　四册

520000－2801－0000815　01681
大清中外一統輿圖三十一卷首一卷 (清)胡林翼　(清)嚴樹森修　(清)鄒世詒等繪　清同治二年(1863)刻本　十二册

520000－2801－0000816　01682
東華續錄一百七十卷 王先謙編　(清)周潤蕃等校　清刻本　六十七册　存一百六十六卷(一至六十六、六十九至一百八、一百十一

至一百七十）

520000－2801－0000817　1683
播雅二十四卷　（清）鄭珍編次　（清）唐樹義校訂　清宣統三年（1911）貴陽文通書局鉛印本　八册

520000－2801－0000818　01684
文選五卷首一卷　（南朝梁）昭明太子蕭統撰　（唐）李善注　**考異一卷**　（清）胡克家撰　清光緒十四年（1888）同文書局石印本　六册

520000－2801－0000819　01685
詩經精華十卷　（清）薛嘉穎纂　清道光七年（1827）姑蘇步月樓刻本　四册

520000－2801－0000820　1689
書經六卷　（宋）蔡沈集傳　清康熙十二年（1673）刻本　四册　提善

520000－2801－0000821　1690
史學提要箋釋五卷　（宋）黃繼善撰　（清）楊錫佑釋　清刻本　五册

520000－2801－0000822　1692
周易會歸十卷　（清）鄧霽彙纂　清康熙五十一年（1712）龍南學署刻本　十册

520000－2801－0000823　01693
隆平集二十卷　（宋）曾鞏撰　清康熙五十五年（1716）長嶺西爽堂刻本　六册

520000－2801－0000824　01694
禮記義疏八十二卷首一卷　（清）鄂爾泰等修　清乾隆十三年（1748）刻本　二十册　存三十四卷（四十九至八十二）

520000－2801－0000825　01695
欽定春秋傳説彙纂三十八卷首二卷目録一卷　（清）王掞等纂　清康熙六十年（1721）刻本　二十二册

520000－2801－0000826　1696
音學全書今韻十六卷古韻十六卷　（清）王起鵬輯　清刻本　六册　存十八卷（今韻十六卷、古韻七至八）

520000－2801－0000827　01698
五經合纂大成四十四卷　（清）上海同文書局輯　清光緒十一年（1885）上海同文書局石印本　二十册

520000－2801－0000828　1699
經史辨體［十卷］　（清）徐與喬述　清嘉慶十八年（1813）羽儀堂刻本　十六册

520000－2801－0000829　01700
七經精義三十九卷　（清）黃淦纂　清嘉慶七年至十二年（1802－1807）刻本　六册　存三十二卷（周易精義一至四、首一卷，書經精義一至四、首一卷、末一卷，詩經精義一至四、首一卷、末一卷，儀禮精義一、補編一、首一卷，禮記精義一至六、首一卷，春秋一至四、首一卷）

520000－2801－0000830　01701
禮記精義鈔畧十卷　（清）陸錫璞撰　清道光二十四年（1844）寶翰樓刻本　七册　存七卷（三至九）

520000－2801－0000831　01704
春秋胡傳三十卷首一卷　（宋）胡安國撰　清嘉慶五年（1800）英德堂刻本　五册

520000－2801－0000832　1705
春秋經傳集解三十卷　（春秋）左丘明傳　（晉）杜預注　**春秋名號歸一圖二卷**　（五代）馮繼先撰　清刻本　十六册

520000－2801－0000833　01706
詩經精義彙鈔四卷首一卷　（清）陸錫璞輯　清道光十八年（1838）黔省熊大盛堂刻本　六册

520000－2801－0000834　01707
御案詩經備旨八卷　（清）鄒聖脉纂輯　（清）猷可庭編次　清末宏道堂刻本　五册

520000－2801－0000835　01708
安吳四種三十六卷　（清）包世臣著　清光緒十四年（1888）刻本　十六册

520000－2801－0000836　1709
周易四卷　（宋）朱熹注　清刻本　二册

520000－2801－0000837　1711
五經類編二十八卷　(清)周章成編輯　清乾隆三十八年(1773)友益齋刻本　十二冊

520000－2801－0000838　1712
四書朱子本義匯參四十三卷首四卷　(清)王步青輯　清乾隆十年(1745)敦復堂刻本　二十冊

520000－2801－0000839　01713
書經精義彙鈔六卷　(清)陸錫璞輯　清末刻本　五冊　存五卷(二至六)

520000－2801－0000840　1714
近思錄十四卷　(宋)朱熹撰　(清)江永集注　清同治七年(1868)楚北崇文書局刻本　四冊

520000－2801－0000841　1715
歷代名賢列女氏姓譜一百五十七卷　(清)蕭智漢纂輯　清刻本　一百二十冊

520000－2801－0000842　1716
史通削繁四卷　(唐)劉知幾撰　(清)紀昀削繁　(清)浦起龍注　清道光十三年(1833)兩廣節署刻朱墨印本　四冊

520000－2801－0000843　1717
重訂古文雅正十四卷　(清)蔡文勤原本　(清)李立矦　(清)張季長參訂　清光緒六年(1880)儒林堂刻本　七冊　存十三卷(一至十一、十三至十四)

520000－2801－0000844　1718
歷代史論不分卷　(明)顧充著　清光緒七年(1881)新都賴氏刻本　二冊

520000－2801－0000845　01720
[道光]遵義府志四十八卷總目一卷徵引書目一卷　(清)平翰等修　(清)鄭珍　(清)莫友芝纂　清光緒十八年(1892)刻本　二十冊

520000－2801－0000846　1721
幼學求源三十三卷　(清)程允升著　(清)鄒聖脉增注　(清)董成注　清道光二十二年(1842)文餘堂刻本　八冊

520000－2801－0000847　1722
御批歷代通鑑輯覽一百二十卷　(清)傅恒總裁　(清)楊述曾等纂修　清光緒二十九年(1903)上海同文書局石印本　二十一冊　存一百二卷(一至三十六、四十三至四十七、五十三至一百十三)

520000－2801－0000848　1723
御批歷代通鑑輯覽一百二十卷　(清)傅恒總裁　(清)楊述曾等纂修　清末育文書局石印本　二十一冊　存一百二卷(十三至十七、二十四至一百二十)

520000－2801－0000849　01726
春秋擬題集傳二卷　題(清)研經堂主人撰　清光緒元年(1875)研經堂刻本　二冊

520000－2801－0000850　01726
新刻分類左腴一卷　題(清)灌園居士撰　清光緒二年(1876)西山堂刻本　一冊

520000－2801－0000851　01728
滿洲名臣傳四十八卷　(清)國史館編　清末京都琉璃廠榮錦書屋刻本　四十冊

520000－2801－0000852　1730
鑄史駢言十二卷　(清)孫玉田撰　清光緒二年(1876)四明陳氏銀藤花館刻本　四冊

520000－2801－0000853　1732
經場捷訣六卷　(清)呂國鈞匯輯　清光緒十五年(1889)上海蜚英書局石印本　二冊

520000－2801－0000854　01735
學庸纂要四卷　(清)卓山撰　清道光二十九年(1849)抄本　四冊

520000－2801－0000855　1736
翠薇山房數學十五種　(清)張作楠撰　清光緒二十三年(1897)上海鴻寶齋石印本　八冊

520000－2801－0000856　1737
學算筆談十二卷　(清)華蘅芳撰　清光緒八年(1882)石印本　四冊

520000－2801－0000857　1743
談天十八卷首一卷　(英國)侯失勒原本

(英國)偉力亞力口譯　(清)李善蘭删述　(清)徐建寅續述　清同治刻本　四冊

520000－2801－0000858　01745
華氏中西算學全書四集八十八卷　(清)華蘅芳學　清光緒二十三年(1897)慎記書莊賜書堂石印本　十二冊

520000－2801－0000859　1746
筆算便覽五卷　(清)紀大畢等輯　清嘉慶十九年(1814)紀氏刻本　一冊

520000－2801－0000860　1747
算法統宗大全四卷　(清)程汝思　(清)沈丹甫纂輯　清道光二十八年(1848)宏道堂刻本　四冊

520000－2801－0000861　1748
代數術二十五卷　(英國)華里司輯　(英國)傅蘭雅口譯　(清)華蘅芳筆述　清光緒二十三年(1897)時宜書室刻本　六冊

520000－2801－0000862　1749
天文歌畧一卷　(清)葉瀾著　清光緒二十三年(1897)貴陽大文書局刻本　一冊

520000－2801－0000863　01751
欽定七政四餘萬年書不分卷　(清)□□撰　清刻本　四冊

520000－2801－0000864　01756
農話十章　(清)陳啓謙編輯　清光緒三十一年(1905)上海商務印書館鉛印本　一冊

520000－2801－0000865　01770
欽定重修六部處分則例五十二卷　(清)清平等纂修　清道光二十三年(1843)刻本　十七冊　存三十七卷(一至七、十至十一、二十五至五十二)

520000－2801－0000866　01772
武經彙解説約大全三卷　(清)夏振翼等輯　(清)沈士衡增訂　清雍正六年(1728)竹林堂刻本　二冊

520000－2801－0000867　1773
保甲書四卷　(清)徐棟輯　清光緒二十三年(1897)刻本　三冊

520000－2801－0000868　01774
十三經策案二十二卷首一卷　(清)王謨彙輯　(清)喻祥麟編次　清光緒三十三年(1907)刻本　六冊

520000－2801－0000869　1775
經藝備格不分卷　題(清)上浣菽園主人編　清光緒十四年(1888)上海積山書局石印本　三冊

520000－2801－0000870　1778
明文才調集不分卷　(清)許振禕集評　(清)鄧輔綸參訂　(清)劉毓麟校字　清光緒十八年(1892)廣百宋齋鉛印本　二冊

520000－2801－0000871　1779
國朝文才調集六卷　(清)許振禕集評　(清)鄧輔綸參訂　(清)劉毓麟校字　清光緒十八年(1892)廣百宋齋鉛印本　六冊

520000－2801－0000872　1780
文光堂重訂古文釋義新編八卷　(清)余誠評註　清乾隆八年(1743)寶樹堂刻本　四冊

520000－2801－0000873　01781
牧令書二十三卷　(清)徐棟輯　清同治四年(1865)成都臧慶古齋刻本　十七冊

520000－2801－0000874　01782
[牧令須知]不分卷　(清)朱仁基錄　清光緒六年(1880)四川刻本　一冊

520000－2801－0000875　01783
策府統宗六十五卷目錄一卷　(清)蔡梅庵輯　(清)劉昌齡校補　清光緒十四年(1888)上海同文書局石印本　二十冊

520000－2801－0000876　01784
四書味根錄三十九卷　(清)金澂輯　清光緒二十一年(1895)上海寶文書局石印本　八冊

520000－2801－0000877　1785
佩文韻府一百六卷　(清)張玉書等纂　清康熙五十年(1711)刻本　一百四十冊

520000－2801－0000878　01786

海國圖志一百卷首一卷 （清）魏源撰 **續集二十五卷首一卷** （英國）麥高爾輯著 （美國）林樂知 （清）瞿昂來譯 清光緒二十四年（1898）文賢閣石印本 十六冊

520000－2801－0000879 01787
海國圖志一百卷首一卷 （清）魏源撰 清光緒二十八年（1902）文賢閣石印本 八冊 存五十二卷（一至五十一、首一卷）

520000－2801－0000880 01788
海國圖志一百卷首一卷 （清）魏源撰 清光緒二十八年（1902）文賢閣石印本 七冊 存四十八卷（四至五十、首一卷）

520000－2801－0000881 1789
歷代職官表六卷 （清）黄本驥舊校 （清）王廷學重校 清光緒八年（1882）上海王廷學刻本 三冊

520000－2801－0000882 1790
歷代史論不分卷 （明）顧充著 清光緒七年（1881）新都賴氏刻本 二冊

520000－2801－0000883 1791
歷代史論不分卷 （明）顧充著 清光緒七年（1881）新都賴氏刻本 二冊

520000－2801－0000884 1792
歷代史論不分卷 （明）顧充著 清光緒七年（1881）新都賴氏刻本 二冊

520000－2801－0000885 1793
四書字義二卷 （宋）陳淳箸 **附録一卷** （清）嚴陵撰 清光緒六年（1880）甯鄉道林黄氏刻本 二冊

520000－2801－0000886 01794
千金裘初集二十七卷 （清）蔣義彬纂 清道光十七年（1837）經元堂刻本 四冊

520000－2801－0000887 01795
千金裘二集二十六卷 （清）蔣義彬纂 清道光十七年（1837）經元堂刻本 六冊

520000－2801－0000888 1796
大清法規大全□□卷 （清）□□編 **續編□□卷行政綱目一卷大清現行刑律三十六卷首一卷** 奕劻等輯 **秋審條款一卷** （清）廷杰等撰 **禁煙條例一卷** （清）善耆等撰 清宣統二年（1910）政學社石印本 六十三冊 存三百十四卷（大清法規大全吏政部一至二十三、首一卷，財政部一至十四、首一卷，民政部一至十五、首一卷，憲政部一至七、首一卷，教育部一至三十一、首一卷，外交部一至十三、首一卷，法律部一至十三、首一卷，交通部一至五、首一卷，旗藩部一至二、首一卷，實業部一至十、首一卷，禮制部一至九、首一卷，軍政部一至十二、首一卷；大清法規大全續編吏政部一至十七、首一卷，財政部四至十三，民政部一至十一、首一卷，憲政部一至六、首一卷，教育部一至二十，禮制部續編一至三，法律部一至七、首一卷，交通部一至五、首一卷，旗藩部一至二，實業部一至十一、首一卷，軍政部一至九、首一卷；行政綱目一卷；大清現行刑律三十六卷、首一卷；秋審條款一卷；禁煙條例一卷）

520000－2801－0000889 01800
讀史鏡古編三十二卷目録一卷 （清）潘世恩輯 清道光四年（1824）鳳池園刻本 八冊

520000－2801－0000890 01801
重刊補註洗冤録集證六卷 （宋）宋慈撰 （清）王又槐增輯 （清）李觀瀾補輯 （清）阮其新補註 清光緒十七年（1891）京都琉璃廠五色套印本 六冊

520000－2801－0000891 1802
國朝先正事略六十卷 （清）李元度纂 清同治八年（1869）星沙小嫏嬛館刻本 二十四冊

520000－2801－0000892 1803
萬國史記二十卷 （日本）岡本監輔撰 清光緒二十八年（1902）上海書局石印本 六冊

520000－2801－0000893 01804
文獻通考詳節二十四卷 （元）馬端臨著 （清）嚴虞惇録 **欽定續文獻通考詳節二十六卷** 清光緒二十七年（1901）鴻寶齋書局石印本 十二冊

520000－2801－0000894　1805
新譯列國歲計政要三編　(清)傅運森等譯纂　(清)白作霖校正　清光緒二十七年(1901)上海譯社鉛印本　十二冊

520000－2801－0000895　1806
芥子園畫傳十三卷　(清)王安節摹　清光緒十四年(1888)天寶書局石印本　四冊

520000－2801－0000896　01807
農政全書六十卷　(明)徐光啟纂輯　清道光十七年(1837)貴州軍糧儲兼巡道任樹森刻本　十二冊

520000－2801－0000897　1808
重訂古文釋義新編八卷　(清)余誠評注　清宣統二年(1910)掃葉山房石印本　八冊

520000－2801－0000898　1810
明季稗史彙編二十七卷　題(清)留云居士輯　清光緒二十二年(1896)上海圖書集成印書局鉛印本　六冊

520000－2801－0000899　1811
西洋通史前編十一卷　(法國)駝慄屢原撰　(日本)茂亭村上義茂重譯　清光緒二十八年(1902)上洋會文譯書社石印本　七冊

520000－2801－0000900　1814
說文逸字二卷附錄一卷　(清)鄭珍記　清咸豐八年(1858)刻本　一冊

520000－2801－0000901　1815
欽定禮部則例二百二卷　(清)長秀等撰　清道光刻本　二十四冊

520000－2801－0000902　01816
曾子家語六卷　(清)王定安編輯　(清)曾國荃審定　清光緒十六年(1890)刻本　二冊

520000－2801－0000903　01817
袁太史稿一卷　(清)袁枚撰　清刻本　一冊

520000－2801－0000904　01820
[嘉慶]江安縣志六卷　(清)趙模纂修　清嘉慶十七年(1812)刻本　六冊

520000－2801－0000905　01821
[同治]合江縣誌五十四卷首一卷　(清)瞿樹蔭修　(清)羅增垣纂　清同治十年(1871)合江學署刻本　十二冊

520000－2801－0000906　01822
[乾隆]合州志十六卷首一卷　(清)周澄修　(清)張乃孚纂　清乾隆刻嘉慶、道光、咸豐遞修本　六冊

520000－2801－0000907　01823
[道光]新都縣志十八卷首一卷圖一卷　(清)張奉書等修　(清)張懷洵等纂　清道光二十四年(1844)刻本　十一冊　存十七卷(二至十八)

520000－2801－0000908　01825
[道光]進賢縣志二十五卷　(清)朱湄修　(清)賀熙齡纂　清道光三年(1823)尊經閣刻本　十四冊

520000－2801－0000909　01826
曾文正公奏議十卷首一卷末一卷　(清)曾國藩撰　(清)薛福成編次　清同治十三年(1874)上海醉六堂刻本　十冊

520000－2801－0000910　01827
[同治]長陽縣志七卷首一卷　(清)陳惟模修　(清)譚大勳纂　清同治五年(1866)刻本　六冊

520000－2801－0000911　01828
[道光]贛縣志三十二卷首一卷　(清)王維屏修　(清)周步驤纂　清道光五年(1825)刻本　十二冊　存三十卷(一至十七、十九至三十一)

520000－2801－0000912　01829
水經注四十卷首一卷　(北魏)酈道元撰　清光緒三年(1877)湖北崇文書局刻本　十二冊

520000－2801－0000913　01830
讀水經注小識四卷　(清)龐鴻書訂　清光緒三十年(1904)石印本　二冊

520000－2801－0000914　01831
歷代循吏傳八卷　(清)朱軾　(清)蔡世遠仝

訂　清同治三年(1864)刻本　四冊

520000－2801－0000915　01832
歷代名儒傳八卷首一卷　(清)朱軾　(清)蔡世遠仝訂　清同治三年(1864)刻本　四冊

520000－2801－0000916　1833
朱子古文讀本六卷　(宋)朱熹撰　(清)周大璋編次　清康熙五十六年(1717)刻本　五冊

520000－2801－0000917　01834
[道光]義寧州志三十二卷　(清)曾暉春纂　(清)冷玉光修　清道光四年(1824)鑒懸堂刻本　十六冊

520000－2801－0000918　01840
資治通鑑綱目前編二十五卷正編五十九卷首一卷續編二十七卷末一卷　(宋)朱熹撰　(明)陳仁錫評　明崇禎三年(1630)刻本　一百六冊

520000－2801－0000919　01841
二十四史分類輯要十二卷　(清)沈桐生輯　清光緒二十八年(1902)會文學社石印本　九冊　存九卷(一至四、六至七、十至十二)

520000－2801－0000920　1842
楹聯彙編八卷　(清)王榮商輯　清光緒三十年(1904)上海書局石印本　八冊

520000－2801－0000921　19824
[清乾隆大藏經]　(□)□□輯　清乾隆刻本　五千一百八十七冊

520000－2801－0000922　1843
四裔編年表四卷　(美國)林樂知譯　嚴良勳譯　(清)李鳳苞彙編　清末江南總局刻本　四冊

520000－2801－0000923　1844
御批歷代通鑑輯覽一百二十卷　(清)傅恒總裁　(清)楊述曾等纂修　清同治十一年(1872)湖北崇文書局刻本　六十冊

520000－2801－0000924　01845
新刊趙田了凡袁先生編纂古本歷史大方綱鑑補三十九卷首一卷　(明)袁黃編纂　**御撰資治通鑑綱目三編二十卷**　(清)張廷玉等編次　清光緒二十一年(1895)文昌書局刻本　二十冊

520000－2801－0000925　01846
欽定春秋左傳讀本三十卷　(清)英和等輯　(清)賀長齡輯評　清道光二十五年(1845)黔省大盛堂刻本　十五冊　存二十八卷(一至二、五至三十)

520000－2801－0000926　01847
欽定四庫全書簡明目錄二十卷　(清)永瑢修　(清)紀昀等纂　清末刻本　十冊

520000－2801－0000927　1850
康熙字典十二集　(清)張玉書等纂修　清道光七年(1827)刻本　三十九冊

520000－2801－0000928　01851
漢名臣傳三十二卷　(清)國史館編　**欽定宗室王公功績表傳十二卷**　(清)□□撰　清末刻本　三十五冊　存三十九卷(漢名臣傳四至三十二、欽定宗室王公功績表傳三至十二)

520000－2801－0000929　01852
重訂王鳳洲先生綱鑑會纂四十六卷目錄一卷續宋元二十三卷目錄一卷　(明)王世貞纂　**御撰資治通鑑綱目三編二十卷**　(清)張廷玉等編次　清刻本　三十九冊　缺二卷(續宋元二至三)

520000－2801－0000930　01853
尺木堂綱鑑易知錄二十卷　(清)吳乘權等輯　**御撰資治通鑑綱目三編五卷**　(清)張廷玉等編次　清光緒二十三年(1897)煥文書局石印本　十冊

520000－2801－0000931　01854
朔方備乘六十八卷首十二卷　(清)何秋濤纂輯　清光緒七年(1881)石印本　八冊

520000－2801－0000932　01855
嚴陵張九儀儀度六壬選日要訣三部不分卷　(清)張鳳藻撰　清康熙五十八年(1719)三讓堂刻本　六冊

520000－2801－0000933　01857

十一經初學讀本十一種　(清)萬廷蘭輯　清光緒二年(1876)四川學院衙門刻本　十九册　存八種

520000－2801－0000934　1859

四書味根錄三十七卷　(清)金澂輯　清刻本　一册　存六卷(孟子九至十四)

520000－2801－0000935　1860

大清光緒新法令不分卷　(清)商務印書館編　清宣統元年(1909)鉛印本　十三册　存十三册(六至八、十至十二、十四至二十)

520000－2801－0000936　1861

格致課藝彙編十三卷總目一卷　(清)王韜輯　清光緒二十三年(1897)上海書局石印本　十三册

520000－2801－0000937　1872

天官五星四卷　(清)廖瀛海纂著　清道光十二年(1832)萬卷樓刻本　四册

520000－2801－0000938　1873

青囊心印二卷續編一卷天玉經内傳心印四卷　(清)王宗臣著　清康熙三十六年(1697)刻本　二册

520000－2801－0000939　1874

考驗通書法竅秘訣三卷　(清)甘霖撰　清末崇讓堂刻本　三册

520000－2801－0000940　01875

乾坤法竅三卷　(清)范宜賓集　清乾隆三十一年(1766)品聚堂刻本　三册

520000－2801－0000941　1875

救貧竈卦二卷　(清)范宜賓輯　清乾隆五十五年(1790)品聚堂刻本　一册

520000－2801－0000942　01876

入地眼全書十卷　(宋)釋靜道撰　(清)萬樹華輯　清道光元年(1821)刻本　六册

520000－2801－0000943　1883

格致鏡原一百卷　(清)陳元龍撰　清雍正十三年(1735)刻本　二十四册

520000－2801－0000944　01884

定興鹿氏續修家譜四卷　(清)鹿丕宗編輯　清道光二十八年(1848)世德堂刻本　二册　存二卷(一至二)

520000－2801－0000945　1885

前任四川總督籲門宫保駱公年譜不分卷　(清)駱秉章編　清末刻本　一册

520000－2801－0000946　01886

成山老人[唐炯]自撰年譜六卷　(清)唐炯撰　清宣統二年(1910)鉛印本　二册

520000－2801－0000947　01887

成山老人[唐炯]自撰年譜六卷附錄一卷　(清)唐炯撰　清末鉛印本　二册

520000－2801－0000948　01891

丁文誠公[寶楨]年譜一卷　(清)唐炯撰　清光緒二十七年(1901)岳池刻本　一册

520000－2801－0000949　01892

丁文誠公[寶楨]年譜一卷　(清)唐炯撰　清光緒二十七年(1901)岳池刻本　一册

520000－2801－0000950　01893

秘藏大六壬大全善本十三卷　(清)郭載騋輯　清初懷慶楊氏刻本　十三册

520000－2801－0000951　01894

日本法規大全二十五類首一卷附解字　劉崇傑等譯　清光緒三十三年(1907)上海商務印書館鉛印本　七十三册　存二十二類(一至二十一、二十五)

520000－2801－0000952　01895

[歷朝紀事本末]五百九卷　(清)陳如升　(清)朱記榮輯　清同治刻本　一百三十五册　缺二卷(明史紀事本末十九至二十)

520000－2801－0000953　01896

字彙十二卷首一卷末一卷　(明)梅膺祚音釋　清嘉慶元年(1796)大經堂刻本　一册　存一卷(首一卷)

520000－2801－0000954　01897

地理錄要四卷目錄一卷　(清)蔣平階等著

清光緒元年(1875)英明堂刻本　三冊　存三卷(一至二、四)

520000－2801－0000955　1898
支那通史七卷　(日本)那珂通世編　清光緒二十五年(1899)東文學社石印本　五冊　存四卷(一至四)

520000－2801－0000956　1899
支那通史七卷　(日本)那珂通世編　清光緒二十五年(1899)東文學社石印本　五冊　存四卷(一至四)

520000－2801－0000957　1900
續支那通史二卷　(日本)山峯畯藏著　(清)漢陽青年譯　清光緒二十九年(1903)崇實書局石印本　八冊

520000－2801－0000958　1901
左傳春秋錦囊初集四卷次集二卷　(清)吳培元輯　清光緒七年(1881)善成堂刻本　一冊

520000－2801－0000959　1901
增補葩經錦囊初集二卷二集二卷三集四卷四集四卷　(清)吳培元輯　清光緒五年(1879)善成堂刻本　二冊

520000－2801－0000960　1902
重鍥呂子呻吟語節錄四卷　(明)呂坤著　(清)陳宏謀評輯　清乾隆元年(1736)刻本　一冊

520000－2801－0000961　1903
西洋歷史教科書二卷　(英國)默爾化原著　(清)出洋學生編輯所譯述　清光緒三十一年(1905)上海商務印書館鉛印本　二冊

520000－2801－0000962　1904
天文地學歌括二卷　(清)葉瀾　葉瀚著　清光緒二十三年(1897)湖南益元堂刻本　一冊

520000－2801－0000963　01905
辨學啟蒙二十七章　(英國)艾約瑟譯　清光緒二十四年(1898)石印本　一冊

520000－2801－0000964　01906
營壘圖說一卷　(比利時)伯里牙芒著　(美國)金楷理口譯　(清)李鳳苞筆譯　清末刻本　一冊

520000－2801－0000965　01907
記事珠十卷　(清)張以謙輯　(清)鄭夢明刪訂　清聚元堂刻本　六冊

520000－2801－0000966　01908
歷科狀元事考三元鼎甲策論考官試題錄四卷歷科典試題名鼎甲錄三卷　(清)黃崇蘭輯　(清)饒玉成續增　清光緒二年(1876)雙峰書屋刻本　七冊

520000－2801－0000967　1909
四書人物類典串珠四十卷　(清)臧志仁輯　清恒盛堂刻本　八冊

520000－2801－0000968　01911
[嘉慶]新都縣誌十八卷首一卷補遺一卷　(清)孫真儒等修　(清)李覺楹等纂　清嘉慶二十一年(1816)刻本　一冊　存一卷(十五)

520000－2801－0000969　01912
乾坤法竅三卷　(清)范宜賓集　**陰符玄解一卷**　(清)范宜賓註釋　清乾隆三十七年(1772)刻本　三冊

520000－2801－0000970　01913
新編楊魯地理家傳心法捷訣三貫堪輿八卷　(明)唐世友編輯　清刻本　六冊　存六卷(三至八)

520000－2801－0000971　01914
字學舉隅一卷　(清)龍啟瑞撰　清同治十三年(1874)湖北崇文書局刻本　二冊

520000－2801－0000972　01915
地學二卷　(清)沈鎬著　清道光二十年(1840)宏德堂刻本　一冊　存一卷(一)

520000－2801－0000973　1916
五大洲政治通考四十八卷　題(清)急先務齋主人輯　清光緒二十七年(1901)石印本　六冊　存二十八卷(二十一至四十八)

520000－2801－0000974　1917
李氏蒙求補注六卷　(清)金三俊輯　清光緒

二年(1876)刻本　三册

520000－2801－0000975　1918

事類賦三十卷　(宋)吴淑撰注　(明)華麟祥校注　清乾隆二十五年(1760)劍光閣刻本　六册

520000－2801－0000976　1919

唐陸宣公奏議讀本四卷首一卷　(唐)陸贄撰　(清)汪銘謙輯　(清)馬傳庚評點　清宣統元年(1909)會稽馬氏石印本　二册

520000－2801－0000977　1920

格致鏡原一百卷　(清)陳元龍撰　清雍正十三年(1735)刻本　十六册　存五十卷(一至五十)

520000－2801－0000978　1921

大清律例四十七卷　(清)弘晝監理　(清)徐本等總裁　(清)唐紹祖等纂修　清乾隆武英殿刻本　二十八册

520000－2801－0000979　1922

爾雅注疏十一卷　(晋)郭璞注　(宋)邢昺疏　清達古堂刻本　五册　存九卷(一至三、六至十一)

520000－2801－0000980　1926

小石山房印譜四卷集名刻一卷集金玉晶石銅牙瓷竹木類印一卷歸去來辭印一卷　(清)顧湘　(清)顧浩輯　清宣統三年(1911)上海掃葉山房石印本　六册

520000－2801－0000981　01928

袁王綱鑑合編三十九卷首一卷　(明)袁黄輯　(明)王世貞編　**御撰明紀綱目二十卷**　(清)張廷玉等編　清光緒三十年(1904)上海商務印書館排印本　十六册

520000－2801－0000982　1929

西國近事彙編三十六卷　(美國)金楷理口譯　(清)姚棻等筆述　清光緒二十三年(1897)慎記書莊石印本　十八册

520000－2801－0000983　1931

重訂廣事類賦四十卷　(清)華希閎撰　(清)華希閎重訂　清刻本　七册　存三十六卷(五至四十)

520000－2801－0000984　1932

李氏五種合刊二十七卷　(清)李兆洛輯　清光緒十四年(1888)掃葉山房刻本　八册　存十九卷(歷代地理志韻編今釋一至五、十至二十,皇朝輿地韻編一至二,歷代地理沿革圖一)

520000－2801－0000985　1933

四書集讀[六卷]　(清)姚瓊林輯　清道光三年(1823)可石山房刻本　四册

520000－2801－0000986　1934

大清律集解附例三十卷大清律例校正條款一卷大清律續纂條例二卷　(清)剛林等纂　(清)沈之奇輯注　(清)洪弘緒重訂　清乾隆刻本　八册

520000－2801－0000987　01935

二十二史感應錄二卷　(清)彭希涑輯　清黔築家蔭堂刻本　一册

520000－2801－0000988　1936

爾雅直音二卷　(清)孫偘輯　清道光二十八年(1848)賓華樓刻本　二册

520000－2801－0000989　01938

中庸直指一卷　(明)史德清述　清光緒十年(1884)金陵刻經處刻本　一册

520000－2801－0000990　01939

關聖帝君桃園明聖經一卷　(□)□□撰　清光緒二十五年(1899)問心館刻本　一册

520000－2801－0000991　01941

重鎸官板地理天機會員三十一卷　(宋)廖瑀等著　清刻本　十六册　存二十七卷(五至三十一)

520000－2801－0000992　01942

東萊先生音註唐鑑二十四卷　(宋)范祖禹譔　(宋)吕祖謙註　清刻本　四册

520000－2801－0000993　1945

四書反身錄七卷續錄一卷　(清)李顒撰

(清)王心敬輯　清光緒十一年(1885)四川鹺務官舍刻本　二冊

520000－2801－0000994　1946
六事箴言一卷　(清)葉玉屏輯　**續錄一卷**　(清)五孚尹輯　清同治刻本　一冊

520000－2801－0000995　1947
西學書目表三卷附一卷　梁啟超撰　清末時宜書室刻本　一冊

520000－2801－0000996　1948
讀西學書法一卷　梁啟超撰　清末時宜書室刻本　一冊

520000－2801－0000997　1949
讀西學書法一卷　梁啟超撰　清末時宜書室刻本　一冊

520000－2801－0000998　01951
西江政要八十四卷　(□)□□撰　清刻本　十六冊　存十四卷(十四、三十三、四十一、五十四至六十四)

520000－2801－0000999　01952
新編楊魯地理家傳心法捷訣三貫堪輿八卷　(明)唐世友編輯　清刻本　四冊　存四卷(五至八)

520000－2801－0001000　01953
乾隆府廳州縣圖志五十卷　(清)洪亮吉撰　清光緒五年(1879)授經堂刻本　十九冊　存四十六卷(一至九、十四至五十)

520000－2801－0001001　1954
四川省城尊經書院記一卷　(清)張之洞撰　清光緒二十一年(1895)寫刻本　一冊

520000－2801－0001002　01960
地學二卷　(清)沈鎬著　清康熙五十二年(1713)三讓堂刻本　二冊

520000－2801－0001003　01961
乾坤法竅三卷　(清)范宜賓集　**陰符玄解一卷**　(清)范宜賓註釋　清乾隆三十七年(1772)刻本　三冊

520000－2801－0001004　1962
山洋指迷原本四卷　(明)周景一著　清嘉慶十六年(1811)尚友堂刻本　二冊

520000－2801－0001005　01963
陰宅集要四卷陽宅集要八卷　(清)姚庭鑾輯　清宣統元年(1909)上海江左書林石印本　十二冊

520000－2801－0001006　1964
巖陵張九儀地理穿山透地真傳一卷　(清)張鳳藻著　清康熙五十七年(1718)刻本　一冊

520000－2801－0001007　1965
增刪卜易六卷　題(清)野鶴老人著　(清)李文輝增刪　清嘉慶二年(1797)宏德堂刻本　三冊

520000－2801－0001008　01967
重刊人子須知資孝地理心學統宗三十九卷　(明)徐善繼　(明)徐善述著　明萬曆十一年(1583)宏道書坊刻本　十冊

520000－2801－0001009　01968
大六壬尋源七卷　題(□)葵圃老人輯　清嘉慶二十三年(1818)張氏樂淳堂刻本　四冊

520000－2801－0001010　01969
嚴陵張九儀儀度六壬選日要訣三部不分卷　(清)張鳳藻撰　清康熙五十八年(1719)三讓堂刻本　四冊

520000－2801－0001011　01970
地理四彈子四卷　(清)張鳳藻輯　清末上海校經山房石印本　四冊

520000－2801－0001012　1971
洴澼百金方十四卷　題(清)惠麓酒民編次　清刻本　十冊

520000－2801－0001013　1972
羅經發源起例十卷新鐫唐氏壽域一卷　(清)甘霖著　清崇讓堂刻本　五冊

520000－2801－0001014　01975
三農紀二十四卷總目錄一卷　(清)張宗法著　清乾隆二十五年(1760)刻本　四冊

520000－2801－0001015　1977

古今列女傳四卷　(漢)劉向撰　(明)解縉補　清光緒二十四年(1898)鏡清書屋刻本　四冊

520000－2801－0001016　1978
古今列女傳四卷　(漢)劉向撰　(明)解縉補　清光緒二十四年(1898)鏡清書屋刻本　四冊

520000－2801－0001017　01979
地理辨正翼六卷　(清)蔣平階原註　(清)榮錫勛補翼　清光緒二十年(1894)文光堂刻本　四冊

520000－2801－0001018　01980
地理辨正翼六卷　(清)蔣平階原註　(清)榮錫勛補翼　清光緒二十年(1894)文光堂刻本　四冊

520000－2801－0001019　01981
地理五訣八卷　(清)趙廷棟著　清乾隆五十二年(1787)刻本　二冊

520000－2801－0001020　1982
陽宅三要四卷　(清)趙廷棟著　清乾隆五十二年(1787)永順堂刻本　二冊

520000－2801－0001021　01983
地理辨正疏五卷首一卷末一卷　(清)張心言著　清道光七年(1827)刻本　四冊

520000－2801－0001022　1984
新訂王氏羅經透解四卷　(清)王道亨輯錄　(清)王紹之校正　清光緒二十三年(1897)宏道堂刻本　二冊

520000－2801－0001023　1986
四種遺規約鈔　(清)陳宏謀原編　清同治十年(1871)遵義蹇氏家塾刻本　十六冊

520000－2801－0001024　1991
瀛寰志略續集四卷末一卷補遺一卷　(清)陳俠君校訂　清光緒十一年(1885)新學會石印本　五冊

520000－2801－0001025　1992
鄭學錄四卷　(清)鄭珍撰　清同治四年(1865)刻本　二冊

520000－2801－0001026　1993
鄭學錄四卷　(清)鄭珍撰　清同治四年(1865)刻本　二冊

520000－2801－0001027　1994
徐靈胎醫書六種十六卷　(清)徐大椿輯注　清同治三年(1864)半松書屋刻本　十六冊

520000－2801－0001028　1995
精校醫宗金鑑全集九十卷首一卷　(清)吳謙等修　清末上海錦章書局石印本　二十冊

520000－2801－0001029　1996
本草萬方鍼線五十二卷　(清)蔡烈先輯　清武林山壽堂刻本　四冊　存八卷(一至八)

520000－2801－0001030　2002
洞主仙師白喉治法忌表抉微一卷　(清)耐修子錄并注　清光緒十七年(1891)刻本　一冊

520000－2801－0001031　2003
傷寒瘟疫條辨眉批六卷　(清)楊璿撰　清乾隆四十九年(1784)刻本　六冊

520000－2801－0001032　2005
本草經解要四卷　(清)葉桂集注　清光緒十四年(1888)貴陽文通書局鉛印本　四冊

520000－2801－0001033　2006
醫學從眾八卷　(清)陳念祖著　清道光二十五年(1845)刻本　一冊　存二卷(一至二)

520000－2801－0001034　2007
張仲景傷寒論原文淺注六卷　(清)陳念祖集注　清同治元年(1862)經綸堂刻本　一冊　存二卷(一至二)

520000－2801－0001035　2008
金匱要略淺注十卷　(漢)張仲景原文　(清)陳念祖集注　清道光十年(1830)刻本　三冊

520000－2801－0001036　2011
時方妙用四卷　(清)陳念祖著　清嘉慶八年(1803)經元堂刻本　二冊

520000－2801－0001037　02012

景岳新方砭四卷　(清)陳念祖著　清嘉慶九年(1804)刻本　一册

520000－2801－0001038　02013
十藥神書註解一卷　(元)葛可久編　(清)陳念祖註　**傷寒醫訣串解六卷**　(清)陳念祖著　(清)陳道著纂集　清咸豐六年(1856)刻本　一册

520000－2801－0001039　2014
女科要旨四卷　(清)陳念祖撰　清刻本　一册

520000－2801－0001040　2018
弦雪居重訂遵生八牋十九卷　(明)高濂撰　清末上海江左書林石印本　六册　存八卷(十二至十九)

520000－2801－0001041　2019
弦雪居重訂遵生八牋十九卷　(明)高濂撰　清末上海江左書林石印本　六册　存八卷(十二至十九)

520000－2801－0001042　2020
靈素提要淺註十二卷　(清)陳念祖集註　清光緒元年(1875)刻本　四册　存七卷(一至七)

520000－2801－0001043　2021
新訂小兒科臍風驚風合編一卷　(清)鮑雲韶輯　清同治十二年(1873)黔縣署刻本　一册

520000－2801－0001044　2022
新訂小兒科臍風驚風合編一卷　(清)鮑雲韶輯　清同治十二年(1873)黔縣署刻本　一册

520000－2801－0001045　2023
新訂小兒科臍風驚風合編一卷　(清)鮑雲韶輯　清同治十二年(1873)黔縣署刻本　一册

520000－2801－0001046　2024
新訂小兒科臍風驚風合編一卷　(清)鮑雲韶輯　清同治十二年(1873)黔縣署刻本　一册

520000－2801－0001047　2025
新訂小兒科臍風驚風合編一卷　(清)鮑雲韶輯　清同治十二年(1873)黔縣署刻本　一册

520000－2801－0001048　2026
新訂小兒科臍風驚風合編一卷　(清)鮑雲韶輯　清同治十二年(1873)黔縣署刻本　一册

520000－2801－0001049　2027
新訂小兒科臍風驚風合編一卷　(清)鮑雲韶輯　清同治十二年(1873)黔縣署刻本　一册

520000－2801－0001050　2028
新訂小兒科臍風驚風合編一卷　(清)鮑雲韶輯　清同治十二年(1873)黔縣署刻本　一册

520000－2801－0001051　2029
新訂小兒科臍風驚風合編一卷　(清)鮑雲韶輯　清同治十二年(1873)黔縣署刻本　一册

520000－2801－0001052　2030
新訂小兒科臍風驚風合編一卷　(清)鮑雲韶輯　清同治十二年(1873)黔縣署刻本　一册

520000－2801－0001053　2031
新訂小兒科臍風驚風合編一卷　(清)鮑雲韶輯　清同治十二年(1873)黔縣署刻本　一册

520000－2801－0001054　2032
新訂小兒科臍風驚風合編一卷　(清)鮑雲韶輯　清同治十二年(1873)黔縣署刻本　一册

520000－2801－0001055　2033
新訂小兒科臍風驚風合編一卷　(清)鮑雲韶輯　清同治十二年(1873)黔縣署刻本　一册

520000－2801－0001056　2034
時方歌括二卷　(清)陳念祖著　清嘉慶八年(1803)稽古堂刻本　一册

520000－2801－0001057　2035
傷寒真方歌括六卷　(清)陳念祖著　清咸豐九年(1859)味根垒刻本　一册

520000－2801－0001058　2036
醫學實在易八卷　(清)陳念祖著　清道光二十四年(1844)刻本　一册

520000－2801－0001059　2037
達生編一卷　題(清)亟齋居士著　**遂生編一卷福幼編一卷**　(清)莊一夔著　清咸豐四年(1854)貴州刻本　一册

520000－2801－0001060　2038
御纂醫宗金鑑七十四卷　(漢)張仲景著　(清)吳謙等輯　清光緒二十八年(1902)上海醉六堂石印本　十六册

520000－2801－0001061　2040
小蓬萊山館方鈔不分卷　(清)竹林寺僧撰　清光緒十年(1884)慎修堂刻本　一册

520000－2801－0001062　2042
傷寒醫訣串解六卷真方歌括六卷　(清)陳念祖撰　**張仲景傷寒論原文淺注六卷**　(清)陳念祖集注　清咸豐味根齋刻本　四册　存十五卷(傷寒醫訣串解六卷、真方歌括六卷、張仲景傷寒論原文淺注四至六)

520000－2801－0001063　02045
地學歌略一卷　葉瀚　(清)葉瀾著　清光緒二十三年(1897)大文書局刻本　一册

520000－2801－0001064　02046
農書述要十六卷　(清)江志伊輯　清末鉛印本　一册　存十一卷(一至十一)

520000－2801－0001065　2047
大清律例彙輯便覽四十卷督捕則例二卷五軍道里表一卷三流道里表一卷　(清)李瀚章等纂　清同治十一年(1872)湖北讞局刻本　二十八册

520000－2801－0001066　2048
兵鏡備考十三卷孫子集注一卷兵鏡或問二卷　(清)鄧廷羅輯　(清)沈荃等參訂　清初桐石山房刻本　十册

520000－2801－0001067　2049
防海新論十八卷　(德國)希理哈撰　(英國)傅蘭雅口譯　(清)華蘅芳筆述　清同治十二年(1873)刻本　六册

520000－2801－0001068　2050
史姓韻編六十四卷　(清)汪輝祖撰　清同治九年(1870)金陵書局木活字印本　二十四册

520000－2801－0001069　2051
援黔錄十二卷　(清)唐炯撰　清末刻本　四册

520000－2801－0001070　2053
漢碑範八卷　(清)張祖翼輯　清宣統三年(1911)上海文明書局石印本　二册

520000－2801－0001071　2054
談瀛錄三卷　(清)王之春撰　清光緒六年(1880)上洋文藝齋刻本　二册

520000－2801－0001072　02055
欽頒州縣事宜一卷　(清)田文鏡　(清)李衛纂　清刻本　一册

520000－2801－0001073　02056
欽頒州縣事宜一卷　(清)田文鏡　(清)李衛纂　清同治十年(1871)黔陽官署刻本　一册

520000－2801－0001074　2066
樗繭譜一卷　(清)鄭珍纂　(清)莫友芝注　清宣統元年(1909)遵義府官書局鉛印本　一册

520000－2801－0001075　2067
新增百體千字文註釋一卷　(清)尤侗註釋　(清)張學乾篆書校正　清道光三年(1823)李氏家塾刻本　一册

520000－2801－0001076　02074
家蔭堂彙刻十一種　(清)周際華撰　清咸豐八年(1858)家蔭堂刻本　四册　存七種

520000－2801－0001077　2075
增定二十一史韻四卷末一卷　(清)仲弘道撰　(清)劉鍹評　清康熙四十一年(1702)蘭雪堂刻本　四册

520000－2801－0001078　02091
[光緒]嘉定縣志三十二卷首一卷　(清)程其玨輯　清光緒七年(1881)尊經閣刻本　十六册

520000－2801－0001079　02095
[道光]尉氏縣誌二十卷首一卷　(清)劉厚滋　(清)沈明修　(清)王觀潮纂　清道光十一年(1831)刻本　八册

520000－2801－0001080　02097

[乾隆]句容縣志十卷首一卷末一卷　(清)曹襲先纂修　清光緒二十六年(1900)楊世沅刻本　八册

520000－2801－0001081　02098
[康熙]常州府志三十八卷首一卷　(清)于琨修　(清)陳玉璂纂　校勘記一卷　(清)陸彦和撰　清光緒十二年(1886)木活字印本　二十一册

520000－2801－0001082　02099
[光緒]三原縣新志八卷　(清)焦雲龍修　(清)賀瑞麟纂　清光緒六年(1880)刻本　四册

520000－2801－0001083　02100
[萬曆]錢塘縣志十卷　(明)聶心湯纂修　清光緒十九年(1893)武林丁氏刻本　六册

520000－2801－0001084　02104
[同治]宜都縣志四卷首一卷末一卷　(清)崔培元等修　(清)龔紹仁等纂　清同治五年(1866)教育公所刻本　四册

520000－2801－0001085　02105
[同治]長興縣志三十二卷　(清)趙定邦等修　清光緒十八年(1892)補刻本　十六册

520000－2801－0001086　02106
[同治]來鳳縣志三十二卷首一卷末一卷　(清)李勗修　(清)何遠鑒纂　清同治五年(1866)刻本　八册

520000－2801－0001087　02108
[同治]山陽縣志二十一卷　(清)存葆等修　(清)何紹基等纂　清同治十二年(1873)刻本　八册

520000－2801－0001088　02110
[道光]遵義府志四十八卷首一卷　(清)平翰等修　(清)鄭珍　(清)莫友芝纂　清道光二十一年(1841)刻民國二十六年(1937)後印本　二十册

520000－2801－0001089　02111
[道光]遵義府志四十八卷首一卷　(清)平翰等修　(清)鄭珍　(清)莫友芝纂　清道光二十一年(1841)刻民國二十六年(1937)後印本　二十册

520000－2801－0001090　02112
[道光]遵義府志四十八卷首一卷　(清)平翰等修　(清)鄭珍　(清)莫友芝纂　清道光二十一年(1841)刻本　二十册

520000－2801－0001091　02115
[光緒]宜興荊溪縣新志十卷首一卷末一卷　(清)英敏等修　(清)吴學墻等纂　清光緒八年(1882)刻本　八册

520000－2801－0001092　02116
[嘉慶]重刊荊溪縣志四卷首一卷　(清)唐仲冕修　(清)寧楷纂　清嘉慶二年(1797)刻本　二册

520000－2801－0001093　02117
[光緒]重刊續纂宜荊縣志十卷首一卷　(清)顧名　(清)龔潤森等修　(清)吴德旋等纂　清道光二十年(1840)刻本　四册

520000－2801－0001094　02118
[嘉慶]重刊宜興縣志四卷首一卷　(清)阮升基等修　(清)寧楷等纂　清光緒八年(1882)刻本　二册

520000－2801－0001095　02119
[宣統]臨安縣志八卷首一卷末一卷　(清)彭循堯修　(清)董運昌　(清)周鼎纂　清宣統二年(1910)木活字印本　六册

520000－2801－0001096　02123
[康熙]詔安縣誌十二卷　(清)秦炯纂修　清同治十三年(1874)刻本　五册

520000－2801－0001097　02126
[光緒]上虞縣志四十八卷首一卷末一卷　(清)唐煦春等修　(清)朱士黻等纂　清光緒十七年(1891)刻本　二十四册

520000－2801－0001098　02130
[光緒]常昭合志稿四十八卷首一卷末一卷校勘記一卷　(清)鄭鍾祥修　(清)龎鴻文纂

（清）張守誠校勘　清光緒三十年（1904）木活字印本　十七冊

520000－2801－0001099　02131
［嘉慶］東臺縣志四十卷　（清）周右纂（清）蔡復午等編　清嘉慶二十二年（1817）刻本　十冊

520000－2801－0001100　02132
［同治］續蕭縣志十八卷首一卷　（清）顧景濂等纂　（清）魏庚元等修　清光緒元年（1875）刻本　六冊

520000－2801－0001101　02133
［光緒］川沙廳志十四卷首一卷末一卷　（清）陳方瀛修　（清）俞樾纂　清光緒五年（1879）刻本　六冊

520000－2801－0001102　02135
［同治］枝江縣志二十卷首一卷　（清）查子庚等修　（清）熊文瀾等纂　清同治五年（1866）刻本　八冊　存十九卷（一至十九）

520000－2801－0001103　02136
［康熙］寧化縣志七卷　（清）祝文郁修（清）李世熊纂　清康熙二十三年（1684）刻本　八冊

520000－2801－0001104　02137
［光緒］武陽志餘十二卷首一卷　（清）桐澤等修　（清）莊毓鋐等纂　清光緒十四年（1888）文煥齋木活字印本　十四冊

520000－2801－0001105　02138
光緒丙子清河縣志二十六卷　（清）胡裕燕（清）萬青選修　（清）吳昆田　（清）魯蕡纂　清光緒五年（1879）刻本　六冊

520000－2801－0001106　02139
［道光］邳州志二十卷首一卷　（清）魯一同撰　清咸豐元年（1851）刻光緒二十一年（1895）重印本　四冊

520000－2801－0001107　02140
［嘉靖］仁和縣志十四卷　（明）沈朝宣纂　清光緒十九年（1893）武林丁氏刻本　十冊

520000－2801－0001108　02141
［光緒］餘姚縣誌二十七卷首一卷末一卷（清）周炳麟修　（清）孫德祖等纂　清光緒二十五年（1899）刻本　十四冊　存二十四卷（一至九、十二至十九、二十三至二十七，首一卷，末一卷）

520000－2801－0001109　2142
金山志十卷首一卷續二卷　（清）盧見曾纂（清）釋秋崖續纂　清光緒二十七年（1901）刻本　六冊

520000－2801－0001110　02145
武夷山志二十四卷首一卷　（清）董天工編　清道光二十七年（1847）刻本　八冊

520000－2801－0001111　02146
［同治］衡陽縣志十二卷　（清）羅慶薌修（清）彭玉麟等纂　清同治十三年（1874）刻本　七冊

520000－2801－0001112　02148
［乾隆］獲嘉縣志十六卷首一卷　（清）吳喬齡修　（清）李棟纂　清道光二十五年（1845）刻本　六冊

520000－2801－0001113　02149
［光緒］鹽城縣志十七卷首一卷　（清）劉崇照修　（清）龍繼棟　（清）陳玉樹纂　清光緒二十一年（1895）刻本　八冊

520000－2801－0001114　02150
［嘉慶］重刊江寧府志五十六卷首一卷　（清）呂燕昭修　（清）姚鼐纂　清光緒六年（1880）刻本　十二冊

520000－2801－0001115　02151
［道光］新都縣志十八卷首一卷圖一卷　（清）張奉書等修　（清）張懷泗等纂　清道光二十四年（1844）刻本　十二冊

520000－2801－0001116　02152
［光緒］青浦縣志三十卷首二卷末一卷　（清）陳其元等修　（清）熊其英等纂　清光緒五年（1879）尊經閣刻本　十二冊

520000－2801－0001117　02153

［光緒］武進陽湖縣誌三十卷首一卷　（清）張球等修　（清）湯成烈等纂　清光緒五年（1879）刻光緒三十二年（1906）重印本　十九冊

520000－2801－0001118　02154

［乾隆］新鄉縣志三十四卷首一卷　（清）趙開元等纂修　清乾隆十二年（1747）刻本　六冊

520000－2801－0001119　02155

［光緒］重修南嶽志二十六卷　（清）李元度纂修　清光緒六年至九年（1880－1883）朱陵洞天精舍刻本　十二冊　存二十五卷（一至十一、十三至二十六）

520000－2801－0001120　02156

［乾隆］南嶽志八卷　（清）高自位重編　清乾隆十八年（1753）開雲樓刻本　六冊

520000－2801－0001121　02157

［光緒］桐鄉縣志二十四卷首四卷　（清）嚴辰纂　**楊園淵源錄四卷**　（清）沈曰富輯　清光緒十三年（1887）蘇州陶藝齋刻本　二十四冊

520000－2801－0001122　02158

［乾隆］莒州志十六卷首一卷　（清）許紹錦等纂修　清嘉慶元年（1796）刻本　六冊

520000－2801－0001123　02159

［同治］盱眙縣志六卷　（清）方家藩修　（清）傅紹曾纂　清同治十二年（1873）刻本　四冊

520000－2801－0001124　02161

乾隆府廳州縣圖志五十卷　（清）洪亮吉撰　清嘉慶七年（1802）刻本　十二冊

520000－2801－0001125　2162

趙氏淵源集十卷　（清）趙紹祖鈔　清光緒十三年（1887）小古墨齋刻本　四冊　存八卷（一至六、九至十）

520000－2801－0001126　02164

［清咸豐辛亥科至光緒丁酉科鄉試硃卷不分卷］　（清）□□輯　清光緒刻本　一冊

520000－2801－0001127　02165

貴州闈墨（光緒己卯科）不分卷　（清）程榮壽等撰　清光緒五年（1879）衡鑑堂刻本　一冊

520000－2801－0001128　02166

欽遵聖諭條列州縣事宜一卷　（清）田文鏡撰　清同治十年（1871）黔陽官署刻本　一冊

520000－2801－0001129　2168

雙梅景闇叢書十七種二十六卷　葉德輝輯　清光緒二十九年至宣統三年（1903－1911）長沙葉氏郎園刻本　五冊　存二十一卷（青樓集一、板橋雜記一至三、吳門畫舫錄一、燕蘭小譜一至五、海漚小譜一、檜門觀劇絕句一至三、和作一至二、木皮散人鼓詞一、萬古愁曲一、乾嘉詩壇點將錄一、東林點將錄一、秦雲擷英小譜一）

520000－2801－0001130　2169

李鴻章（中國四十年來大事記）　梁啟超撰　清光緒二十七年（1901）石印本　一冊

520000－2801－0001131　2174

清河書畫舫十二卷目錄一卷　（明）張丑撰　清乾隆二十八年（1763）刻本　十二冊

520000－2801－0001132　02176

乾隆府廳州縣圖志五十卷　（清）洪亮吉撰　清光緒二十三年（1897）新化三味書室刻本　二十一冊　存四十六卷（一至三、八至五十）

520000－2801－0001133　2181

書經六卷首一卷末一卷　（宋）蔡沈集傳　清光緒七年（1881）金陵書局刻本　四冊

520000－2801－0001134　2182

孔子編年四卷　（清）狄子奇撰　清光緒十三年（1887）浙江書局刻本　一冊

520000－2801－0001135　2183

孟子編年四卷　（清）狄子奇撰　清光緒十三年（1887）浙江書局刻本　一冊

520000－2801－0001136　02184

板橋詩鈔三卷　（清）鄭燮著　清末刻本　二冊

520000－2801－0001137　2185
司馬氏書儀十卷目錄一卷　(宋)司馬光撰　清同治七年(1868)江蘇書局刻本　一冊

520000－2801－0001138　2186
爾雅註疏十一卷　(晉)郭璞註　(宋)邢昺疏　清咸豐十一年(1861)刻本　四冊

520000－2801－0001139　02188
吳郡名賢圖傳贊二十卷目錄一卷　(清)顧沅輯　清道光九年(1829)長洲顧氏刻本　八冊

520000－2801－0001140　02189
粵西金石略十五卷　(清)謝啟昆撰　清嘉慶六年(1801)銅鼓亭刻本　六冊

520000－2801－0001141　02190
寶繪錄二十卷目錄一卷　(明)張泰階輯　明崇禎六年(1633)知不足齋刻本　六冊

520000－2801－0001142　2191
長沙賈太傅祠志四卷　(清)夏獻雲編輯　(清)徐之甲校訂　清光緒四年(1878)刻本　二冊

520000－2801－0001143　2192
屈賈文合編十種　(清)夏獻雲校刊　清光緒三年(1877)刻本　六冊

520000－2801－0001144　2195
說文解字十五卷　(漢)許慎記　(宋)徐鉉等校定　清嘉慶十四年(1809)刻本　三冊

520000－2801－0001145　2196
說文通檢十四卷首一卷末一卷　(清)黎永椿編　清光緒二年(1876)崇文書局刻本　二冊

520000－2801－0001146　2197
唐賢三昧集三卷　(清)王士禎選　(清)吳煊等輯注　清乾隆五十二年(1787)聽雨齋刻本　二冊

520000－2801－0001147　2198
畫禪室隨筆四卷　(明)董其昌撰　(清)楊補編　清光緒十四年(1888)醉竹閒窩木活字印本　二冊

520000－2801－0001148　2199
策論文的四卷　(清)吳鴻甲輯　(清)朱爾楷參訂　清光緒二十八年(1902)吳氏觀略齋刻本　四冊

520000－2801－0001149　2203
福建闈墨一卷　(清)林傳甲等撰　清刻本　一冊

520000－2801－0001150　2204
唐詩三百首六卷　(清)蘅塘退士(孫洙)編　**續選一卷**　(清)于慶元編　清光緒二十四年(1898)江右兩儀堂刻本　四冊

520000－2801－0001151　02207
[光緒]玉環廳志十四卷首一卷　(清)杜冠英　(清)胥壽榮修　(清)呂鴻燾等纂　清光緒六年(1880)刻本　八冊

520000－2801－0001152　02208
[道光]貴陽府志八十八卷冠編二卷餘編二十卷　(清)周作楫等修　(清)蕭琯等纂　清咸豐二年(1852)刻本　四十冊

520000－2801－0001153　2209
中吳紀聞六卷校勘記一卷　(宋)龔明之撰　繆荃孫校勘　清宣統元年(1909)刻本　二冊

520000－2801－0001154　02210
[淳祐]玉峰志三卷續志一卷　(宋)凌萬頃纂　(宋)邊實修　**校勘記一卷**　繆荃孫撰　清宣統元年(1909)刻本　二冊

520000－2801－0001155　02211
[嘉慶]重刊宜興縣舊志十卷首一卷末一卷補遺一卷　(清)阮升基等修　(清)寧楷等纂　清嘉慶二年(1797)刻本　十冊

520000－2801－0001156　2212
[嘉慶]重刊荊溪縣志四卷首一卷　(清)唐仲冕修　(清)寧楷纂　清嘉慶二年(1797)刻本　二冊

520000－2801－0001157　02213
竹里詩存不分卷　(清)王惠撰　清咸豐十年(1860)刻本　一冊

520000－2801－0001158　02214

東萊呂紫微雜說一卷　(宋)呂本中撰　清光緒二年(1876)吳興陸氏刻本　一册

520000－2801－0001159　02215
周禮精華六卷　(清)陳龍標編輯　清咸豐九年(1859)寶華樓刻本　六册

520000－2801－0001160　02216
周禮六卷目錄一卷原目一卷　(漢)鄭康成注　(唐)陸德明音義　清光緒二十二年(1896)新化三味堂刻本　十二册

520000－2801－0001161　02217
周禮備目畧解六卷　(清)孫繩武書　清道光三十年(1850)抄本　六册

520000－2801－0001162　2218
周易孔義集說　(清)沈起元撰　清光緒八年(1882)江蘇書局刻本　八册

520000－2801－0001163　2219
周易要義十卷首一卷　(宋)魏了翁撰　清光緒十二年(1886)江蘇書局刻本　四册

520000－2801－0001164　2220
孝經講義一卷　潘任撰　清末刻本　一册

520000－2801－0001165　02221
易傳十七卷　(唐)李鼎祚集解　**經典釋文周易音義一卷**　(唐)陸德明撰　清乾隆二十一年(1756)雅雨堂刻本　六册

520000－2801－0001166　2222
鄭氏周易三卷　(宋)王應麟撰集　(清)惠棟增補　**鄭司農集一卷**　(漢)鄭玄撰　清乾隆二十一年(1756)雅雨堂刻本　一册

520000－2801－0001167　2223
周易乾鑿度二卷　(漢)鄭玄注　清乾隆二十一年(1756)雅雨堂刻本　一册

520000－2801－0001168　2224
大戴禮記十三卷　(北周)盧辯注　清乾隆二十一年(1756)雅雨堂刻本　二册

520000－2801－0001169　2225
尚書注十二卷　(元)金履祥撰　清光緒五年(1879)歸安陸氏刻本　六册

520000－2801－0001170　2227
李氏五種合刊二十七卷　(清)李兆洛輯　清光緒十八年(1892)長沙草素書局刻本　十五册

520000－2801－0001171　02229
通鑑外紀十卷目錄五卷　(宋)劉恕編　(清)胡克家補注　清同治十年(1871)江蘇書局刻本　十册

520000－2801－0001172　2230
續資治通鑑二百二十卷　(清)畢沅編集　清光緒十四年(1888)上海蜚英館石印本　二十四册　存二百四卷(一至一百二十九、一百三十八至一百六十八、一百七十七至二百二十)

520000－2801－0001173　2231
說文發疑六卷續一卷　(清)張行孚撰　清光緒十八年(1892)刻本　三册

520000－2801－0001174　2232
映雪堂宗譜不分卷　(清)孫茂欞修　清光緒二十年(1894)木活字印本　二册

520000－2801－0001175　02233
欽定遼史語解十卷　(□)□□撰　清光緒四年(1878)江蘇書局刻本　二册

520000－2801－0001176　2234
文選六十卷　(南朝梁)昭明太子蕭統選　(唐)李善注　清乾隆三十七年(1772)刻本　十二册

520000－2801－0001177　2235
映雪堂宗譜不分卷　(清)孫茂欞修　清光緒二十年(1894)木活字印本　二册

520000－2801－0001178　2236
映雪堂宗譜不分卷　(清)孫茂欞修　清光緒二十年(1894)木活字印本　二册

520000－2801－0001179　2237
岑襄勤公奏稿三十卷總目一卷首一卷　(清)岑毓英撰　清光緒二十三年(1897)武昌督糧官署止復園刻朱墨印本　三十册　存三十卷(一至十三、十六至三十,總目一卷,首一卷)

520000－2801－0001180　2238
岑襄勤公奏稿三十卷總目一卷首一卷　（清）岑毓英撰　清光緒二十三年(1897)武昌督糧官署止復園刻朱墨印本　二十八册　存二十七卷(一至二、四至十三、十八至三十,總目一卷,首一卷)

520000－2801－0001181　2246
平津館鑒藏記書籍三卷補遺一卷續編一卷（清）孫星衍撰　**廉石居藏書記内編二卷**（清）陳宗彝編　清道光二十年(1840)刻本　二册

520000－2801－0001182　2248
梅南詩草一卷　（清）顧履均著　清光緒二十五年(1899)刻本　一册

520000－2801－0001183　2249
北史一百卷目錄一卷　（唐）李延壽纂　明崇禎十二年(1639)毛氏汲古閣刻本　二十四册

520000－2801－0001184　02250
舊五代史一百五十卷目錄二卷　（宋）薛居正等撰　清同治十一年(1872)湖北崇文書局刻本　十六册

520000－2801－0001185　02251
騈雅七卷騈雅訓纂十六卷序目一卷　（明）朱謀㙔著　（清）魏茂林訓纂　清光緒七年(1881)成都瀹雅齋刻本　八册

520000－2801－0001186　02252
春秋宗朱辨義十二卷首一卷末一卷　（清）張自超著　清光緒七年(1881)刻本　十册

520000－2801－0001187　02253
文心雕龍十卷　（南朝梁）劉勰撰　（清）黄叔琳注　（清）紀昀評　清光緒三年(1877)湖北崇文書局刻本　二册

520000－2801－0001188　02254
逆臣傳四卷　（清）國史館編　清都城琉璃廠半松居士木活字印本　二册

520000－2801－0001189　2255
史記選六卷　（清）儲欣評　（清）儲芝參述　清光緒九年(1883)靜遠堂刻本　四册

520000－2801－0001190　02256
莊子南華真經十卷　（晉）郭象注　清光緒十一年(1885)傳忠書局刻本　十册

520000－2801－0001191　2257
讀水經注小識四卷　（清）麗鴻書訂　清光緒三十年(1904)石印本　二册

520000－2801－0001192　2258
本草經解要四卷　（清）葉桂集註　清光緒十四年(1888)貴陽文通書局鉛印本　四册

520000－2801－0001193　2260
繡像十美圖傳四十卷四十回　（清）松筠校輯　清同治九年(1870)寶文堂刻本　六册

520000－2801－0001194　2261
新刻重校增補圓機活法詩學全書二十四卷（明）王世貞校正　明文盛堂刻本　七册

520000－2801－0001195　2262
蟫廬詩鈔十卷　（清）王蔭槐著　清光緒七年(1881)王氏紫藤花館刻本　二册

520000－2801－0001196　02266
資治通鑑補二百九十四卷　（宋）司馬光編集（清）胡三省音注　（清）嚴衍補　清光緒二年(1876)思補樓刻本　八十册

520000－2801－0001197　2269
日知錄集釋三十二卷刊誤二卷續刊誤二卷（清）顧炎武撰　（清）黄汝成集釋　清同治十一年(1872)湖北崇文書局刻本　十四册　存三十一卷(一至十三、十七至二十六、二十九至三十二,刊誤二卷,續刊誤二卷)

520000－2801－0001198　02271
南齊書五十九卷目錄一卷　（南朝梁）蕭子顯撰　明崇禎十年(1637)毛氏汲古閣刻本　十册

520000－2801－0001199　02272
北齊書五十卷目錄一卷　（唐）李百藥撰　明崇禎十一年(1638)毛氏汲古閣刻本　八册

520000－2801－0001200　2273

史記一百三十卷 （漢）司馬遷撰 （南朝宋）裴駰集解 （唐）司馬貞索隱 （唐）張守節正義 清光緒四年（1878）金陵書局刻本 二十四冊

520000－2801－0001201 2274
御覽闕史二卷 （唐）參寥子撰 清光緒三年（1877）湖北崇文書局刻本 一冊

520000－2801－0001202 2275
鐵畫樓詩續鈔二卷 （清）張蔭桓撰 清光緒觀復齋刻本 一冊

520000－2801－0001203 2276
讀史及幼編不分卷 （清）鄭德暉撰 清同治刻本 一冊

520000－2801－0001204 2277
洛陽邵氏三世名賢行實圖像一卷 （宋）張峪等撰 清刻本 一冊

520000－2801－0001205 2278
元遺山先生新樂府四卷 （金）元好問 清讀書山房刻本 一冊

520000－2801－0001206 2279
周文忠公尺牘二卷附録一卷目録一卷 （清）周天爵著 清同治七年（1868）蘇松太道署刻本 一冊

520000－2801－0001207 2280
五代史七十四卷目録一卷 （宋）歐陽修撰 （宋）徐無黨注 清同治十一年（1872）湖北崇文書局刻本 八冊

520000－2801－0001208 2281
遼史拾遺補五卷 （清）楊復吉輯 清光緒三年（1877）江蘇書局刻本 二冊

520000－2801－0001209 02282
禮記訓纂四十九卷 （清）朱彬輯 清宣統元年（1909）學部圖書局刻本 十冊

520000－2801－0001210 2284
急救經驗良方一卷 （清）徐幹選 （清）費山壽纂輯 清光緒十八年（1892）四川巴州署刻本 一冊

520000－2801－0001211 02285
雷公炮製藥性解六卷 （明）李中梓編輯 清光緒二十三年（1897）刻本 二冊

520000－2801－0001212 2286
洄溪醫案一卷 （清）徐大椿著 （清）王士雄編 清咸豐五年（1855）刻本 一冊

520000－2801－0001213 2289
儀禮喪服經傳并記一卷 （漢）鄭玄注 （清）張爾岐句讀 清宣統元年（1909）學部圖書局石印本 一冊

520000－2801－0001214 02292
十一朝聖武記二十卷 （清）張騫輯 清光緒二十九年（1903）上海鴻寶齋石印本 六冊

520000－2801－0001215 2293
樊山續集三十二卷 樊增祥撰 清光緒上海廣益書局石印本 六冊

520000－2801－0001216 2294
文學興國策二卷 （美國）林樂知譯 蔡爾康校 清光緒二十二年（1896）圖書集成局鉛印本 二冊

520000－2801－0001217 02295
欽定七經綱領一卷 （清）□□輯 **勘誤表一卷** 清宣統元年（1909）學部圖書局鉛印本 一冊

520000－2801－0001218 02296
欽定七經綱領一卷 （清）□□輯 **勘誤表一卷** 清宣統元年（1909）學部圖書局鉛印本 一冊

520000－2801－0001219 02297
欽定七經綱領一卷 （清）□□輯 **勘誤表一卷** 清宣統元年（1909）學部圖書局鉛印本 一冊

520000－2801－0001220 02298
資治明紀綱目二十卷 （清）張廷玉等纂 清末上海錦章圖書局石印本 二冊

520000－2801－0001221 2300
國朝漢學師承記八卷經師經義目録一卷宋學

淵源記二卷附記一卷　（清）江藩撰　清光緒二十二年（1896）修竹山房刻本　二册　存五卷（一至二、六至八）

520000－2801－0001222　2301
寓意草一卷　（清）喻昌著　清刻本　一册

520000－2801－0001223　2302
吾學錄初編二十四卷　（清）吳榮光述　清光緒二十年（1894）實善書局石印本　四册

520000－2801－0001224　2303
侯官嚴氏叢刻五卷　嚴復著　清光緒二十八年（1902）上海書局石印本　一册

520000－2801－0001225　2307
中國礦產志略一卷附鐵路簡明表　（清）瞢䕫室輯　清光緒刻本　一册

520000－2801－0001226　2309
日本學制大綱四卷附錄一卷　（日本）泰東同文局撰　（日本）橋本武譯　清光緒二十八年（1902）鉛印本　四册

520000－2801－0001227　2310
學校制度一卷　（清）程家檉譯　清光緒三十四年（1908）貴州遵義府官書局鉛印本　一册

520000－2801－0001228　2312
重刊補註洗冤錄集證六卷　（清）王又槐增輯　（清）李觀瀾補輯　**續增洗冤錄辨證三卷**　（清）瞿中溶原撰　清光緒五年（1879）貴陽文通書局鉛印本　五册

520000－2801－0001229　2314
史鑑節要便讀六卷　（清）鮑東里編輯　清同治十二年（1873）崇文書局刻本　二册

520000－2801－0001230　2315
性理易讀一卷　（宋）周敦頤等撰　（宋）朱熹註　清刻本　一册

520000－2801－0001231　02320
列國軍制一卷　潘任錄　清末鉛印本　一册

520000－2801－0001232　2321
戰史大略一卷　潘任輯　清末鉛印本　一册

520000－2801－0001233　02323
八線備旨四卷　（美國）羅密士原撰　（美國）潘慎文選譯　**八線學總習問一卷**　清光緒二十八年（1902）上海美華書館鉛印本　一册

520000－2801－0001234　2324
宫門果報錄一卷續錄一卷附錄一卷　（清）宋楚望輯　清光緒十八年（1892）江蘇書局刻本　一册

520000－2801－0001235　2325
新刻女日記故事二十四孝圖說一卷　題（清）寄雲山人編次　清光緒二十一年（1895）凫山曉星樵人金陵何陋居刻本　一册

520000－2801－0001236　2327
孝經旁訓一卷　（清）孫傳潡撰　清咸豐十一年（1861）大盛堂刻本　一册

520000－2801－0001237　2328
貴州鄉試硃卷（同治丁卯科并補行咸豐乙卯戊午科）一卷　（清）孫茂槶撰　清刻本　一册

520000－2801－0001238　2330
萬國近政考略十六卷　（清）鄒弢編輯　清光緒二十二年（1896）春三借廬刻本　四册

520000－2801－0001239　02332
希臘獨立史四編　（日本）柳井絅齋著　（清）秦嗣宗譯　清光緒二十八年（1902）上海廣智書局鉛印本　一册

520000－2801－0001240　02333
亞剌伯史二篇首一篇　（日本）北村三郎編著　趙必振譯　清光緒二十九年（1903）上海廣智書局鉛印本　一册

520000－2801－0001241　02334
埃及史三篇首一篇　（日本）北村三郎編著　趙必振譯　清光緒二十九年（1903）上海廣智書局鉛印本　一册

520000－2801－0001242　02335
俄國蠶食亞洲史畧二篇　（日本）佐藤弘　（英國）克樂詩著　題（清）養活齋主人輯譯

清光緒二十八年(1902)上海廣智書局鉛印本　一册

520000－2801－0001243　02336
亞西里亞巴比倫史九章　(日本)北村三郎編著　趙必振譯　清光緒二十八年(1902)上海廣智書局鉛印本　一册

520000－2801－0001244　2337
日本現勢論一卷　(日本)東邦協會撰　題(清)養浩齋主人輯譯　清光緒二十八年(1902)上海廣智書局鉛印本　一册

520000－2801－0001245　2339
音注小倉山房尺牘八卷補遺一卷　(清)袁枚撰　(清)胡光斗箋釋　清光緒十一年(1885)著易堂石印本　四册

520000－2801－0001246　2340
離騷箋二卷　(戰國)屈原撰　(清)龔景瀚箋　清光緒三年(1877)湖北崇文書局刻本　一册

520000－2801－0001247　2341
離騷注一卷　王樹枏注　清文莫室刻本　一册

520000－2801－0001248　2342
刊謬正俗八卷　(唐)顔師古撰　清光緒三年(1877)湖北崇文書局刻本　一册

520000－2801－0001249　02343
人譜類記增訂六卷　(明)劉宗周著　清光緒三年(1877)湖北崇文書局刻本　一册　存四卷(一至四)

520000－2801－0001250　2344
帝王世紀十卷　(晉)皇甫謐撰　**續補一卷**　(清)錢保塘撰　**考異一卷意林逸文一卷**　清光緒四年(1878)貴築楊氏刻本　一册

520000－2801－0001251　2346
畏廬文集一卷　林紓著　清宣統二年(1910)商務印書館鉛印本　一册

520000－2801－0001252　2350
譚苑醍醐八卷　(明)楊慎撰　(清)李調元校定　清刻本　一册　存五卷(一至五)

520000－2801－0001253　2351
夏小正通釋一卷　(清)梁章鉅輯　清光緒十三年(1887)浙江書局刻本　一册

520000－2801－0001254　2352
古香書屋詩鈔十二卷　(清)趙輝璧著　清光緒十八年(1892)刻本　四册

520000－2801－0001255　2355
經學講義一卷　潘任輯　清光緒三十四年(1908)江南高等學堂鉛印本　一册

520000－2801－0001256　2356
吴郡圖經續記三卷校勘記一卷　(宋)朱長文撰　清同治十二年(1873)江蘇書局刻本　一册

520000－2801－0001257　2357
吴地記一卷後集一卷　(唐)陸廣微撰　清同治十二年(1873)江蘇書局刻本　一册

520000－2801－0001258　2359
竹書紀年二卷　(清)洪頤煊校　清嘉慶十一年(1806)平津館刻本　一册

520000－2801－0001259　02360
穆天子傳六卷附錄一卷　(晉)郭璞注　清嘉慶十一年(1806)平津館刻本　一册

520000－2801－0001260　2361
牟子一卷　(漢)牟融撰　(清)孫星衍校　**皇帝龍首經二卷**　(清)孫星衍校　清嘉慶十一年(1806)平津館刻本　一册

520000－2801－0001261　2363
奏定學堂章程不分卷　(清)張百熙等纂　清光緒三十年(1904)上海商務印書館鉛印本　四册

520000－2801－0001262　2364
唐陸宣公集二十二卷首一卷增輯一卷附錄一卷　(唐)陸贄撰　清光緒二年(1876)江蘇書局刻本　六册

520000－2801－0001263　2365
書經精華六卷　(清)薛嘉穎撰　清道光五年

(1825)光韙堂刻本　三冊

520000－2801－0001264　02366
國語選四卷目次一卷　(春秋)左丘明撰　(清)儲欣評　清光緒九年(1883)靜遠堂刻本　二冊

520000－2801－0001265　2367
重刊補注洗冤録集證六卷　(清)王又槐輯　(清)李觀瀾補輯　(清)阮其新補注　清刻本　六冊

520000－2801－0001266　2368
江蘇省例一卷　(清)□□編　清同治七年(1868)刻本　一冊

520000－2801－0001267　02370
易經精華六卷末一卷　(清)薛嘉穎撰　清道光五年(1825)光韙堂刻本　三冊

520000－2801－0001268　2371
周易四卷　(宋)朱熹注　清四友堂刻本　三冊

520000－2801－0001269　2372
西國近事彙編一百四十八卷　(美國)金楷理口譯　(清)姚棻等筆述　清同治十二年至光緒二十五年(1873－1899)上海機器製造局鉛印本　一百四十七冊　缺一卷(清光緒二十二年二)

520000－2801－0001270　2373
周易虞氏義九卷消息二卷　(清)張惠言學　清嘉慶八年(1803)揚州阮氏琅嬛仙館刻本　四冊

520000－2801－0001271　2375
五代史七十四卷目錄一卷　(宋)歐陽修撰　(宋)徐無黨注　清光緒十五年(1889)湖南大同書局刻本　八冊

520000－2801－0001272　2376
中等日本文典譯釋三編　(日本)三土忠造原著　(清)丁福同譯釋　清光緒三十一年(1905)上海文明書局鉛印本　三冊

520000－2801－0001273　2378
勸學篇二篇　(清)張之洞撰　清光緒二十四年(1898)兩湖書院刻本　一冊

520000－2801－0001274　2379
論語注疏二十卷　(三國魏)何晏集解　(唐)陸德明音義　(宋)邢昺疏　清乾隆四年(1739)刻本　四冊

520000－2801－0001275　02380
廣事類賦四十卷　(清)華希閔原著　(清)鄒兆升參　清乾隆二十五年(1760)劍光閣刻本　八冊

520000－2801－0001276　2381
琴學入門二卷　(清)張鶴輯　清同治六年(1867)刻本　一冊

520000－2801－0001277　2382
非石日記鈔一卷　(清)鈕樹玉撰　清光緒八年(1882)強學簃刻本　一冊

520000－2801－0001278　02383
各省學務官制并勸學所章程一卷　(清)學部擬　清末鉛印本　與520000－2801－0001279至0001282合一冊

520000－2801－0001279　2383
奏定酌擬教育會章程一卷　(清)張百熙等奏擬　清末刻本　與520000－2801－0001278、0001280至0001282合一冊

520000－2801－0001280　2383
奏定續擬提學使辦事權限章程一卷　(清)張百熙等奏擬　清末刻本　與520000－2801－0001278至0001279、0001281至0001282合一冊

520000－2801－0001281　2383
宣講書目表一卷　(清)張百熙等奏擬　清末刻本　與520000－2801－0001278至0001280、0001282合一冊

520000－2801－0001282　2383
釐定學堂章程一卷　(清)徐惠齋著　清末鉛印本　與520000－2801－0001278至0001281合一冊

520000－2801－0001283　02384

留真集古近體詩六卷　（清）楊紱章著　清光緒二十年(1894)太平官舍刻本　二册

520000－2801－0001284　2388

孝弟圖說二卷　（清）李文耕撰　（清）徐□□繪圖　清同治十三年(1874)武林有容齋刻本　一册

520000－2801－0001285　02389

陳文恭公手札節要三卷　（清）陳宏謀撰　清同治七年(1868)湖北崇文書局刻本　一册

520000－2801－0001286　2390

怡怡樓遺稿一卷　（清）高以莊撰　清光緒元年(1875)西充官廨刻本　一册

520000－2801－0001287　2391

萬國近政考略十六卷　（清）鄒弢編輯　清光緒二十八年(1902)上海書局石印本　四册

520000－2801－0001288　2392

子書百家一百一種　（清）湖北崇文書局輯　清光緒元年(1875)湖北崇文書局刻本　一百十册

520000－2801－0001289　02394

音論三卷　（清）顧炎武纂著　清康熙六年(1667)山陽張弨符山堂刻本　一册

520000－2801－0001290　2395

宋宗忠簡公集七卷　（宋）宗澤撰　清同治四年(1865)刻本　二册

520000－2801－0001291　02401

板橋詞鈔一卷　（清）鄭燮著　清乾隆八年(1743)刻本　一册

520000－2801－0001292　2402

孝經一卷　（唐）玄宗李隆基御注　（清）陸德明音譯　清同治十一年(1872)山東書局刻本　一册

520000－2801－0001293　2404

嚴叔敏遺文一卷　（清）嚴智庸著　清光緒二十八年(1902)石印本　一册

520000－2801－0001294　2405

長沙藥解四卷　（清）黄元御著　清乾隆十八年(1753)刻本　二册

520000－2801－0001295　2406

醫學集成四卷　（清）劉士廉纂輯　清同治十三年(1874)刻本　四册

520000－2801－0001296　2407

附鮚軒詩八卷　（清）洪亮吉著　清乾隆六十年(1795)貴陽節署刻本　四册

520000－2801－0001297　2408

孝經集注一卷　（□）□□注　**弟子職一卷**　（清）任文田集注　清刻本　一册

520000－2801－0001298　2409

函樓詩鈔八卷詞鈔一卷詩鈔一卷　（清）易佩紳撰　清光緒八年(1882)刻本　二册

520000－2801－0001299　2410

函樓詩鈔八卷詞鈔一卷詩鈔一卷　（清）易佩紳撰　清光緒八年(1882)刻本　二册

520000－2801－0001300　2413

戰國策十卷末一卷　（宋）鮑彪原注　（元）吳師道補正　清乾隆刻本　八册

520000－2801－0001301　2414

西藏見聞錄二卷　（清）蕭騰麟著　（清）蕭錫珀編　清乾隆賜硯堂刻本　四册

520000－2801－0001302　2415

補注黄帝内經素問二十四卷靈樞十二卷　（唐）王冰注　（宋）林億等校正　（宋）孫兆重改誤　**黄帝内經素問遺篇一卷**　（宋）劉溫舒原本　清光緒三年(1877)浙江書局刻本　十册

520000－2801－0001303　2417

世界近世史二卷　（日本）松平康國編著　（清）梁啟勳譯述　清光緒二十八年(1902)上海廣智書局鉛印本　二册

520000－2801－0001304　02418

佐治芻言不分卷　（英國）傅蘭雅口譯　（清）應祖錫筆述　清末鉛印本　三册

520000－2801－0001305　02419

經韻集字析解二卷 （清）彭良敞集註 清光緒三年（1877）來鹿堂刻本 四冊

520000－2801－0001306 02422
癸巳小春入長沙記一卷永曆紀事一卷 （清）丁大任撰 **兩廣紀畧一卷** （明）華復蠡著 **庚寅十一月初五日始安事略一卷** （清）瞿玄錫述 清光緒抄本 一冊 存四卷（三至六）

520000－2801－0001307 02423
讀史兵略四十六卷目錄一卷 （清）胡林翼纂 清咸豐十一年（1861）武昌節署刻本 二十二冊 存四十六卷（一至三十五、三十七至四十六，目錄一卷）

520000－2801－0001308 02424
藝舟雙楫六卷 （清）包世臣撰 清光緒九年（1883）資州官舍刻本 二冊

520000－2801－0001309 02425
鳴鶴堂文集十卷目錄一卷 （清）任源祥著 清光緒十五年（1889）刻本 五冊

520000－2801－0001310 02426
海道圖說十五卷附長江圖說一卷總目一卷 （英國）金約翰輯 （英國）傅蘭雅口譯 （清）王德均筆述 清光緒刻本 十冊

520000－2801－0001311 02427
增定二十一史韻四卷 （明）趙南星原編 （清）仲弘道增續 清中刻本 四冊

520000－2801－0001312 2428
聽雪齋詩草一卷 （清）袁開第著 清光緒二十五年（1899）刻本 一冊

520000－2801－0001313 2429
聽雪齋詩草一卷 （清）袁開第著 清光緒二十五年（1899）刻本 一冊

520000－2801－0001314 02431
倫理學講義不分卷 潘任輯 清宣統元年（1909）江南高等學堂鉛印本 一冊

520000－2801－0001315 02432
倫理學大義不分卷 潘任輯 清光緒三十四年（1908）江南高等學堂鉛印本 一冊

520000－2801－0001316 2433
讀水經注小識四卷 （清）龐鴻書訂 清光緒三十年（1904）石印本 二冊

520000－2801－0001317 02434
錢南園先生遺集五卷 （清）錢灃撰 清光緒二十一年（1895）刻本 二冊

520000－2801－0001318 02435
俞俞齋詩稿初集二卷文稿初集四卷 （清）史念祖撰 清光緒十八年（1892）滇南刻本 六冊

520000－2801－0001319 2437
楊忠愍公集不分卷 （明）楊繼盛撰 清光緒十三年（1887）養拙書屋刻本 一冊

520000－2801－0001320 02438
湘城訪古錄十七卷首一卷 陳運溶纂 清光緒二十年（1894）刻本 一冊

520000－2801－0001321 02438
湘城遺事九卷首一卷 陳運溶纂 清光緒二十一年（1895）刻本 一冊

520000－2801－0001322 2439
括地志八卷 （唐）濮王李泰等撰 （清）孫星衍輯 清刻本 二冊

520000－2801－0001323 2440
書目答問不分卷國朝著述諸家姓名略一卷四川省城尊經書院記一卷 （清）張之洞撰 清光緒五年（1879）貴陽王秉恩刻本 二冊

520000－2801－0001324 2443
痧癥全書三卷 （清）林森傳授 （清）王凱編輯 清同治元年（1862）刻本 一冊

520000－2801－0001325 2445
洞主仙師白喉治法忌表抉微一卷 （清）耐修子編注 清光緒十八年（1892）刻本 與520000－2801－0001326合一冊

520000－2801－0001326 2445
揀金便覽一卷 （□）□□撰 清抄本 與520000－2801－0001325合一冊

520000－2801－0001327 2446

彙刊明善最樂一卷 (□)□□撰 清道光二十年(1840)刻本 與520000－2801－0001328合一册

520000－2801－0001328 2446
增廣賢文一卷 (□)□□撰 清嘉慶十二年(1807)刻本 與520000－2801－0001327合一册

520000－2801－0001329 2449
吾學録初編二十四卷 (清)吳榮光撰 清光緒十年(1884)刻本 六册

520000－2801－0001330 2450
銅政便覽八卷 (清)□□編 清刻本 五册 存六卷(一至六)

520000－2801－0001331 02451
資治通鑑釋文三十卷 (宋)史炤撰 **欽定四庫全書總目資治通鑑釋文辯誤十二卷** (元)胡三省撰 清末刻本 十册

520000－2801－0001332 02452
香蘇山館古體詩鈔十四卷今體詩鈔十六卷 (清)吳嵩梁撰 清道光刻本 十六册

520000－2801－0001333 02456
說文解字句讀三十卷目録一卷 (漢)許慎記 (清)王筠撰集 清光緒八年(1882)四川尊經書局刻本 三十册

520000－2801－0001334 02457
天子肆獻祼饋食禮纂四卷 (清)任啟運撰 清光緒十四年(1888)任氏家塾刻本 二册

520000－2801－0001335 02458
詩本音十卷 (清)顧炎武纂著 清康熙六年(1667)山陽張弨符山堂刻本 三册

520000－2801－0001336 02459
陽谷殉難事實一卷 (清)趙文龍撰 清光緒十九年(1893)刻本 一册

520000－2801－0001337 02460
周禮節訓增句六卷目録一卷 (清)黄叔琳節訓 (清)李盛卿增句 清光緒十五年(1889)李氏家塾刻本 二册

520000－2801－0001338 02461
何文貞公遺集四卷首一卷附録一卷 (清)何桂珍撰 (清)涂宗瀛輯 清光緒十年(1884)刻本 二册

520000－2801－0001339 02464
漪香山館文集一卷 吳曾祺著 清宣統二年(1910)商務印書館鉛印本 一册

520000－2801－0001340 02465
淳化帖釋文十卷 (清)徐朝弼集釋 清嘉慶十七年(1812)刻本 一册

520000－2801－0001341 02466
眉韻樓詩三卷 (清)孫雄撰 清光緒三十年(1904)京師刻本 一册

520000－2801－0001342 02467
增定韻辨摘要不分卷 (清)張仰山輯 清同治十三年(1874)刻本 一册

520000－2801－0001343 02469
資治通鑑綱目五十九卷 (宋)朱熹撰 (明)陳仁錫評 明崇禎三年(1630)刻本 八十一册

520000－2801－0001344 2470
續資治通鑑綱目二十七卷 (明)陳仁錫評閱 明弘治十一年(1498)刻本 二十九册

520000－2801－0001345 2481
鑄史駢言十二卷 (清)孫玉田編定 清光緒元年(1875)石印本 二册

520000－2801－0001346 2482
張三丰先生全集八卷 (清)李西月重編 清道光二十四年(1844)朱道生刻本 八册

520000－2801－0001347 2484
呂祖師編年詩集年譜七卷 (清)火西月述 清刻本 四册

520000－2801－0001348 02485
隨園女弟子詩選六卷 (清)袁枚編 清嘉慶元年(1796)刻本 二册

520000－2801－0001349 2488
儒門法語輯要一卷 (清)彭定求原編 (清)

湯金釗輯要　清光緒七年(1881)彭祖賢刻本　一冊

520000－2801－0001350　02490
周易四卷目錄一卷圖說一卷新增圖說一卷　(宋)朱熹本義　**先淺原公讀易劄記一卷**　(明)萬衣撰　清光緒五年(1879)雲南書局刻本　四冊

520000－2801－0001351　02491
詩娛室詩集二十四卷　(清)黄安濤撰　清道光十四年(1834)刻本　六冊

520000－2801－0001352　2499
姑妄聽之四卷　(清)紀昀撰　清乾隆五十八年(1793)刻本　二冊

520000－2801－0001353　02502
實政録七卷　(明)呂坤著　清同治七年(1868)湖北崇文書局刻本　四冊

520000－2801－0001354　2503
江漢炳靈集一卷　(清)張之洞輯　清同治九年(1870)刻本　三冊

520000－2801－0001355　02504
松壽堂詩鈔十卷　陳夔龍著　清宣統三年(1911)京師刻本　四冊

520000－2801－0001356　02505
司馬氏書儀十卷目錄一卷　(宋)司馬光撰　清同治七年(1868)江蘇書局刻本　一冊

520000－2801－0001357　02507
蘇文忠公詩録粹二卷　(宋)蘇軾撰　(清)毛西原選評　清末抄本　二冊

520000－2801－0001358　02508
新刻封神演義八卷一百回目錄一卷　(明)許仲琳撰　清同文堂刻本　八冊

520000－2801－0001359　02509
孟子七卷　(宋)朱熹集注　清同治十一年(1872)嘉興大魁堂刻本　三冊

520000－2801－0001360　02510
大學一卷中庸一卷　(宋)朱熹章句　清同治十一年(1872)嘉興大魁堂刻本　一冊

520000－2801－0001361　02511
論語十卷　(宋)朱熹集注　清同治十一年(1872)嘉興大魁堂刻本　二冊

520000－2801－0001362　02512
淮南輿頌一卷　(清)阮亨等撰　清道光刻本　一冊

520000－2801－0001363　2513
定興鹿氏二續譜十五卷　(清)鹿傳霖輯　清光緒二十三年(1897)刻本　十冊

520000－2801－0001364　2515
啟東録六卷　(清)林壽圖撰　清光緒五年(1879)刻本　二冊

520000－2801－0001365　2518
船山詩草二十卷敘目一卷　(清)張問陶撰　清光緒十年(1884)經文堂刻本　四冊　存十二卷(一至三、六至九、十二至十三、十八至二十)

520000－2801－0001366　2519
學士遺規四卷補四卷　(清)陳宏謀輯　清光緒五年(1879)江蘇書局刻本　五冊

520000－2801－0001367　2520
重刊五百家註音辯昌黎先生文集四十卷目錄一卷　(唐)韓愈撰　清乾隆四十九年(1784)刻本　十六冊

520000－2801－0001368　02521
歷代名臣言行錄二十四卷　(清)朱桓編輯　清末刻本　二十三冊　存二十三卷(二至二十四)

520000－2801－0001369　02522
存誠齋文集十四卷　(清)何曰愈撰　清同治五年(1866)皖江藩署刻本　四冊

520000－2801－0001370　02523
古文分編集評四集二十二卷首一卷　(清)于在衡裁定　(清)于光華編輯　清刻本　二十冊

520000－2801－0001371　02524
欽定金史語解十二卷　(清)□□撰　清光緒

四年(1878)江蘇書局刻本　二册

520000－2801－0001372　2525
諸子彙函二十六卷　(明)歸有光輯　(明)文震孟參訂　明天啟五年(1625)刻本　十六册

520000－2801－0001373　2526
吳摯甫尺牘五卷補遺一卷諭兒書一卷　(清)吳汝綸撰　清宣統二年(1910)國學扶輪社石印本　六册　存四卷(一中、三上下、四上下、五)

520000－2801－0001374　2527
吳摯甫詩集一卷　(清)吳汝綸撰　清宣統二年(1910)國學扶輪社石印本　一册

520000－2801－0001375　2528
吳摯甫文集四卷鈔深州風土記一卷　(清)吳汝綸撰　清宣統二年(1910)國學扶輪社石印本　五册

520000－2801－0001376　02529
韓詩外傳十卷目錄一卷　(漢)韓嬰著　清光緒三年(1877)湖北崇文書局刻本　二册

520000－2801－0001377　02530
韓詩外傳十卷目錄一卷　(漢)韓嬰著　清光緒三年(1877)湖北崇文書局刻本　二册

520000－2801－0001378　02531
眉山詩案廣證六卷　(清)張鑑秋著　清光緒十年(1884)江蘇書局刻本　二册

520000－2801－0001379　02532
東瀛草一卷　陳矩著　(清)朱庭珍評點　清光緒十七年(1891)石印本　一册

520000－2801－0001380　02533
存硯樓文集十六卷目錄一卷行畧一卷　(清)儲大文著　清光緒元年(1875)靜遠堂刻本　八册

520000－2801－0001381　02534
北夢瑣言二十卷　(宋)孫光憲纂集　清乾隆二十一年(1756)雅雨堂刻本　二册

520000－2801－0001382　02535
地球韻言四卷目錄一卷　(清)張士瀛著　清光緒二十五年(1899)貴陽大文書局刻本　一册

520000－2801－0001383　02536
文公家禮儀節八卷　(宋)朱熹編　(明)楊慎輯　清三讓堂刻本　一册

520000－2801－0001384　02538
漁洋山人詩問二卷　(清)王士禛著　**律詩定體一卷**　(清)王士正箸　**然燈記聞一卷**　(清)何世瑾述　清宣統三年(1911)上海埽葉山房石印本　一册

520000－2801－0001385　02540
補註洗冤錄集證四卷附刊檢骨圖格一卷　(清)王又槐集證　(清)阮其新補註　**作吏要言一卷**　(清)葉玉屏撰　清道光二十三年(1843)刻三色套印本　四册

520000－2801－0001386　02541
詞辨二卷介存齋論詞雜箸一卷　(清)周濟輯　清光緒四年(1878)刻本　一册

520000－2801－0001387　02546
商辦漢冶萍煤鐵廠礦股分有限公司歷次奏咨案牘一卷　(清)張之洞等撰　清光緒三十四年(1908)鉛印本　一册

520000－2801－0001388　02547
呂新吾先生社學要畧一卷　(明)呂坤撰　清末貴陽大文堂刻本　一册

520000－2801－0001389　02549
陸清獻公治嘉格言一卷　(清)陸隴其著　清同治七年(1868)上海公署刻本　一册

520000－2801－0001390　02550
孝經十八章　(清)康蓮舟代抄　清同治十一年(1872)抄本　一册

520000－2801－0001391　02551
八宅明鏡二卷　(清)箬冠道人撰　清乾隆五十五年(1790)刻本　一册

520000－2801－0001392　02552
共賞集初編不分卷二編不分卷　(清)錢辰錄　(清)錢國祥補注　清光緒三十三年(1907)

刻本　二冊

520000－2801－0001393　2553
鼎鍥幼幼集成六卷　(清)陳復正輯　清宏通堂刻本　六冊

520000－2801－0001394　2554
教育學不分卷　(日本)小谷重校訂　(日本)長尾槙太郎校訂　(清)蔣維喬校訂　清光緒三十一年(1905)上海商務印書館鉛印本　一冊

520000－2801－0001395　02555
千金裘初集二十七卷　(清)蔣義彬纂　清同治四年(1865)三多齋刻本　八冊

520000－2801－0001396　02558
駱丞集四卷　(唐)駱賓王撰　清皷雅居鄒氏刻本　二冊

520000－2801－0001397　2559
樗繭譜一卷　(清)鄭珍纂　(清)莫友芝註　清光緒七年(1881)遵義華氏刻本　一冊

520000－2801－0001398　2560
樗繭譜一卷　(清)鄭珍纂　(清)莫友芝註　清光緒七年(1881)遵義華氏刻本　一冊

520000－2801－0001399　2561
樗繭譜一卷　(清)鄭珍纂　(清)莫友芝註　清光緒七年(1881)遵義華氏刻本　一冊

520000－2801－0001400　2562
樗繭譜一卷　(清)鄭珍纂　(清)莫友芝註　清光緒七年(1881)遵義華氏刻本　一冊

520000－2801－0001401　2563
樗繭譜一卷　(清)鄭珍纂　(清)莫友芝註　清光緒七年(1881)遵義華氏刻本　一冊

520000－2801－0001402　2564
說文逸字二卷附錄一卷　(清)鄭珍記　清咸豐八年(1858)刻本　二冊

520000－2801－0001403　2565
點勘記二卷省堂筆記一卷　(清)歐陽泉撰　清光緒四年(1878)江蘇書局刻本　二冊

520000－2801－0001404　02566
焦心閣詞一卷　(清)周繼煦撰　清光緒二十六年(1900)貴築高氏刻本　一冊

520000－2801－0001405　2567
公門事宜一卷　(□)□□撰　清同治十三年(1874)金陵狀元閣刻本　一冊

520000－2801－0001406　2569
萬國官制志三卷　(清)馮斯欒編著　清光緒二十八年(1902)上海廣智書局鉛印本　一冊

520000－2801－0001407　2570
萬國憲法志三卷　(清)周逵編著　清光緒二十八年(1902)上海廣智書局鉛印本　一冊

520000－2801－0001408　02571
九章算術細草圖說九卷　(晉)劉徽注　(唐)李淳風註釋　(清)李潢撰　**海島算經細草圖說一卷**　清光緒二十二年(1896)上海文淵山房石印本　二冊

520000－2801－0001409　2572
格言類纂三卷　(清)楊廷鑒輯　(清)鄒祖培重訂　清同治十一年(1872)葉鈺刻本　一冊

520000－2801－0001410　2573
女四書集註三卷　(明)神宗朱翊鈞御製　明萬曆八年(1580)刻本　一冊

520000－2801－0001411　2574
亭林文集六卷　(清)顧炎武著　清光緒三十二年(1906)刻本　四冊

520000－2801－0001412　02577
[弘治]太倉州志十卷目錄一卷校勘記一卷　(明)桑悅著　(清)繆朝荃校勘　清宣統元年(1909)刻本　三冊

520000－2801－0001413　02579
三續清華實業公司文牘章程一卷　(清)程祖福輯　清宣統二年(1910)鉛印本　一冊

520000－2801－0001414　02580
蘇省保甲奉改警察現辦章程十四條不分卷呈參仿保甲功過章程一卷蘇省警察總局巡捕條規十六條不分卷　(清)□□輯　清末刻本

一册

520000－2801－0001415　02581
萬國通志第五編萬國商業志二卷四章　陳子祥編譯　清光緒二十九年(1903)上海廣智書局鉛印本　一册

520000－2801－0001416　02582
大清律例彙纂大成四十卷督捕則例附纂二卷三流道里表一卷五軍道里表一卷附秋審實緩比較彙案一卷光緒十一年恩赦查辦斬絞人犯條款一卷　(清)三泰等纂　清光緒二十四年(1898)石印本　二十四册

520000－2801－0001417　2583
奏定學堂章程不分卷　(清)張百熙等纂　(清)鉛字局校印　清末貴州學務處鉛印本　三册

520000－2801－0001418　2585
廿二史劄記三十六卷目錄一卷補遺一卷　(清)趙翼撰　清光緒二十五年(1899)湖南書局刻本　十二册

520000－2801－0001419　2586
新鐫工師雕斲正式魯班木經匠家鏡三卷首一卷　(明)午榮編　(□)章嚴全集　(□)周言校正　**靈驅解法洞明真言秘書一卷**　(□)□□撰　明末刻本　二册

520000－2801－0001420　02588
謙齋文錄四卷　(明)徐溥著　清光緒二年(1876)世德堂刻本　四册

520000－2801－0001421　2589
釀齋訓蒙雜編四卷　(清)鮑東里著　清光緒二十五年(1899)江南書局刻本　三册

520000－2801－0001422　02590
地球韻言四卷目錄一卷　(清)張士瀛著　清光緒二十五年(1899)貴陽大文書局刻本　四册

520000－2801－0001423　2591
周官精義十二卷　(清)連斗山編次　清乾隆四十年(1775)金陵李士果刻本　六册

520000－2801－0001424　2594
北洋客籍學堂成績選粹一卷　(清)孫雄輯　清宣統元年(1909)鉛印本　一册

520000－2801－0001425　2595
蠶學叢刊初集六卷　(清)杭州蠶學館譯　清光緒二十四年(1898)上海務農會石印本　三册

520000－2801－0001426　2597
決疑數學十卷首一卷　(英國)傅蘭雅口譯　(清)華蘅芳筆述　清光緒二十三年(1897)上海飛鴻閣石印本　二册

520000－2801－0001427　02598
直省科場異聞錄二卷　(清)吕相燮輯　(清)俞增光校刊　**小試異聞錄一卷**　(清)吕相燮輯　清光緒十七年(1891)刻本　一册

520000－2801－0001428　02599
漢文教授法十二卷　題(清)偉廬主人編譯　清光緒二十九年(1903)上海商務印書館鉛印本　一册

520000－2801－0001429　2600
寶鏡圖一卷　(三國蜀)諸葛亮撰　清刻本　一册

520000－2801－0001430　2602
心算初學六卷　(清)朱寶琛編　清光緒二十二年(1896)上海美華書館鉛印本　二册

520000－2801－0001431　2604
呂祖編年詩集十卷　(清)火西月編　清刻本　四册

520000－2801－0001432　2605
中西學門徑書七種　梁啟超等撰　清光緒二十四年(1898)上海大同譯書局石印本　三册

520000－2801－0001433　2606
西學格致大全二十一種　(英國)傅蘭雅輯　清光緒二十三年(1897)香港書局石印本　十册

520000－2801－0001434　2607
西學大成十二編　(清)徐光啟等撰　清光緒

十四年(1888)上海大同書局石印本　四册　存四編(子至卯)

520000－2801－0001435　2608
雲程萬里一卷　(清)楊懋勳撰　清光緒十一年(1885)安順中和堂刻本　一册

520000－2801－0001436　02609
課孫草一卷　(清)陳兆崙撰　清嘉慶九年(1804)黔省熊文光堂刻本　一册

520000－2801－0001437　02610
蒙養集古録一卷　(清)蹇訦輯　清光緒八年(1882)刻本　一册

520000－2801－0001438　02621
欽定學政全書八十六卷首一卷　(清)恭阿拉等修　(清)童璜等纂　清末刻本　二十册

520000－2801－0001439　02622
聲學揭要一卷　(美國)赫士口譯　(清)朱葆琛筆譯　清光緒二十年(1894)上海美華書館鉛印本　一册

520000－2801－0001440　02624
共城從政録不分卷附莘原從政録一卷共城士庶十願歌一卷　(清)周際華著　清道光十九年(1839)家蔭堂刻本　一册

520000－2801－0001441　02625
共城從政録不分卷附莘原從政録一卷共城士庶十願歌一卷　(清)周際華著　清道光十九年(1839)家蔭堂刻本　一册

520000－2801－0001442　02626
共城從政録不分卷附録一卷　(清)周際華著　清末刻本　一册

520000－2801－0001443　02627
庶幾録一卷　(清)于斌著　(清)徐先春註　清咸豐三年(1853)刻本　一册

520000－2801－0001444　2628
皇朝文獻通考三百卷　(清)張廷玉等纂　清光緒八年(1882)浙江書局刻本　一百五十一册　存二百八十三卷(一至二十六、二十八至五十七、六十至六十七、七十一至七十二、七十六至一百三十三、一百三十八至二百十九、二百二十二至二百二十三、二百二十六至三百)

520000－2801－0001445　2629
文獻通考三百四十八卷　(元)馬端臨著　清咸豐九年(1859)崇仁謝氏刻本　一百十八册　存三百四十三卷(一至八十五、八十八至一百七十四、一百七十八至三百四十八)

520000－2801－0001446　02630
通志二百卷　(宋)鄭樵撰　清咸豐九年(1859)崇仁謝氏刻本　一百三十三册　存一百八十九卷(一至七、十、十三至五十六、五十九至八十四上、八十六至一百九、一百十一至一百五十一、一百五十三至一百七十六、一百七十九至二百)

520000－2801－0001447　02631
欽定續文獻通考二百五十卷　(清)嵇璜等修　(清)曹仁虎等纂　清光緒十三年(1887)浙江書局刻本　一百十七册　存二百四十五卷(一至三十一、三十三至八十八、九十三至二百五十)

520000－2801－0001448　2632
讀禮通考一百二十卷　(清)徐乾學撰　清光緒七年(1881)江蘇書局刻本　三十二册　存一百十九卷(一至六十、六十二至一百二十)

520000－2801－0001449　02633
通典二百卷　(唐)杜佑撰　清咸豐九年(1859)崇仁謝氏刻本　四十册

520000－2801－0001450　02634
通典二百卷　(唐)杜佑撰　清乾隆十二年(1747)刻本　二十三册　存一百八十九卷(三至六十七、七十七至二百)

520000－2801－0001451　02635
欽定續通志六百四十卷　(清)嵇璜等修　(清)曹仁虎等纂　清光緒十二年(1886)浙江書局刻本　一百七十四册　存五百六十卷(一至二十四、三十八至四十、四十七至六十二、六十五至一百五十五、一百六十二至二百

六、二百十一至二百十九、二百二十四至二百五十三、二百六十四至二百七十四、二百七十八至三百二十三、三百二十五至三百二十九、三百三十二至三百五十三、三百五十六至三百七十九、三百八十三至四百四十四、四百五十九至五百、五百五至五百八十一、五百八十八至六百四十)

520000－2801－0001452　02636
[光緒]無錫金匱縣志四十卷首一卷　(清)裴大中修　(清)秦緗業纂　清光緒七年(1881)刻本　十七册　存三十九卷(一至三十一、三十四至四十,首一卷)

520000－2801－0001453　02637
[光緒]增修仁懷廳志八卷首一卷　(清)張正煃等修　(清)王椿纂　(清)王培森校補　清光緒二十八年(1902)刻本　七册　存八卷(一至四、六至八,首一卷)

520000－2801－0001454　02641
[嘉慶]羅江縣志十卷　(清)李調元稿　清嘉慶七年(1802)刻本　二册

520000－2801－0001455　02642
[宣統]濮州志八卷　(清)高士英纂　(清)榮相鼎修　清宣統元年(1909)刻本　八册

520000－2801－0001456　02643
[道光]泰州志三十六卷首一卷　(清)王有慶等修　(清)陳世鎔等纂　清光緒三十四年(1908)刻本　十册

520000－2801－0001457　02644
[光緒]湘潭縣志十二卷　(清)陳嘉榆修　王闓運等纂　清光緒十五年(1889)刻本　十册

520000－2801－0001458　02645
欽定春秋左傳讀本三十卷　(清)英和等輯　(清)賀長齡輯評　清道光二十五年(1845)黔省大盛堂刻本　六册

520000－2801－0001459　02646
海峰先生詩集十卷　(清)劉大櫆著　(清)姚鼐校定　清刻本　二册

520000－2801－0001460　2648
韜廠蹈海錄四卷　(清)徐良弼等撰　清宣統鉛印本　二册

520000－2801－0001461　2651
鑄鐵齋詩遺稿八卷　(清)廖可受撰　清光緒五年(1879)刻本　二册

520000－2801－0001462　2652
爾雅郭註正蒙十一卷　(晉)郭璞注　清光緒二十三年(1897)貴陽黔南書局刻本　四册

520000－2801－0001463　2654
古香書屋文鈔二卷　(清)趙輝璧著　清光緒十八年(1892)刻本　二册

520000－2801－0001464　02655
有不為齋隨筆十卷　(清)光聰諧著　清光緒十三年(1887)蘇州藩署刻本　二册

520000－2801－0001465　2657
非石日記鈔一卷　(清)鈕樹玉撰　清光緒八年(1882)強學簃刻本　一册

520000－2801－0001466　2660
江蘇省例一卷　(清)□□編　清同治六年(1867)刻本　一册

520000－2801－0001467　2661
江蘇省例一卷　(清)□□編　清同治七年(1868)刻本　一册

520000－2801－0001468　2662
紀元編三卷末一卷　(清)六承如編　清同治十年(1871)合肥李氏刻本　二册

520000－2801－0001469　02663
七家詩詳註七卷　(清)張熙宇評選　(清)張昶註釋　清道光十二年(1832)寶華順刻本　四册

520000－2801－0001470　2665
古文辭類纂六卷　(清)姚鼐纂　**續古文辭類纂十卷**　王先謙纂　清光緒十六年(1890)上海文瑞樓鉛印本　七册

520000－2801－0001471　2666
明季稗史正編二十七卷　題(清)劍心簃主人

校輯　清光緒二十九年(1903)鉛印本　五冊　存二十三卷(一至八、十三至二十七)

520000－2801－0001472　2669
山谷題跋三卷　(宋)黄庭堅撰　(清)溫一貞録　清同治十一年(1872)又賞齋寫刻本　三冊

520000－2801－0001473　02670
東坡題跋二卷　(宋)蘇軾撰　(清)溫一貞録　清同治十一年(1872)又賞齋寫刻本　二冊

520000－2801－0001474　2672
史記一百三十卷首一卷　(漢)司馬遷撰　(清)徐孚遠　(清)陳子龍測議　清道光十四年(1834)三元堂刻本　七冊　存一百十九卷(一至三十二、三十七至四十七、五十四至六十八、七十一至一百三十,首一卷)

520000－2801－0001475　2673
說文解字句讀三十卷目録一卷　(漢)許慎記　(清)王筠撰集　清光緒八年(1882)四川尊經書局刻本　十六冊

520000－2801－0001476　2674
皇朝文獻通考輯要二十六卷欽定續文獻通考輯要二十六卷文獻通考輯要二十四卷　湯壽潛輯　清光緒二十五年(1899)圖書集成局鉛印本　二十九冊　存二十二卷(文獻通考輯要一至六、九至二十四)

520000－2801－0001477　2675
太平寰宇記二百卷目録二卷　(宋)樂史撰　清光緒八年(1882)金陵書局刻本　三十八冊

520000－2801－0001478　2676
西漢會要七十卷　(宋)徐天麟撰　清光緒十年(1884)江蘇書局刻本　十冊

520000－2801－0001479　2677
欽定元史語解二十四卷　(□)□□撰　清光緒四年(1878)江蘇書局刻本　五冊　存二十卷(一至八、十三至二十四)

520000－2801－0001480　2678
遼史拾遺二十四卷年表一卷　(清)厲鶚撰　清光緒元年(1875)江蘇書局刻本　八冊

520000－2801－0001481　2679
地理點穴撼龍經不分卷　(清)寇宗輯　清道光十四年(1834)京都琉璃廠刻本　二冊

520000－2801－0001482　2680
秘藏疑龍經大全三卷山房備收一卷　(清)寇宗輯　清道光十三年(1833)京都琉璃廠刻本　一冊

520000－2801－0001483　02681
地理正宗十二卷　(清)蔣國輯　清嘉慶十九年(1814)刻本　六冊

520000－2801－0001484　02682
地理體用合編四卷　(清)林士恭著　清同治元年(1862)金陵狀元境敬書堂刻本　一冊　存三卷(一至三)

520000－2801－0001485　02683
地理體用合編四卷　(清)林士恭著　清同治元年(1862)兩儀堂刻本　四冊

520000－2801－0001486　2684
新刊校正增補圓機詩韻活法大全十四卷　(明)王世貞增校　(明)蔣先庚重訂　清刻本　三冊

520000－2801－0001487　2685
中國礦產志略一卷附鐵路簡明表　(清)瞢薆室輯　清光緒刻本　一冊

520000－2801－0001488　02686
詩品三卷　(南朝梁)鍾嶸著　**詩式一卷**　(唐)釋皎然著　清末上海中華圖書館石印本　一冊

520000－2801－0001489　2687
在官法戒録四卷　(清)陳宏謀編輯　清末民初上海掃葉山房石印本　一冊

520000－2801－0001490　2689
春樹齋叢說不分卷　(清)溫葆深撰　清光緒二年(1876)金陵溫氏刻本　二冊

520000－2801－0001491　2690
坦園詩録十九卷　(清)楊恩壽撰　清光緒四

年(1878)刻本　四冊

520000－2801－0001492　2691
家塾蒙求五卷　(清)康基淵纂輯　清同治十一年(1872)黔陽官署刻本　二冊

520000－2801－0001493　2693
啟信雜說一卷　(清)周安士輯　清末刻本　一冊

520000－2801－0001494　2696
約章成案匯覽甲篇十卷　(清)北洋洋務局編　清光緒上海點石齋石印本　十冊

520000－2801－0001495　2698
春秋公羊傳十一卷　(漢)何休學　(唐)陸德明音義　清光緒二十二年(1896)經綸柏記書局刻本　六冊

520000－2801－0001496　2699
西漚全集十卷外集八卷　(清)李惺撰　(清)宋寶械　(清)童棫編輯　清同治七年(1868)李氏刻本　十四冊　存十六卷(全集十卷、外集一至六)

520000－2801－0001497　2700
寰宇訪碑錄十二卷　(清)孫星衍　(清)邢澍撰　清光緒九年(1883)江蘇書局刻本　四冊

520000－2801－0001498　2701
唐韻正二十卷古音表二卷　(清)顧炎武纂輯　清康熙六年(1667)山陽張弨符山堂刻本　七冊

520000－2801－0001499　2702
說文通檢十四卷首一卷末一卷　(清)黎永椿編　清光緒二年(1876)崇文書局刻本　二冊

520000－2801－0001500　2703
船山詩草二十卷補遺六卷敘目一卷　(清)張問陶撰　清嘉慶二十年(1815)刻本　八冊

520000－2801－0001501　2704
古事比五十二卷　(清)方中德輯著　清光緒十三年(1887)上海點石齋石印本　三冊　存二十六卷(一至二十六)

520000－2801－0001502　2705
四禮輯略四卷　(清)喻遜著　清道光十五年(1835)鼎翰樓刻本　一冊

520000－2801－0001503　2706
校邠廬抗議二卷　(清)馮桂芬著　清光緒二十三年(1897)華林書屋刻本　二冊

520000－2801－0001504　02707
輶軒語六卷　(清)張之洞撰　清光緒四年(1878)葛元煦刻本　一冊

520000－2801－0001505　2708
宋元舊本書經眼錄三卷附錄二卷　(清)莫友芝撰　清同治十二年(1873)刻本　一冊

520000－2801－0001506　2709
宋元舊本書經眼錄三卷附錄二卷　(清)莫友芝撰　清同治十二年(1873)刻本　一冊

520000－2801－0001507　2711
史忠正公集四卷首一卷末一卷　(明)史可法撰　(清)史山清輯　清刻本　二冊

520000－2801－0001508　2712
古文輯注初編八卷　(清)朱良玉編　(清)張學淇等校　清雍正十年(1732)光裕德遠堂刻本　四冊

520000－2801－0001509　2713
江蘇省例一卷續編一卷三編一卷四編一卷　(清)□□編　清同治八年(1869)至光緒江蘇書局刻本　九冊

520000－2801－0001510　2716
梅村詩話一卷　(清)吳偉業撰　清宣統三年(1911)上海掃葉山房石印本　一冊

520000－2801－0001511　2717
國語二十一卷　(三國吳)韋昭解　清嘉慶五年(1800)讀未見書齋刻本　二冊

520000－2801－0001512　02718
西臺集二十卷目錄一卷　(宋)畢仲游撰　清乾隆三十九年(1774)武英殿木活字印武英殿聚珍版書本　四冊

520000－2801－0001513　02719
物理論一卷　(晉)楊泉撰　**譙周古史考一卷**

（三國蜀）譙周撰　清嘉慶十一年（1806）平津館刻本　一冊

520000－2801－0001514　02720
金石例補二卷目錄一卷　（清）郭麐撰　清光緒四年（1878）會稽章氏刻本　一冊

520000－2801－0001515　02721
名學八篇首一部　（英國）穆勒約翰原本　嚴復翻譯　清光緒二十八年（1902）金粟齋鉛印本　二冊

520000－2801－0001516　02722
靖節先生集十卷首一卷末一卷　（晉）陶潛撰（清）陶澍集注　清光緒九年（1883）江蘇書局刻本　四冊

520000－2801－0001517　2723
初唐四傑文集二十一卷　（清）項家達輯　清光緒五年（1879）淮南書局刻本　四冊

520000－2801－0001518　2724
南華真經解六卷　（清）宣穎著　（清）王暉吉校　清康熙六十年（1721）海清樓刻本　四冊

520000－2801－0001519　02725
埽葉山房藂鈔二百二十卷目錄一卷　（清）席威輯　清光緒九年（1883）刻本　七十四冊
存一百八十卷（日知錄集釋一至十五、二十至三十二，刊誤一至二、續刊誤一至二；春秋說一；儀禮釋宮增註一；手臂錄一至二；行素堂集古印存一至二；金玉瑣碎一至二；袁文箋正一至十六、補註一；歷代畫史彙傳一至十九、二十三至七十二，附錄一至二；清河書畫舫一至四、六至九、十一至十二；書畫所見錄一至三；墨林今話一至十八、續編一；玉餘尺牘附編一至八；楹聯集錦一至八；銀瓶徵一；西湖游記一；勾股義一；藤香館小品一）

520000－2801－0001520　2726
滇雲歷年傳十二卷　（清）倪蛻輯　清道光二十六年（1846）昆明倪氏刻本　十冊

520000－2801－0001521　2730
孝肅包公奏議十卷　（清）張純修輯　清同治九年（1870）四明包氏天祿閣刻本　四冊

520000－2801－0001522　2731
歷代帝王年表三卷　（清）齊召南編　清光緒十二年（1886）蘇州掃葉山房刻本　三冊

520000－2801－0001523　02732
翰林學士集一卷　（唐）太宗李世民等撰　清光緒十九年（1893）貴陽陳矩據唐卷子本影印本　一冊

520000－2801－0001524　2733
唐寫本說文解字木部箋異一卷　（清）莫友芝撰　清同治三年（1864）刻本　一冊

520000－2801－0001525　02734
翰林風月初編一卷二編一卷　題（清）月梅居士輯　清梁令嫻抄本　二冊

520000－2801－0001526　2735
儀禮古今文疏義十七卷　（清）胡承珙撰　清光緒三年（1877）湖北崇文書局刻本　四冊

520000－2801－0001527　2737
則古昔齋算學二十四卷　（清）李善蘭學　清同治六年（1867）莫友芝刻本　十冊

520000－2801－0001528　2739
胡文忠公遺集八十六卷首一卷　（清）鄭敦謹（清）曾國荃纂輯　（清）胡鳳丹重編　清光緒十四年（1888）上海著易堂鉛印本　七冊

520000－2801－0001529　2740
古列女傳八卷　（漢）劉向著　（明）黃魯曾贊　清光緒三年（1877）湖北崇文書局刻本　四冊

520000－2801－0001530　02741
注陸宣公奏議十五卷校勘記一卷　（唐）陸贄撰　（宋）郎曄注　清光緒十二年（1886）淮南書局刻本　三冊

520000－2801－0001531　2742
文字旁通一卷　（清）雷廷珍撰　清末抄本　一冊

520000－2801－0001532　2743
小學答問一卷　（□）□□撰　清抄本　一冊

520000－2801－0001533　2746

誥授光禄大夫太子太保兵部尚書雲貴總督賞戴花翎賞穿黄馬褂世襲一等輕車都尉加一雲騎尉贈太子太傅予謚襄勤顯考岑府君行狀一卷　(清)岑春榮等撰　清刻本　一册

520000－2801－0001534　02752
宅譜指要四卷修方五卷邇言二卷　(清)魏青江撰　清刻本　三册　存九卷(指要三至四、修方五卷、邇言二卷)

520000－2801－0001535　2753
新鋟希夷陳先生紫微斗數全書四卷　(宋)陳摶撰　(明)潘希尹補輯　(□)楊一宇參閲　清紫文閣刻本　四册

520000－2801－0001536　2754
新鐫眉公先生四言便讀羣珠雜字一卷　(清)李光明輯　清李光明刻本　一册

520000－2801－0001537　2756
從政録不分卷　(清)周際華撰　清咸豐八年(1858)家蔭堂刻本　一册

520000－2801－0001538　2758
悔昨非齋倣陶詩集不分卷　(清)錢登熙著　清光緒二十六年(1900)刻本　一册

520000－2801－0001539　02759
茂苑吟秋集不分卷　(清)□□輯　清光緒三十二年(1906)刻本　一册

520000－2801－0001540　2760
匪莪堂文集五卷　(清)劉巖撰　清光緒二年(1876)刻本　一册

520000－2801－0001541　2762
京師大學堂倫理學講義一卷　(清)張鶴齡撰　**經學科講義一卷**　(清)王舟瑤講述　清光緒鉛印本　一册

520000－2801－0001542　2763
京師大學堂心理學講義一卷　(日本)服部宇之吉講述　清光緒鉛印本　一册

520000－2801－0001543　2764
京師大學堂中國地理講義一卷首一卷　(清)鄒代鈞撰　清光緒鉛印本　一册

520000－2801－0001544　2765
京師大學堂史學科講義二卷　屠寄撰　清光緒鉛印本　一册

520000－2801－0001545　2767
斆藝齋文存八卷　(清)鄒漢勛撰　清末刻本　三册

520000－2801－0001546　2768
皇清誥封奉政大夫世襲雲騎尉顯考張公愚庵府君行述一卷　(清)張百齡撰　清末鉛印本　一册

520000－2801－0001547　02772
汗簡四卷目録一卷　(宋)郭忠恕輯　清光緒十一年(1885)寧波蔣瑞堂刻本　二册

520000－2801－0001548　02773
孝經一卷　(唐)玄宗李隆基御注　清光緒十八年(1892)陳矩雲南府署刻本　一册

520000－2801－0001549　2774
岑襄勤公奏稿三十卷總目一卷首一卷　(清)岑毓英撰　清光緒二十三年(1897)武昌督糧官署止復園刻朱墨印本　三十二册

520000－2801－0001550　02775
相臺書塾刊正九經三傳沿革例一卷　(宋)岳珂撰　清光緒三年(1877)湖北崇文書局刻本　一册

520000－2801－0001551　02776
葬經内篇一卷　(晉)郭璞撰　(□)□□注　**黄帝宅經二卷**　(□)□□撰　清光緒三年(1877)湖北崇文書局刻本　一册

520000－2801－0001552　02777
人譜正篇一卷續篇一卷三篇一卷　(明)劉宗周著　清光緒三年(1877)湖北崇文書局刻本　一册

520000－2801－0001553　02778
意林五卷目録一卷　(唐)馬總撰　**補遺一卷**　(清)張海鵬增訂　清光緒三年(1877)湖北崇文書局刻本　二册

520000－2801－0001554　02779

十一經初學讀本六卷　(清)萬廷蘭輯　清光緒二年(1876)四川學院衙門刻本　一冊　存二卷(爾雅初學讀本一、孝經初學讀本一)

520000－2801－0001555　02780
穀梁傳初學讀本不分卷　(□)□□輯　清光緒二年(1876)四川學院衙門刻本　二冊

520000－2801－0001556　02781
洋防輯要二十四卷　(清)嚴如熤輯　清嘉慶刻本　十三冊

520000－2801－0001557　02782
會議海防事例捐納銓補章程一卷　(清)戶部等撰　清末刻本　一冊

520000－2801－0001558　02783
兩粵新書一卷　(清)方以智撰　**風倒梧桐記一卷**　(明)何是非集　清抄本　一冊

520000－2801－0001559　02784
亞拉伯志一卷新志一卷　(清)學部編譯圖書局編纂　清光緒三十三年(1907)學部編譯圖書局鉛印本　一冊

520000－2801－0001560　02785
俾路芝志一卷馬留土股志一卷紐吉尼亞島志一卷西里伯島志一卷西里伯島新志一卷　(清)學部編譯圖書局編纂　清光緒三十三年(1907)學部編譯圖書局鉛印本　一冊

520000－2801－0001561　02786
爪哇志一卷新誌一卷蘇門答拉志一卷新志一卷　(清)學部編譯圖書局編纂　清光緒三十三年(1907)學部編譯圖書局鉛印本　一冊

520000－2801－0001562　02787
小亞西亞志新志一卷　(清)學部編譯圖書局編纂　清光緒三十三年(1907)學部編譯圖書局鉛印本　一冊

520000－2801－0001563　02788
萬國地理統紀一卷　(日本)若原著　(清)馬汝賢　(清)顧培基輯譯　清光緒二十八年(1902)蘇州勵學譯社鉛印本　一冊

520000－2801－0001564　2789
萬國通鑑四卷　(美國)謝衛樓撰　(清)趙如光譯　清光緒八年(1882)刻本　五冊

520000－2801－0001565　2789
萬國通鑑地圖一卷　(美國)謝衛樓撰　(清)趙如光譯　清光緒二十九年(1903)上海美華書館鉛印本　一冊

520000－2801－0001566　2790
文帝孝經二卷　(□)□□撰　清光緒二十三年(1897)蔭餘善堂刻本　二冊

520000－2801－0001567　2791
讀史論略一卷　(清)杜詔撰　清光緒元年(1875)刻本　一冊

520000－2801－0001568　02792
臨文便覽一卷　(□)□□編　清光緒六年(1880)蝶船山館寫刻本　一冊

520000－2801－0001569　2793
探杏譜一卷附一卷　(清)□□編　清光緒六年(1880)寫刻本　一冊

520000－2801－0001570　2794
孫文恭公遺書六種二十二卷附錄一卷　(明)孫應鰲撰　清宣統二年(1910)南洋書局鉛印本　三冊　存十八卷(四書近語一至六、學孔精舍詩鈔一至六、補輯雜文一、孫山甫督學文集一至四、附錄一卷)

520000－2801－0001571　2795
孫文恭公遺書六種二十二卷附錄一卷　(明)孫應鰲撰　清宣統二年(1910)南洋書局鉛印本　六冊　存八卷(孫山甫督學文集一至四、教秦緒言一、學孔精舍詩鈔存一至三)

520000－2801－0001572　2799
方望溪文鈔六卷　(清)方苞撰　清宣統二年(1910)上海國學扶輪社鉛印本　五冊

520000－2801－0001573　02800
戴南山文鈔六卷首一卷　(清)戴名世撰　清宣統二年(1910)上海國學扶輪社鉛印本　三冊

520000－2801－0001574　02801

通鑑紀事本末二百三十九卷 （宋）袁樞撰 （明）張溥論正 清光緒二十九（1903）上海文林書局石印本 二十册

520000－2801－0001575 02802

歷朝紀事本末八種 （清）陳如升 （清）朱記榮輯 題（清）捷記主人增輯 清光緒二十九（1903）上海文林書局石印本 四册 存一種

520000－2801－0001576 2803

宋史紀事本末一百九卷 （明）陳邦瞻撰 （明）張溥論正 清光緒二十九年（1903）上海文林書局石印本 六册

520000－2801－0001577 2804

明史紀事本末八十卷 （清）谷應泰撰 **三藩紀事本末二十二卷** （清）楊陸榮撰 （清）朱記榮校 清光緒二十九（1903）上海文林書局石印本 六册

520000－2801－0001578 2805

遼史紀事本末四十卷 （清）李有棠撰 清光緒二十九（1903）上海文林書局石印本 一册

520000－2801－0001579 2806

西夏紀事本末三十六卷首二卷 （清）張鑑撰 （清）朱記榮校 清光緒二十九（1903）上海文林書局石印本 一册

520000－2801－0001580 2807

金史紀事本末五十二卷首一卷 （清）李有棠撰 清光緒二十九（1903）上海文林書局石印本 一册

520000－2801－0001581 2808

元史紀事本末二十七卷 （明）陳邦瞻撰 （明）張溥論正 清光緒二十九（1903）上海文林書局石印本 一册

520000－2801－0001582 2809

春在堂全書 （清）俞樾撰 清光緒二十五年（1899）刻本 五十八册 存二十七種

520000－2801－0001583 2810

大清中外一統輿圖三十一卷首一卷 （清）胡林翼 （清）嚴樹森修 （清）鄒世詒等繪 清同治二年（1863）刻本 十二册

520000－2801－0001584 2811

經義正衡一卷 （清）雷廷珍撰 清光緒二十六年（1900）趙雪鈞抄本 二册

520000－2801－0001585 02812

白香山詩長慶集二十卷後集十七卷别集一卷目錄一卷 （唐）白居易撰 （清）汪立名編訂 **年譜一卷** （清）汪立名譔 **舊唐書本傳一卷年譜舊本一卷詩集補遺二卷** （清）汪立名輯 清康熙一隅草堂刻本 九册 缺五卷（白香山詩長慶集十一至十五）

520000－2801－0001586 2814

唐代叢書十二集 （清）王文誥輯 清嘉慶十一年（1806）序刊本 二十九册 存四集（二至五）

520000－2801－0001587 2820

顧亭林先生尺牘一卷 （清）顧炎武撰 清宣統三年（1911）上海文明書局鉛印本 一册

520000－2801－0001588 02821

罪言存略一卷 （清）郭嵩燾撰 清光緒二十三年（1897）天津時報館鉛印本 一册

520000－2801－0001589 2822

文選古字通疏證六卷 （清）薛傳均撰 **説文通論一卷** （清）錢樹棠 （清）雷琳輯 清末藝林山房刻本 一册

520000－2801－0001590 02826

石壽山房印譜一卷 （清）汪蔚輯 清咸豐四年（1854）汪蔚摹刻本 一册

520000－2801－0001591 02827

玉楸藥解八卷 （清）黄元御著 清乾隆十九年（1754）刻本 一册

520000－2801－0001592 2829

珍珠囊指掌補遺藥性賦四卷 （元）李杲編輯 清末刻本 二册

520000－2801－0001593 2832

婦科幼科寒溫雜病驗方集要一卷 （□）□□撰 清末萬稚新抄本 一册

520000－2801－0001594　2833
幼科心法雜病心法醫宗金鑑原篇一卷　(□)□□撰　清末萬雅新抄本　一冊

520000－2801－0001595　2834
婦科雜病心法痘瘢及兼瘢一卷　(□)□□撰　清末萬稚新抄本　一冊

520000－2801－0001596　2835
幼科心法醫宗金鑑原篇一卷　(□)□□撰　清末萬雅新抄本　一冊

520000－2801－0001597　02836
三指禪三卷　(清)周學霆著　清末湖南書局刻本　三冊

520000－2801－0001598　2837
長沙方歌括六卷　(清)陳念祖著　清刻本　二冊

520000－2801－0001599　2838
醫學三字經四卷　(清)陳念祖著　清字庫山房刻本　一冊

520000－2801－0001600　2839
神農本草經讀四卷　(清)陳念祖著　清字庫山房刻本　一冊

520000－2801－0001601　2840
衛生要旨一卷　(美國)嘉約翰口譯　清光緒八年(1882)鉛印本　一冊

520000－2801－0001602　2841
四聖心源十卷　(清)黃元御著　清道光十二年(1832)刻本　二冊

520000－2801－0001603　2842
問心堂溫病條辨六卷首一卷　(清)吳瑭著　清光緒十九年(1893)礦務公司刻本　四冊

520000－2801－0001604　2843
保赤聯珠一卷　(清)莊一夔著　清光緒十八年(1892)刻本　一冊

520000－2801－0001605　02844
十藥神書註解一卷　(元)葛可久編　(清)陳念祖註　清刻本　一冊

520000－2801－0001606　2845
南雅堂醫書全集　(清)陳念祖撰　清末上海久敬齋書局石印本　七冊

520000－2801－0001607　02847
素問靈樞類纂約註三卷　(清)汪昂纂輯　清光緒二十二年(1896)上海圖書集成印書局石印本　一冊

520000－2801－0001608　2848
靈素集注節要十二卷　(清)陳念祖集註　清同治四年(1865)石印本　二冊

520000－2801－0001609　2863
筆花醫鏡四卷　(清)江涵暾著　清末上海章福記書局石印本　二冊

520000－2801－0001610　02869
古文淵鑒六十四卷　(清)徐乾學等編注　清康熙二十四年(1685)刻四色套印本　二十三冊　缺三卷(九至十一)

520000－2801－0001611　2870
大學衍義四十三卷　(宋)真德秀撰　清同治十一年(1872)浙江書局刻本　十冊

520000－2801－0001612　2871
書目答問不分卷　(清)張之洞撰　清光緒五年(1879)貴陽刻本　二冊

520000－2801－0001613　02872
海陵從政錄一卷　(清)周際華著　清道光二十二年(1842)刻本　一冊

520000－2801－0001614　02873
海陵從政錄一卷　(清)周際華著　清道光二十二年(1842)刻本　一冊

520000－2801－0001615　2874
今韻訓辨一卷　(清)孫與人撰　清道光二十九年(1849)刻本　一冊

520000－2801－0001616　02875
平平言四卷　(清)方大湜撰　清光緒二十五年(1899)黔有課吏局刻本　四冊

520000－2801－0001617　02878
三場程式一卷　(清)監臨巡撫部院訂　**貴州**

選拔貢卷(光緒甲午科、丁酉科)一卷救嬰章程一卷 (清)湖南巡撫院部訂 清刻本 一册

520000－2801－0001618 02879
各國憲法源泉三種合編 (德國)挨里捏克著 (日本)美濃部達吉譯 (清)林萬里 (清)陳承澤譯 清光緒三十四年(1908)中國圖書公司鉛印本 一册

520000－2801－0001619 2880
貴州闈墨一卷 (清)張致安等撰 清末刻本 一册

520000－2801－0001620 2881
儒門法語一卷 (清)彭定求原編 (清)湯金釗輯要 清光緒元年(1875)蘇州學政刻本 一册

520000－2801－0001621 2882
保甲書輯要四卷 (清)徐棟編 (清)丁日昌重校 清同治十年(1871)黔陽官署刻本 一册

520000－2801－0001622 02883
吏治三書六卷 (清)劉衡撰 清同治十年(1871)黔陽官署刻本 一册

520000－2801－0001623 2884
增訂釋義經書便用通考雜字二卷外一卷 (清)徐三省編輯 (清)戴啟達增訂 清嘉慶十七年(1812)刻本 二册

520000－2801－0001624 2885
時務三字經一卷 (清)□□撰 清末刻本 一册

520000－2801－0001625 02886
臨川夢二卷 (清)明新正譜 (清)蔣士銓填詞 清中刻本 一册

520000－2801－0001626 2887
桂林霜二卷 (清)張三丰評文 (清)蔣士銓填詞 清乾隆三十六年(1771)刻本 一册

520000－2801－0001627 2889
紀效新書十八卷首一卷 (明)戚繼光撰 清同治刻本 四册

520000－2801－0001628 2890
救嬰章程一卷 (清)□□撰 清光緒二年(1876)刻本 一册

520000－2801－0001629 2893
論理學講義一卷 (日本)服部宇之吉撰 清光緒三十二年(1906)黔學會貴陽分會油印本 一册

520000－2801－0001630 02895
二十四氣中心圖一卷 (清)江蕙刪訂 清光緒六年(1880)蜀東宋氏刻本 一册

520000－2801－0001631 2896
萬象一原九卷首一卷 (清)夏鸞翔撰 清光緒二十年(1894)刻本 一册

520000－2801－0001632 02900
欽定七經綱領一卷 (清)□□輯 **勘誤表一卷** 清宣統元年(1909)學部圖書局鉛印本 一册

520000－2801－0001633 2901
論理學教科書一卷 (清)商務印書館編譯所編纂 清光緒三十二年(1906)上海商務印書館鉛印本 一册

520000－2801－0001634 02902
地學大成十三卷 (英國)金楷理等口譯 (清)王德鈞等筆述 清光緒二十三年(1897)石印本 二册

520000－2801－0001635 2903
讀詩傳僞三十卷 (清)韓怡撰 清嘉慶十六年(1811)刻本 八册

520000－2801－0001636 2904
昭明文選六臣彙注疏解十九卷 (清)顧施禎纂輯 清康熙二十六年(1687)心耕堂刻本 八册

520000－2801－0001637 2905
王船山叢書校勘記二卷 (清)劉毓崧撰 清同治四年(1865)湘鄉曾氏金陵節署刻本 一册

520000－2801－0001638　2906
楚辭通釋十四卷末一卷　(清)王夫之撰　清同治四年(1865)湘鄉曾氏金陵節署刻本　一册

520000－2801－0001639　2907
唐文粹補遺二十六卷　(清)郭麐纂　清光緒十一年(1885)江蘇書局刻本　四册

520000－2801－0001640　2908
臣鑑録二十卷　(清)蔣伊編輯　清康熙十四年(1675)刻本　十册

520000－2801－0001641　02909
明進士題名碑録不分卷　(清)□□輯　清刻本　四册

520000－2801－0001642　2910
樗繭譜一卷　(清)鄭珍纂　(清)莫友芝註　清光緒七年(1881)遵義華氏刻本　一册

520000－2801－0001643　2911
樗繭譜一卷　(清)鄭珍纂　(清)莫友芝註　清光緒七年(1881)遵義華氏刻本　一册

520000－2801－0001644　2912
樗繭譜一卷　(清)鄭珍纂　(清)莫友芝註　清光緒七年(1881)遵義華氏刻本　一册

520000－2801－0001645　2913
樗繭譜一卷　(清)鄭珍纂　(清)莫友芝註　清光緒七年(1881)遵義華氏刻本　一册

520000－2801－0001646　2914
樗繭譜一卷　(清)鄭珍纂　(清)莫友芝註　清宣統元年(1909)遵義府官書局鉛印本　一册

520000－2801－0001647　2915
樗繭譜一卷　(清)鄭珍纂　(清)莫友芝註　清光緒三十四年(1908)遵義官書局鉛印本　一册

520000－2801－0001648　2916
左繡三十卷　(晉)杜預原本　(唐)陸德明音釋　(宋)林堯叟附註　(清)馮李驊增訂　清刻本　十六册

520000－2801－0001649　2917
左文襄公年譜十卷　(清)羅正鈞纂　清光緒二十三年(1897)湘陰左氏刻本　十册

520000－2801－0001650　02918
曲園篆書二卷　(清)俞樾書　清光緒三十三年(1907)江蘇省印刷局石印本　一册

520000－2801－0001651　02919
梅村集四十卷目録二卷　(清)吳偉業撰　清康熙八年(1669)刻本　十二册

520000－2801－0001652　02920
寒松堂全集十二卷寒松老人年譜一卷　(清)魏象樞著　清嘉慶十六年(1811)刻本　十三册

520000－2801－0001653　02921
湘綺樓箋啟八卷　王闓運著　**校正湘綺樓箋啟誤字一卷**　(清)墨莊氏校刊　清光緒三十三年(1907)長沙刻本　四册

520000－2801－0001654　2922
戰國策選四卷　(清)儲欣輯評　清光緒九年(1883)刻本　二册

520000－2801－0001655　02924
詩經古譜二卷　(□)□□撰　清光緒三十四年(1908)學部圖書局石印本　一册

520000－2801－0001656　02925
詩經古譜二卷　(□)□□撰　清光緒三十四年(1908)學部圖書局石印本　一册

520000－2801－0001657　2926
儀禮喪服經傳并記一卷　(漢)鄭玄注　(清)張爾岐句讀　清宣統元年(1909)學部圖書局石印本　一册

520000－2801－0001658　02927
宋四六選二十四卷目録一卷　(清)彭元瑞定本　(清)曹振鏞編　清乾隆翠微山麓刻本　四册　存十三卷(一至四、五至七、十六至十八、二十二至二十四)

520000－2801－0001659　02928
耳食録二編八卷總目一卷　(清)樂鈞撰　清

乾隆五十九年(1794)刻本　四册

520000－2801－0001660　02929

曾文正公奏議十卷首一卷末一卷　(清)曾國藩撰　(清)薛福成編次　清光緒二十二年(1896)上海圖書集成印書局鉛印本　三册

520000－2801－0001661　2930

國朝漢學師承記八卷經師經義目錄一卷宋學淵源記二卷附記一卷　(清)江藩撰　清光緒二十二年(1896)修竹山房刻本　四册

520000－2801－0001662　2936

會試闈墨不分卷　(清)孫廼瀾撰　清光緒二十八年(1902)河南闈文明堂刻本　二册

520000－2801－0001663　2937

江蘇選拔貢卷(宣統己酉科)不分卷　(清)俞可師撰　清宣統鉛印本　一册

520000－2801－0001664　02938

易理三種初稿一卷　(清)孫濂著　清同治二年(1863)半耕山莊刻本　一册

520000－2801－0001665　2939

十萬卷樓叢書五十二種　(清)陸心源輯　清光緒五年(1879)吳興陸氏十萬卷樓刻本　十册　存四種

520000－2801－0001666　2940

江蘇自治公報十五期　(清)蘇屬地方自治籌辦處編　清宣統元年至二年(1909－1910)蘇屬地方自治籌辦處鉛印本　十四册　存十四期(一至九、十一至十五)

520000－2801－0001667　02941

廣西官報星期報第六期　(清)撫部院署編　清宣統元年(1909)廣西官報局鉛印本　一册

520000－2801－0001668　2942

學部官報　(清)學部編　清宣統二年(1910)鉛印本　八册

520000－2801－0001669　2943

外交報一百十三期不分卷　(清)外交報社編　清宣統二年(1910)上海商務印書館鉛印本　六册

520000－2801－0001670　2944

政藝通報　(清)政藝通報社輯　清光緒二十九年(1903)上海政藝通報社鉛印本　二册　存十四期(一至十三、十五)

520000－2801－0001671　02945

甲辰新民叢報彙編不分卷　梁啓超主編　清光緒三十年(1904)石印本　三册

520000－2801－0001672　2946

克復學報第一期　(清)李瑞椿編輯　清宣統三年(1911)鉛印本　一册

520000－2801－0001673　2947

南洋商務報　(清)江南商務局編　清宣統元年(1909)軍事書報社鉛印本　一册

520000－2801－0001674　2947

商務官報不分卷　(清)章乃煒撰　清宣統元年(1909)鉛印本　十八册

520000－2801－0001675　2948

南洋五日官報　(清)南洋官報館編　清光緒三十二年至三十三年(1906－1907)南洋官報館鉛印本　十一册

520000－2801－0001676　2949

南洋官報　(清)南洋官報館編　清光緒三十二年至三十三年(1906－1907)南洋官報館鉛印本　六册

520000－2801－0001677　2950

船山史論五十二卷目錄一卷　(清)王夫之撰　清光緒二十七年(1901)刻本　二十册

520000－2801－0001678　2951

宋本十三經注疏四百十六卷校勘記四百十六卷識語四卷　(清)阮元校勘　(清)盧宣旬摘錄　清光緒十三年(1887)上海脈望仙館石印本　三十二册

520000－2801－0001679　02952

普通百科新大辭典十二集目錄一卷　(清)黃人編　清宣統三年(1911)上海國學扶輪社鉛印本　十二册　存十集(子至丑、卯至巳、未至亥)

520000－2801－0001680　02953
直齋書錄解題二十二卷　(宋)陳振孫撰　清乾隆三十九年(1774)刻本　十册

520000－2801－0001681　2956
東安席氏三修譜□□卷　(□)□□撰　清光緒十六年(1890)木活字印本(卷末補配民國石印本)　一册　存一卷(首一卷)

520000－2801－0001682　02957
船山遺書□□種　(清)王夫之撰　清同治四年(1865)湘鄉曾氏金陵節署刻本　一册　存三種(詩經考異、詩經葉韻辨、詩廣傳)

520000－2801－0001683　02958
薑齋文集十卷　(清)王夫之撰　清同治四年(1865)湘鄉曾氏金陵節署刻本　二册

520000－2801－0001684　2959
唐六典三十卷　(唐)玄宗李隆基撰　(唐)李林甫注　清嘉慶五年(1800)掃葉山房刻本　六册

520000－2801－0001685　2960
歷代地理沿革圖一卷　(清)厲伯符輯　清同治十一年(1872)金陵刻本　一册

520000－2801－0001686　2961
山蠶講習所講義六章　(清)余銑編輯　清宣統三年(1911)遵義藝徒學堂石印本　一册

520000－2801－0001687　2962
匋齋臧石記四十四卷首一卷藏甎記二卷　(清)端方撰　清宣統元年(1909)上海商務印書館石印本　十一册　存四十一卷(一至二十七、三十二至四十四,首一卷)

520000－2801－0001688　2964
鄒叔子遺書三十二卷　(清)鄒漢勛撰　(清)鄒世繇編　清光緒九年(1883)刻本　十四册

520000－2801－0001689　2965
南高平物產記二卷　(清)鄒漢勛撰　清末刻本　二册

520000－2801－0001690　2966
五均論二卷　(清)鄒漢勛撰　清末刻本　二册

520000－2801－0001691　2968
斆藝齋詩存二卷詩餘一卷外集一卷紅崖碑釋文一卷　(清)鄒漢勛撰　**鄒君墓田記一卷行述一卷**　(清)左宗棠撰　清末刻本　二册

520000－2801－0001692　2969
潛研堂全書　(清)錢大昕撰　清光緒十年(1884)長沙龍氏家塾刻本　四十七册　存四種

520000－2801－0001693　2970
楊盈川集十卷　(唐)楊炯撰　清末叢雅居鄒氏刻本　四册

520000－2801－0001694　02971
資治通鑑二百九十四卷目錄三十卷　(宋)司馬光編集　(元)胡三省音注　清光緒十四年(1888)積山書局石印本(目錄三十卷配清光緒十四年上海蜚英館石印本)　二十八册

520000－2801－0001695　02972
資治通鑑二百九十四卷目錄三十卷　(宋)司馬光編集　(元)胡三省音注　清光緒十四年(1888)上海蜚英館石印本　二十八册　存二百三十卷(一至七、十七至二十四、三十四至二百十八,目錄三十卷)

520000－2801－0001696　02973
易經十二卷首一卷末一卷　(宋)朱熹本義　清光緒九年(1883)江南書局刻本　二册

520000－2801－0001697　2974
汲古閣說文訂一卷　(清)段玉裁撰　清嘉慶二年(1797)刻本　一册

520000－2801－0001698　02975
湯睡菴先生歷朝綱鑑全史七十卷首一卷　(宋)劉恕外紀　(元)金履祥前編　(明)湯賓尹會纂　(明)陳繼儒註釋　明萬曆刻本　十六册

520000－2801－0001699　02976
欽定續通典一百五十卷　(清)嵇璜等修　(清)曹仁虎等纂　清光緒十二年(1886)浙江

書局刻本　三十八册　存一百四十二卷（一至二十五、二十九至一百二十九、一百三十五至一百五十）

520000－2801－0001700　2977
明史稿三百十卷目錄三卷　（清）王鴻緒編撰　清雍正元年（1723）王氏敬慎堂刻本　二十七册　存一百十二卷（表一至九，本紀四至十三，志二十六至二十八、三十四至四十二、六十五至七十七，列傳八十三至八十六、九十一至一百二十六、一百四十六至一百七十三）

520000－2801－0001701　2978
綱鑑會纂三十九卷首一卷　（明）王世貞編輯　**甲子紀元一卷**　（清）陳宏謀輯　**御撰資治通鑑綱目三編二十卷**　（清）張廷玉等編次　清刻本　四十册

520000－2801－0001702　02979
資治通鑑二百九十四卷目錄三十卷　（宋）司馬光編集　（元）胡三省音注　清光緒十四年（1888）上海蜚英館石印本　三十六册

520000－2801－0001703　02980
資治通鑑目錄三十卷　（宋）司馬光編集　（元）胡三省音注　清光緒十四年（1888）上海蜚英館石印本　四册

520000－2801－0001704　2981
續資治通鑑二百二十卷　（清）畢沅編集　清光緒十四年（1888）上海蜚英館石印本　二十册

520000－2801－0001705　2982
續資治通鑑二百二十卷　（清）畢沅編集　清光緒十四年（1888）上海蜚英館石印本　二十册

520000－2801－0001706　2983
御批資治通鑑綱目前編十八卷正編五十九卷首一卷續編二十七卷　（元）金履祥　（宋）朱熹傳　（明）商輅撰　（清）聖祖玄燁批　清光緒十三年（1887）上海同文書局石印本　二十四册

520000－2801－0001707　2984
太平御覽一千卷目錄十五卷　（宋）李昉等撰　（清）鮑崇城重校　清嘉慶十二年至十七年（1807－1812）歙鮑氏刻本　一百册

520000－2801－0001708　02985
資治通鑑綱目五十九卷首一卷　（宋）朱熹撰　明嘉靖十三年（1534）江西按察司刻本　五十四册　存五十五卷（一至四、六至二十六、二十八至四十一、四十三至五十八）

520000－2801－0001709　02986
逸周書集訓校釋十卷目錄一卷附錄一卷　（清）朱右曾集訓校釋　清光緒三年（1877）湖北崇文書局刻本　二册

520000－2801－0001710　02989
岑襄勤公勛德介福圖不分卷　（清）岑春榮撰　清光緒十七年（1891）石印本　一册

520000－2801－0001711　02990
萬國輿圖一卷　（清）陳兆桐繪　清光緒十二年（1886）石印本　一册

520000－2801－0001712　02991
說文檢字二卷　（清）毛謨輯　清嘉慶二十一年（1816）四川督學使者署中刻本　一册

520000－2801－0001713　02992
［至正］崑山郡志六卷目錄一卷　（元）楊譓纂　清光緒二十八年（1902）東倉書庫刻本　一册

520000－2801－0001714　02993
陽湖武進輿地全圖一卷　（清）□□撰　清末刻本　一册

520000－2801－0001715　02994
東華錄四十五卷續錄七十五卷　王先謙編　（清）周潤蕃等校　清末石印本　六十册

520000－2801－0001716　02995
［正德］武功縣誌三卷首一卷　（明）康海撰　（清）孫景烈評註　清同治十二年（1873）湖北崇文書局刻本　一册

520000－2801－0001717　02996
［同治］上海縣誌三十二卷首一卷末一卷

（清）應寶時等修　（清）俞樾　（清）方宗誠纂　清同治十一年（1872）刻本　十五册　存三十二卷（三至三十二、首一卷、末一卷）

520000－2801－0001718　02999
［光緒］平湖縣志二十五卷首一卷末一卷總目一卷　（清）彭潤章等修　（清）葉廉鍔等纂　清光緒十二年（1886）刻本　十二册

520000－2801－0001719　3000
樗寮先生全集二十四卷　（清）姚椿撰　清道光十三年（1833）刻本　七册

520000－2801－0001720　3001
剡源集三十卷　（元）戴表元撰　**剡源集札記一卷**　（清）郁松年撰　清道光二十年（1840）上海郁氏刻本　六册

520000－2801－0001721　03002
詳解九章算法一卷　（宋）楊輝撰　清道光二十二年（1842）刻本　一册

520000－2801－0001722　3003
楊輝算法六卷　（宋）楊輝集　清道光二十二年（1842）刻本　二册

520000－2801－0001723　03004
詳解九章算法札記一卷　（清）宋景昌撰　**纂類一卷**　（宋）楊輝編次　**楊輝算法札記一卷**　（清）宋景昌撰　清道光二十二年（1842）刻本　一册

520000－2801－0001724　03005
禮記集說十卷篇目一卷　（元）陳澔輯　清刻本　十册

520000－2801－0001725　03006
檀几叢書二集五十卷餘集二卷　（清）王晫（清）張潮輯　清康熙三十四年（1695）新安張氏霞舉堂刻本　十二册

520000－2801－0001726　3007
諸子平議三十五卷　（清）俞樾撰　清光緒二十五年（1899）刻本　十册

520000－2801－0001727　3008
樹廬文鈔十卷　（清）彭士望著　清道光四年（1824）寧都冠石山房刻本　四册

520000－2801－0001728　3009
前漢書一百二十卷　（漢）班固撰　（唐）顏師古注　清光緒十四年（1888）上海鴻文書局石印本　十二册　存八十八卷（一至八十八）

520000－2801－0001729　3013
紅樹山莊詩草四卷黔游草一卷　（清）劉家逵撰　清同治十三年（1874）刻本　二册

520000－2801－0001730　3014
茶香室叢鈔二十三卷　（清）俞樾撰　清刻本　五册

520000－2801－0001731　3015
詞名集解六卷續編二卷　（清）汪汲撰　清乾隆五十九年（1794）刻本　四册

520000－2801－0001732　03016
龍溪草堂詩鈔十卷　（清）張日崙撰　清光緒八年（1882）王錦雲刻字鋪刻本　十册

520000－2801－0001733　03017
平平言四卷　（清）方大湜撰　清光緒二十五年（1899）黔有課吏局刻本　四册

520000－2801－0001734　03018
欽定康濟錄四卷　（清）陸曾禹撰　（清）倪國璉釐正　（清）高宗弘曆删定　清道光二十八年（1848）瓶花書屋刻本　六册

520000－2801－0001735　3019
定齋先生猶存集八卷　（清）陳法著　清嘉慶四年（1799）刻本　四册

520000－2801－0001736　03020
易箋八卷首一卷　（清）陳法撰　清乾隆三十年（1765）刻本　六册

520000－2801－0001737　3021
養一齋文集二十卷　（清）李兆洛著　清光緒四年（1878）刻本　八册

520000－2801－0001738　3022
日知錄三十二卷　（清）顧炎武撰　清康熙三十四年（1695）刻本　十六册

520000－2801－0001739　03024
一品集二卷使黔集一卷　(清)費錫章撰　清嘉慶十四年至十八年(1809－1813)恩詒堂刻本　一册

520000－2801－0001740　3026
相臺五經五種九十三卷　(三國魏)王弼等注　清道光二十三年(1843)賀長齡刻本　二十八册

520000－2801－0001741　3027
黄詩全集五十八卷　(宋)黄庭堅著　清乾隆五十四年(1789)樹經堂刻本　二十册

520000－2801－0001742　3029
晋略六十五卷序目一卷　(清)周濟撰　清光緒二年(1876)未雋齋刻本　十册

520000－2801－0001743　3030
樊南文集箋註八卷玉谿生詩箋註三卷　(唐)李商隱撰　(清)馮浩編訂　清嘉慶元年(1796)德聚堂刻本　八册

520000－2801－0001744　3031
忠雅堂評選四六法海八卷　(清)蔣士銓評選　清同治十年(1871)刻朱墨印本　八册

520000－2801－0001745　3032
指月錄三十二卷　(明)瞿汝稷集　(明)嚴澂道校　清同治十一年(1872)刻本　十册

520000－2801－0001746　19823
宋名臣言行錄前集十卷後集十四卷别集二十六卷續集八卷外集十七卷　(宋)朱熹纂　(宋)李幼武續纂　清光緒二十九年(1903)播州華氏刻本　七册　存四十三卷(前集一至五、後集一至五、别集上六至十三、别集下一至十三、外集六至十七)

520000－2801－0001747　03033
明詩綜一百卷目錄一卷　(清)朱彝尊編　(清)龔翔麟評　清刻本　四十八册　存七十六卷(一至六十八、九十三至一百)

520000－2801－0001748　03034
虞文靖公道園全集六十卷　(元)虞集撰　清道光十七年(1837)鵝溪村舍刻本　十五册

520000－2801－0001749　3035
潛書二篇　(清)唐甄著　(清)王聞遠編　**西蜀唐圃亭先生行略一卷**　(清)王聞遠述　清光緒九年(1883)中江李氏刻本　四册

520000－2801－0001750　3036
魏敬士文集八卷　(清)魏世儼著　**魏興士文集六卷**　(清)魏世傑著　清道光二十五年(1845)珍溪紱園書塾刻本　五册

520000－2801－0001751　3037
經典釋文三十卷　(唐)陸德明撰　**考證三十卷**　(清)盧文弨撰　清同治十年(1871)刻本　十二册

520000－2801－0001752　3038
道古堂文集四十八卷　(清)杭世駿撰　清乾隆四十一年(1776)刻本　十六册

520000－2801－0001753　03039
飴山文集十二卷附錄一卷　(清)趙執信撰　**禮俗權衡二卷**　(清)趙執信撰　清乾隆三十九年(1774)刻本　五册

520000－2801－0001754　3040
樞垣記略二十八卷　(清)梁章鉅原撰　(清)朱智等續撰　清光緒元年(1875)鉛印本　六册

520000－2801－0001755　3041
古事比五十二卷　(清)方中德輯著　清光緒十三年(1887)上海點石齋石印本　六册

520000－2801－0001756　03042
資治通鑑外紀十卷　(宋)劉恕編集　清末石印本　十册

520000－2801－0001757　3043
四川鹽法志四十卷首一卷　(清)丁寶楨等纂　清光緒刻本　二十册

520000－2801－0001758　03044
託素齋詩集四卷文集六卷　(清)黎士弘著　清雍正二年(1724)刻本　十册

520000－2801－0001759　03045

三蘇全集二百四卷　(宋)蘇洵等著　清道光十二年(1832)刻本　八十冊

520000－2801－0001760　3045
斜川集六卷　(宋)蘇過著　清道光七年(1827)刻本　二冊

520000－2801－0001761　3046
震川先生集三十卷別集十卷補編十二卷附錄一卷　(明)歸有光著　清道光二十三年(1843)刻本　二十四冊

520000－2801－0001762　3047
增訂漢魏叢書　(清)王謨輯　清乾隆五十六年(1791)金谿王氏刻本　七十九冊　缺七卷(新書七至十、新序一至三)

520000－2801－0001763　03049
顏山農先生遺集九卷目錄一卷　(清)尹繼美編校　清咸豐六年(1856)瀘溪慶餘書屋刻本　二冊

520000－2801－0001764　3050
蜀典十二卷　(清)張澍輯　清光緒二年(1876)尊經書院刻本　二冊

520000－2801－0001765　3051
古今韻略五卷　(清)邵長蘅纂　清康熙三十五年(1696)刻本　三冊

520000－2801－0001766　3052
四書考異二編七十二卷　(清)翟灝學　清乾隆三十四年(1769)無不宜齋刻本　十二冊

520000－2801－0001767　03053
漢官六種十一卷　(清)孫星衍校集　清光緒六年(1880)誦芬閣刻本　二冊

520000－2801－0001768　03054
二如亭群芳譜二十八卷　(明)王象晉輯　(明)毛子晉校　明末汲古閣刻本　十五冊　缺二卷(果譜一至二)

520000－2801－0001769　3055
儀禮圖十七卷旁通圖一卷　(宋)楊復撰　清同治刻本　五冊

520000－2801－0001770　3056
儀禮集說十七卷　(元)敖繼公撰　清同治刻本　八冊

520000－2801－0001771　3057
函樓詩鈔八卷因遇詩一卷詞鈔一卷　(清)易佩紳撰　清光緒八年(1882)刻本　二冊

520000－2801－0001772　19822
宋名臣言行錄前集十卷後集十四卷別集二十六卷續集八卷外集十七卷　(宋)朱熹纂　(宋)李幼武續纂　清光緒二十九年(1903)播州華氏刻本　一冊　存六卷(外集十二至十七)

520000－2801－0001773　03058
躬厚堂集十七卷　(清)張金鏞著　清同治三年至十年(1864－1871)刻本　四冊

520000－2801－0001774　03058
梅花閣遺詩一卷　(清)錢蘅生著　**躬厚堂雜文八卷**　(清)張金鏞著　**行述一卷**　(清)張憲和述　王闓運填諱　清光緒四年(1878)刻本　二冊

520000－2801－0001775　03059
諸葛忠武侯文集四卷首一卷附錄二卷　(三國蜀)諸葛亮撰　(清)張澍編輯　清嘉慶十七年(1812)刻本　三冊

520000－2801－0001776　03060
何大復先生集三十八卷附錄一卷　(明)何景明撰　清乾隆十五年(1750)賜策堂刻本　八冊

520000－2801－0001777　03061
樫華堂館文集六卷詩集四卷駢文一卷雜錄一卷　(清)路德撰　清光緒十一年(1885)刻本　十冊

520000－2801－0001778　3062
太白劍二卷　(清)姚康撰　清光緒二十一年(1895)桐城姚氏五桂堂木活字印本　二冊

520000－2801－0001779　3064
堅白齋集八卷　(清)龍汝霖著　清光緒七年(1881)刻本　四冊

520000－2801－0001780　3065
經義述聞三十二卷　(清)王引之撰　清道光七年(1827)壽藤書屋刻本　十六册

520000－2801－0001781　3066
清尊集十六卷　(清)汪遠孫輯　清道光十九年(1839)錢塘汪氏振綺堂刻本　四册

520000－2801－0001782　3067
古文辭類纂七十五卷　(清)姚鼐纂　清同治八年(1869)刻本　十二册

520000－2801－0001783　03068
道園集不分卷　(元)虞集著　清康熙四十九年(1710)刻本　八册

520000－2801－0001784　03069
宫閨文選二十六卷目録一卷姓氏小録一卷　(清)周壽昌輯訂　清道光二十六年(1846)小蓬萊山館刻本　十册

520000－2801－0001785　03070
廣博物志五十卷　(明)董斯張纂　(明)楊鶴訂　清乾隆二十六年(1761)高暉堂刻本　三十二册

520000－2801－0001786　3071
元詩選不分卷　(清)顧嗣立輯　清康熙三十三年(1694)秀野草堂刻本　四十册

520000－2801－0001787　3072
文選錦字録二十一卷　(明)凌迪知輯　(明)凌稚隆校　明萬曆五年(1577)吴興凌氏桂芝館刻本　八册

520000－2801－0001788　3073
御選唐詩三十二卷目録三卷　(清)聖祖玄燁選　(清)陳廷敬等編注　清康熙五十二年(1713)刻本　十五册

520000－2801－0001789　3074
四書經史摘證七卷　(清)宋繼穜撰　(清)宋廷英校注　清嘉慶十九年(1814)刻本　六册

520000－2801－0001790　3075
經餘必讀初編八卷二編八卷三編四卷　(清)雷琳等輯　清光緒二年(1876)退補齋刻本　十册

520000－2801－0001791　3076
儀禮十七卷　(漢)鄭玄注　(唐)陸德明音義　清同治七年(1868)湖北崇文書局刻本　四册

520000－2801－0001792　3077
學統五十三卷　(清)熊賜履編　清康熙二十四年(1685)下學堂刻本　十六册

520000－2801－0001793　03078
陳迦陵文集六卷儷體文集十卷　(清)陳維崧撰　清康熙二十七年(1688)患立堂刻本　三册

520000－2801－0001794　03079
迦陵詞全集三十卷　(清)陳維崧著　**書事七則一卷山陽録一卷秋園雜佩一卷**　(清)陳貞慧著　清康熙二十九年(1690)彊善堂刻本　三册

520000－2801－0001795　03080
湖海樓詩集八卷　(清)陳維崧著　清康熙二十八年(1689)彊善堂刻本　二册

520000－2801－0001796　3081
望溪集不分卷　(清)方苞撰　(清)王兆符　(清)程崟輯　清刻本　十二册

520000－2801－0001797　3082
中州集十卷首一卷樂府一卷　(金)元好問撰　清古松堂刻本　十册

520000－2801－0001798　3083
曬書堂文集十二卷外集二卷别集一卷閨中文存一卷筆録六卷時文一卷試帖一卷詩餘一卷和鳴集一卷　(清)郝懿行著　清光緒十年(1884)刻本　十二册

520000－2801－0001799　03084
絜齋集二十四卷目録一卷末一卷　(宋)袁燮撰　清乾隆四十年(1775)武英殿木活字印武英殿聚珍版書本　十册

520000－2801－0001800　3085
國朝文録八十二卷　(清)姚椿輯　清咸豐元

年(1851)終南山館刻本　三十二冊

520000－2801－0001801　3086
新定三禮圖二十卷　(宋)聶崇義集注　清同治鍾謙鈞刻本　二冊

520000－2801－0001802　3087
月令粹編二十四卷圖説一卷　(清)秦嘉謨編　清嘉慶十七年(1812)江都琳琅仙館刻本　六冊

520000－2801－0001803　3089
望溪先生全集三十二卷　(清)方苞撰　(清)戴鈞衡編　清咸豐元年(1851)刻本　十六冊

520000－2801－0001804　3090
新政真詮六編　(清)何啟　胡禮垣撰　清光緒二十七年(1901)上海格致新報館鉛印本　八冊

520000－2801－0001805　3091
舊唐書二百卷目錄一卷　(五代)劉昫等撰　清同治十一年(1872)浙江書局刻本　四十冊

520000－2801－0001806　03092
大佛頂如來密因修證了義諸菩薩萬行首楞嚴經合轍十卷　(明)釋通潤述　清刻本　九冊

520000－2801－0001807　3093
重修南海普陀山志二十卷首一卷　(清)黄應熊參定　(清)許琰編輯　清乾隆五年(1740)刻本　四冊

520000－2801－0001808　03094
切問齋文鈔三十卷總目一卷首一卷　(清)陸燿輯　清道光五年(1825)刻本　十冊

520000－2801－0001809　3095
唐確慎公集十卷首一卷末一卷　(清)唐鑑撰　清光緒元年(1875)刻本　十六冊

520000－2801－0001810　3096
左繡三十卷首一卷　(清)馮李驊評輯　清乾隆六年(1741)宏道堂刻本　十六冊

520000－2801－0001811　3097
昌黎先生集四十卷外集十卷遺文一卷　(唐)韓愈撰　(唐)李漢編　**朱子校昌黎先生傳一卷**　(宋)朱熹編　**韓集點勘四卷**　(□)陳景雲撰　清宣統二年(1910)掃葉山房石印本　十二冊

520000－2801－0001812　3098
昌黎先生集四十卷外集十卷　(唐)韓愈撰　明萬曆東雅堂刻本　十二冊

520000－2801－0001813　03099
尺木堂綱鑑易知錄九十二卷目錄一卷明鑑易知錄十五卷　(清)吴乘權等輯　清光緒十四年(1888)上海廣百宋齋鉛印本　十六冊

520000－2801－0001814　3100
四書典制類聯音注三十三卷　(清)閻其淵編輯　清嘉慶元年(1796)刻本　十冊

520000－2801－0001815　3103
望眉草堂詩集八卷文集三卷　(清)顔嗣徽撰　清光緒十九年(1893)古築顔氏刻本　八冊

520000－2801－0001816　03106
船山史論五十二卷目錄二卷　(清)王夫之譔　清光緒二十六年(1900)湖南益友書局刻本　十六冊

520000－2801－0001817　3107
宗聖志二十卷曾子家語一卷　(清)曾國荃審訂　(清)王定安編輯　清光緒十六年(1890)金陵刻本　十冊

520000－2801－0001818　03108
陳檢討集二十卷　(清)陳維崧撰　(清)程師恭注　**善卷堂四六十卷**　(清)陸繁弨撰　(清)吳自高注　清道光二年(1822)金閶步月樓刻本　十冊

520000－2801－0001819　3109
重修南嶽志二十六卷　(清)李元度重修　清光緒六年至九年(1880－1883)刻本　十二冊

520000－2801－0001820　3110
御定全金詩增補中州集七十二卷首二卷　(金)元好問纂輯　(清)郭元釪補輯　清康熙五十年(1711)刻本　二十四冊

520000－2801－0001821　03111

船山詩草二十卷敘目一卷　(清)張問陶撰　清嘉慶二十年(1815)經文堂刻本　八冊

520000－2801－0001822　3112
宋元學案一百卷首一卷　(清)黄宗羲撰　(清)黄百家纂輯　(清)全祖望修定　清光緒五年(1879)長沙寄廬刻本　四十冊

520000－2801－0001823　03113
欽定國朝詩別裁集三十二卷目次一卷　(清)沈德潛纂評　清乾隆二十六年(1761)刻本　十六冊

520000－2801－0001824　03114
田氏叢書十三種　(清)田雯等撰　清乾隆七年(1742)刻本　二十八冊

520000－2801－0001825　03115
字典考證十二集　(清)奕繪等撰　清道光刻本　八冊

520000－2801－0001826　03116
吴摯甫尺牘五卷目次一卷補遺一卷諭兒書一卷　(清)吴汝綸撰　清宣統二年(1910)國學扶輪社石印本　十二冊

520000－2801－0001827　03117
范文正公集二十卷　(宋)范仲淹撰　**別集四卷政府奏議二卷尺牘三卷年譜一卷補遺一卷言行拾遺事録四卷鄱陽遺事録一卷遺蹟一卷建立義莊規矩一卷褒賢集五卷補編五卷**　清康熙四十六年(1707)歲寒堂刻本　十六冊

520000－2801－0001828　3118
宋百家詩存二十卷　(清)曹庭棟選　清乾隆六年(1741)嘉善二六書堂刻本　二十冊

520000－2801－0001829　3119
重刊補注洗冤録集證六卷　(清)王又槐輯　(清)李觀瀾補輯　(清)阮其新補注　清道光二十四年(1844)翰墨園四色套印本　六冊

520000－2801－0001830　03120
寧都三魏全集三十六卷首一卷　(清)魏際瑞　(清)魏世效　(清)魏禮撰　(清)林時益輯　清道光二十五年(1845)謝庭綬紱園書塾刻本　十九冊

520000－2801－0001831　3121
大唐開元占經一百二十卷　(唐)瞿曇悉達等修　清刻本　二十四冊

520000－2801－0001832　03122
忠義紀聞録三十卷目録一卷　(清)陳繼聰述　清光緒八年(1882)刻本　八冊

520000－2801－0001833　03123
漁洋山人古詩選五十卷　(清)王士禎選　清同治五年(1866)金陵書局刻本　十冊

520000－2801－0001834　03125
陶園全集三十四卷　(清)張九鉞著　**六如亭傳奇二卷**　(清)羅浮花農填詞　(清)吹鐵簫人正譜　清道光二十三年(1843)刻本　十冊

520000－2801－0001835　3126
初唐四傑集二十一卷　(清)項家達輯　清同治十二年(1873)饕雅居刻本　八冊

520000－2801－0001836　3127
國朝古文正的五卷　(清)楊彝珍輯　**遜學齋文鈔一卷**　(清)孫衣言撰　**移芝室古文一卷**　(清)楊彝珍撰　清光緒六年(1880)獨山莫氏上海淞隱閣鉛印本　六冊

520000－2801－0001837　3128
曝書亭集八十卷附録一卷　(清)朱彝尊撰　清刻本　十八冊

520000－2801－0001838　3129
彙刊昭明文選合編六十卷　(南朝梁)昭明太子蕭統撰　(唐)李善注　(清)何焯評點　**文選考異十卷**　(清)胡克家撰　清光緒十一年(1885)珊城雙桂堂刻本　十二冊

520000－2801－0001839　03130
選夢樓詩鈔八卷目録一卷　(清)豫本撰　清同治十三年(1874)刻本　二冊

520000－2801－0001840　03131
孫山甫督學文集四卷目録一卷　(明)孫應鼇撰　清光緒十九年(1893)川東巡署刻本　二冊

520000－2801－0001841　03132

輿地紀勝二百卷目録一卷校勘記五十二卷目録一卷　（宋）王象之編　（清）劉文淇校勘　**補闕十卷目録一卷**　（清）岑建功輯　清道光二十九年（1849）刻本　五十册

520000－2801－0001842　3134

史記一百三十卷　（漢）司馬遷撰　（南朝宋）裴駰集解　（唐）司馬貞索隱　（唐）張守節正義　清同治九年（1870）湖北崇文書局刻本　二十四册

520000－2801－0001843　3135

潛研堂全書　（清）錢大昕撰　清乾隆嘉慶刻道光二十年（1840）錢師光印本　八十册

520000－2801－0001844　03136

八代詩選二十卷　王闓運輯　清光緒十六年（1890）江蘇書局刻本　八册

520000－2801－0001845　3137

歷代史論二十二卷　（明）張溥論正　清光緒二年（1876）浙江書局刻朱墨印本　八册

520000－2801－0001846　3139

制義科瑣記四卷續一卷　（清）李調元撰　清乾隆四十三年（1778）雨村書屋刻本　一册

520000－2801－0001847　03140

文獻徵存録十卷　（清）錢林輯　（清）王藻原編　清咸豐八年（1858）有嘉樹軒刻本　十册

520000－2801－0001848　3141

四書集注十九卷　（宋）朱熹集注　清光緒二十四年（1898）廣雅書局刻本　六册

520000－2801－0001849　03142

春秋或問六卷　（清）郜坦著　清光緒二年（1876）淮南書局刻本　二册

520000－2801－0001850　03143

春秋集古傳註二十六卷首一卷　（清）郜坦註　清光緒二年（1876）淮南書局刻本　六册

520000－2801－0001851　03144

清容居士集五十卷目録一卷　（元）袁桷譔　**重刻清容居士集札記一卷**　（清）郁松年譔　清道光二十年（1840）上海郁氏刻本　十二册

520000－2801－0001852　3146

道古堂詩集二十六卷　（清）杭世駿撰　清乾隆三十二年（1767）刻本　六册

520000－2801－0001853　3147

書古微十二卷首一卷　（清）魏源著　清光緒四年（1878）淮南書局刻本　四册

520000－2801－0001854　3149

重刻宛陵先生詩集六十卷拾遺一卷續金針詩格一卷　（宋）梅堯臣著　**都官梅聖俞先生傳一卷**　（宋）宋祁撰　**年譜一卷**　（元）張師曾編次　**附録三卷**　（宋）歐陽修等撰　清道光十年（1830）夜吟樓刻本　十六册

520000－2801－0001855　03150

東坡先生詩集註三十二卷　（宋）蘇軾著　（宋）王十朋纂　明刻本　八册

520000－2801－0001856　3151

國朝詩人徵略二編六十四卷　（清）張維屏輯　清道光二十二年（1842）刻本　六册

520000－2801－0001857　3152

國朝詩人徵略六十卷　（清）張維屏輯　清道光十年（1830）刻本　十册

520000－2801－0001858　3153

有正味齋駢文十六卷補注一卷　（清）吳錫麒撰　（清）葉聯芬箋注　清同治七年（1868）刻本　六册

520000－2801－0001859　3154

有正味齋全集六種　（清）吳錫麒撰　清嘉慶十三年（1808）刻本　十二册

520000－2801－0001860　3155

呻吟語六卷補遺一卷　（明）呂坤著　清道光二十七年（1847）刻本　三册

520000－2801－0001861　3156

番禺陳氏東塾叢書四種附一種　（清）陳澧撰　清光緒五年（1879）刻本　九册

520000－2801－0001862　03157

玉屏集十六卷目録一卷　（清）王德基撰　清

光緒二十六年(1900)武岡學署刻朱印本　六册

520000－2801－0001863　03158
紀慎齋先生全集五十八卷　(清)紀大奎撰　清嘉慶十三年(1808)繡谷文德堂刻本　十六册

520000－2801－0001864　3160
水心文集二十九卷　(宋)葉適撰　清乾隆二十年(1755)刻本　十二册

520000－2801－0001865　3162
國語二十一卷　(三國吳)韋昭解　**校刊明道本韋氏解國語札記一卷**　(清)黄丕烈撰　**國語明道本考異四卷**　(清)汪遠孫撰　清同治八年(1869)湖北崇文書局刻本　五册

520000－2801－0001866　3163
康對山先生集四十卷　(明)康海撰　(清)馬逸姿較梓　清康熙五十一年(1712)江南行中書省之清畏堂刻本　十二册

520000－2801－0001867　3164
格言類編六卷　(□)□□撰　明刻本　六册

520000－2801－0001868　3165
唐陸宣公集二十二卷　(唐)陸贄撰　清咸豐元年(1851)刻本　六册

520000－2801－0001869　3166
讀史方輿紀要一百三十卷輿圖要覽四卷　(清)顧祖禹輯著　清光緒五年(1879)蜀南桐華書屋刻本　八十七册　存一百二十八卷(一至五十八、六十一至一百三十)

520000－2801－0001870　03167
三朝北盟會編二百五十卷書目一卷校勘記二百四十四卷　(宋)徐夢莘撰　清光緒三十四年(1908)刻本　四十册

520000－2801－0001871　03168
東華全錄五百九十四卷　王先謙編　(清)周潤蕃等校　清光緒十三年(1887)京都琉璃廠欽文書局刻本　一百八十八册　缺一百卷(同治一至一百)

520000－2801－0001872　3171
崆峒集六十六卷　(明)李夢陽撰　清刻本　十二册

520000－2801－0001873　3172
顯密圓通成佛心要集二卷　(唐)釋道撰　清同治十一年(1872)金陵刻經處刻本　一册

520000－2801－0001874　03173
大佛頂如來密因修證了義諸菩薩萬行首楞嚴經玄義二卷　(明)釋智旭撰述　**大佛頂如來密因修證了義諸菩薩萬行首楞嚴經文句十卷**　(唐)釋般剌密諦譯經　(明)釋智旭文句　清同治十三年(1874)金陵刻經處刻本　十册

520000－2801－0001875　03175
詩經世本古義二十八卷首一卷末一卷　(明)何楷撰　清嘉慶十八年(1813)書三味齋刻本　十六册

520000－2801－0001876　03176
讀書雜志八十二卷餘編二卷目錄二卷　(清)王念孫撰　清同治九年(1870)金陵書局刻本　二十四册

520000－2801－0001877　3177
庾開府全集十六卷　(北周)庾信撰　(清)倪璠註釋　清道光十九年(1839)善成堂刻本　十二册

520000－2801－0001878　3178
彙纂詩法度針三十三卷首一卷　(清)徐文弼編輯　清乾隆二十四年(1759)得月樓刻本　八册

520000－2801－0001879　03183
五洲圖考不分卷　(清)龔柴撰　清光緒二十八年(1902)上海徐家匯印書館鉛印本　四册

520000－2801－0001880　03185
俞俞齋詩稿初集二卷文稿初集四卷　(清)史念祖撰　清光緒十六年(1890)黔南藩署刻本　六册

520000－2801－0001881　03186
楚辭十七卷目錄一卷　(戰國)屈原撰　(漢)

王逸章句　清刻本　四册

520000－2801－0001882　03187
蜀輶日記四卷　（清）陶澍撰　清道光刻本　二册

520000－2801－0001883　3188
歐陽文忠公全集一百五十三卷附録五卷首一卷目録一卷　（宋）歐陽修撰　（清）歐陽衡校　清嘉慶三年（1798）刻本　四十册

520000－2801－0001884　3189
孫淵如先生全集二十三卷　（清）孫星衍撰　清光緒十一年（1885）長沙王氏刻本　八册

520000－2801－0001885　3190
鮚埼亭集三十八卷首一卷全謝山先生經史問答十卷　（清）全祖望撰　（清）史夢蛟校　清嘉慶九年（1804）刻本　十二册

520000－2801－0001886　3191
萬國地理統紀一卷　（日本）若原著　（清）馬汝賢　（清）顧培基輯譯　清光緒二十八年（1902）蘇州勵學譯社鉛印本　一册

520000－2801－0001887　03192
皇清經解一百九十卷首一卷正訛記一卷　（清）阮元輯　清光緒十四年（1888）上海石印本　二十四册

520000－2801－0001888　03193
重刊宋本十三經注疏十三種附校勘記　（清）阮元撰　（清）盧宣旬摘　**十三經注疏校勘記識語四卷**　（清）汪文臺撰　清光緒十三年（1887）脈望仙館石印本　三十二册

520000－2801－0001889　3194
文科大辭典不分卷　（清）國學扶輪社編　清宣統三年（1911）上海國學扶輪社鉛印本　十二册

520000－2801－0001890　03195
淵鑑類函四百五十卷　（清）張英等撰　清光緒九年（1883）上海點石齋石印本　十册

520000－2801－0001891　3197
樊山政書二十卷　樊增祥撰　清宣統二年（1910）上海政學社石印本　十册

520000－2801－0001892　3198
歷代名臣言行録二十四卷　（清）朱桓編　清光緒二十八年（1902）上海天章書局石印本　八册

520000－2801－0001893　03202
筆算數學細草三卷二十四章　（清）顧鼎銘編輯　清光緒三十一年（1905）石印本　三册

520000－2801－0001894　03203
出使英法義比四國日記六卷　（清）薛福成著　清光緒二十三年（1897）湖南新學書局刻本　六册

520000－2801－0001895　03204
大日本維新史二卷　（日本）重野安繹著　日本明治三十二年（1899）上海商務印書館鉛印本　二册

520000－2801－0001896　3205
蘇文忠公詩集五十卷目録二卷　（宋）蘇軾著　（清）紀昀評點　清同治八年（1869）韞玉山房刻朱墨印本　十二册

520000－2801－0001897　3206
文選六十卷　（南朝梁）昭明太子蕭統撰　（唐）李善注　（清）葉樹藩參訂　清乾隆三十七年（1772）葉樹藩朱墨印本　十二册

520000－2801－0001898　03207
莊子内篇注四卷　（明）釋德清注　清光緒十四年（1888）金陵刻經處刻本　二册

520000－2801－0001899　3208
形性學要十卷　（比利時）赫師慎輯　（清）李杕譯　清光緒二十五年（1899）徐匯匯報館鉛印本　四册

520000－2801－0001900　3209
形性學要十卷　（比利時）赫師慎輯　（清）李杕譯　清光緒二十五年（1899）徐匯匯報館鉛印本　四册

520000－2801－0001901　3210
形性學要十卷　（比利時）赫師慎輯　（清）李

杕譯　清光緒二十五年(1899)徐匯匯報館鉛印本　四冊

520000－2801－0001902　03211
白虎通疏證十二卷　(清)陳立撰　清光緒元年(1875)淮南書局刻本　四冊

520000－2801－0001903　03212
皇清奏議六十八卷首一卷　題(清)琴川居士編輯　清道光都城國史館刻本　四十二冊

520000－2801－0001904　3213
困學紀聞注二十卷首一卷　(宋)王應麟撰　(清)翁元圻輯　清道光五年(1825)刻本　十四冊

520000－2801－0001905　3214
古今解匯函十六種　(清)鍾謙鈞等輯　清同治十二年(1873)粵東書局刻本　三十三冊

520000－2801－0001906　03215
劉端臨先生遺書八卷　(清)劉台拱撰　**行狀一卷**　(清)朱彬撰　**墓表一卷兩世鄉賢錄一卷崇祀名臣錄一卷**　(清)阮元撰　清道光十四年(1834)阮恩海刻本　四冊

520000－2801－0001907　03216
六藝綱目二卷附錄一卷　(元)舒天民述　清光緒十七年(1891)思賢書局刻本　二冊

520000－2801－0001908　3217
左繡三十卷　(清)馮李驊　(清)陸浩評輯　清康熙五十九年(1720)刻本　十四冊

520000－2801－0001909　3218
歷代循吏傳八卷　(清)朱軾等訂　(清)張福昶分纂　清雍正七年(1729)刻本　四冊

520000－2801－0001910　03219
胡文忠公遺集八十六卷目錄一卷首一卷　(清)胡林翼撰　(清)鄭敦謹　(清)曾國荃纂輯　清光緒元年(1875)湖北崇文書局刻本　三十二冊

520000－2801－0001911　3222
昌黎先生集四十卷外集十卷韓集點勘四卷　(唐)韓愈撰　(唐)李漢編　清宣統二年(1910)上海掃葉山房石印本　十二冊

520000－2801－0001912　03223
全唐詩三十二卷總目一卷　(清)曹寅等輯　清光緒十三年(1887)上海同文書局石印本　三十二冊

520000－2801－0001913　3224
日知錄集釋三十二卷刊誤二卷續刊誤二卷　(清)顧炎武撰　(清)黃汝成集釋　清道光十四年(1834)刻本　十六冊

520000－2801－0001914　03225
叔和脈經真本十卷目錄一卷首一卷　(晉)王叔和撰　清光緒十六年(1890)刻本　四冊

520000－2801－0001915　3226
上諭內閣八十九卷續編七十卷　(清)允祿等輯　清刻本　二十四冊　存一百五十九卷

520000－2801－0001916　3227
明臣奏議十二卷首一卷　(清)孫桐生編輯　清光緒十七年(1891)四影閣刻本　六冊

520000－2801－0001917　3228
爾雅注疏十一卷　(晉)郭璞注　(宋)邢昺疏　清益元堂刻本　五冊

520000－2801－0001918　3229
歷代史論二十二卷　(明)張溥論正　清光緒九年(1883)都城蒼松山房刻朱墨印本　十冊

520000－2801－0001919　03230
曾文定公全集二十卷首一卷末一卷目錄一卷　(宋)曾鞏撰　清康熙三十二年(1693)刻本　八冊

520000－2801－0001920　03232
先正遺規二卷　(清)汪正集錄　清光緒十八年(1892)省克齋刻本　二冊

520000－2801－0001921　3233
春秋時令表五十卷輿圖一卷附錄一卷　(清)顧棟高輯　(清)吳光裕參　清同治十二年(1873)丁穉璜刻朱墨印本　二十冊

520000－2801－0001922　03234
海國圖志一百卷首一卷　(清)魏源撰　清光

緒六年(1880)邵陽急當務齋刻本　四十冊

520000－2801－0001923　3235
古歡堂集十三卷　(清)田雯輯　清康熙刻本　四冊

520000－2801－0001924　03236
老子翼八卷首一卷　(明)焦竑輯　清光緒二十一年(1895)漸西村舍刻本　四冊

520000－2801－0001925　03237
南華真經解不分卷　(清)宣穎著　清康熙六十年(1721)刻本　六冊

520000－2801－0001926　3239
儀禮鄭注王氏箋十七卷　(漢)鄭玄注　(□)王□箋　清刻本　六冊

520000－2801－0001927　3240
行水金鑑一百七十五卷首圖一卷　(清)傅澤洪錄　清雍正三年(1725)淮陽官署鑄錯草堂刻本　三十六冊

520000－2801－0001928　3242
大學衍義四十三卷　(宋)真德秀撰　(明)陳仁錫評　清道光十七年(1837)芸香堂刻本　十二冊

520000－2801－0001929　03243
綠漪草堂文集三十卷首一卷別集二卷首一卷外集二卷首一卷　(清)羅汝懷箸　清光緒九年(1883)湖南省城刻本　十冊

520000－2801－0001930　03244
陳檢討集二十卷　(清)陳維崧撰　(清)程師恭注　清同治六年(1867)古桂山房刻本　八冊

520000－2801－0001931　3245
李長吉歌詩四卷首一卷外集一卷　(唐)李賀撰　(清)王琦編　清光緒四年(1878)宏達堂刻本　四冊

520000－2801－0001932　3246
迴瀾紀要二卷安瀾紀要二卷　(清)徐端撰　清道光九年(1829)刻本　四冊

520000－2801－0001933　3247
周禮折衷六卷　(漢)鄭玄注　(唐)賈公彥疏　(清)胡興栓重訂　清同治五年(1866)尚德堂刻本　六冊

520000－2801－0001934　3248
周禮十二卷　(漢)鄭玄注　(唐)陸德明音義　清光緒十二年(1886)湖北官書處刻本　六冊

520000－2801－0001935　03249
隱居通議三十一卷目錄一卷　(元)劉壎著　(清)孫冠寰輯　清光緒十一年(1885)孫鈞刻本　四冊

520000－2801－0001936　03252
儀禮析疑十七卷目錄一卷　(清)方苞著　清乾隆十一年(1746)刻本　八冊

520000－2801－0001937　03253
徐孝穆全集六卷　(南朝陳)徐陵撰　(清)吳兆宜箋注　**本傳一卷**　(清)姚思廉撰　清善化經濟書堂刻本　六冊

520000－2801－0001938　3255
讀史方輿紀要十卷統論一卷目次一卷　(清)顧祖禹撰　清光緒二十二年(1896)澹雅書局刻本　十冊

520000－2801－0001939　03256
皇明五先生文雋二百四卷目錄五卷　(明)蘇文韓選　(明)張玉成訂　**五公行實一卷**　(□)□□撰　明天啟四年(1624)刻本　四十七冊　缺三卷(一百五十七至一百五十九)

520000－2801－0001940　3257
論語正義二十四卷　(清)劉寶楠撰　清光緒十八年(1892)黃岡嘯園范氏刻本　六冊

520000－2801－0001941　3258
五種遺規摘抄　(清)陳宏謀原編　(清)劉肇紳摘抄　清同治七年(1868)湖北崇文書局刻本　六冊　存十卷(養正遺規摘鈔一、補鈔一,從政遺規摘鈔二、補鈔一,教女遺規摘鈔一、補鈔一,訓俗遺規摘鈔一至四)

520000－2801－0001942　3259

韓園醫學六種 (清)徐大椿編釋 (清)潘蔚增輯 清光緒九年(1883)江西書局刻本 十二冊

520000－2801－0001943 3260
函海八百二十一卷 (清)李調元輯 清嘉慶十四年(1809)刻本 一百四十七冊

520000－2801－0001944 03261
陸象山先生文集三十六卷 (宋)陸九淵撰 (清)李紱點次 (清)周毓齡重校 清道光三年(1823)金谿槐堂書屋刻本 十二冊

520000－2801－0001945 3262
靈峰蕅益大師選定淨土十要十卷 (明)釋蕅益選 **徹悟禪師語錄二卷** (清)釋了亮等集 清光緒二十年(1894)刻本 五冊

520000－2801－0001946 3263
歷代名儒傳八卷首一卷 (清)朱軾 (清)蔡世遠仝訂 (清)李清植分纂 清雍正七年(1729)刻本 四冊

520000－2801－0001947 3264
新刊趙田了凡袁先生編纂古本歷史大方綱鑑補三十九卷 (明)袁黃撰 **御撰資治通鑑綱目三編二十卷** (清)張廷玉等撰 清同治五年(1866)大成堂刻本 四十冊

520000－2801－0001948 3265
船山遺書□□種 (清)王夫之撰 **校勘記二卷** (清)劉毓崧撰 清同治四年(1865)湘鄉曾氏金陵節署刻本 一百二十二冊

520000－2801－0001949 3267
金索六卷石索六卷 (清)馮雲鵬 (清)馮雲鵷輯 清道光元年(1821)滋陽縣署刻本 十二冊

520000－2801－0001950 03268
宋名家詞六十一種 (明)毛晉輯 明崇禎毛氏汲古閣刻本 十六冊

520000－2801－0001951 03270
廣輿記二十四卷 (清)陸應陽輯 清刻本 十二冊

520000－2801－0001952 03271
歷代賦彙一百四十卷目錄二卷補遺二十二卷目錄一卷 (清)陳元龍編 清初刻本 六十一冊 缺八卷(三十八至四十、六十四、六十五、七十八至八十)

520000－2801－0001953 03272
空青水碧齋文集八卷目錄一卷 (清)蔣琦齡撰 **行述一卷** (清)蔣文英等述 清光緒十一年(1885)刻本 六冊

520000－2801－0001954 03273
白沙子全集十卷首一卷末一卷古詩教解二卷 (明)陳獻章撰 清乾隆三十六年(1771)刻本 十冊

520000－2801－0001955 03274
太上感應篇箋注不分卷 (清)惠棟箋注 清同治六年(1867)京師龍文齋刻本 四冊

520000－2801－0001956 3275
周易變通解六卷首一卷末一卷 (清)萬裕澐撰 清同治十二年(1873)集錦堂刻本 六冊

520000－2801－0001957 3276
歷代名臣奏議三百二十卷 (明)黃淮等輯 (明)張溥刪正 **補刊歷代名臣奏議全編三十卷** (明)黃淮等輯 (明)張溥刪正 清光緒十二年(1886)清河寶樹堂刻本 一百冊

520000－2801－0001958 3277
說文通訓定聲十八卷分部檢韻一卷說雅一卷古今韻準一卷 (清)朱駿聲紀錄 (清)朱鏡蓉參訂 **朱駿聲行述一卷** 清光緒十三年(1887)上海積山書局石印本 八冊

520000－2801－0001959 03279
陳修園醫書廿一種 (清)陳念祖撰 清光緒二十二年(1896)珍藝書局鉛印本 十六冊

520000－2801－0001960 03286
正字通十二卷首一卷總目一卷 (清)張自烈 (清)廖文英仝輯 **字彙舊本一卷** (清)梅膺祚音釋 清刻本 三十二冊

520000－2801－0001961 3287

續碑傳集八十六卷首二卷　繆荃孫纂録　清宣統二年(1910)江楚編譯書局刻本　二十三冊　存八十五卷(一至七十四、七十八至八十六,首一卷)

520000－2801－0001962　03288
十子全書十種　(清)王子興輯　清光緒元年至二年(1875－1876)浙江書局刻本　四十冊

520000－2801－0001963　03289
聖武記十四卷目錄一卷　(清)魏源譔　清道光二十六年(1846)刻本　十二冊

520000－2801－0001964　03290
王菉友九種　(清)王筠撰　清道光、咸豐刻本　六冊　存七種

520000－2801－0001965　3291
藝文類聚一百卷　(唐)歐陽詢纂　(明)王元貞校　清光緒五年(1879)華陽宏達堂刻本　四十冊

520000－2801－0001966　3292
戰國策三十三卷　(漢)高誘注　清乾隆二十一年(1756)雅雨堂刻本　四冊

520000－2801－0001967　3293
諸葛丞相集四卷　(三國蜀)諸葛亮著　(清)古璘纂輯　(清)朱瑞圖等校梓　清康熙三十七年(1698)萬卷堂刻本　八冊

520000－2801－0001968　3294
後漢書一百二十卷　(南朝宋)范曄撰　(唐)章懷太子李賢注　清光緒十四年(1888)上海鴻文書局石印本　十冊

520000－2801－0001969　03296
西政叢書九種　梁啟超編輯　清光緒二十三年(1897)慎記書莊石印本　三十二冊

520000－2801－0001970　3297
四川官運鹽案類編四卷　(清)趙藩編　清光緒三十三年(1907)鉛印本　四冊

520000－2801－0001971　3298
四川官運鹽案類編九十卷首一卷　(清)華國英輯　清光緒二十八年(1902)鉛印本　二十四冊

520000－2801－0001972　03300
欽定續通志六百四十卷　(清)嵇璜等修　(清)曹仁虎等纂　清光緒二十七年(1901)上海圖書集成局石印本　六十冊

520000－2801－0001973　3301
皇朝通志一百二十六卷　(清)嵇璜等修　(清)曹仁虎等纂　清光緒二十七年(1901)上海圖書集成局石印本　十二冊

520000－2801－0001974　03302
通典二百卷考證一卷　(唐)杜佑撰　清光緒二十七年(1901)上海圖書集成局石印本　十六冊

520000－2801－0001975　3303
續通典一百五十卷　(清)嵇璜等修　(清)曹仁虎等纂　清光緒二十七年(1901)上海圖書集成局石印本　十二冊

520000－2801－0001976　3304
文獻通考三百四十八卷　(元)馬端臨撰　清光緒二十七年(1901)上海圖書集成局石印本　三十七冊　存二百八十九卷(一至九十七、一百六至一百十九、一百二十八至一百四十八、一百七十四至二百四十九、二百五十七至二百九十四、三百六至三百四十八)

520000－2801－0001977　03305
欽定續文獻通考二百五十卷　(清)嵇璜等修　(清)曹仁虎等纂　清光緒二十七年(1901)上海圖書集成局石印本　三十六冊

520000－2801－0001978　3306
皇朝文獻通考三百卷　(清)嵇璜等修　(清)曹仁虎等纂　清光緒二十七年(1901)上海圖書集成局石印本　四十八冊

520000－2801－0001979　3307
皇朝通典一百卷　(清)嵇璜修　(清)曹仁虎等纂　清光緒二十七年(1901)上海圖書集成局石印本　十二冊

520000－2801－0001980　3308

廿一史戰略考三十三卷　（明）茅元儀原輯　清光緒二十五年（1899）成都志古堂刻本　十册

520000－2801－0001981　3309
皇朝經世文編一百二十卷　（清）賀長齡輯　清光緒十四年（1888）上海廣百宋齋鉛印本　二十四册

520000－2801－0001982　03310
禮記集說一百六十卷　（宋）衛湜纂　清通志堂刻本　四十册

520000－2801－0001983　3311
宋史四百九十六卷　（元）脫脫等撰　清光緒元年（1875）浙江書局刻本　九十册　存四百五十七卷（一至一百二十六、一百三十二至二百三十一、二百六十六至四百九十六）

520000－2801－0001984　03312
明史三百三十二卷目錄四卷　（清）張廷玉等纂修　清光緒三年（1877）湖北崇文書局刻本　八十册

520000－2801－0001985　03314
鵝湖講學會編十二卷目錄一卷　（清）鄭之僑編輯　清乾隆九年（1744）刻本　四册

520000－2801－0001986　03315
史姓韻編六十四卷總目一卷　（清）汪輝祖輯　（清）馮祖憲重校　清光緒十年（1884）耕餘樓書局鉛印本　十六册

520000－2801－0001987　3316
後漢書一百二十卷　（南朝宋）范曄撰　（唐）章懷太子李賢注　清光緒十四年（1888）上海蜚英館石印本　十二册

520000－2801－0001988　3317
四禮翼一卷　（明）呂坤撰　清光緒二十一年（1895）湖北官書處刻本　一册

520000－2801－0001989　03319
［光緒］瀘州直隸州志十二卷　（清）沈昭興等纂　清光緒八年（1882）刻本　十二册

520000－2801－0001990　03321
［道光］貴陽府志八十八卷冠編二卷餘編二十卷　（清）周作楫等修　（清）蕭琯等纂　清咸豐二年（1852）刻本　三十二册　存九十卷（六至二十三、三十至四十四、四十八至八十六，餘編一至十八）

520000－2801－0001991　03322
［乾隆］貴州通志四十六卷首一卷　（清）鄂爾泰　（清）張廣泗修　（清）靖道謨　（清）杜詮纂　清乾隆六年（1741）刻本　二十三册

520000－2801－0001992　03323
［乾隆］貴州通志四十六卷首一卷　（清）鄂爾泰　（清）張廣泗修　（清）靖道謨　（清）杜詮纂　清乾隆六年（1741）刻本　二十四册

520000－2801－0001993　03324
［乾隆］貴州通志四十六卷首一卷　（清）鄂爾泰　（清）張廣泗修　（清）靖道謨　（清）杜詮纂　清乾隆六年（1741）刻本　十九册　存三十七卷（十至四十六）

520000－2801－0001994　03327
［道光］貴陽府志八十八卷冠編二卷餘編二十卷　（清）周作楫等修　（清）蕭琯等纂　清咸豐二年（1852）刻本　二十六册　存六十七卷（一至二十九、四十三至四十四、五十四至八十六，餘編十六至十八）

520000－2801－0001995　3328
［道光］思南府續志十二卷　（清）夏修恕等修　（清）蕭琯　（清）何廷熙撰　清道光二十一年（1841）刻本（卷一、三、七、十一配1966年貴州省圖書館油印本）　十二册

520000－2801－0001996　03329
通志二百卷考證三卷　（宋）鄭樵撰　清光緒二十七年（1901）上海圖書集成局鉛印本　三十二册　存九十九卷（一百二至二百）

520000－2801－0001997　03343
宮閨小名錄四卷　（清）尤侗纂　後錄一卷　（清）余懷輯　清刻本　一册

520000－2801－0001998　03346
施注蘇詩四十二卷總目二卷　（宋）蘇軾撰

(宋)施元之注 (清)顧嗣立等刪補 **蘇詩續補遺二卷** (清)馮景補注 **東坡先生年譜一卷東坡先生墓誌銘一卷王註正譌一卷宋史本傳一卷** (元)脫脫撰 清康熙三十八年(1699)刻本 八冊 存二十三卷(施註蘇詩二十二至四十二,補遺二卷)

520000－2801－0001999 3348
吳詩集覽二十卷 (清)吳偉業撰 (清)靳榮藩輯 清乾隆四十年(1775)刻本 八冊 存八卷(一至八)

520000－2801－0002000 3349
齊民要術十卷雜說一卷 (北魏)賈思勰撰 清光緒元年(1875)湖北崇文書局刻本 四冊

520000－2801－0002001 03350
路史四十七卷 (宋)羅泌撰 清嘉慶十三年(1808)刻本 十五冊 存四十一卷(路史前紀一至八,後紀四至七、九至十三,國名紀信一,國姓衍慶紀原一,國名記一至六,餘論一至十、發揮一至六)

520000－2801－0002002 3351
宋元學案一百卷首一卷 (清)黃宗羲撰 (清)黃百家纂輯 (清)全祖望修定 清光緒五年(1879)長沙寄廬刻本 三十六冊 存九十三卷(一至六十六、六十八至七十五、八十三至一百,首一卷)

520000－2801－0002003 3352
大清會典四卷 (清)□□撰 清同治十一年(1872)湖北崇文書局刻本 四冊

520000－2801－0002004 3353
大清會典四卷 (清)□□撰 清同治十一年(1872)湖北崇文書局刻本 四冊

520000－2801－0002005 3355
浙江沿海圖說一卷海島表一卷 (清)朱正元撰 清光緒二十五年(1899)上海鉛印本 一冊

520000－2801－0002006 03356
東華錄六百二十一卷 王先謙等編 清光緒二十五年(1899)石印本 八十七冊 缺七卷(天聰一至七)

520000－2801－0002007 3357
周官辨一卷 (清)方苞著 清貴州彭昭文刻本 一冊

520000－2801－0002008 3358
國語補音三卷 (宋)宋庠撰 清微波榭刻本 一冊

520000－2801－0002009 3359
周易兼義九卷 (三國魏)王弼註 (唐)孔穎達正義 清秀谷四友堂刻本 四冊

520000－2801－0002010 03360
詩經古譜二卷 (□)□□撰 清光緒三十四年(1908)學部圖書局石印本 一冊

520000－2801－0002011 3361
儀禮喪服經傳并記一卷 (漢)鄭玄註 (清)張爾岐句讀 清宣統元年(1909)學部圖書局石印本 一冊

520000－2801－0002012 3362
易經八卷 (宋)程頤傳 清宣統元年(1909)學部圖書局據湖北局刻本影印本 六冊

520000－2801－0002013 03363
欽定大清會典圖一百三十二卷目錄二卷 (清)慶桂等纂修 清嘉慶二十五年(1820)刻本 四十冊 缺五卷(五至九)

520000－2801－0002014 03364
欽定大清會典八十卷目錄一卷 (清)托津等纂修 清嘉慶二十五年(1820)刻本 三十九冊 缺二卷(四十五至四十六)

520000－2801－0002015 03365
欽定大清會典一百卷 (清)允祹等纂修 清光緒十九年(1893)上海圖書集成印書局鉛印本 八冊

520000－2801－0002016 03366
欽定大清會典一百卷 (清)允祹等纂修 清刻本 二十四冊

520000－2801－0002017 03367
九通通二百四十八卷首一卷目錄一卷 (清)

劉可毅輯　清光緒二十八年(1902)武進劉氏石印本　六十冊

520000-2801-0002018　3368
四裔編年表四卷　(美國)林樂知譯　嚴良勳譯　(清)李鳳苞彙編　清末石印本　四冊

520000-2801-0002019　3369
史記一百三十卷　(漢)司馬遷撰　(南朝宋)裴駰集解　(唐)司馬貞索隱　(唐)張守節正義　清光緒十年(1884)上海同文書局刻本　二十八冊　存一百十五卷(一至六十、六十九至一百二十、一百二十八至一百三十)

520000-2801-0002020　3370
中外大略六十八卷　(清)羅傳瑞撰集　(清)梁中同等分纂　清光緒二十三年(1897)東粵經韻樓鉛印本　二十五冊　存六十六卷(一至三十二、三十五至六十八)

520000-2801-0002021　03371
子史精華一百六十卷目錄一卷　(清)允祿等監修　(清)張廷玉等校對　(清)吳士玉等總裁　清雍正五年(1727)刻本　四十三冊　缺十八卷(十至十三、五十七至六十三、九十一至九十四、一百三十二至一百三十四)

520000-2801-0002022　03372
歷朝紀事本末八種　(清)陳如升　(清)朱記榮輯　題(清)捷記主人增輯　清光緒二十八年(1902)上海捷記書局石印本　四十二冊

520000-2801-0002023　03373
養知書屋文集二十八卷目錄一卷　(清)郭嵩燾著　清光緒十八年(1892)刻本　十二冊

520000-2801-0002024　03375
篤素堂文集四卷　(清)張英撰　清道光二十年(1840)刻本　一冊

520000-2801-0002025　03376
文清公薛先生文集二十四卷目錄一卷　(明)薛瑄撰　(明)張鼎輯　清雍正十二年(1734)刻本　十二冊

520000-2801-0002026　3377
薛文清公讀書錄十一卷續錄十二卷手稿一卷　(明)薛瑄撰　**年譜一卷**　(明)楊鶴彙編　清乾隆十一年(1746)刻本　八冊　缺九卷(續錄二、五至十二)

520000-2801-0002027　3378
崇祀錄一卷　(清)紀大奎撰　**行述一卷**　(清)紀咸翺等撰　清刻本　一冊

520000-2801-0002028　03379
各國交涉公法論三集十六卷校勘記一卷　(英國)費利摩羅巴德著　(英國)傅蘭雅口譯　(清)俞世爵筆述　(清)汪振聲校正　**中西紀年一卷**　清光緒二十四年(1898)江南機器製造總局鉛印本　十六冊

520000-2801-0002029　3380
喜聞過齋文集十二卷　(清)李文耕著　清光緒二十三年(1897)經正書院刻本　四冊

520000-2801-0002030　3382
古教匯參三卷　(英國)韋廉臣著　(清)董樹堂譯　清光緒二十五年(1899)上海廣學會刻本　三冊

520000-2801-0002031　03383
林文忠公政書三十七卷　(清)林則徐撰　清末刻本　二十冊

520000-2801-0002032　03387
八旗文經六十卷　(清)盛昱編　清光緒二十七(1901)武昌府活洛端方署檢刻本　十二冊

520000-2801-0002033　3388
唐史論斷三卷　(宋)孫甫撰　清刻本　一冊

520000-2801-0002034　03389
樂府詩集一百卷目錄二卷　(宋)郭茂倩編次　清同治十三年(1874)湖北崇文書局刻本　十五冊　存九十一卷(一至九十一)

520000-2801-0002035　03390
國民錄四卷目錄一卷　(清)袁守定著　清光緒五年(1879)江蘇書局刻本　二冊

520000-2801-0002036　03391
訓俗遺規摘抄三卷目錄一卷　(清)陳宏謀原

編　**訓俗遺規補摘抄一卷**　（清）陳鐘珂等編校　清同治七年（1868）楚北崇文書局刻本　二册

520000－2801－0002037　3392
約章分類輯要三十八卷　蔡乃煌等輯　清刻本　十五册　存二十卷（一至十八、三十二、三十五）

520000－2801－0002038　03393
東周列國全志二十三卷一百八回　（明）余邵魚撰　（清）蔡奡批點　清咸豐四年（1854）書成山房刻本　十八册

520000－2801－0002039　3394
歷代循吏傳八卷　（清）朱軾　（清）蔡世遠輯　清雍正七年（1729）刻本　四册

520000－2801－0002040　3395
歷代名儒傳八卷首一卷　（清）朱軾　（清）蔡世遠仝訂　（清）李清植分纂　清雍正七年（1729）古唐朱氏古懽齋刻本　四册

520000－2801－0002041　3396
歸方評點史記合筆六卷　（清）王拯纂　清同治五年（1886）廣州行次刻本　四册

520000－2801－0002042　03397
明儒學案六十二卷總目一卷　（清）黄宗羲著　清光緒八年（1882）慈谿馮全垓刻本　二十册

520000－2801－0002043　03398
通鑑紀事本末二百三十九卷　（宋）袁樞編輯　（明）張溥論正　清同治十二年（1873）江西書局刻本　八十册

520000－2801－0002044　3399
新定三禮圖二十卷　（宋）聶崇義集註　清康熙十五年（1676）納蘭成德通志堂刻本　二册

520000－2801－0002045　3400
史記一百三十卷　（漢）司馬遷撰　（南朝宋）裴駰集解　（唐）司馬貞索隱　（唐）張守節正義　清同治五年至九年（1866－1870）金陵書局刻本　二十册

520000－2801－0002046　3401
南史八十卷　（唐）李延壽撰　清同治十一年（1872）金陵書局刻本　十二册

520000－2801－0002047　03402
舊唐書二百卷目錄一卷　（五代）劉昫等撰　清同治十一年（1872）浙江書局刻本　四十册

520000－2801－0002048　3403
五禮通考二百六十二卷首四卷　（清）秦蕙田輯　清光緒六年（1880）江蘇書局刻本　九十八册　存二百六十二卷（五禮通考二百六十二卷）

520000－2801－0002049　3404
王先生十七史蒙求十六卷　（宋）王令撰　清光緒四年（1878）元亨書坊刻本　四册

520000－2801－0002050　3405
歐陽文忠公五代史鈔二十卷　（明）茅坤輯　（明）毛闇叔重訂　清刻本　二册

520000－2801－0002051　03406
史記菁華錄四卷　題（清）姚苧田（姚祖恩）撰　清道光十三年（1833）大盛堂刻本　四册

520000－2801－0002052　03407
二十二史感應錄二卷緒論一卷　（清）彭希涑輯　**太上感應篇一卷**　清同治十二年（1873）刻本　二册

520000－2801－0002053　03408
史通削繁四卷　（唐）劉知幾撰　（清）紀昀削繁　（清）浦起龍注　清光緒元年（1875）湖北崇文書局刻本　四册

520000－2801－0002054　3409
明史三百三十二卷目錄四卷　（清）張廷玉等纂修　清光緒三年（1877）湖北崇文書局刻本　八十册

520000－2801－0002055　03410
宋史紀事本末一百九卷目錄一卷　（明）陳邦瞻增訂　（明）馮琦原編　（明）張溥論正　清同治十三年（1874）江西書局刻本　二十册

520000－2801－0002056　03411

元史紀事本末二十七卷目錄一卷　(明)陳邦瞻編輯　(明)張溥論正　清同治十三年(1874)江西書局刻本　四册

520000－2801－0002057　03412
陳書三十六卷　(唐)姚思廉撰　清同治十一年(1872)金陵書局刻本　四册

520000－2801－0002058　3413
周書五十卷　(唐)令狐德棻撰　清同治十三年(1874)金陵書局刻本　四册

520000－2801－0002059　3414
北齊書五十卷　(唐)李百藥撰　清同治十三年(1874)金陵書局刻本　四册

520000－2801－0002060　03415
漢書一百卷目錄一卷　(漢)班固撰　清光緒十年(1884)金陵書局刻本　十六册

520000－2801－0002061　3416
晉書一百三十卷　(唐)太宗李世民撰　**音義三卷**　(唐)何超撰　清同治十年(1871)金陵書局刻本　二十册

520000－2801－0002062　3417
御批歷代通鑑輯覽一百二十卷　(清)傅恒總裁　(清)楊述曾等纂修　清光緒二十九年(1903)上海商務印書館鉛印本　二十四册

520000－2801－0002063　03418
後漢書九十卷目錄一卷　(南朝宋)范曄撰　(唐)李賢注　**續後漢書八志三十卷目錄一卷**　(南朝梁)劉昭注補　清光緒十年(1884)金陵書局刻本　十六册

520000－2801－0002064　3419
南齊書五十九卷目錄一卷　(南朝梁)蕭子顯撰　清同治十三年(1874)金陵書局刻本　六册

520000－2801－0002065　3420
梁書五十六卷　(唐)姚思廉撰　清同治十三年(1874)金陵書局刻本　六册

520000－2801－0002066　03421
十九世紀外交史十七章　(日本)平田久著　張相譯　清光緒二十八年(1902)史學齋刻本　四册

520000－2801－0002067　3422
歷代職官表六卷　(清)黄本驥舊校　(清)張孝楷覆校　清光緒六年(1880)賡詁齋刻本　二册

520000－2801－0002068　3423
讀史兵略四十六卷目錄一卷　(清)胡林翼纂　清咸豐十一年(1861)武昌節署刻本　十六册

520000－2801－0002069　3424
讀史兵略四十六卷目錄一卷　(清)胡林翼纂　清咸豐十一年(1861)武昌節署刻本　十六册

520000－2801－0002070　03425
建炎以來繫年要錄二百卷目錄一卷　(宋)李心傳撰　清光緒十一年(1885)仁壽蕭氏刻本　六十册

520000－2801－0002071　3426
歷代名臣傳三十五卷首一卷　(清)朱軾　(清)蔡世遠訂　(清)張江分纂　清朱舲刻本　十六册

520000－2801－0002072　3427
魏書一百十四卷　(北齊)魏收撰　清同治十一年(1872)金陵書局刻本　二十册

520000－2801－0002073　3428
北史一百卷目錄一卷　(唐)李延壽撰　清同治十二年(1873)金陵書局刻本　二十册

520000－2801－0002074　03429
史外八卷　(清)汪有典著　清同治六年(1867)刻本　八册

520000－2801－0002075　03430
十七史商榷一百卷目錄一卷　(清)王鳴盛述　清乾隆五十二年(1787)刻本　二十册

520000－2801－0002076　3431
歷代名臣言行錄二十四卷　(清)朱桓編輯　清光緒二十九年(1903)上海鴻寶書局鉛印本

十二册

520000－2801－0002077　03432

歷代名臣言行錄二十四卷　(清)朱桓編輯　清光緒元年(1875)湖北文源堂刻本　三十二册

520000－2801－0002078　03433

舊五代史一百五十卷目錄二卷　(宋)薛居正等撰　清同治十一年(1872)湖北崇文書局刻本　十六册

520000－2801－0002079　03434

左傳紀事本末五十三卷目錄一卷　(清)高士奇編輯　清同治十二年(1873)江西書局刻本　十二册

520000－2801－0002080　03435

欽定授時通考七十八卷目錄一卷　(清)鄂爾泰等纂　清乾隆七年(1742)江西書局刻本　二十四册

520000－2801－0002081　3436

讀史大畧六十卷首一卷樂府一卷　(清)沙張白著　**小沙子史畧一卷**　(清)沙晉著　清道光二十六年(1846)刻本　十二册

520000－2801－0002082　03437

綱鑑擇語十卷目錄一卷　(清)司徒修輯　清道光二十六年(1846)品蓮堂刻本　六册

520000－2801－0002083　3438

瀛環志略十卷首一卷　(清)徐繼畬撰　清光緒六年(1880)楚南周鯤刻本　六册

520000－2801－0002084　3439

大清中外一統輿圖三十一卷首一卷　(清)胡林翼　(清)嚴樹森修　(清)鄒世詒等繪　清同治二年(1863)刻本　十二册

520000－2801－0002085　03440

大事記十二卷通釋三卷解題十二卷　(宋)呂祖謙撰　(清)胡鳳丹校　清同治十二年(1873)退補齋刻本　十二册

520000－2801－0002086　03441

欽定康濟錄四卷　(清)陸曾禹撰　(清)倪國璉釐正　(清)高宗弘曆删定　清同治八年(1869)崇文書局刻本　四册

520000－2801－0002087　3442

建炎以來朝野雜記乙集二十卷　(宋)李心傳撰　清光緒十九年(1893)井研蕭氏刻本　八册

520000－2801－0002088　03443

欽定授時通考七十八卷　(清)鄂爾泰等纂　清光緒二十八年(1902)富文局石印本　六册

520000－2801－0002089　03444

文獻通考詳節二十四卷　(元)馬端臨著　(清)嚴虞惇錄　清光緒元年(1875)刻本　十册

520000－2801－0002090　3446

兼濟堂纂刻梅勿菴先生曆算全書七十卷　(清)梅文鼎著　(清)魏荔彤輯　(清)魏士敏等校正　(清)楊作枚訂補　清雍正元年至乾隆十四年(1723－1749)刻本　二十册

520000－2801－0002091　03448

中西紀事二十四卷首一卷　(清)夏燮撰　清同治七年(1868)刻本　六册

520000－2801－0002092　03449

西漢年紀三十卷　(宋)王益之撰　清同治十二年(1873)退補齋刻本　十册

520000－2801－0002093　3450

續資治通鑑綱目二十七卷　(明)商輅纂　(明)陳仁錫評閲　清春明堂刻本　二十四册　存二十四卷(一至十、十四至二十七)

520000－2801－0002094　3451

後漢書一百二十卷　(南朝宋)范曄撰　(唐)章懷太子李賢注　清乾隆四年(1739)刻本　二册　存五卷(一至五)

520000－2801－0002095　3452

明史紀事本末八十卷　(清)谷應泰撰　清同治十三年(1874)江西書局刻本　二十册

520000－2801－0002096　03453

宋書一百卷目錄一卷　(南朝梁)沈約撰　清

同治十一年(1872)金陵書局刻本　十六冊

520000－2801－0002097　03454
通鑑觸緒十三卷　(清)易佩紳著　清光緒二十年(1894)刻本　四冊

520000－2801－0002098　3455
隋書八十五卷　(唐)魏徵纂　清末揚州書局刻本　十二冊

520000－2801－0002099　03456
五代史七十四卷目錄一卷　(宋)歐陽修撰　(宋)徐無黨注　清同治十一年(1872)湖北崇文書局刻本　八冊

520000－2801－0002100　3457
皇朝通志一百二十六卷　(清)嵇璜等修　(清)曹仁虎等纂　清光緒八年(1882)浙江書局刻本　四十冊

520000－2801－0002101　03458
欽定續通志六百四十卷　(清)嵇璜等修　(清)曹仁虎等纂　清光緒十二年(1886)浙江書局刻本　一百九十七冊　存六百三十三卷(一至一百七十三、一百八十一至六百四十)

520000－2801－0002102　03459
欽定續通典一百五十卷　(清)嵇璜等修　(清)曹仁虎等纂　清光緒十二年(1886)浙江書局刻本　四十冊

520000－2801－0002103　3460
皇朝通典一百卷　(清)曹仁虎等纂　清光緒八年(1882)浙江書局刻本　四十冊

520000－2801－0002104　03461
欽定續文獻通考二百五十卷　(清)嵇璜等修　(清)曹仁虎等纂　清光緒十三年(1887)浙江書局刻本　一百二十冊

520000－2801－0002105　3462
皇朝文獻通考三百卷　(清)嵇璜等纂　清光緒八年(1882)浙江書局刻本　一百六十冊

520000－2801－0002106　3463
宋史四百九十六卷　(元)脫脫等撰　清光緒元年(1875)浙江書局刻本　一百冊

520000－2801－0002107　3464
宋史四百九十六卷　(元)脫脫等撰　清光緒元年(1875)浙江書局刻本　一百冊

520000－2801－0002108　3473
明史三百三十二卷目錄四卷　(清)張廷玉等纂修　清光緒三年(1877)湖北崇文書局刻本　八十冊

520000－2801－0002109　3474
唐書二百二十五卷　(宋)歐陽修　(宋)宋祁撰　清同治十二年(1873)浙江書局刻本　四十冊

520000－2801－0002110　3475
後漢書九十卷　(南朝宋)范曄撰　(唐)章懷太子李賢注　**續漢書志三十卷**　(南朝梁)劉昭注補　清同治八年(1869)金陵書局刻本　十冊

520000－2801－0002111　3476
前漢書一百卷　(漢)班固撰　(唐)顏師古注　清同治八年(1869)金陵書局刻本　二十六冊

520000－2801－0002112　3477
史記一百三十卷　(漢)司馬遷撰　(南朝宋)裴駰集解　(唐)司馬貞索隱　(唐)張守節正義　清光緒四年(1878)金陵書局刻本　十六冊

520000－2801－0002113　3478
金史一百三十五卷　(元)脫脫等撰　清同治十三年(1874)江蘇書局刻本　二十四冊

520000－2801－0002114　3479
遼史一百十五卷　(元)脫脫等撰　清同治十二年(1873)江蘇書局刻本　十二冊

520000－2801－0002115　3480
元史二百十卷藝文志四卷氏族表三卷　(明)宋濂等修　清同治十三年(1874)江蘇書局刻本　四十八冊　存二百六卷(一至六十四、六十九至二百十)

520000－2801－0002116　03481

舊五代史一百五十卷目錄二卷　(宋)薛居正等撰　清同治十一年(1872)湖北崇文書局刻本　十六册

520000－2801－0002117　3482
五代史七十四卷目錄一卷　(宋)歐陽修撰(宋)徐無黨注　清同治十一年(1872)湖北崇文書局刻本　八册

520000－2801－0002118　3483
梁書五十六卷　(唐)姚思廉撰　清同治十三年(1874)金陵書局刻本　六册

520000－2801－0002119　03484
陳書三十六卷　(唐)姚思廉撰　清同治十一年(1872)金陵書局刻本　六册

520000－2801－0002120　3485
南齊書五十九卷目錄一卷　(南朝梁)蕭子顯撰　清同治十三年(1874)金陵書局刻本　六册

520000－2801－0002121　3486
宋書一百卷　(南朝梁)沈約撰　清同治十一年(1872)金陵書局刻本　十六册

520000－2801－0002122　3487
南史八十卷　(唐)李延壽撰　清同治十一年(1872)金陵書局刻本　十二册

520000－2801－0002123　3488
南史八十卷　(唐)李延壽撰　清刻本　二十册

520000－2801－0002124　3489
北史一百卷目錄一卷　(唐)李延壽撰　清同治十一年(1872)金陵書局刻本　二十册

520000－2801－0002125　03490
舊唐書二百卷目錄一卷　(五代)劉昫等撰　清同治十一年(1872)浙江書局刻本　四十册

520000－2801－0002126　3491
元朝秘史十五卷　(元)□□撰　(清)李文田注　清光緒二十九年(1903)石印本　四册

520000－2801－0002127　3492
四書字義二卷　(宋)陳淳著　**附錄一卷**　(清)嚴陵撰　清光緒六年(1880)甯鄉道林黃氏刻本　二册

520000－2801－0002128　03493
歷史輿地沿革險要圖一卷　楊守敬　饒敦秩撰　清光緒五年(1879)東湖饒氏刻本　一册

520000－2801－0002129　3494
經典釋文三十卷　(唐)陸德明撰　**考證三十卷**　(清)盧文弨撰　清同治八年(1869)湖北崇文書局刻本　十二册

520000－2801－0002130　03495
涑水記聞十六卷補遺一卷　(宋)司馬光撰　清光緒三年(1877)湖北崇文書局刻本　四册

520000－2801－0002131　3496
周易觀象十二卷大指二卷　(清)李光地著　清道光七年(1827)刻本　六册

520000－2801－0002132　03497
欽定春秋傳說彙纂三十八卷　(清)王掞等纂　清刻本　三十一册

520000－2801－0002133　3498
宋名臣言行錄前集十卷後集十四卷續集八卷別集二十六卷外集十七卷　(宋)朱熹等輯　清光緒二十九年(1903)播州華氏刻本　十二册

520000－2801－0002134　3499
宋名臣言行錄前集十卷後集十四卷續集八卷別集二十六卷外集十七卷　(宋)朱熹等輯　清光緒二十九年(1903)播州華氏刻本　十二册

520000－2801－0002135　3500
宋名臣言行錄前集十卷後集十四卷續集八卷別集二十六卷外集十七卷　(宋)朱熹等輯　清光緒二十九年(1903)播州華氏刻本　十二册

520000－2801－0002136　3501
墨子閒詁十五卷目錄一卷附錄一卷後語二卷　(清)孫詒讓撰　清宣統二年(1910)刻本　七册

520000－2801－0002137　3502
隋經籍志考證十三卷　(清)章宗源撰　清光緒三年(1877)湖北崇文書局刻本　四册

520000－2801－0002138　3503
隋經籍志考證十三卷　(清)章宗源撰　清光緒三年(1877)湖北崇文書局刻本　四册

520000－2801－0002139　03504
輿地沿革表四十卷　(清)楊丕復著　清光緒十四年(1888)刻本　二十六册

520000－2801－0002140　03505
御纂性理精義十二卷目錄一卷　(清)李光地等修纂　清康熙刻本　六册

520000－2801－0002141　03506
御纂性理精義十二卷目錄一卷　(清)李光地等修纂　清康熙刻本　六册

520000－2801－0002142　03507
十六國疆域志十六卷　(清)洪亮吉學　清光緒四年(1878)授經堂刻本　六册

520000－2801－0002143　3508
史記志疑三十六卷　(清)梁玉繩撰　清光緒十三年(1887)廣雅書局刻本　十四册

520000－2801－0002144　03509
林文忠公政書三十七卷　(清)林則徐撰　清静安氏刻本　十六册

520000－2801－0002145　03510
庾子山集十六卷目錄一卷本傳一卷年譜一卷總釋一卷　(北周)庾信撰　(清)倪璠註釋　清道光十九年(1839)刻本　十六册

520000－2801－0002146　03511
讀史方輿紀要十卷統論一卷目次一卷　(清)顧祖禹著　清光緒二十二年(1896)澹雅書局刻本　十册

520000－2801－0002147　03512
經籍纂詁一百六卷首一卷　(清)阮元撰　清嘉慶十七年(1812)刻本　五十册

520000－2801－0002148　03513
欽定四庫全書總目二百卷首四卷　(清)紀昀等纂　清末刻本　五十册

520000－2801－0002149　3514
御批歷代通鑑輯覽一百二十卷　(清)傅恒總裁　(清)楊述曾等纂修　清同治十一年(1872)湖北崇文書局刻本　五十八册

520000－2801－0002150　03515
東晉疆域志四卷　(清)洪亮吉學　**補三國疆域志二卷**　(清)洪亮吉學　清光緒四年(1878)授經堂刻本　三册

520000－2801－0002151　3516
四書反身錄七卷續錄一卷　(清)李顒撰　(清)王心敬輯　清光緒十一年(1885)四川鹺務官舍刻本　二册

520000－2801－0002152　03519
洋防輯要二十四卷　(清)嚴如熤輯　清嘉慶刻本　十六册

520000－2801－0002153　3520
古詩箋三十二卷　(清)王阮亭選本　題(清)雲閒聞人倓箋　清乾隆三十一年(1766)刻本　十二册

520000－2801－0002154　03521
海道圖說十五卷附長江圖說一卷總目一卷　(英國)金約翰輯　(英國)傅蘭雅口譯　(清)王德均筆述　清光緒刻本　十册

520000－2801－0002155　03522
樊川詩集四卷别集一卷外集一卷本傳一卷補遺一卷　(唐)杜牧撰　(清)馮集梧注　清光緒十六年(1890)湘南書局刻本　五册

520000－2801－0002156　3523
類林新咏三十六卷目錄一卷　(清)姚之駰譔注　清康熙四十六年(1707)刻本　八册

520000－2801－0002157　03524
有正味齋駢體文二十四卷首一卷　(清)吳錫麒著　(清)王廣業箋　清咸豐九年(1859)青箱塾刻本　八册

520000－2801－0002158　03525
歷代帝王年表三卷　(清)齊召南編　清光緒

十二年(1886)蘇州埽葉山房刻本　三冊

520000－2801－0002159　03526
歷代帝王年表三卷　(清)齊召南編　清光緒十二年(1886)蘇州埽葉山房刻本　三冊

520000－2801－0002160　03527
歷代帝王年表三卷　(清)齊召南編　清光緒十二年(1886)蘇州埽葉山房刻本　三冊

520000－2801－0002161　03529
董子春秋繁露十七卷目錄一卷附錄一卷　(漢)董仲舒撰　清光緒十九年(1893)鴻文書局石印本　四冊

520000－2801－0002162　03530
儀禮纂要十七卷　(清)黃元善訂　清光緒二十年(1894)傳經書屋刻本　二冊

520000－2801－0002163　03531
鹿忠節公年譜二卷　(清)陳鋐編次　清康熙六年(1667)尋樂堂刻本　二冊

520000－2801－0002164　03532
右軍年譜一卷　(清)魯一同編次　清咸豐五年(1855)鉛山熊嘉澍刻本　一冊

520000－2801－0002165　03533
文選補遺四十卷首一卷目錄一卷　(宋)陳仁子輯誦　清道光二十五年(1845)刻本　八冊

520000－2801－0002166　03534
朱子語類一百四十卷門目一卷序目一卷　(宋)朱熹撰　(宋)黎靖德輯　清同治十一年(1872)刻本　四十八冊

520000－2801－0002167　03535
欽定四庫全書總目二百卷首一卷　(清)紀昀等纂　清同治七年(1868)廣東書局刻本　一百二十冊　存一百九十九卷(一至六十二、六十五至二百,首一卷)

520000－2801－0002168　03536
重刊宋本十三經注疏十三種附校勘記　(清)阮元撰　(清)盧宣旬摘　**十三經注疏校勘記識語四卷**　(清)汪文臺撰　清光緒十三年(1887)脈望仙館石印本　三十冊　缺三種

520000－2801－0002169　03537
十三經注疏十三種　(清)阮元撰　(清)盧宣旬摘　**校勘記識語四卷**　(清)汪文臺撰　清光緒二十四年(1898)點石齋石印本　三十二冊

520000－2801－0002170　03538
呂東萊先生文集二十卷目錄一卷首一卷　(宋)呂祖謙撰　(清)王崇炳編輯　清同治七年(1868)退補齋刻本　十冊

520000－2801－0002171　03539
廣博物志五十卷　(明)董斯張纂　(明)楊鶴訂　清光緒五年(1879)學海堂刻本　三十二冊

520000－2801－0002172　3540
御批歷代通鑑輯覽一百二十卷　(清)傅恒總裁　(清)楊述曾等纂修　清光緒二十四年(1898)湖北書局刻本　六十冊

520000－2801－0002173　03541
十七史商榷一百卷目錄一卷　(清)王鳴盛述　清乾隆五十二年(1787)刻本　十六冊

520000－2801－0002174　03542
大清一統志四百二十四卷目錄一卷　(清)和珅等纂修　清光緒二十三年(1897)杭州竹簡齋石印本　六十冊

520000－2801－0002175　3543
御定駢字類編二百四十卷　(清)張廷玉等編　清光緒十三年(1887)上海同文書局石印本　四十八冊

520000－2801－0002176　03544
明儒學案六十二卷　(清)黃宗羲撰　清光緒十四年(1888)刻本　三十六冊

520000－2801－0002177　03545
明儒學案六十二卷　(清)黃宗羲撰　清光緒十四年(1888)刻本　三十六冊

520000－2801－0002178　3546
說文通訓定聲十八卷說雅一卷分部檢韻一卷古今韻準一卷　(清)朱駿聲紀錄　(清)朱鏡

蓉参訂　清咸豐元年(1851)刻本　二十册

520000－2801－0002179　3547
佩文韻府一百六卷拾遺一百六卷　(清)張玉書等撰　清光緒八年(1882)上海點石齋石印本　十册

520000－2801－0002180　03548
説文通訓定聲十八卷説雅一卷古今韻準一卷　(清)朱駿聲紀録　**行述一卷**　(清)梅啟照撰　清光緒十三年(1887)上海積山書局石印本　八册

520000－2801－0002181　03549
史通削繁四卷　(唐)劉知幾撰　(清)紀昀削繁　(清)浦起龍注　清光緒元年(1875)湖北崇文書局刻本　四册

520000－2801－0002182　03550
廿二史劄記三十六卷目録一卷補遺一卷(清)趙翼撰　清光緒二十五年(1899)湖南書局刻本　十二册

520000－2801－0002183　3551
天下郡國利病書一百二十卷　(清)顧炎武撰　清光緒二十七年(1901)圖書集成局鉛印本　二十八册

520000－2801－0002184　3552
天下郡國利病書一百二十卷　(清)顧炎武撰　清光緒二十七年(1901)圖書集成局鉛印本　二十七册　存一百五卷(六至一百二十)

520000－2801－0002185　3553
經籍纂詁一百六卷首一卷　(清)阮元撰　清光緒上海漱六山莊石印本　十二册

520000－2801－0002186　03554
左文襄公奏疏三十八卷總目一卷續編七十六卷總目一卷三編六卷總目一卷　(清)左宗棠撰　清光緒十六年(1890)上海圖書集成局石印本　二十册

520000－2801－0002187　3555
説文解字句讀三十卷目録一卷　(漢)許慎記　(清)王筠撰集　清光緒八年(1882)四川尊經書局刻本　二十二册

520000－2801－0002188　3556
學案小識十四卷首一卷末一卷　(清)唐鑑撰　清光緒十年(1884)刻本　十二册

520000－2801－0002189　3557
樂府詩集一百卷目録二卷　(宋)郭茂倩編次　清同治十三年(1874)湖北崇文書局刻本　十六册

520000－2801－0002190　3558
樂府詩集一百卷目録二卷　(宋)郭茂倩編次　清同治十三年(1874)湖北崇文書局刻本　十六册

520000－2801－0002191　3559
唐文粹一百卷　(宋)姚鉉纂　清刻本　四十册

520000－2801－0002192　03560
廿一史四譜五十四卷目録一卷　(清)沈炳震鈔　清同治十年(1871)武林吴氏清來堂刻本　二十册

520000－2801－0002193　03561
隸辨八卷　(清)顧藹吉撰　清乾隆八年(1743)黄晟刻本　八册

520000－2801－0002194　03562
廣釋名二卷首一卷　(清)張金吾撰　清咸豐十年(1860)藝林山房刻本　一册

520000－2801－0002195　03563
傳經表一卷通經表一卷　(清)畢沅撰　清光緒九年(1883)蛟川松筠書屋刻本　二册

520000－2801－0002196　03564
説文引經攷二卷　(清)吳玉搢箸　清光緒八年(1882)種玉山房刻本　二册

520000－2801－0002197　03565
東華録擥要一百十四卷目録一卷　(清)汪文安録　清光緒二十九年(1903)上海商務印書館鉛印本　二十八册

520000－2801－0002198　03566
二十二子二十二種　(清)鴻文書局輯　清光

緒十九年(1893)鴻文書局石印本　十六册

520000－2801－0002199　3568
商君書五卷　(戰國)商鞅撰　(清)嚴可均校本　清光緒二年(1876)浙江書局刻本　一册

520000－2801－0002200　3569
御選唐宋詩醇四十七卷目錄二卷　(清)高宗弘曆選　清乾隆二十五年(1760)刻朱墨印本　二十四册

520000－2801－0002201　3570
讀史鏡古編三十二卷目錄一卷　(清)潘世恩輯　清同治十三年(1874)冶城飛霞閣刻本　十二册

520000－2801－0002202　3571
六書故三十三卷六書通釋一卷　(宋)戴侗撰　(清)李鼎元校刊　清乾隆四十九年(1784)李鼎元刻本　十二册

520000－2801－0002203　03572
廣陽雜記五卷　(清)劉獻廷撰　**劉繼莊傳一卷**　(清)全祖望撰　**劉處士墓表一卷**　(清)王源撰　清末刻本　四册

520000－2801－0002204　03573
震川先生集三十卷別集十卷目錄一卷　(明)歸有光撰　(清)歸莊校刊　(清)歸玠編輯　**明史文苑傳一卷附錄一卷**　(清)歸莊撰　**墓志銘一卷小傳一卷**　(明)王錫爵撰　清光緒六年(1880)常熟歸氏刻本　十七册　缺六卷(十二至十五、二十三至二十四)

520000－2801－0002205　03574
戰國策校注十卷目錄一卷　(宋)鮑彪校註　(元)吳師道重校　清末刻本　八册

520000－2801－0002206　03575
欽定春秋左傳讀本三十卷　(清)英和等撰　清道光二年(1822)武英殿刻本　十六册

520000－2801－0002207　3576
金石續編二十一卷首一卷　(清)陸耀遹纂　清光緒十九年(1893)上海醉六堂石印本　五册

520000－2801－0002208　3577
四書撮言三十七卷　(清)胡蓉芝集注　清乾隆二十八年(1763)刻本　二十册

520000－2801－0002209　3578
康熙字典十二集補遺一卷備考一卷等韻一卷　(清)張玉書等纂　(清)奕繪等重修　清道光七年(1827)刻本　三十九册　缺一集(酉集上)

520000－2801－0002210　3579
康熙字典十二集　(清)張玉書等纂修　清刻本　三十一册　存七集(巳下至亥)

520000－2801－0002211　3580
迴瀾紀要二卷安瀾紀要二卷　(清)徐端撰　清嘉慶十二年(1807)刻本　二册

520000－2801－0002212　03581
童山詩選五卷　(清)李調元撰　清道光二十八年(1848)刻本　二册

520000－2801－0002213　03583
明詩綜一百卷家數一卷　(清)朱彝尊錄　(清)汪森輯評　清雍正刻本　十六册　存四十二卷(一至四十二)

520000－2801－0002214　03584
明詩綜一百卷目錄一卷　(清)朱彝尊錄　(清)張大受輯評　清康熙四十四年(1705)刻本　三十二册

520000－2801－0002215　3585
揅經室一集十四卷二集八卷三集五卷四集二卷　(清)阮元撰　清道光三年(1823)刻本　八册　存二十卷(一集一至十四、二集一至二、三集四至五、四集一至二)

520000－2801－0002216　03586
欽定協紀辨方書三十六卷奏議一卷目錄一卷　(清)允祿等撰　清乾隆刻本　十六册

520000－2801－0002217　03587
坦園全集十七種　(清)楊恩壽撰　清光緒四年(1878)長沙楊氏坦園刻本　三十六册

520000－2801－0002218　3588

歐陽文忠公全集一百五十三卷首一卷 (宋)歐陽修撰 清光緒十九年(1893)澹雅書局刻本 三十六冊

520000－2801－0002219 3589
韓非子二十卷 (戰國)韓非撰 **識誤三卷** (清)顧廣圻識誤 清光緒元年(1875)浙江書局刻本 六冊

520000－2801－0002220 03590
楊園先生全集五十四卷總目一卷謁墓記一卷傳一卷諸家評論一卷編年詩文目一卷年譜一卷 (清)張履祥撰 (清)吳江姚輯 清同治十年(1871)江蘇書局刻本 十六冊

520000－2801－0002221 03591
陳檢討集二十卷 (清)陳維崧撰 (清)程師恭註 清同治十三年(1874)大文堂刻本 八冊

520000－2801－0002222 3592
楊園先生全書二十七卷 (清)張履祥著 清道光二十一年(1841)影山草堂刻本 六冊

520000－2801－0002223 3593
芝龕記六卷 題(清)繁露樓居士填 清光緒十五年(1889)資中刻本 六冊

520000－2801－0002224 03596
安陽集五十卷目錄一卷 (宋)韓琦著 清乾隆四年(1739)刻本 七冊

520000－2801－0002225 3597
淳化秘閣法帖考正十卷附二卷 (清)王簕林著 **淳化閣帖釋文二卷** (清)沈宗騫較定 清乾隆三十三年(1768)刻本 十四冊

520000－2801－0002226 03598
大清律例彙輯便覽四十卷督捕則例二卷五軍道里表一卷三流道里表一卷 (清)李瀚章等纂 清同治十一年(1872)湖北讞局刻本 三十二冊

520000－2801－0002227 3599
古謠諺一百卷 (清)杜文瀾輯 清咸豐十一年(1861)曼陀羅華閣刻本 十六冊

520000－2801－0002228 3600
古謠諺一百卷 (清)杜文瀾輯 清咸豐十一年(1861)曼陀羅華閣刻本 十六冊

520000－2801－0002229 3601
古香齋新刻袖珍淵鑑類函四百五十卷目錄四卷 (清)張英 (清)王世正等纂 清光緒二年(1876)廣州同升書屋刻本 一百六十冊

520000－2801－0002230 03602
太平廣記五百卷目錄十卷 (宋)李昉等編 清嘉慶十一年(1806)刻本 六十三冊 存五百三卷(一至三百六十八、三百七十六至五百,目錄十卷)

520000－2801－0002231 03603
韓昌黎詩集編年箋注十二卷本傳一卷 (唐)韓愈撰 (清)方世舉考訂 清宣統二年(1910)石印本 十二冊

520000－2801－0002232 03604
詩古微上編三卷中編十卷下編二卷首一卷 (清)魏源譔 清光緒十三年(1887)刻本 十冊

520000－2801－0002233 3605
子書百家一百一種 (清)湖北崇文書局輯 清光緒元年(1875)湖北崇文書局刻本 一百五冊 存五十九種

520000－2801－0002234 3606
子書百家一百一種 (清)湖北崇文書局輯 清光緒元年(1875)湖北崇文書局刻本 九十三冊 存五十八種

520000－2801－0002235 03607
讀書雜志八十二卷餘編二卷目錄二卷 (清)王念孫撰 清同治九年(1870)金陵書局刻本 二十四冊

520000－2801－0002236 03608
文子纘義十二卷目錄一卷 (元)杜道堅撰 清光緒三年(1877)浙江書局刻本 三冊

520000－2801－0002237 3609
文獻通考二十四卷首一卷 (元)馬端臨著

清光緒二十五年(1899)上海點石齋石印本　二十四冊

520000－2801－0002238　03610
北史一百卷目錄一卷　(唐)李延壽撰　清光緒六年(1880)四川尊經書局刻本　三十冊

520000－2801－0002239　3611
胡文忠公遺集八十六卷首一卷　(清)胡林翼撰　(清)鄭敦謹　(清)曾國荃編輯　清同治六年(1867)黃鶴樓刻本　三十冊

520000－2801－0002240　3612
五音集字十集　(清)汪朝恩輯　清光緒三十四年(1908)刻本　八冊　存八集(甲至庚、癸)

520000－2801－0002241　3613
曾文正公年譜十二卷　(清)李瀚章審訂　(清)黎庶昌編輯　清光緒二年(1876)傳忠書局刻本　六冊

520000－2801－0002242　3615
詞林正韻三卷　(清)戈載輯　清光緒十七年(1891)思賢講舍刻本　二冊

520000－2801－0002243　03616
淵鑒齋御纂朱子全書六十六卷　(宋)朱熹撰　(清)李光地等編　清尊經閣刻本　三十二冊

520000－2801－0002244　03617
河南二程全書六十五卷　(宋)程頤　(宋)程顥撰　(宋)朱熹輯　清星沙小瑯環山館刻本　十七冊　缺一卷(二程粹言二)

520000－2801－0002245　03618
六書通十卷　(明)閔齊伋撰　(清)畢弘述篆訂　清乾隆六十年(1795)刻本　十冊

520000－2801－0002246　03619
忠雅堂文集十二卷目錄一卷　(清)蔣士銓撰　清刻本　六冊

520000－2801－0002247　03620
泰律十二卷外篇三卷目錄二卷　(明)葛中選著　清光緒二十八年(1902)經正書院刻本　八冊

520000－2801－0002248　3621
明紀六十卷　(清)陳鶴纂　(清)陳克家参訂　清同治十年(1871)刻本　二十四冊

520000－2801－0002249　03622
欽定學政全書八十六卷首一卷　(清)童璜等撰　清嘉慶刻本　二十八冊

520000－2801－0002250　3623
清文彙書十二卷　(清)李延基輯　清刻本　十二冊

520000－2801－0002251　03624
胡文忠公遺集八十六卷目錄一卷首一卷　(清)胡林翼撰　(清)鄭敦謹　(清)曾國荃纂輯　清光緒元年(1875)湖北崇文書局刻本　三十二冊

520000－2801－0002252　3625
顧氏音學五書三十八卷　(清)顧炎武撰　清光緒十六年(1890)思賢講舍刻本　二十冊

520000－2801－0002253　03626
古今類傳四卷目錄一卷　(清)董穀士　(清)董炳文輯　清康熙三十一年(1692)輔仁堂刻本　四冊

520000－2801－0002254　3627
顧氏音學五書三十八卷　(清)顧炎武撰　清光緒十六年(1890)思賢講舍刻本　十冊　存二十一卷(一至三、十二至二十一、二十四至二十五、二十七至二十八、三十三、三十六至三十八)

520000－2801－0002255　3628
清文補彙八卷　(清)□□輯　清乾隆五十一年(1786)刻本　八冊

520000－2801－0002256　03629
職方外紀五卷首一卷　(意大利)艾儒略增譯　(明)楊廷筠彙記　明天啟三年(1623)刻本　三冊

520000－2801－0002257　3630
綠蘿山莊文集二十四卷　(清)胡浚撰注　清

乾隆八年(1743)刻本　八册

520000－2801－0002258　3631
綱鑑正史約三十六卷　(明)顧錫疇原編　(清)陳宏謀增訂　**甲子紀元一卷**　(清)陳宏謀輯　清光緒十七年(1891)雲南書局刻本　二十册

520000－2801－0002259　3632
江蘇海運全案十二卷目録一卷　(清)賀長齡等纂輯　清道光六年(1826)刻本　十二册

520000－2801－0002260　03634
學統五十六卷目録一卷　(清)熊賜履編　清末退補齋刻本　十六册

520000－2801－0002261　3635
昌黎先生全集四十卷外集十卷遺文一卷　(唐)韓愈撰　(唐)李漢編　清乾隆六年(1741)永懷堂刻本　八册

520000－2801－0002262　03636
朱子年譜四卷考異四卷論學切要語二卷校勘記三卷校勘存疑一卷　(清)王懋竑纂訂　清光緒九年(1883)武昌書局刻本　四册

520000－2801－0002263　03637
漢西域圖考七卷目録一卷　(清)李光廷撰　清同治九年(1870)刻本　四册

520000－2801－0002264　3638
大清通禮五十四卷　(清)來保等總裁　(清)李玉鳴等纂修　(清)穆克登額等續纂　(清)恆泰等總纂　清光緒九年(1883)江蘇書局刻本　十二册

520000－2801－0002265　3639
鼎鍥趙田了凡袁先生編纂古本歷史大方綱鑑補三十九卷首一卷　(宋)劉恕外紀　(元)金履祥前編　(明)袁黄撰　**御撰資治通鑑綱目三編二十卷**　(清)張廷玉等纂　清刻本　二十四册

520000－2801－0002266　3640
論文集鈔二卷　(清)高嵣集評　清乾隆五十一年(1786)雙桐書屋刻本　二册

520000－2801－0002267　3641
國朝文鈔初編六卷二編六卷三編六卷四編六卷五編六卷　(清)高嵣集評　清乾隆五十一年(1786)雙桐書屋刻本　二十三册

520000－2801－0002268　3641
國語鈔二卷公羊傳鈔一卷穀梁傳鈔一卷　(清)高嵣集評　清乾隆五十三年(1788)雙桐書屋刻本　四册

520000－2801－0002269　3642
施注蘇詩四十二卷總目二卷　(宋)蘇軾撰　(宋)施元之注　(清)顧嗣立等刪補　**蘇詩續補遺二卷**　(清)馮景補注　**東坡先生年譜一卷東坡先生墓誌銘一卷王註正僞一卷宋史本傳一卷**　(元)脱脱撰　清康熙三十八年(1699)金閶步月樓刻本　八册

520000－2801－0002270　3645
歐陽文忠公全集一百五十三卷附録五卷首一卷目録一卷　(宋)歐陽修撰　(清)歐陽衡校　清嘉慶三年(1798)刻本　二十四册

520000－2801－0002271　03646
中外通商始末記二十卷目録一卷　(清)王之春編　清光緒二十一年(1895)寶善書局石印本　六册

520000－2801－0002272　03647
律賦搜程詳註五卷目録二卷　(清)陳祖祺評輯　(清)張席珍增註　清道光二十二年(1842)刻本　四册

520000－2801－0002273　03648
廣治平畧三十六卷補編八卷　(清)蔡方炳定本　清末小瑯嬛館刻本　六册

520000－2801－0002274　03649
群玉閣彙刊類書十二種二十三卷　(□)□□輯　清同治九年(1870)小嫏嬛山館刻本　八册

520000－2801－0002275　03650
四書人物類典串珠四十卷目録一卷　(清)臧志仁編輯　清嘉慶四年(1799)刻本　十册

520000－2801－0002276　03652
御批增補了凡綱鑑四十卷首一卷　（明）袁黄編纂　**御撰資治通鑑綱目六卷**　（清）張廷玉等撰　清光緒二十七年（1901）上海經藝齋石印本　十二册

520000－2801－0002277　3653
唐詩别裁集二十卷　（清）沈德潛　（清）陳培脉選　清刻本　四册　存八卷（三至十）

520000－2801－0002278　3654
古文淵鑒六十四卷　（清）徐乾學等編注　清康熙二十四年（1685）刻五色套印本　四十四册

520000－2801－0002279　3655
明文鈔六編　（清）高嵣編　清乾隆五十一年（1786）雙桐書屋刻本　十六册

520000－2801－0002280　03656
寶綸堂文鈔八卷目錄一卷　（清）齊召南譔　**墓表一卷**　（清）秦瀛譔　清嘉慶二年（1797）刻本　四册

520000－2801－0002281　3658
紀文達公遺集十六卷　（清）紀昀撰　（清）謝蘭生校字　（清）紀樹馨編校　（清）紀樹馥重刊　清刻本　十册

520000－2801－0002282　3659
忠武祠墓志七卷首一卷末一卷　題（□）虚白道人輯　清道光元年（1821）西鄉彭長生刻本　四册

520000－2801－0002283　3661
周易姚氏學十六卷首一卷　（清）姚配中撰　清光緒三年（1877）湖北崇文書局刻本　六册

520000－2801－0002284　3662
周易姚氏學十六卷首一卷　（清）姚配中撰　清光緒三年（1877）湖北崇文書局刻本　六册

520000－2801－0002285　03663
宋簽判龍川陳先生文鈔二卷本傳一卷末一卷　（宋）陳亮傳　（清）余肇鈞編訂　清末刻本　二册

520000－2801－0002286　03664
復園編年詩選十四卷　（清）劉基定纂　清同治六年（1867）刻本　四册

520000－2801－0002287　03665
唐宋八大家文鈔十九卷首一卷　（清）張伯行輯　清福州正誼堂刻本　八册

520000－2801－0002288　03666
范家集略六卷　（清）秦坊輯　清同治十年（1871）木犀軒刻本　四册

520000－2801－0002289　03667
夏峯先生集十四卷首一卷補遺二卷　（清）孫奇逢著　（清）郭程先補輯　清道光二十五年（1845）大梁書院刻本　十六册

520000－2801－0002290　03668
梅氏叢書輯要六十二卷　（清）梅文鼎撰　清光緒十四年（1888）龍文書局石印本　六册

520000－2801－0002291　03669
梅氏叢書輯要六十二卷　（清）梅文鼎撰　清光緒十四年（1888）龍文書局石印本　六册

520000－2801－0002292　3671
駁案新編三十二卷續編七卷秋審比照彙案二卷　（清）全士潮等纂修　清光緒九年（1883）圖書集成局鉛印本　十二册

520000－2801－0002293　3672
重刊補註洗冤錄集證六卷　（清）王又槐增輯　（清）李觀瀾補輯　清道光二十七年（1847）五色套印本　五册

520000－2801－0002294　3673
李文莊公全集十卷　（明）李騰芳撰　（清）李恩溥編　清光緒二年（1876）刻本　十册

520000－2801－0002295　03674
春秋張氏集註十一卷本傳一卷牒一卷狀一卷綱領一卷　（清）張洽集註　清光緒十年（1884）清河堂刻本　四册

520000－2801－0002296　03675
唐四家詩集二十卷采輯歷朝詩話一卷辨訛考異一卷目錄四卷　（清）胡鳳丹輯　清同治九

年(1870)退補齋刻本　六冊

520000－2801－0002297　03677
晏子春秋音義二卷　(清)孫星衍撰　清末刻本　二冊

520000－2801－0002298　3679
爾雅註疏十一卷　(晉)郭璞註　(宋)邢昺疏　清刻本　三冊

520000－2801－0002299　03680
御選唐宋文醇五十八卷目錄一卷　(清)高宗弘曆選　(清)允祿等編　清乾隆三年(1738)刻本　二十冊

520000－2801－0002300　3681
諸葛忠武侯文集四卷首一卷附錄二卷故事五卷　(三國蜀)諸葛亮撰　(清)張澍編輯　清刻本　六冊

520000－2801－0002301　3682
兩漢策要十二卷目錄一卷　(宋)陶叔獻撰　清光緒十三年(1887)上海同文書局石印本　八冊　存十一卷(一至二、四至十二)

520000－2801－0002302　03683
館課培英集四卷　(清)彭元瑞撰　清乾隆刻本　二冊

520000－2801－0002303　03684
二如亭群芳譜二十八卷　(明)王象晉纂輯　清康熙刻雍正印本　十一冊　存十六卷(花譜一至四、首一卷，卉譜一至二、首一卷，藥譜一、三、首一卷，木譜一、首一卷，茶譜一，竹譜一，桑麻葛部一)

520000－2801－0002304　3686
綏寇紀略十二卷補遺三卷　(清)吳偉業纂輯　清光緒三年(1877)上海申報館鉛印本　八冊

520000－2801－0002305　3690
王會篇箋釋三卷　(清)何秋濤撰　清光緒十七年(1891)江蘇書局刻本　三冊

520000－2801－0002306　03691
四書批點集註十九卷　(宋)朱熹撰　清道光七年(1827)愷元堂刻本　六冊

520000－2801－0002307　03692
小學集註六卷　(宋)朱熹撰　清雍正五年(1727)刻本　二冊

520000－2801－0002308　3693
論衡三十卷　(漢)王充撰　清湖南藝文書局刻本　七冊

520000－2801－0002309　03694
白香山詩長慶集二十卷後集十七卷別集一卷目錄一卷　(唐)白居易撰　(清)汪立名編訂　**年譜一卷**　(清)汪立名譔　**舊唐書本傳一卷年譜舊本一卷詩集補遺二卷**　(清)汪立名輯　清康熙一隅草堂刻本　十二冊

520000－2801－0002310　3695
曝書亭外集八卷　(清)朱彝尊撰　(清)馮登府輯　清道光二年(1822)刻本　二冊

520000－2801－0002311　3696
遵議滿漢通行刑律一卷　沈家本等編　清光緒三十三年(1907)法律館鉛印本　一冊

520000－2801－0002312　3697
遵議滿漢通行刑律一卷　沈家本等編　清光緒三十三年(1907)法律館鉛印本　一冊

520000－2801－0002313　3698
遵議滿漢通行刑律一卷　沈家本等編　清光緒三十三年(1907)法律館鉛印本　一冊

520000－2801－0002314　3699
稽古錄二十卷　(宋)司馬光撰　清同治十一年(1872)湖北崇文書局刻本　四冊

520000－2801－0002315　3700
冶梅梅譜不分卷　(清)王寅著　清光緒十八年(1892)上海振華圖書社石印本　四冊

520000－2801－0002316　3701
後漢紀三十卷　(晉)袁宏撰　清光緒二年(1876)嶺南述古堂刻本　八冊

520000－2801－0002317　3702
古文釋義新編八卷　(清)余誠評注　清乾隆八年(1743)刻本　八冊

520000－2801－0002318　3703
西堂全集十七種　(清)尤侗撰　清康熙刻本　十冊

520000－2801－0002319　03704
欽定七經綱領一卷　(清)□□輯　**勘誤表一卷**　清宣統元年(1909)學部圖書局鉛印本　一冊

520000－2801－0002320　03705
欽定七經綱領一卷　(清)□□輯　**勘誤表一卷**　清宣統元年(1909)學部圖書局鉛印本　一冊

520000－2801－0002321　3706
性理論四卷　(清)張紹銘撰　清咸豐二年(1852)文誠堂刻本　四冊

520000－2801－0002322　3710
近思錄十四卷　(宋)朱熹撰　(宋)呂祖謙輯　(清)江永集注　清光緒裕德書局刻本　四冊

520000－2801－0002323　3712
王船山先生年譜二卷　(清)劉毓崧編　清光緒十二年(1886)江南書局刻本　二冊

520000－2801－0002324　3713
春秋金鎖匙不分卷　(明)趙汸撰　清乾隆紅櫚書屋刻本　一冊

520000－2801－0002325　03715
板橋詩鈔三卷　(清)鄭燮撰　清刻本　一冊

520000－2801－0002326　3716
元豐類稿五十卷　(宋)曾鞏撰　清乾隆二十八年(1763)刻本　五冊　存三十一卷(五至十五、二十一至四十)

520000－2801－0002327　03717
欽定吏部處分則例五十二卷　(清)文孚纂　清光緒十一年(1885)刻本　二十三冊　缺一卷(二十一)

520000－2801－0002328　3718
說文新附考六卷續考一卷　(清)鈕樹玉撰　清嘉慶非石居刻同治七年(1868)碧螺山館補刻本　二冊

520000－2801－0002329　3719
史記菁華錄六卷　題(清)苧田氏(姚祖恩)撰　清光緒九年(1883)廣州翰墨園刻朱墨印本　六冊

520000－2801－0002330　03720
全蜀藝文志六十四卷首一卷　(明)楊慎輯　(清)朱雲煥等校　清嘉慶二年(1797)讀月草堂刻本　十一冊　存五十八卷(一至二十、二十八至六十四,首一卷)

520000－2801－0002331　3721
衍元海鑒八種　(清)李鏐　清光緒五年(1879)木活字印本　八冊

520000－2801－0002332　3722
有正味齋試帖詩注五卷二集六卷　(清)吳錫麒著　(清)吳清學等注　清道光十五年(1835)刻本　三冊　缺二卷(二集五至六)

520000－2801－0002333　3723
隨園三十六種　(清)袁枚撰　清光緒十八年(1892)上海圖書集成印書局石印本　五十冊

520000－2801－0002334　3724
宋黃文節公文集三十二卷首四卷外集二十四卷別集十九卷首一卷　(宋)黃庭堅撰　**伐檀集二卷**　(宋)黃庶撰　清乾隆三十年(1765)刻本　三十一冊

520000－2801－0002335　3725
宋黃文節公文集三十二卷首四卷外集二十四卷別集十九卷首一卷　(宋)黃庭堅撰　**伐檀集二卷**　(宋)黃庶撰　清乾隆三十年(1765)緝香堂刻本　一冊　存四卷(文集二至五)

520000－2801－0002336　3726
小學韻語一卷　(清)羅澤南著　清光緒二十一年(1895)江南製造總局刻本　一冊

520000－2801－0002337　3727
小學韻語一卷　(清)羅澤南著　清光緒二十一年(1895)江南製造總局刻本　一冊

520000－2801－0002338　3728

宛陵先生文集六十卷　(清)梅堯臣著　清宣統二年(1910)上海石印本　十册

520000－2801－0002339　03729
詩鵠三編九卷附編三卷　(清)王維舉等編　清光緒八年(1882)刻本　十二册

520000－2801－0002340　03730
陶淵明集十卷　(晉)陶潛撰　清光緒二年(1876)刻本　二册

520000－2801－0002341　03731
國語二十一卷　(三國吳)韋昭解　**校刊明道本韋氏解國語札記一卷**　(清)黄丕烈撰　**國語明道本考異四卷**　(清)汪遠孫撰　清同治八年(1869)湖北崇文書局刻本　五册

520000－2801－0002342　03732
新刻張太岳先生詩文集四十六卷行實一卷目錄一卷　(明)張居正著　清刻本　十六册

520000－2801－0002343　3733
戊戌政變記九卷　梁啟超撰　清末鉛印本　三册

520000－2801－0002344　3734
元史二百十卷　(明)宋濂等撰　清光緒二十八年(1902)武林竹簡齋石印本　十四册

520000－2801－0002345　3735
四六叢話三十三卷選詩叢話一卷　(清)孫梅輯　清光緒七年(1881)吳丁刻本　十二册

520000－2801－0002346　03736
璧合珠聯集十卷　題(清)翰緣齋主人輯　清光緒二十三年(1897)長沙刻本　六册

520000－2801－0002347　03740
三蘇全集二百四卷　(宋)蘇洵等著　清道光十二年(1832)刻本　五十八册　存一百九十八卷(嘉祐集二十卷、東坡集八十四卷、欒城集四十八卷、欒城後集二十四卷、欒城三集十卷、欒城應詔集十二卷)

520000－2801－0002348　3741
庸庵全集二十一卷　(清)薛福成撰　清光緒二十四年(1898)長沙鑄新齋刻本　九册　存十二卷(庸庵文編一至二、外編一至四、續編一至二、海外文編一至四)

520000－2801－0002349　3742
史記一百三十卷　(漢)司馬遷撰　(明)歸有光點評　**方望溪評點史記四卷**　(清)方苞撰　清光緒二年(1876)武昌張氏刻本　二十册

520000－2801－0002350　3743
定盦文集三卷續集四卷文集補三卷續集一卷別集一卷文集補編四卷文集增補一卷　(清)龔自珍撰　清刻本　四册　存十一卷(定盦文集三卷、定盦續集四卷、文集補編四卷)

520000－2801－0002351　3744
淮南鴻烈解二十一卷　(漢)劉安撰　(清)黄錫禧校　清刻本　四册

520000－2801－0002352　3746
駢雅七卷徵引書目一卷　(明)朱謀㙔撰　(清)魏茂林學　清道光二十五年(1845)有不為齋刻本　八册

520000－2801－0002353　3747
御批歷代通鑑輯覽一百二十卷　(清)傅恒總裁　(清)楊述曾等纂修　清光緒二十年(1894)湖南澹雅書局刻本　五十八册　缺四卷(一百十七至一百二十)

520000－2801－0002354　3748
尚絅堂詩集五十二卷詞集二卷駢體文二卷　(清)劉嗣綰撰　清同治八年(1869)刻本　九册　存五十一卷(詩集六至五十二、詞集二卷、駢體文二卷)

520000－2801－0002355　3749
得一錄八卷首一卷　(清)余治編　清光緒十一年(1885)寶善堂刻本　八册

520000－2801－0002356　3750
文法一揆四卷　(清)魏茂林纂集　(清)周際華參定　清道光二十一年(1841)寶翰樓刻本　四册

520000－2801－0002357　3751
變雅堂詩集十卷遺集附錄一卷文集四卷

（清）杜濬著　清同治九年（1870）劉維楨刻本　八册

520000－2801－0002358　3752
楚寶四十卷外篇五卷　（明）周聖楷輯纂　清道光九年（1829）刻本　二十一册　存四十一卷（一至二、四至二十一、二十五至四十，外篇五卷）

520000－2801－0002359　03753
戴南山文鈔六卷首一卷　（清）戴名世撰　**方望溪文鈔六卷首一卷**　（清）方苞撰　清宣統二年（1910）上海國學扶輪社鉛印本　八册

520000－2801－0002360　3754
古文辭類纂十五卷　（清）姚鼐輯　**續古文辭類纂十卷**　王先謙輯　清光緒二十年（1894）上海圖書集成印書局石印本　八册

520000－2801－0002361　3755
說文解字注三十二卷　（漢）許慎撰　（清）段玉裁注　**部目分韻一卷**　（清）陳奐編　**六書音韻表五卷**　（清）段玉裁編　清嘉慶二十年（1815）刻本　十六册

520000－2801－0002362　03756
詩鵠三編九卷附編三卷　（清）王維舉等編　清光緒八年（1882）刻本　八册　缺一卷（中編一）

520000－2801－0002363　03757
各局官板書目一卷　（清）黔省提督學署輯　清光緒二十一年（1895）黔省提督學署刻本　一册

520000－2801－0002364　03758
各局官板書目一卷　（清）黔省提督學署輯　清光緒二十一年（1895）黔省提督學署刻本　一册

520000－2801－0002365　3760
池北偶談二十六卷　（清）王士禎著　清金谿李氏自怡草堂刻本　九册　缺二卷（二十五至二十六）

520000－2801－0002366　3761
養知書屋詩集十五卷　（清）郭嵩燾撰　清光緒十八年（1892）刻本　四册

520000－2801－0002367　3762
老子解二卷　（清）易佩紳撰　清光緒十八年（1892）湖北縣署鉛印本　二册

520000－2801－0002368　3763
沈觀察燕晉弭兵記二卷　（清）陳守謙述　清光緒二十九（1903）上海英商順成書局石印本　一册

520000－2801－0002369　03765
字彙十二卷首一卷　（清）梅膺祚音粹　清乾隆七年（1742）刻本　十三册

520000－2801－0002370　3766
古文辭類纂七十四卷　（清）姚鼐纂集　清同治八年（1869）江蘇書局刻本　十二册

520000－2801－0002371　3767
水道提綱二十八卷　（清）齊召南編錄　清光緒二十三年（1897）上海古香閣書局石印本　四册

520000－2801－0002372　3768
水道提綱二十八卷　（清）齊召南編錄　清光緒二十三年（1897）上海古香閣書局石印本　四册

520000－2801－0002373　03769
七修類稿五十一卷續稿七卷　（明）郎瑛著述　清光緒六年（1880）廣州翰墨園刻本　十四册

520000－2801－0002374　3770
御批歷代通鑑輯覽一百二十卷　（清）傅恒總裁　（清）楊述曾等纂修　清光緒二十九年（1903）上海商務印書館石印本　二十四册

520000－2801－0002375　3771
沈文肅公政書七卷首一卷　（清）沈葆楨撰　清光緒六年（1880）吳門節署木活字印本　十二册

520000－2801－0002376　3772
四此堂稿十卷　（清）魏際瑞著　清光緒二十

二年(1896)黔南課吏總局刻本　四册

520000－2801－0002377　03773
存馬山房疏草二卷詩存八卷文略二卷駢文二卷　(清)趙樹吉撰　清光緒十年至十一年(1884－1885)汗青簃刻本　五册

520000－2801－0002378　3775
彭剛直公奏稿八卷詩集八卷　(清)彭玉麟撰　清光緒十七年(1891)吳下刻本　八册

520000－2801－0002379　3776
雙桂堂稿續編十二卷　(清)紀大奎撰　清刻本　五册

520000－2801－0002380　3777
經籍纂詁一百六卷首一卷　(清)阮元撰　清同治十二年(1873)淮南書局補刻本　四十二册　存九十二卷(一至二十六、三十四至三十六、三十八至四十、四十八至一百六,首一卷)

520000－2801－0002381　3779
柳亭詩話三十卷　(清)宋長白撰　清光緒八年(1882)天苗園刻本　八册

520000－2801－0002382　3780
靳文襄公奏疏八卷　(清)靳輔撰　(清)靳治豫編　清抄本　八册

520000－2801－0002383　3782
皇朝道咸同光奏議六十四卷　(清)王延熙　(清)王樹敏輯　清光緒二十八年(1902)上海久敬齋石印本　二十八册

520000－2801－0002384　03783
知足齋詩集二十卷文集六卷　(清)朱珪撰　清嘉慶十年(1805)刻本　十二册　存十九卷(詩集一至十三、文集六卷)

520000－2801－0002385　3784
御纂周易折中二十二卷首一卷　(清)李光地等纂　清康熙五十四年(1715)刻本　十二册

520000－2801－0002386　3785
經義述聞三十二卷　(清)王引之撰　清嘉慶二年(1797)京師面江米巷壽藤書屋刻本　十六册

520000－2801－0002387　3786
近思錄十四卷　(宋)朱熹著　(清)江永集注　清同治七年(1868)楚北崇文書局刻本　四册

520000－2801－0002388　3787
晏子春秋七卷　(春秋)晏嬰撰　**音義二卷**　(清)孫星衍撰　**校勘二卷**　(清)黄以周撰　清光緒元年(1875)浙江書局刻本　五册

520000－2801－0002389　3788
有正味齋駢文二十四卷首一卷　(清)吳錫麒撰　(清)王廣業箋　(清)葉聯芬注　清光緒十五年(1889)上海蜚英館石印本　四册

520000－2801－0002390　3789
補校袁文箋正八卷首一卷　(清)袁枚撰　題(清)汗漫山人補校　(清)石韫玉箋　清道光三年(1823)嶺南叢雅居刻本　十册

520000－2801－0002391　3790
過雲樓書畫記十卷　(清)顧文彬撰　清光緒八年(1882)刻本　四册

520000－2801－0002392　03791
三國志六十五卷　(晉)陳壽撰　(南朝宋)裴松之注　清光緒十三年(1887)江南書局刻本　八册

520000－2801－0002393　03792
胡文忠公遺集八十六卷目錄一卷首一卷　(清)胡林翼撰　(清)鄭敦謹　(清)曾國荃纂輯　清同治六年(1867)刻本　三十二册

520000－2801－0002394　3793
竹書紀年統箋十二卷　(南朝梁)沈約附注　(清)徐文靖補箋　**雜述一卷**　(清)徐文靖彙輯　清光緒三年(1877)浙江書局刻本　四册

520000－2801－0002395　3794
管子二十四卷　(春秋)管仲撰　(唐)房玄齡注　(明)劉績補　清光緒二年(1876)浙江書局刻本　六册

520000－2801－0002396　3795
楚辭十七卷　(戰國)屈原等著　(漢)劉向集

（漢）王逸章句　清光緒十一年（1885）汗青簃刻本　六册

520000－2801－0002397　3796
陽明先生集要三編十六卷　（明）王守仁撰（清）施邦曜評輯　清光緒五年（1879）黔南刻本　十二册　缺一卷（文章編四）

520000－2801－0002398　03797
東華錄四百二十五卷續錄一百卷　王先謙編　清光緒二十年（1894）上海積山書局石印本　六十四册

520000－2801－0002399　03798
禮記章句四十九卷　（清）王夫之撰　清同治四年（1865）湘鄉曾氏金陵節署刻本　二十册

520000－2801－0002400　3799
黄詩全集三十九卷　（宋）黄庭堅撰　**重刻山谷先生年譜十四卷**　（宋）黄䈬編　清光緒二年（1876）刻本　三十二册

520000－2801－0002401　03800
華陽國志十二卷　（晉）常璩著　清光緒二十年（1894）藝文書局刻本　四册

520000－2801－0002402　3801
太史升菴全集八十一卷目錄二卷　（明）楊慎著　清乾隆六十年（1795）刻本　二十六册

520000－2801－0002403　3802
升菴外集一百卷目錄一卷　（明）楊慎著　清道光二十四年（1844）刻本　二十八册

520000－2801－0002404　3803
庾子山集十六卷庾集總釋一卷　（北周）庾信撰　（清）倪璠註釋　清光緒二十年（1894）儒雅堂刻本　十二册

520000－2801－0002405　3804
太史升菴遺集二十六卷目錄一卷　（明）楊慎著　清道光二十四年（1844）刻本　六册

520000－2801－0002406　3805
玉海二百卷辭學指南四卷附刻十三種　（宋）王應麟撰　清光緒成都王氏刻本　一百册

520000－2801－0002407　03806
文編六十四卷目錄一卷　（明）唐順之選　明天啟刻本　二十四册

520000－2801－0002408　03807
積古齋鐘鼎彝器款識十卷　（清）阮元編　清嘉慶九年（1804）刻本　四册

520000－2801－0002409　03808
積古齋鐘鼎彝器款識十卷　（清）阮元編　清光緒九年（1883）常熟鮑氏後知不足齋刻本　四册

520000－2801－0002410　3809
帶經堂詩話三十卷首一卷　（清）王士禛撰（清）張宗柟輯　清同治十二年（1873）廣州藏脩堂刻本　十册

520000－2801－0002411　3810
忠雅堂詩集三十卷　（清）蔣士銓撰　清嘉慶二十二年（1817）刻本　八册　存二十九卷（一至二十九）

520000－2801－0002412　3811
經義考二百九十八卷　（清）朱彝尊編　清嘉慶二十二年（1817）秀水朱氏刻本　一百十六册　存二百九十一卷（四至九、十二至二百八十五、二百八十七至二百九十六、二百九十八）

520000－2801－0002413　3812
經義考二百九十八卷　（清）朱彝尊編　清嘉慶二十二年（1817）秀水朱氏刻本　三十五册　存二百七十七卷（八至一百二十五、一百三十至二百八十五、二百八十七至二百八十九）

520000－2801－0002414　3813
戰國策三十三卷　（漢）高誘注　（宋）姚宏補注　**札記三卷**　（清）黄丕烈撰　清同治八年（1869）湖北崇文書局刻本　五册

520000－2801－0002415　3814
古微書三十六卷　（明）孫穀著　清光緒十四年（1888）刻本　六册

520000－2801－0002416　3815
説文解字三十卷　（漢）許慎記　清光緒七年

(1881)淮南書局刻本　五册

520000－2801－0002417　3816
容齋隨筆十六卷續筆十六卷三筆十六卷四筆十六卷五筆十卷　(宋)洪邁撰　清光緒二十年(1894)刻本　二十册

520000－2801－0002418　3817
鶴山文鈔三十二卷　(宋)魏了翁撰　清宣統二年(1910)官印刷局刻本　十册

520000－2801－0002419　3818
理學宗傳二十六卷　(清)孫奇逢輯注　(清)張沐附注　清光緒十八年(1892)雲南經正書院刻本　十二册

520000－2801－0002420　3819
談藝珠叢二十七種　(清)王啟原輯　清光緒十一年(1885)長沙玉尺山房刻本　十一册　存四種

520000－2801－0002421　3820
周禮註疏刪翼三十卷　(明)葉培恕定　(明)王志長輯　明崇禎十二年(1639)刻本　十七册

520000－2801－0002422　3821
日知錄集釋三十二卷刊誤二卷續刊誤二卷　(清)顧炎武撰　(清)黃汝成集釋　清同治十一年(1872)湖北崇文書局刻本　十六册

520000－2801－0002423　3822
讀史兵略四十六卷目錄一卷　(清)胡林翼纂　清咸豐十一年(1861)武昌節署刻本　十六册

520000－2801－0002424　03824
漁洋山人精華錄訓纂十卷自撰年譜二卷訓纂補十卷首一卷　(清)王士禛撰　(清)惠棟訓纂　**金氏精華錄箋注辯訛一卷**　(清)惠棟撰　清刻本　十三册

520000－2801－0002425　3825
卷施閣文甲集十卷補遺一卷乙集十卷續編一卷詩集二十卷　(清)洪亮吉著　清光緒三年至五年(1877－1879)授經堂刻本　十二册　存三十一卷(甲集一至三、八至十，乙集一至八，詩集一至十二、十六至二十)

520000－2801－0002426　3826
水經注四十卷　(漢)桑欽撰　(北魏)酈道元注　清乾隆十八年(1753)古閩晏湖張氏勵志書屋刻本　二十册

520000－2801－0002427　3827
李氏五種合刊二十七卷　(清)李兆洛輯　清同治十年(1871)刻本　十册

520000－2801－0002428　3828
李氏五種合刊二十七卷　(清)李兆洛輯　清光緒十四年(1888)掃葉山房刻本　十二册

520000－2801－0002429　3829
南畇文稿十二卷　(清)彭定求撰　清光緒六年(1880)刻本　六册

520000－2801－0002430　3830
御選唐宋文醇五十八卷目錄一卷　(清)高宗弘曆選輯　清光緒三年(1877)浙江書局刻本　二十册

520000－2801－0002431　3831
御選唐宋文醇四十七卷目錄二卷　(清)高宗弘曆選輯　清光緒七年(1881)浙江書局刻本　十九册　存四十七卷(一至三十三、三十六至四十七，目錄二卷)

520000－2801－0002432　3832
開有益齋讀書志六卷續志一卷金石文字記一卷　(清)朱緒曾撰　清光緒六年(1880)金陵翁氏茹谷閣刻本　六册

520000－2801－0002433　3833
皇清經解一百九十卷首一卷正訛記一卷　(清)阮元輯　清光緒十七年(1891)鴻寶齋石印本　二十四册

520000－2801－0002434　3834
南唐書十八卷　(宋)陸遊著　清光緒九年(1883)郯郡于氏刻本　四册

520000－2801－0002435　3835
平定關隴紀略十三卷　(清)易孔昭撰　清光

緒十三年(1887)刻本　二十冊

520000－2801－0002436　03836
欽定戶部則例一百卷首一卷　(清)載齡等撰　清同治十三年(1874)刻本　六十冊

520000－2801－0002437　3837
困學紀聞二十卷　(宋)王應麟撰　(清)翁元圻輯　清桐華書塾刻本　六冊

520000－2801－0002438　3838
周禮[六卷]　(漢)鄭玄注　(唐)陸德明音義　清同治十三年(1874)湖南書局刻本　六冊

520000－2801－0002439　3839
六事箴言一卷　(清)葉玉屏輯　**續錄一卷**　(清)五孚尹輯　清道光黔築家蔭堂刻本　二冊

520000－2801－0002440　03840
龍川文集三十卷首一卷末一卷　(宋)陳亮撰　**辨僞考異二卷**　(清)胡鳳丹撰　清同治七年(1868)胡鳳丹退補齋刻本　十冊

520000－2801－0002441　3841
讀詩類編十八卷　(清)張映漢輯　清嘉慶二十年(1815)述敬堂刻本　八冊

520000－2801－0002442　3842
淮南子二十一卷敘目一卷　(漢)劉安撰　(漢)高誘注　清光緒二年(1876)浙江書局刻本　六冊

520000－2801－0002443　03843
曾文正公年譜十二卷　(清)李瀚章審訂　(清)黎庶昌編輯　清光緒二年(1876)傳忠書局刻本　四冊

520000－2801－0002444　3845
惜抱軒全集十四種　(清)姚鼐撰　清同治五年(1866)省心閣刻本　十六冊

520000－2801－0002445　3846
忠雅堂文集十二卷　(清)蔣士銓撰　清嘉慶二十一年(1816)藏園刻本　六冊

520000－2801－0002446　3847
忠雅堂詩集二十七卷補遺二卷銅絃詞二卷　(清)蔣士銓撰　清刻本　八冊

520000－2801－0002447　3848
曝書亭集八十卷附錄一卷目錄一卷　(清)朱彝尊撰　**笛漁小稿十卷**　(清)朱昆田撰　清光緒十五年(1889)刻本　十六冊

520000－2801－0002448　3849
五禮通考二百六十二卷首四卷　(清)秦蕙田輯　清光緒二十二年(1896)新化三味堂刻本　一百二十冊

520000－2801－0002449　3850
國朝漢學師承記八卷經師經義目錄一卷　(清)江藩撰　清嘉慶二十三年(1818)刻本　四冊

520000－2801－0002450　3851
讀禮通考一百二十卷　(清)徐乾學撰　清光緒二十四年(1898)新化三味堂刻本　四十冊

520000－2801－0002451　3852
金石全例四種　(清)朱記榮輯　清光緒十八年(1892)吳縣朱氏刻朱墨印本　十六冊

520000－2801－0002452　3853
明通鑑九十卷首一卷目錄二十卷前編四卷附編六卷　(清)夏燮編輯　清光緒二十三年(1897)湖北官書處刻本　四十八冊

520000－2801－0002453　03854
曾文正公手書日記不分卷　(清)曾國藩撰　清宣統元年(1909)上海中國圖書公司石印本　四十冊

520000－2801－0002454　3855
皇清經解一千四百卷　(清)阮元輯　(清)朱鏡清補　清光緒十三年(1887)上海書局石印本　六十三冊　缺一冊(一)

520000－2801－0002455　3857
史記一百三十卷　(漢)司馬遷撰　(南朝宋)裴駰集解　(唐)司馬貞索隱　(唐)張守節正義　清光緒十四年(1888)上海蜚英館石印本　十二冊

520000－2801－0002456　3858
前漢書一百卷　（漢）班固撰　（唐）顔師古注　清光緒十四年（1888）上海蜚英館石印本　十六册

520000－2801－0002457　3859
後漢書一百二十卷　（南朝宋）范曄撰　（唐）章懷太子李賢注　清光緒十四年（1888）上海蜚英館石印本　十二册

520000－2801－0002458　3860
文選六十卷　（南朝梁）昭明太子蕭統撰　（唐）李善注　清同治八年（1869）湖北崇文書局刻本　二十四册

520000－2801－0002459　3861
文選六十卷　（南朝梁）昭明太子蕭統撰　（唐）李善注　清同治八年（1869）湖北崇文書局刻本　二十四册

520000－2801－0002460　3862
呂氏春秋二十六卷附攷一卷　（戰國）呂不韋撰　（漢）高誘注并攷　清光緒元年（1875）浙江書局刻本　六册

520000－2801－0002461　03863
欽定明鑑二十四卷首一卷　（清）托津等纂修　清同治九年（1870）湖北崇文書局刻本　十册

520000－2801－0002462　3864
躔離引蒙不分卷　（清）賈步緯算述　清光緒十八年（1892）江南製造局鉛印本　二册

520000－2801－0002463　3866
皇朝藩部要略十八卷世系表四卷　（清）祁韻士纂　（清）毛嶽生編次　清光緒十年（1884）浙江書局刻本　八册

520000－2801－0002464　03868
廣金石韻府五卷　（明）朱時望撰　（清）張鳳藻增訂　清咸豐七年（1857）刻本　六册

520000－2801－0002465　3869
日知錄集釋三十二卷刊誤二卷續刊誤二卷　（清）顧炎武撰　（清）黄汝成集釋　清同治十一年（1872）湖北崇文書局刻本　十六册

520000－2801－0002466　03871
列子八卷　（戰國）列禦寇撰　（晉）張湛注　清光緒二十三年（1897）文瑞樓刻本　一册

520000－2801－0002467　3873
世說新語四卷　（南朝宋）劉義慶撰　（明）何良俊增　清光緒六年（1880）川東刻本　二册

520000－2801－0002468　3874
爾雅補郭二卷　（清）翟灝學　清光緒九年（1883）卷施誃刻本　一册

520000－2801－0002469　3875
諸葛武侯行軍要覽一卷　（清）林松唐原輯　（清）陳聯元增輯　清光緒二十二年（1896）湖南書局刻本　一册

520000－2801－0002470　3876
百將圖傳二卷　（清）丁日昌輯　清同治八年（1869）江蘇書局刻本　二册

520000－2801－0002471　3877
樊川詩集四卷别集一卷外集一卷補遺一卷　（唐）杜牧撰　（清）馮集梧注　清嘉慶三年（1798）刻本　四册

520000－2801－0002472　3878
六朝文絜四卷　（清）許槤編　清光緒三年（1877）讀有用書齋刻朱墨印本　二册

520000－2801－0002473　03880
聖武記十四卷　（清）魏源撰　清道光二十六年（1846）刻本　十二册

520000－2801－0002474　3881
皇朝經世文續編一百二十卷　（清）葛士濬輯　清光緒十四年（1888）圖書集成局鉛印本　三十二册

520000－2801－0002475　3882
鹽鐵論十卷　（漢）桓寬撰　清嘉慶十二年（1807）湖南藝文書局刻本　二册

520000－2801－0002476　3883
春秋例表不分卷　（清）王代夫撰　清光緒七年（1881）四川尊經書院刻本　一册

520000－2801－0002477　03886
東萊博議四卷　（宋）呂祖謙撰　**增補虚字註釋六卷**　（清）馮泰松點定　清光緒八年（1882）刻本　四册

520000－2801－0002478　3887
新書十卷　（漢）賈誼撰　清光緒元年（1875）浙江書局刻本　二册

520000－2801－0002479　3888
古文雅正十四卷目録一卷　（清）蔡世遠選評　清同治七年（1868）湘鄉曾氏刻本　八册

520000－2801－0002480　3889
埤雅二十卷　（宋）陸佃撰　清末萩林山房刻本　三册

520000－2801－0002481　3890
遊記十卷外編一卷補編一卷　（明）徐宏祖撰　（清）葉廷甲補編　清末鉛印本　七册　存十卷（遊記二下至十下、補編一卷）

520000－2801－0002482　03891
七家試帖輯註彙鈔九卷　（清）王廷紹著　（清）張熙宇輯評　（清）王植桂輯註　清光緒十八年（1892）益元書局刻本　八册

520000－2801－0002483　3892
重刊五百家註音辯昌黎先生文集四十卷目録一卷　（唐）韓愈撰　清乾隆四十九年（1784）刻本　十四册

520000－2801－0002484　3893
爾雅十一卷　（晋）郭璞注　清刻本　三册

520000－2801－0002485　3894
周禮四十二卷　（漢）鄭玄註　（明）金蟠訂　清刻本　四册

520000－2801－0002486　3895
儀禮十七卷　（漢）鄭玄注　清永懷堂刻本　四册

520000－2801－0002487　3896
孟子正義三十卷　（清）焦循撰　清嘉慶二十四年（1819）刻本　十册

520000－2801－0002488　3897
周禮十二卷　（漢）鄭玄注　（唐）陸德明音義　清同治七年（1868）湖北崇文書局刻本　六册

520000－2801－0002489　3899
國朝漢學師承記八卷經師經義目録一卷宋學淵源記二卷附記一卷　（清）江藩撰　清光緒二十二年（1896）長沙周大文堂刻本　四册

520000－2801－0002490　3900
賦學正鵠十卷　（清）李元度編　清同治十三年（1874）刻本　四册

520000－2801－0002491　3901
國朝漢學師承記八卷經師經義目録一卷宋學淵源記二卷附記一卷　（清）江藩撰　清光緒二十二年（1896）長沙周大文堂刻本　四册

520000－2801－0002492　3902
四禮翼一卷　（明）呂坤撰　清光緒二十一年（1895）湖北官書處刻本　一册

520000－2801－0002493　3903
小學鉤沉十九卷　（清）任大椿學　（清）王念孫校正　清光緒十年（1884）龍氏刻本　四册

520000－2801－0002494　03904
湘軍志十六卷　王闓運撰　清光緒十二年（1886）成都墨香書屋刻本　六册

520000－2801－0002495　3905
刊謬正俗八卷　（唐）顔師古撰　清光緒三年（1877）湖北崇文書局刻本　一册

520000－2801－0002496　3906
楚辭八卷首一卷　（戰國）屈原撰　（宋）朱熹集注　清光緒三年（1877）湖北崇文書局刻本　二册

520000－2801－0002497　3907
風俗通義十卷　（漢）應劭撰　清光緒元年（1875）湖北崇文書局刻本　二册

520000－2801－0002498　3908
春秋繁露十七卷首一卷　（漢）董仲舒著　清光緒三年（1877）湖北崇文書局刻本　二册

520000－2801－0002499　3909

呂氏春秋二十六卷 （戰國）呂不韋撰 （漢）高誘注 清光緒元年（1875）湖北崇文書局刻本 四冊

520000－2801－0002500 3910
左傳舊疏考正八卷 （清）劉文淇撰 清道光十五年（1835）刻本 四冊

520000－2801－0002501 3912
五行大義五卷 （隋）蕭吉撰 清刻本 四冊

520000－2801－0002502 3913
東南紀事十二卷目錄一卷 （清）邵廷采撰 清光緒十年（1884）刻本 二冊

520000－2801－0002503 3914
詞選二卷茗柯詞一卷 （清）張惠言錄 **立山詞一卷** （清）張琦撰 **續詞選二卷附錄一卷** （清）董毅錄 **附錄一卷** 清道光十年（1830）官書處刻本 二冊

520000－2801－0002504 3915
關聖陵廟紀略四卷 （清）魏勷鑒修 （清）王禹書訂次 清康熙三十九年（1700）章鄉刻本 四冊

520000－2801－0002505 03916
河陽空心炮臺圖式一卷 （清）葉世槐撰 **許州空心炮樓記一卷** （清）陳肇潢撰 清同治元年（1862）十三研齋刻本 一冊

520000－2801－0002506 03917
椒園居士集六卷 （清）王定柱撰 清光緒三十二年（1906）泰州龍樹精舍刻本 二冊

520000－2801－0002507 3918
小心齋劄記十八卷 （清）顧憲成撰 （清）馮從吾等校 清康熙三十七年（1698）刻本 二冊

520000－2801－0002508 3919
五山志林八卷 （清）羅天尺撰 清道光三十年（1850）南海伍氏粵雅堂刻本 三冊 存六卷（一至六）

520000－2801－0002509 3920
讀禮志疑六卷 （清）陸隴其輯 清同治五年（1866）刻本 二冊

520000－2801－0002510 3921
唐陸宣公文集二十二卷 （唐）陸贄撰 （清）年羹堯重訂 （清）王汝驤等校 清康熙六十一年（1722）刻本 六冊

520000－2801－0002511 3922
盛京志畧二卷 （清）□□纂 清稿本 二冊

520000－2801－0002512 3924
呂氏四禮翼不分卷 （明）呂坤撰 清康熙五十八年（1719）刻本 一冊

520000－2801－0002513 3925
家範十卷 （宋）司馬光撰 清康熙五十八年（1719）刻本 二冊

520000－2801－0002514 3927
精選縮本多寶船不分卷 題（清）點石齋主人輯 清光緒十九年（1893）上海點石齋石印本 八冊

520000－2801－0002515 03930
欽定大清會典一百卷 （清）允裪等纂修 清光緒二十五年（1899）上海書局石印本 六冊

520000－2801－0002516 3935
古文辭類纂七十四卷 （清）姚鼐纂集 **續古文辭類纂三十四卷** 王先謙纂集 清光緒三十三年（1907）上海商務印書館鉛印本 十二冊

520000－2801－0002517 3936
古文辭類纂七十四卷 （清）姚鼐纂集 清光緒三十三年（1907）上海商務印書館鉛印本 八冊

520000－2801－0002518 3937
古文辭類纂七十四卷 （清）姚鼐纂集 **續古文辭類纂三十四卷** 王先謙纂集 清光緒三十年（1904）上海商務印書館鉛印本 七冊 存六十三卷（古文辭類纂十二至七十四）

520000－2801－0002519 3939
宋少保岳鄂王行實編年二卷 （宋）岳珂編進 （清）余肇鈞輯 清同治二年（1863）刻本

二册

520000－2801－0002520　3944
續浚南湖圖志一卷　(清)□□輯　(清)潘鴻等校　清光緒三十三年(1907)浙江官書局刻本　一册

520000－2801－0002521　3945
古韻發明不分卷切字肆考一卷　(清)張畊撰　清道光三年(1823)刻本　三册

520000－2801－0002522　3946
古韻溯原八卷　(清)安念祖　(清)華湛恩撰　清道光十九年(1839)親仁堂刻本　二册

520000－2801－0002523　3947
隨園隨筆二十八卷　(清)袁枚撰　清咸豐八年(1858)刻本　八册

520000－2801－0002524　3948
康熙字典十二集總目一卷檢字一卷辨似一卷等韻一卷備考一卷補遺一卷　(清)張玉書　(清)陳廷敬修　(清)凌紹雯等纂　清光緒十三年(1887)上海同文書局石印本　六册

520000－2801－0002525　3950
曾惠敏公全集十七卷　(清)曾紀澤撰　清光緒二十年(1894)上海石印本　四册

520000－2801－0002526　03951
明張文忠公詩文集十七卷　(明)張居正著　清宣統三年(1911)醉古堂石印本　四册

520000－2801－0002527　03952
石笥山房全集二十三卷　(清)胡天游著　清宣統二年(1910)上海國學扶輪社石印本　十册

520000－2801－0002528　3953
教育世界二十六卷　(清)教育世界社編　清光緒二十九年(1903)教育世界社石印本　四册

520000－2801－0002529　03955
林嚴文鈔四卷　林紓　嚴復撰　清宣統三年(1911)上海國學扶輪社鉛印本　四册

520000－2801－0002530　03956
石笥山房文集五卷補遺一卷目錄一卷　(清)胡天游著　清宣統二年(1910)上海國學扶輪社鉛印本　四册

520000－2801－0002531　03957
全謝山文鈔十六卷　(清)全祖望著　清宣統二年(1910)上海國學扶輪社鉛印本　八册

520000－2801－0002532　03960
廣雅十卷　(三國魏)張輯撰　(唐)曹憲音解　清藝林山房刻本　一册

520000－2801－0002533　3962
更生齋集三十八卷　(清)洪亮吉撰　清光緒三年至四年(1877－1878)授經堂刻本　十五册

520000－2801－0002534　03963
十種古逸書　(清)茆泮林輯　清道光十四年(1834)梅瑞軒刻本　六册

520000－2801－0002535　3965
子問二卷　(清)劉沅撰　清咸豐十一年(1861)刻本　二册

520000－2801－0002536　3966
拾餘四種二卷　(清)劉沅撰　清咸豐十一年(1861)刻本　二册

520000－2801－0002537　3967
朔方備乘六十八卷首十二卷　(清)何秋濤纂輯　清光緒七年(1881)石印本　八册

520000－2801－0002538　03968
陸象山先生全集三十六卷　(宋)陸九淵撰　(清)李紱點次　(清)周毓齡重校　清宣統二年(1910)江左書局鉛印本　八册

520000－2801－0002539　03969
陸象山先生全集三十六卷　(宋)陸九淵撰　(清)李紱點次　(清)周毓齡重校　清宣統二年(1910)江左書局鉛印本　八册

520000－2801－0002540　3970
小學集解六卷　(清)張伯行纂輯　(清)李蘭汀校訂　清同治六年(1867)湖北崇文書局刻本　三册

520000－2801－0002541　3971
吴摯甫尺牘五卷補遺一卷諭兒書一卷　（清）吳汝綸撰　清宣統二年（1910）國學扶輪社石印本　十冊　存五卷（吳摯甫尺牘五卷）

520000－2801－0002542　3973
張譚合鈔六卷　（清）章絳　（清）譚嗣同著　清宣統二年（1910）上海國學扶輪社石印本　五冊

520000－2801－0002543　03974
錢塘遺事十卷　（元）劉一清編　清光緒十三年（1887）丁氏八千卷樓刻本　一冊

520000－2801－0002544　3975
弟子職集解一卷　（清）莊述祖輯　**考證一卷補音一卷**　（清）黄彭年輯　清光緒十四年（1888）江蘇書局刻本　一冊

520000－2801－0002545　3976
弟子職集解一卷　（清）莊述祖輯　**考證一卷補音一卷**　（清）黄彭年輯　清光緒十四年（1888）江蘇書局刻本　一冊

520000－2801－0002546　3977
説文繫傳考異四卷附錄一卷　（清）汪憲撰　清光緒八年（1882）八杉齋刻本　二冊

520000－2801－0002547　03978
河南先生文集二十七卷附錄一卷　（宋）尹洙撰　清宣統二年（1910）守政書局刻本　四冊

520000－2801－0002548　3980
折獄龜鑑八卷首一卷　（宋）鄭克輯　（清）余肇鈞訂　清同治五年（1866）余氏家塾刻本　二冊

520000－2801－0002549　03981
三通序一卷　蔣德鈞輯　清光緒八年（1882）四川玉文堂刻本　一冊

520000－2801－0002550　3987
御批歷代通鑑輯覽一百二十卷　（清）傅恒總裁　（清）楊述曾等纂修　清光緒十一年（1885）上海同文書局石印本　二十冊

520000－2801－0002551　03989
知悔齋文二卷　（清）陳克劬著　清光緒十九年（1893）刻本　二冊

520000－2801－0002552　3990
友漁齋詩集十卷續集六卷　（清）黄凱鈞撰　清嘉慶十年（1805）刻本　三冊

520000－2801－0002553　03991
遜學齋詩鈔十卷　（清）孫衣言撰　清同治三年（1864）刻本　二冊

520000－2801－0002554　3992
亭林詩集五卷　（清）顧炎武著　清光緒二年（1876）湖南書局刻本　二冊

520000－2801－0002555　3993
離騷經一卷　（戰國）屈原撰　清末鉛印本　一冊

520000－2801－0002556　3994
歷代年號記畧一卷附刻一卷　（清）□□輯　清末刻本　一冊

520000－2801－0002557　3995
歷代史論二卷　（明）顧充著　清光緒七年（1881）京都寶香閣刻本　二冊

520000－2801－0002558　3997
古微堂内集二卷外集八卷　（清）魏源著　清宣統元年（1909）上海國學扶輪社鉛印本　六冊

520000－2801－0002559　3998
比雅十卷　（清）洪亮吉撰　清光緒五年（1879）授經堂刻本　二冊

520000－2801－0002560　3999
葬經内篇一卷　（晉）郭璞撰　（□）□□注　**黄帝宅經二卷**　（□）□□撰　清光緒三年（1877）湖北崇文書局刻本　一冊

520000－2801－0002561　4000
孝經一卷　（唐）玄宗李隆基注　清同治七年（1868）金陵書局刻本　一冊

520000－2801－0002562　4002
御批歷代通鑑輯覽一百二十卷　（清）傅恒總裁　（清）楊述曾等纂修　清末刻本　四十五

冊　存四十五卷(十八至三十、三十二、四十、四十二、四十四、四十六、四十九至六十五、一百六至一百十五)

520000－2801－0002563　04003
淵鑑類函四百五十卷目録四卷　(清)張英等纂　清光緒十三年(1887)上海同文書局石印本　三十六冊　存三百四十四卷(一至二百七、二百二十七至二百六十六、三百十三至三百二十、三百四十一至三百四十九、三百六十七至四百三十一、四百四十至四百五十,目録四卷)

520000－2801－0002564　4005
酉陽雜俎二十卷續集十卷　(唐)段成式撰　清光緒三年(1877)湖北崇文書局刻本　六冊

520000－2801－0002565　4006
酉陽雜俎續集十卷　(唐)段成式撰　清光緒三年(1877)湖北崇文書局刻本　二冊

520000－2801－0002566　04007
高士傳三卷　(晉)皇甫謐著　清光緒三年(1877)湖北崇文書局刻本　一冊

520000－2801－0002567　04008
高士傳三卷　(晉)皇甫謐著　清光緒三年(1877)湖北崇文書局刻本　一冊

520000－2801－0002568　04009
高士傳三卷　(晉)皇甫謐著　清光緒三年(1877)湖北崇文書局刻本　一冊

520000－2801－0002569　4010
山海經十八卷圖讚一卷　(晉)郭璞傳　**補註一卷**　(明)楊慎撰　清光緒元年(1875)湖北崇文書局刻本　三冊

520000－2801－0002570　4011
山海經十八卷圖讚一卷　(晉)郭璞傳　**補註一卷**　(明)楊慎撰　清光緒元年(1875)湖北崇文書局刻本　三冊

520000－2801－0002571　4012
韓詩外傳十卷目録一卷　(漢)韓嬰著　清光緒三年(1877)湖北崇文書局刻本　二冊

520000－2801－0002572　19821
乾隆大藏經七千一百六十八卷　(清)允祿等編纂　清乾隆刻本　五千九百五十八冊

520000－2801－0002573　4013
御覽闕史二卷　(唐)參寥子撰　清光緒三年(1877)湖北崇文書局刻本　一冊

520000－2801－0002574　4014
晏子春秋八卷　(春秋)晏嬰撰　清光緒元年(1875)湖北崇文書局刻本　二冊

520000－2801－0002575　4015
劉子二卷　(北齊)劉晝撰　清光緒元年(1875)湖北崇文書局刻本　一冊

520000－2801－0002576　4016
牟子一卷　(漢)牟融撰　**古今注三卷**　(晉)崔豹撰　清光緒元年(1875)湖北崇文書局刻本　一冊

520000－2801－0002577　4017
商子五卷　(戰國)商鞅撰　清光緒元年(1875)湖北崇文書局刻本　一冊

520000－2801－0002578　4018
叔苴子六卷外編二卷　(明)莊元臣撰　清光緒元年(1875)湖北崇文書局刻本　二冊

520000－2801－0002579　4019
叔苴子六卷外編二卷　(明)莊元臣撰　清光緒元年(1875)湖北崇文書局刻本　二冊

520000－2801－0002580　04020
列子二卷　(戰國)列禦寇撰　清光緒元年(1875)湖北崇文書局刻本　一冊

520000－2801－0002581　04021
列子二卷　(戰國)列禦寇撰　清光緒元年(1875)湖北崇文書局刻本　一冊

520000－2801－0002582　4022
玉泉子一卷　(唐)□□撰　**金華子雜編二卷**　(五代)劉崇遠撰　清光緒元年(1875)湖北崇文書局刻本　一冊

520000－2801－0002583　04023
空同子一卷　(明)李夢陽撰　**海沂子五卷**

（明）王文祿撰　清光緒元年（1875）湖北崇文書局刻本　一冊

520000－2801－0002584　4024
何博士備論二卷　（宋）何去非撰　**宋丞相李忠定公輔政本末一卷**　（宋）李綱撰　清光緒元年（1875）湖北崇文書局刻本　一冊

520000－2801－0002585　4025
金樓子六卷　（南朝梁）元帝蕭繹撰　清光緒元年（1875）湖北崇文書局刻本　二冊

520000－2801－0002586　4026
曉讀書齋初錄二卷二錄二卷三錄二卷四錄二卷　（清）洪亮吉著　清光緒三年（1877）授經堂刻本　二冊

520000－2801－0002587　4027
離騷草木疏四卷　（宋）吳仁傑撰　清光緒三年（1877）湖北崇文書局刻本　一冊

520000－2801－0002588　4028
水經注四十卷首一卷　（北魏）酈道元撰　清光緒三年（1877）湖北崇文書局刻本　十二冊

520000－2801－0002589　4029
焦氏易林四卷　（漢）焦贛撰　清光緒元年（1875）湖北崇文書局刻本　四冊

520000－2801－0002590　4030
世説新語六卷　（南朝宋）劉義慶撰　（南朝梁）劉孝標注　清光緒三年（1877）湖北崇文書局刻本　四冊

520000－2801－0002591　04031
郭侍郎奏疏十二卷　（清）郭嵩燾撰　清光緒十八年（1892）刻本　十二冊

520000－2801－0002592　04032
裘文達公文集六卷補遺一卷詩集十八卷　（清）裘曰修撰　清嘉慶八年（1803）刻本　六冊

520000－2801－0002593　04033
裘文達公奏議不分卷　（清）裘曰修撰　清嘉慶八年（1803）刻本　二冊

520000－2801－0002594　4034
文心雕龍十卷　（南朝梁）劉勰撰　（清）黄叔琳注　（清）紀昀評　清乾隆三年（1738）京都聚奎堂刻本　四冊

520000－2801－0002595　4035
大清中外一統輿圖十六卷中卷一卷　（清）嚴樹森撰　清光緒二十四年（1898）石印本　六冊

520000－2801－0002596　4040
國朝畫徵錄三卷　（清）張庚著　清光緒十九年（1893）上海積山書局石印本　一冊

520000－2801－0002597　4044
事物紀原十卷　（宋）高承撰　（明）李果訂　清光緒二十二年（1896）長沙刻本　六冊

520000－2801－0002598　4045
佩文詩韻釋要五卷　（清）周兆基輯　清宣統三年（1911）商務印書館石印本　二冊

520000－2801－0002599　4048
南宋院畫錄八卷　（清）厲鶚輯　清光緒十年（1884）錢塘丁氏竹書堂刻本　二冊

520000－2801－0002600　4049
中州金石記五卷　（清）畢沅撰　清光緒十三年（1887）上海大同書局影印本　一冊

520000－2801－0002601　4050
洛學編五卷　（清）湯斌輯　清同治九年（1870）刻本　一冊

520000－2801－0002602　4052
宋史論三卷　（明）張溥論正　清末刻本　一冊　存二卷（一至二）

520000－2801－0002603　4052
歷代職官表六卷　（清）黄本驥舊校　（清）王廷學重校　清光緒八年（1882）上海王廷學刻本　四冊

520000－2801－0002604　4053
明史論四卷　（清）谷應泰論正　清刻本　一冊　存二卷（三至四）

520000－2801－0002605　4054
樂書要錄十卷　（唐）武則天撰　清末木活字

印本　一册　存三卷(五至七)

520000－2801－0002606　4056
蜀詩十五卷總目一卷　(明)費經虞等輯　(清)孫澍校訂　清道光十三年(1833)鶩西孫氏古棠書屋刻本　四册

520000－2801－0002607　4068
中庸注一卷　康有為著　清光緒二十七年(1901)中國圖書公司鉛印本　一册

520000－2801－0002608　4071
書敘指南二十卷　(宋)任廣編次　清光緒二十二年(1896)長沙刻本　四册

520000－2801－0002609　04072
字林經策萃華八卷　(清)墨莊氏撰　清道光二十六年(1846)藝林山房刻本　四册

520000－2801－0002610　4073
綱鑑正史約三十六卷　(明)顧錫疇原編　(清)陳宏謀增訂　清光緒二十八年(1902)上海古香閣石印本　五册

520000－2801－0002611　04074
[咸豐]東華續錄六十九卷　(清)潘頤福撰　清光緒十八年(1892)上海圖書集成印書局鉛印本　十六册

520000－2801－0002612　04075
醒予山房文存十二卷　(清)劉愚撰　清同治元年至四年(1862－1865)成都刻本　六册

520000－2801－0002613　4076
五種遺規十八卷　(清)陳弘謀輯　清光緒十年(1884)刻本　十册

520000－2801－0002614　4077
附鮚軒外集一卷　(清)洪亮吉著　清光緒四年(1878)授經堂刻本　與520000－2801－0002615合一册

520000－2801－0002615　04077
擬兩晋南北史樂府二卷　(清)洪禮吉撰　清光緒三年(1877)授經堂刻本　與520000－2801－0002614合一册

520000－2801－0002616　4078
平定粤匪紀略十八卷附記四卷　(清)杜文瀾撰　清同治十年(1871)京都聚珍齋木活字印本　八册

520000－2801－0002617　4079
歷代策論約編一卷　(清)聖祖玄燁選　(清)孫佩南講授　清光緒二十七年(1901)麗澤堂刻本　二册

520000－2801－0002618　4080
讀史論略一卷　(清)杜詔著　**綱鑑總評一卷**　(清)潘寅軒撰　清刻本　一册

520000－2801－0002619　04084
白雨湖莊詩鈔四卷　(清)余雲煥撰　清光緒元年(1875)刻本　一册

520000－2801－0002620　4085
吴才老韻補正一卷　(清)顧炎武撰　**讀詩拙言一卷**　(明)陳第撰　清末刻本　一册

520000－2801－0002621　4085
國朝著述諸家姓名略一卷　(清)張之洞著　清光緒二十二年(1896)長沙經世堂刻本　與520000－2801－0002620合一册

520000－2801－0002622　4086
閩中海錯疏一卷　(明)屠本畯撰　(清)徐𤊹補　清咸豐、同治長沙余庫璽刻本　一册

520000－2801－0002623　4087
志銘廣例二卷　(清)梁玉繩撰　**金石例補二卷**　(清)郭麐撰　清光緒四年(1878)會稽章氏刻本　一册

520000－2801－0002624　4088
南遊記一卷　(清)孫嘉淦撰　清嘉慶十年(1805)守意龕刻朱墨印本　一册

520000－2801－0002625　19820
欽定古今圖書集成一萬卷目錄四十卷　(清)陳夢雷輯　清光緒十年(1884)上海圖書集成局鉛印本　二册　存一種

520000－2801－0002626　04091
意林五卷目錄一卷　(唐)馬總撰　**補遺一卷**　(清)張海鵬增訂　清光緒三年(1877)湖北

崇文書局刻本　二册

520000－2801－0002627　4092
洪北江先生年譜一卷附一卷　（清）吕培等編次　清光緒三年(1877)授經堂刻本　二册

520000－2801－0002628　4093
楚辭八卷首一卷　（戰國）屈原撰　（宋）朱熹集注　清光緒三年(1877)湖北崇文書局刻本　二册

520000－2801－0002629　4094
楚辭辯證二卷　（宋）朱熹撰　清光緒三年(1877)湖北崇文書局刻本　一册

520000－2801－0002630　4095
離騷一卷　（戰國）屈原撰　（宋）錢杲之集傳　清光緒三年(1877)湖北崇文書局刻本　一册

520000－2801－0002631　4097
新序十卷　（漢）劉向撰　清光緒元年(1875)湖北崇文書局刻本　二册

520000－2801－0002632　04098
白虎通德論四卷　（漢）班固纂　清光緒元年(1875)湖北崇文書局刻本　二册

520000－2801－0002633　4099
孔子家語十卷　（三國魏）王肅注　清光緒元年(1875)湖北崇文書局刻本　二册

520000－2801－0002634　4100
拾遺記十卷　（晉）王嘉撰　（南朝梁）蕭綺錄　清光緒元年(1875)湖北崇文書局刻本　一册

520000－2801－0002635　4101
潛夫論十卷　（漢）王符撰　清光緒元年(1875)湖北崇文書局刻本　二册

520000－2801－0002636　4102
神異經一卷海内十洲記一卷　（漢）東方朔撰　**別國洞冥記四卷**　（漢）郭憲撰　**穆天子傳六卷**　（晉）郭璞註　清光緒元年(1875)湖北崇文書局刻本　一册

520000－2801－0002637　04103
述異記二卷　（南朝梁）任昉撰　清光緒元年(1875)湖北崇文書局刻本　一册

520000－2801－0002638　04104
述異記二卷　（南朝梁）任昉撰　清光緒元年(1875)湖北崇文書局刻本　一册

520000－2801－0002639　4105
續博物志十卷　（唐）李石撰　清光緒元年(1875)湖北崇文書局刻本　一册

520000－2801－0002640　4106
風俗通義十卷　（漢）應劭撰　清光緒元年(1875)湖北崇文書局刻本　二册

520000－2801－0002641　04107
相臺書塾刊正九經三傳沿革例一卷　（宋）岳珂撰　清光緒三年(1877)湖北崇文書局刻本　一册

520000－2801－0002642　4108
周書十卷逸文一卷　（清）朱右曾輯訓校釋　清光緒三年(1877)湖北崇文書局刻本　二册

520000－2801－0002643　4109
抱朴子内篇四卷外篇四卷　（晉）葛洪撰　清光緒元年(1875)湖北崇文書局刻本　四册

520000－2801－0002644　4110
至遊子二卷　（□）□□撰　清光緒元年(1875)湖北崇文書局刻本　一册

520000－2801－0002645　04111
莊子南華真經三卷　（戰國）莊周撰　**莊子一卷**　（清）郭嵩燾撰　**莊子闕誤一卷**　（明）楊慎撰　清光緒元年(1875)湖北崇文書局刻本　二册

520000－2801－0002646　04117
聱隅子歔欷瑣微論二卷　（宋）黄晞撰　**嬾真子五卷**　（宋）馬永卿撰　**廣成子解一卷**　（宋）蘇軾撰　清光緒元年(1875)湖北崇文書局刻本　一册

520000－2801－0002647　4118
子書百家一百一種　（清）湖北崇文書局輯　清光緒元年(1875)湖北崇文書局刻本　一册

存六種

520000－2801－0002648　4120
經玩二十卷　(清)沈淑撰　清雍正七年(1729)刻本　八册

520000－2801－0002649　04122
禮記十卷　(元)陳澔集說　清嘉慶十年(1805)刻本　十册

520000－2801－0002650　4124
歷代名臣言行錄二十四卷　(清)朱桓輯　清光緒十二年(1886)鉛印本　十一册　存二十二卷(一至二十二)

520000－2801－0002651　4125
惠山記四卷首一卷　(明)邵寶撰　**續編三卷**　(清)邵涵初輯　清同治七年(1868)二泉書院刻本　六册

520000－2801－0002652　4128
前漢書一百卷　(漢)班固撰　(唐)顏師古注　清光緒十四年(1888)上海裴英館石印本　十六册

520000－2801－0002653　04130
湘梘宦遺稾一卷目錄一卷　(清)高銘彤著　清光緒十一年(1885)資中刻本　一册

520000－2801－0002654　4131
山海經十八卷圖讃一卷　(晉)郭璞傳　**補註一卷**　(明)楊愼撰　清光緒十年(1884)汗青簃刻本　四册

520000－2801－0002655　4132
琴學入門二卷　(清)張鶴輯　清同治六年(1867)陸琮刻本　二册

520000－2801－0002656　4134
藝海珠塵八集一百六十四種　(清)吳省蘭輯　(清)錢熙輔增輯　清嘉慶南匯吳氏聽彝堂刻本　十四册　存二集

520000－2801－0002657　04135
九通分類總纂二百四十卷　(清)汪鐘霖纂　清光緒二十八年(1902)上海文瀾書局石印本　七十九册　存二百三十七卷(一至二十五、二十九至二百四十)

520000－2801－0002658　4137
康熙字典十二集　(清)張玉書等纂　清光緒十五年(1889)上海點石齋石印本　四册

520000－2801－0002659　4143
周官精義十二卷　(清)連斗山編次　清嘉慶二年(1797)刻本　六册

520000－2801－0002660　4145
集注太玄四卷　(漢)揚雄撰　(宋)司馬光集注　清道光十一年(1831)青棠書屋刻本　一册

520000－2801－0002661　04146
聰訓齋語二卷恆產瑣言一卷飯有十二合說一卷　(清)張英纂　清光緒九年(1883)資州實硯齋刻本　一册

520000－2801－0002662　4147
元史二百十卷　(明)宋濂等修　清同治十三年(1874)江蘇書局刻本　四十册

520000－2801－0002663　4148
契丹國志二十七卷　(宋)葉隆禮撰　清嘉慶二年(1797)掃葉山房刻本　二册

520000－2801－0002664　04149
元史類編四十二卷總目一卷海運圖考一卷表一卷　(清)邵遠平學　(清)席世臣校刊　清乾隆六十年(1795)掃葉山房刻本　十二册

520000－2801－0002665　4150
出使英法義比四國日記六卷　(清)薛福成纂著　清光緒二十四年(1898)長沙鑄新齋刻本　五册

520000－2801－0002666　04151
名新建伯王文成公傳本二卷　(清)毛奇齡撰集　**附刻一卷**　(清)余庠璺編　清余氏家塾刻本　一册

520000－2801－0002667　4152
晏子春秋校勘二卷　(清)黄以周記　清刻本　一册

520000－2801－0002668　4153

趙註孫子四卷 （春秋）孫武撰 （清）趙虚舟註 清光緒三十一年（1905）貴陽文通書局鉛印本 二冊

520000－2801－0002669 04154
八代文粹二百二十卷目錄十八卷 （清）簡燊 （清）陳崇哲編 清光緒十一年（1885）富順攷雋堂刻本 五十六冊 存二百五卷（一至一百五十七、一百七十三至二百二十）

520000－2801－0002670 4155
寒松堂全集十二卷 （清）魏象樞撰 清康熙四十七年（1708）刻本 十二冊

520000－2801－0002671 4156
文光堂增訂課兒鑑畧妥注善本五卷 （明）李廷機撰 （明）張瑞圖校 （清）鄒聖脈原訂 清刻本 二冊

520000－2801－0002672 4157
文字蒙求四卷 （清）王筠輯 清光緒十三年（1887）刻本 一冊

520000－2801－0002673 4158
世說新語三卷世說新語考證一卷校勘小識一卷校勘小補識一卷引用書目一卷佚文一卷 （南朝宋）劉義慶撰 （南朝梁）劉孝標注 清光緒二十二年（1896）長沙刻本 三冊

520000－2801－0002674 4159
有正味齋駢文十六卷補注一卷 （清）吳錫麒撰 （清）葉聯芬箋注 清同治七年（1868）刻本 六冊

520000－2801－0002675 04160
屺思堂文集八卷 （清）劉子壯著 清康熙五十二年（1713）刻本 四冊

520000－2801－0002676 4162
古詩源十四卷 （清）沈德潛選 清康熙五十八年（1719）霽月山房刻本 四冊

520000－2801－0002677 4163
續刊青城山記二卷 （清）彭洵編輯 清光緒十三年（1887）刻本 一冊

520000－2801－0002678 04165
多歲堂古詩存八卷 （清）成書倬選評 清道光十一年（1831）多歲堂刻本 四冊

520000－2801－0002679 04166
十誦齋集六卷 （清）周天度撰 清乾隆三十五年（1770）刻本 二冊

520000－2801－0002680 4167
吾學錄初編二十四卷 （清）吳榮光述 清同治九年（1870）江蘇書局刻本 六冊

520000－2801－0002681 4168
中說十卷 （隋）王通撰 （宋）阮逸注 清光緒十六年（1890）貴陽陳矩刻本 一冊

520000－2801－0002682 4169
泰律外篇三卷 （明）葛中選著 清光緒三十年（1904）刻本 二冊

520000－2801－0002683 4171
百柱堂全集内集三十四卷外集十九卷 （清）王柏心撰 **彤雲閣遺稿一卷** （清）王家仕撰 清光緒二十四年（1898）成山唐氏貴陽刻本 二十冊

520000－2801－0002684 4172
百柱堂全集内集三十四卷外集十九卷 （清）王柏心撰 **彤雲閣遺稿一卷** （清）王家仕撰 清光緒二十四年（1898）成山唐氏貴陽刻本 十五冊 存三十四卷（内集三十四卷）

520000－2801－0002685 4173
今水經一卷表一卷 （清）黄宗羲撰 清乾隆三十八年（1773）明辨齋刻本 一冊

520000－2801－0002686 04174
船山詩草二十卷敘目一卷 （清）張問陶撰 清嘉慶二十年（1815）經文堂刻本 二冊 存八卷（一至八）

520000－2801－0002687 4176
吳詩集覽二十卷 （清）吳偉業撰 （清）靳榮藩輯 清乾隆四十年（1775）刻本 十六冊

520000－2801－0002688 4177
焦氏易林四卷 （漢）焦贛撰 清光緒元年（1875）湖北崇文書局刻本 四冊

520000－2801－0002689　4178
宋元學案一百卷首一卷　(清)黄宗羲撰　(清)全祖望定本　清光緒五年(1879)上海文瑞樓石印本　三十册　存九十四卷(一至十八、二十六至一百,首一卷)

520000－2801－0002690　04180
武帝全書十八卷首一卷　(清)張鎮彙輯　(清)甘雨施增輯　清同治十一年(1872)刻朱墨印本　十二册

520000－2801－0002691　4181
增補蘇批孟子二卷　(宋)蘇洵撰　(清)趙大浣增補　清同治十二年(1873)味經堂刻朱墨印本　二册

520000－2801－0002692　4182
琅嬛文集六卷　(明)張岱著　清光緒三年(1877)刻本　六册

520000－2801－0002693　4183
廿一史約編八卷首一卷　(清)鄭元慶述　(清)龐祁等輯　清刻本　七册　存七卷(金、石、絲、竹、匏、土、革)

520000－2801－0002694　4184
練兵實紀九卷雜集六卷　(明)戚繼光撰　清咸豐四年(1854)刻本　六册

520000－2801－0002695　4185
御定歷代賦彙一百四十卷外集二十卷集逸句二卷補遺二十二卷　(清)陳元龍輯　清光緒二十年(1894)上海點石齋石印本　十六册

520000－2801－0002696　4186
文獻通考輯要二十四卷　湯壽潛編輯　清光緒二十五年(1899)圖書集成局鉛印本　三十册

520000－2801－0002697　4187
文獻通考輯要二十四卷欽定續文獻通考輯要二十六卷皇朝文獻通考輯要二十六卷　湯壽潛編輯　清光緒二十五年(1899)圖書集成局鉛印本　二十六册　存六十四卷(文獻通考輯要一至四、九上至二十四下,欽定續文獻通考輯要一至十一上、十六至十七下、二十至二十四,皇朝文獻通考輯要一上至二十六)

520000－2801－0002698　4188
文獻通考輯要二十四卷欽定續文獻通考輯要二十六卷皇朝文獻通考輯要二十六卷　湯壽潛編輯　清光緒二十五年(1899)圖書集成局鉛印本　三十册

520000－2801－0002699　4189
左傳紀事本末五十三卷　(清)高士奇編輯　(清)閔萃祥點勘　清光緒二十五年(1899)慎記書莊石印本　五册

520000－2801－0002700　04190
通鑑擥要正編十九卷附録一卷前編二卷續編八卷　(清)姚培謙　(清)張景星録　清同治十二年(1873)龍威閣刻本　十九册

520000－2801－0002701　4191
皇朝經世文續編一百二十卷　(清)葛士濬輯　清光緒二十四年(1898)鉛印本　二十四册

520000－2801－0002702　4192
隨園隨筆二十八卷　(清)袁枚著　清同治五年(1866)三讓睦刻本　八册

520000－2801－0002703　4193
經籍籑詁一百六卷首一卷　(清)阮元撰集　清光緒六年(1880)淮南書局刻本　四十册

520000－2801－0002704　4194
經籍籑詁一百六卷首一卷　(清)阮元撰集　清光緒六年(1880)淮南書局刻本　四十八册

520000－2801－0002705　4195
皇朝經世文編一百二十卷　(清)賀長齡輯　清光緒十四年(1888)上海廣百宋齋鉛印本　二十四册

520000－2801－0002706　04197
東都事畧一百三十卷　(宋)王偁撰　清嘉慶三年(1798)掃葉山房刻本　十册

520000－2801－0002707　4198
西漚全集十卷外集八卷　(清)李惺撰　(清)宋寶楲　(清)童棫編輯　清同治七年(1868)李氏刻本　十六册

520000－2801－0002708　4199
大學衍義四十三卷　（宋）真德秀彙輯　（明）陳仁錫評閲　清同治十三年（1874）夔州府雲邑郭氏家塾刻本　十二冊

520000－2801－0002709　4200
春秋例表一卷　（清）王代豐撰　清刻本　一冊

520000－2801－0002710　4201
新話宣和遺事二集　（□）□□撰　清道光十四年（1834）刻本　四冊

520000－2801－0002711　4202
山東軍興紀畧二十二卷　（清）管晏等撰　清末上海申報館鉛印本　十冊

520000－2801－0002712　04206
松花菴全集十二卷　（清）吳鎮撰　清乾隆五十六年（1791）刻本　十二冊

520000－2801－0002713　4210
宋李忠定奏議六十九卷目錄一卷首一卷文集十二卷　（宋）李綱撰　清光緒二十九年（1903）湖南愛日堂刻本　二十一冊

520000－2801－0002714　04211
資治通鑑二百九十四卷　（宋）司馬光編集（元）胡三省註　**釋文辨誤十二卷**　（元）胡三省撰　清同治八年（1869）江蘇書局刻本　一百冊

520000－2801－0002715　4212
晉書一百三十卷　（唐）太宗李世民撰　**音義三卷**　（唐）何超撰　清同治十年（1871）金陵書局刻本　二十四冊

520000－2801－0002716　4213
魏書一百十四卷　（北齊）魏收撰　清同治十二年（1873）金陵書局刻本　二十冊

520000－2801－0002717　04214
壽山堂易說三卷　題（清）無極呂子著　清刻本　五冊

520000－2801－0002718　4215
大學衍義補一百六十卷首一卷　（明）丘濬撰（明）陳仁錫評閲　清道光十七年（1837）芸香堂刻本　三十八冊

520000－2801－0002719　4216
蘇文忠公詩集五十卷目錄二卷　（宋）蘇軾撰（清）紀昀評點　清刻朱墨印本　六冊　存二十九卷（二十二至五十）

520000－2801－0002720　4217
蘇文忠詩合註五十卷首一卷　（宋）蘇軾撰（清）馮應榴輯訂　清光緒九年（1883）木假山堂刻本　二十冊

520000－2801－0002721　4218
國語二十一卷　（三國吳）韋昭解　**校刊明道本韋氏解國語札記一卷**　（清）黃丕烈撰　清光緒二十三年（1897）成都書局刻本　四冊

520000－2801－0002722　4219
戰國策三十三卷　（漢）高誘注　**重刻剡川姚氏本戰國策札記三卷**　（清）黃丕烈撰　清嘉慶八年（1803）吳門黃氏讀未見書齋刻本　六冊

520000－2801－0002723　04220
中西紀事二十四卷首一卷　（清）夏燮撰　清同治七年（1868）刻本　六冊

520000－2801－0002724　4221
爾雅蒙求二卷　（清）李拔式撰　清刻本　二冊

520000－2801－0002725　4222
日知堂集四卷首一卷　（清）鄭端撰　清同治十三年（1874）保定蓮花池刻本　二冊

520000－2801－0002726　4223
帶經堂詩話三十卷首一卷　（清）王士禎撰（清）張宗柟輯　清同治十二年（1873）廣州藏脩堂刻本　十二冊

520000－2801－0002727　04224
陶彭澤集六卷　（晉）陶潛著　（清）胡鳳丹校　清同治九年（1870）退補齋刻本　一冊

520000－2801－0002728　4225
古微堂内集三卷外集七卷　（清）魏源著　清

光緒四年(1878)淮南書局刻本　四册

520000－2801－0002729　4226
六朝四家全集□□卷　(清)胡鳳丹輯　清同治九年(1870)退補齋刻本　五册　存十八卷(陶彭澤集一至六、謝宣城集一至五、庾開府一至二、採集歷朝詩話一、辨訛考異一至四)

520000－2801－0002730　4227
皇極經世緒言九卷首一卷　(宋)邵雍著　(清)包燿麗參校　清嘉慶四年(1799)錢塘徐樹堂刻本　六册

520000－2801－0002731　4228
皇極經世緒言九卷首一卷　(宋)邵雍著　(清)包燿麗參校　清嘉慶四年(1799)錢塘徐樹堂刻本　十册

520000－2801－0002732　4229
政學錄初稿八卷　(清)陸言纂輯　清道光十三年(1833)無錫鄒鳴鶴刻本　八册

520000－2801－0002733　4232
制義叢話二十四卷題名一卷　(清)梁章鉅撰　清咸豐九年(1859)知不足齋刻本　八册

520000－2801－0002734　4233
中等地理教科書三卷　(清)□□撰　清光緒二十九年(1903)正蒙公塾刻本　三册

520000－2801－0002735　4234
王船山先生年譜二卷　(清)劉毓崧編　清光緒十二年(1886)江南書局刻本　二册

520000－2801－0002736　04236
陳太僕批選八家文抄九卷　(清)陳兆崙輯　清光緒二十六年(1900)天津文美齋石印本　六册

520000－2801－0002737　4237
大學衍義輯要六卷　(宋)真德秀原本　(清)陳宏謀纂　**補輯要十二卷首一卷**　(明)邱濬原本　清乾隆二年(1737)寶翰樓刻本　八册

520000－2801－0002738　4238
大學衍義輯要六卷　(宋)真德秀原本　(清)陳宏謀纂　**補輯要十二卷首一卷**　(明)邱濬原本　清乾隆二年(1737)寶翰樓刻本　七册　存二卷(大學衍義輯要四至五)

520000－2801－0002739　4239
養晦堂文集十卷詩集二卷　(清)劉蓉著　清光緒三年(1877)思賢講舍刻本　六册

520000－2801－0002740　04240
許文正公遺書十二卷首一卷末二卷　(元)許衡撰　清乾隆五十三年(1788)刻本　六册　存十一卷(一至十一)

520000－2801－0002741　4241
鹿忠節公集二十一卷　(清)鹿善繼著　清刻本　八册

520000－2801－0002742　4242
說文解字十五卷　(漢)許慎記　(宋)徐鉉等校定　清嘉慶十四年(1809)刻本　四册

520000－2801－0002743　4243
史忠正公集四卷首一卷末一卷　(明)史可法撰　清道光二十九年(1849)隴西平原小墅刻本　三册

520000－2801－0002744　4244
五塘詩草六卷　(清)許印芳撰　清光緒十三年(1887)刻本　二册

520000－2801－0002745　4246
建昭雁足燈考二卷　(清)徐渭仁錄　清道光十七年(1837)刻本　一册

520000－2801－0002746　4248
四餘詩草一卷　(清)余子儒撰　清光緒七年(1881)亦園刻本　一册

520000－2801－0002747　4249
歷代史案二十卷首一卷　(清)洪亮吉輯　清末刻本　五册　存十六卷(一至十六)

520000－2801－0002748　4251
聞妙香室文十九卷詩十二卷詞一卷　(清)李宗昉撰　清刻本　八册

520000－2801－0002749　4253
增補綱鑑輯要四十卷首一卷　(明)袁黄編纂　清光緒二十五年(1899)澹雅山房刻本　二

十册　存三十卷(一至二十九、首一卷)

520000－2801－0002750　4254
兩般秋雨盦隨筆八卷　(清)梁紹壬纂　清光緒十年(1884)錢塘許氏吉華堂刻本　八册

520000－2801－0002751　4255
元史譯文證補三十卷　(清)洪鈞撰　清光緒二十三年(1897)刻本　四册

520000－2801－0002752　4256
國語二十一卷　(三國吳)韋昭解　(宋)宋庠補音　**戰國策三十三卷**　(宋)鮑彪校注　清光緒十五年(1889)經國堂刻本　十册　存十卷(戰國策一至十)

520000－2801－0002753　4257
古文雅正十四卷目錄一卷　(清)蔡世遠評選　清刻本　七册　存十二卷(三至十四)

520000－2801－0002754　04258
三省邊防備覽十二卷　(清)嚴如熤輯　清道光二年(1822)刻本　八册

520000－2801－0002755　4259
朱子原編孟子要略五卷首一卷　(清)孫光庭輯註　清光緒二十九年(1903)雲南官書局刻本　四册

520000－2801－0002756　4260
竹溪詩草四卷　(清)裴謙撰　清嘉慶二十五年(1820)刻本　四册

520000－2801－0002757　04261
危言四卷　(清)湯震撰　清光緒二十二年(1896)上海圖書集成印書局鉛印本　二册

520000－2801－0002758　4263
古文苑注二十一卷　(宋)章樵注　(清)李錫齡校刊　清光緒十四年(1888)長沙惜陰書局刻本　四册

520000－2801－0002759　04264
通甫類稿四卷續編二卷　(清)魯一同撰　清咸豐九年(1859)刻本　五册

520000－2801－0002760　4265
韻辨附文五卷目錄一卷　(清)沈兆霖輯　清同治十二年(1873)刻本　五册

520000－2801－0002761　4266
楷法溯源十四卷目錄一卷　楊守敬編　清光緒三年(1877)刻本　八册

520000－2801－0002762　4267
草字彙不分卷　(清)石梁集　清存古齋石印本　六册

520000－2801－0002763　4268
皇清開國方略三十二卷首一卷　(清)阿桂等纂修　清光緒十五年(1889)上海廣百宋齋鉛印本　六册

520000－2801－0002764　4269
皇清開國方略三十二卷首一卷　(清)阿桂等纂修　清光緒十五年(1889)上海廣百宋齋鉛印本　六册

520000－2801－0002765　04275
讀杜心解六卷首二卷　(清)浦起龍撰　清雍正二年(1724)刻本　七册

520000－2801－0002766　4276
六書音均表五卷　(清)段玉裁撰　清乾隆四十二年(1777)刻本　二册

520000－2801－0002767　4277
籌濟編三十二卷首一卷　(清)楊景仁輯　清光緒五年(1879)江蘇書局刻本　八册

520000－2801－0002768　4278
籌濟編三十二卷首一卷　(清)楊景仁輯　清光緒五年(1879)江蘇書局刻本　八册

520000－2801－0002769　4279
籌濟編三十二卷首一卷　(清)楊景仁輯　清光緒五年(1879)江蘇書局刻本　八册

520000－2801－0002770　4280
呂氏春秋二十六卷　(戰國)呂不韋撰　(漢)高誘注　清乾隆五十四年(1789)刻本　六册

520000－2801－0002771　4281
吾學錄初編二十四卷　(清)吳榮光撰　清道光二十九年(1849)刻本　八册

520000－2801－0002772　4282
吾學録初編二十四卷　（清）吳榮光撰　清道光二十九年（1849）刻本　八冊

520000－2801－0002773　04283
七注陰符經一卷　（周）姜尚注　（漢）張良解　（三國蜀）諸葛亮釋　（唐）李淳風校正　**陰符集證一卷**　（清）諸葛光榮輯　（清）方元壯校　（清）鍾伏武閱　（清）袁世忠評　清咸豐五年（1855）草廬刻本　一冊

520000－2801－0002774　4284
紀元通考十二卷　（清）葉維庚撰　清末抄本　二冊

520000－2801－0002775　4285
說文解字十五卷　（漢）許慎撰　（宋）徐鉉等校定　明末汲古閣刻本　六冊

520000－2801－0002776　4286
瀛環志略十卷　（清）徐繼畬輯　清道光三十年（1850）刻本　八冊

520000－2801－0002777　4287
瀛環志略十卷　（清）徐繼畬輯著　清同治五年（1866）總理衙門刻本　六冊

520000－2801－0002778　4288
宋葉文康公禮經會元四卷　（宋）葉時撰　（清）許元淮輯　清道光二十年（1840）大盛堂刻本　四冊

520000－2801－0002779　4289
宋葉文康公禮經會元四卷　（宋）葉時撰　（清）許元淮輯　清道光二十年（1840）大盛堂刻本　四冊

520000－2801－0002780　4290
史記菁華録四卷　題（清）姚苧田（姚祖恩）摘録　清道光二十三年（1843）貴州刻本　四冊

520000－2801－0002781　4291
課子隨筆節抄六卷附録一卷　（清）張又渠輯　（清）徐桐節鈔　**續編一卷**　（清）徐桐續編　清同治十年（1871）貴州刻本　四冊

520000－2801－0002782　4292
課子隨筆節抄六卷附録一卷　（清）張又渠輯　（清）徐桐節鈔　**續編一卷**　（清）徐桐續編　清末琉璃廠東門内龍雲齋刻本　四冊

520000－2801－0002783　4293
介菴經說十卷補二卷　（清）雷雪淇述　清道光三年（1823）京都琉璃廠西門内奎光齋刻本　四冊

520000－2801－0002784　4294
清秘述聞十六卷　（清）法式善編　清嘉慶三年（1798）刻本　六冊

520000－2801－0002785　4295
四書圖一卷　（清）童棫輯　清同治四年（1865）忠恕堂童氏刻本　一冊

520000－2801－0002786　4296
四書句辨一卷字辨一卷疑字辨一卷　（清）□□撰　清同治四年（1865）忠恕堂童氏刻本　一冊

520000－2801－0002787　4297
漱芳軒合纂四書體注十九卷　（清）范翔參訂　清乾隆十年（1745）蓮溪書屋刻本　六冊

520000－2801－0002788　4298
新訂四書補注備旨九卷　（明）鄧林撰　（清）杜定基增訂　清乾隆四十四年（1779）刻本　五冊

520000－2801－0002789　4299
漱芳軒合纂四書體注十九卷　（清）范翔參訂　清康熙三十一年（1692）刻本　六冊

520000－2801－0002790　4300
明紀六十卷　（清）陳鶴撰　（清）陳克家參訂　清同治十年（1871）江蘇書局刻本　二十冊

520000－2801－0002791　4301
大清律例統纂集成四十卷督捕則例二卷　（清）姚潤輯　（清）胡璋增修　清同治十二年（1873）刻本　二十八冊　存三十六卷（一至三十六）

520000－2801－0002792　4302
嘯亭雜録十卷續録三卷　（清）昭槤輯　清宣

統元年(1909)中國圖書公司鉛印本　四册

520000－2801－0002793　04304
詩韻全璧五卷　題(清)惜陰主人增輯　**虚字韻藪一卷**　(清)潘維城輯　清光緒十七年(1891)上海錦章圖書局石印本　五册

520000－2801－0002794　04305
解文毅公集十六卷首一卷附録一卷　(明)解縉撰　清乾隆三十一年(1766)刻本　八册

520000－2801－0002795　4306
賦鈔六卷　(清)張惠言輯　清光緒八年(1882)廣東載文堂刻本　六册

520000－2801－0002796　04307
通雅堂詩鈔十卷　(清)施山撰　清光緒元年(1875)荊州刻本　四册

520000－2801－0002797　4308
德蔭堂集十六卷　(清)阿克敦撰　(清)阿桂編輯　清嘉慶二十一年(1816)刻本　四册

520000－2801－0002798　4309
杜工部集二十卷首一卷　(唐)杜甫撰　(明)王弇州(王世貞)等評　清光緒二年(1876)粵東翰墨園刻五色套印本　十册

520000－2801－0002799　4310
説文解字句讀三十卷句讀附補正三十卷　(漢)許慎記　(清)王筠撰集　清同治四年(1865)王氏涵芬樓刻本　十六册

520000－2801－0002800　04311
史記一百三十卷目録一卷　(漢)司馬遷撰　(南朝宋)裴駰集解　(唐)司馬貞索隱　(唐)張守節正義　**進表一卷**　(清)弘晝等進　**補史記序一卷**　(唐)司馬貞撰　**史記正義論例謚法解列國分野一卷**　(唐)張守節撰　清同治十一年(1872)成都書局刻本　三十二册

520000－2801－0002801　04313
三國志六十五卷　(晉)陳壽撰　(南朝宋)裴松之注　清同治九年(1870)金陵書局刻本　八册

520000－2801－0002802　4314
説文答問疏證六卷　(清)薛傳均著　清光緒九年(1883)歸安姚氏刻本　一册

520000－2801－0002803　4315
説文聲訂二十八卷　(清)苗夔撰　清道光二十一年(1841)刻本　二册

520000－2801－0002804　4316
説文建首字讀一卷　(清)苗夔點定　清咸豐元年(1851)理董居刻本　一册

520000－2801－0002805　4317
説文解字通釋四十卷　(五代)徐鍇傳釋　**繫傳校勘記三卷**　(清)祁寯藻撰　清道光十九年(1839)據景宋抄本刻本　八册

520000－2801－0002806　4318
史記志疑三十六卷　(清)梁玉繩撰　清乾隆五十二年(1787)刻本　十二册

520000－2801－0002807　4319
宋黄文節公全集正集三十二卷首四卷外集二十三卷首一卷別集十九卷首一卷續集十卷首一卷附刻一卷　(宋)黄庭堅撰　**伐檀集二卷**　(宋)黄庶撰　清光緒二十年(1894)義寧州署刻本　二十八册

520000－2801－0002808　4320
天下郡國利病書一百二十卷　(清)顧炎武輯　清道光三年(1823)敷文閣刻本　五十册

520000－2801－0002809　4321
天下郡國利病書一百二十卷　(清)顧炎武輯　清道光十一年(1831)敷文閣刻本　四十八册　存一百十四卷(一至六十四、六十八至一百十二、一百十六至一百二十)

520000－2801－0002810　4323
金石萃編一百六十卷目録一卷　(清)王昶撰　清嘉慶十年(1805)刻本　七十三册　存一百五十一卷(一至一百五十、目録一卷)

520000－2801－0002811　4325
前漢書一百卷　(漢)班固撰　(唐)顔師古注　清同治八年(1869)金陵書局刻本　十六册

520000－2801－0002812　04326

于文定公讀史漫錄二十卷　(明)于慎行撰　(清)黄恩彤參訂　清道光二十六年(1846)刻本　十册

520000－2801－0002813　4327

沅湘耆舊集前編四十卷正編二百卷　(清)鄧顯鶴輯　清道光二十三年至二十四年(1843－1844)新化鄧氏南邨草堂、鄧氏小九華山樓刻本　五十九册　存二百三十六卷(前編一至四十,正編一至十二、十七至二百)

520000－2801－0002814　4328

康熙字典十二集　(清)張玉書等撰　清刻本　四十册

520000－2801－0002815　4329

宋元學案一百卷首一卷　(清)黄宗羲撰　(清)黄百家纂輯　(清)全祖望修定　清光緒五年(1879)長沙寄廬刻本　四十册

520000－2801－0002816　4330

國朝古文正的五卷　(清)楊彝珍輯　**遜學齋文鈔一卷**　(清)孫衣言撰　**移芝室古文一卷**　(清)楊彝珍撰　清光緒六年(1880)獨山莫氏上海淞隱閣鉛印本　六册

520000－2801－0002817　4331

觀象居詩鈔二卷　(清)陳蘭瑞撰　清道光二十三年(1843)刻本　一册

520000－2801－0002818　4332

李義山詩集三卷　(唐)李商隱撰　(清)朱鶴齡箋注　(清)沈厚塽輯評　清同治九年(1870)廣州倅署刻三色套印本　四册

520000－2801－0002819　4333

文獻通考二十四卷首一卷　(元)馬端臨著　清光緒二十五年(1899)上海點石齋石印本　二十四册

520000－2801－0002820　04334

聖武記十四卷　(清)魏源撰　清道光二十二年(1842)刻本　十四册

520000－2801－0002821　4335

紀文達公文集十六卷詩集十六卷首一卷　(清)紀昀撰　(清)紀樹馨編校　清道光三十年(1850)刻本　十册　存二十五卷(文集十六卷、詩集一至八、首一卷)

520000－2801－0002822　4336

春秋大事表五十卷輿圖一卷附錄一卷　(清)顧棟高纂輯　清同治十二年(1873)平遠丁稺璜刻本　二十四册

520000－2801－0002823　4337

春秋大事表五十卷輿圖一卷附錄一卷　(清)顧棟高纂輯　清同治十二年(1873)平遠丁稺璜刻本　二十册　存四十八卷(一至四十八)

520000－2801－0002824　4338

春秋大事表五十卷輿圖一卷附錄一卷　(清)顧棟高纂輯　清同治十二年(1873)平遠丁稺璜刻本　二十四册

520000－2801－0002825　04339

白沙子全集十卷首一卷末一卷古詩教解二卷　(明)陳獻章撰　清乾隆三十六年(1771)刻本　九册

520000－2801－0002826　4340

左傳義三十八卷　(清)周大璋輯評　清乾隆五年(1740)三畏堂刻本　十册

520000－2801－0002827　4341

讀禮通考一百二十卷　(清)徐乾學撰　清光緒七年(1881)江蘇書局刻本　三十二册

520000－2801－0002828　4342

唐宋十大家全集錄五十一卷總目一卷首一卷　(清)儲欣輯　清光緒八年(1882)江蘇書局刻本　三十二册

520000－2801－0002829　4343

五禮通考二百六十二卷首四卷　(清)秦蕙田輯　清光緒六年(1880)江蘇書局刻本　五十六册　存二百四十九卷(一至二百四十五、首四卷)

520000－2801－0002830　4344

御批歷代通鑑輯覽一百二十卷　(清)傅恒總

裁　(清)楊述曾等纂修　清同治十三年(1874)湖南書局刻本　八十冊

520000－2801－0002831　4345
漢魏六朝一百三家集　(明)張溥輯　清光緒三年(1877)滇南唐氏刻本　八十冊

520000－2801－0002832　4346
漢魏六朝一百三家集　(明)張溥輯　清光緒三年(1877)滇南唐氏刻本　一百十九冊

520000－2801－0002833　04347
全唐詩九百卷總目一卷　(清)曹寅等輯　清道光十年(1830)刻本　一百二十冊

520000－2801－0002834　4348
重訂文選集評十五卷首一卷末一卷　(南朝梁)昭明太子蕭統選　(清)于光華編次　清乾隆四十五年(1780)刻本　十六冊

520000－2801－0002835　4349
文選六十卷　(南朝梁)昭明太子蕭統撰　(唐)李善注　(清)葉樹藩參訂　清乾隆三十七年(1772)海錄軒刻朱墨印本　二十冊

520000－2801－0002836　4350
欽定吏部則例八十七卷　(清)恩桂等修　(清)薛鳴皋等纂　清道光二十三年(1843)刻本　二十三冊

520000－2801－0002837　04351
東華續錄一百卷　王先謙編　清光緒刻本　四十五冊　存六十七卷(一至十一、十三至二十六、二十八至三十九、七十一至一百)

520000－2801－0002838　04352
後漢書九十卷目錄一卷　(南朝宋)范曄撰　(唐)李賢注　**續後漢書八志三十卷目錄一卷**　(南朝梁)劉昭注補　清光緒十年(1884)金陵書局刻本　十五冊　缺四卷(後漢書一至四)

520000－2801－0002839　4353
五經旁訓讀本□□卷　(清)徐立綱撰　清同文堂刻本　六冊

520000－2801－0002840　04354
欽定書經傳說彙纂二十一卷首二卷書序一卷　(清)王頊齡等纂　清雍正八年(1730)刻本　十六冊

520000－2801－0002841　4355
書經六卷　(宋)蔡沈撰　清道光十六年(1836)揚郡二郎廟惜字局刻本　四冊

520000－2801－0002842　4356
尚書大傳四卷　(漢)伏勝撰　(漢)鄭玄注　**補遺一卷續補遺一卷考異一卷**　(清)盧文弨學　清光緒三年(1877)湖北崇文書局刻本　一冊

520000－2801－0002843　04357
湘軍志十六卷　王闓運撰　清刻本　一冊　存六卷(一至六)

520000－2801－0002844　4358
書經精義彙鈔六卷　(清)陸錫璞輯　清道光二十年(1840)大盛堂刻本　六冊

520000－2801－0002845　04359
欽定書經傳說彙纂二十一卷首二卷書序一卷　(清)王頊齡等纂　清乾隆二年(1737)貴州刻本　十四冊

520000－2801－0002846　04360
欽定書經傳說彙纂二十一卷首二卷書序一卷　(清)王頊齡等纂　清同治十年(1871)湖北崇文書局刻本　十二冊

520000－2801－0002847　04361
欽定書經傳說彙纂二十一卷首二卷書序一卷　(清)王頊齡等纂　清同治十年(1871)湖北崇文書局刻本　十二冊

520000－2801－0002848　04362
欽定書經傳說彙纂二十一卷首二卷書序一卷　(清)王頊齡等纂　清同治十年(1871)湖北崇文書局刻本　十二冊

520000－2801－0002849　4363
書經精義彙鈔六卷　(清)陸錫璞輯　清道光二十年(1840)大盛堂刻本　六冊

520000－2801－0002850　4364

書經揭要六卷 （清）周蕙田輯錄 清乾隆五十三年（1788）自怡軒刻本 二册

520000－2801－0002851 4365
新刻書經備旨善本輯要六卷 （清）汪右衡鑒定 （清）馬大猷手輯 清末文光堂刻本 五册

520000－2801－0002852 4366
書經精華六卷易經精華六卷末一卷 （清）薛嘉穎輯 清道光七年（1827）姑蘇步月樓刻本 三册

520000－2801－0002853 4367
尚書離句六卷 （清）錢在培輯解 清雍正八年（1730）大文堂刻本 六册

520000－2801－0002854 4368
尚書離句六卷 （清）錢在培輯解 清道光十六年（1836）熊大盛堂刻本 三册

520000－2801－0002855 4369
尚書離句六卷 （清）錢在培輯解 清光緒十四年（1888）鴻林堂刻本 四册

520000－2801－0002856 4370
尚書古文疏證八卷 （清）閻若璩撰 **朱子古文書疑一卷** （清）閻詠復輯 清同治六年（1867）錢塘汪氏振綺堂補刻本 八册 存七卷（一至二、四至八）

520000－2801－0002857 04371
詩經精義彙鈔四卷首一卷 （清）陸錫璞輯 清道光二十年（1840）黔省熊大盛堂刻本 八册

520000－2801－0002858 04372
欽定詩經傳說彙纂二十一卷首二卷詩序二卷 （清）王鴻緒等纂 清同治十年（1871）湖北崇文書局刻本 十八册

520000－2801－0002859 04373
欽定詩經傳說彙纂二十一卷首二卷詩序二卷 （清）王鴻緒等纂 清同治十年（1871）湖北崇文書局刻本 十九册

520000－2801－0002860 04374
欽定詩經傳說彙纂二十一卷首二卷詩序二卷 （清）王鴻緒等纂 清同治十年（1871）湖北崇文書局刻本 十二册 存十九卷（一至十七、首二卷）

520000－2801－0002861 04375
陳氏毛詩五種 （清）陳奐撰 清道光二十年至二十七年（1840－1847）掃葉山莊刻光緒七年（1881）後印本 十六册

520000－2801－0002862 04376
陳氏毛詩五種 （清）陳奐撰 清道光二十年至二十七年（1840－1847）掃葉山莊刻光緒七年（1881）後印本 十二册 存二種二十九卷（詩毛氏傳疏一至十五、二十一至三十，釋毛詩音一至四）

520000－2801－0002863 04377
欽定詩經傳說彙纂二十一卷首二卷詩序二卷 （清）王鴻緒等纂 清光緒十四年（1888）上海鴻文書局石印本 二册

520000－2801－0002864 19819
欽定古今圖書集成一萬卷目錄四十卷 （清）陳夢雷輯 清光緒十年（1884）上海圖書集成局鉛印本 八十册 存七種

520000－2801－0002865 04378
詩經八卷詩序辨說一卷 （宋）朱熹集傳 清光緒二十二年（1896）金陵書局刻本 五册

520000－2801－0002866 19818
欽定古今圖書集成一萬卷目錄四十卷 （清）陳夢雷輯 清光緒十年（1884）上海圖書集成局鉛印本 五十六册 存二種

520000－2801－0002867 04379
詩經八卷詩序辨說一卷 （宋）朱熹集傳 清光緒二十二年（1896）金陵書局刻本 五册

520000－2801－0002868 4380
毛詩故訓傳鄭箋三十卷 （漢）鄭玄箋 清同治十一年（1872）五雲堂刻本 六册

520000－2801－0002869 04382
詩經旁訓五卷 （清）徐立綱撰 清光緒九年

(1883)古香閣魏氏刻本　四冊

520000－2801－0002870　04383
易經大全會解四卷　(清)來爾繩纂輯　清康熙二十年(1681)寶翰樓朱采治刻本　三冊

520000－2801－0002871　04384
詩經八卷　(宋)朱熹集注　清揚郡二郎廟内片善堂惜字公局刻本　四冊

520000－2801－0002872　04385
欽定詩經傳說彙纂二十一卷首二卷詩序二卷　(清)王鴻緒等纂　清乾隆二年(1737)貴州馮光裕刻本　十八冊

520000－2801－0002873　04386
易經十二卷首一卷末一卷　(宋)朱熹本義　清光緒十九年(1893)江南書局刻本　二冊

520000－2801－0002874　4387
周易經傳集程朱解附錄纂注首一卷朱子啓蒙五替附錄纂注一卷　(元)董真卿編集　清通志堂刻本　八冊

520000－2801－0002875　4389
御纂周易折中二十二卷首一卷　(清)李光地等纂　清同治十年(1871)湖北崇文書局刻本　十二冊

520000－2801－0002876　4390
御纂周易折中二十二卷首一卷　(清)李光地等纂　清同治十年(1871)湖北崇文書局刻本　十二冊

520000－2801－0002877　4391
御纂周易折中二十二卷首一卷　(清)李光地等纂　清同治十年(1871)湖北崇文書局刻本　十二冊

520000－2801－0002878　4392
周易四卷　(宋)朱熹注　清揚郡二郎廟内片善堂惜字公局刻本　二冊

520000－2801－0002879　4393
御纂周易折中二十二卷首一卷　(清)李光地纂　清同治六年(1867)浙江馬新貽刻本　十冊

520000－2801－0002880　4394
御纂周易折中二十二卷首一卷　(清)李光地纂　清乾隆二年(1737)貴州布政使司馮光裕刻本　十二冊

520000－2801－0002881　04395
易研八卷首一卷圖一卷　(清)胡翹元撰述　清刻本　八冊

520000－2801－0002882　04396
欽定春秋左傳讀本三十卷　(清)英和等輯　(清)賀長齡輯評　清道光二十五年(1845)黔省大盛堂刻本　十六冊

520000－2801－0002883　4397
來瞿唐先生易注十五卷圖像一卷首一卷末一卷　(明)來知德撰　清嘉慶十四年(1809)寧遠堂刻本　十二冊

520000－2801－0002884　04398
欽定春秋左傳讀本三十卷　(清)英和等輯　(清)賀長齡輯評　清道光二十五年(1845)黔省大盛堂刻本　十六冊

520000－2801－0002885　4399
春秋增訂旁訓四卷　(清)徐立綱撰　清吳郡張氏刻本　二冊

520000－2801－0002886　4400
左繡三十卷　(清)馮李驊撰　(清)陸浩評輯　**刻左例言一卷**　(清)馮李驊撰　**讀左卮言一卷**　(清)馮李驊撰　**春秋列國時事圖説一卷**　(清)馮李驊撰　**春秋經傳集解一卷**　(晉)杜預撰　(宋)林堯叟附注　(唐)陸德明音釋　清善成堂刻本　十六冊

520000－2801－0002887　4401
左繡三十卷　(清)馮李驊撰　(清)陸浩評輯　**刻左例言一卷**　(清)馮李驊撰　**讀左卮言一卷**　(清)馮李驊撰　**春秋列國時事圖説一卷**　(清)馮李驊撰　**春秋經傳集解一卷**　(晉)杜預撰　(宋)林堯叟附注　(唐)陸德明音釋　清善成堂刻本　十六冊

520000－2801－0002888　04402
欽定春秋左傳讀本三十卷　(清)英和等纂

清同治八年(1869)江蘇書局刻本　十冊

520000－2801－0002889　4403
春秋左傳杜注三十卷首一卷　(清)姚培謙學　清光緒九年(1883)江南書局刻本　九冊　存二十八卷(一至六、十至三十,首一卷)

520000－2801－0002890　4404
春秋左傳杜注三十卷首一卷　(清)姚培謙學　清光緒九年(1883)江南書局刻本　七冊　存二十七卷(一至二十六、首一卷)

520000－2801－0002891　4405
春秋左傳十七卷　(晉)杜預注　清刻本　十冊

520000－2801－0002892　4406
春秋左傳十七卷　(晉)杜預注　清六書齋刻本　九冊　存十五卷(一至十三、十六至十七)

520000－2801－0002893　4407
春秋公羊傳十二卷　(明)閔齊伋輯　明天啟元年(1621)閔齊伋刻本　二冊

520000－2801－0002894　4408
春秋經傳集解三十卷　(晉)杜預集解　**春秋年表一卷**　(宋)岳珂刊補　**春秋名號歸一圖二卷**　(五代)馮繼先撰　清揚郡二郎廟内片善堂惜字公局刻本　十六冊

520000－2801－0002895　4409
春秋穀梁傳十二卷　(晉)范甯集解　清同治七年(1868)金陵書局刻本　二冊

520000－2801－0002896　4410
春秋公羊經傳解詁十二卷　(漢)何休學　**重刊宋紹熙公羊傳注附音本校記一卷**　(清)魏彦校記　清光緒二十一年(1895)金陵書局刻本　二冊

520000－2801－0002897　4411
春秋公羊經傳解詁十二卷　(漢)何休學　**重刊宋紹熙公羊傳注附音本校記一卷**　(清)魏彦校記　清光緒二十一年(1895)金陵書局刻本　二冊

520000－2801－0002898　04412
欽定春秋傳說彙纂三十八卷首二卷　(清)王掞等纂　清乾隆二年(1737)貴州布政使司馮光裕刻本　二十二冊

520000－2801－0002899　04413
禮記十卷　(元)陳澔集說　清聚奎堂刻本　九冊　存九卷(一、三至十)

520000－2801－0002900　04414
禮記十卷　(元)陳澔集說　清光緒十九年(1893)江南書局刻本　十冊

520000－2801－0002901　04415
欽定禮記義疏八十二卷首一卷　(清)鄂爾泰等撰　清同治十年(1871)湖北崇文書局刻本　四十八冊

520000－2801－0002902　04416
欽定禮記義疏八十二卷首一卷　(清)鄂爾泰等撰　清同治十年(1871)湖北崇文書局刻本　四十七冊

520000－2801－0002903　04417
欽定禮記義疏八十二卷首一卷　(清)鄂爾泰等撰　清同治十年(1871)湖北崇文書局刻本　四十八冊

520000－2801－0002904　4418
四書引解二十六卷　(清)鄧柱瀾纂集　清乾隆三十三年(1768)青藜閣刻本　九冊

520000－2801－0002905　4419
漱芳軒合纂禮記題注四卷　(清)范翔參訂　清康熙五十二年(1713)刻本　四冊

520000－2801－0002906　4420
四書說約四種　(明)鹿善繼著　清道光二十八年(1848)刻本　四冊

520000－2801－0002907　4421
監本四書十九卷　(宋)朱熹集注　清嘉慶十年(1805)刻本　十二冊

520000－2801－0002908　04422
十先生中庸集解二卷附錄一卷　(宋)石𡼖子編　清道光二十九年(1849)莫氏影山堂刻本

二册

520000－2801－0002909　4423
四書考輯要二十卷　(清)陳宏謀輯　(清)陳蘭森編校　清乾隆三十六年(1771)刻本　十二册

520000－2801－0002910　4424
四書引解二十六卷　(清)鄧柱瀾纂集　清乾隆三十三年(1768)文誠堂刻本　十二册

520000－2801－0002911　4425
四書人物備備考十七卷首一卷　(清)潘克溥輯　清道光二十一年(1841)刻本　五册

520000－2801－0002912　4426
四書摭餘說六卷　(清)曹之升輯　清道光十二年(1832)來鹿堂刻本　六册

520000－2801－0002913　4427
孟子要略五卷　(宋)朱熹撰　(清)劉傳瑩輯　清道光二十九年(1849)漾易劉氏刻本　一册

520000－2801－0002914　4428
四書正蒙十九卷　(宋)朱熹集注　清道光八年(1828)貴州藩署刻本　七册

520000－2801－0002915　4429
新刻批點四書讀本十九卷　(宋)朱熹集注　清道光七年(1827)愷元堂刻朱墨印本　七册

520000－2801－0002916　4430
欽定儀禮義疏四十八卷首二卷　(清)朱軾等撰　清同治十年(1871)湖北崇文書局刻本　三十二册

520000－2801－0002917　04431
欽定儀禮義疏四十八卷首二卷　(清)朱軾等撰　清同治十年(1871)湖北崇文書局刻本　三十二册

520000－2801－0002918　04432
欽定儀禮義疏四十八卷首二卷　(清)朱軾等撰　清同治十年(1871)湖北崇文書局刻本　三十二册

520000－2801－0002919　4433
周禮節訓六卷　(清)黄叔琳原定　(清)姚培謙重訂　清光緒十二年(1886)蘇州掃葉山房刻本　二册

520000－2801－0002920　4434
周禮音訓二卷　(清)楊國楨撰　清道光十年(1830)刻本　二册

520000－2801－0002921　4435
周禮精華六卷　(清)陳龍標編輯　清嘉慶十一年(1806)刻本　五册　存五卷(一至三、五至六)

520000－2801－0002922　4436
周禮二十四卷　(清)李光坡述註　清光緒三年(1877)刻本　六册

520000－2801－0002923　04437
欽定周官義疏四十八卷首一卷　(清)允祿等撰　清同治十年(1871)湖北崇文書局刻本　二十八册

520000－2801－0002924　04438
欽定周官義疏四十八卷首一卷　(清)允祿等撰　清同治十年(1871)湖北崇文書局刻本　二十八册

520000－2801－0002925　04439
欽定周官義疏四十八卷首一卷　(清)允祿等撰　清同治十年(1871)湖北崇文書局刻本　二十八册

520000－2801－0002926　4440
周禮政要四卷　(清)孫詒讓著　清光緒二十八年(1902)瑞安普通學堂刻本　二册

520000－2801－0002927　4441
周官精義十二卷　(清)連斗山編　清乾隆四十年(1775)刻本　五册

520000－2801－0002928　4442
周禮折衷四卷師友雅言一卷　(宋)魏了翁撰　清末望三益齋刻本　二册

520000－2801－0002929　4443
周官精義十二卷　(清)連斗山編　清同治十年(1871)粵東省城富文齋刻本　六册

520000－2801－0002930　4444
儀禮古今文疏義十七卷　(清)胡承珙撰　清光緒三年(1877)湖北崇文書局刻本　四册

520000－2801－0002931　4445
周禮十二卷　(漢)鄭玄注　(唐)陸德明音義　清光緒十二年(1886)湖北官書處刻本　六册

520000－2801－0002932　4446
周禮十二卷　(漢)鄭玄注　(唐)陸德明音義　清光緒十二年(1886)湖北官書處刻本　六册

520000－2801－0002933　4447
周禮十二卷　(漢)鄭玄注　(唐)陸德明音義　清同治七年(1868)湖北崇文書局刻本　六册

520000－2801－0002934　4448
儀禮十七卷　(漢)鄭玄注　**嚴本儀禮鄭氏注校錄一卷**　(清)黄丕烈撰　清同治九年(1870)楚北崇文書局刻本　二册

520000－2801－0002935　4449
儀禮十七卷　(漢)鄭玄注　**嚴本儀禮鄭氏注校錄一卷**　(清)黄丕烈撰　清同治九年(1870)楚北崇文書局刻本　二册

520000－2801－0002936　4450
儀禮十七卷　(漢)鄭玄注　**嚴本儀禮鄭氏注校錄一卷**　(清)黄丕烈撰　清同治九年(1870)楚北崇文書局刻本　二册

520000－2801－0002937　4451
爾雅直音二卷　(清)孫偘輯　清抄本　二册

520000－2801－0002938　4452
儀禮十七卷　(漢)鄭玄注　清光緒十二年(1886)湖北官書處刻本　四册

520000－2801－0002939　4453
爾雅郭注義疏二十卷　(晉)郭璞註　(清)郝懿行學　清光緒十三年(1887)湖北官書處刻本　八册

520000－2801－0002940　4454
爾雅三卷　(晉)郭璞注　(唐)陸德明音義　清嘉慶二十二年(1817)刻本　三册

520000－2801－0002941　4455
爾雅三卷　(晉)郭璞注　(唐)陸德明音釋　清光緒十二年(1886)湖北官書處刻本　三册

520000－2801－0002942　4456
增補蘇批孟子二卷　(宋)蘇洵原本　(清)趙大浣增補　清同治十二年(1873)□仁堂刻朱墨印本　二册

520000－2801－0002943　4457
爾雅注疏十一卷　(晉)郭璞注　(宋)邢昺疏　清咸豐十一年(1861)刻本　四册

520000－2801－0002944　4458
左傳鈔六卷　(清)高嵣集評　清乾隆五十三年(1788)雙桐書屋刻本　八册

520000－2801－0002945　4459
儀禮圖六卷　(清)張惠言述　清同治九年(1870)楚北崇文書局刻本　三册

520000－2801－0002946　4460
儀禮圖六卷　(清)張惠言述　清同治九年(1870)楚北崇文書局刻本　三册

520000－2801－0002947　4461
儀禮圖六卷　(清)張惠言述　清同治九年(1870)楚北崇文書局刻本　三册

520000－2801－0002948　4462
儀禮圖六卷　(清)張惠言述　清同治九年(1870)楚北崇文書局刻本　二册　存四卷(一至四)

520000－2801－0002949　04463
詩經精義四卷首一卷末一卷儀禮精義一卷首一卷禮記精義六卷首一卷春秋精義四卷首一卷　(清)黄淦纂　清嘉慶七年(1802)刻本　四册

520000－2801－0002950　04464
三禮陳數求義三十卷　(清)林喬蔭學　清嘉慶八年(1803)誦芬堂刻本　十二册　存二十五卷(一至十一、十七至三十)

520000－2801－0002951　4465
儀禮十七卷　（漢）鄭玄注　清道光十年(1830)刻本　二冊

520000－2801－0002952　04466
隱居通議三十一卷目錄一卷　（元）劉壎著　(清)孫冠寰輯　清光緒十一年(1885)孫鈞刻本　四冊

520000－2801－0002953　04467
隱居通議三十一卷目錄一卷　（元）劉壎著　(清)孫冠寰輯　清光緒十一年(1885)孫鈞刻本　四冊

520000－2801－0002954　04468
禮記訓纂四十九卷　(清)朱彬輯　清宣統元年(1909)學部圖書局刻本　十冊

520000－2801－0002955　04469
禮記訓纂四十九卷　(清)朱彬輯　清宣統元年(1909)學部圖書局刻本　十冊

520000－2801－0002956　4470
周易四卷　(宋)朱熹本義　**圖說一卷**　(□)□□撰　**新增圖說一卷書經六卷**　(宋)蔡沈集傳　**詩經八卷**　(宋)朱熹集傳　**禮記十卷**　(元)陳澔集說　**春秋左傳三十卷**　(晉)杜預撰　(宋)林堯叟附注　(唐)陸德明音釋　(清)馮李驊集解　清光緒十二年(1886)湖北官書處刻本　三十二冊

520000－2801－0002957　4471
左繡三十卷　(晉)杜預注　(宋)林堯叟附注　(唐)陸德明音釋　(清)馮李驊增訂　清刻本　十一冊

520000－2801－0002958　04472
欽定春秋傳說彙纂三十八卷首二卷　(清)王掞等纂　清同治十年(1871)湖北崇文書局刻本　二十冊

520000－2801－0002959　04473
欽定春秋傳說彙纂三十八卷首二卷　(清)王掞等纂　清同治十年(1871)湖北崇文書局刻本　二十冊

520000－2801－0002960　04474
欽定春秋傳說彙纂三十八卷首二卷　(清)王掞等纂　清同治十年(1871)湖北崇文書局刻本　二十冊

520000－2801－0002961　04475
詩疑二卷　(宋)王柏撰　**詩傳遺說六卷**　(宋)朱鑑撰　**詩補傳三十卷**　(宋)范處義撰　清通志堂刻本　六冊　存二十九卷(詩疑二卷、詩傳遺說六卷、詩補傳一至二十一)

520000－2801－0002962　04476
御纂七經　(清)聖祖玄燁敕撰　清同治七年(1868)閩浙馬新貽、浙江李瀚章刻本　七十九冊　存四種

520000－2801－0002963　04477
刑案彙覽六十卷首一卷末一卷拾遺備考一卷　(清)祝慶祺編次　(清)鮑書蕓參定　清咸豐二年(1852)棠樾慎思堂刻本　六十四冊

520000－2801－0002964　4478
古經解匯函十六種小學匯函十四種　(清)鍾謙鈞等輯　清光緒十五年(1889)湖南書局刻本　八十冊

520000－2801－0002965　4479
評點春秋綱目左傳句解彙雋六卷　(清)韓菼重訂　清光緒八年(1882)黔省大文堂刻本　六冊

520000－2801－0002966　4480
評點春秋綱目左傳句解彙雋六卷　(清)韓菼重訂　清光緒八年(1882)黔省大文堂刻本　六冊

520000－2801－0002967　04481
十一經初學讀本十一種　(清)萬廷蘭輯　清光緒二年(1876)四川學院衙門刻本　二十二冊

520000－2801－0002968　04482
易經八卷　(宋)程頤傳　清光緒九年(1883)江南書局刻本　三冊

520000－2801－0002969　04483

禮記四十九卷　(漢)鄭玄註　清光緒十九年(1893)浙江書局刻本　八冊

520000－2801－0002970　4484
江南製造局記十卷首一卷附一卷　(清)江南製造局考工處編　清末石印本　十冊

520000－2801－0002971　4485
四書集注十九卷　(宋)朱熹集注　清光緒二十年(1894)金陵書局刻本　六冊

520000－2801－0002972　4486
四書集注十九卷　(宋)朱熹集注　清光緒二十年(1894)金陵書局刻本　六冊

520000－2801－0002973　4487
讀左補義五十卷首二卷　(清)姜炳璋輯　清乾隆三十三年(1768)醉經樓刻本　六冊　存二十三卷(一至二十三)

520000－2801－0002974　4488
讀周易記六卷　(清)范泰衡撰　清末刻本　六冊

520000－2801－0002975　4489
讀尚書記一卷　(清)范泰衡撰　清同治七年(1868)刻本　一冊

520000－2801－0002976　4490
讀大學記一卷讀中庸記一卷　(清)范泰衡撰　清道光三十年(1850)刻本　一冊

520000－2801－0002977　04491
禮記精義鈔畧十卷　(元)陳澔集說　清道光二十七年(1847)刻本　十冊

520000－2801－0002978　04492
光緒八年黎任文稿簿一卷　(清)黎汝謙撰　清末抄本　一冊

520000－2801－0002979　04493
詩經精義彙鈔四卷首一卷　(清)陸錫璞輯　清道光十八年(1838)黔省熊大盛堂刻本　八冊

520000－2801－0002980　04494
詩經精義彙鈔四卷首一卷　(清)陸錫璞輯　清道光十八年(1838)黔省熊大盛堂刻本　七冊

520000－2801－0002981　4495
儀禮十七卷　(漢)鄭玄注　(清)吳廷華章句　清乾隆二十二年(1757)刻本　四冊　存十三卷(一至十、十五至十七)

520000－2801－0002982　4496
附釋音周禮注疏八卷　(唐)賈公彥撰　(唐)陸德明釋文　**校勘記八卷**　(清)阮元撰　(清)盧宣旬摘錄　清嘉慶二十年(1815)江西南昌府學刻本　四冊

520000－2801－0002983　04497
禮記增訂旁訓六卷　(清)徐立綱撰　清吳郡張氏匠門書屋刻本　六冊

520000－2801－0002984　4498
四書說苑十一卷首一卷補遺一卷　(清)孫應科輯　清道光五年(1825)刻本　四冊

520000－2801－0002985　4499
春秋公羊傳十一卷　(漢)何休學　(唐)陸德明音義　清光緒十二年(1886)湖北官書處刻本　四冊

520000－2801－0002986　4500
春秋穀梁傳十二卷　(晉)范甯集解　(唐)陸德明音義　清光緒十二年(1886)湖北官書處刻本　四冊

520000－2801－0002987　4501
春秋穀梁傳十二卷　(晉)范甯集解　(唐)陸德明音義　清同治七年(1868)崇文書局刻本　四冊

520000－2801－0002988　04502
禮記十卷　(元)陳澔集說　清光緒十二年(1886)湖北官書處刻本　十冊

520000－2801－0002989　4503
四書章句集注十九卷　(宋)朱熹集注　清同治六年(1867)湖北崇文書局刻本　六冊

520000－2801－0002990　4504
春秋左傳三十卷首一卷　(晉)杜預注　(宋)林堯叟附注　(唐)陸德明音釋　(清)馮李驊

集解　清同治七年(1868)崇文書局刻本　十二冊

520000－2801－0002991　4505
書經六卷　(宋)蔡沈集傳　清同治七年(1868)楚北崇文書局刻本　四冊

520000－2801－0002992　04506
十三經注疏十三種　(清)阮元校勘　清同治十年(1871)湖南省城尊經閣刻本　一百五十冊

520000－2801－0002993　4508
中國文學指南二卷　邵伯棠編輯　清宣統二年(1910)上海會文堂石印本　二冊

520000－2801－0002994　4509
國朝二十四家文鈔二十三卷　(清)徐斐然輯評　(清)徐秉願參訂　清嘉慶元年(1796)刻本　九冊

520000－2801－0002995　4510
歷代循良能吏列傳彙鈔二十卷　(清)喬用遷輯　清道光二十四年(1844)有恆齋刻本　四冊

520000－2801－0002996　4511
韞山堂時文三集　(清)管世銘著　清光緒八年(1882)文昌書局刻本　六冊

520000－2801－0002997　4512
文心雕龍十卷目錄一卷　(南朝梁)劉勰撰　(清)黃叔琳注　(清)紀昀評　清道光十三年(1833)兩廣節署刻朱墨印本　四冊

520000－2801－0002998　4513
蜀水考四卷　(清)陳登龍述　(清)朱錫穀補注　(清)陳一津分疏　清光緒五年(1879)綿竹楊氏清泉精舍刻本　四冊

520000－2801－0002999　4514
離騷箋二卷　(戰國)屈原撰　(清)龔景瀚箋　清光緒三年(1877)湖北崇文書局刻本　一冊

520000－2801－0003000　04515
十三經注疏十三種　(三國魏)王弼等注疏　清同治十三年(1874)湖南書局刻本　一百六十冊

520000－2801－0003001　4516
重刊宋本十三經注疏附校勘記四百十六卷　(清)阮元校勘　(清)盧宣旬摘錄　清同治十二年(1873)江西書局刻本　一百六十六冊

520000－2801－0003002　4517
學案初模二十卷續編二十卷　(清)伊里布輯　清光緒六年(1880)雲南書局刻本　十六冊

520000－2801－0003003　4518
天岳山館文鈔四十卷　(清)李元度撰　清光緒六年(1880)爽谿精舍刻本　二十冊

520000－2801－0003004　04519
詩韻合璧五卷　(清)湯文潞編　**虛字韻藪一卷**　(清)潘維城輯　清咸豐七年(1857)鉛印本　五冊

520000－2801－0003005　4520
儀禮十七卷　(漢)鄭玄注　(唐)陸德明音義　清同治七年(1868)湖北崇文書局刻本　四冊

520000－2801－0003006　4521
養默山房詩藁三十二卷　(清)謝元淮撰　清道光十五年(1835)刻本　八冊

520000－2801－0003007　4522
牧民寶鑑七種　(清)王文韶彙訂　清光緒二十年(1894)雲南釐金總局刻本　十二冊

520000－2801－0003008　4523
讀史方輿紀要一百三十卷方輿全圖總說五卷　(清)顧祖禹輯　清光緒二十七年(1901)圖書集成局鉛印本　三十二冊

520000－2801－0003009　4525
校經堂初集四卷　(清)曹鴻勛手訂　**二集九卷**　(清)陸寶忠訂　清光緒刻本　六冊

520000－2801－0003010　4526
壯悔堂文集十卷遺稿一卷　(清)侯方域著　清康熙三十四年(1695)刻本　六冊

520000－2801－0003011　4527

聽松濤館文鈔二十八卷首一卷　(清)阮文藻著　清光緒八年(1882)刻本　八冊

520000 - 2801 - 0003012　04528
正字通十二卷首一卷總目一卷　(清)張自烈　(清)廖文英仝輯　**字彙舊本一卷**　(清)梅膺祚音釋　清刻本　三十一冊　缺一卷(卯集上)

520000 - 2801 - 0003013　04529
正字通十二卷首一卷總目一卷　(清)張自烈　(清)廖文英仝輯　**字彙舊本一卷**　(清)梅膺祚音釋　清刻本　十九冊　缺六卷(子上、中,卯下,酉,戌,亥)

520000 - 2801 - 0003014　4530
禮記注疏六十三卷　(漢)鄭玄注　(唐)孔穎達疏　清四友堂刻本　十八冊

520000 - 2801 - 0003015　04531
七經精義三十九卷　(清)黄淦纂　清嘉慶七年至十二年(1802 - 1807)刻本　七冊

520000 - 2801 - 0003016　04532
七經精義三十九卷　(清)黄淦纂　清嘉慶七年至十二年(1802 - 1807)刻本　七冊

520000 - 2801 - 0003017　04533
十三經集字摹本不分卷　(清)彭玉雯撰　清道光二十九年(1849)刻本　八冊

520000 - 2801 - 0003018　04534
十三經集字摹本不分卷　(清)彭玉雯撰　清道光二十九年(1849)刻本　八冊

520000 - 2801 - 0003019　4538
曾文正公全集十五種一百六十四卷　(清)曾國藩撰　清光緒十四年(1888)鴻文書局鉛印本　四十七冊　缺一種三卷(十八家詩鈔四至六)

520000 - 2801 - 0003020　4539
爾雅註疏十一卷　(晉)郭璞註　(宋)邢昺疏　清刻本　四冊

520000 - 2801 - 0003021　04540
樫華堂館文集六卷詩集四卷駢文一卷雜錄一卷　(清)路德撰　清光緒七年(1881)解梁書院刻本　十冊

520000 - 2801 - 0003022　4541
經訓約編不分卷　(清)盛元珍編　(清)嵇承謙校補　清乾隆三十九年(1774)刻本　十一冊

520000 - 2801 - 0003023　4542
皇朝通典一百卷　(清)曹仁虎等纂　清光緒八年(1882)浙江書局刻本　四十冊

520000 - 2801 - 0003024　4543
皇朝通志一百二十六卷　(清)嵇璜等修　(清)曹仁虎等纂　清光緒八年(1882)浙江書局刻本　四十冊

520000 - 2801 - 0003025　04544
欽定續文獻通考二百五十卷　(清)嵇璜等修　(清)曹仁虎等纂　清光緒十三年(1887)浙江書局刻本　一百二十冊　存二百四十七卷(一至十一、十五至二百五十)

520000 - 2801 - 0003026　4545
皇朝文獻通考三百卷　(清)嵇璜等纂　清光緒八年(1882)浙江書局刻本　一百四十三冊

520000 - 2801 - 0003027　04546
欽定續通志六百四十卷　(清)嵇璜等修　(清)曹仁虎等纂　清光緒十二年(1886)浙江書局刻本　二百十冊

520000 - 2801 - 0003028　04547
歷代名臣傳三十五卷首一卷　(清)朱軾　(清)蔡世遠仝訂　清雍正七年(1729)刻本　六冊

520000 - 2801 - 0003029　04548
海國圖志一百卷首一卷　(清)魏源撰　清光緒六年(1880)邵陽急當務齋刻本　二十四冊

520000 - 2801 - 0003030　04549
曾文正公全集十五種　(清)曾國藩撰　清光緒二年(1876)傳忠書局刻本　一百二十冊

520000 - 2801 - 0003031　4550
經典釋文三十卷　(唐)陸德明撰　(清)盧文

沼考證　**國語補音三卷**　(宋)宋庠撰　清成都尊經書院刻本　十五册　存二十六卷(一至二十二、二十七至三十)

520000－2801－0003032　4552
穆堂初稿五十卷　(清)李紱撰　清道光十一年(1831)刻本　十册　存三十一卷(四至七、十六至三十二、三十六至三十八、四十四至五十)

520000－2801－0003033　04553
穆堂别稿五十卷　(清)李紱撰　清道光十一年(1831)刻本　四册　存十三卷(二十至三十二)

520000－2801－0003034　4554
前漢書一百卷　(漢)班固撰　(唐)顔師古注　清同治十年(1871)成都刻本　二十二册　存六十九卷(二至三十、三十六至七十五)

520000－2801－0003035　4555
前漢書一百卷　(漢)班固撰　(唐)顔師古注　清同治十年(1871)成都刻本　三十二册

520000－2801－0003036　4556
後漢書一百二十卷　(南朝宋)范曄撰　(唐)章懷太子李賢注　清同治十年(1871)成都刻本　二十八册

520000－2801－0003037　4557
後漢書一百二十卷　(南朝宋)范曄撰　(唐)章懷太子李賢注　清同治十年(1871)成都刻本　二十六册　存一百三卷(一至九十六、一百一至一百七)

520000－2801－0003038　4558
漢書評林一百卷　(明)凌稚隆輯校　清光緒十年(1884)刻本　三十二册

520000－2801－0003039　4559
漢書評林一百卷　(明)凌稚隆輯校　清光緒十年(1884)刻本　三十二册

520000－2801－0003040　04560
三國志六十五卷考證六十五卷目錄一卷考證一卷　(晉)陳壽撰　(南朝宋)裴松之注　清同治十年(1871)成都書局刻本　十四册

520000－2801－0003041　4561
史記一百三十卷　(漢)司馬遷撰　(南朝宋)裴駰集解　(唐)司馬貞索隱　(唐)張守節正義　清同治十一年(1872)成都書局刻本　二十六册

520000－2801－0003042　4562
北齊書五十卷　(唐)李百藥撰　清同治十三年(1874)金陵書局刻本　四册

520000－2801－0003043　4563
周書五十卷　(唐)令狐德棻撰　清同治十三年(1874)金陵書局刻本　六册

520000－2801－0003044　4564
隋書八十五卷　(唐)魏徵等撰　清同治十年(1871)淮南書局刻本　十二册

520000－2801－0003045　04565
欽定續通典一百五十卷　(清)嵇璜等修　(清)曹仁虎等纂　清光緒十二年(1886)浙江書局刻本　四十册　存一百六卷(一至一百六)

520000－2801－0003046　4566
望溪先生文集十八卷集外文十卷補遺二卷年譜一卷　(清)方苞撰　(清)戴鈞衡編　清乾隆十一年(1746)刻本　十六册

520000－2801－0003047　4567
望溪先生全集三十二卷　(清)方苞撰　清咸豐元年(1851)刻本　十四册

520000－2801－0003048　4568
望溪先生全集三十二卷　(清)方苞撰　清咸豐元年(1851)刻本　八册　存十八卷(文集一至四、七至十、十三至十四、十八;集外文一、八至十,集外文補遺一;年譜一至二)

520000－2801－0003049　4569
唐書二百二十五卷　(宋)歐陽修　(宋)宋祁撰　明末汲古閣刻本　四十册

520000－2801－0003050　4570
魏書一百十四卷　(北齊)魏收撰　明末汲古

閣刻本　二十冊

520000－2801－0003051　4571

隋書八十五卷　（唐）魏徵撰　明末汲古閣刻本　十四冊

520000－2801－0003052　4572

宋書一百卷　（南朝梁）沈約撰　明末汲古閣刻本　二十冊

520000－2801－0003053　4573

南齊書五十九卷目錄一卷　（南朝梁）蕭子顯撰　明末汲古閣刻本　六冊

520000－2801－0003054　4574

南史八十卷　（唐）李延壽撰　明末汲古閣刻本　十二冊

520000－2801－0003055　4575

隋書八十五卷　（唐）魏徵撰　明末汲古閣刻本　十四冊

520000－2801－0003056　4576

北齊書五十卷　（唐）李百藥撰　明末汲古閣刻本　六冊

520000－2801－0003057　04577

陳書三十六卷　（唐）姚思廉撰　明末汲古閣刻本　四冊

520000－2801－0003058　4580

大學衍義補一百六十卷首一卷　（明）丘濬撰　（明）陳仁錫評閱　清刻本　四十八冊

520000－2801－0003059　4581

朱子原訂近思錄十四卷　（宋）朱熹撰　（清）江永集注　清同治七年（1868）楚北崇文書局刻本　四冊

520000－2801－0003060　4582

朱子原訂近思錄十四卷　（宋）朱熹撰　（清）江永集注　清同治七年（1868）楚北崇文書局刻本　六冊

520000－2801－0003061　4583

尊經書院初集十二卷　王闓運輯　清光緒十年（1884）四川省城刻本　十冊　存十卷（一至十）

520000－2801－0003062　04584

曾文正公詩集四卷　（清）曾國藩撰　清同治十三年（1874）傳忠書局刻本　一冊

520000－2801－0003063　4585

經史百家簡編二卷　（清）曾國藩纂　（清）曾國荃審訂　清同治十三年（1874）傳忠書局刻本　二冊

520000－2801－0003064　4586

鳴原堂論文二卷　（清）曾國藩撰　清同治十二年（1873）勵志齋刻本　一冊

520000－2801－0003065　04587

資治通鑑二百九十四卷目錄一卷　（宋）司馬光編集　（元）胡三省音注　清末石印本　一百二十二冊

520000－2801－0003066　4588

明史三百三十二卷目錄四卷　（清）張廷玉等撰　清光緒十年（1884）上海同文書局石印本　一百十冊　存三百二十八卷（一至九十五、九十八至一百一、一百四至三百三十二）

520000－2801－0003067　4591

新唐書二百七十三卷　（宋）歐陽修　（宋）宋祁撰　清同治十二年（1873）浙江書局刻本　四十冊

520000－2801－0003068　4592

史記一百三十卷　（漢）司馬遷撰　（南朝宋）裴駰集解　（唐）司馬貞索隱　（唐）張守節正義　清光緒四年（1878）金陵刻本　十六冊

520000－2801－0003069　4596

五代史七十四卷目錄一卷　（宋）歐陽修撰　（宋）徐無黨注　清光緒十年（1884）上海同文書局石印本　十冊

520000－2801－0003070　04598

通典二百卷　（唐）杜佑撰　清初刻本　四十八冊

520000－2801－0003071　4599

唐書二百二十五卷　（宋）歐陽修　（宋）宋祁撰　清同治十二年（1873）浙江書局刻本　四

十冊

520000－2801－0003072　4600
續後漢書九十卷札記四卷　(元)郝經撰　清道光二十一年(1841)刻本　十八冊　存八十卷(二至二十二、二十六至四十二、四十五至八十四、八十六之下、八十七之上)

520000－2801－0003073　4602
繹史一百六十卷年表一卷　(清)馬驌撰　清康熙刻本　四十八冊

520000－2801－0003074　4603
和聲一集六卷首三卷二集二卷首一卷　(清)沈德潛等輯　清乾隆十三年(1748)刻本　四冊

520000－2801－0003075　4604
昌黎先生詩集注十一卷年譜一卷　(唐)韓愈撰　(清)顧嗣立刪補　清康熙三十八年(1699)秀野草堂刻本　二冊

520000－2801－0003076　4605
毛詩名物圖說九卷　(清)徐鼎輯　清乾隆三十六年(1771)刻本　四冊

520000－2801－0003077　4606
御纂周易述義十卷　(清)傅恒等纂　清乾隆二十年(1755)刻本　八冊

520000－2801－0003078　4607
御纂周易述義十卷　(清)傅恒等纂　清乾隆二十年(1755)刻本　六冊

520000－2801－0003079　4608
御批資治通鑑綱目五十九卷　(元)金履祥　(宋)朱熹撰　(明)商輅撰　(清)聖祖玄燁批　清刻本　六冊　存十四卷(十一至二十四)

520000－2801－0003080　04609
淵鑑類函四百五十卷目錄四卷　(清)張英等纂　清康熙四十九年(1710)刻本　一百四十冊

520000－2801－0003081　4610
文獻通考三百四十八卷　(元)馬端臨撰　清刻本　八十八冊　存二百八十三卷(一至一百二十一、一百二十四至一百三十三、一百三十九至一百四十三、一百四十七至一百六十一、一百六十四至二百九十五)

520000－2801－0003082　04611
東坡全集一百十五卷目錄七卷　(宋)蘇軾撰　**宋史本傳一卷**　(元)脫脫撰　**東坡先生墓誌銘一卷**　(宋)蘇轍撰　**年譜一卷**　(宋)王宗稷編　明刻本　二十冊

520000－2801－0003083　4612
新增說文韻府群玉二十卷　(元)陰時夫編輯　(元)陰中夫編註　明萬曆十八年(1590)金陵徐智督刻本　二十冊

520000－2801－0003084　04614
十三經地名韻編今釋不分卷　(清)龍繼棟輯　清抄本　三冊

520000－2801－0003085　04615
駱兩溪集十四卷附錄一卷　(明)駱文盛撰　明萬曆四十一年(1613)刻本　六冊

520000－2801－0003086　4616
唐詩類苑二百卷　(明)張之象纂輯　(明)張嗣功編次　(明)王徹補訂　清初刻本　十一冊

520000－2801－0003087　4617
沈蘭軒集五卷　(明)沈彬著　明萬曆刻武康四先生集本　二冊

520000－2801－0003088　4618
岳集五卷　(明)徐階編　明嘉靖十五年(1536)焦煜刻本　二冊

520000－2801－0003089　04619
渾蓋通憲圖說二卷首一卷　(明)李之藻演　明萬曆三十五年(1607)刻本　二冊

520000－2801－0003090　04620
表度說不分卷　(意大利)熊三拔口授　(明)周子愚等筆記　明萬曆四十二年(1614)刻本　二冊

520000－2801－0003091　4621

會稽三賦四卷　(宋)王十朋撰　(明)南逢吉註　(明)尹壇補注　明末坐陰致遠堂丁氏刻本　二册

520000－2801－0003092　4622
琴心□□卷　(□)□□撰　清初刻本　一册

520000－2801－0003093　4623
顔氏家訓二卷　(北齊)顔之推著　(清)朱軾評點　清康熙五十八年(1719)刻本　二册

520000－2801－0003094　4624
周易揭要三卷　(清)周蕙田輯錄　(清)杜綱參訂　清乾隆五十三年(1788)自怡軒刻本　二册

520000－2801－0003095　4624
春秋三傳揭要六卷首一卷　(清)周蕙田輯錄　(清)杜綱參訂　清乾隆五十九年(1794)自怡軒刻本　三册

520000－2801－0003096　4624
詩經揭要四卷　(清)周蕙田輯錄　**禮記揭要六卷**　(元)陳澔撰　清乾隆五十四年(1789)自怡軒刻本　九册

520000－2801－0003097　4625
小學六卷　(宋)朱熹撰　(清)高愈纂註　清乾隆十三年(1748)刻本　二册

520000－2801－0003098　4626
唐語林八卷　(宋)王讜撰　清乾隆四十年(1775)武英殿木活字印武英殿聚珍版書本　四册

520000－2801－0003099　4627
諸蕃志二卷　(宋)趙汝适撰　(清)李調元撰　清刻本　二册

520000－2801－0003100　4628
李義山詩集三卷目錄一卷　(唐)李商隱撰　(清)朱鶴齡箋注　清順治十六年(1659)懷德堂刻本　四册

520000－2801－0003101　4629
瀛奎律髓刊誤四十九卷　(元)方回輯　(清)紀昀評點　清乾隆五十三年(1788)刻本　十册

520000－2801－0003102　4630
增補四書精繡圖像人物備考十二卷　(明)陳仁錫增定　清康熙五十八年(1719)刻本　四册

520000－2801－0003103　4631
四書彙典人物通考十二卷　(清)湯賓尹鑒定　清康熙二十九年(1690)金陵德聚堂刻本　七册

520000－2801－0003104　4632
帝京景物畧八卷　(明)方逢年訂　(明)劉侗修　明崇禎八年(1635)刻本　六册　存六卷(一至二、四至五、七至八)

520000－2801－0003105　04633
武將總要前集二十二卷後集二十一卷　(宋)曾公亮　(宋)丁度著　**百戰奇法前集五門後集五門**　(明)李鼎訂　明弘治十七年(1504)刻本　三十一册　存四十一卷(武將總要前集一、十四至二十二,後集二十一卷,百戰奇法前集五門,後集五門)

520000－2801－0003106　4634
坡仙集十六卷　(□)□□撰　明萬曆二十八年(1600)刻本　十二册

520000－2801－0003107　4635
佛說目連問戒律中五百輕重事經新疏一卷　(明)釋法通疏　明萬曆四十六年(1618)刻本　一册

520000－2801－0003108　04636
人天眼目四卷　(宋)釋智昭集　**宗門雜錄二卷**　明刻本　一册

520000－2801－0003109　4637
歷代名賢列女氏姓譜一百五十七卷　(清)蕭智漢輯　清乾隆五十七年(1792)刻本　一百三十三册　存五十九卷(一至三、八、十一至十五、十八至三十三、三十五、五十五、五十八至六十、六十二至六十四、六十六至六十八、七十、七十二至九十三)

520000－2801－0003110　4638
東坡先生全集七十五卷　(宋)蘇軾撰　明刻本　二十四册

520000－2801－0003111　04639
資治通鑑二百九十四卷目録一卷釋文辨誤十二卷　(宋)司馬光編集　(元)胡三省辨誤　清同治十年(1871)湖北崇文書局刻本　七十册　存二百二卷(一至三十、九十六至二百四十一、二百六十九至二百九十四)

520000－2801－0003112　04640
十八家詩鈔二十八卷首一卷　(清)曾國藩纂　(清)李鴻章審訂　清同治十三年(1874)傳忠書局刻本　二十八册

520000－2801－0003113　04641
十八家詩鈔二十八卷首一卷　(清)曾國藩纂　(清)李鴻章審訂　清同治十三年(1874)傳忠書局刻本　二十一册　存二十八卷(一至十二、十四至二十八,首一卷)

520000－2801－0003114　4642
切問齋文鈔三十卷　(清)陸燿輯　清光緒十九年(1893)合肥李氏刻本　八册　存二十九卷(一至二十九)

520000－2801－0003115　4643
古文翼八卷　(清)唐德宜編　清光緒十九年(1893)湖南經國書局刻本　八册

520000－2801－0003116　4644
求實學齋文集八卷　(清)余愭撰　清光緒三十三年(1907)木活字印本　四册

520000－2801－0003117　4645
至正集八十一卷　(元)許有壬撰　清宣統三年(1911)河南教育總會石印本　十册

520000－2801－0003118　4646
魏叔子詩集八卷文集三卷　(清)魏禧撰　**魏興士文集六卷**　(清)魏世傑撰　**魏昭士文集詩集**　(清)魏世傚撰　**魏敬士文集八卷**　(清)魏世儼撰　**魏季子文集十六卷**　(清)魏禮撰　清刻本　二十四册

520000－2801－0003119　4647
大清律例增修統纂集成四十卷督捕則例二卷　(清)陶駿等增修　清光緒二十八年(1902)文淵山房石印本　二十四册

520000－2801－0003120　04648
欽定學政全書八十六卷首一卷　(清)童璜纂　(清)汪梅鼎等修　清嘉慶十七年(1812)刻本　十六册

520000－2801－0003121　04649
欽定學政全書八十六卷首一卷　(清)童璜纂　(清)汪梅鼎等修　清嘉慶十七年(1812)刻本　二十册

520000－2801－0003122　4650
相臺五經五種九十三卷　(宋)岳珂編　(清)賀長齡輯　清賀長齡刻本　四十四册

520000－2801－0003123　4651
相臺五經五種九十三卷　(宋)岳珂編　(清)賀長齡輯　清賀長齡刻本　四十四册

520000－2801－0003124　4652
天下郡國利病書一百二十卷　(清)顧炎武撰　清道光三年(1823)敷文閣木活字印本　七十五册　存一百十二卷(一至一百六、一百十五至一百二十)

520000－2801－0003125　4653
五大洲述異録四卷　題(清)藜牀舊主輯　清光緒二十二年(1896)上海書局石印本　四册

520000－2801－0003126　4654
韞山堂時文三集　(清)管世銘著　清光緒二十年(1894)上海文盛堂石印本　四册

520000－2801－0003127　4655
周犢山稿四種　(清)周鎬撰　清光緒二年(1876)四明茹谷齋鉛印本　二册

520000－2801－0003128　4656
尚友録二十二卷續集二十二卷　(明)廖用賢編纂　(清)張伯琮補輯　清光緒十四年(1888)上海點石齋石印本　八册

520000－2801－0003129　4657

文林綺繡大觀十一種　(明)凌迪知等輯　清光緒二十二年(1896)上海鴻寶齋書局石印本　四冊　存四種

520000－2801－0003130　04658
各省課藝匯海不分卷　(清)□□輯　清光緒十一年(1885)上海同文書局石印本　八冊

520000－2801－0003131　4659
增廣小題文府□□卷　題(□)寄申主人輯　清光緒十三年(1887)上海大同書局石印本　十九冊

520000－2801－0003132　4660
大題三萬選不分卷　(□)□□編　清同文書局石印本　三十二冊

520000－2801－0003133　04661
九數通考十一卷首一卷末一卷　(清)屈曾發輯　清光緒十四年(1888)上海點石齋石印本　五冊

520000－2801－0003134　4663
盛世危言六卷　(清)鄭觀應輯著　清光緒二十二年(1896)上海書局石印本　五冊　存五卷(一至五)

520000－2801－0003135　4664
盛世危言六卷　(清)鄭觀應輯著　**續編四卷**　(清)杞憂生輯著　清光緒二十二年(1896)上海書局石印本　十冊

520000－2801－0003136　4665
盛世危言三編六卷　(清)鄭觀應輯著　清光緒二十三年(1897)石印本　六冊

520000－2801－0003137　4666
格致啓蒙四卷　(英國)羅斯古纂　(美國)林樂知譯　(清)鄭昌棪譯　清光緒二十二年(1896)石印本　四冊

520000－2801－0003138　4667
説文通檢十四卷首一卷末一卷　(清)黎永椿編　清光緒十四年(1888)上海蜚英館石印本　一冊

520000－2801－0003139　4668
史論正鵠初集四卷二集四卷三集八卷　(清)王樹敏輯　清光緒二十七年(1901)上海久敬齋石印本　十一冊　存十一卷(初集一至三,二集一、三至四,三集一至四、八)

520000－2801－0003140　4670
雪樵經解三十卷附錄三卷　(清)馮世瀛輯　清光緒十五年(1889)著易堂書局鉛印本　八冊

520000－2801－0003141　4671
經場捷訣十八卷　(清)李盛鐸輯　清光緒十九年(1893)上海蜚英書局石印本　六冊

520000－2801－0003142　4672
中外時務策府統宗四十四卷讀西學書法一卷西學書目表一卷　(清)上海文盛書局編輯　清光緒二十三年(1897)上海文盛堂石印本　二十冊

520000－2801－0003143　4673
重刊人子須知資孝地理心學統宗三十九卷　(明)徐善繼　(明)徐善述著　清刻本　十二冊

520000－2801－0003144　4675
時務變通興盛記四卷　(英國)李提摩太著　清光緒二十二年(1896)明達學社刻本　一冊

520000－2801－0003145　4676
菜根譚二卷音釋一卷　(明)洪應明著　清同治四年(1865)刻本　一冊

520000－2801－0003146　04677
禮部政務處會奏變通科舉章程一卷　(清)禮部政務處奏　清末刻本　一冊

520000－2801－0003147　4678
書法摘要善本三卷　(清)□□輯　清道光二十一年(1841)清照齋刻本　一冊　存一卷(下)

520000－2801－0003148　4685
佐治藥言一卷續一卷　(清)汪輝祖纂　清嘉慶十三年(1808)刻本　一冊

520000－2801－0003149　4686

有情山館文稿補遺一卷　（清）譚振元撰　清光緒二十二年（1896）刻本　一冊

520000－2801－0003150　4688
經學輯要二十四卷首一卷　（清）吳潁炎撰　清光緒二十六年（1900）上海點石齋石印本　三十二冊

520000－2801－0003151　4689
增補事類統編九十三卷首一卷　（清）黃葆真增輯　清長沙龍氏刻本　二十四冊　存四十二卷（一至二十九、三十四至三十六、五十五至五十八、六十五至六十六、九十至九十三）

520000－2801－0003152　4690
增補事類統編九十三卷首一卷　（清）黃葆真增輯　清光緒十年（1884）刻本　三十七冊　存八十六卷（一至二十八、三十至五十八、六十六至九十三，首一卷）

520000－2801－0003153　4691
重訂廣事類賦四十卷　（清）華希閔著　**續廣事類賦三十卷**　（清）王鳳喈撰註　**事類賦補遺十四卷**　（清）張均編撰　清道光二十七年（1847）善成堂刻本　二十二冊

520000－2801－0003154　04692
廣廣事類賦三十二卷　（清）吳世旃撰注　**續廣事類賦三十卷**　（清）王鳳喈撰注　**重訂廣事類賦四十卷**　（清）華希閔著　**重訂事類賦三十卷**　（宋）吳淑撰註　清同治刻本　二十七冊　缺六卷（重訂廣事類賦二十七至三十二）

520000－2801－0003155　4693
重訂廣事類賦四十卷　（清）華希閔著　清文光堂刻本　八冊

520000－2801－0003156　4694
重訂廣事類賦四十卷　（清）華希閔著　清寶翰樓刻本　五冊

520000－2801－0003157　4695
重訂事類賦三十卷　（宋）吳淑撰註　（明）華麟祥校刊　清道光二十二年（1842）寶翰樓刻本　三冊

520000－2801－0003158　4696
事類賦補遺十四卷　（清）張均編撰　清道光五年（1825）務本堂刻本　四冊

520000－2801－0003159　04697
河工策要四卷　（清）□□輯　清光緒二十一年（1895）上海蜚英書局石印本　一冊

520000－2801－0003160　04698
河工策要四卷　（清）□□輯　清光緒二十一年（1895）上海蜚英書局石印本　一冊

520000－2801－0003161　04699
詩韻合璧五卷　（清）湯文潞編　**虛字韻藪一卷**　（清）潘維城輯　**初學檢韻袖珍一卷**　（清）錢辛楣鑒定　清光緒十一年（1885）上海同文書局石印本　六冊

520000－2801－0003162　04700
易經四卷　（□）□□編　清光緒二年（1876）上海機器印書局鉛印本　一冊

520000－2801－0003163　4701
瀛環志略續集四卷末一卷補遺一卷　（英國）慕維廉纂　（清）陳俠君校訂　清光緒二十三年（1897）新學會堂石印本　五冊

520000－2801－0003164　4702
龔傑讀句股六術一卷　（清）龔傑撰　清光緒二十六年（1900）算學書局石印本　一冊

520000－2801－0003165　04703
則古昔齋算學二十四卷　（清）李善蘭撰　清同治六年（1867）刻本　二冊

520000－2801－0003166　4704
四書味根錄三十七卷首二卷　（清）金澂輯　清光緒十七年（1891）上海萬選書局石印本　八冊

520000－2801－0003167　4705
周易精義四卷首一卷　（清）黃淦撰　清本立堂刻本　一冊

520000－2801－0003168　04706
丁卯科十八省鄉試同年録一卷　（清）□□編　清同治六年（1867）刻本　一冊

520000－2801－0003169　04707
光緒十一年乙酉科鄉試同年録不分卷　（清）□□編　清刻本　二册

520000－2801－0003170　04708
易藝舉隅六卷　（清）陳本淦纂　清咸豐二年（1852）天香閣刻本　三册

520000－2801－0003171　4709
賦學雞跖集三十卷附録一卷　（清）張維城輯　清道光十二年（1832）刻本　六册

520000－2801－0003172　04710
英文舉隅一卷　（清）□□譯　清光緒十三年（1887）蜚英書館石印本　一册

520000－2801－0003173　04711
歷科朝元卷不分卷　（□）□□輯　清末刻本　二册

520000－2801－0003174　4712
分韻詩賦題解統編一百六卷　（□）□□撰　清光緒二十年（1894）寶善書局石印本　五册　存九十六卷（十至一百五）

520000－2801－0003175　4713
新選四書義四卷　（□）□□撰　清光緒二十四年（1898）經濟書局石印本　四册

520000－2801－0003176　4714
經場捷訣十八卷　（清）李盛鐸輯　清光緒十九年（1893）上海蜚英書局石印本　六册

520000－2801－0003177　04715
聖武記十四卷　（清）魏源撰　清光緒二十五年（1899）正記書局石印本　六册

520000－2801－0003178　4716
數學理九卷　（英國）棣麼甘撰　（英國）傅蘭雅譯　（清）趙元益筆述　**代數術二十五卷首一卷**　（英國）華裡司輯　（英國）傅蘭雅譯　（清）華蘅芳筆述　清光緒二十三年（1897）積山書局石印本　十册

520000－2801－0003179　4717
瀛環志略十卷　（清）徐繼畬撰　清光緒二十一年（1895）上海寶文局石印本　四册

520000－2801－0003180　4718
文林綺繡五種五十九卷　（明）凌迪知等輯　清光緒二十二年（1896）上海鴻寶齋書局石印本　六册

520000－2801－0003181　4719
經餘必讀二卷三集二卷　（清）錢樹棠等輯　清光緒二十二年（1896）寶善書局石印本　二册

520000－2801－0003182　4720
近科全題新策法程四卷　（清）劉坦之評點　清刻本　四册

520000－2801－0003183　4721
歷代史論十二卷　（明）張溥論正　**宋史論三卷元史論一卷明史論四卷**　（清）谷應泰論正　**左傳史論二卷**　（清）高士奇論正　**歷代史論一編四卷**　（明）張溥著　清光緒二十年（1894）上海袖海山房書局石印本　六册

520000－2801－0003184　4722
四書典林三十卷四書古人典林十二卷　（清）江永編　清同治十年（1871）刻本　六册

520000－2801－0003185　4723
彤雲閣遺詩二卷絳雪齋文稿一卷附録一卷　（清）王家仕著　清同治十一年（1872）刻本　一册

520000－2801－0003186　4724
五經合纂大成四十四卷　（□）□□輯　清光緒十九年（1893）上海積山書局石印本　十五册　存三十四卷（周易一至四，書經一至六，詩經二、五至八，禮記一至三、七至十，春秋一至三、八至十六）

520000－2801－0003187　4725
五經合纂大成四十四卷　（□）□□輯　清光緒十九年（1893）上海積山書局石印本　十七册　存三十八卷（周易一至四，書經一至六，詩經一至四、七至八，禮記一至十，春秋一至七、十二至十六）

520000－2801－0003188　4726
小題文府續集四種　題（清）枕經廔主人撰

清光緒十八年(1892)上海點石齋石印本　四冊

520000－2801－0003189　4727
御製數理精藴上編五卷下編四十卷表八卷　(清)聖祖玄燁撰　清光緒十四年(1888)上海慎記書局石印本　二十四冊

520000－2801－0003190　4728
代數術二十五卷首一卷　(英國)華裡司輯　(英國)傅蘭雅譯　(清)華蘅芳筆述　清光緒二十七年(1901)石印本　六冊

520000－2801－0003191　04731
廣事類賦四十卷　(清)華希閔著　**事類賦三十卷**　(宋)吳淑撰註　清刻本　七冊

520000－2801－0003192　4732
書經精義四卷首一卷末一卷　(清)黄淦纂　清嘉慶九年(1804)刻本　一冊

520000－2801－0003193　4734
御纂性理精義十二卷目録一卷　(清)李光地等纂　**太極圖一卷通書一卷**　(宋)周濂溪作　**西銘一卷正蒙一卷**　(宋)張横渠作　**皇極經世書一卷程朱粹言一卷**　(宋)邵康節作　清咸豐二年(1852)刻本　四冊

520000－2801－0003194　4735
算學啓蒙述義三卷　(元)朱世傑撰　(清)王鑒學　清光緒二十八年(1902)煥文書局石印本　五冊

520000－2801－0003195　04736
廣治平略正集三十六卷續集八卷　(清)蔡方炳輯　清光緒十六年(1890)上海廣百宋齋鉛印本　六冊

520000－2801－0003196　4737
則古昔齋算學二十四卷　(清)李善蘭撰　清光緒二十二年(1896)上海積山書局石印本　二冊　存十三卷(一至十三)

520000－2801－0003197　4738
幾何原本十五卷　(希臘)歐幾里得撰　(意大利)利瑪竇口譯　(明)徐光啟筆受　(英國)偉烈亞力續譯　(清)李善蘭續筆　清光緒二十二年(1896)上海積山書局石印本　四冊

520000－2801－0003198　04740
二十二子摘錦三十卷　(清)孫灝輯　清光緒二十三年(1897)上海書局石印本　六冊

520000－2801－0003199　4741
左錦四卷　(清)唐曜藻編　清光緒十二年(1886)星沙寄傲書舍刻本　四冊

520000－2801－0003200　4742
數學精詳十一卷首一卷末一卷　(清)屈曾發輯　清光緒二十二年(1896)格致書室石印本　六冊

520000－2801－0003201　4743
增補尚書錦囊初集二卷　題(清)星坡逸人撰　清光緒四年(1878)刻本　一冊

520000－2801－0003202　4744
賦海大觀三十二卷目録一卷　(清)沈祖燕編　清光緒十九年(1893)鴻寶齋石印本　二十八冊

520000－2801－0003203　4745
增廣小題味新四種　(清)李翥雲撰　清光緒十一年(1885)上海鴻寶齋石印本　八冊

520000－2801－0003204　4746
五經鴻寶□□卷　(□)□□撰　清光緒十三年(1887)上海積山書局石印本　九冊

520000－2801－0003205　4747
爾雅三卷　(晉)郭璞註　清光緒十年(1884)上海點石齋石印本　二冊

520000－2801－0003206　4748
古事比五十二卷　(清)方中德輯著　清光緒二十一年(1895)上海寶善局石印本　六冊

520000－2801－0003207　4749
鑄史駢言十二卷　(清)孫玉田撰　清光緒二年(1876)刻本　六冊

520000－2801－0003208　04755
普天忠憤全集十四卷首一卷　(清)魯陽生編

定　清光緒二十一年(1895)石印本　十二冊

520000－2801－0003209　04756
詩韻合璧五卷　(清)湯文潞編　清咸豐九年(1859)銅活字印本　五冊

520000－2801－0003210　4757
情史類畧二十四卷　題(明)詹詹外史評輯　清道光二十八年(1848)經綸堂刻本　三冊　存十二卷(一至四、十一至十八)

520000－2801－0003211　04760
人譜類記二卷　(明)劉宗周撰　清光緒三十二年(1906)文明會社石印本　一冊　存一卷(一)

520000－2801－0003212　04761
漢丞相諸葛忠武侯列傳一卷附刻一卷　(宋)張栻撰　**諸葛忠武書十卷**　(明)楊時偉撰　清末長沙余氏刻本　五冊　存十一卷(漢丞相諸葛忠武侯列傳一卷、附刻一卷、諸葛忠武書二至十)

520000－2801－0003213　4762
養正遺規摘鈔一卷補鈔一卷　(清)陳宏謀編　清同治七年(1868)楚北崇文書局刻本　一冊

520000－2801－0003214　4763
經餘必讀八卷　(清)雷琳等輯　清嘉慶八年(1803)大中堂刻本　四冊

520000－2801－0003215　4764
經餘必讀八卷　(清)雷琳等輯　清嘉慶八年(1803)大中堂刻本　一冊　存二卷(七至八)

520000－2801－0003216　4765
圓機活法一卷　(□)□□撰　清抄本　一冊

520000－2801－0003217　4766
説文部首十卷　(□)□□撰　清抄本　二冊

520000－2801－0003218　4767
大題文府二十卷　題(清)同文書局主人輯　清光緒十二年(1886)上海同文書局石印本　二十冊

520000－2801－0003219　04768
曾文正公全集十五種　(清)曾國藩撰　清光緒二年(1876)傳忠書局刻本　一百四冊　存十四種

520000－2801－0003220　4769
皇朝經世文編一百二十卷　(清)賀長齡輯　清道光七年(1827)刻本　七十八冊　存一百十八卷(一至六十二、六十四至一百十七、一百十九至一百二十)

520000－2801－0003221　4770
皇朝經世文編一百二十卷　(清)賀長齡輯　清道光七年(1827)刻本　八十冊　存一百十八卷(一至四、七至一百二十)

520000－2801－0003222　4771
皇朝經世文編一百二十卷　(清)賀長齡輯　清道光七年(1827)刻本　八十冊

520000－2801－0003223　4772
黄詩全集五十八卷　(宋)黄庭堅著　清乾隆五十四年(1789)樹經堂刻本　二十冊

520000－2801－0003224　4773
國朝耆獻類徵初編四百八十四卷總目二十卷首二百四卷通檢十卷滿漢同姓名錄四卷　(清)李桓輯　清刻本　七十冊　存四百五十八卷(一至一百五十、一百五十七至二百四十六、二百四十九至二百八十四、二百九十七至四百二十二、四百二十五至四百三十二、四百三十五至四百三十六、四百三十九至四百八十四)

520000－2801－0003225　4774
國朝耆獻類徵初編四百八十四卷總目二十卷首二百四卷通檢十卷滿漢同姓名錄四卷　(清)李桓輯　清刻本　四十二冊　存一百五十八卷(初編十三至四十八、五十一至五十六、一百九十五至二百十四、二百十七至二百五十六、二百八十五至二百八十六、二百九十三至三百四十、四百二十三至四百二十四、四百三十三至四百三十四、四百三十七至四百三十八)

520000－2801－0003226　4776

文選五卷首一卷　（南朝梁）昭明太子蕭統編　（唐）李善注　**考異一卷**　（清）胡克家撰　清光緒二十一年（1895）寶文書局石印本　六冊

520000－2801－0003227　4777
皇清經解續編二百九卷　王先謙撰　清光緒十五年（1889）上海蜚英館石印本　三十二冊

520000－2801－0003228　4778
四裔編年表四卷　（美國）林樂知譯　嚴良勳譯　（清）李鳳苞彙編　清光緒二十三年（1897）石印本　四冊

520000－2801－0003229　4779
明通鑑九十卷首一卷目錄二十卷前編四卷附編六卷　（清）夏燮編輯　清石印本　十六冊　缺二十卷（目錄二十卷）

520000－2801－0003230　4780
潛溪錄六卷首一卷目錄一卷　（明）宋濂撰　丁立中輯　孫鏘補　清末四明七千卷樓孫氏刻本　五冊　存五卷（二至六）

520000－2801－0003231　04781
斯文精萃不分卷　（清）尹繼善輯　清乾隆二十九年（1764）刻本　十冊

520000－2801－0003232　4782
文心雕龍十卷　（南朝梁）劉勰撰　（清）黃叔琳注　（清）紀昀評　清光緒三年（1877）湖北崇文書局刻本　二冊

520000－2801－0003233　4783
漢魏音四卷　（清）洪亮吉撰　清光緒三年（1877）授經堂刻本　一冊

520000－2801－0003234　4784
段氏說文注訂八卷　（清）鈕樹玉撰　清同治五年（1866）碧螺山館刻本　二冊

520000－2801－0003235　4785
續資治通鑑二百二十卷　（清）畢沅編　清刻本　十七冊　存六十三卷（一百五十八至二百二十）

520000－2801－0003236　4786
策學備纂三十二卷目錄三十二卷　（清）蔡啟盛　（清）吳潁炎輯　清光緒二十六年（1900）上海點石齋石印本　四十八冊

520000－2801－0003237　4787
經學輯要二十四卷首一卷　（清）吳潁炎輯　清光緒二十年（1894）上海同文書局石印本　三十二冊

520000－2801－0003238　4788
重訂文選集評十五卷首一卷末一卷　（清）于光華編　清刻本　十一冊　存十一卷（一至二、四、七至十四）

520000－2801－0003239　4789
增訂綱鑑正史約三十六卷　（清）陳宏謀輯　清光緒二十八年（1902）上海古香閣石印本　五冊

520000－2801－0003240　4790
重訂古文釋義新編八卷　（清）余誠評注　清著易堂書局刻本　八冊

520000－2801－0003241　4791
寄菴詩鈔八卷續十卷續附十二卷　（清）劉大紳撰　清道光元年（1821）刻本　十六冊

520000－2801－0003242　4792
茗柯文四編五卷　（清）張惠言著　清嘉慶十四年（1809）刻本　二冊

520000－2801－0003243　04793
歷代名臣言行錄二十四卷　（清）朱桓編輯　清光緒元年（1875）湖北文源堂刻本　二十二冊　缺十二卷（一、十二下、十三至二十上、二十二上、二十四下）

520000－2801－0003244　4794
明史擥要八卷　（清）姚培謙　（清）張景星錄　清刻本　四冊

520000－2801－0003245　04795
同治中興京外奏議約編八卷　（清）陳弢編　清光緒元年（1875）篋劍囊琴之室刻本　八冊

520000－2801－0003246　04796
玉笙樓詩錄十二卷目錄一卷　（清）沈壽榕著

清光緒九年(1883)刻本　六册

520000－2801－0003247　4797
昨夢齋文集四卷　(清)彭泰來撰　清同治四年(1865)刻本　二册

520000－2801－0003248　04798
白田草堂存稿二十四卷行狀一卷　(清)王懋竑撰　清乾隆十七年(1752)刻本　十二册

520000－2801－0003249　4801
凝翠集五卷　(明)王元翰撰　(清)王文煥重刊　清嘉慶五年(1800)寧州王氏樹德堂刻本　六册

520000－2801－0003250　04802
詩集傳名物鈔八卷　(元)許謙撰　清同治八年(1869)退補齋刻本　八册

520000－2801－0003251　4803
文史通義八卷校讎通義三卷　(清)章學誠著　清光緒四年(1878)貴陽刻本　五册

520000－2801－0003252　4804
文史通義八卷校讎通義三卷　(清)章學誠著　清光緒四年(1878)貴陽刻本　五册

520000－2801－0003253　4805
斜川集六卷　(宋)蘇過著　清道光七年(1827)刻本　二册

520000－2801－0003254　4806
花洋山館詩鈔十二卷文鈔四卷　(清)張熙宇撰　清光緒七年(1881)敘州汗青簃刻本　六册

520000－2801－0003255　4807
困學紀聞二十卷　(宋)王應麟撰　(清)翁元圻輯　清咸豐元年(1851)小嫏嬛山館刻本　八册

520000－2801－0003256　4808
困學紀聞注二十卷首一卷　(宋)王應麟撰　(清)翁元圻輯　清咸豐元年(1851)小嫏嬛山館刻本　十二册　存十六卷(一至五、十至二十)

520000－2801－0003257　4809
竹書紀年統箋十二卷前編一卷　(南朝梁)沈約附注　(清)徐文靖補箋　**雜述一卷**　(清)徐文靖彙輯　清光緒二十三年(1897)圖書集成局石印本　二册

520000－2801－0003258　4810
新政真詮六編　(清)何啟　胡禮垣撰　清光緒二十七年(1901)上海格致新報館鉛印本　六册

520000－2801－0003259　4811
新刻重校增補圓機活法詩學全書二十四卷詩韻活法全書十四卷　(明)王世貞校正　(明)楊淙參閲　(明)蔣先庚重訂　清嘉慶三年(1798)莽州王道南刻本　十八册

520000－2801－0003260　4812
四川官運鹽案類編九十卷　(清)唐炯編　清光緒二十八年(1902)鉛印本　十一册　存四十六卷(一、四十六至九十)

520000－2801－0003261　4812
四川官運鹽案類編四卷　(清)趙藩編　清光緒三十三年(1907)鉛印本　一册　存一卷(一)

520000－2801－0003262　4813
李太白文集三十卷　(唐)李白撰　(清)王琦輯注　清刻本　十一册　存三十四卷(一至三十四)

520000－2801－0003263　4814
震川先生集三十卷别集十卷目錄一卷　(明)歸有光撰　(清)歸莊校刊　(清)歸玠編輯　**明史文苑傳一卷附錄一卷**　(清)歸莊撰　**墓志銘一卷小傳一卷**　(明)王錫爵撰　清光緒六年(1880)常孰歸氏刻本　十八册

520000－2801－0003264　4815
古唐詩合解十二卷目錄一卷附錄四卷　(清)王堯衢注　清刻本　六册　存十卷(一至七、十至十二)

520000－2801－0003265　4816
李長吉歌詩四卷首一卷外集一卷　(唐)李賀撰　(清)王琦匯解　清宣統元年(1909)掃葉

山房石印本　四冊

520000－2801－0003266　4817
四川官運鹽案類編九十卷　(清)唐炯編　清光緒二十八年(1902)鉛印本　十七冊　存四十六卷(一至四十五、首一卷)

520000－2801－0003267　4819
柳文四十三卷別集二卷外集二卷附錄一卷目錄一卷　(唐)柳宗元撰　(唐)劉禹錫編　清同治七年(1868)刻本　六冊

520000－2801－0003268　04820
駢體文鈔三十一卷　(清)李兆洛輯　清同治六年(1867)刻本　十二冊

520000－2801－0003269　4821
歐陽文公圭齋文集十六卷首一卷末一卷　(清)鄧顯鶴增訂　(清)彭洋中校刊　清道光二十六年(1846)新化鄧氏南邨草堂刻本　六冊

520000－2801－0003270　4822
讀水經注小識四卷　(清)麗鴻書訂　清光緒三十年(1904)石印本　二冊

520000－2801－0003271　4823
讀水經注小識四卷　(清)麗鴻書訂　清光緒三十年(1904)石印本　二冊

520000－2801－0003272　4824
讀水經注小識四卷　(清)麗鴻書訂　清光緒三十年(1904)石印本　二冊

520000－2801－0003273　04825
詩學含英十四卷　(清)劉文蔚輯　清乾隆三十七年(1772)貴州大文堂刻本　二冊

520000－2801－0003274　4826
國朝先正事略六十卷首一卷　(清)李元度纂　(清)許時庚重校　清光緒十二年(1886)鉛印本　十冊

520000－2801－0003275　4827
國朝先正事略六十卷　(清)李元度纂　清光緒二十五年(1899)上海圖書集成印書局鉛印本　八冊

520000－2801－0003276　4828
國朝先正事略六十卷首一卷　(清)李元度纂　(清)許時庚重校　清光緒十二年(1886)鉛印本　九冊　存五十六卷(一至三、八至六十)

520000－2801－0003277　4829
胡文忠公遺集八十六卷首一卷　(清)胡林翼撰　(清)曾國荃纂集　(清)胡鳳丹重編　清光緒二十七年(1901)上海圖書集成印書局鉛印本　八冊

520000－2801－0003278　4830
皇朝經世文編一百二十卷　(清)賀長齡輯　清末鉛印本　二十四冊

520000－2801－0003279　4831
皇朝經世文編一百二十卷　(清)賀長齡輯　清鉛印本　十二冊　存六十三卷(五十四至八十五、九十至一百二十)

520000－2801－0003280　4832
皇朝經世文編一百二十卷　(清)賀長齡輯　清光緒二十八年(1902)上海寶善書局石印本　二十冊

520000－2801－0003281　4833
日知錄三十二卷　(清)顧炎武撰　清道光元年(1821)刻本　十六冊

520000－2801－0003282　4834
古文淵鑒六十四卷　(清)徐乾學等編注　清光緒二十九年(1903)蜚英館石印本　十六冊

520000－2801－0003283　4835
皇朝經世文三編八十卷　(清)陳忠倚輯　清光緒二十七年(1901)上海書局石印本　十五冊　存七十五卷(一至三十、三十六至八十)

520000－2801－0003284　4836
皇朝經世文三編八十卷　(清)陳忠倚輯　清光緒二十四年(1898)石印本　十六冊

520000－2801－0003285　4840
四書約旨十九卷孟子考略一卷　(清)任啟運撰　清乾隆五年(1740)刻本　六冊

520000－2801－0003286　4841

詁經精舍文集十四卷　(清)阮元輯　清揚州阮氏瑯嬛仙館刻本　八册

520000－2801－0003287　4842

皇朝經世文三編八十卷　(清)陳忠倚輯　清光緒二十八年(1902)龍文書局石印本　八册　存五十卷(一至五十)

520000－2801－0003288　04843

范文正公文集十卷　(宋)范仲淹撰　(清)柳福培重訂　清光緒元年(1875)存愚山房刻本　四册

520000－2801－0003289　4844

西堂雜俎三集二十四卷于京集五卷剩稿三卷秋夢錄一卷小草一卷右北平集一卷看雲草堂集八卷述祖詩一卷哀絃集一卷擬明史樂府一卷外國竹枝詞一卷百末詞六卷性理吟一卷　(清)尤侗撰　**湘中草六卷**　(明)湯傳盈撰　清康熙二十四年(1685)刻本　二十四册

520000－2801－0003290　4845

皇朝經世文續編一百二十卷　(清)葛士濬輯　清光緒二十四年(1898)慎記書莊石印本　十五册　存七十六卷(一至七、十二至三十、三十五至四十九、五十六至七十二、八十三至九十三、一百四至一百十)

520000－2801－0003291　4846

皇朝經世文統編一百七卷　(清)邵之棠編輯　清光緒二十七年(1901)上海寶善齋石印本　五十二册

520000－2801－0003292　4847

皇朝經世文編一百二十卷　(清)賀長齡輯　清光緒二十八年(1902)上海詞源閣書局石印本　二十册

520000－2801－0003293　4848

皇朝經世文續編一百二十卷　(清)葛士濬輯　清光緒十四年(1888)圖書集成局鉛印本　三十二册

520000－2801－0003294　4849

[雍正]硃批諭旨六十册　(清)鄂爾泰　(清)張廷玉編次　清光緒十三年(1887)上海點石齋石印本　二十七册　存二十七册(一至二十、五十四至六十)

520000－2801－0003295　4850

增補事類統編九十三卷首一卷　(清)黄葆真增輯　清敦好堂刻本　三十五册

520000－2801－0003296　4851

硃批諭旨不分卷　(清)鄂爾泰　(清)張廷玉編次　清刻朱墨印本　一百十二册

520000－2801－0003297　4852

淮海英靈集乙集四卷　(清)阮元輯錄　清刻本　一册

520000－2801－0003298　4853

家塾蒙求五卷　(清)康基淵纂輯　清同治十一年(1872)黔陽官署刻本　四册

520000－2801－0003299　4854

家塾蒙求五卷　(清)康基淵纂輯　清同治十一年(1872)黔陽官署刻本　二册

520000－2801－0003300　4855

彭剛直公奏稿八卷　(清)彭玉麟撰　清光緒刻本　七册　存六卷(二至七)

520000－2801－0003301　04856

曾文正公批牘六卷　(清)曾國藩撰　清光緒刻本　三册　存三卷(二至三、五)

520000－2801－0003302　04857

曾文正公家書十卷　(清)曾國藩撰　清光緒二年(1876)傳忠書局刻本　九册

520000－2801－0003303　04858

曾文正公家書十卷　(清)曾國藩撰　清光緒二年(1876)傳忠書局刻本　八册　存八卷(三至十)

520000－2801－0003304　04859

曾文正公書札三十三卷首一卷　(清)曾國藩撰　清光緒二年(1876)傳忠書局刻本　二十八册　存三十二卷(一至三十二)

520000－2801－0003305　04860

曾文正公全集十五種　(清)曾國藩撰　清光

緒二十九年(1903)鴻寶書局石印本　二十七冊　存九種一百三卷(奏稿一至三十、書札一至三十三、經史百家簡編一至二、家書一至十、年譜一至十二、大事記一至四、雜著一至二、批牘一至六、十八家詩鈔五至八)

520000－2801－0003306　4862
佩秋閣遺稿四卷　(清)吳茝撰　清光緒元年(1875)刻本　一冊

520000－2801－0003307　4864
近人詩錄不分卷　(清)□□輯　清光緒二十三年(1897)上海商務印書館鉛印本　一冊

520000－2801－0003308　4865
思辨錄疑義一卷　(清)劉蓉撰　清光緒三年(1877)思賢講舍刻本　一冊

520000－2801－0003309　4866
澄懷園語四卷　(清)張廷玉撰　清道光二十年(1840)刻本　一冊

520000－2801－0003310　04867
光緒乙巳年交涉要覽上篇二卷下篇三卷　(清)北洋洋務局輯　清末北洋官報局鉛印本　五冊

520000－2801－0003311　04868
曾文正公雜著四卷　(清)曾國藩撰　清同治十三年(1874)傳忠書局刻本　二冊

520000－2801－0003312　04869
曾文正公雜著四卷　(清)曾國藩撰　清同治十三年(1874)傳忠書局刻本　二冊

520000－2801－0003313　4870
求闕齋讀書錄十卷　(清)曾國藩著　(清)王啟原編輯　清光緒二年(1876)傳忠書局刻本　四冊

520000－2801－0003314　4871
求闕齋日記類鈔二卷　(清)曾國藩隨筆　(清)王啟原校編　清光緒二年(1876)傳忠書局刻本　二冊

520000－2801－0003315　4872
增補五經備旨萃編不分卷　(清)鄒廷猷編次　清光緒五年(1879)星沙韞玉山房刻本　十八冊

520000－2801－0003316　4873
中外交涉類要表不分卷光緒通商綜覈表不分卷　(清)錢學嘉編　清光緒上海書局石印本　二冊

520000－2801－0003317　4874
聊齋志異新評十六卷　(清)蒲松齡著　(清)王士正評　(清)但明倫新評　清末刻朱墨印本　十六冊

520000－2801－0003318　4875
自治官書偶存三卷　(清)劉如玉撰　清光緒二十四年(1898)刻本　三冊

520000－2801－0003319　04876
曾文正公奏稿三十卷　(清)曾國藩撰　(清)李瀚章編錄　清光緒二年(1876)傳忠書局刻本　三十冊

520000－2801－0003320　4877
新鐫校正詳註分類百子金丹全書十卷　(明)郭偉選註　(明)王星聚校訂　(明)郭中吉編次　**任兆麟述記三卷**　(清)任兆麟述　(清)尤興讓等編　清光緒二十四年(1898)上海書局石印本　九冊

520000－2801－0003321　4878
說文解字注十五卷　(清)段玉裁注　**部目分韻一卷**　(清)陳奐編　**六書音均表五卷**　(清)段玉裁撰　清光緒十四年(1888)上海蜚英館石印本　七冊

520000－2801－0003322　4879
日知錄三十二卷首一卷　(清)顧炎武撰　(清)黃汝成集釋　**刊誤二卷續刊誤二卷**　(清)黃汝成撰　清光緒二十一年(1895)上海點石齋石印本　六冊

520000－2801－0003323　4880
廿四史劄記三十六卷　(清)趙翼撰　清光緒二十九年(1903)上海慎記書莊石印本　六冊

520000－2801－0003324　4881

潛邱劄記六卷 (清)閻若璩撰 **左汾近藁一卷** (清)閻詠復撰 清光緒十四年(1888)同文書局石印本 四冊

520000 - 2801 - 0003325 4882
使俄日記八卷 (清)王之春紀 清光緒二十二年(1896)上海石印本 六冊

520000 - 2801 - 0003326 4883
約章分類輯要三十八卷首一卷 蔡乃煌等輯 清光緒二十七年(1901)湖南商務局交上海緯文閣石印本 三十五冊

520000 - 2801 - 0003327 4885
校正元親征錄一卷 (清)何秋濤校正 清光緒二十三年(1897)蓮池書局刻本 一冊

520000 - 2801 - 0003328 4886
皇朝五經匯解二百七十卷 題(清)抉經心室主人輯 清光緒十四年(1888)鴻文書局石印本 三十二冊 存二百六十五卷(六至二百七十)

520000 - 2801 - 0003329 4888
增輯經世文統編一百二十卷 (清)□□編 清末石印本 三十九冊 存一百十七卷(二至九、十二至一百二十)

520000 - 2801 - 0003330 4890
古文講授談二編 尚秉和輯 清末天津官書局鉛印本 二冊

520000 - 2801 - 0003331 4891
古文講授談二編 尚秉和輯 清末天津官書局鉛印本 二冊

520000 - 2801 - 0003332 4892
古文講授談二編 尚秉和輯 清末天津官書局鉛印本 二冊

520000 - 2801 - 0003333 04893
曲江書屋新訂批註左傳快讀十八卷首一卷 (晉)杜預原註 (唐)陸德明音義 (宋)林堯叟等參註 清三讓堂刻本 十四冊 存十五卷(一、六至十八,首一卷)

520000 - 2801 - 0003334 04894
古文分編集評四集二十二卷首一卷 (清)于在衡裁定 (清)于光華編輯 清刻本 十一冊 存十三卷(初集下一,二集上二、二集下二,三集二至八,四集二至四)

520000 - 2801 - 0003335 4895
春秋經傳集解三十卷 (晉)杜預集解 **春秋年表一卷** (宋)岳珂刊補 **春秋名號歸一圖二卷** (五代)馮繼先撰 清刻本 十六冊

520000 - 2801 - 0003336 4896
有正味齋全集六種 (清)吳錫麒撰 清刻本 九冊 存三種

520000 - 2801 - 0003337 04897
十三經古注十三種 (明)金蟠 (明)葛鼒校 明永懷堂刻清同治八年(1869)浙江書局補刻本 十六冊

520000 - 2801 - 0003338 4898
左繡三十卷 (晉)杜預注 (清)馮李驊 (清)陸浩評輯 清刻本 五冊 存十六卷(三至六、十至十二、二十二至三十)

520000 - 2801 - 0003339 4899
儀禮十七卷 (漢)鄭玄注 (清)張爾岐句讀 清乾隆八年(1743)刻本 八冊

520000 - 2801 - 0003340 04900
曾文正公全集十五種一百六十四卷 (清)曾國藩撰 清光緒十四年(1888)鴻文書局鉛印本 十五冊 存六種五十九卷(奏稿一至三十、文集一至四、詩集一至四、雜著一至四、年譜一至十二、孟子要略一至五)

520000 - 2801 - 0003341 4901
左繡不分卷 (清)馮李驊 (清)陸浩評輯 **春秋經傳集解三十卷** (晉)杜預原本 (唐)陸德明音義 (宋)林堯叟附註 (清)馮李驊增訂 清華川書屋刻本 十冊 存二十卷(左繡不全、春秋經傳集解十二至三十)

520000 - 2801 - 0003342 04902
[乾隆]東華續錄一百二十卷 王先謙編 (清)周潤蕃等校 清光緒五年(1879)刻本 二十四冊 存五十四卷(乾隆六十七至一百

二十）

520000－2801－0003343　4903
子部十三家十種　（漢）桓寬等撰　清刻本　二十二冊

520000－2801－0003344　4905
五經合纂大成四十四卷　（清）上海同文書局輯　清光緒十一年（1885）上海同文書局石印本　二十冊

520000－2801－0003345　4906
五經合纂大成四十四卷　（清）上海同文書局輯　清光緒十一年（1885）上海同文書局石印本　二十冊

520000－2801－0003346　4907
五經集解三十卷附錄三卷石經考辨二卷　（清）馮世瀛輯　清同治八年（1869）刻本　三十四冊

520000－2801－0003347　4908
雨亭尺牘五卷　（清）林欽潤著　清光緒三年（1877）抄本　五冊

520000－2801－0003348　4910
南華真經解内篇七卷　（清）宣穎著　（清）王暉吉校　清康熙六十年（1721）鼎元堂刻本　二冊

520000－2801－0003349　4911
唐語林八卷　（宋）王讜撰　清三原李錫齡刻本　四冊

520000－2801－0003350　4912
皇清經解分經彙編不分卷　題（清）鴻寶齋主人輯　清光緒二十一年（1895）上海鴻寶齋石印本　三十二冊

520000－2801－0003351　04913
資治通鑑外紀十卷目錄五卷　（宋）劉恕編集　清末石印本　六冊

520000－2801－0003352　4914
皇朝經世文新編三十二卷　（清）麥仲華輯　清光緒二十七年（1901）上海書局石印本　十六冊

520000－2801－0003353　04915
縮本精選經藝淵海不分卷　題（清）常安室主人編　清光緒十一年（1885）上海點石齋石印本　十冊

520000－2801－0003354　4916
毛西河先生家禮辯說十六卷　（清）毛奇齡撰　（清）余肇鈞重訂　**漢丞相諸葛忠武侯書年譜一卷**　（明）楊時偉編　（清）余肇鈞訂　清光緒十二年（1886）長沙余氏家塾刻本　五冊

520000－2801－0003355　4917
仁在堂全集十四集　（清）路德輯　清道光十五年至光緒七年（1835－1881）經綸堂、經國堂刻本　二十八冊

520000－2801－0003356　4918
春秋左傳十七卷　（晉）杜預　（宋）林堯叟註釋　（唐）陸德明音義　（明）鍾惺等評點　**春秋列國圖說一卷**　（宋）蘇軾著　**春秋提要一卷**　（□）□□撰　清光緒三十年（1904）京都鴻文齋石印本　十二冊

520000－2801－0003357　4919
呻吟語六卷　（明）呂坤著　清道光二十八年（1848）江寧顧晴崖刻本　四冊

520000－2801－0003358　4920
呂語集粹四卷首一卷　（明）呂坤著　（清）陳宏謀評　清光緒五年（1879）刻本　四冊

520000－2801－0003359　4921
史略六卷　（宋）高似孫修　清光緒九年（1883）虞山鮑氏刻本　二冊

520000－2801－0003360　4922
皇清經解續編一千四百三十卷　王先謙輯　清光緒十四年（1888）南菁書院刻本　三百十八冊　存一千四百九卷（一至四百十五、四百十九至九百二十九、九百三十四至九百五十七、九百六十八至一千四百二十六）

520000－2801－0003361　4923
皇清經解一千四百八卷首一卷　（清）阮元輯　（清）勞崇光補刻　清咸豐十一年（1861）勞崇光補刻本　三百六十冊

520000－2801－0003362　4924

皇清經解一千四百八卷首一卷　(清)阮元輯　(清)勞崇光補刻　清咸豐十一年(1861)勞崇光補刻本　三百六十冊　存一千四百八卷(一至一千二百五、一千二百七至一千四百八,首一卷)

520000－2801－0003363　4925

教案奏議彙編八卷首一卷　(清)程宗裕輯　清光緒二十七年(1901)上海書局石印本　六冊

520000－2801－0003364　4926

精選十八科鄉會式不分卷　(清)□□輯　清刻本　四冊

520000－2801－0003365　04927

地學歌略一卷　葉瀚　(清)葉瀾著　清光緒二十三年(1897)大文書局刻本　一冊

520000－2801－0003366　4930

歷代名臣言行錄二十四卷　(清)朱桓編輯　(清)潘永季校定　清光緒二十八年(1902)上海書局石印本　八冊

520000－2801－0003367　4931

皇極經世緒言九卷首二卷　(宋)邵雍著　(明)黃粵洲註釋　(清)劉斯組述　清道光十年(1830)錢塘徐樹堂刻本　八冊

520000－2801－0003368　4932

探杏譜一卷　(清)□□編　清刻本　一冊

520000－2801－0003369　04933

目耕齋初集不分卷二集不分卷三集不分卷　(清)徐楷評　(清)沈叔眉編次　清光緒十四年(1888)湖南文昌書局刻本　六冊

520000－2801－0003370　04934

字學舉隅一卷　(清)龍啟瑞撰　清道光二十八年(1848)知命軒刻本　一冊

520000－2801－0003371　4935

女學六卷明呂近溪先生女小兒語一卷附刻勸俗卮言一卷戒煙斷癮論一卷　(清)藍鼎元編　清光緒三十年(1904)刻本　二冊

520000－2801－0003372　4936

天下才子必讀書十五卷　(清)金聖歎選　清宣統二年(1910)國學進化社石印本　六冊

520000－2801－0003373　4937

制服成誦編一卷喪服通釋一卷表一卷　(清)周保珪撰　清光緒十五年(1889)長沙芋園李氏刻本　一冊

520000－2801－0003374　4938

制服成誦編一卷喪服通釋一卷表一卷　(清)周保珪撰　清光緒十五年(1889)長沙芋園李氏刻本　一冊

520000－2801－0003375　4939

硃批七家詩詳註七卷　(清)張熙宇評選　清光緒三年(1877)青蓮山房刻三色套印本　二冊　存二卷(一至二)

520000－2801－0003376　4940

西學書目表三卷附一卷　梁啟超撰　清末時宜書室刻本　一冊

520000－2801－0003377　4941

寶華樓重訂古文釋義新編八卷　(清)余誠評註　清乾隆八年(1743)寶華樓刻本　八冊

520000－2801－0003378　4943

國債論三章　(日本)土子金四郎講述　(清)王季點譯　清光緒二十九年(1903)上海商務印書館鉛印本　一冊

520000－2801－0003379　4944

憲政論一卷　(日本)菊池學而著　(清)林棨譯述　清光緒二十九年(1903)上海商務印書館鉛印本　一冊

520000－2801－0003380　4945

政治一斑不分卷　(日本)檜前保人著　(清)出洋學生編輯所譯述　清光緒二十八年(1902)上海商務印書館鉛印本　二冊

520000－2801－0003381　4946

政治一斑不分卷　(日本)檜前保人著　(清)出洋學生編輯所譯述　清光緒二十八年(1902)上海商務印書館鉛印本　一冊

殘

520000－2801－0003382　4947
美國水師考一卷　（英國）巴那比　（美國）克理撰　（英國）傅蘭雅　（清）鍾天緯譯　清江南製造總局鉛印本　一冊

520000－2801－0003383　4948
新譯國家學原理十六章　（日本）高田早苗著　（清）錢良駿譯　清光緒三十三年（1907）貴陽通志書局鉛印本　一冊

520000－2801－0003384　4949
工業與國政相關論二卷　（英國）司旦離遮風司撰　（美國）衛理　（清）王汝駢譯　清光緒二十六年（1900）製造局鉛印本　二冊

520000－2801－0003385　4950
佐治芻言不分卷　（英國）傅蘭雅口譯　（清）應祖錫筆述　清末鉛印本　三冊

520000－2801－0003386　4951
唐詩三百首六卷　（清）蘅塘退士（孫洙）手編　清光緒十三年（1887）安化黃自元署刻本　四冊

520000－2801－0003387　4952
熙朝紀政六卷　（清）王慶雲述　清光緒二十七年（1901）上海天章書局石印本　六冊

520000－2801－0003388　4954
識字貫通法一卷　（清）□□撰　清光緒三十年（1904）鉛印本　一冊

520000－2801－0003389　04955
光緒會計表四卷　（清）劉嶽雲編　清光緒二十七年（1901）教育世界社石印本　四冊

520000－2801－0003390　4956
古文筆法八卷首一卷　（清）李扶九編　清光緒二十九年（1903）仿泰西法石印本　四冊

520000－2801－0003391　04957
枕戈室吟草一卷　（清）趙德昌撰　清咸豐抄本　一冊

520000－2801－0003392　04960
歷科朝元卷不分卷　（清）□□輯　清末石印本　一冊　殘

520000－2801－0003393　4961
聽彝堂試體詩選初集四卷二集二卷賦選二卷　（清）吳省蘭撰　清末刻本　四冊

520000－2801－0003394　4962
歐美政治要義十八章　（清）端方等編　清光緒三十四年（1908）上海商務印書館石印本　四冊

520000－2801－0003395　4963
經餘必讀續編八卷　（清）錢樹棠等輯　清嘉慶十四年（1809）大中堂刻本　四冊

520000－2801－0003396　4965
光緒丙戌科教習同年全錄一卷　（清）□□輯　清光緒十二年（1886）刻本　一冊

520000－2801－0003397　4966
重訂古文釋義新編八卷　（清）余誠評註　清末上海掃葉山房石印本　八冊

520000－2801－0003398　4967
宋故朝奉大夫華文閣待制贈寶謨閣直學士通義大夫謚文朱先生行狀一卷附刻一卷　（宋）黃幹撰　清同治刻本　一冊

520000－2801－0003399　4968
内閣漢票簽中書舍人題名一卷補遺一卷續編一卷　（清）□□撰　清光緒二年（1876）刻本　一冊

520000－2801－0003400　4969
孝經直解一卷孝經一卷　（清）劉沅註釋　清咸豐十一年（1861）刻本　一冊

520000－2801－0003401　4970
新鐫增補周易備旨一見能解二卷易經圖考一卷　（明）黃淳耀原本　（清）嚴而寬增補　清刻本　二冊

520000－2801－0003402　4972
補學軒散體文續編四卷　（清）鄭獻甫撰　清同治十一年（1872）續刻本　四冊　存三卷（一至三）

520000－2801－0003403　4973

數學啓蒙四卷 (英國)偉烈撰 清光緒二十三年(1897)上海六先書局石印本 四冊

520000－2801－0003404 4974
算法須知四章 (清)華蘅芳輯 清光緒八年(1882)石印本 一冊

520000－2801－0003405 4975
孟子字義疏證三卷附錄一卷 (清)戴震著 清光緒三十一年(1905)上海國學保存會鉛印本 一冊

520000－2801－0003406 4976
太上感應篇圖說八卷 (宋)李昌齡著 (清)黃正元注 (清)毛金蘭增補 清光緒二十二年(1896)上海鴻文書局石印本 八冊

520000－2801－0003407 4977
太上感應篇圖說八卷 (宋)李昌齡著 (清)黃正元注 (清)毛金蘭增補 清光緒十五年(1889)石印本 八冊

520000－2801－0003408 4980
水師保身法一卷 (法國)勒羅阿撰 (英國)伯克雷譯 (清)程鑾 (清)趙元益重譯 **營壘圖說一卷** (比利時)伯裡牙芒撰 (美國)金楷裡口譯 (清)李鳳苞筆述 清末石印本 一冊

520000－2801－0003409 4981
香豔叢書二十集 題(清)蟲天子輯 清宣統二年(1910)國學扶輪社鉛印本 十二冊 存三集(一至三)

520000－2801－0003410 04985
一八九八年之西美戰史不分卷 (法國)勃利德撰 (清)李景鎬譯 清光緒三十年(1904)江南機器製造總局鉛印本 二冊

520000－2801－0003411 4986
支那疆域沿革略說一卷 (日本)重野安繹 (日本)河田熊撰 清末輿地學會刻本 一冊

520000－2801－0003412 4987
四川省奏定警察章程不分卷 (□)□□編 清末刻本 一冊

520000－2801－0003413 4988
俗言一卷 (清)劉沅撰 清咸豐四年(1854)刻本 一冊

520000－2801－0003414 4989
策倭要略一卷 (清)李嶽蘅撰 清光緒二十年(1894)湖南長沙刻本 一冊

520000－2801－0003415 4990
新訂孔塘周易四卷 (□)李習三校 清貴州刻本 三冊

520000－2801－0003416 4991
澄衷蒙學堂字課圖說四卷 (清)劉樹屏編 清光緒二十七年(1901)澄衷蒙學堂石印本 八冊

520000－2801－0003417 4993
虛字匯通法初編不分卷 徐超編輯 清光緒三十一年(1905)中新書局鉛印本 三冊

520000－2801－0003418 4994
孝經一卷 (漢)鄭玄注 (清)嚴可均輯 清光緒二十九年(1903)大關唐鴻學刻民國三十三年(1944)重印本 一冊

520000－2801－0003419 4995
孫吳司馬法三卷 (春秋)司馬穰苴撰 **魏武帝註孫子三卷** (三國魏)曹操撰 **吳子二卷** (春秋)吳起撰 **諸葛武侯心書一卷** (三國蜀)諸葛亮撰 **武侯火攻心法一卷** 清石印本 一冊

520000－2801－0003420 4996
韻史二卷 (清)許遯翁著 **韻史補一卷** (清)李玉岑著 清光緒十三年(1887)上海廣百宋齋鉛印本 一冊

520000－2801－0003421 05000
蒙學中國歷史教科書不分卷 (清)文明書局編譯 清光緒巴蜀新學書局刻本 一冊

520000－2801－0003422 5003
史筌五卷首一卷 (清)楊銘柱輯 清道光二十六年(1846)刻本 一冊 存一卷(史筌一)

520000－2801－0003423 05004

在官法戒錄四卷 （清）陳宏謀編輯 清同治十三年(1874)刻本 二冊

520000－2801－0003424 05005
在官法戒錄摘抄四卷 （清）陳宏謀編輯 清同治七年(1868)楚北崇文書局刻本 二冊

520000－2801－0003425 5006
佩觿三卷 （宋）郭忠恕記 **郭忠恕傳一卷** 清道光十四年(1834)欲寡過齋刻本 一冊

520000－2801－0003426 5007
當歸草堂叢書八種 （清）丁丙輯 清同治二年至五年(1863－1866)錢塘丁氏刻本 六冊 存六種

520000－2801－0003427 5008
書經正蒙旁訓四卷 （清）□□撰 清光緒二十七年(1901)黔南書局刻本 四冊

520000－2801－0003428 5010
折獄便覽一卷 （清）□□撰 清道光三十年(1850)刻本 一冊

520000－2801－0003429 5012
史鑑節要便讀六卷 （清）鮑東里編輯 清光緒八年(1882)華氏家塾刻本 二冊

520000－2801－0003430 5013
史鑑節要便讀六卷 （清）鮑東里編輯 清光緒八年(1882)華氏家塾刻本 二冊

520000－2801－0003431 5014
史鑑節要便讀六卷 （清）鮑東里編輯 清光緒八年(1882)華氏家塾刻本 一冊 存三卷(一至三)

520000－2801－0003432 5015
世說新語六卷 （南朝宋）劉義慶撰 （南朝梁）劉孝標注 清光緒三年(1877)湖北崇文書局刻本 四冊

520000－2801－0003433 5016
爾雅注疏十一卷 （晉）郭璞注 （宋）邢昺疏 清海清樓刻本 四冊

520000－2801－0003434 5017
隨園八十壽言六卷 （清）袁枚輯 清末刻本 二冊

520000－2801－0003435 5018
審安堂詩鈔十卷 （清）朱鳳翔撰 清道光二十四年(1844)刻本 一冊

520000－2801－0003436 5019
學算筆談十二卷 （清）華蘅芳撰 清光緒二十二年(1896)徐氏刻本 六冊

520000－2801－0003437 5020
學算筆談十二卷 （清）華蘅芳撰 清光緒二十二年(1896)徐氏刻本 五冊 存十卷(三至十二)

520000－2801－0003438 05024
若梅詩鈔一卷 （清）□□撰 清宣統元年(1909)鉛印本 一冊

520000－2801－0003439 5025
司馬溫公通鑑論二卷 （宋）司馬光撰 清光緒二十七年(1901)益元書局刻本 二冊

520000－2801－0003440 05026
錢南園先生遺集五卷 （清）錢灃撰 清同治十年(1871)刻本 四冊

520000－2801－0003441 5027
朱子約編八卷 （清）鄭士範編 清道光二十四年(1844)刻本 一冊

520000－2801－0003442 5028
草行楷三種書法一卷書法摘要善本三卷 （清）黄文燮輯 清嘉慶二十三年(1818)清照齋刻本 一冊 缺一卷(書法摘要善本下)

520000－2801－0003443 5029
四子書四種 （清）□□編 清光緒二十九年(1903)上海虹口澄衷學堂印書處鉛印本 二冊

520000－2801－0003444 5032
補過軒四書文一卷 （清）魯一同撰 清咸豐元年(1851)刻本 一冊

520000－2801－0003445 5033
平山堂圖志十卷 （清）趙之壁編纂 清乾隆刻本 二冊 存七卷(一至四、八至十)

520000－2801－0003446　05035
詩經監本八卷　(宋)朱熹集傳　清宣統二年(1910)煙台墨林書館鉛印本　四册

520000－2801－0003447　5036
寄菴文鈔二卷　(清)劉大紳撰　清嘉慶二十一年(1816)刻本　三册

520000－2801－0003448　5037
小倉山房四六八卷　(清)袁枚撰　清刻本　二册

520000－2801－0003449　5038
代數術二十五卷首一卷　(英國)華里司輯　(英國)傅蘭雅口譯　(清)華蘅芳筆述　清光緒二十二年(1896)上海書局石印本　四册

520000－2801－0003450　05039
各省選拔全錄不分卷　(清)禮部輯　清光緒十一年(1885)禮部刻本　二册

520000－2801－0003451　05040
曾文正公家書十卷　(清)曾國藩撰　清光緒十四年(1888)鴻文書局鉛印本　四册

520000－2801－0003452　05041
名賢手札不分卷　(清)郭子瀞輯　清光緒十九年(1893)上海寶文書局石印本　一册　殘

520000－2801－0003453　5042
五十名家書札十二卷　(清)陸存齋輯　清光緒二十年(1894)上海復古齋石印本　四册

520000－2801－0003454　05043
義務論三卷　(美國)海文撰　(清)廣智書局同人譯　清光緒二十九年(1903)上海廣智書局鉛印本　一册

520000－2801－0003455　5048
漱石山房印存一卷　(清)□□編　清鉛印本　一册

520000－2801－0003456　5051
經韻備字不分卷　(清)陳大醇編注　清道光二十八年(1848)碩果山房刻本　二册

520000－2801－0003457　5056
萃林詩賦一卷　(清)張端卿等撰　清光緒十二年(1886)石印本　一册

520000－2801－0003458　5057
重校十三經不貳字不分卷　(清)李鴻藻撰　清光緒十二年(1886)刻本　二册

520000－2801－0003459　5058
重校臨文便覽一卷　(清)□□撰　清光緒十二年(1886)刻本　一册

520000－2801－0003460　5060
楹聯集錦八卷　(清)胡鳳丹輯　清同治六年(1867)退補齋刻本　二册

520000－2801－0003461　05061
八銘塾鈔初集四卷二集四卷　(清)吳懋政編　清乾隆四十八年(1783)刻本　四册

520000－2801－0003462　5063
臣鑑錄二十卷　(清)蔣伊輯　清雲貴總督蔣陳錫刻本　十册

520000－2801－0003463　5064
疑雨集四卷　(明)王彥泓撰　清宣統二年(1910)上海掃葉山房石印本　二册

520000－2801－0003464　05065
西政叢書九種　梁啟超編輯　清光緒二十三年(1897)慎記書莊石印本　一册　存一種

520000－2801－0003465　05066
試策登雲不分卷　(清)任以治　(清)王樹實編　清嘉慶十二年(1807)友琴書屋刻本　一册

520000－2801－0003466　5069
公德講話一卷　(日本)樂鷹真人撰　(清)馬仰宇譯　清光緒二十九年(1903)廣智書局鉛印本　一册

520000－2801－0003467　5070
琅嬛文集六卷　(明)張岱撰　清光緒二年(1876)刻本　四册　存四卷(二、四至六)

520000－2801－0003468　5071
公法總論一卷　(英國)羅柏村撰　(英國)傅蘭雅譯　(清)江振聲譯　清末江南製造總局鉛印本　一册

520000－2801－0003469　5072
近思錄十四卷　（宋）朱熹　（宋）呂祖謙撰（清）江永集注　清咸豐三年（1853）刻本　四冊

520000－2801－0003470　5073
宋人經義約鈔三卷　（清）孫葆田輯　清光緒二十七年（1901）宛南書院刻本　一冊

520000－2801－0003471　5075
槐陰書屋試帖二卷　（清）聶光鑾撰　清光緒十一年（1885）汗青簃刻本　二冊

520000－2801－0003472　5076
壺園試帖二卷　（清）徐寶善撰　清光緒元年（1875）西充官廨刻本　二冊

520000－2801－0003473　5077
弟子職集解一卷　（清）莊述祖輯　清光緒七年（1881）四川茶鹽道署刻本　一冊

520000－2801－0003474　5078
古文雅正十四卷目錄一卷　（清）蔡世遠輯　清道光六年（1826）錢塘許氏貴州刻本　六冊

520000－2801－0003475　5079
探杏譜一卷　（清）□□編　清光緒十一年（1885）石印本　一冊

520000－2801－0003476　05080
曾文正公大事記四卷　（清）王定安撰　清光緒十四年（1888）鴻文書局鉛印本　一冊

520000－2801－0003477　5081
毛詩古音考四卷附錄一卷　（明）陳第撰（明）焦竑訂正　清光緒二十二年（1896）明辨齋刻本　四冊

520000－2801－0003478　5082
孔子編年五卷　（宋）胡仔撰　（清）胡培翬校注　清嘉慶二十三年（1818）旌德湯庭光刻本　一冊

520000－2801－0003479　05083
虎鈐經二十卷　（宋）許洞撰　清刻本　四冊

520000－2801－0003480　5091
小學集解六卷綱領一卷續綱領一卷書題一卷題辭一卷　（清）張伯行纂　（清）李蘭汀校　清光緒十年（1884）貴州藩署刻本　四冊

520000－2801－0003481　5094
孝經一卷　（唐）玄宗李隆基注　清光緒金陵書局刻本　一冊

520000－2801－0003482　5095
汲古閣說文訂一卷　（清）段玉裁撰　清同治十一年（1872）湖北崇文書局刻本　一冊

520000－2801－0003483　5096
重刊補註洗冤錄集證六卷　（清）王又槐增輯（清）李觀瀾補輯　**續增洗冤錄辨證三卷**（清）瞿中溶原撰　清光緒三十二年（1906）上海通時書局石印本　五冊

520000－2801－0003484　5097
文獻通考詳節六卷　（元）馬端臨著　（清）瞿曾輯纂　**續四卷**　（明）王洪洲著　（清）瞿曾輯纂　清光緒二十五年（1899）湖南書局刻本　六冊

520000－2801－0003485　5098
御撰資治通鑑綱目三編二十卷　（清）張廷玉纂　清光緒二十八年（1902）上海古香閣石印本　一冊

520000－2801－0003486　5099
角山樓增補類腋　（清）姚培謙原本　（清）趙克宜增輯　清光緒十二年（1886）上海同文書局石印本　六冊

520000－2801－0003487　5100
史記一百三十卷　（漢）司馬遷撰　（南朝宋）裴駰集解　清光緒二十四年（1898）上海點石齋石印本　六冊

520000－2801－0003488　05101
袁太史稿一卷　（清）袁枚著　（清）秦大士編校　清乾隆五十一年（1786）刻本　一冊

520000－2801－0003489　5107
分類墨腋六卷　（清）陳廷珍　（清）陳蕚芬選清同治九年（1870）刻本　四冊

520000－2801－0003490　05109

龍文鞭影二卷 (明)蕭良有著 (清)楊臣諍增訂 清咸豐七年(1857)刻本 二冊

520000－2801－0003491 05110
高厚蒙求四集 (清)徐朝俊輯 清嘉慶十二年至二十年(1807－1815)刻本 四冊

520000－2801－0003492 5111
祭曾國藩文一卷輓聯一卷輓詩一卷 (清)曾國荃等撰 清同治光緒刻本 三冊

520000－2801－0003493 5112
切韻考外篇三卷 (清)陳澧撰 清光緒十年(1884)刻本 一冊

520000－2801－0003494 05113
聲律通考十卷 (清)陳澧撰 清咸豐八年(1858)刻本 一冊 存五卷(一至五)

520000－2801－0003495 5115
五塘雜俎三卷 (清)許印芳撰 清光緒刻本 一冊

520000－2801－0003496 5116
春秋匯四卷 (□)□□撰 清光緒五年(1879)金陵芸香閣刻本 二冊

520000－2801－0003497 5117
竹莊詩草十二卷 (清)傅玉書撰 清中刻本 二冊

520000－2801－0003498 05118
聖安皇帝本紀二卷 (清)顧炎武撰 **嘉定屠城紀畧一卷** (清)朱子素撰 清都城琉璃廠刻本 一冊

520000－2801－0003499 5119
行在陽秋二卷 (明)劉湘客撰 **幸存錄二卷** (明)夏允述 **續幸存錄一卷** (明)夏完淳著 **求野錄一卷** 題(明)客溪樵隱編 清都城琉璃廠刻本 三冊

520000－2801－0003500 5120
蛙鳴集詩草一卷 題(□)熙乙氏識 清末抄本 一冊

520000－2801－0003501 5122
續後漢書音義四卷 (宋)蕭常撰 **札記四卷** (清)郁松年撰 清道光二十一年至二十二年(1841－1842)刻本 五冊

520000－2801－0003502 5123
西夏經義十五卷 (清)何志高撰 清光緒十四年(1888)刻本 十一冊 缺一卷(釋禮一)

520000－2801－0003503 5124
點勘記二卷省堂筆記一卷 (清)歐陽泉撰 清寶硯齋刻本 二冊

520000－2801－0003504 5125
庚辰集五卷 (清)紀昀輯 清刻本 五冊

520000－2801－0003505 5126
小題文府六卷 (清)□□撰 清光緒十八年(1892)上海點石齋石印本 九冊 存三卷(大學一、中庸一、論語上一)

520000－2801－0003506 5127
五經鴻裁二十卷 (清)□□編 清末刻本 九冊

520000－2801－0003507 5128
四書典類淵海五十二卷 (清)江永輯 清光緒十四年(1888)上海鴻文書局石印本 七冊

520000－2801－0003508 05129
八銘塾鈔初集四卷二集四卷 (清)吳懋政編 清光緒十四年(1888)萬珍書局鉛印本 六冊

520000－2801－0003509 05130
篤素堂集鈔三卷 (清)張英撰 清光緒十七年(1891)石印本 一冊

520000－2801－0003510 5131
數學啓蒙四卷 (英國)偉烈撰 清光緒二十三年(1897)上海六先書局石印本 四冊

520000－2801－0003511 5132
宦鄉新要則一卷 (清)黃狄卿 (清)黃楚卿撰 清光緒三十四年(1908)上海中國圖書公司南洋官書局鉛印本 一冊

520000－2801－0003512 5133
中國魂二卷 梁啓超編輯 清光緒二十九年(1903)上海廣智書局鉛印本 二冊

520000－2801－0003513　5134
代數通藝錄十六卷　（清）方愷撰　清光緒二十二年（1896）時務報館石印本　四册

520000－2801－0003514　05137
普通商業教科問答十九章　（英國）排利司脫透納著　（清）公之魯譯　清光緒三十一年（1905）上海文明書局鉛印本　一册

520000－2801－0003515　5138
簡易歷史課本一卷　（清）富光年編輯　清光緒三十二年（1906）上海商務印書館鉛印本　一册

520000－2801－0003516　05139
法國礮臺課書摘要初編　（法國）吉禮豐授　（清）曾仰東彙譯　清光緒二十八年（1902）刻本　一册

520000－2801－0003517　05140
營壘圖説一卷　（比利時）伯里牙芒著　（美國）金楷理口譯　（清）李鳳苞筆譯　清光緒刻本　一册

520000－2801－0003518　5141
省身指掌九卷　（美國）恒理博著　清光緒二十三年（1897）京都美華書局鉛印本　一册

520000－2801－0003519　5142
世界近世史二卷　（日本）松平康國編著　（清）梁啟勳譯述　清光緒二十九年（1903）上海廣智書局鉛印本　二册

520000－2801－0003520　5143
歐羅巴通史四部　（日本）箕作元八　（日本）峰岸米造合纂　（清）徐有成等譯　清光緒二十六年（1900）東亞譯書局鉛印本　四册

520000－2801－0003521　5144
俄國水師考一卷　（英國）百拉西撰　（英國）傅少蘭譯　（清）李嶽蘅譯　清同治至民國江南製造總局鉛印本　一册

520000－2801－0003522　05145
英國水師考一卷　（英國）巴那比　（美國）克理撰　（英國）傅蘭雅　（清）鍾天緯譯　清末江南製造總局鉛印本　二册

520000－2801－0003523　5146
代數術二十五卷首一卷　（英國）華里司輯　（英國）傅蘭雅口譯　（清）華蘅芳筆述　清同治十二年（1873）江南製造總局鉛印本　六册

520000－2801－0003524　5147
新譯日本法規大全不分卷　劉崇傑等譯　清光緒三十三年（1907）上海商務印書館鉛印本　八十册

520000－2801－0003525　5148
新譯日本法規大全不分卷　劉崇傑等譯　**日本法規解字不分卷**　（清）董鴻禕　（清）錢恂編纂　清光緒三十三年（1907）上海商務印書館鉛印本　八十一册

520000－2801－0003526　5149
新譯日本法規大全不分卷　劉崇傑等譯　**日本法規解字不分卷**　（清）董鴻禕　（清）錢恂編纂　清光緒三十三年（1907）上海商務印書館鉛印本　八十一册

520000－2801－0003527　5150
楊忠愍公傳家寶訓依據一卷　（明）楊繼盛撰　清光緒二年（1876）貴州刻本　一册

520000－2801－0003528　5151
抱影廬哀蟬集一卷詞一卷　（清）桂霖撰　清光緒二十七年（1901）貴西巡署刻本　一册

520000－2801－0003529　5152
小學注鈔六卷　（宋）朱熹撰　清末貴州大盛堂刻本　四册

520000－2801－0003530　5153
小學集解六卷綱領一卷續綱領一卷書題一卷題辭一卷　（清）張伯行纂　（清）李蘭汀校　清光緒十年（1884）貴州藩署刻本　四册

520000－2801－0003531　5154
續刊補學軒詩集十二卷　（清）鄭獻甫撰　清光緒五年（1879）黔南節署刻本　六册

520000－2801－0003532　5155
奏定學堂章程不分卷　（清）張百熙等纂

（清）鉛字局校印　清末貴州學務處鉛印本　七册

520000－2801－0003533　5157
家塾蒙求五卷　（清）康基淵纂輯　清同治十一年（1872）黔陽官署刻本　二册

520000－2801－0003534　5168
四種遺規約鈔　（清）陳宏謀原編　清同治十年（1871）遵義蹇氏家塾刻本　三册　存三種

520000－2801－0003535　5175
六事箴言一卷　（清）葉玉屏輯　**續錄一卷**　（清）五孚尹輯　清光緒三十三年（1907）遵義華氏鉛印本　一册

520000－2801－0003536　5176
墨齋詩錄一卷　（清）胡承翊撰　清光緒二十四年（1898）貴陽刻本　一册

520000－2801－0003537　05179
牧民忠告二卷　（元）張養浩著　清同治十年（1871）黔陽官署刻本　一册

520000－2801－0003538　5180
呂新吾先生社學要畧一卷　（明）呂坤撰　清末貴陽大文堂刻本　一册

520000－2801－0003539　5182
佩文廣韻匯編五卷　（清）李元祺編輯　清光緒四年（1878）籀經堂刻本　二册

520000－2801－0003540　5183
四書翼註論文十二卷　（清）鄭獻甫著　清光緒五年（1879）黔南節署刻本　十二册

520000－2801－0003541　5194
中説十卷　（隋）王通撰　（宋）阮逸注　清光緒十六年（1890）貴陽陳矩刻本　一册

520000－2801－0003542　5200
牧令書輯要十卷　（清）徐棟原編　（清）丁日昌選評　**牧民忠告二卷**　（元）張養浩著　**欽頒州縣事宜一卷**　（清）田文鏡編　**保甲書輯要四卷**　（清）徐棟原編　（清）丁日昌重校　**庸史庸言二卷**　（清）劉衡存稿　**讀律心得三卷**　（清）劉衡纂輯　**蜀僚問答一卷**　（清）劉衡存稿　**清訟事宜一卷**　清同治十年（1871）黔陽官署刻本　十四册

520000－2801－0003543　05201
牧令書輯要十卷　（清）徐棟原編　（清）丁日昌選評　**牧民忠告二卷**　（元）張養浩著　**欽頒州縣事宜一卷**　（清）田文鏡編　**保甲書輯要四卷**　（清）徐棟原編　（清）丁日昌重校　**庸史庸言二卷**　（清）劉衡存稿　**讀律心得三卷**　（清）劉衡纂輯　**蜀僚問答一卷**　（清）劉衡存稿　**清訟事宜一卷**　清同治十年（1871）黔陽官署刻本　十五册

520000－2801－0003544　05202
牧令書輯要十卷　（清）徐棟原編　（清）丁日昌選評　清同治十年（1871）黔陽官署刻本　十册

520000－2801－0003545　05203
牧令書輯要十卷　（清）徐棟原編　（清）丁日昌選評　**牧民忠告二卷**　（元）張養浩著　**欽頒州縣事宜一卷**　（清）田文鏡編　**保甲書輯要四卷**　（清）徐棟原編　（清）丁日昌重校　**庸史庸言二卷**　（清）劉衡存稿　**讀律心得三卷**　（清）劉衡纂輯　**蜀僚問答一卷**　（清）劉衡存稿　**清訟事宜一卷**　清同治十年（1871）黔陽官署刻本　六册　存九卷（六至八、十，保甲書輯要四卷，欽頒州縣事宜一卷）

520000－2801－0003546　5207
讀史方輿紀要一百三十卷輿地總圖四卷　（清）顧祖禹輯著　清道光三年（1823）刻本　五十册

520000－2801－0003547　5208
讀史方輿紀要一百三十卷　（清）顧祖禹撰　清敷文閣刻本　四十八册　存六十卷（二至四、十至三十二、三十六至五十一、六十六至七十六、一百二十四至一百三十）

520000－2801－0003548　05210
十三經注疏十三種　（三國魏）王弼等注疏　明崇禎元年至十二年（1628－1639）古虞毛氏汲古閣刻本　五十册　存十種

520000－2801－0003549　5211
春秋經傳集解三十卷　(晉)杜預注　清刻本　十六册

520000－2801－0003550　5212
約章成案匯覽甲篇十卷　(清)北洋洋務局纂輯　清末上海點石齋石印本　十册

520000－2801－0003551　5213
約章成案匯覽甲篇十卷　(清)北洋洋務局纂輯　清末上海點石齋石印本　十册

520000－2801－0003552　5214
約章成案匯覽甲篇十卷　(清)北洋洋務局纂輯　清末上海點石齋石印本　十册

520000－2801－0003553　5215
約章成案匯覽乙篇四十二卷　(清)北洋洋務局纂輯　清末上海點石齋石印本　三十七册

520000－2801－0003554　5216
約章成案匯覽乙篇四十二卷　(清)北洋洋務局纂輯　清末上海點石齋石印本　三十五册　存四十卷(一至十八、二十一至四十二)

520000－2801－0003555　5217
約章成案匯覽乙篇四十二卷　(清)北洋洋務局纂輯　清末上海點石齋石印本　三十六册

520000－2801－0003556　05218
英法政概一卷　(清)劉啟彤譯編　清光緒二十三年(1897)雙梧書屋石印本　一册

520000－2801－0003557　5219
御纂朱子全書六十六卷　(宋)朱熹撰　清康熙五十三年(1714)刻本　二十五册　存五十三卷(一至十九、三十三至六十六)

520000－2801－0003558　5220
甌鉢羅室書畫過目攷四卷首一卷附一卷　(清)李玉棻編　清末上海江南圖書局石印本　四册

520000－2801－0003559　5221
後漢書一百二十卷　(南朝宋)范曄撰　(唐)章懷太子李賢注　清刻本　八册　存八十五卷(七至五十四、六十五至八十四、九十四至一百十)

520000－2801－0003560　5222
前漢書一百二十卷　(漢)班固撰　(唐)顏師古注　清刻本　十四册　存八十六卷(十五至一百)

520000－2801－0003561　5223
明史三百三十二卷　(清)張廷玉修　清刻本　二册　存七卷(一百九十五至一百九十七、二百十一至二百十四)

520000－2801－0003562　05224
欽定春秋傳說彙纂三十八卷首二卷　(清)王掞等纂　清刻本　十四册　存二十五(十至三十二、首二卷)

520000－2801－0003563　5225
爾雅直音二卷　(清)孫偘輯　清刻本　一册　存一卷(下)

520000－2801－0003564　5226
前漢書一百卷　(漢)班固撰　(唐)顏師古注　清刻本　一册　存二卷(二十三至二十四)

520000－2801－0003565　5227
春秋左傳杜注三十卷首一卷　(清)姚培謙學　清刻本　一册　存五卷(二十七至三十、首一卷)

520000－2801－0003566　5228
史記一百三十卷　(漢)司馬遷撰　(南朝宋)裴駰集解　(唐)司馬貞索隱　(唐)張守節正義　清刻本　一册　存六卷(一百二十二至一百二十七)

520000－2801－0003567　5229
四書朱子本義匯參四十三卷首四卷　(清)王步青輯　清刻本　十七册　存十卷(中庸章句本義匯參一至二,論語輯註本義匯參六、十四至二十)

520000－2801－0003568　5232
鼎鍥趙田了凡袁先生編纂古本歷史大方綱鑑補三十九卷首一卷　(宋)劉恕外紀　(元)金履祥前編　(明)袁黄編纂　**御撰資治通鑑綱**

目三編二十卷末一卷　(清)張廷玉等纂　**新刻趙田了凡袁先生編纂古本歷史大方綱鑑補三十九卷首一卷**　(明)袁黄編纂　**校補歷史綱鑑□□卷**　(□)□□編　清乾隆十一年(1746)桂林堂刻本　十二册　存三十二卷(鼎鍥趙田了凡袁先生編纂古本歷史大方綱鑑補三十至三十五,御撰資治通鑑綱目三編二十卷、末一卷,新刻趙田了凡袁先生編纂古本歷史大方綱鑑補三十六,校補歷史綱鑑三十七至四十)

520000－2801－0003569　5233
金石萃編一百六十卷目録一卷　(清)王昶撰　清光緒十九年(1893)上海醉六堂石印本　十五册　存一百三十八卷(十至十九、二十六至一百十八、一百二十六至一百六十)

520000－2801－0003570　05235
陶園全集三十四卷　(清)張九鉞著　**六如亭傳奇二卷**　(清)羅浮花農填詞　(清)吹鐵簫人正譜　清道光二十三年(1843)刻本　十册　缺六卷(詩集十、十六至十八,六如亭傳奇二卷)

520000－2801－0003571　05236
周易□□卷　(□)□□撰　清朝爽堂刻本　一册　存一卷(末一卷)

520000－2801－0003572　05237
新譯列國歲計政要三編附録一卷勘誤一卷　(清)白作霖譯　清光緒二十七年(1901)石印本　六册

520000－2801－0003573　05238
精訂綱鑑二十四史通俗衍義□□卷　(清)吕安世輯　清末石印本　二册　存九卷(五至八、二十二至二十六)

520000－2801－0003574　05240
二程粹言二卷　(宋)楊時訂定　(宋)張栻編次　清刻本　一册　存一卷(二)

520000－2801－0003575　05242
五經□□卷　(□)□□撰　清刻本　三册　存九卷(十至十二、二十一至二十六)

520000－2801－0003576　5243
西堂全集十七種　(清)尤侗撰　清順治十二年(1655)刻本　十二册　存十二種

520000－2801－0003577　05244
字學舉隅一卷　(清)龍啟瑞撰　**重校臨文便覽一卷**　(清)翡子英輯　**重校十三經不貳字一卷**　(清)李鴻藻編　**萃林詩賦一卷**　(清)□□輯　清光緒十二年(1886)榆蔭書屋石印本　四册

520000－2801－0003578　5244
探杏譜一卷　(清)□□編　清光緒十一年(1885)石印本　一册

520000－2801－0003579　5245
御選唐宋詩醇五十八卷　(清)高宗弘曆選　清刻本　三册　存十二卷(十九至三十)

520000－2801－0003580　5246
唐宋八大家類選十四卷　(清)儲欣評　清刻本　五册　存十二卷(一至八、十一至十四)

520000－2801－0003581　5248
詩賦約編一卷　(□)□□編　清刻本　一册

520000－2801－0003582　05249
通志二百卷考證三卷　(宋)鄭樵撰　清光緒二十七年(1901)上海圖書集成局鉛印本　十九册　存六十五卷(一至九、十二至十四、十九至二十四、三十八至四十三、五十一至七十二、八十三至一百一)

520000－2801－0003583　5250
楊園先生全集二十七卷　(清)張履祥撰　清道光二十一年(1841)莫友芝刻本　二册　存四卷(楊園先生備忘一至四)

520000－2801－0003584　5251
楊園先生全集十六卷　(清)張履祥撰　清嘉慶二十三年(1818)刻本　六册

520000－2801－0003585　5252
爾雅二卷　(□)□□撰　清刻本　一册　存一卷(一)

520000－2801－0003586　5253

五經味根錄禮記十卷　(元)陳澔撰　清末石印本　二册　存五卷(一至二、八至十)

520000－2801－0003587　5255
西湖拾遺四十八卷　(清)陳樹基撰　清刻本　一册　存一卷(十八)

520000－2801－0003588　5256
重刻張太岳先生文集四十八卷　(明)張居正撰　**浩氣吟一卷**　(清)張同敞撰　清道光八年(1828)刻本　五册　存二十四卷(二十至三十三、三十九至四十八)

520000－2801－0003589　5257
埏紘外乘二十五卷　(美國)林樂知　(清)嚴良勛譯　**續編二卷補遺一卷**　(美國)衛理口譯　(清)汪振聲筆述　清光緒二十七年(1901)上海製造局刻本　八册

520000－2801－0003590　5259
化學鑑原續編二十四卷　(英國)蒲陸山撰　(英國)傅蘭雅口譯　(清)徐壽筆述　清末江南製造總局刻本　六册

520000－2801－0003591　5260
化學鑑原續編二十四卷　(英國)蒲陸山撰　(英國)傅蘭雅口譯　(清)徐壽筆述　清末江南製造總局刻本　六册

520000－2801－0003592　5261
寶藏興焉十二卷　(英國)費而奔撰　(英國)傅蘭雅口譯　(清)徐壽筆述　清末江南製造總局刻本　十六册

520000－2801－0003593　5262
寶藏興焉十二卷　(英國)費而奔撰　(英國)傅蘭雅口譯　(清)徐壽筆述　清末江南製造總局刻本　十六册

520000－2801－0003594　5263
毛鄭詩釋四卷儀禮釋注二卷周禮釋注二卷禮記釋注四卷禹貢集釋三卷禹貢蔡傳正誤一卷禹貢錐指正誤一卷　(清)丁晏撰　**詩考備註三卷**　(宋)王應麟輯　(清)丁晏補注　**鄭氏詩譜考證一卷**　(漢)鄭玄撰　(宋)歐陽修補　(清)丁晏重編　**毛詩草木鳥獸蟲魚疏**　(三國吳)陸璣撰　(清)丁晏校正　**孝經述注一卷**　(清)丁晏輯　**北宋汴學二體石經記一卷**　清咸豐七年(1857)刻本　十八册

520000－2801－0003595　05263
石亭紀事一卷　(清)丁晏撰　清道光二十八年(1848)刻本　一册

520000－2801－0003596　5264
五代史纂誤三卷　(宋)吳縝撰　**拙軒集六卷**　(金)王寂撰　**南陽集六卷**　(宋)趙湘撰　**學易集八卷**　(宋)劉跂撰　**帝範四卷**　(唐)太宗李世民撰　**明本釋三卷**　(宋)劉荀撰　**魏鄭公諫續錄二卷**　(元)翟思忠撰　**文苑英華辨證十卷首一卷**　(宋)彭叔夏撰　**陶山集十六卷**　(宋)陸佃撰　清乾隆武英殿木活字印武英殿聚珍版書本　十五册

520000－2801－0003597　5270
五知齋琴譜八卷　(清)周魯封輯　清乾隆二年(1737)刻本　三册　存五卷(二至三、六至八)

520000－2801－0003598　05285
九通序一卷　(清)□□撰　清光緒二十八年(1902)景幡山房鉛印本　一册

520000－2801－0003599　5286
五經集腋二十八卷　(清)周世樟編輯　清刻本　一册　存二卷(一至二)

520000－2801－0003600　5289
呂公實政錄□□卷　(明)呂坤撰　清嘉慶二年(1797)刻本　十册　存七卷(明職一、民務二至四、鄉甲約五、風憲約六、獄政七)

520000－2801－0003601　5290
天祿閣外史八卷　(漢)黄憲撰　清刻本　一册　存四卷(五至八)

520000－2801－0003602　5291
移芝室全集十二種二十七卷首一卷　(清)楊彝珍著　清光緒十七年(1891)刻本　十三册

520000－2801－0003603　5292
史記菁華錄六卷　題(清)姚苧田(姚祖恩)輯

清光緒二十四年(1898)貴州刻本　三冊　存三卷(一至二、四)

520000－2801－0003604　5293
庸菴文編四卷　(清)薛福成撰　清光緒刻本　一冊　存二卷(四至五)

520000－2801－0003605　5296
杜詩詳注□□卷　(唐)杜甫撰　(清)仇兆鰲輯注　清刻本　二冊　存五卷(一至二、七至九)

520000－2801－0003606　5297
古文筆法百篇二十卷　(清)李扶九輯　清刻本　四冊　存七卷(二至三、六至九、十五)

520000－2801－0003607　05298
板橋集六編　(清)鄭燮撰　清司徒文膏寫刻本　四冊

520000－2801－0003608　05299
板橋詞鈔一卷　(清)鄭燮撰　清司徒文膏寫刻本　一冊

520000－2801－0003609　05300
禮書一百五十卷　(宋)陳祥道撰　清光緒二年(1876)廣州刻本　三冊

520000－2801－0003610　05302
資治通鑑二百九十四卷目錄一卷　(宋)司馬光編集　(元)胡三省音注　(日本)山名留三郎訓點　清末石印本　一冊　存四卷(唐紀七十六至七十九)

520000－2801－0003611　5304
宋元學案□□卷　(清)黄宗羲撰　(清)黄百家纂輯　(清)全祖望補定　清刻本　四冊　存八卷(六十七、七十六至八十二)

520000－2801－0003612　05305
海國圖志一百卷首一卷　(清)魏源撰　清刻本　三冊　存九卷(十五至二十三)

520000－2801－0003613　5306
宦海指南五種　(清)許乃普輯　清咸豐九年(1859)刻本　一冊　存一種

520000－2801－0003614　5308
洗冤錄詳義四卷　(清)許槤編校　清刻本　一冊　存一卷(三)

520000－2801－0003615　5310
中俄交涉記四卷　(清)楊楷撰　清光緒二十二年(1896)積山書局石印本　三冊　存三卷(一、三至四)

520000－2801－0003616　5311
揚子江四編　(日本)林安繁著　清光緒二十八年(1902)上海商務印書館鉛印本　一冊

520000－2801－0003617　05312
東塾讀書記二十五卷　(清)陳澧撰　清末石印本　三冊　存十一卷(五至十五)

520000－2801－0003618　5313
史記菁華錄六卷　題(清)姚苧田(姚祖恩)輯　清末石印本　一冊　存一卷(五)

520000－2801－0003619　05314
東華續錄二百二十卷　(清)朱壽朋編　清宣統鉛印本　七冊　存二十三卷(光緒三十二至五十四)

520000－2801－0003620　05315
東萊博議四卷　(宋)吕祖謙撰　**增補虚字註釋六卷**　(清)張文炳點定　清光緒七年(1881)鳳城官舍刻本　一冊　存七卷(東萊博議一、增補虚字註解六卷)

520000－2801－0003621　05316
農學論　(清)張壽浯著　**農產物分析表**　(日本)藤田豐八譯　**養蠶成法粵東飼八蠶法**　**荷蘭牧牛篇**　(荷蘭)佛里寺省牧牛公司編　**通屬種棉述畧**　(清)朱祖榮述　**勸種洋棉說**　(清)朱祖榮撰　**牧豬法**　(清)陳梅坡譯　**烘雞鴨法製蘆粟糖法**　(日本)藤田豐八譯　**製蘆粟糖法器具圖稽者傳二卷**　(法國)麥爾香著　(清)朱樹人譯述　**農具圖說二卷**　(法國)藍涉爾芒著　(清)吳爾昌譯　**奇埃疊哀安摩太風車圖說**　(美國)風車公司啓　(清)胡濬康譯　**東國鑿井法**　(清)胡璋述　清末石印本　二冊

520000－2801－0003622　05317

秦漢文鈔□□卷　(明)陳仁錫評選　(明)劉肇慶點定　明刻本　三冊　存六卷(三至八)

520000－2801－0003623　5318
春秋旁訓辨體核定四卷　(清)徐立綱輯　清孝思堂刻本　二冊

520000－2801－0003624　5320
史記菁華錄六卷　(清)姚祖恩輯　清末貴陽文通書局鉛印本　一冊　存一卷(一)

520000－2801－0003625　5321
忠獻韓魏王家傳十卷別錄三卷遺事一卷　(宋)韓忠彥撰　清刻本　三冊

520000－2801－0003626　5322
春秋左傳詁二十卷　(清)洪亮吉撰　清光緒四年(1878)刻本　八冊　存十六卷(五至二十)

520000－2801－0003627　5323
春秋左傳詁二十卷　(清)洪亮吉撰　清光緒四年(1878)刻本　一冊　存二卷(十七至十八)

520000－2801－0003628　5324
尚友錄二十二卷　(明)廖用賢編纂　(清)張伯琮補輯　清光緒十六年(1890)掃葉山房銅活字印本　一冊　存三卷(一至三)

520000－2801－0003629　5326
困學紀聞翁注二十卷首一卷　(宋)王應麟撰　(清)翁元圻輯　清光緒十三年(1887)上海同文書局石印本　二冊　存六卷(一、八至十一,首一卷)

520000－2801－0003630　05327
東萊博議四卷　(宋)吕祖謙撰　清末石印本　一冊　存一卷(四)

520000－2801－0003631　05330
烈皇小識八卷　(明)文秉撰　清刻本　八冊

520000－2801－0003632　19817
欽定古今圖書集成一萬卷目錄四十卷　(清)陳夢雷輯　清光緒十年(1884)上海圖書集成局鉛印本　一千五百三十八冊　存三十二種

520000－2801－0003633　5331
鼎鍥趙田了凡袁先生編纂古本歷史大方綱鑑補三十九卷首一卷　(宋)劉恕外紀　(元)金履祥前編　(明)袁黃編纂　清乾隆十一年(1746)桂林堂刻本　三冊　存六卷(十一至十三、十九至二十,首一卷)

520000－2801－0003634　5332
曝書亭集八十卷附錄一卷　(清)朱彝尊撰　清刻本　一冊　存三卷(一至三)

520000－2801－0003635　5333
校訂困學紀聞集證二十卷　(宋)王應麟撰　(清)屠繼序校補　清刻本　三冊　存六卷(四至五、七至八、十七至十八)

520000－2801－0003636　5334
國學萃編第一期　沈宗畸等編　清光緒三十四年(1908)鉛印本　一冊

520000－2801－0003637　5335
國學萃編第一期　沈宗畸等編　清光緒三十四年(1908)鉛印本　一冊

520000－2801－0003638　5336
漢魏叢書　(明)何允中輯　清同治十二年至光緒三年(1873－1877)紅杏山房刻本　一冊

520000－2801－0003639　05337
蜀輶日記四卷　(清)陶澍撰　清道光刻本　一冊　存二卷(一至二)

520000－2801－0003640　05338
小題文府不分卷　(□)□□撰　清末石印本　十六冊

520000－2801－0003641　05339
尚友錄二十二卷　(明)廖用賢編纂　清末石印本　二冊　存八卷(八至十五)

520000－2801－0003642　05340
精選直省課藝大全不分卷　(□)□□編　清末石印本　一冊

520000－2801－0003643　05341
四書字義二卷　(宋)陳淳箸　**附錄一卷**　(清)嚴陵撰　清光緒六年(1880)甯鄉道林黃

氏刻本　二册

520000－2801－0003644　5342
小萬卷齋詩藁三十二卷　（清）朱琦撰　清道光二年（1822）刻本　三册　存十二卷（十七至二十、二十五至三十二）

520000－2801－0003645　5343
御纂性理精義十二卷目錄一卷　（清）李光地等編　清刻本　二册　存三卷（一至三）

520000－2801－0003646　5344
御纂性理精義十二卷　（清）李光地等編　清刻本　二册　存七卷（一至七）

520000－2801－0003647　5345
續文獻通考二百五十四卷　（明）王圻撰　明末刻本　三册　存八卷（八十一至八十三、一百三十一至一百三十二、一百九十一至一百九十三）

520000－2801－0003648　5346
尺木堂綱鑑易知錄九十二卷　（清）吳乘權等輯　清末石印本　八册　存三十九卷（十四至二十八、五十五至七十八）

520000－2801－0003649　05347
飲冰室文集十八卷總目一卷　梁啟超著　清光緒二十九年（1903）上海廣智書局鉛印本　十八册

520000－2801－0003650　05348
駢雅七卷　（明）朱謀㙔撰　清末刻本　七册　缺一卷（一上）

520000－2801－0003651　5350
策學纂要四卷　（清）劉之屏輯　清刻本　三册　存三卷（一至三）

520000－2801－0003652　5351
增廣尺牘句解二卷　題（清）桃花館主編　清光緒二十五年（1899）慎記書莊石印本　二册

520000－2801－0003653　5352
御製曆象考成上編十六卷下編十卷表十六卷　（清）允祿等撰　清刻本　二册　存三卷（上編四至六）

520000－2801－0003654　05353
明詩別裁集十二卷　（清）沈德潛　（清）周準輯　清刻本　四册　存八卷（三至十）

520000－2801－0003655　5354
困學紀聞注二十卷首一卷　（宋）王應麟撰　（清）翁元圻輯　清光緒二十五年（1899）煥文書局石印本　五册　存十八卷（一至四、八至二十，首一卷）

520000－2801－0003656　5355
困學紀聞注二十卷首一卷　（宋）王應麟撰　（清）翁元圻輯　清末石印本　一册　存三卷（二至四）

520000－2801－0003657　5357
困學紀聞二十卷　（宋）王應麟撰　（清）翁元圻輯　清刻本　二册　存五卷（六至十）

520000－2801－0003658　05358
易藝舉隅六卷　（清）陳本淦纂　清道光十九年（1839）刻本　二册　存四卷（一至四）

520000－2801－0003659　5359
四書味根錄三十九卷　（清）金澂輯　清道光十七年（1837）粲花吟館刻本　十册

520000－2801－0003660　5360
增訂畊餘瑣錄十二卷　（清）馮世瀛撰　清同治八年（1869）刻本　六册

520000－2801－0003661　5361
策學總纂大全四十八卷目錄二卷　（清）蔡壽祺原本　清刻本　二十一册　存四十六卷（四至四十八、目錄下）

520000－2801－0003662　05362
時務通考續編三十一卷目錄一卷總目一卷　題（清）點石齋主人匯輯　清光緒二十七年（1901）上海點石齋石印本　十六册

520000－2801－0003663　05364
今世說八卷目錄一卷　（清）王晫撰　清咸豐二年（1852）刻本　一册　存四卷（一至四）

520000－2801－0003664　05366
綱鑑易知錄九十二卷　（清）吳乘權等輯　清

刻本　二冊　存六卷（六十一至六十三、七十七至七十九）

520000－2801－0003665　05367
大清搢紳全書四卷　（清）□□撰　清宣統二年（1910）榮禄堂刻本　七冊

520000－2801－0003666　05368
檢韻指南十二集　（清）姚文登輯　清刻本　一冊　存六集（午至亥）

520000－2801－0003667　05369
欽定大清會典一百卷　（清）允祹等纂修　清光緒二十七年（1901）上海文林石印本　三冊　存四十八卷（一至十一、六十四至一百）

520000－2801－0003668　5371
大學衍義輯要六卷　（宋）真德秀撰　（清）陳宏謀輯　清刻本　一冊　存三卷（一至三）

520000－2801－0003669　5375
古書疑義舉例七卷　（清）俞樾撰　清末宏達堂刻本　一冊　存四卷（四至七）

520000－2801－0003670　5376
樊山判牘續編四卷　樊增祥撰　清宣統三年（1911）大同書局石印本　四冊

520000－2801－0003671　5378
前漢書一百卷　（漢）班固撰　（唐）顔師古注　清末石印本　二冊　存十二卷（八十九至一百）

520000－2801－0003672　5379
前漢紀三十卷　（漢）荀悦撰　清光緒二年（1876）嶺南述古堂刻本　一冊　存三卷（一至三）

520000－2801－0003673　5380
自強軍創制公言二卷　沈敦和編　（清）洪恩波校　清末石印本　一冊　存一卷（下）

520000－2801－0003674　05381
曾文正公家書十卷　（清）曾國藩撰　清末刻本　二冊　存二卷（一至二）

520000－2801－0003675　05382
益元堂增定課讀鑑略妥注善本五卷　（明）李廷機撰　（明）張瑞圖校　（清）鄒聖脈原訂　清光緒二十年（1894）益元局刻本　二冊

520000－2801－0003676　05383
益元堂增定課讀鑑略妥注善本五卷　（明）李廷機撰　（明）張瑞圖校　（清）鄒聖脈原訂　清光緒二十年（1894）益元局刻本　二冊　存四卷（二至五）

520000－2801－0003677　5384
晉書十二卷　（唐）太宗李世民撰　（清）田舜年纂　清初白鹿堂刻本　十二冊

520000－2801－0003678　5385
經文五萬選不分卷　（清）孫廷翰輯　清末石印本　十六冊　殘

520000－2801－0003679　5386
西湖楹聯六卷　（清）□□撰　清末刻本　一冊　存一卷（三）

520000－2801－0003680　5388
文選六十卷　（南朝梁）昭明太子蕭統撰　（唐）李善注　清上海鴻文書局石印本　一冊　存十一卷（一至十一）

520000－2801－0003681　05389
龍威祕書十集　（清）馬俊良輯　清乾隆五十九年（1794）石門馬氏大酉山房刻本　九冊　存三集九冊（二集三冊、五集一冊、八集五冊）

520000－2801－0003682　05390
新學僞經考十四卷　康有為撰　清光緒十七年（1891）刻本　四冊　存六卷（九至十四）

520000－2801－0003683　05391
六朝文絜四卷　（清）許槤評選　（清）朱鈞參校　清刻本　一冊　存二卷（三至四）

520000－2801－0003684　05394
鄉黨圖考十卷目録一卷　（清）江永著　清乾隆二十一年（1756）學源堂刻本　四冊

520000－2801－0003685　05395
鄉黨圖考十卷目録一卷　（清）江永著　清道光五年（1825）刻本　三冊　缺二卷（三至四）

520000－2801－0003686　05397

讀史論畧二卷　(清)杜詔撰　清刻本　二册

520000－2801－0003687　5398

論語正義二十四卷　(清)劉寶楠學　清同治五年(1866)黄岡嘯園范氏刻本　六册　存二十三卷(一至六、八至二十四)

520000－2801－0003688　5400

庾子山全集十六卷　(清)吳兆宜箋註　清刻本　二册　存四卷(三至六)

520000－2801－0003689　05401

湯子遺書十卷首一卷　(清)湯斌撰　清刻本　二册　存一卷(七)

520000－2801－0003690　5402

說苑二十卷　(漢)劉向撰　清刻本　一册　存六卷(十一至十六)

520000－2801－0003691　05403

龍溪草堂詩鈔十卷　(清)張日崙著　清光緒八年(1882)刻本　五册　存五卷(一、三、□、□、七)

520000－2801－0003692　5404

唐詩三百首註釋六卷　(清)蘅塘退士(孫洙)手編　清刻本　一册　存二卷(三至四)

520000－2801－0003693　05405

詩韻合璧五卷　(清)湯文潞編　清光緒十二年(1886)公興書局鉛印本　一册　存一卷(一)

520000－2801－0003694　05406

詩經旁訓音義不分卷　(□)□□撰　清咸豐八年(1858)刻本　三册　殘

520000－2801－0003695　5407

古諷籀齋目耕胜三十二卷　題(清)閑鷗霞逸纂輯　清光緒元年(1875)青雲書屋刻本　十册　存二十七卷(一至九、十三至三十)

520000－2801－0003696　05408

試策便覽十六卷　(清)王統　(清)王誥輯　清刻本　五册　存十三卷(四至十六)

520000－2801－0003697　5409

康熙字典十二集　(清)張玉書等纂　清末石印本　五册　存十集(寅至亥)

520000－2801－0003698　5410

儀禮精義鈔畧□□卷　(□)□□撰　清末刻本　三册　存四卷(二、四、六、圖一)

520000－2801－0003699　5412

說文解字十五卷　(漢)許慎撰　(宋)徐鉉校定　清朱筠刻本　六册　存十二卷(四至十五)

520000－2801－0003700　5413

重刻來瞿唐先生日錄二十種　(明)來知德撰　清刻本　九册

520000－2801－0003701　5414

古詩源十四卷　(清)沈德潛輯　清刻本　五册　存十四卷(一至十四)

520000－2801－0003702　5416

董氏易上經傳義附錄十四卷首一卷　(宋)董楷纂　清通志堂刻本　一册　存一卷(五)

520000－2801－0003703　5417

古文眉詮七十九卷首一卷　(清)浦起龍編　清三吳書院刻本　十一册　存三十九卷(三十八至六十九、七十三至七十九)

520000－2801－0003704　5418

大清律例增修統纂集成四十卷督捕則例二卷　(清)陶駿等增修　清宣統元年(1909)上海文淵山房鉛印本　二十四册

520000－2801－0003705　05421

九經今義二十八卷　(清)成本璞著　清末鉛印本　一册　存十五卷(十四至二十八)

520000－2801－0003706　5423

古文析義十六卷　(清)林雲銘評註　清刻本　一册　存一卷(十)

520000－2801－0003707　05424

地理正義鉛彈子砂水要訣七卷　(清)張鳳藻撰　清刻本　一册　存一卷(七)

520000－2801－0003708　5425

大清律講義四編　(清)徐象先編　清末鉛印本　一册　存二編(一至二)

520000－2801－0003709　5426
大清律講義四編　（清）徐象先編　清末鉛印本　一冊　存二編（一至二）

520000－2801－0003710　5428
楚辭十七卷　（戰國）屈原撰　（漢）王逸章句　清光緒九年（1883）長沙書堂山館刻本　一冊　存一卷（一）

520000－2801－0003711　5430
光緒丙午年交涉要覽上篇一卷中篇二卷下篇四卷　（清）北洋洋務局纂輯　清末鉛印本　一冊　存一卷（下篇四）

520000－2801－0003712　5431
俄羅斯史二卷俄羅斯皇帝年譜一卷　（日本）山本利喜雄著　（清）麥鼎華譯　清光緒二十九年（1903）上海廣智書局鉛印本　二冊

520000－2801－0003713　5432
代微積拾級詳草一卷　周藩撰　清末石印本　一冊　殘

520000－2801－0003714　5433
經史百家雜鈔二十六卷　（清）曾國藩纂　（清）李鴻章校刊　清末商務印書館鉛印本　四冊　存八卷（三至四、七至八、二十三至二十六）

520000－2801－0003715　05434
禮記注疏六十三卷　（漢）鄭玄注　（唐）孔穎達疏　清刻本　一冊　存三卷（五十八至六十）

520000－2801－0003716　5435
比雅十卷　（清）洪亮吉撰　清光緒五年（1879）授經堂刻本　二冊　存八卷（一至四、七至十）

520000－2801－0003717　5436
自強軍西法類編十八卷　（□）□□撰　清末石印本　二冊　存二卷（十六至十七）

520000－2801－0003718　5437
歸方評點史記合筆六卷　（清）王拯纂　清末刻本　二冊　存四卷（一至四）

520000－2801－0003719　5439
紀文達公詩集十六卷　（清）紀昀撰　（清）紀樹馨編校　清末刻本　二冊　存八卷（九至十六）

520000－2801－0003720　5440
行文寶笈二卷　（□）□□撰　清末石印本　一冊　存一卷（下）

520000－2801－0003721　5441
日東軍政要略三卷　（日本）細田謙藏譯述　（日本）稻村新六校訂　清光緒二十四年（1898）南洋公學譯書院鉛印本　二冊

520000－2801－0003722　5442
古文詞略二十四卷　（清）梅曾亮輯　清光緒三十一年（1905）鉛印本　四冊

520000－2801－0003723　5443
俄史輯譯不分卷　（英國）闞斐迪譯　清光緒十四年（1888）益智書會刻本　四冊

520000－2801－0003724　5444
水師章程十四卷續編六卷　（英國）英國水師兵部編　（美國）林樂知譯　（清）鄭昌棪筆述　清末刻本　十六冊

520000－2801－0003725　5445
化學分原八卷　（英國）蒲陸山撰　（英國）傅蘭雅口譯　（清）徐建寅筆述　（清）曹鐘秀繪圖　清末江南製造總局刻本　二冊

520000－2801－0003726　5446
化學分原八卷　（英國）蒲陸山撰　（英國）傅蘭雅口譯　（清）徐建寅筆述　（清）曹鐘秀繪圖　清末江南製造總局刻本　二冊

520000－2801－0003727　5447
化學分原八卷　（英國）蒲陸山撰　（英國）傅蘭雅口譯　（清）徐建寅筆述　（清）曹鐘秀繪圖　清末江南製造總局刻本　二冊

520000－2801－0003728　5448
化學考質八卷　（德國）富里西尼烏司著　（英國）傅蘭雅口譯　（清）徐壽筆述　清末江南製造總局刻本　六冊

520000－2801－0003729　5449
化學考質八卷　（德國）富里西尼烏司著　（英國）傅蘭雅口譯　（清）徐壽筆述　清末江南製造總局刻本　六冊

520000－2801－0003730　05450
八家文鈔不分卷　（清）汪如洋等撰　清末石印本　三冊　殘

520000－2801－0003731　5451
典林博覽十二卷　（清）鍾運堯編輯　清光緒五年（1879）存養山房刻本　六冊

520000－2801－0003732　05452
華盛頓泰西史略八卷　（清）黎汝謙　（清）蔡國昭編譯　清光緒二十三年（1897）新學會石印本　四冊

520000－2801－0003733　05453
光緒會計錄三卷　（清）李希聖纂　清光緒二十二年（1896）上海時報館石印本　二冊

520000－2801－0003734　05456
光緒會計表四卷　（清）劉嶽雲編　清光緒二十七年（1901）教育世界社石印本　四冊

520000－2801－0003735　05457
詳註聊齋志異圖詠十六卷首一卷目錄一卷　（清）蒲松齡著　清光緒三十年（1904）上海錦章書局石印本　八冊

520000－2801－0003736　05461
虛字會通法續編不分卷　徐超編輯　清光緒三十三年（1907）上海羣學社圖書發行所鉛印本　四冊

520000－2801－0003737　05463
世界通史三十卷目錄一卷附錄一卷　（日本）石川利之著　清光緒二十八年（1902）日清書館石印本　十冊

520000－2801－0003738　05464
瀛寰志畧十卷續集四卷末一卷補遺一卷　（清）徐繼畬輯　清光緒二十八年（1902）上海日新書莊石印本　六冊

520000－2801－0003739　05465
瀛環新志十卷　（清）李慎儒著　清光緒二十八年（1902）退思軒石印本　六冊

520000－2801－0003740　5466
形性學要十卷　（比利時）赫師慎輯　（清）李杕譯　清光緒二十五年（1899）徐匯匯報館鉛印本　四冊

520000－2801－0003741　5467
探礦取金六卷續編一卷附編一卷　（英國）密拉撰　舒高第譯　（清）汪振聲述　（清）曹永清繪圖　清光緒三十年（1904）江南製造局譯書館刻本　二冊

520000－2801－0003742　5468
格致小引一卷　（英國）赫施賚撰　（英國）羅亨利　（清）瞿昂來譯　清末刻本　一冊

520000－2801－0003743　5469
工業與國政相關論二卷　（英國）司坦離遮風司撰　（美國）衛理　（清）王汝駧譯　清光緒二十六年（1900）製造局鉛印本　二冊

520000－2801－0003744　5470
戰術學三卷　（日本）日本士官學校原編　（日本）細田謙藏譯述　（日本）細村新六参訂　清末南洋公學譯書院鉛印本　與520000－2801－0003745合四冊

520000－2801－0003745　5470
戰術學圖例一卷　（日本）日本士官學校原編　（日本）細田謙藏譯述　（日本）細村新六参訂　清末南洋公學譯書院石印本　與520000－2801－0003744合四冊

520000－2801－0003746　05471
電學十卷首一卷　（英國）瑙挨德撰　（英國）傅蘭雅口譯　（清）徐建寅筆述　清末江南機器製造總局刻本　六冊

520000－2801－0003747　05472
地球韻言四卷目錄一卷　（清）張士瀛著　清光緒二十四年（1898）兩湖書院鄂垣務急書館刻本　二冊

520000－2801－0003748　05473

通物電光四卷 (美國)莫耳登撰 (英國)傅蘭雅口譯 (清)王季烈筆述 清光緒二十五年(1899)江南製造局刻本 與520000－2801－0003749合一冊

520000－2801－0003749 05473
通物電光附圖一卷 (美國)莫耳登撰 (英國)傅蘭雅口譯 (清)王季烈筆述 清光緒二十五年(1899)江南製造局石印本 與520000－2801－0003748合一冊

520000－2801－0003750 05474
電學綱目一卷 (英國)田大里輯 (英國)傅蘭雅譯 (清)周郇筆述 清末上海江南機器製造總局刻本 一冊

520000－2801－0003751 05475
造洋漆法一卷 (日本)田原良純著 (日本)藤田豐八譯 清光緒二十九年(1903)江南製造局刻本 一冊

520000－2801－0003752 05476
無線電報八章補編一卷 (英國)克爾撰 (美國)衛理口譯 (清)范熙庸筆述 清光緒二十六年(1900)江南機器製造總局刻本 一冊

520000－2801－0003753 05477
電氣鍍金略法一卷 (英國)華特纂 (英國)傅蘭雅口譯 (清)周郇筆述 清末江南製造總局刻本 一冊

520000－2801－0003754 5478
取濾火油法一卷 (美國)日得烏特著 (英國)秀耀春 (美國)衛理譯 (清)汪振聲述 清光緒二十六年(1900)江南製造局刻本 一冊

520000－2801－0003755 5479
談天十八卷首一卷附表一卷 (英國)侯失勒原本 (清)李善蘭刪述 (英國)偉烈亞力口譯 (清)徐建寅續述 **侯失勒約翰傳一卷** 清咸豐九年(1859)江南製造總局刻本 四冊

520000－2801－0003756 5480
談天十八卷首一卷附表一卷 (英國)侯失勒原本 (清)李善蘭刪述 (英國)偉烈亞力口譯 (清)徐建寅續述 **侯失勒約翰傳一卷** 清咸豐九年(1859)江南製造總局刻本 四冊

520000－2801－0003757 05481
測繪海圖全法八卷附一卷 (英國)華爾敦著 (英國)傅蘭雅口譯 (清)趙元益筆述 清光緒二十五年(1899)江南製造局刻本 六冊

520000－2801－0003758 5482
泰西十八周史攬要十八卷 (英國)雅各偉德著 (英國)季理斐成章譯 (清)李鼎星述稿 清光緒二十八年(1902)蜀東善成堂刻本 六冊

520000－2801－0003759 5483
日本維新三十年史十二編附錄一卷 (日本)博文館編輯 (清)上海廣智書局譯 清光緒二十九年(1903)上海廣智書局鉛印本 六冊

520000－2801－0003760 5484
萬國藥方八卷 (美國)洪士提反譯 清光緒二十二年(1896)美華書館石印本 八冊

520000－2801－0003761 5485
廣學類編十二卷 (英國)唐蘭孟編譯 (清)任保羅譯 清光緒二十九年(1903)上海商務印書館鉛印本 六冊

520000－2801－0003762 05486
廣學類編十二卷 (英國)唐蘭孟編譯 (清)任保羅譯 清光緒二十九年(1903)上海商務印書館鉛印本 六冊

520000－2801－0003763 5487
美國憲法纂釋二十一卷附一卷 (美國)海麗生著 (清)鄭昌棪筆述 舒高第口譯 清光緒三十三年(1907)江南製造局刻本 一冊 存十一卷(一至十一)

520000－2801－0003764 5488
中外交涉類要表一卷光緒通商綜覈表不分卷附中西紀年周始表 (清)錢學嘉輯 清光緒二十年(1894)上海醉六堂刻本 二冊

520000－2801－0003765 5489

歐洲東方交涉記十二卷 (英國)麥高爾輯著 (美國)林樂知 (清)瞿昂來譯 清光緒六年(1880)江南機器製造總局譯刻本 二冊

520000－2801－0003766 5490
農務全書十六卷 (美國)施妥縷撰 舒高第口譯 趙詒琛筆述 清光緒三十三年(1907)江南機器製造總局刻本 八冊

520000－2801－0003767 5491
穡者傳十卷 (法國)麥爾香撰 (清)朱樹人譯 清末木活字印本 三冊

520000－2801－0003768 5492
金石識別十二卷 (美國)代那撰 (美國)瑪高溫口譯 (清)華蘅芳筆述 (清)沙英繪圖 清末刻本 四冊 存七卷(六至十二)

520000－2801－0003769 05493
農學理說二卷 (美國)以德懷特福利斯撰 (清)王汝駉口譯 趙詒琛筆述 清光緒三十二年(1906)江南製造局刻本 一冊 存一卷(上)

520000－2801－0003770 5494
格致啓蒙四卷 (英國)羅斯古纂 (美國)林樂知譯 (清)鄭昌棪譯 清末江南機器製造局刻本 一冊 存一卷(一)

520000－2801－0003771 05495
臨陣傷科捷要四卷圖一卷 (英國)帕脱編 舒高第 (清)鄭昌棪譯 清末鉛印本 四冊

520000－2801－0003772 5496
支那通史七卷 (日本)那珂通世編 清光緒二十五年(1899)東文學社石印本 五冊 存四卷(一至四)

520000－2801－0003773 5497
泰西新史攬要二十四卷 (英國)馬懇西撰 (英國)李提摩太譯 蔡爾康述 清光緒二十二年(1896)三味堂刻本 八冊

520000－2801－0003774 5498
泰西新史攬要二十四卷 (英國)馬懇西撰 (英國)李提摩太譯 蔡爾康述 清光緒二十二年(1896)三味堂刻本 八冊

520000－2801－0003775 05499
地學淺釋三十八卷 (英國)雷俠兒撰 (美國)瑪高溫口譯 (清)華蘅芳筆述 清同治十二年(1873)江南機器製造總局刻本 八冊

520000－2801－0003776 05500
地學淺釋三十八卷 (英國)雷俠兒撰 (美國)瑪高溫口譯 (清)華蘅芳筆述 清同治十二年(1873)江南機器製造總局刻本 八冊

520000－2801－0003777 05501
光學二卷視學諸器圖說一卷 (英國)田大里輯 (美國)金楷理口譯 (清)趙元益筆述 清同治九年(1870)江南機器製造總局刻本 二冊

520000－2801－0003778 05502
無機化學教科書三卷 (英國)瓊司原著 (清)徐兆熊譯述 清光緒三十四年(1908)江南機器製造總局刻本 三冊

520000－2801－0003779 5503
考工記要十七卷附圖一卷 (英國)瑪體生著 (英國)傅蘭雅譯 (清)鍾天緯譯 (清)汪振聲校訂 清光緒七年(1881)刻本 八冊

520000－2801－0003780 5504
經史百家雜鈔二十六卷 (清)曾國藩纂 (清)李鴻章校刊 清光緒二年(1876)傳忠書局刻本 二十四冊

520000－2801－0003781 5505
水經注四十卷首一卷 (北魏)酈道元撰 **附錄二卷** (清)趙一清錄 清光緒二十三年(1897)新化三味書室刻本 十六冊

520000－2801－0003782 5506
經典釋文三十卷 (唐)陸德明撰 **考證三十卷** (清)盧文弨綴輯 清光緒十五年(1889)湘南書局刻本 二十冊

520000－2801－0003783 05507
經藝類腋二十六卷目錄一卷 (清)陳邦鏞撰 清光緒二十三年(1897)鴻寶齋書局石印本

八册

520000－2801－0003784　05508

中西算學大成一百卷目錄一卷　(清)陳維祺纂　清光緒十五年(1889)上海同文書局石印本　二十册

520000－2801－0003785　5509

周禮經義六卷首一卷　(清)黄淦纂　清嘉慶十二年(1807)刻本　一册

520000－2801－0003786　5510

周禮經義六卷首一卷　(清)黄淦纂　清嘉慶十二年(1807)刻本　一册

520000－2801－0003787　5511

談天十八卷首一卷附表一卷　(英國)侯失勒原本　(英國)偉力亞力口譯　(清)李善蘭删述　(清)徐建寅續　清光緒二十二年(1896)上海著易堂石印本　四册

520000－2801－0003788　05512

各國約章纂要六卷首一卷附録一卷　勞乃宣輯　清光緒十八年(1892)上海圖書集成印書局鉛印本　四册

520000－2801－0003789　5513

汽機大成十八卷附表一卷　(清)江南機器製造總局編　清光緒二十三年(1897)石印本　四册

520000－2801－0003790　5514

近世世界商工歷史十章　(日本)桐生政次著　(清)人演社譯　清光緒二十九年(1903)大同書局鉛印本　一册

520000－2801－0003791　5517

維新三傑三卷　(日本)北村紫山著　(清)馬汝賢譯　清光緒二十七年(1901)勵學譯社鉛印本　一册

520000－2801－0003792　5518

歐洲八大帝王傳一卷　(英國)李提摩太著　清光緒二十年(1894)上海廣學會鉛印本　一册

520000－2801－0003793　05520

對數表不分卷　(美國)路密司著　(美國)赫士口譯　(清)朱寶琛筆述　清光緒二十八年(1902)上海美華書館鉛印本　一册

520000－2801－0003794　5521

作戰糧食給養法概意二篇　(日本)陸軍經理學校原本　(清)楊志洵譯述　(日本)稻村新六校訂　清末南洋公學譯書院鉛印本　一册

520000－2801－0003795　5522

害蟲要説一卷　(日本)小野孫三郎著　(日本)鳥居赫雄譯　**蠶桑答問二卷續編一卷**　(清)朱祖榮編輯　**大日本農會章程一卷**　(日本)古城貞吉譯　**英倫奉旨設立務農會章程一卷附録一卷合璧表一卷**　(清)吳治儉譯　清末石印本　一册

520000－2801－0003796　05523

八線備旨四卷　(美國)羅密士原撰　(美國)潘慎文選譯　**八線學總習問一卷**　清光緒二十八年(1902)上海美華書館鉛印本　一册

520000－2801－0003797　05524

群學肄言十六卷　(英國)斯賓塞爾造論　嚴復翻譯　清光緒二十九年(1903)上海文明書局鉛印本　四册

520000－2801－0003798　5525

内科新説二卷　(英國)合信氏著　(清)管茂材同撰　清咸豐八年(1858)刻本　一册

520000－2801－0003799　5526

西醫略論三卷　(英國)合信氏著　(清)管茂材同撰　清咸豐七年(1857)刻本　一册

520000－2801－0003800　05527

法國新志四卷　(英國)陔勒低輯　(英國)傅紹蘭口譯　(清)潘松筆述　清光緒二十四年(1898)江南製造局刻本　二册

520000－2801－0003801　5528

俄國新志八卷　(英國)陔勒低撰　(英國)傅蘭雅　(清)潘松譯　清光緒二十四年(1898)上海製造總局刻本　三册

520000－2801－0003802　5530

汽機必以十二卷首一卷附一卷　(英國)蒲而捺撰　(英國)傅蘭雅口譯　(清)徐建寅筆述　(清)曹鍾秀繪圖　清末江南製造總局刻本　六冊

520000－2801－0003803　5531
五洲圖考不分卷　(清)龔柴撰　清光緒二十八年(1902)上海徐家匯印書館鉛印本　四冊

520000－2801－0003804　5532
五洲圖考不分卷　(清)龔柴撰　清光緒二十八年(1902)上海徐家匯印書館鉛印本　四冊

520000－2801－0003805　5533
百芙堂算學叢書五十一種　(清)丁取忠等編　清光緒十四年(1888)上海龍文書局石印本　八冊

520000－2801－0003806　05534
法國志略二十四卷　(清)王韜撰　清光緒十六年(1890)淞隱盧鉛印本　十冊

520000－2801－0003807　5535
歐美整體通覽五章　(日本)上野貞吉撰　(清)出洋學生編譯所譯　清光緒二十八年(1902)上海商務印書館鉛印本　一冊

520000－2801－0003808　5536
產科五十二章　(英國)密爾撰　舒高第口譯　(清)鄭昌棪筆述　清末江南機器製造總局鉛印本　四冊

520000－2801－0003809　05537
歐美政治要義十八章　(清)端方等編　清光緒三十四年(1908)石印本　四冊

520000－2801－0003810　05538
行素軒算稿十九卷　(清)華蘅芳撰　清光緒八年(1882)刻本　八冊

520000－2801－0003811　05539
印度國志不分卷　(清)學部編譯圖書局編纂　清光緒三十三年(1907)學部編譯圖書局鉛印本　一冊

520000－2801－0003812　05540
印度國志不分卷　(清)學部編譯圖書局編纂　清光緒三十三年(1907)學部編譯圖書局鉛印本　一冊

520000－2801－0003813　05541
印度國志不分卷　(清)學部編譯圖書局編纂　清光緒三十三年(1907)學部編譯圖書局鉛印本　一冊

520000－2801－0003814　05542
代數術二十五卷　(英國)華里司輯　(英國)傅蘭雅譯　(清)華蘅芳譯　清同治十二年(1873)刻本　六冊

520000－2801－0003815　05543
列國歲計政要十二卷首一卷　(英國)麥丁富得力編纂　(美國)林樂知口譯　(清)鄭昌棪筆述　清光緒元年(1875)刻本　六冊

520000－2801－0003816　05544
列國歲計政要十二卷首一卷　(英國)麥丁富得力編纂　(美國)林樂知口譯　(清)鄭昌棪筆述　清光緒元年(1875)刻本　六冊

520000－2801－0003817　5545
萬國公法四卷　(美國)惠頓著　(美國)丁韙良譯　清同治三年(1864)刻本　四冊

520000－2801－0003818　5546
時務通考三十一卷　題(清)點石齋主人輯　清末石印本　七冊　存九卷(二十二、二十四至三十一)

520000－2801－0003819　5547
時務分類興國策八卷　(清)李鳳儀編輯　清光緒二十三年(1897)上海書局石印本　十六冊

520000－2801－0003820　5548
五經三萬選不分卷　題(清)文瀾書局主人輯　清光緒二十三年(1897)上海文瀾書局石印本　四十冊

520000－2801－0003821　05551
蒲編堂科名世草一卷　(清)路朝霖編　**貴州鄉試朱卷一卷**　(清)□□輯　清光緒十一年(1885)萬署刻本　一冊

520000－2801－0003822　5556
代數備旨十三章總答一章　（美國）狄考文選譯　（清）鄒立文　（清）生福維筆述　清光緒三十三年（1907）上海美華書館鉛印本　一冊

520000－2801－0003823　5557
萬國通商史九章　（英國）瑣米爾士撰　（日本）經濟雜誌社譯　（日本）古城貞吉重譯　清光緒二十七年（1901）南洋公學譯書院鉛印本　一冊

520000－2801－0003824　05558
萬國通志第五編萬國商業志二卷四章　陳子祥編譯　清光緒二十九年（1903）上海廣智書局鉛印本　一冊

520000－2801－0003825　5559
中國商務志五章　（日本）織田一撰　（清）蔣簋方譯　清光緒二十八年（1902）上海廣智書局鉛印本　一冊

520000－2801－0003826　05560
肺病問答一卷　（日本）石神亨撰　（清）沙曾詒譯　清光緒二十年（1894）上海文明書局鉛印本　一冊

520000－2801－0003827　5561
日本國志四十卷首一卷目錄一卷　（清）黄遵憲編纂　清光緒十六年（1890）羊城富文齋刻本　十冊

520000－2801－0003828　5562
重學二十卷圓錐曲綫説三卷　（英國）艾約瑟口譯　（清）李善蘭筆述　清同治五年（1866）湘上左楨署刻本　六冊

520000－2801－0003829　5564
鴻文擷勝二卷　（清）陳觀彤選　清光緒二年（1876）詠霓館刻本　二冊

520000－2801－0003830　5565
泰西各國名人言行錄十六卷首一卷　（清）張兆蓉纂　清末石印本　六冊

520000－2801－0003831　05566
駢林摘艷五十卷首一卷　（清）胡又安編次　清光緒二十二年（1896）上海點石齋石印本　八冊　存四十二卷（一至十八、二十一至二十五、三十三至五十，首一卷）

520000－2801－0003832　5567
典林嫏嬛二十四卷續三十卷　題（清）湛蘭室主人　清光緒九年（1883）武林湛蘭書屋刻本　十二冊

520000－2801－0003833　5568
五洲列國志匯不分卷　（清）謝嘉鎮等輯　清光緒二十八年（1902）麗澤學會石印本　八冊

520000－2801－0003834　5569
經解入門八卷　（清）江藩纂　清光緒十九年（1893）星沙華林書室刻本　二冊

520000－2801－0003835　5570
五經典林五十三卷古人類林六卷　（清）何松編　清光緒元年（1875）慈谿何氏刻本　十四冊

520000－2801－0003836　5571
萬國分類時務大成四十卷首一卷　（清）錢豐選輯　（清）高味中參訂　清光緒二十七年（1901）石印本　二十八冊

520000－2801－0003837　5572
日本變法次第類考初集二十五類二集二十五類三集二十五類　（清）程恩培集案　（清）程堯章譯述　清光緒二十八年（1902）政學譯社鉛印本　十一冊　存十五類（二集一至十五）

520000－2801－0003838　5573
西洋通史前編十一卷　（法國）駝懊屢原撰　（日本）茂亭村上義茂重譯　清光緒二十八年（1902）上洋會文譯書社石印本　七冊

520000－2801－0003839　5574
筆算數學題草圖解二十四章　（清）朱世增編輯　清光緒三十二年（1906）上海時中書局、南洋官書局石印本　七冊　存二十二章（一至八、十一至二十四）

520000－2801－0003840　05575
訓俗遺規約抄一卷　（清）陳宏謀原編　清末

貴州遵義蹇氏刻本　一冊

520000－2801－0003841　5576
公法便覽四卷續卷一卷　(美國)丁韙良譯　清光緒三年(1877)鉛印本　六冊

520000－2801－0003842　5577
公法便覽四卷續卷一卷　(美國)丁韙良譯　清光緒三年(1877)鉛印本　六冊

520000－2801－0003843　05578
增補泰西名人傳六卷　(清)上海徐滙報館原本　(清)徐心鏡增訂　清光緒二十九年(1903)鴻寶齋石印本　四冊

520000－2801－0003844　05579
增補泰西名人傳六卷　(清)上海徐滙報館原本　(清)徐心鏡增訂　清光緒二十九年(1903)鴻寶齋石印本　四冊

520000－2801－0003845　05580
增補泰西名人傳六卷　(清)上海徐滙報館原本　(清)徐心鏡增訂　清光緒二十九年(1903)鴻寶齋石印本　四冊

520000－2801－0003846　05581
西學啟蒙十六種　(英國)艾約瑟譯　清光緒二十四年(1898)上海圖書集成印書局石印本　十六冊

520000－2801－0003847　5582
化學啓蒙圖說十種　(□)□□撰　**格致小引一卷**　(英國)赫施賚著　(英國)羅亨利　(清)瞿昂來譯　清光緒十三年(1887)益智書會石印本　十二冊

520000－2801－0003848　5583
學彊恕齋筆算十卷　(清)梅啟照輯　(清)梅文堉繪圖校字　清光緒十八年(1892)上海稼雲書局石印本　十冊

520000－2801－0003849　5584
典林博覽十二卷　(清)鍾運堯編輯　清同治十二年(1873)刻本　六冊

520000－2801－0003850　5585
尚友錄二十二卷續集二十二卷　(明)廖用賢編纂　(清)張伯琮補輯　清光緒十四年(1888)上海點石齋石印本　八冊

520000－2801－0003851　5586
代數難題解法十六卷　(英國)倫德編輯　(英國)傅蘭雅口譯　(清)華蘅芳筆述　清光緒二十三年(1897)積山書局石印本　五冊　存十三卷(一至三、七至十六)

520000－2801－0003852　05587
筆算數學三卷　(美國)狄考文輯　(清)鄒立文述　清光緒二十八年(1902)武備學會刻本　六冊

520000－2801－0003853　05588
天文問答五章　(清)佘賓王編　清光緒二十九年(1903)上海慈母堂印書館鉛印本　一冊

520000－2801－0003854　05589
中西聞見錄不分卷　(美國)艾約瑟　(美國)包爾騰等編　清同治十一年至十三年(1872－1874)刻本　二十四冊

520000－2801－0003855　05590
德國工商勃興史五章總論一章　(法國)伯羅德爾著　(日本)文部省譯　(清)商務印書館譯　清光緒二十九年(1903)上海商務印書館鉛印本　一冊

520000－2801－0003856　05591
形學備旨十卷開端一卷　(美國)狄考文選譯　(清)鄒立文筆述　清光緒二十八年(1902)鉛印本　二冊

520000－2801－0003857　05592
形學備旨十卷開端一卷　(美國)狄考文選譯　(清)鄒立文筆述　清光緒二十八年(1902)鉛印本　二冊

520000－2801－0003858　5593
天文揭要二卷　(美國)赫士口譯　(清)周文源筆述　清光緒二十四年(1898)上海美華書館鉛印本　二冊

520000－2801－0003859　5594
比利時國法條論五卷　(清)曾仰東譯　(清)

王瑩修參校　清光緒二十九年(1903)湖北洋務書局刻本　一冊

520000－2801－0003860　5595
比利時國法條論五卷　(清)曾仰東譯　(清)王瑩修參校　清光緒二十九年(1903)湖北洋務書局刻本　一冊

520000－2801－0003861　05596
農學初級十章　(英國)旦爾恒理著　(英國)秀耀春口譯　(清)范熙庸筆述　清光緒二十四年(1898)上海製造局刻本　一冊

520000－2801－0003862　5597
小題易讀一卷　(清)史鑑輯　清光緒九年(1883)刻本　一冊

520000－2801－0003863　05598
農學津梁　(英國)恒理湯納耳著　(美國)衛理譯　(清)汪振聲述　清光緒二十八年(1902)江南製造局刻本　一冊

520000－2801－0003864　5599
西藝知新二十二卷　(英國)諾格德撰　(英國)傅蘭雅口譯　(清)徐壽筆述　清末刻本　十四冊

520000－2801－0003865　5600
内科理法前編六卷後編十卷附一卷習練醫事六卷　(英國)虎伯撰　(英國)茄合　(英國)哈來參訂　舒高第口譯　(清)趙元益筆述　清末刻本　十二冊

520000－2801－0003866　5601
化學求數十五卷求數便用表一卷　(德國)富里西尼烏司撰　(英國)傅蘭雅口譯　(清)徐壽筆述　清末江南製造總局刻本　十四冊

520000－2801－0003867　5602
化學求數十五卷求數便用表一卷　(德國)富里西尼烏司撰　(英國)傅蘭雅口譯　(清)徐壽筆述　清末江南製造總局刻本　十四冊

520000－2801－0003868　5603
化學求數十五卷求數便用表一卷　(德國)富里西尼烏司撰　(英國)傅蘭雅口譯　(清)徐壽筆述　清末江南製造總局刻本　十四冊

520000－2801－0003869　5604
内科理法前編六卷後編十卷附一卷習練醫事六卷　(英國)虎伯撰　(英國)茄合　(英國)哈來參訂　舒高第口譯　(清)趙元益筆述　清末刻本　十一冊　存二十一卷(前編三至六,後編十卷、附一卷,習練醫事六卷)

520000－2801－0003870　5605
化學指南十卷　(法國)畢利幹撰　清同治十二年(1873)京都同文館鉛印本　十冊

520000－2801－0003871　5606
意大利蠶書十五章　(意大利)丹吐魯著　(英國)傅蘭雅　(英國)傅紹雅口譯　(清)汪振聲筆述　清光緒二十四年(1898)江南製造局刻本　一冊

520000－2801－0003872　5607
製機理法八卷圖一卷　(英國)覺顯祿斯著　(英國)傅蘭雅口譯　(清)華備鈺筆述　清光緒二十五年(1899)江南製造局刻本　四冊

520000－2801－0003873　5608
考試司機七卷首一卷附圖一卷　(英國)拖爾那著　(英國)傅蘭雅口譯　(清)徐華封筆述　清同治江南製造總局刻本　六冊

520000－2801－0003874　05609
法律醫學二十四卷首一卷附卷一卷　(英國)該惠連　(英國)弗里愛撰　(英國)傅蘭雅口譯　(清)趙元益筆述　清光緒二十五年(1899)江南製造局刻本　九冊　存二十四卷(一、三至二十四,首一卷)

520000－2801－0003875　05610
英吉利史三卷　(日本)須永金三郎撰　(清)廣智書局譯　清光緒二十九年(1903)廣智書局鉛印本　二冊

520000－2801－0003876　5611
行海要術四卷　(美國)金楷理口譯　(清)李鳳苞筆述　清末江南製造總局刻本　三冊

520000－2801－0003877　05612

測候叢談四卷　(美國)金楷理口譯　(清)華衡芳筆述　清末江南製造總局刻本　二册

520000－2801－0003878　5613

金工教範二十四課　(美國)康潑吞撰　(清)范熙庸譯　清光緒三十年(1904)江南製造總局刻本　一册

520000－2801－0003879　5614

開煤要法十二卷　(英國)士密德輯　(英國)傅蘭雅口譯　(清)王德均筆述　清末江南機器製造總局刻本　二册

520000－2801－0003880　5615

汽機新制八卷　(英國)白爾格撰　(英國)傅蘭雅口譯　(清)徐建寅筆述　清末江南製造總局刻本　二册

520000－2801－0003881　5616

照相鏤板印圖法九章　(美國)貝列尼撰　(美國)衛理　(清)王汝駷譯　清光緒二十六年(1900)製造局刻本　一册

520000－2801－0003882　5617

化學鑑原補編六卷附一卷　(英國)傅蘭雅口譯　(清)徐壽筆述　清末江南製造總局刻本　六册

520000－2801－0003883　5618

西藥大成補編十卷首一卷　(英國)哈來撰　(英國)傅蘭雅口譯　(清)趙元益筆述　清光緒三十年(1904)江南製造局刻本　六册　存七卷(一、三、五至七、九,首一卷)

520000－2801－0003884　5619

西藥大成十卷首一卷　(英國)來拉　(英國)海得蘭撰　(英國)傅蘭雅口譯　(清)趙元益筆述　清光緒十年(1884)江南機器製造總局刻本　九册　存七卷(一至五、十,首一卷)

520000－2801－0003885　05620

各國交涉便法六卷　(英國)費利摩羅巴德著　(英國)傅蘭雅譯　(清)錢國祥校　清光緒江南製造總局刻本　六册

520000－2801－0003886　5621

東洋史要二卷　(日本)桑原騭藏原著　樊炳清譯　清光緒二十五年(1899)東文學社石印本　四册

520000－2801－0003887　5622

公法會通十卷　(美國)丁韙良譯　清光緒二十四年(1898)北洋書局鉛印本　五册

520000－2801－0003888　5623

公法會通十卷　(美國)丁韙良譯　清光緒二十四年(1898)北洋書局鉛印本　五册

520000－2801－0003889　5624

公法會通十卷　(美國)丁韙良譯　清光緒二十四年(1898)北洋書局鉛印本　五册

520000－2801－0003890　05625

農學初階　(英國)黑球華萊思著　(清)吳治儉譯　清光緒二十一年(1895)石印本　一册

520000－2801－0003891　5626

種棉五種　(清)□□輯　清末貴州學務公所鉛印局鉛印本　一册

520000－2801－0003892　5627

日本遊學指南四章　章宗祥編　清光緒二十七年(1901)鉛印本　一册

520000－2801－0003893　5628

心靈學一卷　(美國)海文著　(清)顔永京譯　清光緒十五年(1889)刻本　一册

520000－2801－0003894　05629

地理全志一卷　(英國)慕維廉撰　清光緒九年(1883)上海美華書館鉛印本　一册

520000－2801－0003895　5630

重訂古文釋義新編八卷　(清)余誠評註　清宣統三年(1911)上海廣益書局石印本　八册

520000－2801－0003896　05631

搭題易讀一卷　(清)史鑑輯　清光緒九年(1883)刻本　一册

520000－2801－0003897　05632

三字經註解備要二卷　(宋)王應麟著　(清)賀興思註解　清同治二年(1863)宏道堂刻本　二册

520000－2801－0003898　5633
論理學綱要三篇附録演習問題一卷　（日本）十時彌著　田吳炤譯述　清光緒三十二年（1906）上海商務印書館鉛印本　一册

520000－2801－0003899　5634
論理學綱要三篇附録演習問題一卷　（日本）十時彌著　田吳炤譯述　清光緒三十一年（1905）上海商務印書館鉛印本　一册

520000－2801－0003900　05635
開礦器法十卷　（美國）俺特累著　（英國）傅蘭雅口譯　（清）王樹善筆述　清光緒二十五年（1899）江南製造局石印本　六册

520000－2801－0003901　05636
瀛環志略十卷　（清）徐繼畬輯箸　清道光三十年（1850）刻本　八册

520000－2801－0003902　05637
中東戰紀本末八卷首一卷末一卷　（美國）林樂知著譯　蔡爾康纂輯　清光緒二十二年（1896）上海圖書集成局鉛印本　八册

520000－2801－0003903　05640
論理學講義一卷　（日本）服部宇之吉撰　清光緒三十二年（1906）黔學會貴陽分會油印本　一册

520000－2801－0003904　05641
論理學講義一卷　（日本）服部宇之吉撰　清光緒三十二年（1906）黔學會貴陽分會油印本　一册

520000－2801－0003905　05642
論理學講義一卷　（日本）服部宇之吉撰　清光緒三十二年（1906）黔學會貴陽分會油印本　一册

520000－2801－0003906　5643
西藥畧釋四卷總論一卷　（清）孔繼良撰　（英國）嘉約翰校正　清光緒十二年（1886）刻本　四册

520000－2801－0003907　5645
器象顯真四卷圖一卷　（英國）白力蓋撰　（英國）傅蘭雅口譯　（清）徐建寅删述　（清）曹鐘秀摹圖　清末江南製造總局刻本　三册

520000－2801－0003908　05646
電氣鍍鎳一卷　（英國）傅蘭雅口譯　（清）徐華封筆述　清末江南製造總局刻本　一册

520000－2801－0003909　05647
大日本中興先覺志二卷　（日本）岡本監輔撰　清光緒二十七年（1901）開導社刻本　二册

520000－2801－0003910　05648
大日本維新史二卷　（日本）重野安繹著　日本明治三十二年（1899）上海商務印書館鉛印本　二册

520000－2801－0003911　05649
土耳機史不分卷　（日本）北村三郎編　趙必振譯　清光緒二十八年（1902）上海廣智書局鉛印本　一册

520000－2801－0003912　5650
御風要術三卷　（英國）白爾特撰　（美國）金楷理口譯　（清）華蘅芳筆述　清末江南製造總局刻本　二册

520000－2801－0003913　5651
運規約指三卷　（英國）白起德輯　（英國）傅蘭雅譯　（清）徐建寅筆述　清末刻本　一册

520000－2801－0003914　5652
萬國公法四卷　（美國）惠頓著　（美國）丁韙良譯　清同治三年（1864）刻本　四册

520000－2801－0003915　5653
萬國公法四卷　（美國）惠頓著　（美國）丁韙良譯　清同治三年（1864）刻本　四册

520000－2801－0003916　5654
化學衛生論四卷　（英國）真司騰撰　（英國）傅蘭雅口譯　清光緒十六年（1890）刻本　四册

520000－2801－0003917　05655
全體通考十八卷圖二卷　（英國）德貞子固著　清光緒十二年（1886）刻本　十二册

520000－2801－0003918　05656

物理學三編　(日本)飯盛挺造編纂　(日本)藤田豐八譯　(日本)丹波敬三　(日本)柴田承桂校補　(清)王季烈重編　清光緒二十六年(1900)江南製造局刻本　八册　存八卷(上編一至四、中編一至四)

520000－2801－0003919　05657

聲學八卷　(英國)田大里著　(英國)傅蘭雅口譯　(清)徐建寅筆述　清末江南製造總局刻本　二册

520000－2801－0003920　05658

聲學八卷　(英國)田大里著　(英國)傅蘭雅口譯　(清)徐建寅筆述　清末江南製造總局刻本　二册

520000－2801－0003921　5659

製羼金法二卷　(日本)橋本奇策著　(清)王季點譯　清光緒二十七年(1901)上海製造局刻本　二册

520000－2801－0003922　5660

微積溯源八卷　(英國)華里司輯　(英國)傅蘭雅口譯　(清)華蘅芳筆述　清同治十三年(1874)江南機器製造總局刻本　六册

520000－2801－0003923　5661

數學理九卷附一卷　(英國)棣麼甘撰　(英國)傅蘭雅口譯　(清)趙元益筆述　清末江南製造總局刻本　四册

520000－2801－0003924　05662

普法戰紀二十卷　(清)張宗良口譯　(清)王韜撰輯　清光緒二十一年(1895)弢園王氏鉛印本　十册

520000－2801－0003925　5663

中等教育日本曆史二卷諸國封建沿革略一卷　(日本)萩野由之著　(清)劉大猷譯　清光緒二十七年(1901)教育世界社石印本　五册

520000－2801－0003926　5664

商業實踐法六章　(清)楊鴻達譯　清光緒三十一年(1905)南洋官書局石印本　一册

520000－2801－0003927　5665

日本教育法規二十七編文部省直轄各部位置一卷新譯日本教育法規索引一卷　盧靖譯　清光緒三十二年(1906)鉛印本　十册

520000－2801－0003928　05666

印度新志一卷　(清)學部編譯圖書局編纂　清光緒三十三年(1907)學部編譯圖書局鉛印本　一册

520000－2801－0003929　5668

亞斐利加洲志一卷新志一卷　(清)學部編譯圖書局編纂　清宣統元年(1909)學部圖書局鉛印本　一册

520000－2801－0003930　5669

亞斐利加洲志一卷新志一卷　(清)學部編譯圖書局編纂　清宣統元年(1909)學部圖書局鉛印本　一册

520000－2801－0003931　05670

海塘輯要十卷首一卷　(英國)韋更斯撰　(英國)傅蘭雅口譯　(清)趙元益筆述　清同治六年(1867)刻本　二册

520000－2801－0003932　5671

原富五卷中西年表一卷　(英國)斯密亞丹原本　嚴復翻譯　清光緒二十七年(1901)南洋公學譯書院鉛印本　八册

520000－2801－0003933　5672

汽機發軔九卷　(英國)美以納　(英國)白勞納撰　(英國)偉烈口譯　(清)徐壽筆述　清末江南製造總局刻本　四册

520000－2801－0003934　5673

西學啓蒙十六種　(英國)艾約瑟譯　清光緒二十二年(1896)上海著易堂書局鉛印本　十六册

520000－2801－0003935　05675

左文襄公奏疏三十八卷總目一卷續編七十六卷總目一卷三編六卷總目一卷　(清)左宗棠撰　清光緒十六年(1890)上海圖書集成局石印本　十七册　缺十八卷(初編三十至三十八,續編六至九、二十三至二十七)

520000－2801－0003936　5676
太上寶筏圖說□□卷　(□)□□撰　清光緒三十年(1904)黄泰如刻本　七冊　存六卷(一至四、六至七)

520000－2801－0003937　05677
全體闡微三卷　(美國)柯為良　(清)林鼎文編譯　清光緒二十四年(1898)石印本　三冊

520000－2801－0003938　05680
大佛頂如來密因修證了義諸菩薩萬行首楞嚴經十卷　(唐)釋般剌密帝譯　(清)吳芝瑛寫　清光緒三十四年至宣統元年(1908－1909)小萬柳堂石印本　二冊

520000－2801－0003939　5681
煉石編三卷圖一卷　(英國)亨利黎特撰　舒高第　(清)鄭昌棪譯　清光緒三年(1877)鉛印本　二冊

520000－2801－0003940　5682
日本國志四十卷首一卷　(清)黄遵憲編纂　清光緒二十四年(1898)上海圖書集成印書局鉛印本　八冊

520000－2801－0003941　5683
日本國志四十卷首一卷　(清)黄遵憲編纂　清光緒二十四年(1898)上海書局石印本　十冊

520000－2801－0003942　5685
大乘起信論纂註二卷　(南朝梁)釋真諦譯　(明)釋真界纂註　清光緒二年(1876)湘東精舍刻本　一冊

520000－2801－0003943　5688
中小學堂古文辭讀本一卷　(清)□□撰　清光緒三十一年(1905)貴陽文通書局鉛印本　一冊

520000－2801－0003944　5689
中小學堂古文辭讀本一卷　(清)□□撰　清光緒三十一年(1905)貴陽文通書局鉛印本　一冊

520000－2801－0003945　5690
古韻發明不分卷　(清)張畊撰　清刻本　一冊　存四類(六至九)

520000－2801－0003946　5691
五禮通考二百六十二卷總目二卷首四卷　(清)秦蕙田輯　(清)方觀承同訂　清刻本　一百一冊　存一百三十九卷(一至四十八、六十三至一百五、一百二十至一百四十九、一百八十二至一百九十、二百六十至二百六十二,首四卷,總目二卷)

520000－2801－0003947　5692
五禮通考二百六十二卷總目二卷首四卷　(清)秦蕙田輯　(清)方觀承同訂　清刻本　五十冊　存二百二十一卷(一至二十七、七十五至二百六十二,首四卷,總目二卷)

520000－2801－0003948　05694
從政遺規摘鈔二卷　(清)陳宏謀編　清同治七年(1868)楚北崇文書局刻本　二冊

520000－2801－0003949　05695
婦科不分卷　(美國)湯麥斯著　舒高第　(清)鄭昌棪譯　清光緒二十六年(1900)製造局鉛印本　五冊　缺九十一頁(二百五十三至三百四十三)

520000－2801－0003950　5696
四裔編年表四卷　(美國)林樂知譯　嚴良勳譯　(清)李鳳苞彙編　清末江南總局刻本　四冊

520000－2801－0003951　5697
四裔編年表四卷　(美國)林樂知譯　嚴良勳譯　(清)李鳳苞彙編　清末江南總局刻本　四冊

520000－2801－0003952　5698
黄氏醫書八種　(清)黄元御撰　清刻本　二十冊　存七種

520000－2801－0003953　5699
新訂小兒科臍風驚風合編一卷　(清)鮑雲韶輯　清同治十二年(1873)黔縣署刻本　一冊

520000－2801－0003954　05700

昌邑黄先生醫書八種 (清)黄元御著 清咸豐十年(1860)燮龢精舍刻本 十六册

520000－2801－0003955 05701
血證論八卷 (清)唐宗海著 清光緒三十二年(1906)上海千頃堂石印本 三册

520000－2801－0003956 5703
產後編二卷 (清)傅山著 清刻本 一册

520000－2801－0003957 5705
驗方新編十六卷補遺一卷 (清)鮑相璈編 **痧症全書三卷** (清)林森傳授 (清)王凱編輯 清同治十三年(1874)宏道堂刻本 九册 存十五卷(二至十六)

520000－2801－0003958 5706
驗方新編十六卷末一卷 (清)鮑相璈撰 清末刻本 二册 存七卷(五至八、十二至十四)

520000－2801－0003959 5707
胎產心法三卷 (清)閻純璽撰 清道光二十四年(1844)刻本 五册

520000－2801－0003960 5713
醫學六種 (清)姜尹人著 清刻本 一册

520000－2801－0003961 05714
三指禪三卷 (清)周學霆著 清末上海廣益書局石印本 一册

520000－2801－0003962 5716
靈樞經九卷 (清)張志聰集註 (清)張文啟參訂 清光緒十六年(1890)浙江書局刻本 八册

520000－2801－0003963 5717
傷寒溫病條辨六卷 (清)楊璿撰 清光緒元年(1875)黔陽藩署刻本 六册

520000－2801－0003964 5718
經驗簡便良方一卷 (清)□□輯 **備用藥物一卷** 清末刻本 一册

520000－2801－0003965 5719
眼科秘書一卷千金不傳眼科方一卷 (清)月潭禪師纂集 清光緒十二年(1886)刻本 一册

520000－2801－0003966 5720
瘟疫條辨摘要一卷 (清)楊璿撰 (清)陳良佐晰義 清光緒十五年(1889)浙江書局刻本 一册

520000－2801－0003967 5722
溫熱經緯五卷 (清)王士雄纂 (清)沈宗淦參 清光緒三十年(1904)石印本 二册

520000－2801－0003968 5724
引痘略一卷題詠一卷 (清)邱熺輯 清光緒二年(1876)黔陽節署刻本 一册

520000－2801－0003969 05725
治喉捷要一卷 (清)張紹修著 **各種經驗良方附錄一卷** (清)聶緝槼輯 清光緒三十年(1904)浙江官書局刻本 一册

520000－2801－0003970 5726
問心堂溫病條辨六卷 (清)吳瑭著 (清)汪瑟菴參訂 清同治八年(1869)凝香閣刻本 四册

520000－2801－0003971 5727
醫宗備要三卷 (清)曾鼎輯 清同治八年(1869)楚北崇文書局刻本 一册

520000－2801－0003972 5728
神農本經一卷 (清)姜國伊輯述 清光緒十八年(1892)刻本 一册

520000－2801－0003973 5729
醫林改錯二卷 (清)王清任著 清道光二十九年(1849)刻本 一册

520000－2801－0003974 5730
韓園醫學六種 (清)潘霨輯 清光緒十年(1884)江西書局刻本 七册 存三種

520000－2801－0003975 5731
補注黄帝内經素問二十四卷靈樞十二卷 (唐)王冰注 (宋)林億等校正 (宋)孫兆重改誤 **黄帝内經素問遺篇一卷** (宋)劉溫舒原本 清光緒二十七年(1901)浙江書局刻本 十册

520000－2801－0003976　05732

圖註八十一難經辨真四卷　(戰國)扁鵲著　(明)張世賢圖註　清光緒二十三年(1897)湖南經綸元記刻本　一册　存一卷(一)

520000－2801－0003977　5733

新刊纂圖類方元亨療馬集六卷　(明)喻本元　(明)喻本亨撰　清刻本　二册　存四卷(三至六)

520000－2801－0003978　05734

陳修園醫書□□種　(清)陳念祖撰　清同治十三年至光緒二年(1874－1876)友文堂刻本　二十六册　存九種

520000－2801－0003979　05735

陳修園廿三種　(清)陳念祖撰　清光緒三十四年(1908)寶慶經元書局刻本　九册　存五種

520000－2801－0003980　05736

秘傳花鏡六卷　(清)陳淏子訂輯　清康熙二十七年(1688)善成堂刻本　一册　存三卷(一至三)

520000－2801－0003981　05738

三農紀二十四卷總目錄一卷　(清)張宗法著　清乾隆二十五年(1760)宏道堂刻本　三册　缺二卷(六至七)

520000－2801－0003982　05739

療貧方一卷　題(□)江村遯廬輯　清光緒三十二年(1906)刻本　一册

520000－2801－0003983　5740

農桑輯要七卷　(元)司農司撰　**蠶事要略一卷**　(清)張行孚撰　清光緒二十一年(1895)中江榷署排印本　二册

520000－2801－0003984　05741

治蝗全法四卷附錄一卷　(清)顧彥輯　清光緒十四年(1888)刻本　一册

520000－2801－0003985　5742

齊民要術十卷雜説一卷　(北魏)賈思勰撰　清光緒二十二年(1896)中江榷署刻本　四册

520000－2801－0003986　5743

佩文齋廣譜群芳譜一百卷目錄二卷　(明)王象晉撰　(清)劉灝等增補　清刻本　二十四册　存七十六卷(一至二十一、四十八至一百,目錄二卷)

520000－2801－0003987　05744

[道光]雲南備徵志二十一卷　(清)王崧纂修　清宣統二年(1910)雲南官報局鉛印本　十六册

520000－2801－0003988　05745

湘軍記二十卷　(清)王定安撰　清光緒十五年(1889)江南書局刻本　十一册　存十八卷(一至五、八至二十)

520000－2801－0003989　05746

安縣志□□卷　(□)□□纂　清刻本　一册　存五卷(二十六至三十)

520000－2801－0003990　05747

[乾隆]桐柏縣誌八卷首一卷　(清)鞏敬緒纂　(清)李南暉等編　清乾隆刻本　四册

520000－2801－0003991　05749

[嘉慶]丹徒縣誌四十七卷首四卷　(清)貴中孚等纂　(清)蔣宗海等修　清刻本　十六册

520000－2801－0003992　05750

[光緒]荊州萬城隄志十一卷首一卷末一卷　(清)倪文蔚撰　清光緒十一年(1885)廣州節署刻本　六册

520000－2801－0003993　05751

[同治]上海縣誌札記六卷　(清)秦榮光撰　清光緒二十八年(1902)松江振華德記印書館鉛印本　六册

520000－2801－0003994　5754

增訂南詔野史二卷　(明)楊慎輯　(清)胡蔚訂正　清光緒六年(1880)雲南書局刻本　二册

520000－2801－0003995　05757

[光緒]西藏圖考八卷首一卷　(清)黄沛翹輯　清光緒十二年(1886)刻本　四册

520000－2801－0003996　05758
[乾隆]合州志十六卷首一卷　(清)周澄修　(清)張乃孚等纂　清光緒二年(1876)刻本　八册

520000－2801－0003997　05759
[乾隆]合州志十六卷首一卷　(清)周澄修　(清)張乃孚等纂　清光緒二年(1876)刻本　七册　存十四卷(三至十六)

520000－2801－0003998　05760
[乾隆]東川府志二十卷首一卷　(清)方桂纂修　(清)胡蔚編輯　清乾隆二十六年(1761)刻光緒三十四年(1908)重印本　六册

520000－2801－0003999　05761
[光緒]雲南縣誌十二卷　(清)項聯晉督修　(清)黄炳堃纂修　清光緒十六年(1890)刻本　五册

520000－2801－0004000　05762
[道光]輝縣誌二十卷首一卷末一卷　(清)周際華修　(清)戴銘纂　清道光二十一年(1841)補刻本　七册　缺二卷(一、首一卷)

520000－2801－0004001　05763
[道光]金谿縣志六十卷首一卷末一卷　(清)李雲修　(清)楊獲纂　清道光三年(1823)刻本　十二册

520000－2801－0004002　05764
[乾隆]續修東湖縣誌三十一卷首一卷　(清)林有席修　(清)嚴思濬纂　(清)金大鏞增修　(清)王柏心增纂　清同治三年(1864)刻本　十册

520000－2801－0004003　05765
[同治]續修東湖縣誌三十一卷首一卷　(清)金大鏞修　(清)王柏心纂　清同治三年(1864)刻本　十册

520000－2801－0004004　05766
[同治]象州志二卷　(清)李世椿監修　(清)鄭獻甫纂修　清同治九年(1870)桂林鴻文堂刻本　二册

520000－2801－0004005　05770
乾隆府廳州縣圖志五十卷　(清)洪亮吉撰　清光緒二十三年(1897)新化三味書室刻本　二十一册

520000－2801－0004006　05771
[光緒]名山縣誌十五卷　(清)周振瓊督修　(清)趙怡　(清)趙懿纂輯　清光緒二十二年(1896)刻本　四册

520000－2801－0004007　05772
光緒湖北輿地記二十四卷　(清)湖北輿圖局纂　清光緒二十年(1894)湖北輿圖局刻本　二十四册

520000－2801－0004008　05773
[乾隆]寧河縣誌十六卷　(清)徐以觀總纂　(清)余炳等分纂　清乾隆四十四年(1779)刻本　六册

520000－2801－0004009　05776
[道光]新都縣志十八卷首一卷圖一卷　(清)張奉書等修　(清)張懷泗等纂　清道光二十四年(1844)刻本　十二册

520000－2801－0004010　05778
[嘉慶]四川通志二百四卷首二十二卷　(清)常明修　(清)楊芳燦　(清)譚光祜纂　清嘉慶二十一年(1816)刻本　一百六十册

520000－2801－0004011　05780
[道光]重纂福建通志二百七十卷首六卷　(清)孫爾準等修　(清)陳壽祺纂　(清)程祖洛等續修　(清)魏敬中續纂　清同治七年(1868)刻本　一百四十册

520000－2801－0004012　05782
[光緒]吉林通志一百二十二卷　(清)長順等修　(清)李桂林等纂　清刻本　五十册

520000－2801－0004013　05783
湖南文徵一百三十五卷目錄六卷補編一卷　(清)羅汝懷輯　清刻本　九十一册　存一百三十一卷(一至一百十四、一百十七至一百十八、一百二十六至一百三十五,目錄三至六,補編一卷)

520000－2801－0004014　5784
滇南文略四十七卷　(清)袁文揆　(清)陳履和纂　清光緒二十六年(1900)刻本　二十三冊　存四十五卷(三至四十七)

520000－2801－0004015　5785
滇繫十二卷　(清)師範輯　清嘉慶十三年(1808)刻本　三十八冊　存十二卷(一之二至八之四、八之六至十二之一)

520000－2801－0004016　05793
[光緒]安順府志五十四卷首一卷　(清)白常恩纂　清光緒十六年(1890)刻本　十六冊

520000－2801－0004017　05796
[光緒]銅仁府志二十卷　(清)余上華修　(清)喻勳等纂　清光緒十八年(1892)刻本　十八冊

520000－2801－0004018　05798
[道光]黎平府志四十一卷　(清)劉宇昌等修　(清)唐本洪等纂　清道光二十五年(1845)刻本　七冊　存十五卷(十至十四、十六至十七、二十二至二十九)

520000－2801－0004019　05799
人譜類記增訂六卷　(明)劉宗周著　清刻本　一冊　存二卷(五至六)

520000－2801－0004020　05800
[光緒]黎平府志八卷首一卷　(清)俞渭修　(清)陳瑜纂　清光緒十八年(1892)黎平府志書局刻本　十四冊

520000－2801－0004021　05801
[光緒]黎平府志八卷首一卷　(清)俞渭修　(清)陳瑜纂　清光緒十八年(1892)黎平府志書局刻本　十四冊

520000－2801－0004022　05802
[光緒]黎平府志八卷首一卷終一卷　(清)俞渭修　(清)陳瑜纂　清光緒十八年(1892)黎平府志書局刻本　十五冊

520000－2801－0004023　05803
[道光]遵義府志四十八卷首一卷　(清)平翰等修　(清)鄭珍　(清)莫友芝纂　清刻本　十九冊

520000－2801－0004024　05804
[道光]遵義府志四十八卷首一卷　(清)平翰等修　(清)鄭珍　(清)莫友芝纂　清道光二十一年(1841)刻本　十八冊　存四十六卷(一至三十、三十三至四十八)

520000－2801－0004025　05805
[道光]遵義府志四十八卷首一卷　(清)平翰等修　(清)鄭珍　(清)莫友芝纂　清道光二十一年(1841)刻本　十六冊　存三十七卷(一至五、九至十五、二十二至三十、三十三至四十八)

520000－2801－0004026　05808
[道光]遵義府志四十八卷首一卷　(清)平翰等修　(清)鄭珍　(清)莫友芝纂　清道光二十一年(1841)刻本　二十冊

520000－2801－0004027　05811
[道光]仁懷直隸廳志二十卷　(清)陳熙晉纂修　清道光二十一年(1841)刻本　十二冊

520000－2801－0004028　05812
[光緒]增修仁懷廳志八卷首一卷　(清)張正煃等修　(清)王椿纂　(清)王培森校補　清光緒二十八年(1902)刻本　八冊

520000－2801－0004029　05814
[道光]松桃廳志三十二卷　(清)徐鋐修　(清)蕭琯纂　清道光十六年(1836)刻本　六冊

520000－2801－0004030　05816
[道光]松桃廳志三十二卷　(清)徐鋐修　(清)蕭琯纂　清道光十六年(1836)刻本　六冊

520000－2801－0004031　05817
[光緒]續修正安州志十卷　(清)彭焯等修　(清)楊德明等纂　清光緒三年(1877)刻本　九冊

520000－2801－0004032　05821

[光緒]永寧州續志十二卷 (清)沈毓蘭修 (清)楊械林等纂 清光緒二十年(1894)沈毓蘭刻本 六冊 存十一卷(二至十二)

520000-2801-0004033 05822
[道光]永寧州志十二卷首一卷 (清)黄培傑纂修 清光緒二十年(1894)沈毓蘭刻本 六冊

520000-2801-0004034 05824
[道光]廣順州志十二卷首一卷末一卷 (清)金臺修 (清)但明倫纂 清道光二十七年(1847)刻本 六冊

520000-2801-0004035 05826
[嘉慶]黔西州志八卷首一卷 (清)劉永安等修 (清)徐文璧等纂 清嘉慶八年(1803)刻本 六冊

520000-2801-0004036 05831
[道光]清平縣誌□□卷 (清)段榮勳修 (清)孫茂櫄纂 清光緒增刻本 二冊 存二卷(三、八)

520000-2801-0004037 05845
[道光]平遠州志二十卷 (清)徐豐玉等修 (清)諶厚光等纂 **[光緒]續志八卷首一卷** (清)黄紹先修 (清)申云根等纂 清光緒十六年(1890)刻本 十冊

520000-2801-0004038 05846
[光緒]畢節縣志十卷首一卷 (清)陳昌言修 (清)徐廷燮纂 清光緒五年(1879)刻本 八冊

520000-2801-0004039 05847
[光緒]畢節縣志十卷首一卷 (清)陳昌言修 (清)徐廷燮纂 清光緒五年(1879)刻本 七冊

520000-2801-0004040 05848
[道光]大定府志六十卷 (清)王允浩原本 (清)黄宅中重輯 清道光二十九年(1849)刻本 八冊 存二十五卷(二十二至二十七、三十一至三十三、四十至四十二、四十六至四十八、五十一至六十)

520000-2801-0004041 05852
[光緒]湄潭縣志八卷首一卷 (清)吳宗周修 (清)歐陽曙纂 清光緒二十五年(1899)刻本 六冊

520000-2801-0004042 05871
[乾隆]黔南識略三十二卷 (清)愛必達撰 清道光二十七年(1847)刻本 四冊

520000-2801-0004043 05872
黔書二卷 (清)田雯撰 清光緒二十三年(1897)貴陽書局刻本 二冊

520000-2801-0004044 05874
黔書二卷 (清)田雯撰 清康熙二十九年(1690)刻本 二冊

520000-2801-0004045 05875
黔書二卷 (清)田雯撰 清康熙二十九年(1690)刻本 二冊

520000-2801-0004046 05876
續黔書八卷 (清)張澍撰 清光緒二十三年(1897)貴陽書局刻本 二冊

520000-2801-0004047 05877
續黔書八卷 (清)張澍撰 清光緒二十三年(1897)貴陽書局刻本 二冊

520000-2801-0004048 05878
續黔書八卷 (清)張澍撰 清光緒二十三年(1897)貴陽書局刻本 二冊

520000-2801-0004049 05879
續黔書八卷 (清)張澍撰 清光緒十五年(1889)貴陽熊湛英刻本 一冊

520000-2801-0004050 05880
續黔書八卷 (清)張澍撰 清光緒十五年(1889)貴陽熊湛英刻本 一冊

520000-2801-0004051 05881
黔史四卷 (清)猶法賢編 清光緒十四年(1888)貴陽熊湛英刻本 一冊

520000-2801-0004052 05882
黔史四卷 (清)猶法賢編 清光緒十四年(1888)貴陽文通書局鉛印本 一冊

520000－2801－0004053　05883
黔記四卷　（清）李宗昉編　陳矩校　清光緒十二年（1886）貴陽刻本　一册

520000－2801－0004054　05884
安順書牘節鈔三卷　（清）易佩紳輯　清光緒四年（1878）刻本　一册

520000－2801－0004055　5885
昭忠録一卷　（清）黄彭年編　清末刻本　一册

520000－2801－0004056　5889
貴東書牘節鈔四卷　（清）易佩紳輯　清光緒十八年（1892）刻本　三册

520000－2801－0004057　05890
畢節賑録一卷　（清）劉大琮編　清光緒二十七年（1901）鉛字書局鉛印本　一册

520000－2801－0004058　5891
㵲陽紀事五卷　（清）□□輯　清道光四年（1824）刻本　一册　存二卷（四至五）

520000－2801－0004059　05894
三忠合編六卷　（清）何瑩庵　（清）陳冠山原本　（清）胡長新重輯　清同治二年（1863）刻本　四册

520000－2801－0004060　5896
滇黔奏議十卷　（清）劉嶽昭著　清光緒十四年（1888）刻本　八册

520000－2801－0004061　5897
三忠合編六卷　（清）何瑩庵　（清）陳冠山原本　（清）胡長新重輯　清光緒八年（1882）刻本　四册

520000－2801－0004062　05902
三書院條規一卷　（□）□□撰　清同治十一年（1872）刻本　一册

520000－2801－0004063　05908
黔南職方紀略九卷　（清）羅繞典輯　清道光二十七年（1847）刻本　二册

520000－2801－0004064　05910
苗防備覽二十二卷　（清）嚴如熤撰　清道光二十三年（1843）刻本　六册

520000－2801－0004065　05911
苗防備覽二十二卷　（清）嚴如熤撰　清道光二十三年（1843）刻本　六册

520000－2801－0004066　5912
平播全書十五卷　（明）李成化著　清光緒十三年（1887）刻本　十二册

520000－2801－0004067　5913
援黔録十二卷　（清）唐炯撰　清末刻本　四册

520000－2801－0004068　5914
援黔録十二卷　（清）唐炯撰　清末刻本　二册　缺一卷（十二）

520000－2801－0004069　5918
播變紀略一卷　（清）宦懋庸撰　清光緒二十年（1894）川東道署刻本　一册

520000－2801－0004070　5919
播變紀略一卷　（清）宦懋庸撰　清光緒二十年（1894）川東道署刻本　一册

520000－2801－0004071　5921
撫黔奏疏八卷　（清）楊雍建撰　清道光二十五年（1845）刻本　八册

520000－2801－0004072　5922
遵義沙灘黎氏家譜不分卷　（清）黎庶昌撰　清光緒十五年（1889）日本使署刻本　一册

520000－2801－0004073　5924
貴州大學堂試辦章程九章　（清）□□編　清末鉛印本　一册

520000－2801－0004074　5927
更定釐局章程二十四條一卷　（清）□□編　清末刻本　一册

520000－2801－0004075　5946
巢經巢遺稿四卷　（清）鄭珍著　清光緒三十年（1904）貴陽文通書局石印本　二册

520000－2801－0004076　5947
巢經巢遺稿四卷　（清）鄭珍著　清光緒三十

年(1904)貴陽文通書局石印本　二冊

520000－2801－0004077　5948
說文逸字二卷附錄一卷　(清)鄭珍著　清末湖南經濟書堂刻本　二冊

520000－2801－0004078　5949
說文逸字二卷附錄一卷　(清)鄭珍著　清末刻本　一冊　存二卷(上、附錄一)

520000－2801－0004079　5950
說文逸字二卷附錄一卷　(清)鄭珍記　清咸豐八年(1858)刻本　二冊

520000－2801－0004080　5951
鄭學錄四卷　(清)鄭珍撰　清同治四年(1865)刻本　二冊

520000－2801－0004081　5952
儀禮私箋八卷　(清)鄭珍撰　清同治五年(1866)成山唐氏刻本　二冊

520000－2801－0004082　5954
汗簡七卷目錄一卷　(宋)郭忠恕撰　(清)鄭珍箋正　清光緒十五年(1889)廣雅書局刻本　四冊

520000－2801－0004083　5955
宋元舊本書經眼錄三卷附錄二卷　(清)莫友芝撰　清同治十二年(1873)刻本　一冊

520000－2801－0004084　5956
宋元舊本書經眼錄三卷附錄二卷　(清)莫友芝撰　清同治十二年(1873)刻本　一冊

520000－2801－0004085　5957
宋元舊本書經眼錄三卷附錄二卷　(清)莫友芝撰　清同治十二年(1873)刻本　一冊

520000－2801－0004086　5958
宋元舊本書經眼錄三卷附錄二卷　(清)莫友芝撰　清同治十二年(1873)刻本　二冊

520000－2801－0004087　05959
郘亭遺文八卷　(清)莫友芝撰　清刻本　一冊

520000－2801－0004088　05962
仿唐寫本說文解字木部箋異一卷　(清)莫友芝撰　清同治三年(1864)刻本　一冊

520000－2801－0004089　5963
青田山廬詩鈔四卷詞鈔一卷　(清)莫友芝撰　清光緒元年(1875)銅仁刻本　一冊

520000－2801－0004090　5964
貞定先生遺集四卷　(清)莫與儔撰　**附錄一卷**　(清)莫友芝撰　清刻本　一冊

520000－2801－0004091　5965
遵義沙灘黎氏家譜不分卷　(清)黎庶昌撰　清光緒十四年(1888)日本使署刻本　一冊

520000－2801－0004092　05970
夷牢溪廬詩鈔八卷　(清)黎汝謙撰　清光緒二十五年(1899)五羊城刻本　八冊

520000－2801－0004093　5971
拙尊園叢稿六卷　(清)黎庶昌撰　清光緒十九年(1893)上海醉六堂石印本　二冊

520000－2801－0004094　5972
拙尊園叢稿六卷　(清)黎庶昌撰　清光緒二十一年(1895)金陵狀元閣刻本　四冊

520000－2801－0004095　5973
拙尊園叢稿六卷　(清)黎庶昌撰　清李光明莊刻本　四冊

520000－2801－0004096　5974
丁文誠公奏稿二十六卷首一卷　(清)丁寶楨撰　陳夔龍輯　清光緒十九年(1893)京師刻本　二十六冊

520000－2801－0004097　05975
如汝所說六卷　(清)趙彝憑著　清末抄本　二冊

520000－2801－0004098　5976
孫文恭公遺書六種二十二卷附錄一卷　(明)孫應鰲撰　清宣統二年(1910)南洋官書局鉛印本　八冊

520000－2801－0004099　5977
說文本經答問二卷　(清)鄭知同撰　清光緒十六年(1890)廣雅書局刻本　一冊

520000－2801－0004100　5979
譚中丞奏稿十二卷首一卷　(清)譚鈞培撰　清光緒二十八年(1902)河北糧署刻本　十六冊

520000－2801－0004101　05981
鹿仙吟草十一卷目錄十一卷　(清)王汝霖撰　清末抄本　十一冊

520000－2801－0004102　5983
鹿山先生全集三十五卷　(清)蕭光遠撰　**格致編二卷**　(清)李寶堂撰　清末刻本　二十冊

520000－2801－0004103　5984
望眉草堂詩集十二卷年譜一卷文集五卷詩餘一卷聯語一卷　(清)顔嗣徽撰　清光緒二十六年(1900)刻本　十四冊

520000－2801－0004104　5987
函樓詩鈔八卷因遇詩一卷詞鈔一卷　(清)易佩紳撰　清光緒八年(1882)刻本　二冊

520000－2801－0004105　05988
丁文誠公[寶楨]年譜一卷　(清)唐烱撰　清光緒二十七年(1901)岳池刻本　一冊

520000－2801－0004106　05989
一漁草堂試律稿二卷目錄二卷　(清)邱煌撰　清道光十五年(1835)刻本　二冊

520000－2801－0004107　05990
一朵山房詩集十卷　(清)傅潢撰　清道光十三年(1833)刻本　一冊

520000－2801－0004108　5999
北征紀行集二卷　(清)陶墫撰　清末刻本　一冊

520000－2801－0004109　6000
聽雪齋聯語鈔存一卷　(清)袁開第著　清末鉛印本　一冊

520000－2801－0004110　6014
震川先生文集二十卷　(明)歸有光著　清乾隆二十三年(1758)刻本　七冊

520000－2801－0004111　06017
黔詩紀略三十三卷　(清)唐樹義審例　(清)黎兆勳採詩　(清)莫友芝傳證　清同治十二年(1873)遵義唐氏夢研齋金陵刻本　八冊

520000－2801－0004112　6018
説文解字三十卷　(漢)許慎記　(宋)徐鉉校定　明末汲古閣影刻北宋本　四冊

520000－2801－0004113　6019
重廣補注黄帝内經素問二十四卷靈樞十二卷素問遺篇一卷　(唐)王冰注　(宋)林億等校正　(宋)孫兆改誤　清光緒十年(1884)刻本　十冊

520000－2801－0004114　6020
蘇文忠公詩集五十卷目錄二卷　(宋)蘇軾撰　(清)紀昀評點　清同治八年(1869)韞玉山房刻朱墨印本　十二冊

520000－2801－0004115　6021
麻科活人全書四卷　(清)謝玉瓊纂輯　清咸豐八年(1858)周茂五刻本　四冊

520000－2801－0004116　6022
文選六十卷　(南朝梁)昭明太子蕭統撰　(唐)李善注　(清)葉樹藩參訂　清乾隆三十七年(1772)海錄軒刻朱墨印本　十六冊

520000－2801－0004117　6023
杜工部集二十卷首一卷　(唐)杜甫撰　(明)王弇州(王世貞)等評　清光緒二年(1876)粵東翰墨園刻五色套印本　十冊

520000－2801－0004118　6024
隸辨八卷　(清)顧藹吉撰　清康熙五十七年(1718)項氏玉淵堂刻本　八冊

520000－2801－0004119　6025
駢雅訓纂十六卷　(明)朱謀㙔撰　(清)魏茂林訓纂　清光緒七年(1881)淪雅齋刻本　八冊

520000－2801－0004120　6026
春秋經傳集解三十卷　(晉)杜預注　**春秋年表一卷**　(□)□□編　**春秋名號歸一圖二卷**　(五代)馮繼先撰　清乾隆四十八年(1783)

刻本　十六册

520000－2801－0004121　6027
周易十卷　（三國魏）王弼注　清乾隆四十八年（1783）刻本　四册

520000－2801－0004122　6029
史記一百三十卷　（漢）司馬遷撰　（明）歸有光評點　**方望溪評點史記四卷**　（明）方苞評點　清光緒二年（1876）武昌張氏刻本　二十册

520000－2801－0004123　6030
藝文類聚一百卷　（唐）歐陽詢纂　明刻本　六册　存二十一卷（三十至五十）

520000－2801－0004124　6031
世説新語三卷　（南朝宋）劉義慶撰　（南朝梁）劉孝標注　清光緒十七年（1891）思賢講舍刻本　四册

520000－2801－0004125　6032
曝書亭集箋注二十三卷　（清）朱彝尊撰（清）孫銀槎輯注　清嘉慶五年（1800）刻本八册

520000－2801－0004126　06033
［光緒］鎮雄州志六卷　（清）吳光漢修（清）宋承基纂　清光緒十三年（1887）刻本五册　存四卷（一至二、四、六）

520000－2801－0004127　6035
綠野齋文集四卷　（清）劉鴻翺纂　清道光七年（1827）刻本　四册

520000－2801－0004128　6036
古文辭類纂七十五卷　（清）姚鼐輯　清同治八年（1869）問竹軒刻本　十六册

520000－2801－0004129　06038
歷朝紀事本末八種　（清）陳如升　（清）朱記榮輯　題（清）捷記主人增輯　清光緒石印本　五十册

520000－2801－0004130　6039
春秋左傳詁二十卷　（清）洪亮吉撰　清光緒四年（1878）授經堂刻本　十册

520000－2801－0004131　6040
西堂全集十七種　（清）尤侗撰　**湘中草六卷**　（清）湯傳楹撰　清初刻本　二十册

520000－2801－0004132　06041
文心雕龍十卷目録一卷　（南朝梁）劉勰撰（清）黄叔琳輯注　清乾隆六年（1741）刻本二册

520000－2801－0004133　06042
三易洞璣十六卷　（清）黄道周　（清）鄭開極重訂　清康熙三十二年（1693）刻本　六册

520000－2801－0004134　6043
尭峰文鈔十卷　（清）汪琬撰　（清）林佶編清康熙三十二年（1693）刻本　八册

520000－2801－0004135　6044
金華文略二十卷　（清）王崇炳撰録　清乾隆七年（1742）金華夏之正刻本　十册

520000－2801－0004136　6045
廬陵宋丞相信國公文忠烈先生全集十六卷（宋）文天祥撰　（清）文有焕等編輯　清雍正三年（1725）刻本　二十六册

520000－2801－0004137　6046
篆學瑣著四十卷　（清）顧湘輯　清道光二十年（1840）海虞顧氏刻本　十二册

520000－2801－0004138　6047
大清律例增修統纂集成四十卷　（清）陶駿（清）陶念霖增修　清光緒六年（1880）刻本二十三册

520000－2801－0004139　6048
古文淵鑒六十四卷　（清）徐乾學等編注　清刻五色套印本　二十四册

520000－2801－0004140　6049
宋名臣言行録五十四卷皇朝名臣言行録續録八卷皇朝道學名臣言行外録十七卷　（宋）朱熹纂集　（宋）李衡校正　**四朝名臣言行録别集十三卷**　（宋）李幼武纂集　清道光元年（1821）歙績學堂洪氏刻本　十二册

520000－2801－0004141　6050

史通削繁四卷 （唐）劉知幾撰 （清）紀昀削繁 （清）浦起龍注 清道光十三年（1833）兩廣節署刻朱墨印本 四冊

520000－2801－0004142 06051
邵亭集三十二卷 （清）莫友芝撰 **附錄一卷** （清）鄭珍撰 清同治五年（1866）江寧三山客舍補刻本 五冊

520000－2801－0004143 06052
吳詩集覽二十卷目錄一卷補註二十卷談藪二卷談藪拾遺一卷 （清）吳偉業撰 （清）靳榮藩輯 **墓表一卷** （清）陳廷敬撰 **行狀一卷** （清）顧湄撰 清乾隆四十年（1775）刻本 二十二冊

520000－2801－0004144 6053
昌黎先生詩集注十一卷 （清）顧嗣立刪補 **昌黎本傳一卷年譜一卷** 清膺德堂刻本 四冊

520000－2801－0004145 06054
玉篇三十卷 （宋）陳彭年等修 清康熙四十三年（1704）刻本 三冊

520000－2801－0004146 6055
新科臨川王介甫先生詩集一百卷目錄一卷 （宋）王安石著 （明）李光祚校 明萬曆四十年（1612）孫鳳祥刻本 十冊

520000－2801－0004147 06056
東書堂重修宣和博古圖錄三十卷 （宋）王黼等撰 清乾隆十五年（1750）槐蔭草堂刻本 三十冊

520000－2801－0004148 6057
隸篇十五卷續十五卷再續十五卷 （清）翟云升撰 清道光十七年至十八年（1837－1838）刻本 十六冊

520000－2801－0004149 6058
小萬卷齋詩藁三十二卷續藁十二卷經進藁四卷 （清）朱琦撰 清道光九年（1829）刻本 十二冊

520000－2801－0004150 6059
彭躬菴文鈔六卷 （清）彭士望著 清刻本 四冊

520000－2801－0004151 6060
李文莊公全集十卷 （明）李騰芳撰 （清）李恩溥編 清光緒二年（1876）刻本 十冊

520000－2801－0004152 06061
唐宋十二大家文歸十四卷目錄一卷 （明）鍾惺評選 **國朝大家文歸二卷** （明）鄭元勳評選 明末刻本 八冊

520000－2801－0004153 06062
篔谷詩鈔二十卷文鈔十二卷 （清）查揆著 清道光十五年（1835）刻本 十冊

520000－2801－0004154 6066
毛詩二十卷詩經考證二十卷 （漢）鄭玄箋 清刻本 六冊

520000－2801－0004155 6067
尚書十三卷考證十三卷 （漢）孔安國傳 清刻本 四冊

520000－2801－0004156 06068
禮記二十卷 （漢）鄭玄注 **考證二十卷** 清刻本 十冊

520000－2801－0004157 6069
續古文辭類纂二十八卷 （清）黎庶昌輯 清光緒十六年（1890）金陵書局刻本 八冊

520000－2801－0004158 06071
淵鑑類函四百五十卷 （清）張英等撰 清光緒九年（1883）上海點石齋石印本 十冊

520000－2801－0004159 06077
石室秘笈兵書十二卷 （清）王廷學校 清光緒十二年（1886）文海堂刻本 四冊

520000－2801－0004160 6078
繪圖增像第五才子書水滸全傳七十回 （元）施耐庵撰 （清）金聖歎評釋 清末鉛印本 四冊 存二十六回（九至十八、五十五至七十）

520000－2801－0004161 6079
歷代名臣言行錄二十四卷 （清）朱桓編輯

(清)潘永季校訂　(清)許時庚重校　清光緒二十二年(1896)上海廣百宋齋鉛印本　十二冊

520000－2801－0004162　06081
同岑詩鈔十四卷　(清)趙函等著　清道光九年(1829)刻本　五冊

520000－2801－0004163　06084
飣餖吟十二卷　(清)石贊清集　(清)黄丙森註釋　清咸豐八年(1858)刻本　四冊

520000－2801－0004164　6085
桐陰論畫二卷首一卷續一卷二編二卷三編二卷畫訣一卷　(清)秦祖永撰　清同治三年至光緒八年(1864－1882)刻朱墨印本　八冊

520000－2801－0004165　6086
壹是紀始八卷　(清)魏崧撰　清咸豐六年(1856)香云閣刻本　五冊

520000－2801－0004166　06087
[道光]雲南備徵志二十一卷　(清)王崧纂修　清宣統二年(1910)雲南官報局鉛印本　五冊　存七卷(五、八至九、十七至二十)

520000－2801－0004167　6088
古文辭類纂七十四卷　(清)姚鼐輯　清光緒二十五年(1899)刻朱墨印本　十二冊

520000－2801－0004168　6089
李義山詩集三卷　(唐)李商隱著　(清)朱鶴齡箋注　(清)沈厚塽輯評　清同治九年(1870)廣州倅署刻三色套印本　四冊

520000－2801－0004169　6090
平齋文集三十二卷拾遺一卷附錄一卷　(宋)洪咨夔撰　題(清)晦木齋編輯　**空同詞一卷**　(清)洪瑹撰　清同治十一年(1872)杉直樓清之館刻本　四冊

520000－2801－0004170　6092
大學俗話五卷中庸俗話八卷　(清)查體仁述　清光緒十八年(1892)刻本　四冊

520000－2801－0004171　6096
司馬氏書儀十卷　(宋)司馬光撰　清雍正二年(1724)湖城甘棠橋潘大有刻本　一冊

520000－2801－0004172　06099
翰林學士集一卷　(唐)太宗李世民等撰　清光緒二十五年(1899)貴陽陳田影刻唐卷子本　一冊

520000－2801－0004173　6100
急就篇一卷　(漢)史游撰　清末遵義黎氏仿唐石經體寫刻本　一冊

520000－2801－0004174　06113
納蘭詞五卷補遺一卷　(清)納蘭性德著　清光緒六年(1880)娱園刻本　一冊

520000－2801－0004175　6114
衍波詞二卷附錄一卷　(清)王士正撰　清光緒十五年(1889)榆園刻本　與520000－2801－0004176合一冊

520000－2801－0004176　6114
辭源二卷　(宋)張炎撰　清光緒八年(1882)榆園刻本　與520000－2801－0004175合一冊

520000－2801－0004177　6115
笙月詞五卷花影詞一卷　(清)王詒壽撰　清同治十一年(1872)杭州刻本　一冊

520000－2801－0004178　6116
拜石山房詞鈔四卷　(清)顧翰撰　清光緒十五年(1889)榆園刻本　一冊

520000－2801－0004179　6117
山中白雲詞八卷附錄一卷逸事一卷詞源二卷　(宋)張炎著　(清)許增校刊　清光緒八年(1882)娱園刻本　二冊

520000－2801－0004180　6118
懺餘綺語二卷　(清)郭麐撰　清光緒五年(1879)娱園刻本　二冊

520000－2801－0004181　06119
白石道人詩集二卷集外詩一卷附錄一卷詩說一卷補遺一卷歌曲四卷別集一卷詩詞評說一卷補遺一卷逸事一卷　(宋)姜夔撰　清光緒十年(1884)娱園刻本　一冊

520000－2801－0004182　6127
中說十卷　（隋）王通撰　（宋）阮逸注　清光緒十六年（1890）貴陽陳矩刻本　一册

520000－2801－0004183　6135
友石軒印存一卷　（清）楊秉信刻　清宣統元年（1909）鈐印本　一册

520000－2801－0004184　6136
驚風辨證必讀書二種　（清）莊一夔　（清）秦霖熙撰　清光緒二十七年（1901）上元江氏刻本　一册

520000－2801－0004185　6144
文待詔詩草一卷　（明）文徵明撰　清末石印本　一册

520000－2801－0004186　6147
自娱軒未是草一卷續草一卷自娱軒詩稿序一卷　（清）牟思敬撰　清光緒二十七年（1901）貴陽文通書局鉛印本　二册

520000－2801－0004187　6148
感深知己錄一卷　（清）周際華著　清道光十九年（1839）刻本　一册

520000－2801－0004188　6149
家蔭堂詩鈔一卷　（清）周際華述　清道光十九年（1839）家蔭堂刻本　一册

520000－2801－0004189　6154
拙尊園叢稿六卷　（清）黎庶昌撰　清光緒十九年（1893）上海醉六堂石印本　二册

520000－2801－0004190　6155
容膝山房詩草二卷　（清）胡萬育撰　清同治五年（1866）刻本　一册

520000－2801－0004191　06156
明辨錄一卷　（清）陳法手訂　（清）荊如棠校刊　清道光十三年（1833）刻本　一册

520000－2801－0004192　6158
船山遺書□□種　（清）王夫之撰　清同治四年（1865）湘鄉曾氏金陵節署刻本　九十八册

520000－2801－0004193　06181
馬端敏公奏議八卷　（清）馬新貽撰　清光緒二十年（1894）閩浙督署刻本　八册

520000－2801－0004194　06182
湘軍志十六卷　王闓運撰　清末刻本　四册

520000－2801－0004195　06183
東醫寶鑑二十三卷目錄二卷　（朝鮮）許浚撰　清刻本　二十五册

520000－2801－0004196　06185
脈經十卷　（晉）王叔和撰　（清）林億類次　清光緒三十一年（1905）長沙徐氏橘隱園影刻本　四册

520000－2801－0004197　06189
成裕堂繪像第七才子書六卷　（明）高明撰　清雍正十三年（1735）刻本　六册

520000－2801－0004198　6190
繡像八美圖五卷　（清）□□輯　清咸豐十一年（1861）刻本　四册

520000－2801－0004199　6191
新刻天花藏批評平山冷燕四卷　題（□）荻岸散人編次　清末刻本　四册

520000－2801－0004200　6192
增訂一夕話新集六卷　題（□）咄咄夫原本　題（□）嗤嗤子增訂　清末刻本　二册

520000－2801－0004201　6199
緬甸國志一卷英領緬甸志一卷緬甸新志一卷暹羅國志一卷布哈爾志一卷　（清）學部編譯圖書局編纂　清光緒三十三年（1907）學部圖書局鉛印本　一册

520000－2801－0004202　6200
小亞西亞志新志一卷　（清）學部編譯圖書局編纂　清光緒三十三年（1907）學部編譯圖書局鉛印本　一册

520000－2801－0004203　6202
宋元舊本書經眼錄三卷附錄二卷　（清）莫友芝撰　清同治十二年（1873）刻本　四册

520000－2801－0004204　6203
補後漢書藝文志并考十卷首一卷　（清）曾樸撰　清光緒二十一年（1895）刻本　六册

520000－2801－0004205　6204

隋經籍志考證十三卷　(清)章宗源撰　清光緒三年(1877)湖北崇文書局刻本　四册

520000－2801－0004206　6205

藝風藏書記八卷　繆荃孫撰　清光緒二十六年至二十七年(1900－1901)刻本　六册

520000－2801－0004207　06206

欽定春秋傳説彙纂三十八卷首二卷目録一卷　(清)王掞等纂　清康熙六十年(1721)刻本　二十四册

520000－2801－0004208　06207

禮記箋三十六卷　(漢)鄭玄注　王闓運箋　清光緒十一年(1885)成都尊經書局刻本　八册

520000－2801－0004209　6208

春秋公羊傳十一卷　(漢)何休學　(唐)陸德明音義　**校刊記一卷**　(清)丁寶禎等撰　清光緒八年(1882)錦江書局刻本　四册

520000－2801－0004210　6209

春秋穀梁傳十二卷校刊記一卷　(晉)范甯集解　(唐)陸德明音義　清光緒八年(1882)錦江書局刻本　四册

520000－2801－0004211　6210

尚書大傳七卷　(漢)鄭玄注　王闓運補注　清光緒十二年(1886)成都尊經書院刻本　一册

520000－2801－0004212　6211

尚書古文疏證八卷　(清)閻若璩撰　**朱子古文書疑一卷**　(清)閻詠復輯　清嘉慶元年(1796)津門刻本　八册　存七卷(一至二、四至八)

520000－2801－0004213　6214

今古學攷二卷　廖平撰　清刻本　一册

520000－2801－0004214　6215

古學攷一卷　廖平撰　清光緒二十三年(1897)尊經書局刻本　一册

520000－2801－0004215　06216

白虎通疏證十二卷　(清)陳立撰　清光緒元年(1875)淮南書局刻本　四册

520000－2801－0004216　06217

詩經精華十卷首一卷　(清)薛嘉穎撰　清道光五年(1825)古香閣刻本　五册

520000－2801－0004217　06220

十七史商榷一百卷目錄一卷　(清)王鳴盛述　清乾隆五十二年(1787)刻本　二十册

520000－2801－0004218　6221

竹書紀年十二卷　(清)徐文靖補箋　清光緒三年(1877)浙江書局刻本　四册

520000－2801－0004219　6222

廿二史劄記三十六卷目錄一卷補遺一卷　(清)趙翼撰　清嘉慶五年(1800)刻本　十二册

520000－2801－0004220　6223

明季南略十八卷　(清)計六奇編輯　清都城琉璃廠半松居士木活字印本　十二册

520000－2801－0004221　6225

蜀龜鑑七卷首一卷　(清)劉景伯輯　清宣統三年(1911)刻本　三册　存五卷(一至二、五至七)

520000－2801－0004222　6226

蜀碧四卷　(清)彭遵泗撰　清刻本　一册

520000－2801－0004223　06228

三國志證聞三卷　(清)錢儀吉撰　清光緒十一年(1885)江蘇書局刻本　二册

520000－2801－0004224　6229

契丹國志二十七卷　(宋)葉隆禮撰　清嘉慶二年(1797)掃葉山房刻本　二册

520000－2801－0004225　6230

明季北略二十四卷　(清)計六奇編輯　清初都城琉璃廠半松居士木活字印本　二十四册　存三卷(二十一至二十三)

520000－2801－0004226　6232

南疆繹史勘本五十六卷首二卷目録一卷　(清)溫睿臨原本　(清)李瑤勘定　清道光十

年(1830)刻本　十五冊　存五十三卷(紀略四至六、列傳一至二十四、摭遺一至十八、卹謚攷一至八)

520000－2801－0004227　6233
大清一統志四百二十四卷目錄一卷　(清)和珅等纂修　清光緒二十三年(1897)杭州竹簡齋石印本　五十九冊

520000－2801－0004228　6235
平定粵匪紀略十八卷附記四卷　(清)杜文瀾撰　清同治十年(1871)京都聚珍齋木活字印本　十冊

520000－2801－0004229　6236
寰宇訪碑錄十二卷　(清)孫星衍　(清)邢澍撰　**刊謬一卷**　羅振玉撰　**補寰宇訪碑錄五卷失編一卷刊誤一卷**　(清)趙之謙撰　清光緒十一年至十二年(1885－1886)吳縣朱氏槐廬家塾刻本　八冊

520000－2801－0004230　19816
欽定古今圖書集成一萬卷目錄四十卷　(清)陳夢雷輯　清光緒十年(1884)上海圖書集成局鉛印本　一千一百十九冊　存二十六種

520000－2801－0004231　6238
漢隸字源五卷碑目一卷　(宋)婁機輯　清光緒三年(1877)川東官舍刻本　六冊

520000－2801－0004232　06240
莊子集解八卷　王先謙集解　清宣統元年(1909)思賢書局刻本　四冊

520000－2801－0004233　06241
荀子二十卷首一卷　(唐)楊倞注　王先謙集解　清光緒十七年(1891)刻本　四冊

520000－2801－0004234　06242
韓非子集解二十卷首一卷　(清)王先慎集解　清光緒二十二年(1896)刻本　八冊

520000－2801－0004235　6243
浮邱子十二卷　(清)湯鵬撰　清同治四年(1865)刻本　四冊

520000－2801－0004236　6244
墨子閒詁十五卷目錄一卷附錄一卷後語二卷　(清)孫詒讓撰　清光緒三十三年(1907)刻本　七冊

520000－2801－0004237　6249
俗言一卷　(清)劉沅撰　清同治元年(1862)平遙李氏刻本　一冊

520000－2801－0004238　6250
說文解字五十卷附錄一卷　(清)桂馥學　清同治九年(1870)湖北崇文書局刻本　三十二冊

520000－2801－0004239　6251
小學鉤沉十九卷　(清)任大椿學　(清)王念孫校正　清光緒十年(1884)龍氏刻本　二冊

520000－2801－0004240　6253
轉注古義考一卷　(清)曹仁虎纂　清光緒四年(1878)宏達堂刻本　一冊

520000－2801－0004241　06254
輶軒使者絕代語釋別國方言十三卷　(漢)揚雄撰　(清)戴震疏證　**續方言二卷**　(清)杭世駿搜集　清末刻本　二冊

520000－2801－0004242　6255
蜀方言二卷　(清)張慎儀撰　清末刻本　一冊

520000－2801－0004243　6257
甌北全集七種年譜一卷墓志銘一卷家傳一卷　(清)趙翼撰　清光緒三年(1877)滇南唐氏刻本　六十冊

520000－2801－0004244　06258
駢體文鈔三十一卷　(清)李兆洛選　清光緒七年(1881)四川尊經書局刻本　十冊

520000－2801－0004245　6259
定香亭筆談四卷　(清)阮元撰　(清)吳文溥錄　清光緒二十五年(1899)浙江書局刻本　四冊

520000－2801－0004246　6260
龔定盦先生集十六卷　(清)龔自珍撰　清刻本　六冊

520000－2801－0004247　06261

廣雅堂詩集二卷　（清）張之洞撰　清宣統二年（1910）四川官印刷局鉛印本　二册

520000－2801－0004248　6262

兩當軒詩鈔十四卷攷異二卷附録四卷悔存詩鈔二卷　（清）黄景仁著　清嘉慶二十二年（1817）萉古山房刻本　二册

520000－2801－0004249　6264

詞綜三十八卷　（清）朱彝尊輯　**明詞綜十二卷國朝詞綜四十八卷**　（清）王昶纂　清同治四年（1865）亦西齋刻本　二十八册

520000－2801－0004250　6265

續古文辭類纂二十八卷　（清）黎庶昌纂　清光緒十六年（1890）金陵書局刻本　八册

520000－2801－0004251　6266

杜工部集二十卷首一卷　（唐）杜甫撰　（明）王弇州（王世貞）等評　清光緒二年（1876）粤東翰墨園刻五色套印本　十册

520000－2801－0004252　6268

四有遺詩十三卷　（清）曾紀澤　（清）李鴻商等撰　清光緒二十年（1894）遵義黎氏川東道署刻本　三册　存十二卷（一至十二）

520000－2801－0004253　06269

詩比興箋四卷目録一卷　（清）陳沆撰　清光緒九年（1883）刻本　二册

520000－2801－0004254　6270

唐賢三體詩句法六卷　（宋）周弼選　（清）高士奇輯　（清）何焯評　清光緒十二年（1886）瀘州鹽局刻朱墨印本　一册

520000－2801－0004255　6272

忠雅堂評選四六法海八卷　（清）蔣士銓評選　清同治十年（1871）刻朱墨印本　八册

520000－2801－0004256　6273

笠澤叢書四卷補遺一卷續補遺一卷　（唐）陸龜蒙撰　清雍正九年（1731）刻本　一册

520000－2801－0004257　6274

離騷草木疏四卷　（宋）吴仁傑撰　清光緒三年（1877）湖北崇文書局刻本　一册

520000－2801－0004258　06276

蜀詩十五卷總目一卷　（明）費經虞等輯　（清）孫澍校訂　清道光十三年（1833）鶩西孫氏古棠書屋刻本　四册

520000－2801－0004259　06277

靈峯草堂集不分卷　陳矩撰　清光緒十九年（1893）刻本　一册

520000－2801－0004260　6278

拙尊園叢稿六卷　（清）黎庶昌撰　清光緒十九年（1893）上海醉六堂石印本　二册

520000－2801－0004261　6280

梅村詩集箋注十八卷目録一卷　（清）吴偉業撰　（清）吴翌鳳箋注　清嘉慶十九年（1814）滄浪吟榭嚴榮刻本　十二册

520000－2801－0004262　6281

船山詩草二十卷補遺六卷敘目一卷　（清）張問陶撰　清嘉慶二十年至道光二十九年（1815－1849）刻本　八册

520000－2801－0004263　6282

絶妙好詞箋七卷續鈔二卷　（宋）周密輯　（清）查為仁　（清）厲鶚箋　清末上海掃葉山房石印本　四册

520000－2801－0004264　6284

唐駢體文鈔十七卷總目一卷　（清）陳均輯　清嘉慶二十五年（1820）刻本　四册

520000－2801－0004265　06286

湖海文傳七十五卷　（清）王昶輯　清道光十九年（1839）刻本　十六册

520000－2801－0004266　6287

煙霞萬古樓文集六卷　（清）王曇撰　清道光二十年（1840）刻本　二册

520000－2801－0004267　6288

廿一史彈詞注十卷　（明）楊慎撰　（清）張三異增定　**明紀彈詞注二卷**　（清）張三異撰　清道光十二年（1832）楊浚刻本　十五册

520000－2801－0004268　6289

國朝全蜀詩鈔六十四卷　(清)孫桐生選輯　清光緒五年(1879)長沙刻本　二十冊

520000－2801－0004269　06290
二曲全集二十六卷　(清)李顒撰　**四書反身錄□□卷**　清咸豐元年(1851)刻本　九冊　存四十一卷(二曲全集二十六卷,四書反身錄論語一至十、孟子一至三、孟子續補四至五)

520000－2801－0004270　06291
戴東原集十二卷　(清)戴震撰　**年譜一卷**　(清)段玉裁編　**札記一卷**　清宣統二年(1910)渭南嚴氏成都刻本　六冊

520000－2801－0004271　06292
石笥山房文集六卷補遺一卷詩集十一卷詩餘一卷詩補遺二卷續補遺二卷　(清)胡天遊著　清咸豐二年(1852)刻本　十冊

520000－2801－0004272　6293
詞律二十卷　(清)萬樹論次　(清)司馬留村鑒定　清康熙二十六年(1687)刻本　二十二冊

520000－2801－0004273　06294
湖海詩傳四十六卷　(清)王昶輯　清同治四年(1865)刻本　十六冊

520000－2801－0004274　6296
升菴全集八十一卷目錄二卷　(明)楊慎著　清乾隆六十年(1795)刻本　二十冊

520000－2801－0004275　6297
升菴外集一百卷目錄一卷　(明)楊慎著　清道光二十四年(1844)刻本　二十四冊

520000－2801－0004276　6302
桐陰論畫四卷首一卷續一卷附錄一卷畫訣一卷　(清)秦祖永撰　清同治五年(1866)刻朱墨印本　四冊

520000－2801－0004277　6304
漢溪書法通解八卷　(清)戈守智纂著　清末刻本　四冊

520000－2801－0004278　06305
群書札記十六卷　(清)朱義棟學　清光緒四年(1878)武林竹簡斎刻本　八冊

520000－2801－0004279　6306
片玉山房花箋錄二十卷　(清)孫兆溎輯　清同治四年(1865)刻本　十二冊

520000－2801－0004280　06307
因樹屋書影十卷　(清)周亮工筆記　清雍正三年(1725)金陵食舊菴刻本　三冊　存四卷(一至四)

520000－2801－0004281　6308
菰中隨筆一卷　(清)顧炎武著　清道光十二年(1832)長白鄂山刻本　一冊

520000－2801－0004282　6309
繹志十九卷　(清)胡承諾纂　清同治十一年(1872)浙江書局刻本　八冊

520000－2801－0004283　6310
日知錄三十二卷　(清)顧炎武撰　(清)黃汝成集釋　**刊誤二卷續刊誤二卷**　(清)黃汝成撰　清道光十四年(1834)刻本　十五冊

520000－2801－0004284　6311
歷代輿地沿革險要圖說一卷　楊守敬　饒敦秩撰　王尚德繪　清光緒二十四年(1898)上海鑄記書局石印本　一冊

520000－2801－0004285　6312
蜀輶日記四卷　(清)陶澍撰　清光緒七年(1881)江州官舍刻本　二冊

520000－2801－0004286　6313
蜀故二十七卷　(清)彭遵泗纂輯　清光緒二十四年(1898)玉元堂刻本　八冊

520000－2801－0004287　6314
蜀水考四卷　(清)陳登龍述　(清)朱錫穀補注　(清)陳一津分疏　清道光五年(1825)刻本　二冊

520000－2801－0004288　6315
水道提綱二十八卷　(清)齊召南編錄　清光緒二十四年(1898)新化三味書室校刻本　八冊

520000－2801－0004289　06316

合校水經注四十卷首一卷末一卷附錄二卷 (北魏)酈道元撰 清光緒十八年(1892)思賢講舍刻本 二十冊

520000－2801－0004290 6317
禹貢錐指二十卷略例一卷圖一卷 (清)胡渭撰 清康熙四十四年(1705)漱六軒刻本 十冊

520000－2801－0004291 6319
蜀中名勝記三十卷 (明)曹學佺著 清道光元年(1821)四川官印刷局刻本 八冊

520000－2801－0004292 6320
大清中外一統輿圖三十一卷首一卷 (清)胡林翼 (清)嚴樹森修 (清)鄒世詒等繪 清同治二年(1863)刻本 二十四冊

520000－2801－0004293 6321
蜀典十二卷 (清)張澍輯 清光緒二年(1876)尊經書院刻本 四冊

520000－2801－0004294 6322
困學紀聞二十卷 (宋)王應麟撰 (清)翁元圻輯 清嘉慶十八年(1813)刻本 八冊

520000－2801－0004295 6323
長江圖說十二卷首一卷 (清)馬徵麟撰 清同治十年(1871)湖北崇文書局刻本 五冊 存十一卷(一、三至十二)

520000－2801－0004296 06324
黔語二卷 (清)吳振棫纂 清咸豐四年(1854)刻本 一冊

520000－2801－0004297 6326
西藏通覽二編 (日本)山縣初男編著 清光緒三十四年(1908)鉛印本 四冊

520000－2801－0004298 06328
黔書二卷 (清)田雯撰 清刻本 一冊

520000－2801－0004299 6330
越南地輿圖說六卷 (清)盛慶紱纂輯 清光緒九年(1883)刻本 四冊

520000－2801－0004300 06331
[嘉慶]成都縣志六卷首一卷 (清)王泰雲等修 (清)衷以壎等纂 清嘉慶二十一年(1816)刻本 六冊

520000－2801－0004301 06332
乾隆府廳州縣圖志五十卷 (清)洪亮吉撰 清光緒二十三年(1897)新化三味書室刻本 二十冊

520000－2801－0004302 06333
素問集注九卷 (清)張志聰集註 (清)莫承藝叅訂 清光緒十六年(1890)浙江書局刻本 六冊

520000－2801－0004303 6334
董方立遺書十六卷割圜連比例術圖解三卷橢圓求周術一卷斜弧三邊求角補術一卷堆垛求積術一卷三統術衍補一卷水經注圖說殘稾四卷交甲集二卷交乙集二卷蘭石詞一卷 (清)董祐誠纂 清同治八年(1869)四川成都刻本 六冊

520000－2801－0004304 6336
醫書金鑑十六卷 (清)□□著 清末上海廣益書局石印本 一冊

520000－2801－0004305 6337
當歸草堂醫學叢書初編四十卷 (清)丁丙輯 清光緒四年(1878)錢塘丁氏當歸草堂刻本 十二冊

520000－2801－0004306 6340
花鏡六卷 (清)陳淏子輯 清乾隆四十八年(1783)刻本 四冊

520000－2801－0004307 06341
醒園錄二卷 (清)李化楠纂 清刻本 一冊

520000－2801－0004308 06342
名醫類案十二卷 (明)江瓘輯 清同治十年(1871)藏脩堂刻本 十二冊

520000－2801－0004309 6343
備急千金要方三十卷考異一卷 (唐)孫思邈纂 (宋)林億等校正 清光緒四年(1878)據日本嘉永元年(1848)江戶醫學影北宋刻本影印本 十二冊

520000－2801－0004310　06344
千金翼方三十卷　（唐）孫思邈撰　（宋）林億等校　清光緒四年（1878）據元大德十一年（1307）梅溪書院刻本影印本　八册

520000－2801－0004311　6347
萬氏女科三卷　（明）萬全撰　清康熙五十三年（1714）西昌裘琅刻本　二册

520000－2801－0004312　06348
鍼灸甲乙經十二卷　（晉）皇甫謐撰　（宋）林億等校　清光緒十一年（1885）四明存存軒刻本　四册

520000－2801－0004313　6349
醫學集成四卷　（清）劉士廉纂輯　清同治十三年（1874）刻本　四册

520000－2801－0004314　6350
女科二卷産後編二卷　（清）傅山撰　清光緒三十一年（1905）成都官報書局鉛印本　二册

520000－2801－0004315　6351
備用藥物經驗簡便良方一卷　（□）□□撰　清光緒三十一年（1905）四川滇黔邊計官運鹽務總局刻本　一册

520000－2801－0004316　6354
神農本草三卷　（清）謝澹校　清光緒十一年（1885）尊經書院刻本　一册

520000－2801－0004317　06356
嶺南遺書六集　（清）伍元薇　（清）伍崇曜輯　清道光十一年至同治二年（1831－1863）南海伍氏粤雅堂文字歡娱室刻本　一百册

520000－2801－0004318　6357
平津館叢書十集　（清）孫星衍輯　清光緒十年至十二年（1884－1886）吴縣朱氏槐廬家塾刻本　四十册　存八集

520000－2801－0004319　6358
宜稼堂叢書七種　（清）郁松年輯　清道光二十一年（1841）刻本　六十四册

520000－2801－0004320　06359
二思堂叢書六種　（清）梁章鉅輯　清光緒元年（1875）刻本　十二册

520000－2801－0004321　06360
積學齋叢書　徐乃昌輯　清光緒十九年（1893）南陵徐氏刻本　十七册

520000－2801－0004322　6361
咫進齋叢書三集三十七種　（清）姚覲元輯　清光緒九年（1883）歸安姚氏刻本　二十四册

520000－2801－0004323　6362
靈鶼閣叢書五十六種　（清）江標輯　清光緒二十一年至二十三年（1895－1897）元和江氏湖南使院刻本　三十一册　存三十六種

520000－2801－0004324　6363
公羊春秋經傳通義十一卷敘一卷大戴禮記補注十三卷序錄一卷　（清）孔廣森撰　清嘉慶二十二年（1817）刻本　六册

520000－2801－0004325　6364
滂喜齋叢書五十種　（清）潘祖蔭輯　清同治十年至光緒十年（1871－1884）滂喜齋刻本　三十二册

520000－2801－0004326　6365
佚存叢書□□種　（日本）林衡輯　清光緒八年（1882）滬上黄氏木活字印本　二十三册　存十六種

520000－2801－0004327　06366
湖海樓叢書十二種　（清）陳春輯　清嘉慶十七年至二十四年（1812－1819）蕭山陳氏湖海樓刻本　三十二册

520000－2801－0004328　6368
藝文類聚一百卷　（唐）歐陽詢纂　（明）王元貞校　清光緒五年（1879）華陽宏達堂刻本　四十一册

520000－2801－0004329　6369
小石山房叢書四十一種　（清）顧湘編輯　清同治十三年（1874）刻本　二十册

520000－2801－0004330　06372
粤雅堂叢書二十集一百二十八種續一集五十八種　（清）伍崇曜輯　清道光至光緒南海伍

氏刻本　三百五十六册

520000－2801－0004331　6377
鐵華館叢書六種　（清）蔣鳳藻輯　清光緒九年至十年（1883－1884）蔣氏刻本　十册

520000－2801－0004332　06381
[光緒]全滇紀要不分卷　（清）雲南課吏館纂修　清光緒三十一年（1905）雲南課吏館鉛印本　十册

520000－2801－0004333　06382
[道光]皇朝輿地圖畧不分卷　（清）六承如編　清同治二年（1863）刻本　二册

520000－2801－0004334　6383
遊記十卷　（明）徐宏祖著　清鉛印本　二十册

520000－2801－0004335　06384
[乾隆]祥符縣志二十二卷　（清）張淑載修　（清）魯曾煜纂　清乾隆四年（1739）刻本　十二册

520000－2801－0004336　06385
[道光]昆明縣志十卷　（清）戴炯孫輯　清光緒三十年（1904）刻本　六册

520000－2801－0004337　6387
[乾隆]西湖志纂十二卷首一卷　（清）沈德潛　（清）傅王露輯　（清）梁詩正纂　清乾隆二十年（1755）刻本　五册

520000－2801－0004338　6389
福建物產志十一卷　（□）□□撰　清末刻本　二册

520000－2801－0004339　6391
廬山志十五卷　（清）毛德琦重訂　清宣統二年（1910）順德堂刻本　十六册

520000－2801－0004340　6392
廣西輿地全圖二卷　（清）北洋機器總局圖算學堂重繪　清光緒二十四年（1898）香山黄樓石印本　二册

520000－2801－0004341　06393
乾隆府廳州縣圖志五十卷　（清）洪亮吉撰　清光緒二十三年（1897）新化三味書室刻本　二十五册

520000－2801－0004342　6397
古音類表九卷　（清）傅壽彤撰　清光緒二年（1876）武昌刻本　四册

520000－2801－0004343　6399
南村輟耕錄三十卷　（明）陶宗儀撰　明玉蘭草堂刻本　十六册

520000－2801－0004344　6400
焦氏類林八卷　（明）焦竑輯　（明）王元貞校　明萬曆十五年（1587）刻本　八册

520000－2801－0004345　6401
中州集十卷首一卷樂府一卷　（金）元好問輯　明末汲古閣刻本　二十册

520000－2801－0004346　6402
呂氏家塾讀詩記三十二卷　（宋）呂祖謙撰　明嘉靖十年（1531）刻本　八册

520000－2801－0004347　6403
潛確居類書一百二十卷　（明）陳仁錫輯　明末刻本　五十册

520000－2801－0004348　6404
初學記三十卷　（唐）徐堅撰　明嘉靖十三年（1534）刻本　十六册

520000－2801－0004349　6405
宏簡錄二百五十四卷　（明）邵經邦纂　清康熙二十七年（1688）刻本　六十四册

520000－2801－0004350　6406
小腆紀年二十卷　（清）徐鼒撰　清咸豐十一年（1861）刻本　十册

520000－2801－0004351　6407
善本書室藏書志四十卷　（清）丁丙輯　清光緒二十七年（1901）錢唐丁氏刻本　十二册

520000－2801－0004352　6415
道古堂全集四種　（清）杭世駿撰　清光緒十四年（1888）振綺堂刻本　十六册

520000－2801－0004353　6416

元書一百二卷　曾廉撰　清宣統三年(1911)刻本　二十册

520000－2801－0004354　6417
國語二十一卷　(三國吳)韋昭解　(宋)宋庠補音　明萬曆十三年(1585)刻本　六册

520000－2801－0004355　06418
禮書綱目八十五卷首三卷　(清)江永纂　清嘉慶十五年(1810)刻本　二十八册

520000－2801－0004356　06419
地圖綜要三卷　(清)朱國達等編輯　清刻本　三册　存二卷(内、外)

520000－2801－0004357　6422
閩產錄異六卷　(清)郭柏蒼輯　清光緒十二年(1886)刻本　五册

520000－2801－0004358　6423
吳越所見書畫錄六卷　(清)陸時化輯　清宣統二年(1910)國光印刷所鉛印本　六册

520000－2801－0004359　6424
太乙舟文集八卷　(清)陳用光撰　清道光十七年(1837)湖北武昌王崇文堂書坊刻本　六册

520000－2801－0004360　6425
西漚全集十卷外集八卷　(清)李惺撰　(清)宋寶械　(清)童棫編輯　清同治七年(1868)李氏刻本　十六册

520000－2801－0004361　6426
經韵樓集十二卷　(清)段玉裁撰　清道光元年(1821)刻本　四册

520000－2801－0004362　06429
駱文忠公奏議二十七卷　(清)駱秉章撰　清光緒刻本　二十八册

520000－2801－0004363　6430
竹柏山房家刻十五種　(清)林春溥纂　清嘉慶十八年至咸豐五年(1813－1855)刻本　三十一册

520000－2801－0004364　6431
蟲薈五卷　(清)方旭纂　清光緒十六年(1890)刻本　四册

520000－2801－0004365　6432
稱謂錄三十二卷　(清)梁章鉅撰　清光緒元年至十年(1875－1884)刻本　八册

520000－2801－0004366　6433
小學類編七種　(清)李祖望輯　清咸豐二年至光緒二年(1852－1876)江都李氏半畝園刻本　十册

520000－2801－0004367　06434
群經平議三十五卷　(清)俞樾撰　清同治十年(1871)刻本　十六册

520000－2801－0004368　6438
喻林一業二十四卷　(明)徐元太撰　(清)王蘇刪纂　清乾隆五十九年(1794)刻本　八册

520000－2801－0004369　6440
行素堂目睹書錄十集　(清)朱記榮輯　清光緒十年(1884)刻本　十册

520000－2801－0004370　6442
札迻十二卷　(清)孫詒讓撰　清光緒二十年(1894)刻本　四册

520000－2801－0004371　6446
餘味齋詩集不分卷　題(清)煥彩氏輯　清嘉慶抄本　二册

520000－2801－0004372　6450
後知不足齋叢書五十六種　(清)鮑廷爵輯　清同治十一年至光緒十年(1872－1884)後知不足齋刻本　二册　存七卷(州縣提綱一至四、輿地形勢論一、九邊圖論一、海防圖論一)

520000－2801－0004373　06452
乾隆朝名賢尺牘不分卷　(清)舒位等撰　清雜抄本　二册

520000－2801－0004374　06453
華陽國志十二卷附錄一卷　(晉)常璩撰　清光緒十六年(1890)刻本　四册

520000－2801－0004375　6493
有正味齋詩集十六卷續集八卷　(清)吳錫麒撰　清刻本　八册

520000－2801－0004376　6494
瀛奎律髓四十九卷　(元)方回選　清康熙五十二年(1713)刻本　十六册

520000－2801－0004377　6495
青邱高季迪先生詩集十八卷首一卷遺詩一卷扣舷集一卷鳧藻集五卷　(明)高啟撰　(清)金檀輯注　清雍正六年(1728)刻本　十六册

520000－2801－0004378　6496
山谷詩集二十卷別集詩注二卷外集詩注十七卷　(宋)黄庭堅撰　(宋)史季溫　(宋)史容注　清光緒二十一年至二十五年(1895－1899)刻本　二十册

520000－2801－0004379　6497
桐埜詩集四卷　(清)周起渭撰　清咸豐二年(1852)世恩堂刻本　四册

520000－2801－0004380　6498
元詩選六卷補遺一卷　(清)顧奎光選輯　清乾隆十六年(1751)刻本　六册

520000－2801－0004381　6499
薑齋五十自定稿一卷六十自定稿一卷七十自定稿一卷　(清)王夫之撰　清同治四年(1865)湘鄉曾氏金陵節署刻本　三册

520000－2801－0004382　6500
洪北江全集二百二十二卷　(清)洪亮吉撰　清道光二十九年至光緒三年(1849－1877)授經堂刻本　三十三册　存九十八卷(拟兩晉南北史樂府一至二、附鮚軒詩一至八,卷施閣詩一至二十,更生齋詩一至八、更生齋詩餘一至二,卷施閣文甲集一至十、卷施閣文乙集一至十,更生齋文甲集一至四、更生齋文乙集一至四、更生齋文續集一至二、更生齋詩續集一至十,卷施閣文甲集補遺一、卷詩閣文乙集續編一,更生齋詩續集一至十、文續集一至二,卷施閣文甲集補遺一、卷施閣文乙集續編一,洪北江先生年譜一,洪稚存先生傳一)

520000－2801－0004383　6501
宋詩紀事一百卷　(清)厲鶚　(清)馬曰琯輯　清乾隆十一年(1746)刻本　四十八册

520000－2801－0004384　6502
佩蘅詩鈔八卷　(清)寶鋆撰　清咸豐九年(1859)刻本　四册

520000－2801－0004385　6503
龔定盦全集　(清)龔自珍撰　清光緒二十三年(1897)萬本書堂刻本　四册

520000－2801－0004386　6504
黄詩全集五十八卷　(宋)黄庭堅著　清乾隆五十四年(1789)樹經堂刻本　二十册

520000－2801－0004387　6505
重訂唐詩別裁集二十卷　(清)沈德潛選　清乾隆二十八年(1763)教忠堂刻本　六册

520000－2801－0004388　06506
明詩別裁集十二卷　(清)沈德潛　(清)周準輯　清乾隆三年(1738)刻本　四册

520000－2801－0004389　06508
湘綺樓文集八卷　王闓運撰　清光緒二十六年(1900)刻本　四册

520000－2801－0004390　06509
湘綺樓詩十四卷　王闓運著　清光緒三十三年(1907)衡陽刻本　四册

520000－2801－0004391　6510
說詩樂趣類編二十卷　(清)伍涵芬定　(清)汪正鈞粲訂　清乾隆三十二年(1767)刻本　十册

520000－2801－0004392　6511
鍐훍亭集三十二卷　(清)祁寯藻纂　清咸豐六年(1856)刻本　十册

520000－2801－0004393　06512
石湖居士詩集三十五卷　(宋)范成大撰　(清)顧嗣皋等重訂　清康熙二十七年(1688)依園刻本　八册

520000－2801－0004394　06513
湖海詩傳四十六卷　(清)王昶輯　清同治四年(1865)刻本　十六册

520000－2801－0004395　6514
鐵厓樂府注十卷詠史注一卷逸編注八卷

(明)楊維禎著　清乾隆三十九年(1774)刻本　八册

520000－2801－0004396　6516
看雲草堂集八卷　(清)尤侗譔　清康熙二十三年(1684)刻本　四册

520000－2801－0004397　06517
方正學先生集七卷目錄一卷本傳一卷小傳一卷　(明)方孝孺撰　(清)張伯行訂　清康熙四十八年(1709)正誼堂刻本　六册

520000－2801－0004398　06518
後山詩十二卷　(宋)陳師道撰　(宋)任淵注　清乾隆四十一年(1776)刻本　四册

520000－2801－0004399　06519
石臼後集七卷　(明)邢昉著　清康熙刻本　四册

520000－2801－0004400　06521
類林新詠三十六卷目錄一卷　(清)姚之駰撰　清康熙四十六年(1707)刻四十七年(1708)印本　十二册

520000－2801－0004401　6522
變雅堂遺集十八卷附錄二卷　(清)杜濬撰　清光緒二十年(1894)刻本　六册

520000－2801－0004402　06523
黔詩紀略三十三卷　(清)唐樹義審例　(清)黎兆勳採詩　(清)莫友芝傳證　清同治十二年(1873)遵義唐氏夢研齋金陵刻本　八册

520000－2801－0004403　6524
桐埜詩集四卷　(清)周起渭撰　清康熙五十四年(1715)刻本　二册

520000－2801－0004404　06525
大小雅堂詩集四集附和作一集詩餘一卷　(清)承齡撰　清光緒十八年(1892)刻本　二册

520000－2801－0004405　06526
二知軒詩鈔十四卷續鈔十八卷　(清)方濬頤撰　清同治七年(1868)刻本　十二册

520000－2801－0004406　6527
何大復先生集三十八卷附錄一卷　(明)何景明撰　清咸豐二年(1852)世守堂刻本　八册

520000－2801－0004407　6528
忠雅堂詩集二十七卷補遺二卷銅絃詞二卷　(清)蔣士銓撰　清乾隆二十七年(1762)刻本　十册

520000－2801－0004408　6529
居士傳五十六卷　(清)彭際清撰　清乾隆四十五年(1780)刻本　四册

520000－2801－0004409　6530
詒晉齋集八卷後集一卷隨筆一卷　(清)成親王永瑆撰　清道光二十八年(1848)刻本　四册

520000－2801－0004410　06531
郘亭詩鈔六卷　(清)莫友芝撰　清咸豐三年(1853)刻本　四册

520000－2801－0004411　6532
道咸同光四朝詩史甲集八卷首一卷　(清)孫雄輯　清宣統二年(1910)刻本　五册

520000－2801－0004412　6533
樊榭山房全集三十四卷　(清)厲鶚撰　清光緒十年(1884)刻本　九册

520000－2801－0004413　6534
梅村詩集箋注十八卷　(清)吳偉業撰　(清)吳翌鳳箋注　清光緒九年(1883)四川善成堂刻本　十二册

520000－2801－0004414　6535
太師誠意伯劉文成公集二十卷首一卷　(明)劉基撰　清乾隆十一年(1746)刻本　十册

520000－2801－0004415　6536
藤陰雜記十二卷　(清)戴璐撰　清光緒三年(1877)刻本　四册

520000－2801－0004416　6540
國朝六家詩鈔八卷　(清)劉執玉選　(清)許庭堅　(清)鄒容成參閱　清光緒十三年(1887)汗青簃刻本　八册

520000－2801－0004417　6541

元遺山先生全集四十卷首一卷末一卷年譜三卷附錄十一卷 （金）元好問纂 **續夷堅志四卷** （元）張德輝類次 **新樂府四卷附錄一卷** （明）儲瓘輯 **補載一卷** （清）施國祁輯 **年譜一卷附錄一卷** （清）翁方綱編 **年譜施輯一卷** （清）施國祁編 **年譜凌輯二卷** （清）凌廷堪編 （清）張穆訂 **考證三卷** 清光緒七年（1881）讀書山房刻本 十七册

520000－2801－0004418 6543
五言詩十七卷七言詩歌行鈔十五卷 （清）王士禎選 清康熙三十六年（1697）刻本 十二册 存二十八卷（五言詩十七卷、七言詩歌行鈔一至十一）

520000－2801－0004419 6544
汪本隸釋刊誤一卷 （清）黄丕烈撰 清嘉慶二十一年（1816）黄丕烈士禮居刻本 二册

520000－2801－0004420 6544
船山詩草選六卷 （清）張問陶著 清嘉慶二十二年（1817）刻本 三册

520000－2801－0004421 6544
博物志十卷 （晉）張華撰 清嘉慶九年（1804）黄丕烈士禮居刻本 一册

520000－2801－0004422 6544
夢境圖唱和詩集一卷 （清）黄丕烈輯 清道光四年（1824）黄丕烈士禮居刻本 一册

520000－2801－0004423 6546
宛陵先生文集六十卷 （清）梅堯臣著 清宣統二年（1910）上海石印本 十册

520000－2801－0004424 6548
史記一百三十卷 （漢）司馬遷撰 （南朝宋）裴駰集解 清宣統元年（1909）上海商務印書館影印本 二十四册

520000－2801－0004425 6550
帶經堂詩話三十卷首一卷 （清）王士禎撰 （清）張宗柟輯 清同治十二年（1873）廣州藏脩堂刻本 十册

520000－2801－0004426 6553
咏物詩選八卷 （清）俞琰輯 清雍正二年（1724）刻本 六册

520000－2801－0004427 06554
翁山詩外十九卷 （清）屈大均撰 清宣統二年（1910）鉛印本 十二册

520000－2801－0004428 6555
溫飛卿詩集九卷 （唐）溫庭筠著 （明）曾益謙原注 （清）顧予咸補注 清康熙三十六年（1697）刻本 四册

520000－2801－0004429 6556
簡學齋試律續鈔一卷 （清）陳沆撰 清道光二十九年（1849）刻本 一册

520000－2801－0004430 6556
簡學齋詩存四卷詩删四卷館課賦存一卷館課賦存續鈔一卷 （清）陳沆撰 清咸豐二年（1852）刻本 五册

520000－2801－0004431 6557
兩當軒詩鈔十四卷 （清）黄景仁撰 （清）趙希璜校 清乾隆四十年（1775）刻本 六册 存十二卷（一至十二）

520000－2801－0004432 06558
石桐先生詩抄一卷 （清）李懷民撰 （清）單銘選 **少鶴内集十卷鶴再南飛集一卷龍城集一卷寶山續集一卷** （清）李憲喬撰 （清）單銘選 清刻本 八册

520000－2801－0004433 6559
孫山甫督學文集四卷目錄一卷 （明）孫應鰲撰 清光緒十九年（1893）川東巡署刻本 二册

520000－2801－0004434 06560
陶淵明集八卷首一卷末一卷 （晉）陶潛撰 清光緒六年（1880）三色套印本 四册

520000－2801－0004435 6564
李空同詩集三十三卷附錄一卷 （明）李夢陽撰 清宣統二年（1910）上海掃葉山房石印本 十册

520000－2801－0004436 6565

兩當軒集二十二卷 (清)黄景仁著 清光緒二年(1876)家塾校刻本 六册

520000－2801－0004437 6568
元遺山詩集箋注十四卷首一卷末一卷 (金)元好問撰 (元)張德輝類次 (清)施國祁箋注 **傳銘一卷年譜一卷全集附錄一卷** (明)儲瓘輯 (清)華希閔增輯 **補載一卷** (清)施國祁輯 清宣統三年(1911)掃葉山房石印本 八册

520000－2801－0004438 6571
曇雲閣詩集六卷附錄二卷外集一卷 (清)曹楙堅撰 清道光二十三年(1843)刻本 四册

520000－2801－0004439 06572
伏敔堂詩錄十五卷首一卷續錄四卷 (清)江湜撰 清同治元年(1862)刻本 四册

520000－2801－0004440 6577
巴里客餘生詩草六卷 (清)延清撰 清光緒二十七年(1901)石印本 一册

520000－2801－0004441 06577
錦官堂詩草一卷 (清)延清撰 清光緒三十一年(1905)鉛印本 一册

520000－2801－0004442 6579
古詩源十四卷 (清)沈德潛選 清康熙五十八年(1719)刻本 四册

520000－2801－0004443 6580
焦氏易林四卷 (漢)焦贛著 清嘉慶刻本 四册

520000－2801－0004444 6581
後山先生集二十四卷 (宋)陳師道撰 清光緒十一年(1885)廣州萃文堂刻本 六册

520000－2801－0004445 06582
郘亭遺詩八卷 (清)莫友芝撰 清光緒元年(1875)刻本 四册

520000－2801－0004446 6583
借菴詩鈔十二卷 (清)清恒撰 (清)陳任暘選 **焦山四上人詩存四卷懶餘吟草二卷** 清光緒三十二年(1906)刻本 六册

520000－2801－0004447 6585
遏雲閣曲譜初集不分卷 (清)王錫純輯 (清)李秀雲拍正 清光緒十九年(1893)上海著易堂書局石印本 十二册

520000－2801－0004448 6586
船山詩草二十卷 (清)張問陶撰 清同治十三年(1874)刻本 四册 存十三卷(一至十三)

520000－2801－0004449 6590
香蘇山館詩鈔三十六卷 (清)吳嵩梁撰 清木犀軒刻本 十册

520000－2801－0004450 6594
唐陸宣公集二十二卷 (唐)陸贄撰 清光緒二十九年(1903)益智印書社鉛印本 六册

520000－2801－0004451 06598
湖南方物志八卷 (清)黄本驥撰 (清)蔣瓌參校 清道光二十五年(1845)刻本 一册

520000－2801－0004452 06599
[光緒]華嶽志八卷首一卷 (清)李榕纂輯 清道光十一年(1831)刻光緒三十年(1904)補刻本 四册

520000－2801－0004453 6600
辰州府志山川考□□卷 (清)席紹葆輯 清刻本 一册 存一卷(四)

520000－2801－0004454 6601
李義山詩集三卷 (唐)李商隱著 (清)朱鶴齡箋注 (清)沈厚塽輯評 清同治九年(1870)廣州倅署刻三色套印本 四册

520000－2801－0004455 6602
萚石齋詩集五十卷 (清)錢載撰 清乾隆刻本 六册

520000－2801－0004456 6603
壯悔堂文集十卷四億堂詩集六卷 (清)侯方域著 清乾隆刻本 十二册

520000－2801－0004457 06604
欽定國朝詩別裁集三十二卷目次一卷 (清)沈德潛纂評 清乾隆二十六年(1761)刻本

十六冊

520000－2801－0004458　19815

欽定古今圖書集成一萬卷目錄四十卷　（清）陳夢雷輯　清光緒同文書局石印本　五百三十三冊　存二十二種

520000－2801－0004459　06606

海叟詩集四卷集外詩一卷附錄一卷　（明）袁凱著　（清）曹炳曾重輯　清宣統三年（1911）江西印刷局石印本　二冊

520000－2801－0004460　6608

附鮚軒詩八卷卷施閣詩二十卷　（清）洪亮吉撰　清乾隆六十年（1795）貴陽節署刻本　六冊

520000－2801－0004461　6609

拙尊園叢稿六卷　（清）黎庶昌撰　清光緒二十一年（1895）金陵狀元閣刻本　四冊

520000－2801－0004462　6610

說文韻譜校五卷　（清）王筠撰　清光緒十六年（1890）劉嘉禾刻本　五冊

520000－2801－0004463　6611

茶山集八卷　（宋）曾幾撰　清武英殿木活字印武英殿聚珍版書本　二冊

520000－2801－0004464　6612

楞伽阿跋多羅寶經四卷　（南朝宋）釋求那跋陀羅譯　清同治九年（1870）金陵刻經處刻本　二冊

520000－2801－0004465　06613

大乘入楞伽經七卷　（唐）釋實叉難陀譯　清光緒三十四年（1908）金陵刻經處刻本　二冊

520000－2801－0004466　06614

楞伽阿跋多羅寶經會譯四卷　（南朝宋）釋求那跋陀羅初譯　（北魏）釋菩提留支再譯　（唐）釋實叉難陀后譯　（明）釋員珂會譯　清光緒三十四年（1908）金陵刻經處刻本　四冊

520000－2801－0004467　06615

莊子集解八卷　王先謙集解　清宣統元年（1909）思賢書局刻本　四冊

520000－2801－0004468　06616

華陽國志十二卷　（晉）常璩著　清乾隆刻本　三冊

520000－2801－0004469　6617

沈歸愚集三十九卷　（清）沈德潛撰　清乾隆十六年（1751）刻本　十二冊

520000－2801－0004470　6623

佛祖心燈一卷　（□）□□撰　**宗教律諸家演派一卷**　（清）釋守一重編　**摘錄聖武記之卷五溯查西藏剌麻來源一卷**　（清）釋守一編輯　清光緒十六年（1890）金陵刻經處刻本　一冊

520000－2801－0004471　06625

高僧傳初集十五卷首一卷　（南朝梁）釋慧皎撰　清光緒十年（1884）金陵刻經處刻本　四冊

520000－2801－0004472　06626

高僧傳二集四十卷　（唐）釋道宣撰　清光緒十六年（1890）江北刻經處刻本　十冊

520000－2801－0004473　06627

高僧傳三集三十卷　（宋）釋贊寧等撰　清光緒十三年（1887）江北刻經處刻本　八冊

520000－2801－0004474　06628

高僧傳四集六卷　（明）釋如惺撰　清光緒十八年（1892）江北刻經處刻本　二冊

520000－2801－0004475　6636

才調集十卷　（五代）韋縠集　清康熙四十三年（1704）刻本　六冊

520000－2801－0004476　06639

亦吾廬詩草四卷　（清）歐陽雲撰　清光緒二年（1876）刻本　二冊

520000－2801－0004477　6642

樊川詩集四卷別集一卷外集一卷補遺一卷　（唐）杜牧撰　（清）馮集梧注　清光緒十六年（1890）湘南書局刻本　五冊

520000－2801－0004478　6643

道咸同光四朝詩史一斑錄十三編　（清）孫雄

輯　清光緒三十四年至宣統二年(1908－1910)油印本　二十八册

520000－2801－0004479　6644
杜律詳解五言六卷七言二卷　(唐)杜甫撰　(清)陳景元詳解　清道光八年(1828)刻本　十六册

520000－2801－0004480　06646
聖武記十四卷　(清)魏源撰　清道光二十六年(1846)刻本　十二册

520000－2801－0004481　06650
丁文誠公奏稿二十六卷首一卷　(清)丁寶楨撰　陳夔龍輯　清光緒十九年(1893)京師刻本　二十七册

520000－2801－0004482　6651
援黔錄十二卷　(清)唐炯撰　清末刻本　四册

520000－2801－0004483　6654
汗漫草一卷　(清)雷飛鵬撰　清宣統二年(1910)鉛印本　一册

520000－2801－0004484　6656
雲左山房詩鈔八卷附錄一卷　(清)林則徐撰　清光緒十二年(1886)刻本　四册

520000－2801－0004485　06659
澹堪詩草一卷　(清)成多祿撰　清宣統元年(1909)鉛印本　一册

520000－2801－0004486　6668
招隱山房詩鈔八卷末一卷　(清)戴啟文撰　清宣統元年(1909)鉛印本　一册

520000－2801－0004487　6673
少芝山房遺稿二卷　(清)李培謙著　清刻本　一册

520000－2801－0004488　6684
蜨庵詩鈔八卷　(清)楊棨撰　清同治二年(1863)刻本　二册

520000－2801－0004489　06685
石村詩集二卷　(清)岳賡廷撰　清道光二十四年(1844)刻本　一册

520000－2801－0004490　06687
耕道獵德齋唫稿三卷　(清)周懷綬著　清光緒九年(1883)刻本　一册

520000－2801－0004491　6691
養靈根堂遺集一卷　(清)蔡鴻燮撰　清咸豐十年(1860)刻本　一册

520000－2801－0004492　06692
白香亭詩三卷　(清)鄧輔綸著　清光緒十九年(1893)東河督署刻本　二册

520000－2801－0004493　6693
贈别詩草一卷　(清)孫化隆撰　清嘉慶刻本　一册

520000－2801－0004494　6694
柏梘山房詩集十卷　(清)梅曾亮撰　清咸豐五年(1855)刻本　一册　存六卷(五至十)

520000－2801－0004495　6695
賦梅書屋詩初集三卷　(清)宋廷樑撰　清光緒十七年(1891)刻本　一册

520000－2801－0004496　6696
性怡齋詩草一卷　(清)魏承樾撰　清同治十三年(1874)刻本　一册

520000－2801－0004497　6702
退詩軒詩集六卷補遺一卷　(清)張百熙著　清宣統三年(1911)石印本　一册

520000－2801－0004498　6708
銅劍堂存藁一卷　(清)王佑曾撰　清光緒二十八年(1902)刻本　一册

520000－2801－0004499　06712
湖東第一山詩鈔二卷　(清)宋棠撰　清末刻本　一册

520000－2801－0004500　06717
豹皮詩集一卷　(清)秦鐘嶽著　清光緒三十二年(1906)石印本　一册

520000－2801－0004501　6722
說云詩鈔五卷首一卷　(清)袁守定撰　清中刻本　二册

520000－2801－0004502　06723
陳繡君輓詩一卷　（清）俞樾等撰　清光緒三十三年（1907）蘇省刷印總局鉛印本　一册

520000－2801－0004503　6724
秋閨唱和集一卷　（清）□□撰　清宣統二年（1910）石印本　一册

520000－2801－0004504　6726
疑雨集四卷　（明）王彦泓撰　清光緒三十一年（1905）郎園葉氏刻本　二册

520000－2801－0004505　6728
晝溪詩集一卷　（清）徐崑著　清光緒六年（1880）刻本　一册

520000－2801－0004506　06736
壇經一卷　（唐）釋慧能撰　（唐）釋法海録　清同治十一年（1872）如皋刻經處刻本　一册

520000－2801－0004507　6745
洪崖合草二卷　（清）馬大魁編　清嘉慶二十年（1815）刻本　一册

520000－2801－0004508　06747
陳一齋先生詩集一卷　（清）陳梓著　（清）崔以學編　清宣統三年（1911）上海國學扶輪社鉛印本　一册

520000－2801－0004509　6759
金粟山房詩鈔十卷　（清）朱寯瀛撰　清光緒二十七年（1901）刻本　一册　存六卷（一至六）

520000－2801－0004510　6761
來賓聯詠一卷　（清）丁寶楨等撰　清光緒二年（1876）刻本　一册

520000－2801－0004511　6763
居東集二卷　蔣智由撰　清宣統二年（1910）文明書局鉛印本　一册

520000－2801－0004512　6766
晞髮集十卷遺集二卷補録一卷天地間集一卷冬青樹引注一卷　（宋）謝翱撰　**登西臺慟哭記注一卷**　（明）張丁撰　清光緒二年（1876）刻本　四册

520000－2801－0004513　6767
賦梅書屋詩三集二卷　（清）宋廷樑撰　清光緒二十三年（1897）西江刻本　一册

520000－2801－0004514　6769
天外歸帆草一卷　（清）斌椿著　清末刻本　一册

520000－2801－0004515　6773
宋子山展重陽唱和詩一卷　（清）宋廷模等撰　清光緒二十二年（1896）刻本　一册

520000－2801－0004516　6774
梅湖吟稿四卷　（清）林棟撰　清宣統二年（1910）鉛印本　一册

520000－2801－0004517　6775
止止堂集五卷　（明）戚繼光撰　清光緒十四年（1888）山東書局刻本　四册

520000－2801－0004518　6785
北廬詩鈔二卷　（清）陸毅撰　清末石印本　二册

520000－2801－0004519　6787
梅庵詩草一卷　（清）釋續亮撰　清宣統元年（1909）妙高寺刻本　一册

520000－2801－0004520　6788
隨吟小草一卷　（清）沈鋐撰　清光緒二十年（1894）刻本　一册

520000－2801－0004521　6790
小西腴山館詩鈔二卷補録一卷　（清）吳大廷撰　清咸豐十一年（1861）刻本　一册

520000－2801－0004522　6791
問亭詩草□□卷　（清）張鵠撰　清刻本　一册　存三卷（一至三）

520000－2801－0004523　6793
張都護詩存一卷　（清）張錫鑾撰　清宣統二年（1910）鉛印本　一册

520000－2801－0004524　6794
抱素堂詩六卷補遺一卷　（清）孫清元著　清宣統三年（1911）鉛印本　一册

520000－2801－0004525　06796
湘梘宧遺稾一卷目録一卷　(清)高銘彤著　清光緒十一年(1885)資中刻本　一册

520000－2801－0004526　6797
煮字齋詩略四卷　(清)曹允源著　清光緒二十三年(1897)刻本　一册

520000－2801－0004527　6798
文莫室詩四卷　王樹枏著　清光緒十三年(1887)刻本　一册

520000－2801－0004528　6799
慧福樓幸草一卷　(清)俞繡孫著　清光緒九年(1883)刻本　一册

520000－2801－0004529　6801
圓靈閣遺藁一卷　(清)安履貞撰　**舅氏階平遺稿一卷**　(清)安履泰撰　清光緒七年(1881)刻本　一册

520000－2801－0004530　6803
思復堂文存一卷詩選一卷　(清)姚景衡著　清同治十二年(1873)刻本　一册

520000－2801－0004531　06804
廣雅堂詩集不分卷　(清)張之洞撰　清末石印本　二册

520000－2801－0004532　6806
函樓詩鈔八卷因遇詩一卷詞鈔一卷　(清)易佩紳撰　清光緒八年(1882)刻本　二册

520000－2801－0004533　6809
量齋詩鈔二卷　(清)陳昌綸撰　清光緒十九年(1893)刻本　一册

520000－2801－0004534　6810
麻園遺集一卷　(清)謝焜樞著　**硯廬初稿一卷**　(清)謝掄元著　清宣統元年(1909)鉛印本　一册

520000－2801－0004535　6811
紅樹山莊詩草一卷　(清)劉家逵撰　清末刻本　一册

520000－2801－0004536　6812
王船山詩八種　(清)王夫之撰　清同治四年(1865)曾氏金陵節署刻本　一册

520000－2801－0004537　6813
徐琪詩六種　(清)徐琪著　清光緒十八年(1892)刻本　一册

520000－2801－0004538　06815
牧齋初學集詩注四卷　(清)錢謙益撰　(清)錢曾注　清宣統二年(1910)刻本　一册

520000－2801－0004539　06817
臥雪堂詩草三卷　(清)袁嘉穀撰　清光緒三十四年(1908)鉛印本　一册

520000－2801－0004540　06819
丁文誠公遺藁二卷　(清)丁寶楨撰　清光緒二十年(1894)京師刻本　一册

520000－2801－0004541　6825
眉韻樓詩話五卷　(清)孫雄輯　清光緒三十四年(1908)鉛印本　二册

520000－2801－0004542　6826
奉使三音諾彥記程草二卷　(清)寶鋆撰　**文靖公遺集三卷**　(清)孫蔭桓輯　清咸豐九年(1859)刻本　二册

520000－2801－0004543　06828
八代詩選二十卷　王闓運輯　清末刻本　一册　存三卷(十五至十七)

520000－2801－0004544　06830
石遺室詩集十卷補遺一卷續集二卷　陳衍撰　清末刻本　一册　存三卷(四至六)

520000－2801－0004545　6831
國朝中州詩鈔三十二卷　(清)楊淮輯　清末刻本　二册　存六卷(一至六)

520000－2801－0004546　6832
顗頎室詩稿四卷　(清)李瀚昌撰　清宣統元年(1909)刻本　二册

520000－2801－0004547　6845
皇清經解一千四百卷　(清)阮元輯　(清)朱鏡清補　清光緒十三年(1887)上海書局石印本　六十三册　缺一册(六)

520000－2801－0004548　6846

御定駢字類編二百四十卷　（清）張廷玉等編　清光緒十三年（1887）上海同文書局石印本　四十八册

520000－2801－0004549　6847

漢魏六朝一百三家集　（明）張溥輯　清光緒刻本　八十册

520000－2801－0004550　6848

佩文韻府一百六卷　（清）張玉書彙閱　（清）孫致彌纂　**拾遺一百六卷**　（清）張廷玉校勘（清）汪灝等纂　清嶺南潘氏海山仙館刻本　一百六十册

520000－2801－0004551　06849

全唐詩九百卷總目一卷　（清）曹寅等編修　清康熙四十六年（1707）刻本　一百二十册

520000－2801－0004552　06850

淵鑑類函四百五十卷目錄四卷　（清）張英等纂　清康熙四十九年（1710）刻本　一百四十册

520000－2801－0004553　6853

汗簡七卷目錄一卷　（宋）郭忠恕撰　（清）鄭珍箋正　清光緒十五年（1889）廣雅書局刻本　四册

520000－2801－0004554　6862

西垣遺詩三卷　（清）毛貴銘撰　清末刻本　一册

520000－2801－0004555　6864

孫山甫督學文集四卷目錄一卷　（明）孫應鼇撰　清光緒十九年（1893）川東巡署刻本　二册

520000－2801－0004556　6865

平平錄十卷　（清）楊芳撰　清道光十三年（1833）華陽王文運梓潼橋刻本　四册

520000－2801－0004557　6866

平平錄十卷附錄一卷　（清）楊芳著　清道光十三年（1833）華陽王文運梓潼橋刻本　四册

520000－2801－0004558　6868

鄉賢家乘四卷　（清）徐暹著　清道光十年（1830）刻本　四册

520000－2801－0004559　6874

盾頭草一卷蓬轉草一卷符水公餘草一卷　（清）王續康稿　清咸豐刻本　一册

520000－2801－0004560　6875

紫荃山館試帖偶存不分卷　（清）石贊清著　清光緒十三年（1887）貴陽刻本　二册

520000－2801－0004561　6883

夏書禹貢攷畧一卷春秋攷畧二卷　（清）魏近光撰　清咸豐三年（1853）刻本　三册

520000－2801－0004562　6884

讀萬卷樓圖書局錄何子貞紹基集禊帖聯一卷　（清）讀萬卷樓圖書局輯　清末刻本　一册

520000－2801－0004563　6887

所至錄八卷續一卷　（清）盧戊原　（清）吳寅邦編　清光緒十八年（1892）刻本　四册

520000－2801－0004564　6888

自得齋老學編二卷　（清）丁澤安著　清自得齋刻本　三册

520000－2801－0004565　6889

所至錄八卷續一卷　（清）盧戊原　（清）吳寅邦編　清咸豐七年（1857）刻本　七册　缺一卷（五）

520000－2801－0004566　6890

自得齋易學十一卷　（清）丁澤安著　清光緒八年（1882）刻本　三册

520000－2801－0004567　6891

自得齋易學十一卷　（清）丁澤安著　清光緒八年（1882）刻本　三册

520000－2801－0004568　6895

宮傅楊果勇侯自編年譜五卷　（清）楊芳撰　清道光二十年（1840）刻本　四册　存四卷（一至二、四至五）

520000－2801－0004569　6897

鶴陽新河詩集一卷　（清）朱洪章撰　清光緒八年（1882）刻本　一册

520000－2801－0004570　6898
容膝山房詩草二卷　(清)胡萬育撰　清光緒二十一年(1895)胡氏刻本　一册

520000－2801－0004571　06899
字學舉隅一卷　(清)龍啟瑞撰　(清)黃本驥編　清光緒六年(1880)刻本　一册

520000－2801－0004572　6903
寶研齋詩鈔四卷　(清)花傑撰　清咸豐二年(1852)刻本　一册

520000－2801－0004573　06905
澹勤室詩六卷補遺一卷　(清)傅壽彤撰　清同治十年(1871)涉園刻本　一册

520000－2801－0004574　06906
守拙齋詩集一卷　(清)楊兆麟撰　清末刻本　一册

520000－2801－0004575　06907
漢上消閒社主集十卷　(清)宦應清編　清宣統二年(1910)振華印書館鉛印本　二册

520000－2801－0004576　06907
漢上消閒集十六卷　(清)宦應清編　清宣統三年(1911)振華印書館鉛印本　六册

520000－2801－0004577　06910
渤海堂族譜一卷　(清)高以廉修　清光緒元年(1875)西充官廨刻本　一册

520000－2801－0004578　6912
宦游紀略纂要二卷　(清)劉藻纂　清光緒十二年(1886)刻本　一册

520000－2801－0004579　6913
宦遊紀略二卷　(清)唐樹義撰　清同治十二年(1873)刻本　一册

520000－2801－0004580　6914
宦遊紀略二卷　(清)唐樹義撰　清同治十二年(1873)刻本　一册

520000－2801－0004581　6915
宦遊紀略二卷　(清)唐樹義撰　清同治十二年(1873)刻本　一册

520000－2801－0004582　6920
夢硯齋遺稿八卷　(清)唐樹義撰　**昭忠錄一卷**　(清)王柏心等撰　清同治四年(1865)刻本　四册

520000－2801－0004583　6922
芋巖詩鈔一卷　(清)錢衡撰　(清)顔嗣徽輯　清光緒十二年(1886)刻本　一册

520000－2801－0004584　6923
葑煙亭詞鈔四卷　(清)黎兆勳撰　清道光二十六年(1846)刻本　一册

520000－2801－0004585　6924
芋巖詩鈔一卷　(清)錢衡撰　(清)顔嗣徽輯　清光緒十二年(1886)刻本　一册

520000－2801－0004586　06927
大山詩草三集　(清)余昭撰　清光緒二十四年(1898)邃雅堂刻本　一册

520000－2801－0004587　6929
桐埜詩集四卷　(清)周起渭撰　清咸豐二年(1852)世恩堂刻本　二册

520000－2801－0004588　6930
桐埜詩集四卷　(清)周起渭撰　清咸豐二年(1852)世恩堂刻本　二册

520000－2801－0004589　6932
姑聽軒四六一卷　(清)劉藻撰　清同治九年(1870)楊文興堂刻本　一册

520000－2801－0004590　6934
梅南詩草一卷　(清)顧履均著　清光緒二十五年(1899)刻本　一册

520000－2801－0004591　6935
梅南詩草一卷　(清)顧履均著　清光緒二十五年(1899)刻本　一册

520000－2801－0004592　06938
丁文誠公遺藁二卷　(清)丁寶楨撰　清光緒二十年(1894)京師刻本　一册

520000－2801－0004593　6941
鶴陽新河詩集一卷　(清)朱洪章撰　清光緒八年(1882)刻本　一册

520000－2801－0004594　06943
松壽堂詩鈔十卷　陳夔龍著　清宣統三年(1911)京師刻本　四册

520000－2801－0004595　06944
松壽堂詩鈔十卷　陳夔龍著　清宣統三年(1911)京師刻本　四册

520000－2801－0004596　06946
燕黔詩鈔二卷　(清)狄覲光撰　清道光二十六年(1846)刻本　一册

520000－2801－0004597　06947
燕黔詩鈔二卷　(清)狄覲光撰　清道光二十六年(1846)刻本　一册

520000－2801－0004598　06948
燕黔詩鈔二卷　(清)狄覲光撰　清道光二十六年(1846)刻本　一册

520000－2801－0004599　06949
燕黔詩鈔二卷　(清)狄覲光撰　清道光二十六年(1846)刻本　一册

520000－2801－0004600　06950
燕黔詩鈔二卷　(清)狄覲光撰　清道光二十六年(1846)刻本　一册

520000－2801－0004601　6951
古音類表九卷　(清)傅壽彤撰　清同治三年(1864)宛南郡署刻本　一册　存五卷(一至五)

520000－2801－0004602　6953
捌澤堂詩存稿六卷　(清)毛登峰撰　清光緒二十六年(1900)刻本　二册

520000－2801－0004603　06958
秦晉游草二卷附錄一卷　(清)蹇諤撰　清咸豐十一年(1861)刻本　一册

520000－2801－0004604　06962
景湘吟草一卷　(清)彭應珠著　清光緒十五年(1889)刻本　一册

520000－2801－0004605　06963
黔南六家詩選不分卷　(清)周鶴選　清末刻本　一册　存一册

520000－2801－0004606　06965
唫秋山館詩稿一卷詞鈔一卷　(清)周婉如撰　(清)黄錫彬校　清光緒二十二年(1896)刻本　一册

520000－2801－0004607　06966
蓉鏡軒吟草甲乙之間行卷不分卷　(清)楊鴻勛撰　清光緒二十二年(1896)刻本　一册　存一册

520000－2801－0004608　06967
黔中兩孝廉詩合編一卷　(清)戴粟珍等撰　清道光二十九年(1849)刻本　一册

520000－2801－0004609　06968
黔學之礎一卷　(清)蔡嶽撰　清光緒三十四年(1908)刻本　一册

520000－2801－0004610　6969
四郡驪唱集不分卷　(清)陳燦輯　清光緒二十年(1894)滇南經正書院刻本　四册

520000－2801－0004611　6970
時園詩草二卷　(清)余家駒撰　清光緒七年(1881)刻本　二册

520000－2801－0004612　06972
黔風演四卷　(清)傅汝懷輯　清末刻本　四册

520000－2801－0004613　06973
明詩紀事十籤一百八十七卷　陳田輯　清光緒二十五年至宣統三年(1899－1911)聽詩齋刻本　三十八册

520000－2801－0004614　6979
學古講義摘錄一卷　(清)丁澤安著　清光緒二十七年(1901)刻本　一册

520000－2801－0004615　6983
周易或問六卷　(清)文天駿撰　清光緒十一年(1885)刻本　六册

520000－2801－0004616　6984
學孔精舍詩鈔六卷附錄一卷　(明)孫應鰲撰　清光緒六年(1880)刻本　二册

520000－2801－0004617　6985

學庸指掌三卷 （清）汪瑞堂撰 （清）周際華增訂 清道光二十一年(1841)刻本 三冊

520000－2801－0004618 6986
學庸指掌三卷 （清）汪瑞堂撰 （清）周際華增訂 清道光二十一年(1841)刻本 三冊

520000－2801－0004619 6987
感深知己錄一卷尺牘一卷家言一卷渭川劄一卷 （清）周際華著 清咸豐八年(1858)刻本 一冊

520000－2801－0004620 6988
感深知己錄一卷 （清）周際華著 清道光十九年(1839)刻本 一冊

520000－2801－0004621 6989
周易屬辭十二卷通例五卷通說二卷 （清）蕭光遠述 清咸豐三年(1853)吉修堂刻本 八冊

520000－2801－0004622 06992
飣餖吟十二卷 （清）石贊清集 （清）黄丙森注 清咸豐八年(1858)刻本 四冊

520000－2801－0004623 06993
飣餖吟十二卷 （清）石贊清集 （清）黄丙森注 清咸豐八年(1858)刻本 四冊

520000－2801－0004624 06994
飣餖吟十二卷 （清）石贊清集 （清）黄丙森注 清咸豐八年(1858)刻本 三冊 存八卷(一至八)

520000－2801－0004625 06995
飣餖吟十二卷 （清）石贊清集 （清）黄丙森注 清咸豐八年(1858)刻本 一冊 存八卷(一至八)

520000－2801－0004626 06996
飣餖吟十二卷 （清）石贊清集 清咸豐十年(1860)刻本 四冊

520000－2801－0004627 7006
鐵溪詩鈔一卷 （清）張兆蘭撰 清同治七年(1868)刻本 一冊

520000－2801－0004628 7007
鐵雲軒詩選一卷 （清）王銘勳撰 （清）楊梂林輯 清光緒五年(1879)抄本 一冊

520000－2801－0004629 7008
金粟齋詩存一卷 （清）王青蓮撰 清末刻本 一冊

520000－2801－0004630 07010
嘗田輯要内篇二卷外篇一卷首一卷 （清）黄輔辰述 清同治三年(1864)成都刻本 三冊

520000－2801－0004631 07011
嘗田輯要内篇二卷外篇一卷首一卷 （清）黄輔辰述 清同治三年(1864)成都刻本 一冊

520000－2801－0004632 7012
家蔭堂省心錄一卷 （清）周際華述 清道光十九年(1839)家蔭堂刻本 一冊

520000－2801－0004633 7013
省齋詩鈔四卷 （清）文天駿著 清光緒二十三年(1897)刻本 二冊

520000－2801－0004634 7014
怡怡樓遺稿一卷 （清）高以莊撰 清光緒元年(1875)西充官廨刻本 一冊

520000－2801－0004635 7016
小芳園詩草三卷 （清）石璧輝 （清）李紹蓮著 清光緒三十四年(1908)石印本 三冊

520000－2801－0004636 7017
悔昨非齋倣陶詩集不分卷 （清）錢登熙著 清光緒二十六年(1900)刻本 一冊

520000－2801－0004637 7018
小溪輿頌三卷 （清）曾建奎等編 清光緒二十四年(1898)刻本 二冊

520000－2801－0004638 07019
黔詩紀略三十三卷 （清）唐樹義審例 （清）黎兆勳採詩 （清）莫友芝傳證 清同治十二年(1873)遵義唐氏夢研齋金陵刻本 八冊

520000－2801－0004639 07020
黔詩紀略三十三卷 （清）唐樹義審例 （清）黎兆勳採詩 （清）莫友芝傳證 清同治十二年(1873)遵義唐氏夢研齋金陵刻本 八冊

520000－2801－0004640　07021

輶軒語一卷　(清)張之洞撰　清光緒二十三年(1897)新化三味堂刻本　一册

520000－2801－0004641　7022

西笑山房詩鈔五卷　(清)于鐘岳著　清咸豐刻本　一册

520000－2801－0004642　07024

丁亥爐遺錄□□卷　(清)桂馥編輯　清末刻本　一册　存一卷(三)

520000－2801－0004643　7025

那處詩鈔四卷　(清)蔣楷撰　清宣統三年(1911)濟南刻本　一册

520000－2801－0004644　7026

那處詩鈔四卷　(清)蔣楷撰　清宣統三年(1911)濟南刻本　一册

520000－2801－0004645　07027

留春草堂詩鈔七卷　(清)伊秉綬撰　清嘉慶十九年(1814)廣州刻本　二册

520000－2801－0004646　7030

南籠紀瑞詩一卷　(清)鄒元吉等撰　清光緒抄本　一册

520000－2801－0004647　07031

薦香遺稿三卷　(清)秦代馨撰　清光緒四年(1878)刻本　一册

520000－2801－0004648　7032

勸學篇二卷　(清)張之洞撰　清光緒二十七年(1901)貴州學署刻本　一册

520000－2801－0004649　7034

書目答問不分卷國朝著述諸家姓名略一卷四川省城尊經書院記一卷　(清)張之洞撰　清光緒五年(1879)貴陽王秉恩刻本　二册

520000－2801－0004650　7035

愚一錄十二卷　(清)鄭獻甫撰　清光緒二年(1876)黔南節署刻本　六册

520000－2801－0004651　7036

愚一錄十二卷　(清)鄭獻甫撰　清光緒二年(1876)黔南節署刻本　六册

520000－2801－0004652　7037

愚一錄十二卷　(清)鄭獻甫撰　清光緒二年(1876)黔南節署刻本　六册

520000－2801－0004653　07038

黔中校士錄一卷　(清)黎培敬編　清同治六年(1867)刻本　四册

520000－2801－0004654　07040

陶堂志微錄五卷　(清)高心夔自編　(清)李鴻裔刪定　清光緒四年(1878)刻本　二册

520000－2801－0004655　07042

大小雅堂詩集四集附和作一集詩餘一卷　(清)承齡撰　清光緒十八年(1892)刻本　一册　存四集(一至四)

520000－2801－0004656　7043

有恆齋詩鈔六集　(清)喬用遷撰　清末刻本　一册

520000－2801－0004657　7044

昌峯論古錄十六卷　(清)孫炳章輯纂　清同治四年(1865)刻本　四册

520000－2801－0004658　7050

鐵雲軒詩選一卷　(清)王銘勳撰　(清)楊棶林輯　清末抄本　一册

520000－2801－0004659　7053

勸學篇二卷　(清)張之洞撰　清光緒二十四年(1898)兩湖書院石印本　一册

520000－2801－0004660　7054

勸學篇二卷　(清)張之洞撰　清光緒二十四年(1898)兩湖書院石印本　一册

520000－2801－0004661　7055

孟子外書補注四卷　(宋)劉攽撰　陳矩補注　清光緒十七年(1891)雲南府署刻本　一册

520000－2801－0004662　07057

景湘堂詩集二卷　(清)彭應珠撰　清光緒十五年(1889)刻本　二册

520000－2801－0004663　7058

漢書彙鈔二卷　(清)蕭光遠編　清同治三年(1864)刻本　一册

520000－2801－0004664　07059
入蜀文稿一卷　陳矩撰　**書柳子厚論語辨後一卷**　清宣統元年(1909)鉛印本　一冊

520000－2801－0004665　7060
玉屏王壯節公傳一卷　(清)嚴正基撰　清道光二十九年(1849)刻本　一冊

520000－2801－0004666　7061
貴州諮議局第一屆會期議案不分卷　(清)貴州諮議局編　清宣統鉛印本　一冊

520000－2801－0004667　07062
東瀛草一卷　陳矩著　(清)朱庭珍評點　清光緒十七年(1891)石印本　一冊

520000－2801－0004668　07063
東瀛草一卷　陳矩著　(清)朱庭珍評點　清光緒十七年(1891)石印本　一冊

520000－2801－0004669　07064
東瀛草一卷　陳矩著　(清)朱庭珍評點　清光緒十七年(1891)石印本　一冊

520000－2801－0004670　7068
鹿仙吟草一卷　(清)王汝霖撰　清光緒十年(1884)刻本　一冊

520000－2801－0004671　7069
孫文恭公遺書六種二十卷　(明)孫應鰲撰　清光緒六年(1880)獨山莫氏刻本　六冊

520000－2801－0004672　7070
望眉草堂文集八卷　(清)顏嗣徽撰　清光緒十四年(1888)刻本　六冊

520000－2801－0004673　7076
經義正衡敘錄二卷　(清)雷廷珍撰　清光緒鉛印本　二冊　存一卷(二)

520000－2801－0004674　7077
洪度集一卷　(唐)薛濤著　陳矩校刊　清光緒三十二年(1906)刻本　一冊

520000－2801－0004675　7078
誥授光禄大夫建威將軍尚書衔貴州提督謚武勤顯考羅府君行狀一卷　(清)羅仰懷等撰　清末刻本　一冊

520000－2801－0004676　7080
新寧諭蒙詩九章　(清)趙廷璜撰　清末刻本　一冊

520000－2801－0004677　07082
郘亭詩鈔六卷　(清)莫友芝撰　清咸豐二年(1852)湘川講舍刻本　二冊

520000－2801－0004678　07085
隰樊詩鈔二卷　(清)陳鐘祥撰　清刻本　二冊

520000－2801－0004679　7086
鐵笙庵詩集一卷　(清)張翰撰　清光緒二十三年(1897)黔中刻本　一冊

520000－2801－0004680　7092
天全石錄一卷　陳矩著　清光緒二十九年(1903)刻本　一冊

520000－2801－0004681　7094
草塘輿頌一卷　(清)王維舉輯　清光緒七年(1881)刻本　一冊

520000－2801－0004682　7096
孔庭學裔五卷　(清)傅壽彤撰　清同治二年(1863)刻本　二冊

520000－2801－0004683　07097
澹勤室全集七種　(清)傅壽彤撰　清光緒三年(1877)武昌刻本　四冊

520000－2801－0004684　07098
澹勤室著述五種　(清)傅壽彤撰　清光緒二年至三年(1876－1877)刻本　八冊

520000－2801－0004685　7099
勸學篇二卷　(清)張之洞撰　清光緒二十四年(1898)慎始基齋刻本　一冊

520000－2801－0004686　7100
勸學篇二卷　(清)張之洞撰　清光緒二十四年(1898)慎始基齋刻本　一冊

520000－2801－0004687　07101
易字便蒙均語一卷　(清)蕭光遠編　清光緒五年(1879)刻本　一冊

520000－2801－0004688　7103
誥授光禄大夫太子太保兵部尚書雲貴總督賞戴花翎賞穿黄馬褂世襲一等輕車都尉加一雲騎尉贈太子太傅予謚襄勤顯考岑府君行述一卷　（清）岑春榮等撰　清光緒刻本　一册

520000－2801－0004689　7108
讀書拾遺六卷　（清）傅玉書撰　清光緒二十四年（1898）戎州刻本　四册

520000－2801－0004690　7109
體訓堂遺詩一卷　（清）孔慶齡撰　清光緒二十一年（1895）臨縣官署刻本　一册

520000－2801－0004691　7110
貴州橡繭詩附各説一卷　（清）程恩澤輯　清末刻本　一册

520000－2801－0004692　7113
蠶桑白話二卷　（清）吴大令撰　清光緒三十一年（1905）貴州刻本　一册

520000－2801－0004693　07117
黔靈山志十二卷　（清）于準鑒定　清刻本　二册

520000－2801－0004694　07119
黔靈赤松領禪師語録五卷　（清）釋道領述　（清）釋寂源録　清康熙抄本　一册

520000－2801－0004695　7122
西歸直指四卷　（清）周夢顏彙輯　清末刻本　一册　存一卷（三）

520000－2801－0004696　07123
二曲全集二十六卷　（清）李顒著　清湘陰奎樓蔣氏小瑯環山館刻本　八册

520000－2801－0004697　7124
韓昌黎全集四十卷外集十卷遺文一卷點勘四卷　（唐）韓愈撰　清宣統二年（1910）上海掃葉山房石印本　十二册

520000－2801－0004698　07125
林文忠公政書三集三十七卷　（清）林則徐撰　清末刻本　十册

520000－2801－0004699　07125
林文忠公政書蒐遺一卷　（清）林則徐撰　清光緒五年（1879）長洲黄氏刻本　與520000－2801－0004700合十册

520000－2801－0004700　07125
荷戈紀程一卷　（清）林則徐撰　清光緒三年（1877）宣武城南刻本　零册

520000－2801－0004701　7125
滇軺紀程一卷荷戈紀程一卷政書蒐遺一卷（清）林則徐撰　清光緒三年（1877）刻本　一册

520000－2801－0004702　7125
畿輔水利議一卷本傳一卷　（清）林則徐撰　清光緒二年（1876）三山林氏刻本　一册

520000－2801－0004703　7126
歐陽文忠公全集一百五十三卷附録五卷首一卷目録一卷　（宋）歐陽修撰　清嘉慶二十四年（1819）歐陽衡刻本　四十册

520000－2801－0004704　7127
吴詩集覽二十卷談藪二卷　（清）吴偉業撰（清）靳榮藩輯　清乾隆四十年（1775）刻本　八册　存十二卷（九至二十）

520000－2801－0004705　07129
駢體文鈔二編三十一卷　（清）李兆洛編　清光緒八年（1882）上海合河康氏刻本　三册　存十五卷（上編一至十五）

520000－2801－0004706　7130
尊經書院初集十二卷　王闓運輯　清光緒十四年（1888）刻本　十二册

520000－2801－0004707　7131
楊園先生備忘四卷　（清）張履祥著　清道光二十一年（1841）刻本　六册

520000－2801－0004708　7132
文選六十卷　（南朝梁）昭明太子蕭統撰（唐）李善注　（清）葉樹藩參訂　清乾隆三十七年（1772）刻本　十六册

520000－2801－0004709　7133
吾學録初編三十三卷　（清）吴榮光述　清道

光十二年(1832)刻本　八册

520000－2801－0004710　7134
說文通檢十四卷首一卷末一卷　(清)黎永椿編　清光緒二年(1876)崇文書局刻本　二册

520000－2801－0004711　7135
論語正義二十四卷　(清)劉寶楠撰　清光緒十八年(1892)刻本　六册　存十八卷(七至二十四)

520000－2801－0004712　7137
有正味齋駢體文二十四卷　(清)吳錫麒撰　(清)王廣業箋　清咸豐九年(1859)刻本　十二册

520000－2801－0004713　7138
禮記十卷　(元)陳澔集說　清道光十六年(1836)刻本　十册

520000－2801－0004714　7139
大清中外一統輿圖三十一卷首一卷　(清)胡林翼　(清)嚴樹森修　(清)鄒世詒等繪　清同治二年(1863)刻本　十二册

520000－2801－0004715　7140
史通削繁四卷　(唐)劉知幾撰　(清)紀昀削繁　(清)浦起龍注　清道光十三年(1833)兩廣節署刻朱墨印本　四册

520000－2801－0004716　7141
容齋隨筆十六卷續筆十六卷三筆十六卷四筆十六卷五筆十卷　(宋)洪邁撰　清皖南洪氏刻本　十六册　存五十八卷(續筆十六卷、三筆十六卷、四筆十六卷、五筆十卷)

520000－2801－0004717　07144
全閩道學總纂三十八卷首一卷　(清)陳祚康述　清光緒九年(1883)刻本　十二册

520000－2801－0004718　07145
歷朝紀事本末八種　(清)陳如升　(清)朱記榮輯　題(清)捷記主人增輯　清光緒二十五年(1899)慎記書莊石印本　五十六册

520000－2801－0004719　07146
禮記十卷　(元)陳澔集說　清光緒十九年(1893)江南書局刻本　十册

520000－2801－0004720　7147
水經注四十卷首一卷　(北魏)酈道元撰　**附錄二卷**　(清)趙一清錄　清光緒二十三年(1897)新化三味書室刻本　二十册

520000－2801－0004721　7148
歷朝紀事本末五百六十六卷　(清)高士奇編輯　(明)陳邦瞻等編輯　清光緒十四年(1888)上海書業公所鉛印本　四十八册　缺二十二卷(三藩一至二十二)

520000－2801－0004722　7149
歷朝紀事本末六種　(清)陳如升　(清)朱記榮輯　清光緒十四年(1888)上海書業公所崇德堂鉛印本　三十五册

520000－2801－0004723　7150
傷寒論淺註補正七卷首一卷　(漢)張仲景撰　(清)陳念祖淺註　(清)唐宗海補正　清光緒三十二年(1906)上海千頃堂石印本　四册

520000－2801－0004724　7151
中西匯通醫經精義二卷　(清)唐宗海撰　清光緒三十二年(1906)上海千頃堂石印本　一册

520000－2801－0004725　7152
金匱要略淺註補正九卷　(漢)張仲景撰　(清)陳念祖淺註　(清)唐宗海補正　清光緒三十二年(1906)上海千頃堂石印本　三册

520000－2801－0004726　7153
唐詩百名家全集　(清)席啟寓輯　清東山席氏琴川書屋刻本　十二册

520000－2801－0004727　7154
子史精華一百六十卷目錄一卷　(清)允祿等監修　(清)張廷玉等校對　(清)吳士玉等總裁　清雍正五年(1727)刻本　三十六册

520000－2801－0004728　7155
子史精華一百六十卷目錄一卷　(清)允祿等監修　(清)張廷玉等校對　(清)吳士玉等總裁　清雍正五年(1727)刻本　四十八册

520000－2801－0004729　7156

子史精華一百六十卷目錄一卷　(清)允禄等監修　(清)張廷玉等校對　(清)吳士玉等總裁　清雍正五年(1727)刻本　四十八册

520000－2801－0004730　7157

子史精華一百六十卷目錄一卷　(清)允禄等監修　(清)張廷玉等校對　(清)吳士玉等總裁　清雍正五年(1727)刻本　十八册　存七十四卷(一至五、十至七十四、七十七至八十)

520000－2801－0004731　7158

陽明先生集要七卷　(明)王守仁著　清末刻本　四册　存六卷(二至七)

520000－2801－0004732　7159

儀禮纂要十七卷　(清)黄元善訂　清光緒二十年(1894)刻本　四册

520000－2801－0004733　7160

儀禮纂要十七卷　(清)黄元善訂　清光緒二十年(1894)傳經書屋刻本　二册

520000－2801－0004734　7161

儀禮纂要十七卷　(清)黄元善訂　清光緒二十年(1894)傳經書屋刻本　二册

520000－2801－0004735　7162

經史百家雜鈔二十六卷　(清)曾國藩纂　(清)李鴻章校刊　清光緒二年(1876)傳忠書局刻本　二十六册

520000－2801－0004736　07163

人譜正篇一卷續篇一卷三篇一卷　(明)劉宗周著　清光緒三年(1877)湖北崇文書局刻本　一册

520000－2801－0004737　07164

人譜正篇一卷續篇一卷三篇一卷　(明)劉宗周著　清光緒三年(1877)湖北崇文書局刻本　一册

520000－2801－0004738　07165

人譜類記增訂六卷　(明)劉宗周著　清光緒三年(1877)湖北崇文書局刻本　二册

520000－2801－0004739　07166

人譜類記增訂六卷　(明)劉宗周著　清光緒三年(1877)湖北崇文書局刻本　二册

520000－2801－0004740　07171

周禮節訓增句六卷目錄一卷　(清)黄叔琳節訓　(清)李盛卿增句　清光緒十五年(1889)李氏家塾刻本　二册

520000－2801－0004741　07172

周禮節訓增句六卷目錄一卷　(清)黄叔琳節訓　(清)李盛卿增句　清光緒十五年(1889)李氏家塾刻本　二册

520000－2801－0004742　7173

說文通檢十四卷首一卷末一卷　(清)黎永椿編　清光緒二年(1876)崇文書局刻本　二册

520000－2801－0004743　7174

大清聖祖皇帝聖訓一卷　(清)聖祖玄燁撰　清末鉛印本　一册

520000－2801－0004744　7175

經典釋文三十卷　(唐)陸德明撰　清光緒十五年(1889)湘南書局刻本　二十册

520000－2801－0004745　7176

重訂唐詩別裁集二十卷　(清)沈德潛選　清乾隆二十八年(1763)刻本　一册　存一卷(一)

520000－2801－0004746　7177

經塲捷訣十八卷　(清)李盛鐸輯　清光緒十九年(1893)上海蜚英書局石印本　三册　存六卷(春秋題解類編一至四,禮記集解節要上、下)

520000－2801－0004747　07178

十三經注疏十三種　(三國魏)王弼等注疏　(清)阮元編　清末稽古樓刻本　一百八册

520000－2801－0004748　07181

[光緒]增修仁懷廳志八卷首一卷　(清)張正煃等修　(清)王椿纂　(清)王培森校補　清光緒二十八年(1902)刻本　八册

520000－2801－0004749　07186

黔書二卷　(清)田雯撰　清刻本　一册

520000－2801－0004750　07187
續黔書八卷　(清)張澍撰　清嘉慶九年(1804)刻本　一册

520000－2801－0004751　07192
山谷老人刀筆二十卷目録一卷　(宋)黄庭堅撰　明弘治十二年(1499)張汝舟刻本　六册

520000－2801－0004752　07193
新刻南方草木狀三卷目録一卷　(晉)嵇含著　(明)胡文煥校　**新刻洞天清録一卷**　(宋)趙希鵠撰　明刻本　一册

520000－2801－0004753　07194
印選一卷　(□)□□輯　清末鈐印本　一册

520000－2801－0004754　7198
皇朝藩部要略十八卷世系表四卷　(清)祁韻士纂　(清)毛嶽生編次　清光緒十年(1884)浙江書局刻本　八册

520000－2801－0004755　07199
湯子遺書十卷首一卷　(清)湯斌著　**湯子遺書續編二卷**　清同治九年(1870)刻本　十五册

520000－2801－0004756　7200
歷代輿地沿革險要圖一卷　楊守敬撰　饒敦秩撰　清光緒五年(1879)刻朱墨印本　一册

520000－2801－0004757　7250
南史八十卷　(唐)李延壽撰　清光緒十年(1884)上海同文書局影印本　二十册

520000－2801－0004758　07251
明詩綜一百卷目録一卷　(清)朱彝尊録　(清)汪森輯評　清康熙四十四年(1705)刻本　三十册　存九十三卷(一至三十七、四十一至四十五、五十至一百)

520000－2801－0004759　7252
山海經箋疏十八卷圖一卷　(晉)郭璞撰　(清)郝懿行箋注　清光緒十九年(1893)上海仿古齋石印本　四册

520000－2801－0004760　7253
彙刻書目不分卷　(清)顧脩撰　清光緒元年(1875)京都琉璃廠刻本　十一册

520000－2801－0004761　7254
續彙刻書目十二卷　(清)傅雲龍輯　清光緒二年(1876)刻本　十册

520000－2801－0004762　7269
唐詩快十二卷　(清)黄周星選評　明末刻本　六册

520000－2801－0004763　7273
貴州通省公立中學堂總覽一卷　(清)□□編　清宣統元年(1909)遵義府官書局鉛印本　一册

520000－2801－0004764　7274
伴秋室主聯語彙抄十二卷　(清)劉韞良輯　清光緒三十三年(1907)劉韞良抄本　一册

520000－2801－0004765　07275
鐔津文集十九卷　(宋)釋契嵩撰　清康熙二十一年(1682)刻本　四册

520000－2801－0004766　07276
[咸淳]臨安志一百卷　(宋)潛説友撰　清道光十年(1830)錢塘汪氏振綺堂刻本　二十四册

520000－2801－0004767　7278
小謨觴館文集四卷　(清)彭兆蓀撰　清末抄本　一册

520000－2801－0004768　07279
停琴佇月樓韻語一卷　(□)□□選　清光緒抄本　一册

520000－2801－0004769　7301
蕙雪詞三卷　(清)張絢撰　**夢龕詞一卷**　(清)張修府撰　(清)張絢校録　清光緒十年(1884)刻本　一册

520000－2801－0004770　7302
葆筠堂劍南七律讀本一卷　(宋)陸遊撰　清刻本　一册

520000－2801－0004771　07303
貴州闈墨(同治十二年癸酉科至光緒二十年甲午科)不分卷　(清)趙福均等著　清末刻

本　七册

520000－2801－0004772　7304
詞律二十卷首一卷拾遺六卷補遺六卷　（清）萬樹論次　清光緒二年（1876）刻本　十六册

520000－2801－0004773　07305
蘇東坡詩集注三十二卷目錄一卷　（宋）蘇軾撰　（宋）吕祖謙分編　（宋）王十朋纂輯　**宋史本傳一卷**　（元）脱脱等撰　**東坡先生年譜一卷**　（宋）王宗稷編　清康熙三十七年（1698）文蔚堂刻本　十六册

520000－2801－0004774　07327
梟氏為鐘圖説一卷　（清）鄭珍撰　清光緒二十年（1894）貴築高氏資州官廨刻本　一册

520000－2801－0004775　7328
五大洲政治通考四十八卷　題（清）急先務齋主人輯　清光緒二十七年（1901）石印本　八册

520000－2801－0004776　07330
虞初新志二十卷　（清）張潮輯　清刻本　六册

520000－2801－0004777　07332
秘傳花鏡六卷　（清）陳淏子訂輯　清金閶書業堂刻本　六册

520000－2801－0004778　7381
李肅毅伯奏議二十卷　（清）李鴻章撰　（清）章洪鈞等編輯　清光緒二十五年（1899）上海鴻文書局石印本　二十册

520000－2801－0004779　7382
讀律佩觿八卷　（清）王明德輯　清康熙十五年（1676）刻本　十册

520000－2801－0004780　7383
張氏醫通十六卷　（清）張璐纂述　清康熙四十八年（1709）刻本　十六册

520000－2801－0004781　07384
張氏類經三十二卷目錄一卷　（明）張介賓類註　清道光二十年（1840）刻本　二十九册

520000－2801－0004782　7387
寄園寄所寄十二卷　（清）趙吉士輯　清三益堂刻本　十二册

520000－2801－0004783　7388
芥子園繪像第六才子書　（元）王實甫撰　（清）金聖嘆評點　清康熙五十九年（1720）刻本　六册

520000－2801－0004784　7389
紅樓夢一百二十卷　（清）曹雪芹著　（清）王希廉評　清光緒三年（1877）上浣刻本　二十二册

520000－2801－0004785　07390
兒女英雄傳四十回首一回　（清）文康著　清光緒四年（1878）上海申報鉛印本　十六册

520000－2801－0004786　07391
鏡花緣二十卷一百回目錄一卷繡像一卷　（清）李松石著　（清）謝葉梅摹像　清道光二十二年（1842）刻本　二十二册

520000－2801－0004787　07392
臨證指南十卷續四卷　（清）葉桂著　清同治三年（1864）刻本　十二册

520000－2801－0004788　7394
增補醫方一盤珠全集十卷　（清）洪金鼎著　清刻本　三册

520000－2801－0004789　07395
治河方略十卷首一卷　（清）靳輔著　清嘉慶四年（1799）刻本　十册

520000－2801－0004790　07396
景岳全書六十四卷　（明）張介賓撰　清光緒二十年（1894）刻本　二十四册

520000－2801－0004791　07397
海錯百一錄五卷　（清）郭柏蒼輯　清光緒十二年（1886）刻本　三册

520000－2801－0004792　7398
大清律例四十七卷　（清）弘晝監理　（清）徐本等總裁　（清）唐紹祖等纂修　清乾隆武英殿刻本　二十四册

520000－2801－0004793　07399

居官福惠全書三十二卷目錄一卷　(清)黄六鴻著　清康熙三十八年(1699)刻本　十二册

520000－2801－0004794　07402
河海崑崙録四卷　(清)裴景福著　清宣統元年(1909)鉛印本　四册

520000－2801－0004795　07404
當歸草堂叢書八種　(清)丁丙輯　清同治二年至五年(1863－1866)丁氏刻本　八册

520000－2801－0004796　07405
同菴史彙十卷　(清)蔣善選評　清同治十一年(1872)思永堂刻本　八册

520000－2801－0004797　7421
野記四卷　(明)祝允明纂　清同治十三年(1874)刻本　二册

520000－2801－0004798　7424
唐王燾先生外臺秘要方四十卷目録一卷　(唐)王燾撰　(清)林億等上進　(清)陸錫明校閲　清同治十三年(1874)廣東翰墨園刻本　四十册

520000－2801－0004799　07425
病榻夢痕録二卷夢痕録餘一卷　(清)汪祖輝口授　(清)汪繼培　(清)汪繼壕記録　清同治五年(1866)刻本　三册

520000－2801－0004800　7427
重訂綴白裘十二集四十八卷　題(清)玩花主人輯　清道光三年(1823)刻本　二十三册　缺二卷(第一集一至二)

520000－2801－0004801　7428
樞垣記略二十八卷　(清)梁章鉅原撰　(清)朱智等續撰　清光緒元年(1875)鉛印本　六册

520000－2801－0004802　7429
事物異名録四十卷　(清)厲荃原輯　(清)關晉軒纂　清乾隆五十三年(1788)刻本　十二册

520000－2801－0004803　7430
幼科醫學指南四卷　(清)周震著　清乾隆五十四年(1789)刻本　四册

520000－2801－0004804　7431
鼎鍥幼幼集成六卷　(清)陳復正輯訂　清乾隆十五年(1750)刻本　六册

520000－2801－0004805　7432
補註瘟疫論四卷　(明)吳有性著　(清)洪天錫補註　清道光二年(1822)刻本　四册

520000－2801－0004806　7434
槐軒雜著四卷　(清)劉沅撰　清光緒二十七年(1901)刻本　四册

520000－2801－0004807　07435
遠西奇器圖説録最三卷　(清)鄧玉函口授　(清)王徵譯繪　**新制諸器圖説一卷**　(清)王徵著　清嘉慶二十一年(1816)刻本　四册

520000－2801－0004808　7436
新刻京本性理大全書七十卷　(明)劉肇慶校　明刻本　三十六册

520000－2801－0004809　7437
梁書五十六卷　(唐)姚思廉撰　(明)余有丁校正　(明)周子義校　明萬曆五年(1577)刻本　八册

520000－2801－0004810　7438
史記七十卷　(漢)司馬遷撰　(南朝宋)裴駰集解　(唐)司馬貞索隱　(唐)張守節正義　明刻清初印本　十九册

520000－2801－0004811　7439
新齊諧二十四卷　題(清)袁枚編　清同治三年(1864)三讓睦記刻本　八册

520000－2801－0004812　7446
險異圖略不分卷　(清)谷真子撰　清光緒十四年(1888)石印本　二册

520000－2801－0004813　7447
太上感應篇圖説八卷　(宋)李昌齡著　(清)黄正元注　(清)毛金蘭增補　清光緒二十二年(1896)石印本　八册

520000－2801－0004814　7448
國朝畫徵録三卷續録二卷　(清)張庚著　清

末萃文書局刻本　二册

520000－2801－0004815　07450

益智圖二卷首一卷　(清)童葉庚著　清光緒四年(1878)刻本　二册

520000－2801－0004816　07451

乾坤法竅三卷　(清)范宜賓集　清乾隆三十一年(1766)品聚堂刻本　二册　存二卷(上、中)

520000－2801－0004817　7452

庚子銷夏記八卷聞者軒帖考一卷　(清)孫承澤撰　清乾隆二十六年(1761)刻本　四册

520000－2801－0004818　07453

成山廬稿十卷　(清)唐炯撰　清光緒五年(1879)刻朱印本　四册

520000－2801－0004819　7454

管子二十四卷　(唐)房玄齡注　明萬曆十年(1582)刻本　四册

520000－2801－0004820　7455

蘇米志林三卷　(明)毛晉輯　明刻本　三册

520000－2801－0004821　7456

津逮秘書十五集　(明)毛晉訂　明毛氏汲古閣刻本　八册　存六種

520000－2801－0004822　7460

戰國策三十三卷　(漢)高誘注　(宋)姚宏補注　**札記三卷**　(清)黄丕烈撰　清同治八年(1869)湖北崇文書局刻本　五册

520000－2801－0004823　7461

李元賓文集六卷　(唐)李觀撰　(唐)陸希聲編　**駱賓王文集十卷考異一卷**　(唐)駱賓王撰　**呂衡州文集十卷考證一卷**　(唐)呂溫撰　清嘉慶二十三年(1818)石研齋秦氏刻本　四册

520000－2801－0004824　7462

左傳事緯十二卷　(清)馬驌編論　**左傳事緯前書八卷**　題(清)攬茝齋編次　清道光十二年(1832)刻本　十册

520000－2801－0004825　07463

王荊文公詩五十卷目錄一卷本傳一卷　(宋)王安石撰　(宋)李壁箋註　清乾隆六年(1741)武原張宗松清綺齋刻本　四册

520000－2801－0004826　7464

戰國策三十三卷　(漢)高誘注　清乾隆二十一年(1756)刻本　二册

520000－2801－0004827　07465

春秋公羊經傳解詁十二卷　(漢)何休學　清道光四年(1824)揚州汪氏問禮堂刻本　三册　存九卷(一至九)

520000－2801－0004828　07466

爾雅郭注義疏二十卷　(清)郝懿行學　清光緒十四年(1888)刻本　八册

520000－2801－0004829　7467

戰國策十卷　(□)□□撰　明刻本　四册

520000－2801－0004830　07468

論語注疏解經二十卷附校勘記　(三國魏)何晏集解　(宋)邢昺疏　清嘉慶二十年(1815)江西南昌府學刻本　四册

520000－2801－0004831　7469

孟子注疏解經十四卷　(漢)趙岐注　(宋)孫奭疏　(清)阮元校勘　清道光六年(1826)江西南昌府學刻本　六册

520000－2801－0004832　7470

監本附音春秋公羊注疏二十八卷　(漢)何休注　(唐)徐彦疏　(清)阮元校勘　清嘉慶二十年(1815)江西南昌府學刻本　十二册

520000－2801－0004833　7471

史通訓故補二十卷　(清)黄叔琳補註　(清)顧鎮參訂　清乾隆十二年(1747)刻本　二册

520000－2801－0004834　7472

戰國策三十三卷　(宋)鮑彪校注　(元)吴師道重校　清刻本　六册　存十卷(一至十)

520000－2801－0004835　7474

金湯借箸十二籌十二卷　(明)李盤等撰　清淮南李氏刻本　九册

520000－2801－0004836　7477

佩文韻府一百六卷拾遺一百六卷 (清)張玉書等彙閲 (清)蔡升元等纂修 清光緒十八年(1892)上海鴻寶齋石印本 二百册

520000－2801－0004837 7478
皇朝經世文編一百二十卷 (清)賀長齡輯 清光緒十三年(1887)上海廣百宋齋鉛印本 二十三册

520000－2801－0004838 7479
皇朝經世文續編一百二十卷 (清)葛士濬輯 清光緒十七年(1891)鉛印本 二十三册

520000－2801－0004839 07480
范忠宣公集二十卷奏議二卷補編一卷遺文一卷附錄一卷 (宋)范純仁撰 清康熙四十六年(1707)歲寒堂刻本 八册

520000－2801－0004840 7481
周禮注疏二十一卷 (漢)鄭玄注 (唐)賈公彦疏 (清)阮元校勘 清道光六年(1826)江西南昌府學刻本 十二册

520000－2801－0004841 7482
儀禮疏五十卷校勘記五十卷 (漢)鄭玄注 (唐)賈公彦疏 (清)阮元校勘 清嘉慶二十年(1815)江西南昌府學刻本 二十册

520000－2801－0004842 7483
周易兼義九卷 (三國魏)王弼 (晉)韓康伯注 (唐)孔穎達疏 (清)阮元校勘 **音義一卷** (唐)陸德明撰 (清)阮元校勘 清嘉慶二十年(1815)江西南昌府學刻本 六册

520000－2801－0004843 7484
附釋音尚書注疏二十卷 (唐)孔穎達疏 (清)阮元校勘 清道光六年(1826)江西南昌府學刻本 八册

520000－2801－0004844 7485
孝經注疏九卷 (唐)玄宗李隆基注 (宋)邢昺疏 (清)阮元校勘 清道光六年(1826)江西南昌府學刻本 二册

520000－2801－0004845 7486
監本附音春秋穀梁注疏二十卷 (晉)范寧集解 (唐)陸德明音義 (清)阮元校勘 清嘉慶二十年(1815)江西南昌府學刻本 六册

520000－2801－0004846 7487
爾雅疏十卷 (晉)郭璞注 (宋)邢昺疏 清嘉慶二十年(1815)江西南昌府學刻本 六册

520000－2801－0004847 7488
毛詩注疏二十卷 (漢)毛亨傳 (漢)鄭玄箋 (唐)孔穎達疏 清道光六年(1826)江西南昌府學刻本 二十六册

520000－2801－0004848 7489
附釋音禮記注疏六十三卷 (漢)鄭玄注 (唐)孔穎達疏 (唐)陸德明釋文 (清)阮元校勘 清嘉慶二十年(1815)江西南昌府學刻本 二十九册

520000－2801－0004849 7491
韓昌黎全集四十卷外集十卷遺文一卷點勘四卷 (唐)韓愈撰 清宣統二年(1910)上海掃葉山房石印本 十一册 存五十卷(全集四十卷、外集十卷)

520000－2801－0004850 7492
讀四書大全說十卷 (清)王夫之撰 清同治四年(1865)湘鄉曾氏金陵節署刻本 十册

520000－2801－0004851 7493
第五才子書水滸全傳七十回 (元)施耐庵撰 (清)金聖歎評 清光緒十四年(1888)上海大同書局石印本 八册

520000－2801－0004852 7494
北江詩話六卷鮚軒外集一卷 (清)洪亮吉著 清光緒三年(1877)授經堂刻本 一册

520000－2801－0004853 7495
問心堂溫病條辨六卷首一卷 (清)吳瑭著 清光緒十九年(1893)礦務公司刻本 四册

520000－2801－0004854 7496
唐詩金粉十卷 (清)沈炳震撰 清雍正刻本 一册

520000－2801－0004855 07498
成山廬稿十二卷 (清)唐炯著 清光緒三十

四年(1908)貴陽刻本　六冊

520000－2801－0004856　7500
孔氏家語十卷　(三國魏)王肅注　清末上海同文書局石印本　五冊

520000－2801－0004857　7501
汗簡七卷目錄一卷　(宋)郭忠恕撰　(清)鄭珍箋正　清光緒十五年(1889)廣雅書局刻本　四冊

520000－2801－0004858　7503
影舊鈔卷子原本玉篇　(南朝梁)顧野王撰　清光緒八年(1882)遵義黎氏校刻本　一冊

520000－2801－0004859　7503
影舊鈔卷子原本玉篇　(南朝梁)顧野王撰　清光緒十年(1884)遵義黎氏校刻本　一冊

520000－2801－0004860　07504
説文解字義證五十卷目錄一卷　(清)桂馥學撰　清同治九年(1870)湖北崇文書局刻本　四十八冊

520000－2801－0004861　07505
廣雅疏證十卷　(清)王念孫學　**博雅音十卷**　(唐)曹憲　清光緒五年(1879)淮南書局刻本　八冊

520000－2801－0004862　7506
國語二十一卷　(三國吳)韋昭解　(宋)宋庠補音　清光緒十五年(1889)經國堂刻本　四冊

520000－2801－0004863　7508
大清一統志表不分卷　(清)萬芝堂校刊　清乾隆刻本　六冊

520000－2801－0004864　7509
佐治藥言一卷學治臆説二卷　(清)汪輝祖纂　清同治七年(1868)湖北崇文書局刻本　二冊

520000－2801－0004865　07510
直隸清訟事宜一卷　(清)曾紀侯核定　清同治七年(1868)黔陽藩署刻本　一冊

520000－2801－0004866　07510
牧令書輯要十卷　(清)徐棟原編　(清)丁日昌選評　**牧民忠告二卷**　(元)張養浩著　**欽頒州縣事宜一卷**　(清)田文鏡編　**保甲書輯要四卷**　(清)徐棟原編　(清)丁日昌重校　**庸史庸言二卷**　(清)劉衡存稿　**讀律心得三卷**　(清)劉衡纂輯　**蜀僚問答一卷**　(清)劉衡存稿　**清訟事宜一卷**　清同治十年(1871)黔陽官署刻本　十四冊

520000－2801－0004867　7511
古文辭類纂七十四卷　(清)姚鼐纂集　清乾隆四十四年(1779)刻本　十二冊

520000－2801－0004868　7512
文選六十卷　(南朝梁)昭明太子蕭統撰　(唐)李善注　(清)葉樹藩參訂　清乾隆三十七年(1772)海錄軒刻朱墨印本　十六冊

520000－2801－0004869　07513
曾文正公全集十五種　(清)曾國藩撰　清光緒二年(1876)傳忠書局刻本　一百一冊　存十三種

520000－2801－0004870　7514
唐詩三百首註釋六卷　(清)蘅塘退士(孫洙)手編　**續選一卷**　(清)于慶元編　清光緒十六年(1890)寶慶益元書局刻本　四冊

520000－2801－0004871　7515
書經旁訓四卷　(宋)蔡沈撰　清光緒二十三年(1897)新都墨耕堂刻本　四冊

520000－2801－0004872　7516
史通削繁四卷　(唐)劉知幾撰　(清)紀昀削繁　(清)浦起龍注　清光緒元年(1875)刻本　四冊

520000－2801－0004873　07518
韻海鴛鴦十六卷　(明)毛紀編輯　清道光二十二年(1842)太邑集賢齋刻本　八冊

520000－2801－0004874　7520
籌餉事例一卷增修籌餉事例條款不分卷增修現行常例一卷　(清)□□編　清同治五年(1866)刻本　四冊

520000－2801－0004875　07521
于清端公政書八卷外集一卷首編一卷　（清）于成龍撰　（清）蔡方炳等編次　（清）于準錄　清康熙四十六年（1707）刻本　十冊

520000－2801－0004876　07522
崇文總目五卷原目錄一卷　（宋）王尧臣等編次　（清）錢東垣輯釋　清嘉慶四年（1799）刻本　五冊

520000－2801－0004877　07523
賦學正鵠十卷序目一卷　（清）李元度匯編　清光緒七年（1881）黔南節署刻本　四冊

520000－2801－0004878　7524
賦學正鵠集釋十一卷　（清）李元度輯　清光緒十八年（1892）上海凌云閣石印本　一冊

520000－2801－0004879　07525
水經注四十卷首一卷　（北魏）酈道元撰　清光緒三年（1877）湖北崇文書局刻本　十二冊

520000－2801－0004880　7526
豫章先生遺文十二卷　（宋）黄庭堅撰　清乾隆四十五年（1780）刻本　四冊

520000－2801－0004881　07527
同治中興京外奏議約編八卷　（清）陳弢編　清光緒元年（1875）篋劍囊琴之室刻本　八冊

520000－2801－0004882　7528
理財攷鏡十卷首一卷　（清）孫德全著　清宣統二年（1910）鉛印本　四冊

520000－2801－0004883　7529
經字異同四十八卷　（清）張維屏輯　清光緒五年（1879）清泉精舍刻本　四冊

520000－2801－0004884　07530
容齋隨筆十六卷續筆十六卷三筆十六卷四筆十六卷五筆十卷　（宋）洪邁撰　清同治刻本　十一冊　存五十九卷（隨筆五至十六、續筆十六卷、三筆十六卷、四筆六至十、五筆十卷）

520000－2801－0004885　7531
胡文忠公遺集八十六卷首一卷　（清）胡林翼撰　（清）鄭敦謹　（清）曾國荃輯　清同治六年（1867）黄鶴樓刻本　三十冊

520000－2801－0004886　07532
宋遼金元史菁華錄十卷　（清）納蘭常安選評　清光緒二十六年（1900）上海書局石印本　二冊　存四卷（宋史一至三、遼史一）

520000－2801－0004887　07533
史記菁華錄六卷　題（清）苧田氏（姚祖恩）編　清光緒十三年（1887）上海蜚英館石印本　六冊

520000－2801－0004888　07534
讀史論斷二十卷首一卷　（清）洪亮吉著　清光緒二十七年（1901）和記書莊石印本　六冊

520000－2801－0004889　7535
來瞿唐先生易註十五卷首一卷末一卷　（明）來知德註　清雍正七年（1729）刻本　八冊

520000－2801－0004890　07536
陳修園先生醫書四十八種　（清）陳念祖撰　清光緒二十七年（1901）石印本　二十四冊

520000－2801－0004891　7541
隸辨八卷　（清）顧藹吉撰　清光緒十三年（1887）上海蜚英館石印本　八冊

520000－2801－0004892　7543
王摩詰集六卷　（唐）王維撰　**高常侍集十卷**　（唐）高適撰　**孟浩然集四卷**　（唐）孟浩然撰　**岑嘉州集八卷**　（唐）岑參撰　清光緒十年（1884）上海同文書局石印本　四冊

520000－2801－0004893　7544
溫飛卿詩集箋注九卷　（唐）溫庭筠著　（明）曾益謙原注　（清）顧予咸補注　清宣統二年（1910）刻本　四冊

520000－2801－0004894　7545
戰國策三十三卷　（漢）高誘注　**重刻剡川姚氏本戰國策札記三卷**　（清）黄丕烈撰　**國語二十一卷札記一卷**　清光緒二十七年（1901）煥文書局石印本　八冊

520000－2801－0004895　07546
林文忠公政書三集三十七卷　（清）林則徐撰

清末刻本　二十册

520000－2801－0004896　7547

北堂書鈔一百六十卷首二卷　（唐）虞世南撰　（清）孔廣陶校注　清光緒十四年（1888）南海孔氏三十有三萬卷堂刻本　二十册

520000－2801－0004897　07548

國語二十一卷校刊札記一卷　（三國吳）韋昭解　清光緒二十一年（1895）寶善堂刻本　四册

520000－2801－0004898　07549

重刻宛陵先生詩集六十卷拾遺一卷續金針詩格一卷　（宋）梅堯臣著　**都官梅聖俞先生傳一卷**　（宋）宋祁撰　**年譜一卷**　（元）張師曾編次　**附録三卷**　（宋）歐陽修等撰　清道光十年（1830）夜吟樓刻本　十六册

520000－2801－0004899　07550

史記一百三十卷首一卷目録一卷　（漢）司馬遷撰　（南朝宋）裴駰集解　（唐）司馬貞索隱　（唐）張守節正義　（明）徐孚遠　（明）陳子龍測議　明崇禎聚錦堂刻本　十六册

520000－2801－0004900　7552

史記一百三十卷　（漢）司馬遷撰　（明）陳仁錫評　明崇禎元年（1628）刻本　十六册　唐則趙藏書

520000－2801－0004901　7553

隸釋二十七卷　（宋）洪适撰　清乾隆四十三年（1778）刻本　十二册

520000－2801－0004902　7554

春暉堂叢書十二種　（清）徐渭仁輯　清道光二十年至咸豐九年（1840－1859）上海徐氏寒木春華館刻本　十二册

520000－2801－0004903　7555

張氏叢書三十六種　（清）張澍編輯　清道光元年（1821）刻本　十册

520000－2801－0004904　07556

地理葬書集注一卷　（元）吳澂刪定　（元）鄭謐註釋　清光緒五年（1879）刻本　八册

520000－2801－0004905　7558

皇清經解縮版編十六卷　陶治元編輯　清光緒十七年（1891）鴻寶齋石印本　二册

520000－2801－0004906　07565

説文段注撰要九卷　（清）馬壽齡述　清光緒十六年（1890）石印本　二册

520000－2801－0004907　07566

歷代鐘鼎彝器款識法帖二十卷　（宋）薛尚功原輯　（清）阮元校補　清末石印本　一册　存五卷（一至五）

520000－2801－0004908　07567

端石擬三卷　（清）陳齡著　清同治十二年（1873）刻本　一册

520000－2801－0004909　07569

翼教叢編六編附一編　（清）蘇輿輯　清光緒二十五年（1899）刻本　三册

520000－2801－0004910　07570

農政全書六十卷　（明）徐光啟纂輯　清末據道光十七年（1837）刻本影印本（各卷配清末石印本）　十二册

520000－2801－0004911　7571

巢經巢集一卷　（清）鄭珍撰　清咸豐二年（1852）刻本　一册

520000－2801－0004912　7571

巢經巢詩鈔九卷　（清）鄭珍撰　清咸豐四年（1854）刻本　三册

520000－2801－0004913　07572

欽定四庫全書簡明目録二十卷　（清）永瑢修　（清）紀昀等纂　清末刻本　十一册　存十九卷（一至十五、十七至二十）

520000－2801－0004914　7573

康熙字典十二集檢字一卷辨似一卷等韻一卷備考一卷補遺一卷　（清）張玉書　（清）陳廷敬總閱　（清）凌紹雯等纂修　清末石印本　六册

520000－2801－0004915　7576

桐陰論畫二卷首一卷續一卷二編二卷三編二

卷畫訣一卷　(清)秦祖永撰　清同治三年至光緒八年(1864－1882)刻朱墨印本　八冊

520000－2801－0004916　7581
文通十卷　(清)馬建忠撰　清光緒二十八年(1902)上海文林石印本　七冊　存九卷(一至八、十)

520000－2801－0004917　07586
石渠餘紀六卷　(清)王慶雲撰　清光緒十六年(1890)龍氏刻本　六冊

520000－2801－0004918　7587
史記一百三十卷　(漢)司馬遷撰　(南朝宋)裴駰集解　(唐)司馬貞索隱　(唐)張守節正義　清光緒十四年(1888)上海蜚英館石印本　十二冊

520000－2801－0004919　7590
說文解字通釋四十卷　(五代)徐鍇傳釋　**繫傳校勘記三卷**　(清)祁寯藻撰　清光緒元年(1875)川東刻本　八冊

520000－2801－0004920　7591
小斆答問不分卷　(清)章炳麟撰　清宣統元年(1909)刻本　一冊

520000－2801－0004921　7592
孔子集語十七卷　(清)孫星衍撰　清光緒三年(1877)刻本　四冊

520000－2801－0004922　7595
釋名四卷　(漢)劉熙著　(明)鍾惺評　清末刻本　一冊

520000－2801－0004923　7596
產鶴亭詩四稾一卷五稾一卷六稾一卷七稾一卷　(清)曹庭棟撰　清乾隆二十五(1760)年刻本　一冊

520000－2801－0004924　07597
檀氏儀禮韻言塾課藏本二卷　(清)檀萃纂　清乾隆五十三年(1788)刻本　一冊

520000－2801－0004925　7598
呂叔簡先生明職篇一卷　(清)潘世恩手輯　清道光十三年(1833)刻本　一冊

520000－2801－0004926　07599
詩材類對纂要四卷　(清)任德裕　(清)申贊皇箋　清末刻本　二冊

520000－2801－0004927　07600
嘉定錢氏潛研堂全書二十四種　(清)錢大昕撰　清光緒十年(1884)長沙龍氏家塾刻本　四冊　存二種八卷(聲類一至四、元史藝文志一至四)

520000－2801－0004928　7601
蜀輶日記四卷　(清)陶澍撰　清道光七年(1827)刻本　一冊

520000－2801－0004929　7602
說文解字注十五卷　(漢)許慎撰　(清)段玉裁注　**六書音韻表一卷**　(清)段玉裁撰　清光緒三年(1877)成都尊經書院刻本　十六冊

520000－2801－0004930　7603
孝經一卷　(清)賀長齡輯注　(清)傅壽彤述　**孝經辨義一卷**　(清)黃忠端撰　清同治二年(1863)刻本　一冊

520000－2801－0004931　07604
宋書文鈔二十卷目錄一卷　(南朝梁)沈約撰　(明)戴羲摘操　明天啟五年(1625)刻本　六冊

520000－2801－0004932　07605
宋史文鈔三十八卷目錄一卷　(明)戴羲摘操　**遼史文鈔二卷目錄一卷**　(元)阿魯圖撰　(明)戴羲摘操　**金史文鈔四卷目錄一卷**　(元)别兒怯不花撰　(明)戴羲摘操　**元史文鈔八卷目錄一卷**　(明)宋濂撰　(明)戴羲摘操　明崇禎六年(1633)刻本　十六冊　缺三卷(宋史文鈔一至三)

520000－2801－0004933　07607
十三經注疏十三種　(三國魏)王弼等注疏　清同治十三年(1874)湖南書局刻本　二百二十五冊

520000－2801－0004934　07608
荀子二十卷序目一卷校勘補遺一卷　(唐)楊倞注　清乾隆五十一年(1786)安雅堂刻本

四册

520000－2801－0004935　07609
孟子弟子考補正一卷　(清)朱彝尊原本　陳矩補正　清光緒二十四年(1898)靈峯草堂叢書本　與520000－2801－0004936合一册

520000－2801－0004936　07609
翰林學士集一卷　(唐)太宗李世民等撰　清光緒十九年(1893)影刻唐卷子本　與520000－2801－0004935合一册

520000－2801－0004937　07610
郘亭遺文八卷　(清)莫友芝撰　清刻本　一册

520000－2801－0004938　07611
洪度集一卷　(唐)薛濤著　陳矩校刊　清光緒三十二年(1906)刻本　一册

520000－2801－0004939　07612
山海經十八卷圖讚一卷訂譌一卷敘錄一卷　(晉)郭璞傳　(清)郝懿行箋疏　清嘉慶十四年(1809)揚州阮氏琅環仙館刻本　二册

520000－2801－0004940　7615
泰西新史攬要二十四卷　(英國)馬懇西著　(英國)李提摩太譯　蔡爾康述稿　清光緒二十三年(1897)鉛印本　八册

520000－2801－0004941　7616
老子衍一卷　(清)王夫之撰　(清)王敔纂注　清同治四年(1865)湘鄉曾氏金陵節署刻本　一册

520000－2801－0004942　7617
說文逸字二卷附錄一卷　(清)鄭珍記　清咸豐八年(1858)刻本　一册

520000－2801－0004943　07618
丁文誠公奏稿二十六卷首一卷　(清)丁寶楨撰　陳夔龍輯　清光緒二十二年(1896)成都刻本　二十七册

520000－2801－0004944　07619
東萊先生左氏博議二十五卷目錄一卷　(宋)吕祖謙撰　**傳畧一卷虛子註釋備考六卷**　(清)張文炳點定　清道光十九年(1839)錢唐瞿氏清吟閣刻本　六册

520000－2801－0004945　7620
古今僞書考一卷　(清)姚際恒撰　清光緒三年(1877)廣漢張氏刻本　一册

520000－2801－0004946　7622
史鑑節要便讀六卷　(清)鮑東里編輯　清同治十三年(1874)崇文書局刻本　二册

520000－2801－0004947　7626
勾股割圜記三卷　(清)戴震撰　清乾隆二十三年(1758)刻本　一册

520000－2801－0004948　07627
鳧氏為鐘圖說補義一卷　(清)鄭珍原本　陳矩補義　**天全石錄一卷**　陳矩著　清光緒二十九年(1903)刻本　一册

520000－2801－0004949　07629
全閩詩話十二卷　(清)鄭方坤編輯　清乾隆十九年(1754)刻本　十册

520000－2801－0004950　07630
丁文誠公[寶楨]年譜一卷　(清)唐炯撰　清光緒二十年(1894)岳池刻本　一册

520000－2801－0004951　07631
丁文誠公[寶楨]年譜一卷　(清)唐炯撰　清光緒二十年(1894)岳池刻本　一册

520000－2801－0004952　7632
五經小學述二卷　(清)莊述祖著　清光緒八年(1882)刻本　二册

520000－2801－0004953　7633
宋五子書四十一卷　(清)李元朗編　清雍正十二年(1734)四為堂刻本　十五册

520000－2801－0004954　7634
拙尊園叢稿六卷　(清)黎庶昌撰　清光緒二十一年(1895)金陵狀元閣刻本　四册

520000－2801－0004955　7636
宋元名家詞不分卷　(清)江標輯　清光緒二十一年(1895)刻本　四册

520000－2801－0004956　7637
小學彙函六種　(清)鍾謙鈞等輯　清刻本　二十五册

520000－2801－0004957　7638
五朝名臣言行錄前集十卷後集十四卷續集八卷别集上十三卷别集下十三卷外集十七卷　(宋)朱熹撰　清道光二十二年(1842)丹徒包氏刻本　十二册

520000－2801－0004958　7639
商君書五卷　(戰國)商鞅撰　(清)嚴可均校本　清光緒二年(1876)浙江書局刻本　一册

520000－2801－0004959　7640
萬國公法四卷　(美國)惠頓著　(美國)丁韙良譯　清光緒二十二年(1896)儲英館刻本　四册

520000－2801－0004960　07642
乾坤正氣集五百七十四卷首一卷　(清)潘錫恩　(清)顧沅輯　清道光二十八年(1848)刻本　一百六十册

520000－2801－0004961　7643
左恪靖侯奏稿初編三十八卷續編七十六卷三編六卷　(清)左宗棠撰　清光緒十二年(1886)刻本　四十八册

520000－2801－0004962　07644
與舍弟書十六通一卷板橋題畫一卷　(清)鄭燮著　清末影印本　一册

520000－2801－0004963　7645
杜詩本義二卷　(唐)杜甫撰　(清)齊翀集註　清乾隆四十七年(1782)刻本　四册

520000－2801－0004964　7646
杜律通解四卷　(清)李文煒箋釋　(清)趙世錫考訂　(清)趙弘訓分校　清雍正三年(1725)刻本　四册

520000－2801－0004965　07650
乾坤法竅三卷　(清)范宜賓撰　**陰符玄解一卷**　(清)范宜賓註釋　清乾隆三十七年(1772)刻本　三册

520000－2801－0004966　7651
隋書經籍志四卷　(唐)長孫無忌等撰　清光緒八年(1882)成都御風樓刻本　四册

520000－2801－0004967　7652
唐陸宣公集二十二卷　(唐)陸贄撰　清刻本　六册

520000－2801－0004968　7653
微積溯源八卷　(英國)華里司輯　(英國)傅蘭雅口譯　(清)華蘅芳筆述　清同治十三年(1874)江南機器製造總局刻本　六册

520000－2801－0004969　7654
御纂周易折中二十二卷首一卷　(清)李光地等纂　清康熙五十四年(1715)刻本　十四册

520000－2801－0004970　07655
國朝駢體正宗十二卷目錄一卷　(清)曾燠輯　(清)姚燮評　(清)張壽榮參　清光緒十九年(1893)善化章氏鴻運樓刻本　六册

520000－2801－0004971　07655
國朝駢體正宗續編八卷總目一卷　(清)張鳴珂輯　清光緒二十一年(1895)善化章氏刻本　八册

520000－2801－0004972　07656
黔詩紀略三十三卷　(清)唐樹義審例　(清)黎兆勳採詩　(清)莫友芝傳證　清同治十二年(1873)遵義唐氏夢研齋金陵刻本　八册

520000－2801－0004973　7658
儀禮經傳通解三十七卷續二十九卷　(宋)朱熹撰　明末刻本　二十四册

520000－2801－0004974　7659
聖武記十四卷目錄一卷　(清)魏源譔　清道光二十六年(1846)刻本　十二册

520000－2801－0004975　7660
四川官運鹽案類編九十卷　(清)唐炯編　清光緒二十八年(1902)鉛印本　二十五册

520000－2801－0004976　7660
四川官運鹽案類編四卷　(清)趙藩編　清光緒三十三年(1907)鉛印本　三册　存三卷

（一至二、四）

520000－2801－0004977　7661
國朝駢體文正宗十二卷　（清）曾燠輯　清光緒五年（1879）刻本　八册

520000－2801－0004978　7662
周易姚氏學十六卷首一卷　（清）姚配中撰　清光緒三年（1877）湖北崇文書局刻本　六册

520000－2801－0004979　7664
明張文忠公全集四十六卷附錄二卷　（明）張居正撰　清光緒二十七年（1901）紅藤碧樹山館刻本　十六册

520000－2801－0004980　07665
研花館詞三卷首一卷　（清）羅汝懷撰　清光緒九年（1883）刻本　二册

520000－2801－0004981　07666
槐蔭堂詩不分卷　（清）王適菴等著　（清）陶澂等選　清康熙三十八年（1699）刻本　二册

520000－2801－0004982　07667
南條水道考異五卷首一卷目錄一卷　（清）方堃著　清道光四年（1824）珊城紫霞仙館刻本　二册

520000－2801－0004983　07668
禹貢水道考異五卷首一卷　（清）方堃著　清道光三年（1823）珊城紫霞仙館刻本　二册

520000－2801－0004984　07669
納書楹南柯記全譜二卷　（清）葉堂訂譜　（清）王文治參訂　清乾隆五十七年（1792）刻本　二册

520000－2801－0004985　07670
納書楹牡丹亭全譜二卷　（清）葉堂訂譜　（清）王文治參訂　清乾隆五十七年（1792）刻本　二册

520000－2801－0004986　7671
蠕範八卷　（清）李元著　清乾隆五十六年（1791）刻本　二册

520000－2801－0004987　7672
毛詩要義二十卷　（宋）魏了翁撰　清光緒八年（1882）刻本　十二册

520000－2801－0004988　7673
西堂全集十七種　（清）尤侗撰　清康熙刻本　十四册　存二種

520000－2801－0004989　7674
尚書大傳四卷補遺一卷續補遺一卷考異一卷　（漢）伏勝撰　（漢）鄭玄注　清乾隆二十一年（1756）雅雨堂刻本　一册

520000－2801－0004990　7675
戰國策三十三卷　（漢）高誘注　清乾隆二十一年（1756）雅雨堂刻本　四册

520000－2801－0004991　7676
歷代名臣言行錄二十四卷　（清）朱桓編輯　清同治四年（1865）寶仁堂刻本　二十九册　存二十三卷（一、三上至二十四）

520000－2801－0004992　07677
直木齋全集十三卷　（清）任繩隗著　清光緒十四年（1888）刻本　三册

520000－2801－0004993　7678
音學五書三十八卷　（清）顧炎武纂著　清初符山堂刻本　十册

520000－2801－0004994　7679
毛詩要義二十卷　（宋）魏了翁撰　清光緒十二年（1886）江蘇書局刻本　十册　存十七卷（一至十五、十九至二十）

520000－2801－0004995　7680
戰國策三十三卷　（漢）高誘注　**札記三卷**　（清）黄丕烈撰　清光緒二年（1876）尊經書院刻本　五册

520000－2801－0004996　7681
國語二十一卷攷異四卷札記一卷　（三國吳）韋昭解　清光緒二年（1876）尊經書院刻本　五册

520000－2801－0004997　7682
春秋公羊傳十一卷　（漢）何休學　（唐）陸德明音義　**校刊記一卷**　（清）丁寶禎等撰　清光緒八年（1882）錦江書局刻本　四册

520000－2801－0004998　7683
春秋穀梁傳十二卷校刊記一卷　(晉)范甯集解　(唐)陸德明音義　清光緒八年(1882)錦江書局刻本　四册

520000－2801－0004999　07684
因樹屋書影十卷　(清)周亮工筆記　清雍正三年(1725)刻本　六册

520000－2801－0005000　07687
藝舟雙楫六卷　(清)包世臣撰　清光緒八年(1882)刻本　二册

520000－2801－0005001　7689
太玄經十卷　(漢)揚雄撰　(晉)范望注　(明)呂胤昌編輯　明刻清印本　八册

520000－2801－0005002　7690
巢經巢遺稿四卷　(清)鄭珍撰　清光緒三十年(1904)雲南礦務署刻本　三册　存三卷(一至三)

520000－2801－0005003　7692
説文逸字二卷附録一卷　(清)鄭珍記　清咸豐八年(1858)刻本　一册

520000－2801－0005004　07693
駢體文鈔三十一卷　(清)李兆洛編　清光緒八年(1882)滬上刻本　四册　存二十八卷(一至二十八)

520000－2801－0005005　7694
笠澤叢書四卷補遺一卷續補遺一卷　(唐)陸龜蒙著　清雍正九年(1731)刻本　二册

520000－2801－0005006　7695
求一筭三卷　(清)張敦仁重述　清道光十一年(1831)陽城張氏刻本　一册

520000－2801－0005007　07696
東萊博議四卷增補虚字註釋一卷　(宋)呂祖謙撰　清光緒八年(1882)刻本　四册

520000－2801－0005008　7697
文選六十卷　(南朝梁)昭明太子蕭統撰　(唐)李善注　(清)葉樹藩參訂　清乾隆三十七年(1772)刻本　十六册

520000－2801－0005009　07698
陳克齋先生集五卷　(宋)陳文蔚撰　清道光二年(1822)刻本　二册

520000－2801－0005010　7699
皇朝經世文編一百二十卷　(清)賀長齡輯　清同治十二年(1873)刻本　八十册

520000－2801－0005011　7700
清河書畫舫十二卷目録一卷　(明)張丑撰　清乾隆二十八年(1763)刻本　十二册

520000－2801－0005012　7701
佩文齋書畫譜一百卷　(清)孫岳頒等纂　清光緒九年(1883)上海同文書局石印本　十六册

520000－2801－0005013　7702
春秋經傳集解三十卷　(晉)杜預注　清乾隆刻本　十六册

520000－2801－0005014　7703
毛詩二十卷　(漢)毛亨傳　(漢)鄭玄箋　清乾隆刻本　六册

520000－2801－0005015　07704
禮記二十卷　(漢)鄭玄箋注　清乾隆刻本　八册

520000－2801－0005016　7705
周易十卷　(三國魏)王弼注　清乾隆刻本　四册

520000－2801－0005017　07706
漢書一百卷　(漢)班固撰　(唐)顔師古注
後漢書一百二十卷　(南朝宋)范曄撰　(南朝梁)劉昭補志　(唐)章懷太子李賢注　清同治十年(1871)成都書局刻本　六十册

520000－2801－0005018　07707
資治通鑑二百九十四卷目録三十卷　(宋)司馬光編集　(元)胡三省音注　清光緒十四年(1888)上海蜚英館石印本　三十六册

520000－2801－0005019　7708
王臨川全集一百卷目録二卷　(宋)王安石撰　清光緒九年(1883)刻本　十八册　存八十

九卷(一至七十五、八十三至八十九、九十六至一百,目錄二卷)

520000－2801－0005020　07709
三國志六十五卷　(晉)陳壽撰　(南朝宋)裴松之注　清光緒十四年(1888)上海蜚英館石印本　八冊

520000－2801－0005021　7711
楹聯集錦八卷　(清)胡鳳丹輯　清同治十三年(1874)宏道堂刻本　二冊

520000－2801－0005022　7712
隨園八十壽言六卷　(清)袁枚輯　清末刻本　二冊

520000－2801－0005023　7713
茶山集八卷　(宋)曾幾撰　(清)紀昀等纂修　清乾隆四十一年(1776)刻本　二冊

520000－2801－0005024　7714
歷代地理志韻編今釋二十卷　(清)李兆洛輯　**皇朝輿地圖一卷皇朝輿地韻編二卷**　(清)宋景昌等編集　清同治十年(1871)上海蜚英館石印本　四冊

520000－2801－0005025　7715
歷代名臣言行錄二十四卷　(清)朱桓編　清光緒二十八年(1902)鴻寶書局木活字印本　十二冊

520000－2801－0005026　07716
詩韻編義十八卷　(清)王起鵬輯　清嘉慶十三年(1808)刻本　十二冊

520000－2801－0005027　7717
說文叢編七種　(□)□□編　清光緒九年(1883)刻本　三冊　存三種

520000－2801－0005028　07721
資治通鑑二百九十四卷目錄一卷表一卷事略一卷釋文辯誤十二卷　(宋)司馬光編集　(元)胡三省辨誤　清同治刻本　八十八冊　缺十六卷(一百十八至一百二十一、辨誤十二卷)

520000－2801－0005029　07722
資治通鑑目錄三十卷　(宋)司馬光編集　清刻本　十五冊　存二十七卷(二至二十八)

520000－2801－0005030　7723
宋元通鑑一百五十七卷　(明)薛應旂編集　(明)陳仁錫評　明末刻本　二十四冊

520000－2801－0005031　7725
宦游紀略二卷　(清)高廷瑤撰　清光緒九年(1883)資中官廨刻本　一冊

520000－2801－0005032　07726
鳧氏為鐘圖說一卷　(清)鄭珍撰　清光緒二十年(1894)貴築高氏資州官廨刻本　一冊

520000－2801－0005033　07727
柳文惠公全集四十三卷別集二卷外集二卷目錄一卷　(唐)劉禹錫編　(宋)穆脩訂原本　(清)楊季鸞重校　清同治七年(1868)刻本　九冊　存四十四卷(全集四十三卷、目錄一卷)

520000－2801－0005034　07728
分類補註李太白詩二十卷　(明)許自昌校　明末刻本　七冊　缺四卷(一至二、六至七)

520000－2801－0005035　07729
清芬樓遺藁四卷　(清)任啟運著　清光緒十四年(1888)刻本　二冊

520000－2801－0005036　07730
滇軺紀程一卷荷戈紀程一卷政書蒐遺一卷　(清)林則徐撰　清光緒三年(1877)刻本　一冊

520000－2801－0005037　07730
畿輔水利議一卷本傳一卷滇軺紀程一卷荷戈紀程一卷　(清)林則徐撰　清光緒二年(1876)刻本　一冊

520000－2801－0005038　7731
左文襄公全集十二種　(清)左宗棠撰　清光緒十七年至二十三年(1891－1897)湘陰左氏刻本　一百二冊　存十一種

520000－2801－0005039　7732
說文廣義三卷　(清)王夫之撰　清同治四年

(1865)湘鄉曾氏金陵節署刻本　三冊

520000－2801－0005040　7733
四書稗疏一卷　(清)王夫之撰　清同治四年(1865)湘鄉曾氏金陵節署刻本　一冊

520000－2801－0005041　07734
俞俞齋詩稿初集二卷文稿初集四卷　(清)史念祖撰　清光緒十八年(1892)滇南刻本　六冊

520000－2801－0005042　7735
五代會要三十卷　(宋)王溥撰　清光緒十二年(1886)江蘇書局刻本　六冊

520000－2801－0005043　07736
莊子解三十三卷莊子通一卷　(清)王夫之撰　清同治四年(1865)金陵節署刻本　六冊　存二十七卷(一至四、十二至三十三,莊子通一卷)

520000－2801－0005044　07737
陳伯玉文集三卷附錄一卷詩集二卷　(唐)陳子昂撰　清道光十七年(1837)刻本　四冊

520000－2801－0005045　7738
重刊救荒補遺二卷　(宋)董煟編著　(元)張光大新增　(清)朱熊補遺　清同治八年(1869)崇文書局刻本　二冊

520000－2801－0005046　7739
儀禮十七卷　(漢)鄭玄注　(清)張爾岐句讀　**監本正誤一卷**　清同治七年(1868)金陵書局刻本　四冊

520000－2801－0005047　7740
古文眉詮七十九卷首一卷　(清)陳弘謀　(清)吳牧園鑒定　(清)浦起龍論次　(清)程鐘　(清)方懋福彙參　清乾隆九年(1744)刻本　二十冊

520000－2801－0005048　7741
大清中外一統輿圖三十一卷首一卷　(清)胡林翼　(清)嚴樹森修　(清)鄒世詒等繪　清同治二年(1863)刻本　十二冊

520000－2801－0005049　7742
憑山閣增輯留青新集三十卷　(清)陳枚選　(清)陳德裕增輯　清康熙四十七年(1708)文光堂刻本　十六冊

520000－2801－0005050　7743
缾水齋詩集十六卷別集二卷詩話一卷　(清)舒位撰　清光緒十二年(1886)刻本　六冊

520000－2801－0005051　7745
韻史二卷　(清)許遯翁著　**韻史補一卷**　(清)李玉岑著　清光緒十三年(1887)上海廣百宋齋鉛印本　一冊

520000－2801－0005052　7746
韻史二卷　(清)許遯翁著　**韻史補一卷**　(清)李玉岑著　清光緒十三年(1887)上海廣百宋齋鉛印本　一冊

520000－2801－0005053　7747
韻史二卷　(清)許遯翁著　**韻史補一卷**　(清)李玉岑著　清光緒十三年(1887)上海廣百宋齋鉛印本　一冊

520000－2801－0005054　7748
韻史二卷　(清)許遯翁著　**韻史補一卷**　(清)李玉岑著　清光緒十三年(1887)上海廣百宋齋鉛印本　一冊

520000－2801－0005055　7749
韻史二卷　(清)許遯翁著　**韻史補一卷**　(清)李玉岑著　清光緒十三年(1887)上海廣百宋齋鉛印本　一冊

520000－2801－0005056　7750
韻史二卷　(清)許遯翁著　**韻史補一卷**　(清)李玉岑著　清光緒十三年(1887)上海廣百宋齋鉛印本　一冊

520000－2801－0005057　7751
韻史二卷　(清)許遯翁著　**韻史補一卷**　(清)李玉岑著　清光緒十三年(1887)上海廣百宋齋鉛印本　一冊

520000－2801－0005058　7752
韻史二卷　(清)許遯翁著　**韻史補一卷**　(清)李玉岑著　清光緒十三年(1887)上海廣

百宋齋鉛印本　一册

520000－2801－0005059　7753
韻史二卷　(清)許遯翁著　**韻史補一卷**　(清)李玉岑著　清光緒十三年(1887)上海廣百宋齋鉛印本　一册

520000－2801－0005060　7754
韻史二卷　(清)許遯翁著　**韻史補一卷**　(清)李玉岑著　清光緒十三年(1887)上海廣百宋齋鉛印本　一册

520000－2801－0005061　7755
皇朝道學名臣言行外錄十七卷　(宋)李幼武纂集　清道光刻本　三册

520000－2801－0005062　7756
皇朝名臣言行續錄八卷　(宋)李幼武纂集　清道光刻本　二册

520000－2801－0005063　07757
三朝名臣言行錄十四卷　(宋)朱熹纂集　清道光刻本　二册

520000－2801－0005064　7758
四朝名臣言行錄十三卷　(宋)李幼武纂集　清道光刻本　二册

520000－2801－0005065　7759
四朝名臣言行錄别集十三卷　(宋)李幼武纂集　清道光刻本　二册

520000－2801－0005066　7761
孟子外書補注四卷孟子弟子攷補正一卷　陳矩補注　清光緒二十三年(1897)刻本　一册

520000－2801－0005067　19814
印度國志不分卷　(清)學部編譯圖書局編纂　清光緒三十三年(1907)學部編譯圖書局鉛印本　一册

520000－2801－0005068　07763
儲遯菴文集十二卷附錄一卷　(清)儲方慶著　清光緒二年(1876)刻本　四册

520000－2801－0005069　07764
八家文鈔不分卷　題(清)西腴館主人輯　清光緒二十四年(1898)鏡湖書屋刻本　四册

520000－2801－0005070　7765
防海新論十八卷　(德國)希理哈撰　(英國)傅蘭雅口譯　(清)華蘅芳筆述　清同治十二年(1873)刻本　六册

520000－2801－0005071　7766
洋防輯要二十四卷　(清)嚴如熤輯　清末刻本　十二册

520000－2801－0005072　7767
子史精華一百六十卷目錄一卷　(清)允祿等監修　(清)張廷玉等校對　(清)吳士玉等總裁　清雍正五年(1727)刻本　四十册

520000－2801－0005073　7768
子史精華一百六十卷目錄一卷　(清)允祿等監修　(清)張廷玉等校對　(清)吳士玉等總裁　清刻本　三十七册　存一百五十卷(五至六十九、七十六至一百六十)

520000－2801－0005074　7771
思綺堂文集十卷　(清)章藻功撰註　清康熙六十一年(1722)刻本　六册　存六卷(一至六)

520000－2801－0005075　7772
李文襄公别錄六卷　(清)李之芳撰　(清)李鍾麟編次　清初刻本　五册

520000－2801－0005076　7773
李文襄公奏議二卷　(清)李之芳撰　(清)李鍾麟編次　清初刻本　一册

520000－2801－0005077　7774
李文襄公奏疏十卷首一卷　(清)李之芳撰　(清)李鍾麟編　清刻本　五册

520000－2801－0005078　7775
李文襄公年譜一卷　(清)程光禋編　清刻本　一册

520000－2801－0005079　7776
老學庵筆記十卷　(宋)陸游撰　清光緒三年(1877)湖北崇文書局刻本　二册

520000－2801－0005080　7777
墨妙亭碑目攷二卷附攷一卷　(清)張鑒撰

清光緒十年(1884)江蘇書局刻本　二冊

520000－2801－0005081　7778
樊山批判十四卷附一卷　樊增祥撰　清光緒二十三年(1897)刻本　六冊

520000－2801－0005082　7779
分門纂類唐宋時賢千家詩選二十二卷　(宋)劉克莊編集　**釣磯立談一卷**　(宋)史虛白撰　**糖霜譜一卷**　(宋)王灼晦撰　**都城紀勝一卷**　(宋)耐得翁撰　清康熙四十五年(1706)揚州刻本　二冊

520000－2801－0005083　7780
雲中集六卷　(清)劉湄著　清道光十三年(1833)刻本　四冊

520000－2801－0005084　7781
雲中集六卷　(清)劉湄著　清光緒七年(1881)刻本　二冊

520000－2801－0005085　07782
詹詹集七卷　(明)張元諭撰　明隆慶二年(1568)歐陽棻刻本　二冊

520000－2801－0005086　07783
篷底浮談十五卷　(明)張元諭撰　明隆慶四年(1570)刻本　二冊

520000－2801－0005087　07784
郘亭詩鈔六卷　(清)莫友芝撰　清咸豐二年(1852)遵義湘川講舍刻同治五年(1866)江寧三山客舍補刻本　二冊

520000－2801－0005088　7785
國語校勘記不分卷　(清)□□撰　清末抄本　一冊

520000－2801－0005089　7786
閱微草堂筆記二十四卷　(清)紀昀撰　清光緒三年(1877)刻本　三冊　存九卷(灤陽消夏錄一至六、灤陽續錄一至三)

520000－2801－0005090　7787
隨園詩話十六卷補遺十卷　(清)袁枚撰　清道光四年(1824)刻本　六冊　存十二卷(隨園詩話一至十、十三至十四)

520000－2801－0005091　7788
隨園詩話十六卷補遺十卷　(清)袁枚撰　清道光四年(1824)刻本　七冊　存十五卷(隨園詩話一至二、九至十二、十五至十六、補遺一至七)

520000－2801－0005092　07789
袁家三妹合稿四卷　(清)袁枚輯　清嘉慶刻本　一冊

520000－2801－0005093　7806
史記一百三十卷　(漢)司馬遷撰　(唐)司馬貞索隱　(唐)張守節正義　清末石印本　二十五冊　存一百二十九卷(二至一百三十)

520000－2801－0005094　7807
前漢書一百卷　(漢)班固撰　(唐)顏師古注　清末石印本　三十一冊　存九十九卷(二至一百)

520000－2801－0005095　7808
後漢書一百二十卷　(南朝宋)范曄撰　(唐)章懷太子李賢注　清末石印本　二十七冊　存一百十九卷(二至一百二十)

520000－2801－0005096　7813
世說新語六卷　(南朝宋)劉義慶撰　(南朝梁)劉孝標注　清光緒三年(1877)湖北崇文書局刻本　二冊

520000－2801－0005097　7814
看雲草堂集八卷　(清)尤侗譔　清康熙二十三年(1684)刻本　二冊

520000－2801－0005098　7815
古詩源十四卷　(清)沈德潛選　清康熙五十八年(1719)刻本　四冊

520000－2801－0005099　07816
明文才調集不分卷國朝文才調集不分卷　(清)許振褘編集　(清)鄧輔綸參訂　清光緒十七年(1891)大梁東河行署刻本　六冊

520000－2801－0005100　7817
陽明先生集要三編十六卷　(明)王守仁撰　(清)施邦曜評輯　清光緒五年(1879)黔南刻

本　十五冊　缺一卷(理學編三)

520000－2801－0005101　07818
汪堯峯文集十六卷目錄一卷　(清)汪琬著　清宣統二年(1910)國學扶輪社石印本　八冊

520000－2801－0005102　07819
國朝先正事略六十卷首一卷　(清)李元度纂　清光緒十五年(1889)上海廣百宋齋鉛印本　十冊

520000－2801－0005103　7820
五代史七十四卷目錄一卷　(宋)歐陽修撰　(宋)徐無黨注　清光緒元年(1875)成都書局刻本　十冊

520000－2801－0005104　7821
播雅二十四卷　(清)鄭珍編次　(清)唐樹義校訂　清宣統三年(1911)貴陽文通書局鉛印本　八冊

520000－2801－0005105　7822
播雅二十四卷　(清)鄭珍編次　(清)唐樹義校訂　清宣統三年(1911)貴陽文通書局鉛印本　八冊

520000－2801－0005106　7823
巢經巢遺文五卷　(清)鄭珍撰　清光緒十九年(1893)貴築高氏資州官署刻本　三冊

520000－2801－0005107　07824
范文正公文集九卷　(宋)范仲淹撰　(清)張伯行重訂　清同治八年(1869)福州正誼書館續刻本　三冊

520000－2801－0005108　7825
黄帝内經靈樞十二卷　(□)□□撰　**尉繚子二卷**　(戰國)尉繚撰　清光緒十九年(1893)鴻文書局石印本　一冊

520000－2801－0005109　07827
誠齋易傳二十卷　(宋)楊萬里撰　清乾隆三十九年(1774)武英殿木活字印武英殿聚珍版書本　六冊

520000－2801－0005110　7828
古文奇賞二十二卷　(明)陳仁錫選評　明萬曆四十六年(1618)刻本　十四冊

520000－2801－0005111　7829
楚辭約註一卷　(清)高秋月刪定　(清)曹同春纂述　清康熙二十八年(1689)刻本　一冊

520000－2801－0005112　7830
元朝征緬錄一卷招捕總錄一卷　(元)□□撰　(清)錢熙祚校　清道光刻本　一冊

520000－2801－0005113　7831
儀禮釋宫一卷　(宋)李如圭撰　(清)錢熙祚校　**儀禮釋例一卷**　(清)江永撰　清道光刻本　一冊

520000－2801－0005114　7832
周禮疑義舉要七卷　(清)江永撰　(清)錢熙祚校　清道光刻本　三冊

520000－2801－0005115　7833
平宋錄三卷　(元)劉敏忠撰　(清)錢熙祚校　清道光刻本　一冊

520000－2801－0005116　07834
大金弔伐錄四卷　(□)□□撰　(清)錢熙祚校　清道光刻本　四冊

520000－2801－0005117　7835
京口耆舊傳九卷　(□)□□撰　(清)錢熙祚校　清道光刻本　四冊

520000－2801－0005118　7836
漢魏遺書鈔　(清)王謨輯　清嘉慶三年(1798)金溪王氏刻本　七十八冊

520000－2801－0005119　7837
相臺五經五種九十三卷　(宋)岳珂編　(清)賀長齡輯　清賀長齡刻本　十九冊　存四種

520000－2801－0005120　07839
制服成誦編一卷　(清)周保珪撰　清光緒十六年(1890)雲南書局刻本　一冊

520000－2801－0005121　07840
蜀輶日記四卷　(清)陶澍撰　清道光刻本　二冊

520000－2801－0005122　07841

制服成誦編一卷　(清)周保珪撰　清光緒十六年(1890)雲南書局刻本　一册

520000－2801－0005123　07842
制服成誦編一卷　(清)周保珪撰　清光緒十六年(1890)雲南書局刻本　一册

520000－2801－0005124　07846
蒔古齋輯著七卷　(清)楊城書編輯　清道光十三年(1833)刻本　二册

520000－2801－0005125　07847
王文成公文錄二卷　(明)王守仁撰　清抄本　二册

520000－2801－0005126　07848
續黔書八卷　(清)張澍撰　清光緒二十三年(1897)貴陽書局刻本　二册

520000－2801－0005127　7849
震川先生集三十卷别集十卷目錄一卷　(明)歸有光撰　(清)歸莊校刊　(清)歸玠編輯　**明史文苑傳一卷附錄一卷**　(清)歸莊撰　**墓志銘一卷小傳一卷**　(明)王錫爵撰　清光緒六年(1880)常熟歸氏刻本　十九册　存三十八卷(一至二、五至三十,别集十卷)

520000－2801－0005128　07850
東萊博議八卷　(宋)呂祖謙撰　清光緒三十二年(1906)唐積忠手抄本　二册

520000－2801－0005129　7851
瀛奎律髓精選一卷　(清)□□選　清末抄本　一册

520000－2801－0005130　7852
切問齋文鈔三十卷　(清)陸燿輯　清同治八年(1869)刻本　十四册

520000－2801－0005131　7853
約書十二卷　(清)謝楷樹撰　清道光二十四年(1844)刻本　四册

520000－2801－0005132　7854
經義述聞三十二卷　(清)王引之撰　清嘉慶二年(1797)京師西江米巷壽藤書屋刻本　三十册

520000－2801－0005133　7855
四書偶談二卷　(清)戚學標輯　(清)張玉麒等校　清乾隆五十四年(1789)刻本　二册

520000－2801－0005134　07856
陶園文集八卷　(清)張九鉞撰　清道光七年(1827)刻本　一册

520000－2801－0005135　7857
劍南詩鈔不分卷　(宋)陸游撰　(清)楊大鶴選　清光緒八年(1882)文苑山房刻本　八册

520000－2801－0005136　07858
三字經注解備要二卷　(宋)王應麟著　(清)賀興思注解　**千字文釋義一卷**　(南朝梁)周興嗣撰　(清)汪嘯尹纂輯　(清)孫謙益參注　**百家姓考略一卷**　(清)徐士業校刊　清光緒十年(1884)刻本　四册

520000－2801－0005137　7860
增訂漢魏叢書　(清)王謨輯　(清)黃元壽增輯　清光緒二十一年(1895)石印本　八册

520000－2801－0005138　7862
前漢書一百卷　(漢)班固撰　(唐)顏師古注　清光緒十四年(1888)上海蜚英館石印本　十六册

520000－2801－0005139　7863
疑年錄四卷　(清)錢大昕編　清末刻本　一册

520000－2801－0005140　07864
陸放翁先生年譜一卷深寧先生年譜一卷弇州山人年譜一卷　(清)錢大昕編　清末刻本　一册

520000－2801－0005141　7865
洪文惠公年譜一卷　(清)錢大昕編　清末刻本　一册

520000－2801－0005142　7866
宋遼金元四史朔閏考二卷　(清)錢大昕纂　清末刻本　一册

520000－2801－0005143　7867
論語詩一卷右北平集一卷　(清)尤侗撰　清

中刻本　一冊

520000－2801－0005144　07868
三統術衍三卷三統術鈐一卷　(清)錢大昕學　清嘉慶六年(1801)刻本　三冊

520000－2801－0005145　7875
御纂性理精義十二卷目錄一卷　(宋)朱熹註　清康熙五十六年(1717)刻本　六冊

520000－2801－0005146　7876
代數備旨二十四章　(美國)狄考文選譯　清光緒三十三年(1907)上海美華書館鉛印本　二冊

520000－2801－0005147　07877
高僧傳四集六卷　(明)釋如惺撰　清光緒十八年(1892)江北刻經處刻本　二冊

520000－2801－0005148　7879
書目答問不分卷　(清)張之洞撰　清光緒五年(1879)刻本　一冊

520000－2801－0005149　7880
湘槐宦遺稾一卷目錄一卷　(清)高銘彤著　清光緒十一年(1885)資中刻本　一冊

520000－2801－0005150　07881
廣雅堂詩集不分卷　(清)張之洞撰　清末石印本　一冊

520000－2801－0005151　07884
輶軒語一卷　(清)張之洞撰　清光緒五年(1879)貴陽刻本　一冊

520000－2801－0005152　07886
東華錄詳節二十四卷　(清)鄔樹庭編　清光緒二十六年(1900)上海東文學堂石印本　十六冊

520000－2801－0005153　7887
隨園女弟子詩選六卷　(清)袁枚編　清嘉慶元年(1796)刻本　二冊

520000－2801－0005154　7888
池上草堂筆記八卷　(清)梁恭辰著　清同治十二年(1873)金陵刻本　八冊

520000－2801－0005155　7889
填詞圖譜六卷　(清)賴以邠著　(清)查繼超增輯　清中刻本　四冊

520000－2801－0005156　7890
詞韻二卷　(清)仲恒編次　**古韻通略一卷**　(清)柴紹炳著　清初刻本　一冊

520000－2801－0005157　7906
佩文韻府一百六卷　(清)張玉書彙閱　(清)孫致彌纂　**拾遺一百六卷**　(清)張廷玉校勘　(清)汪灝等纂　清刻本　一百七冊

520000－2801－0005158　7907
經學輯要二十四卷首一卷　(清)吳潁炎輯　清光緒十三年(1887)點石齋石印本　二十二冊　存十四卷(十一至二十四)

520000－2801－0005159　07908
古香齋新刻袖珍淵鑑類函四百五十卷目錄四卷　(清)張英　(清)王世正等纂　清光緒二年(1876)廣州同升書屋刻本　一百二十八冊　存二百九十三卷(二十三至一百六十一、一百八十五至一百九十七、二百五十五至二百八十八、三百七至三百四十、三百七十八至四百五十)

520000－2801－0005160　7909
算經十書十種附刻一種　(清)孔繼涵輯　清乾隆曲阜孔氏刻本　十冊

520000－2801－0005161　07910
經濟類編一百卷　(明)馮琦纂　明萬曆三十二年(1604)朱光義等校刻本　十七冊　存三十四卷(六十七至一百)

520000－2801－0005162　7911
尚書十三卷　(漢)孔安國傳　清刻本　三冊

520000－2801－0005163　07912
欽定春秋左傳讀本三十卷　(清)英和等輯　(清)賀長齡輯評　清道光二十五年(1845)黔省大盛堂刻本　八冊

520000－2801－0005164　7913
汗簡七卷目錄一卷　(宋)郭忠恕撰　(清)鄭

珍箋正　清光緒十五年(1889)廣雅書局刻本　四册

520000－2801－0005165　7914
史記一百三十卷　(漢)司馬遷撰　(南朝宋)裴駰集解　(唐)司馬貞索隱　(唐)張守節正義　**補史記一卷**　(唐)司馬貞撰　清刻本　二十五册　存一百二十九卷(二至一百三十)

520000－2801－0005166　7915
遼史拾遺二十四卷年表一卷　(清)厲鶚撰　清光緒元年(1875)江蘇書局刻本　八册

520000－2801－0005167　7916
遼史拾遺補五卷　(清)楊復吉輯　清光緒元年(1875)江蘇書局刻本　二册

520000－2801－0005168　7917
元史氏族表三卷　(清)錢大昕撰　清嘉慶十一年(1806)江蘇書局刻本　二册

520000－2801－0005169　07918
欽定元史語解二十四卷　(□)□□撰　清光緒四年(1878)江蘇書局刻本　六册

520000－2801－0005170　7919
元史藝文志四卷　(清)錢大昕補　清嘉慶五年(1800)江蘇書局刻本　一册

520000－2801－0005171　7920
元史藝文志四卷　(清)錢大昕補　清嘉慶五年(1800)江蘇書局刻本　一册

520000－2801－0005172　7921
遼史拾遺二十四卷年表一卷　(清)厲鶚撰　清光緒元年(1875)江蘇書局刻本　八册

520000－2801－0005173　7922
南齊書五十九卷目錄一卷　(南朝梁)蕭子顯撰　清同治十三年(1874)金陵書局刻本　五册　存五十卷(一至十四、二十四至五十九)

520000－2801－0005174　7923
南史八十卷　(唐)李延壽撰　清同治十一年(1872)金陵書局刻本　六册　存四十三卷(一至十七、二十五至三十、四十一至五十五、七十至七十四)

520000－2801－0005175　07924
三國志六十五卷考證六十五卷目錄一卷考證一卷　(晉)陳壽撰　(南朝宋)裴松之注　清同治十年(1871)成都書局刻本　十六册

520000－2801－0005176　07925
漢書一百卷　(漢)班固撰　(唐)顔師古注　清末刻本　三十一册　存九十五卷(一至六十五、七十一至一百)

520000－2801－0005177　7948
四書圖一卷句辨一卷字辨一卷疑字辨一卷　(清)□□撰　清中刻本　一册

520000－2801－0005178　7950
國朝耆獻類徵初編四百八十四卷首二百五卷通檢十卷總目二十卷滿漢同姓名錄一卷　(清)李桓輯　清光緒十年(1884)刻本　二百五十八册

520000－2801－0005179　7951
史記一百三十卷　(漢)司馬遷撰　(南朝宋)裴駰集解　(唐)司馬貞索隱　(唐)張守節正義　**補史記一卷**　(唐)司馬貞撰　清末金陵書局刻本　八册　存八十四卷(四十七至一百三十)

520000－2801－0005180　7952
前漢書一百二十卷　(漢)班固撰　(唐)顔師古注　清同治八年(1869)金陵書局刻本　十九册　存八十一卷(一至十九、三十九至一百)

520000－2801－0005181　7953
後漢書九十卷　(南朝宋)范曄撰　(唐)章懷太子李賢注　**續漢志三十卷**　(南朝梁)劉昭補　清末金陵書局刻本　二十二册　存一百三卷(十八至九十、續漢志三十卷)

520000－2801－0005182　07954
三國志六十五卷　(晉)陳壽撰　(南朝宋)裴松之注　清同治九年(1870)金陵書局刻本　十二册

520000－2801－0005183　7955
晉書一百三十卷　(唐)太宗李世民撰　**音義**

三卷　(唐)何超撰　清同治十年(1871)金陵書局刻本　二十八册

520000－2801－0005184　7956
南史八十卷　(唐)李延壽撰　清同治十一年(1872)金陵書局刻本　十八册

520000－2801－0005185　7957
宋書一百卷　(南朝梁)沈約撰　清同治十一年(1872)金陵書局刻本　十五册　存七十卷(一至七十)

520000－2801－0005186　07958
南齊書五十九卷目錄一卷　(南朝梁)蕭子顯撰　清同治十三年(1874)金陵書局刻本　八册

520000－2801－0005187　7959
梁書五十六卷　(唐)姚思廉撰　清同治十一年(1872)金陵書局刻本　八册

520000－2801－0005188　07960
陳書三十六卷　(唐)姚思廉撰　清同治十一年(1872)金陵書局刻本　四册

520000－2801－0005189　07961
北史一百卷目錄一卷　(唐)李延壽撰　清同治十一年(1872)金陵書局刻本　二十三册　存七十五卷(一至七十五)

520000－2801－0005190　7962
魏書一百十四卷　(北齊)魏收撰　清同治十一年(1872)金陵書局刻本　二十四册

520000－2801－0005191　7963
北齊書五十卷　(唐)李百藥撰　清同治十三年(1874)金陵書局刻本　六册

520000－2801－0005192　7964
周書五十卷　(唐)令狐德棻撰　清同治十三年(1874)金陵書局刻本　六册

520000－2801－0005193　7965
隋書八十五卷　(唐)魏徵撰　清同治刻本　五册　存三十三卷(五十三至八十五)

520000－2801－0005194　07966
舊唐書二百卷目錄一卷　(五代)劉昫等撰　清同治十一年(1872)浙江書局刻本　四十册

520000－2801－0005195　7967
新唐書二百七十三卷　(宋)歐陽修　(宋)宋祁撰　清同治十二年(1873)浙江書局刻本　四十册

520000－2801－0005196　07968
舊五代史一百五十卷目錄二卷　(宋)薛居正等撰　清同治十一年(1872)湖北崇文書局刻本　十六册

520000－2801－0005197　7969
五代史七十四卷目錄一卷　(宋)歐陽修撰　(宋)徐無黨注　清同治十一年(1872)湖北崇文書局刻本　八册

520000－2801－0005198　07970
宋史四百九十六卷　(元)脱脱等撰　清光緒元年(1875)浙江書局刻本　五十一册　存二百五十三卷(一至三十一、一百三十三至二百二十九、三百三十七至四百十六、四百五十二至四百九十六)

520000－2801－0005199　7971
遼史一百十五卷　(元)脱脱等撰　清同治十二年(1873)江蘇書局刻本　十六册

520000－2801－0005200　7972
金史一百三十五卷　(元)脱脱等撰　清同治十三年(1874)江蘇書局刻本　二十四册

520000－2801－0005201　7973
元史二百十卷　(明)宋濂等修　清同治十三年(1874)江蘇書局刻本　四十八册

520000－2801－0005202　7974
明史三百三十二卷目錄四卷　(清)張廷玉等纂修　清光緒三年(1877)湖北崇文書局刻本　七十三册　存三百二卷(一至二百二十八、二百五十九至三百三十二)

520000－2801－0005203　07975
雅雨十編　(清)盧見曾輯　清乾隆二十一年(1756)雅雨堂刻本　五册

520000－2801－0005204　07976

經典釋文三十卷　（唐）陸德明撰　清刻本　五冊　存十七卷（十四至三十）

520000－2801－0005205　07977
十駕齋養新錄二十卷餘錄三卷　（清）錢大昕撰　清光緒二年（1876）浙江書局刻本　七冊　存二十一卷（三至二十、餘錄三卷）

520000－2801－0005206　7978
淮海集十七卷後集二卷詞一卷補遺一卷　（宋）秦觀著　**文集考證一卷**　（清）王敬之纂　清道光二十一年（1841）刻本　四冊　缺七卷（淮海集一至七）

520000－2801－0005207　7979
皇朝政典挈要八卷　（日本）增田貢原著　（清）毛淦補編　清光緒二十八年（1902）鉛印本　四冊

520000－2801－0005208　19813
印度國志不分卷　（清）學部編譯圖書局編纂　清光緒三十三年（1907）學部編譯圖書局鉛印本　一冊

520000－2801－0005209　7980
揚子法言十三卷　（漢）揚雄撰　（晉）李軌注　**文子纘義十二卷**　（元）杜道堅撰　清光緒十九年（1893）鴻文書局石印本　一冊

520000－2801－0005210　7981
孔子集語十七卷　（清）孫星衍撰　清光緒十九年（1893）鴻文書局石印本　與520000－2801－0005211合一冊

520000－2801－0005211　7981
鬼谷子一卷　（□）□□撰　清光緒十九年（1893）鴻文書局石印本　與520000－2801－0005210合一冊

520000－2801－0005212　07982
列子八卷　（戰國）列禦寇撰　（晉）張湛注　清光緒十九年（1893）鴻文書局石印本　與520000－2801－0005213合一冊

520000－2801－0005213　7982
墨子十六卷　（戰國）墨翟撰　（清）畢沅注　清光緒十九年（1893）鴻文書局石印本　與520000－2801－0005212合一冊

520000－2801－0005214　7983
管子二十四卷　（春秋）管仲撰　（唐）房玄齡注　（明）劉績補　清光緒十九年（1893）鴻文書局石印本　一冊

520000－2801－0005215　7984
韓非子二十卷　（戰國）韓非撰　**識誤三卷**　（清）顧廣圻識誤　清光緒十九年（1893）鴻文書局石印本　一冊

520000－2801－0005216　7985
晏子春秋七卷　（春秋）晏嬰撰　**音義二卷**　（清）孫星衍撰　**校勘二卷**　（清）黃以周撰　清光緒十九年（1893）鴻文書局石印本　與520000－2801－0005217合一冊

520000－2801－0005217　7985
鶡冠子三卷　（宋）陸佃解　清光緒十九年（1893）鴻文書局石印本　與520000－2801－0005216合一冊

520000－2801－0005218　7986
呂氏春秋二十六卷附攷一卷　（戰國）呂不韋撰　（漢）高誘注并攷　清光緒十九年（1893）鴻文書局石印本　一冊

520000－2801－0005219　7987
淮南子二十一卷　（漢）高誘注　清光緒十九年（1893）鴻文書局石印本　一冊

520000－2801－0005220　7988
山海經十八卷　（晉）郭璞撰　（清）畢沅校正　清光緒十九年（1893）鴻文書局石印本　與520000－2801－0005221合一冊

520000－2801－0005221　7988
文中子中說十卷　（隋）王通撰　（宋）阮逸注　清光緒十九年（1893）鴻文書局據明世德堂本石印本　與520000－2801－0005220合一冊

520000－2801－0005222　19812
印度國志不分卷　（清）學部編譯圖書局編纂

清光緒三十三年(1907)學部編譯圖書局鉛印本　一册

520000－2801－0005223　7989

荀子二十卷尸子二卷存疑一卷　(清)汪繼培輯　清光緒十九年(1893)鴻文書局石印本　一册

520000－2801－0005224　7990

竹書紀年十二卷　(南朝梁)沈約附注　(清)徐文靖統箋　清光緒十九年(1893)鴻文書局石印本　一册

520000－2801－0005225　7990

竹書紀年統箋十二卷　(南朝梁)沈約附注　(清)徐文靖補箋　**雜述一卷**　(清)徐文靖彙輯　清光緒三年(1877)浙江書局刻本　與520000－2801－0005226合四册

520000－2801－0005226　7990

商君書五卷　(戰國)商鞅撰　(清)嚴可均校本　清光緒十九年(1893)浙江書局刻本　與520000－2801－0005225合四册

520000－2801－0005227　7991

董子春秋繁露十七卷　(漢)董仲舒撰　清光緒十九年(1893)鴻文書局石印本　與520000－2801－0005228合一册

520000－2801－0005228　7991

賈子新書十卷　(漢)賈誼撰　清光緒十九年(1893)鴻文書局石印本　與520000－2801－0005227合一册

520000－2801－0005229　7992

孫子十家注十三卷　(春秋)孫武撰　(清)趙虚舟註　清光緒十九年(1893)鴻文書局石印本　一册

520000－2801－0005230　7995

臣鑑録二十卷　(清)蔣伊輯　清咸豐十年(1860)刻本　五册　存十卷(九至十、十三至二十)

520000－2801－0005231　7996

皇清經解續編一千四百三十卷　王先謙輯　清末石印本　八册　存五十二卷(一百六至一百五十七)

520000－2801－0005232　07997

八家四六文註八卷補註一卷　(清)孫星衍著　陳衍補註　清光緒十八年(1892)上海圖書集成印書局石印本　五册　存六卷(一至三、五至六、八)

520000－2801－0005233　7998

孟東野集十卷附録一卷　(唐)孟郊著　**追昔遊集三卷**　(唐)李紳著　清宣統二年(1910)上海著易堂書局石印本　四册　存九卷(二至十)

520000－2801－0005234　7999

五大洲政治通考四十八卷　題(清)急先務齋主人輯　清光緒二十七年(1901)石印本　六册　存二十三卷(一至二十三)

520000－2801－0005235　08000

欽定四庫全書簡明目録二十卷　(清)永瑢修　(清)紀昀等纂　清末刻本　十册

520000－2801－0005236　8001

西堂全集十七種　(清)尤侗撰　清康熙刻本　十三册

520000－2801－0005237　8002

酉陽雜俎二十卷　(唐)段成式撰　清光緒三年(1877)湖北崇文書局刻本　四册

520000－2801－0005238　8003

酉陽雜俎續集十卷　(唐)段成式撰　清光緒三年(1877)湖北崇文書局刻本　二册

520000－2801－0005239　08004

盧昇之集七卷　(唐)盧照鄰撰　清鄒氏叢雅居刻本　二册

520000－2801－0005240　8005

春秋繁露十七卷首一卷　(漢)董仲舒撰　清光緒三年(1877)湖北崇文書局刻本　二册

520000－2801－0005241　8006

春秋繁露十七卷首一卷　(漢)董仲舒撰　清光緒三年(1877)湖北崇文書局刻本　二册

520000－2801－0005242　8014

史記一百三十卷　(漢)司馬遷撰　(南朝宋)裴駰集解　清末上海商務印書館影印本　二十四册

520000－2801－0005243　08015

曾文正公大事記四卷　(清)王定安箸　清光緒二年(1876)傳忠書局刻本　二册

520000－2801－0005244　08016

曾文正公文鈔四卷校勘記一卷校勘續記一卷　(清)張瑛編校　清同治十一年(1872)刻本　四册

520000－2801－0005245　08017

北江詩話四卷　(清)洪亮吉著　清末刻本　四册

520000－2801－0005246　08018

續古文辭類纂三十四卷目錄一卷　王先謙纂集　清光緒八年(1882)王氏虛受堂刻本　六册　存二十二卷(一至二十二)

520000－2801－0005247　08019

小倉山房外集八卷目錄一卷　(清)袁枚撰　清末刻本　二册

520000－2801－0005248　08020

小倉山房文集三十五卷　(清)袁枚撰　清末刻本　七册　缺十卷(一至七、二十一至二十三)

520000－2801－0005249　8022

制服成誦編一卷喪服通釋一卷表一卷　(清)周保珪撰　清光緒十五年(1889)長沙芋園李氏刻本　一册

520000－2801－0005250　8023

禹貢正詮四卷　(清)姚彥渠彙輯　清光緒十一年(1885)刻本　一册

520000－2801－0005251　8024

飲香閣詩鈔一卷　(清)董寶鴻著　清末刻本　一册

520000－2801－0005252　8025

思辨錄輯要二十二卷後集十三卷　(清)陸世儀著　清光緒三年(1877)江蘇書局刻本　八册

520000－2801－0005253　8026

隨園駢體文註十六卷　(清)袁枚著　(清)黎光地註　清光緒十二年(1886)刻本　八册

520000－2801－0005254　08027

仁在堂全集七種　(清)路德輯　清道光十五年(1835)邵州經綸堂刻本　十五册

520000－2801－0005255　08028

春秋左傳初學讀本不分卷　(□)□□選輯　清劍州衛閑道友于刻本　七册

520000－2801－0005256　8029

公羊傳初學讀本　(□)□□撰　清南昌萬廷蘭芝堂刻本　二册

520000－2801－0005257　8030

穀梁傳初學讀本四卷　(□)□□撰　清劍州衛閑道友刻本　二册

520000－2801－0005258　8031

元史氏族表三卷　(清)錢大昕撰　清嘉慶十一年(1806)江蘇書局刻本　二册

520000－2801－0005259　8032

史記探源八卷　崔適撰　清宣統二年(1910)刻本　四册

520000－2801－0005260　08033

三朝北盟會編二百五十卷書目一卷校勘記二百四十四卷　(宋)徐夢莘撰　清光緒三十四年(1908)刻本　四十册

520000－2801－0005261　8034

澄蘭室古緣萃錄十八卷　邵松年輯　清光緒三十年(1904)石印本　六册

520000－2801－0005262　8035

何大復先生集三十八卷附錄一卷　(明)何景明撰　清乾隆十五年(1750)刻本　八册

520000－2801－0005263　08036

資治通鑑綱目前編二十五卷　(明)陳仁錫評閱　清康熙四十年(1701)刻本　十册

520000－2801－0005264　8037
周禮初學讀本六卷　(清)萬廷蘭輯　清中刻本　二冊

520000－2801－0005265　08038
禮記初學讀本四十九卷　(清)萬廷蘭輯　清中刻本　四冊

520000－2801－0005266　8039
儀禮初學讀本十七卷　(清)萬廷蘭輯　清中刻本　二冊

520000－2801－0005267　8040
十一經初學讀本六卷　(清)萬廷蘭輯　清中刻本　一冊　存一卷(爾雅初學讀本一)

520000－2801－0005268　8041
書經初學讀本一卷　(清)萬廷蘭輯　清中刻本　一冊

520000－2801－0005269　8043
汗簡七卷目録一卷　(宋)郭忠恕撰　(清)鄭珍箋正　清光緒十五年(1889)廣雅書局刻本　四冊

520000－2801－0005270　8044
史記一百三十卷　(漢)司馬遷撰　(南朝宋)裴駰集解　(唐)司馬貞索隱　(唐)張守節正義　**補史記一卷**　(唐)司馬貞撰　清同治十一年(1872)成都書局刻本　二十四冊

520000－2801－0005271　8045
楊園先生全集五十四卷　(清)張履祥撰　(清)姚璉原輯　(清)萬斛泉編次　**年譜一卷**　(清)蘇惇元纂訂重編　清同治十年(1871)江蘇書局刻本　十三冊　存五十二卷(一至八、十二至五十四,年譜一卷)

520000－2801－0005272　8046
隋經籍志考證十三卷　(清)章宗源撰　清光緒三年(1877)湖北崇文書局刻本　四冊

520000－2801－0005273　8047
讀書偶識十卷附一卷　(清)鄒漢勛撰　清光緒九年(1883)刻本　四冊

520000－2801－0005274　8048
六書通十卷　(明)閔齊伋撰　(清)畢弘述篆訂　清刻本　二冊

520000－2801－0005275　8049
四書或問語類大全合訂孟子十四卷　(清)張榕端閱　(清)黄越等合訂　清中刻本　八冊

520000－2801－0005276　8050
宋黄文節公全集正集三十二卷首四卷外集二十三卷首一卷別集十九卷首一卷續集十卷首一卷附刻一卷　(宋)黄庭堅撰　**伐檀集二卷**　(宋)黄庶撰　清光緒二十年(1894)義寧州署刻本　二十八冊

520000－2801－0005277　8051
儀禮章句十七卷　(清)吴廷華章句　清乾隆二十二年(1757)刻本　四冊

520000－2801－0005278　08052
于湖小集六卷　(清)袁昶撰　**金陵雜事詩一卷**　清光緒二十年(1894)水明樓刻本　三冊

520000－2801－0005279　8053
燕蘭小譜五卷　(清)吴長元撰　**海漚小譜一卷**　(清)趙執信撰　清宣統三年(1911)長沙葉氏刻本　一冊

520000－2801－0005280　8054
青樓集一卷　(元)夏庭芝撰　**板橋雜記三卷**　(清)余懷撰　**吴門畫舫録一卷**　(清)西溪山人編　清光緒三十四年(1908)長沙葉氏郎園刻本　一冊

520000－2801－0005281　08055
石谿詩集六卷　(清)潘元達撰　清光緒十二年(1886)刻本　二冊

520000－2801－0005282　8057
蘇鄰遺詩二卷續集一卷　(清)李鴻裔著　清末刻本　一冊

520000－2801－0005283　08058
陶堂志微録五卷　(清)高心夔自編　(清)李鴻裔删定　清光緒四年(1878)刻本　二冊

520000－2801－0005284　08059
學宫圖考三卷菊逸山房天學一卷菊逸山房易

學一卷　（清）寇萬川著　清同治十二年（1873）刻本　四册

520000－2801－0005285　08077
知不足齋叢書三十集　（清）鮑廷博輯　清乾隆四十一年（1776）長塘鮑氏家塾刻本　十八册　存十集

520000－2801－0005286　8080
熙朝紀政八卷　（清）王慶雲述　清光緒二十八年（1902）石印本　三册　存六卷（一至二、五至八）

520000－2801－0005287　8081
皇朝經世文三編八十卷　（清）陳忠倚輯　清光緒二十八年（1902）上海書局石印本　十六册

520000－2801－0005288　8082
皇朝經世文續編一百二十卷　（清）葛士濬輯　清光緒十四年（1888）圖書集成局鉛印本　二十八册　存一百七卷（一至四、八至八十二、九十至九十七、一百一至一百二十）

520000－2801－0005289　08083
皇朝經世文新編二十一卷　（清）麥仲華輯　清末石印本　十八册　存十九卷（一至十七、二十至二十一）

520000－2801－0005290　8084
廿二史劄記三十六卷　（清）趙翼撰　清光緒二十六年（1900）上海書局石印本　八册

520000－2801－0005291　8085
玉海二百卷辭學指南四卷附刻十三種　（宋）王應麟撰　清光緒九年（1883）刻本　九十三册　存一百五十一卷（一至十七、二十至二十七、三十五至四十五、六十六至八十四、九十至一百一、一百七至一百二十四、一百二十七至一百五十四、一百五十七至一百八十八、一百九十一至一百九十四、一百九十九至二百）

520000－2801－0005292　8086
玉海二百卷辭學指南四卷附刻十三種　（宋）王應麟撰　清光緒九年（1883）刻本　一百一册　存一百四十六卷（一至六十五、八十二至一百六十二）

520000－2801－0005293　8087
小學紺珠十卷　（宋）王應麟撰　清嘉慶十一年（1806）刻本　二册

520000－2801－0005294　8088
春秋左傳注六十卷　（晉）杜預注　清末刻本　十五册

520000－2801－0005295　8089
春秋公羊傳十一卷　（漢）何休學　（明）閔齊伋裁註　清末稽古樓刻本　四册

520000－2801－0005296　8090
春秋穀梁傳十二卷　（晉）范甯集解　（明）閔齊伋裁註　清末稽古樓刻本　四册

520000－2801－0005297　8091
周禮六卷首一卷　（漢）鄭玄註　清末稽古樓刻本　六册

520000－2801－0005298　8093
廿四史　（漢）司馬遷等撰　清同治至光緒五省官書局刻本　五百十九册　存二十一種

520000－2801－0005299　8094
南唐書十八卷音釋一卷家世舊聞一卷　（宋）陸遊撰　清初汲古閣刻本　三册

520000－2801－0005300　8095
世説新語六卷　（南朝宋）劉義慶撰　（南朝梁）劉孝標注　清光緒三年（1877）湖北崇文書局刻本　四册

520000－2801－0005301　08096
目耕齋初集不分卷二集不分卷三集不分卷　（清）徐楷評　（清）沈叔眉選　清光緒十一年（1885）文昌書局刻本　六册

520000－2801－0005302　8097
可書一卷　（宋）張知甫撰　**東原錄一卷**　（宋）龔鼎臣撰　清光緒三年（1877）吳興陸氏十萬卷樓刻本　一册

520000－2801－0005303　08098
白雨湖莊詩鈔四卷　（清）余雲煥撰　清光緒元年（1875）刻本　一册

520000－2801－0005304　08099
牧民忠告二卷　(元)張養浩著　清同治十年(1871)黔陽官署刻本　一册

520000－2801－0005305　8100
魏三體石經遺字考一卷　(清)孫星衍撰　**琴操二卷補遺一卷**　(漢)蔡邕撰　(清)孫星衍補遺　清刻本　一册

520000－2801－0005306　8101
女四書二卷　(明)王相箋註　清光緒六年(1880)李光明莊刻本　二册

520000－2801－0005307　8102
國朝先正事略六十卷　(清)李元度纂　清光緒十三年(1887)上海點石齋石印本　八册

520000－2801－0005308　08103
東瀛草一卷　陳矩著　(清)朱庭珍評點　清光緒十九年(1893)石印本　一册

520000－2801－0005309　8104
朱批諭旨六十卷　(清)鄂爾泰等撰　(清)張廷玉校對　清光緒十三年(1887)上海點石齋朱墨石印本　四十册　存四十一卷(一至十二、十七至十八、二十、二十二至二十五、二十七至三十、三十二至三十三、三十五至三十六、四十、四十二、四十四至四十五、四十八至四十九、五十一至五十二、五十四至五十八、六十)

520000－2801－0005310　8105
四書遵注合講十九卷　(清)翁復編次　清雍正八年(1730)刻本　六册

520000－2801－0005311　8106
唐文萃一百卷　(宋)姚鉉纂　清光緒九年(1883)江蘇書局刻本　十五册　存九十三卷(一至三、十一至一百)

520000－2801－0005312　08107
紅蕉山館詩鈔十卷總目一卷續鈔二卷　(清)喻文鏊著　清嘉慶九年至道光三年(1804－1823)刻本　四册

520000－2801－0005313　08108
古詩源十四卷　(清)沈德潛選　清康熙五十八年(1719)刻本　四册

520000－2801－0005314　08109
溫飛卿詩集七卷別集一卷附錄諸家詩評一卷舊唐書本傳一卷目錄一卷　(唐)溫庭筠撰　(明)曾益謙原注　(清)顧予咸補注　**溫飛卿集外詩一卷**　(清)顧嗣立續注　清光緒八年(1882)萬軸山房刻本　二册

520000－2801－0005315　08110
樊川詩集四卷別集一卷外集一卷補遺一卷　(唐)杜牧撰　(清)馮集梧注　清光緒十六年(1890)湘南書局刻本　四册

520000－2801－0005316　08111
小琅環園詩錄七卷顧亭林先生詩一卷小琅環園詞錄一卷　(清)張修府著　清光緒七年(1881)長沙刻本　二册

520000－2801－0005317　08112
鎣山賸稿二卷目錄二卷　(清)沈昌世撰　清光緒十二年(1886)刻本　二册

520000－2801－0005318　8113
徐孝穆全集六卷　(南朝陳)徐陵撰　(清)吳兆宜箋注　**本傳一卷**　(清)姚思廉撰　清善化經濟書堂刻本　四册

520000－2801－0005319　8114
廿一史彈詞注十一卷　(明)楊慎編著　清乾隆五十一年(1786)刻本　八册

520000－2801－0005320　8115
王孚齋文集六卷詩集二卷　(明)王升著　清光緒六年(1880)刻朱墨印本　四册

520000－2801－0005321　08116
人譜類記增訂六卷　(明)劉宗周著　清光緒三年(1877)湖北崇文書局刻本　二册

520000－2801－0005322　8117
御撰資治通鑑綱目三編六卷　(清)張廷玉等編　清光緒二十八年(1902)江西太古義記公石印本　二册

520000－2801－0005323　8119

增評加批歷史綱鑑補三十九卷首一卷 （明）袁黄 （明）王世貞編纂 清光緒二十八年(1902)上海富強齋石印本 十四冊

520000－2801－0005324 08120
詩經八卷詩序辨説一卷 （宋）朱熹集傳 清光緒七年(1881)金陵書局刻本 三冊 存七卷(詩經一至三、六至八,詩序辨説一卷)

520000－2801－0005325 08121
易經體註大全合纂四卷 （清）李兆賢輯著 **周易四卷** （宋）朱熹本義 清刻本 三冊

520000－2801－0005326 8122
科學叢書第一集八種 樊炳清譯 清光緒二十七年(1901)世界教育出版社木活字印本 八冊 存七種

520000－2801－0005327 08123
孫文恭公遺書六種二十二卷附錄一卷 （明）孫應鰲撰 清宣統二年(1910)南洋官書局鉛印本 八冊

520000－2801－0005328 08124
王子安集十六卷目錄一卷唐書文苑傳一卷 （唐）王勃撰 清光緒五年(1879)華陽醉經堂刻本 四冊

520000－2801－0005329 08125
三忠合編六卷 （清）何瑩庵 （清）陳冠山原本 （清）胡長新重輯 清同治元年至光緒八年(1862－1882)刻本 四冊

520000－2801－0005330 08126
蜀碧四卷 （清）彭遵泗編 清刻本 四冊

520000－2801－0005331 08129
古唐詩合解十二卷目錄一卷附錄四卷 （清）王堯衢註 清雍正十年(1732)刻本 四冊

520000－2801－0005332 08131
光緒辛丑壬寅恩正并科會試同年齒錄不分卷 （□）□□輯 清刻本 四冊

520000－2801－0005333 08133
三農紀二十四卷總目錄一卷 （清）張宗法著 清刻本 十冊

520000－2801－0005334 08134
楹聯叢話十二卷續話四卷 （清）梁章鉅編輯 清道光二十二年至二十五年(1842－1845)刻本 六冊

520000－2801－0005335 08137
黄庭經註解二卷 （晉）魏夫人撰 （清）涵虚著 清末刻本 二冊

520000－2801－0005336 08143
玉函山房輯佚書五百九十四種目錄八十卷 （清）馬國翰輯 清光緒九年(1883)長沙嫏嬛館刻本 七十八冊 存七十八種

520000－2801－0005337 08144
目耕帖三十一卷 （清）馬國翰撰 清光緒九年(1883)長沙嫏嬛館刻本 二十冊

520000－2801－0005338 8146
正誼堂全書六十八種 （清）張伯行編輯 （清）楊浚重輯 清同治五年(1866)福州正誼書院刻光緒八年至九年(1882－1883)續刻本 一百三十八冊 缺四種

520000－2801－0005339 8151
養素堂文集三十五卷首一卷 （清）張澍撰 清道光十七年(1837)刻本 十六冊

520000－2801－0005340 8152
香葉草堂詩存一卷 （清）羅聘撰 清道光十四年(1834)刻本 一冊

520000－2801－0005341 08159
知養恬齋賦鈔四卷 （清）羅繞典撰 清道光二十一年(1841)刻本 三冊

520000－2801－0005342 08161
易理三種初稿一卷 （清）孫濂撰 清同治二年(1863)刻本 一冊

520000－2801－0005343 08162
易理三種初稿一卷 （清）孫濂撰 清同治二年(1863)刻本 一冊

520000－2801－0005344 8164
貴州戊子科鄉試第一房同門錄一卷 （清）吳履坦編 清光緒刻本 一冊

520000－2801－0005345　08165
守拙齋訓語一卷　（清）李蹇臣撰　**先府君行狀一卷**　（清）蹇誾　（清）蹇訦撰　**崇祀鄉賢錄一卷**　（清）□□撰　**墓誌銘一卷**　（清）蕭光遠撰　**先妣李淑人行畧一卷**　（清）蹇誾等撰　清同治刻本　一冊

520000－2801－0005346　8166
味道集一卷　（清）段楨齡撰　清光緒十七年（1891）貴築縣署刻本　一冊

520000－2801－0005347　8167
集歸去來辭詩鈔一卷　（清）孫濂撰　清末刻本　一冊

520000－2801－0005348　8168
望眉草堂喬梓聯草吟一卷　（清）顏嗣徽撰　清光緒二十六年（1900）刻本　一冊

520000－2801－0005349　8169
大乘起信論直解二卷　（明）釋德清述　清光緒十六年（1890）金陵刻經處刻本　一冊

520000－2801－0005350　08170
先正讀書訣一卷　（清）周永年輯　清光緒二十一年（1895）貴州刻本　一冊

520000－2801－0005351　8176
平津館叢書十集　（清）孫星衍輯　清光緒十年至十二年（1884－1886）吳縣朱氏槐廬家塾刻本　六十三冊

520000－2801－0005352　8177
正覺樓叢刻二十三種　（清）崇文書局輯　清光緒六年至九年（1880－1883）刻本　三十四冊

520000－2801－0005353　8190
香葉草堂詩存一卷　（清）羅聘撰　清道光十四年（1834）刻本　一冊

520000－2801－0005354　8195
左氏兵略三十二卷　（明）陳禹謨銓纂　（明）左光斗刪定　明天啟三年（1623）刻本　三十冊

520000－2801－0005355　08196
左氏兵法測要二十卷目錄一卷　（明）宋徵璧撰　明劍閒齋刻本　二十二冊

520000－2801－0005356　8197
幄籌編四卷　（□）解元輯評　（明）郭子章校閱　（明）洪敷詒參訂　明刻本　一冊

520000－2801－0005357　8198
諸史將畧十六卷　（明）劉畿撰　明嘉靖四十五年（1566）毛鋼刻本　十六冊

520000－2801－0005358　8199
新刻武學經史大成十八卷　（明）陶允宜裁陟　（明）吳可參修輯　明唐廷仁刻本（有抄配）　十四冊

520000－2801－0005359　8200
兵法類案十三卷　（清）謝文洊著　清末抄本　十六冊

520000－2801－0005360　8201
唐荊川先生纂輯武編前六卷後六卷　（明）唐順之撰　清抄本　十二冊

520000－2801－0005361　8202
金湯借箸十二籌十二卷　（明）李盤撰　清抄本　十六冊

520000－2801－0005362　8203
武備志二百四十卷　（明）茅元儀輯　明刻本　八十三冊　缺四卷（一百四十二至一百四十五）

520000－2801－0005363　8204
古今將略四卷　（明）馮時寧輯　明遺經堂刻本　八冊

520000－2801－0005364　8206
皇元聖武親征錄一卷　（元）□□撰　清抄本　一冊

520000－2801－0005365　08207
七雄策纂八卷　（明）穆文熙纂輯　明萬曆十六年（1588）福建陳禹謨刻本　四冊

520000－2801－0005366　8208
方略摘要十卷　（明）趙大綱裁定　（明）李承寶採輯　明天啟二年（1622）刻本　六冊

520000－2801－0005367　8209
武德全書十五卷　(明)李槃匯編　(明)彭好古校　(明)李名世等注　明刻本　六冊

520000－2801－0005368　8210
新鐫武經七書七卷　(明)王守仁批評　(明)胡宗憲參評　明天啟元年(1621)茅震東刻朱墨印本　六冊

520000－2801－0005369　8212
兵鏡二十卷　(明)吳惟順　(明)吳鳴球編輯　明刻本　八冊　存十二卷(一至八、十七至二十)

520000－2801－0005370　8214
黃石公素書一卷　題(漢)黃石公撰　明刻本　二冊

520000－2801－0005371　08216
補漢兵志一卷綱目一卷　(宋)錢文子撰　清刻本　二冊

520000－2801－0005372　8217
八陣合變圖說一卷　(明)藍章學　(明)龍正參　明正德十一年(1516)藍章、高朝用刻本　一冊

520000－2801－0005373　08218
武侯八陣兵法輯略一卷附錄一卷　(清)汪宗沂輯　**用陳雜錄一卷**　清光緒五年(1879)刻本　一冊

520000－2801－0005374　08220
武經總要前集二十二卷後集二十一卷　(宋)曾公亮等原撰　(明)李鼎訂　**武經總要百戰奇法前後集**　(明)李鼎訂　**武經總要行軍須知二卷**　(明)李元凱訂　明萬曆二十七年(1599)金陵唐富春刻本　三十二冊

520000－2801－0005375　8221
刪定武庫益智錄二十卷　(明)何東序纂輯　(明)劉敏寬刪定　明劉懋勛刻本　二十冊

520000－2801－0005376　08223
桂林風土記一卷　(唐)莫休符撰　清莫繩孫抄本　一冊

520000－2801－0005377　8224
陳思王詩集一卷　(三國魏)曹植撰　(清)莫友芝鈔　清道光十八年(1838)莫友芝抄本　一冊

520000－2801－0005378　08225
莫友芝先生雜鈔手蹟一卷　(清)莫友芝撰　清莫友芝稿本(粘貼本)　一冊

520000－2801－0005379　08226
莫友芝先生存真集手稿三篇　(清)莫友芝撰　清莫友芝稿本　一冊

520000－2801－0005380　08227
雙鉤四種　(清)莫友芝臨摹　清莫友芝摹本　一冊

520000－2801－0005381　8228
崔敬邕墓誌銘一卷顏書祭姪文一卷蘇書赤壁賦一卷　(清)莫友芝等書　清抄本　一冊

520000－2801－0005382　8229
魏高使君懿侯碑一卷　(北魏)高貞書　清咸豐九年(1859)莫友芝據南朝梁普通四年(523)碑刻拓印本　一冊

520000－2801－0005383　08230
莫友芝墨蹟一卷　(清)莫友芝書　清同治十年(1871)莫友芝手蹟　三冊

520000－2801－0005384　08231
求闕齋文鈔不分卷　(清)莫友芝抄　清咸豐莫友芝抄本　四冊

520000－2801－0005385　08232
何紹基墨蹟不分卷　(清)何紹基書　清道光抄本(粘貼本)　六冊

520000－2801－0005386　08233
莫友芝先生書翰一卷　(清)莫友芝等書　清抄本(粘貼本)　二十八冊

520000－2801－0005387　08234
莫友芝詩文雜稿一卷　(清)莫友芝撰　清莫友芝稿本　一冊

520000－2801－0005388　08235
莫友芝雜鈔一卷　(清)莫友芝輯撰　清莫友

芝稿本　五冊

520000－2801－0005389　8247
毛詩二十卷　（漢）鄭玄箋　清刻本　六冊　存十四卷（一至二、九至二十）

520000－2801－0005390　8249
學部官報　（清）學部編　清光緒三十二年至宣統三年（1906－1911）鉛印本　六十四冊　存六十三期（三、六、九至十、二十八至三十一、三十七至三十八、四十、四十四、四十七、四十九至五十一、五十四至五十七、五十九、六十四至六十六、六十九、七十一、七十三、七十六、七十八、八十一、八十四、八十九、九十二至九十三、一百至一百一、一百四至一百五、一百八、一百十三至一百十四、一百十六、一百十九、一百二十二、一百二十四至一百二十五、一百二十九至一百三十三、一百三十八至一百四十三、一百四十五至一百四十七、一百四十九至一百五十一）

520000－2801－0005391　8250
影梅庵悼亡題詠一卷附錄一卷　（清）顏光祚等撰　清末刻本　一冊

520000－2801－0005392　8251
桐陰論畫二卷首一卷　（清）秦祖永著　清光緒六年（1880）刻朱墨印本　二冊

520000－2801－0005393　8252
桐陰論畫二編二卷三編二卷　（清）秦祖永著　清光緒八年（1882）刻朱墨印本　二冊

520000－2801－0005394　8253
韓非子識誤三卷　（清）顧廣圻撰　清嘉慶二十一年（1816）刻本　一冊

520000－2801－0005395　8254
封氏聞見記十卷　（唐）封演撰　清乾隆二十一年（1756）刻本　一冊

520000－2801－0005396　8255
尚書大傳四卷補遺一卷鄭司農集一卷　（漢）鄭玄注　清乾隆二十一年（1756）刻本　二冊

520000－2801－0005397　8256
家蔭堂一瞬錄一卷附亡姬蕭氏傳一卷　（清）周際華著　清道光十九年（1839）刻本　一冊

520000－2801－0005398　8257
甌北詩鈔五言古三卷　（清）趙翼撰　清乾隆五十六年（1791）刻本　一冊

520000－2801－0005399　8258
文昌雜錄六卷補遺一卷　（清）龐元英　清乾隆二十一年（1756）刻本　二冊

520000－2801－0005400　8259
四書備備考十七卷　（清）潘克溥輯　清道光二十一年（1841）刻本　八冊

520000－2801－0005401　8262
昌黎先生集四十卷外集十卷遺文一卷點勘四卷　（唐）韓愈撰　清宣統三年（1911）上海鴻文書局、千頃堂書局石印本　十冊

520000－2801－0005402　8265
增廣尚友錄統編二十二卷　（清）應祖錫編輯　清光緒二十八（1902）鴻寶齋石印本　十二冊

520000－2801－0005403　8267
泰西人物韻編不分卷　（清）汪成教編輯　清光緒二十九年（1903）上海書局石印本　六冊

520000－2801－0005404　08268
淵鑑類函四百五十卷目錄四卷　（清）張英等纂　清光緒十三年（1887）上海同文書局石印本　四十八冊

520000－2801－0005405　8271
甌北集五十三卷年譜一卷　（清）趙翼撰　清嘉慶十七年（1812）刻本　十一冊

520000－2801－0005406　8272
瀛奎律髓刊誤四十九卷　（元）方回輯　（清）紀昀評點　清光緒六年（1880）刻本　十二冊

520000－2801－0005407　8273
國朝六家詩鈔八卷　（清）劉執玉選　（清）許庭堅　（清）鄒容成參閱　清乾隆三十二年（1767）刻本　十冊

520000－2801－0005408　8274

施注蘇詩四十二卷補遺二卷 (宋)蘇軾撰 (清)宋犖 (清)張榕端閲定 (清)顧嗣立等刪補 **蘇詩續補遺二卷** (清)馮景補註 **王註正譌一卷東坡先生年譜一卷** (宋)王宗稷編 (清)邵長蘅重訂 **東坡先生墓誌銘一卷** (宋)蘇轍撰 **宋史本傳一卷** (元)脱脱撰 清康熙三十九年(1700)刻本 十二册

520000－2801－0005409 8279
經籍纂詁五卷 (清)阮元撰集 清光緒九年(1883)上海點石齋石印本 十册

520000－2801－0005410 8280
御定駢字類編二百四十卷 (清)張廷玉等編 清光緒十三年(1887)上海同文書局石印本 四十八册

520000－2801－0005411 08294
六科証治準繩四十四卷 (明)王肯堂輯 清康熙三十八年(1699)刻本 七十九册 缺一卷(一)

520000－2801－0005412 08295
丁文誠公奏稿二十六卷首一卷 (清)丁寶楨撰 陳夔龍輯 清光緒十九年(1893)京師刻本 二十六册 存二十六卷(丁文誠公奏稿二十六卷)

520000－2801－0005413 8305
孫子十家注十三卷 (春秋)孫武撰 **敘錄一卷** (清)畢以珣撰 清嘉慶二年(1797)兖州觀察署刻本 四册

520000－2801－0005414 8308
戰畧攷三十一卷 (明)茅元儀原本 (清)潘鐸評 清咸豐八年(1858)刻本 十六册

520000－2801－0005415 8309
百將圖傳二卷 (清)丁日昌編 清同治八年(1869)江蘇書局刻本 四册

520000－2801－0005416 8310
百將傳續編節評四卷 (明)何喬新編輯 (明)張藻節評 清刻本 四册

520000－2801－0005417 08311
武備水火攻二卷武備地利四卷 (明)施永圖輯 清初刻本 十六册

520000－2801－0005418 8312
火攻挈要三卷 (德國)湯若望授 (明)焦勗纂 清末刻本 三册

520000－2801－0005419 8313
水陸攻守戰略秘書七種 題(清)澼絖道人輯 清咸豐三年(1853)木活字印本 二十册

520000－2801－0005420 8314
廣名將傳二十卷 (清)黃道周註断 清道光二十九年(1849)海山仙館刻本 六册

520000－2801－0005421 8315
工部軍器則例六十卷 (清)宋道勳等纂修 清嘉慶十七年(1812)刻本 十六册 存五十八卷(一至四十二、四十五至六十)

520000－2801－0005422 8316
戰車練炮圖說輯要二卷 (清)程容春輯 清同治七年(1868)吟雨樓刻本 四册

520000－2801－0005423 8317
鐵模圖說一卷 (清)龔振麟撰 清道光二十三年(1843)刻本 一册

520000－2801－0005424 8318
蹶張心法一卷 (明)程沖斗著 清道光二十二年(1842)刻本 一册

520000－2801－0005425 8319
長槍法選一卷 (明)程沖斗著 清道光刻本 一册

520000－2801－0005426 8320
單刀法選一卷 (明)程沖斗著 清道光刻本 一册

520000－2801－0005427 8321
神器譜或問一卷 (明)趙士禎著 明刻本 一册

520000－2801－0005428 08323
武備志畧三卷 (清)傅禹重輯 (清)梅清同校 清康熙十五年(1676)刻本 六册

520000－2801－0005429　08324
寧致堂武經體註大全會解不分卷　（清）夏振翼　（清）湯綱纂輯　**孫子一卷吳子一卷司馬法一卷李衛公一卷**　清康熙四十四年（1705）刻本　六册

520000－2801－0005430　8325
火攻挈要三卷　（德國）湯若望授　（明）焦勗纂　清道光二十一年（1841）刻本　一册

520000－2801－0005431　8327
征東實紀一卷　（明）錢世楨著　清光緒二十年（1894）觀自得齋徐氏刻本　一册

520000－2801－0005432　8328
經武要略四卷　（□）□□撰　清刻本　四册

520000－2801－0005433　8329
經邦軌轍一卷　（清）年羹堯著　清刻本　一册

520000－2801－0005434　8331
風后握奇經一卷　（漢）公孫宏解　**六韜三卷**　（周）呂望（太公望）撰　清光緒元年（1875）湖北崇文書局刻本　一册

520000－2801－0005435　08332
守城要覽四卷　（明）宋祖舜編　清咸豐三年（1853）刻本　一册

520000－2801－0005436　8333
西招圖畧一卷附錄二卷圖說一卷西寧路程一卷　（清）松筠撰　（清）陸為柄校訂　清道光二十七年（1847）刻本　二册

520000－2801－0005437　8334
權制八卷　陳澹然著　清光緒二十六年（1900）長沙刻本　六册

520000－2801－0005438　8336
登壇必究四十卷　（明）王鳴鶴編輯　清刻本　十六册　存二十一卷（十一至二十一、三十一至四十）

520000－2801－0005439　8337
握機經三卷　（明）曹胤儒輯註　**吳子一卷孫武子十二卷陰符經一卷素書一卷**　（漢）黃石公著　明刻本　六册

520000－2801－0005440　08338
欽定軍器則例二十四卷　（清）董誥等修　（清）特通保等纂　清光緒排印本　十二册

520000－2801－0005441　8339
中興將帥别傳三十卷　朱孔彰撰　清光緒二十三年（1897）江寧刻本　十册

520000－2801－0005442　8340
懷山園綱鑑百將策題彙纂廣集八卷首一卷　（清）朱堪手輯　清康熙二十一年（1682）金陵觀成堂刻本　十册

520000－2801－0005443　8341
兵鏡備考十三卷孫子集注一卷兵鏡或問二卷　（清）鄧廷羅輯　（清）沈荃等参訂　清初桐石山房刻本　八册

520000－2801－0005444　8342
武經圍鏡不分卷　（清）王瞰集注　清咸豐十一年（1861）刻本　四册

520000－2801－0005445　08343
乾坤大略十卷補遺一卷　（清）王餘佑撰　清咸豐四年（1854）刻本　四册

520000－2801－0005446　8344
兵錄十四卷　（□）□□撰　明崇禎元年（1628）粵之正氣堂刻本　十一册　存七卷（八至十四）

520000－2801－0005447　08345
武經七書講義全彙合參十卷目次一卷　（清）朱墉輯著　（清）王安邦參補　清康熙三十八年（1699）雲林大盛堂刻本　十六册

520000－2801－0005448　8346
洴澼百金方十四卷　題（清）惠麓酒民編次　清咸豐五年（1855）恬愛吾廬刻本　八册

520000－2801－0005449　08347
紀効新書十八卷首一卷目錄一卷　（明）戚繼光撰　清道光十年（1830）刻本　六册

520000－2801－0005450　8348
心略地利四卷　（明）施永圖著　明刻本

八册

520000－2801－0005451　08349
洋防輯要二十四卷目錄一卷　(清)嚴如熤輯　清嘉慶刻本　十册

520000－2801－0005452　8350
練兵實紀九卷　(明)戚繼光著　清道光十四年(1834)來鹿堂刻本　五册

520000－2801－0005453　8351
奇門行軍要略四卷　(清)劉文瀾纂　清道光二十五年(1845)刻本　四册

520000－2801－0005454　08352
欽定平定回疆剿擒逆裔方略八十卷首一卷　(清)曹振鏞等纂　清道光十年(1830)刻本　三十二册

520000－2801－0005455　8353
平定關隴紀略十三卷　(清)易孔昭撰　清光緒十三年(1887)刻本　十册

520000－2801－0005456　8354
平浙紀略十六卷　(清)秦緗業　(清)陳鐘英撰　清同治十三年(1874)刻本　四册

520000－2801－0005457　8355
平臺紀畧一卷　(清)藍鼎元撰　(清)王者輔評　清雍正十年(1732)刻本　二册

520000－2801－0005458　8356
山東軍興紀畧二十二卷　(清)管晏等撰　清末刻本　六册

520000－2801－0005459　8357
綏寇紀略十二卷補遺三卷　(清)吳偉業輯　清嘉慶照曠閣刻本　四册

520000－2801－0005460　8358
豫變紀略八卷首一卷　(清)鄭廉撰　清乾隆八年(1743)刻本　四册

520000－2801－0005461　8359
豫軍紀略十二卷　(清)尹耕云等纂　清同治十一年(1872)刻本　十一册　存十一卷(一至四、六至十二)

520000－2801－0005462　8360
越事備考十一卷　(清)劉名譽編輯　清光緒二十一年(1895)慕盦氏刻本　六册

520000－2801－0005463　08361
東征集六卷　(清)藍鼎元稿　(清)王者輔評　清雍正十年(1732)刻本　三册

520000－2801－0005464　8363
開禧德安守城錄一卷　(宋)王致遠編　清同治七年(1868)刻本　一册

520000－2801－0005465　8364
歷學會通一卷　(清)薛鳳祚撰　清康熙三年(1664)刻本　一册

520000－2801－0005466　08365
東槎紀畧五卷　(清)姚瑩著　清道光十二年(1832)刻本　四册

520000－2801－0005467　08366
守汴日誌一卷　(明)李光壂編　清光緒二十四年(1898)刻本　二册

520000－2801－0005468　8370
淮軍平捻記十二卷　(清)周世澄撰　清同治至光緒刻本　六册

520000－2801－0005469　08372
靖逆記六卷　題(清)蘭簃外史纂　清末刻本　四册

520000－2801－0005470　8373
經義正衡敘錄二卷　(清)雷廷珍學　清光緒二十八年(1902)貴陽刻本　一册

520000－2801－0005471　8375
等音歸韻十卷　(清)李蘭臺編次　清道光元年(1821)刻本　十册

520000－2801－0005472　8395
驗方新編十六卷末一卷　(清)鮑相璈編輯　清宣統二年(1910)刻本　六册　存十卷(一至四、九至十一、十四至十六)

520000－2801－0005473　08397
醫學金鍼八卷　(清)陳念祖原本　(清)潘霨增輯　清光緒四年(1878)敏德堂潘氏刻本

四册

520000－2801－0005474　08398
傷寒論類方四卷　(清)潘霨增輯　(清)徐大椿編釋　清同治五年(1866)刻本　四册

520000－2801－0005475　08399
景岳新方砭四卷目錄一卷　(清)陳念祖著　清光緒二十七年(1901)新化三味書局刻本　一册

520000－2801－0005476　08400
新增說文韻府羣玉二十卷　(元)陰時夫編輯　(元)陰中夫編註　明萬曆十八年(1590)聚錦堂刻本　十册

520000－2801－0005477　8401
六書通十卷　(明)閔齊伋撰　(清)畢弘述篆訂　清光緒四年(1878)繡谷三餘堂刻本　十册

520000－2801－0005478　8402
儀禮要義五十卷　(宋)魏了翁撰　清光緒十四年(1888)江蘇書局刻本　十二册

520000－2801－0005479　8403
近思錄十四卷考訂朱子世家一卷校勘記一卷　(宋)朱熹撰　(清)江永集注　清同治八年(1869)江蘇書局刻本　四册

520000－2801－0005480　8404
培遠堂手札節存三卷　(清)陳宏謀著　清同治十一年(1872)江蘇書局刻本　一册

520000－2801－0005481　8405
韓集點勘四卷　(清)陳景雲撰　清同治九年(1870)江蘇書局刻本　一册

520000－2801－0005482　8407
洪北江先生年譜一卷　(清)呂培等編　清刻本　一册

520000－2801－0005483　08409
佩文韻府一百六卷　(清)張玉書等纂修　清光緒十二年(1886)上海同文書局石印本　六十册

520000－2801－0005484　8410
佩文韻府一百六卷拾遺一百六卷　(清)張玉書等撰　清光緒八年(1882)上海點石齋石印本　十册

520000－2801－0005485　8411
佩文韻府一百六卷　(清)張玉書彙閱　(清)孫致彌纂　清嶺南潘氏海山仙館刻本　九十三册　存一百五卷(二至一百六)

520000－2801－0005486　8412
佩文韻府一百六卷　(清)張玉書等撰　清光緒十七年(1891)上海同文書局石印本　六十册

520000－2801－0005487　8436
川省赴會之程途一卷　(清)傅崇矩撰　清光緒三十年(1904)刻本　一册

520000－2801－0005488　8439
秋柳一卷　陳矩撰　清末萬縣嘉惠印刷館仿宋石印本　一册

520000－2801－0005489　8455
眉韻樓詩三卷　(清)孫雄撰　清光緒三十年(1904)京師刻本　一册

520000－2801－0005490　8456
包慎伯論文二卷　(清)包慎伯撰　清末刻本　一册

520000－2801－0005491　8457
說文辨疑一卷　(清)顧廣圻撰　清光緒三年(1877)湖北崇文書局刻本　一册

520000－2801－0005492　8463
魏志三十卷　(晉)陳壽撰　(南朝宋)裴松之注　清乾隆四年(1739)刻本　八册

520000－2801－0005493　08464
三國志六十五卷考證六十五卷目錄一卷考證一卷　(晉)陳壽撰　(南朝宋)裴松之注　清同治十年(1871)成都書局刻本　十四册

520000－2801－0005494　08465
欽定春秋傳說彙纂三十八卷首二卷目錄一卷　(清)王掞等纂　清光緒十六年(1890)雲南書局刻本　二十六册

520000－2801－0005495　8466
淮南天文訓補注二卷　(清)錢塘撰　清光緒三年(1877)崇文書局刻本　二册

520000－2801－0005496　8468
王船山先生年譜二卷　(清)劉毓崧編　清光緒十二年(1886)江南書局刻本　二册

520000－2801－0005497　8469
思兄樓文稿一卷爨餘稿一卷　(清)羅長裿撰　清末刻本　一册

520000－2801－0005498　8471
程氏家塾讀書分年日程三卷綱領一卷　(元)程端禮撰　清同治八年(1869)江蘇書局刻本　一册

520000－2801－0005499　8472
高厚蒙求四集　(清)徐朝俊輯　清嘉慶十二年至二十年(1807－1815)刻本　一册　存一集(初集)

520000－2801－0005500　08474
靜庵文集不分卷　王國維撰　清光緒三十一年(1905)鉛印本　一册

520000－2801－0005501　08476
明詩紀事十籤一百八十七卷　陳田輯　清光緒二十五年至宣統三年(1899－1911)聽詩齋刻本　三十八册

520000－2801－0005502　8477
巢經巢遺文五卷梟氏為鐘圖説一卷詩鈔後集四卷　(清)鄭珍撰　清光緒十九年至二十年(1893－1894)貴築高氏資州官署刻本　四册

520000－2801－0005503　08478
澹勤室全集七種　(清)傅壽彤撰　清光緒三年(1877)武昌刻本　六册

520000－2801－0005504　8479
香草詞五卷補遺一卷附録一卷鴻爪詞一卷哀絲豪竹詞一卷菊花詞一卷集牡丹亭詞一卷　(清)陳鍾祥撰　清咸豐十年(1860)刻本　四册

520000－2801－0005505　08480
澹勤室詩六卷　(清)傅壽彤著　清同治十年(1871)大梁刻本　一册

520000－2801－0005506　08482
丁文誠公遺藁二卷　(清)丁寶楨撰　清光緒二十年(1894)京師刻本　一册

520000－2801－0005507　8483
播雅二十四卷　(清)鄭珍編次　(清)唐樹義校訂　清宣統三年(1911)貴陽文通書局鉛印本　七册　存二十一卷(一至二十一)

520000－2801－0005508　08484
訓真書屋詩存二卷　(清)黄國瑾撰　清光緒三十二年(1906)黄氏家塾刻本　二册

520000－2801－0005509　8487
詒謀隨筆二卷　(清)但明倫撰　清光緒四年(1878)刻本　二册

520000－2801－0005510　8489
桐埜詩集四卷　(清)周起渭撰　清咸豐二年(1852)世恩堂刻本　四册

520000－2801－0005511　08490
丁文誠公遺藁二卷　(清)丁寶楨撰　清光緒二十年(1894)京師刻本　一册

520000－2801－0005512　8491
樹蕙背遺詩一卷　(清)鄭淑昭撰　清光緒二十年(1894)京師刻本　一册

520000－2801－0005513　8492
寶研齋詩鈔四卷試帖詩鈔二卷　(清)花傑撰　清咸豐二年(1852)刻本　二册

520000－2801－0005514　08493
鴛鴦鏡傳奇不分卷　(清)傅玉書填詞　清光緒二十一年(1895)刻本　二册

520000－2801－0005515　8496
黎氏家集三十七卷　(清)黎庶昌輯　清光緒十四至十五年(1888－1889)石印本、鉛印本　九册

520000－2801－0005516　8497
汗簡七卷目録一卷　(宋)郭忠恕撰　(清)鄭珍箋正　清光緒十五年(1889)廣雅書局刻本

四冊

520000－2801－0005517　8498
靈峯草堂集不分卷　陳矩撰　清光緒十九年(1893)刻本　三冊

520000－2801－0005518　8500
岷江紀程一卷楹帖偶存一卷　(清)陳鍾祥撰　清咸豐十年(1860)刻本　一冊

520000－2801－0005519　8501
依隱齋詩鈔十二卷　(清)陳鍾祥撰　清咸豐十年(1860)刻本　五冊

520000－2801－0005520　08503
丁文誠公奏稿二十六卷首一卷　(清)丁寶楨撰　陳夔龍輯　清光緒十九年(1893)京師刻本　二十七冊

520000－2801－0005521　08504
家蔭堂彙刻十一種　(清)周際華述　清道光十九年(1839)家蔭堂刻本　四冊　存六種

520000－2801－0005522　08505
譚中丞奏稿十二卷首一卷總目一卷　(清)譚鈞培撰　清光緒二十八年(1902)湖北糧署刻三十年(1904)印本　十六冊

520000－2801－0005523　08506
郘亭遺詩八卷遺文八卷目錄一卷　(清)莫友芝撰　清光緒元年(1875)刻本　四冊

520000－2801－0005524　8508
鄧家隊平黔戰事記一卷　(清)藍廷玉撰　清光緒二十三年(1897)武陵刻本　一冊

520000－2801－0005525　8509
悔昨非齋倣陶詩集不分卷　(清)錢登熙著　清光緒二十六年(1900)刻本　一冊

520000－2801－0005526　08510
莘齋文鈔四卷詩鈔七卷詩餘一卷　(清)宦懋庸撰　清光緒二十年(1894)川東道署刻本　三冊

520000－2801－0005527　8512
孫文恭公遺書六種二十卷　(明)孫應鰲撰　清光緒六年(1880)獨山莫氏刻本　六冊

520000－2801－0005528　08513
飣餖吟十二卷　(清)石贊清集　(清)黄丙森注　清咸豐八年(1858)刻本　四冊

520000－2801－0005529　8518
拙尊園叢稿六卷　(清)黎庶昌撰　清末刻本　四冊

520000－2801－0005530　8519
輪輿私箋二卷附錄一卷　(清)鄭珍撰　清同治七年(1868)獨山莫氏金陵刻本　一冊

520000－2801－0005531　08520
易箋八卷首一卷　(清)陳法撰　清乾隆三十年(1765)刻本　四冊

520000－2801－0005532　08522
日本維新政治彙篇十二卷　(清)劉慶汾集譯　清光緒二十八年(1902)蓉城刻本　六冊

520000－2801－0005533　8523
黎星使讌集合編四種　(清)黎庶昌編　清光緒十六年(1890)鉛印本　六冊

520000－2801－0005534　08524
湘梘宧遺稾一卷目錄一卷　(清)高銘彤著　清光緒十一年(1885)資中刻本　二冊

520000－2801－0005535　08525
楊果勇侯三種　(清)楊芳著　清道光十五年(1835)刻本　四冊

520000－2801－0005536　08526
黔史四卷　(清)猶法賢編　清光緒十四年(1888)貴陽熊湛英刻本　一冊

520000－2801－0005537　8530
説文本經答問二卷　(清)鄭知同撰　清光緒十六年(1890)廣雅書局刻本　一冊

520000－2801－0005538　08531
莫郘亭先生墨蹟一卷　(清)莫友芝書　清同治十年(1871)石印本　一冊

520000－2801－0005539　08532
郘亭詩鈔六卷　(清)莫友芝撰　清咸豐二年(1852)遵義湘川講舍刻同治五年(1866)江寧三山客舍補刻本　二冊

520000－2801－0005540　8534
家蔭堂一瞬録一卷來西録一卷　（清）周際華著　清道光十九年（1839）家蔭堂刻本　二册

520000－2801－0005541　8535
雪鴻堂詩蒐逸三卷附録一卷　（明）謝三秀撰　清咸豐元年（1851）遵義刻本　一册

520000－2801－0005542　08537
入蜀文稿一卷　陳矩撰　**書柳子厚論語辨後一卷**　清宣統元年（1909）鉛印本　一册

520000－2801－0005543　08538
景湘吟草一卷　（清）彭應珠著　清光緒十五年（1889）刻本　一册

520000－2801－0005544　8539
鄭子尹集二十四卷　（清）鄭珍撰　清咸豐八年（1858）至清同治五年（1866）刻本　十册

520000－2801－0005545　8540
周易屬辭十二卷通例五卷通説二卷　（清）蕭光遠述　清咸豐三年（1853）吉修堂刻本　八册

520000－2801－0005546　08541
特詔嘉獎循良録一卷　（清）黄彭年述　清同治七年（1868）刻本　一册

520000－2801－0005547　8541
崇祀鄉賢録一卷　（清）□□編　清光緒三年（1877）刻本　一册

520000－2801－0005548　8541
賢母録一卷　（清）黄彭年述　清同治七年（1868）刻本　一册

520000－2801－0005549　08541
營田輯要内篇二卷外篇一卷首一卷　（清）黄輔辰述　清同治三年（1864）成都刻本　一册

520000－2801－0005550　08545
水利田考一卷屯田考一卷黄河考一卷職役考一卷　（□）□□撰　清黄輔辰抄本　一册

520000－2801－0005551　8546
樗繭譜一卷　（清）鄭珍纂　（清）莫友芝注　清光緒八年（1882）河南臬署刻本　一册

520000－2801－0005552　08547
營田輯要内篇二卷外篇一卷首一卷　（清）黄輔辰述　清同治三年（1864）成都刻本　二册

520000－2801－0005553　8549
貞定先生遺集四卷附録一卷　（清）莫與儔撰　清末刻本　二册

520000－2801－0005554　08550
一漁草堂試律藁二卷　（清）邱煌撰　清光緒四年（1878）刻本　二册

520000－2801－0005555　8553
播川詩鈔五卷　（清）趙旭撰　清同治四年（1865）刻本　二册

520000－2801－0005556　8554
夏雨軒雜文四卷　（清）陳鍾祥撰　清咸豐十年（1860）刻本　二册

520000－2801－0005557　08555
守拙齋詩鈔二卷　（清）李蹇臣撰　清末刻本　一册

520000－2801－0005558　8557
古音類表九卷　（清）傅壽彤撰　清光緒二年（1876）武昌刻本　四册

520000－2801－0005559　8558
天全石録一卷　陳矩撰　清光緒二十九年（1903）錦城刻本　一册

520000－2801－0005560　8559
趙州石刻全録三卷　（清）陳鍾祥編次　清同治元年（1862）刻本　三册

520000－2801－0005561　08565
海堂軒稿一卷　（清）黎邁著　清黎邁稿本　一册

520000－2801－0005562　08566
蜀游筆記一卷　（清）黎邁著　清光緒三十四年（1908）黎邁稿本　一册

520000－2801－0005563　8568
孟子外書補注四卷　（宋）劉攽撰　陳矩補注　清光緒十七年（1891）靈峰草堂刻本　一册

520000－2801－0005564　8569
孟子弟子考補正一卷　（清）朱彝尊原本　陳矩補正　清光緒二十四年（1898）靈峯草堂叢書本　一册

520000－2801－0005565　8570
山蠶圖説一卷白話告示一卷　（清）夏與賡撰　清光緒三十二年（1906）刻本　一册

520000－2801－0005566　08572
親屬記二卷　（清）鄭珍撰　清光緒十八年（1892）廣雅書局刻本　一册

520000－2801－0005567　8573
惜道味齋集一卷　姚大榮撰　清宣統三年（1911）刻本　一册

520000－2801－0005568　08575
從戎紀畧一卷　（清）朱洪章自敘　清光緒十九年（1893）紫陽堂刻本　一册

520000－2801－0005569　08576
唐寫本説文解字木部箋異一卷仿唐寫本説文解字木部一卷　（清）莫友芝撰　清同治二年（1863）刻同治三年（1864）印本　二册

520000－2801－0005570　8577
宦游紀略二卷　（清）高廷瑤撰　清光緒九年（1883）資州官舍刻本　一册

520000－2801－0005571　8578
宦游紀略二卷　（清）高廷瑤撰　清同治十二年（1873）成都刻本　二册

520000－2801－0005572　8579
怡怡樓遺稿一卷　（清）高以莊撰　清光緒元年（1875）西充官廨刻本　一册

520000－2801－0005573　08580
明辨錄一卷　（清）陳法手訂　（清）荊如棠校刊　清光緒二十一年（1895）固始張氏刻本　一册

520000－2801－0005574　08581
宋元舊本書經眼錄三卷附錄二卷　（清）莫友芝撰　清同治十二年（1873）刻本　一册

520000－2801－0005575　08586
四川鹽法志四十卷首一卷　（清）丁寶楨等纂　清光緒八年（1882）刻本　二十册

520000－2801－0005576　08587
[光緒]名山縣志十五卷　（清）趙懿等纂輯　清光緒十八年（1892）刻本　四册

520000－2801－0005577　08588
[乾隆]貴州通志四十六卷首一卷　（清）鄂爾泰　（清）張廣泗修　（清）靖道謨　（清）杜詮纂　清乾隆六年（1741）刻嘉慶補刻本　二十四册

520000－2801－0005578　08589
東三省蒙務公牘彙編五卷　（清）朱啟鈐編　清宣統元年（1909）鉛印本　二册

520000－2801－0005579　8590
周易或問六卷　（清）文天駿撰　清光緒十一年（1885）刻本　六册

520000－2801－0005580　8593
周漁璜先生年譜一卷　陳田編　清末刻本　一册

520000－2801－0005581　8594
譯史綱目十六卷首一卷　（清）王勳撰　清光緒二十七年（1901）刻本　十册

520000－2801－0005582　8596
[康熙]清浪衛志略一卷　（清）朱龢修　清抄本　一册

520000－2801－0005583　8601
誥授通奉大夫晉授榮祿大夫湖南安察使署布政使黃平孫公行略一卷　（清）陳廷彥撰　清光緒十七年（1891）刻本　一册

520000－2801－0005584　8603
楊龢甫先生家傳一卷　李岳瑞撰　清末石印本　一册

520000－2801－0005585　08604
貴州報銷總局收支清單不分卷　（清）貴州報銷總局記錄　清抄本　一册

520000－2801－0005586　08605
貴州報銷清單不分卷　（清）岑毓英編　清抄

本　一册

520000－2801－0005587　08606
黔省事蹟雜輯一卷　(□)□□輯　清末抄本　一册

520000－2801－0005588　8609
勑授文林郎徵君顯考子尹府君行述一卷　(清)趙怡輯　清宣統元年(1909)鉛印本　一册

520000－2801－0005589　8612
經義正衡敘錄二卷　(清)雷廷珍學　清末貴陽崇學書局鉛印本　一册

520000－2801－0005590　8613
陽明先生集要三編十六卷　(明)王守仁撰　(清)施邦曜評輯　清光緒五年(1879)黔南刻本　十四册

520000－2801－0005591　8614
虚白齋存稿十卷　(清)吳壽昌撰　清乾隆五十五年(1790)刻本　三册

520000－2801－0005592　08615
虚齋詩稿十五卷　(清)陳榮昌著　清末貴州刻本　十五册

520000－2801－0005593　08616
東洲草堂詩鈔二十七卷詩餘一卷目錄一卷　(清)何紹基撰　**東洲草堂題詞一卷**　(清)賀長齡撰　(清)何慶涵編次　清同治六年(1867)長沙無園刻本　六册

520000－2801－0005594　08617
先正讀書訣一卷　(清)周永年輯　清光緒二十一年(1895)刻本　一册

520000－2801－0005595　08618
得所得盦詩集一卷　(清)劉溎焯著　清光緒十二年(1886)刻本　一册

520000－2801－0005596　8619
鄂文端公遺稿六卷　(清)鄂爾泰撰　清乾隆三十九年(1774)刻本　二册

520000－2801－0005597　08620
玉笙樓詩錄十二卷目錄一卷　(清)沈壽榕著　清光緒九年(1883)刻本　六册

520000－2801－0005598　08621
浣花居詩鈔十卷　(清)嚴昌鈺撰　清末鉛印本　一册　存五卷(一至五)

520000－2801－0005599　8622
養素堂詩集二十六卷　(清)張澍撰　清道光二十二年(1842)刻本　十四册

520000－2801－0005600　8623
倚松閣詩鈔十五卷　(清)馮錫鏞撰　**湊虚閣詩草附一卷試帖附一卷**　(清)馮熾宗撰　清同治九年(1870)刻本　四册

520000－2801－0005601　08624
敦夙好齋詩初編十二卷　(清)葉名澧著　**題詞一卷**　(清)宗稷辰撰　清咸豐三年(1853)刻本　二册

520000－2801－0005602　8625
紅樹山莊詩草四卷黔游草一卷　(清)劉家逵撰　清光緒十一年(1885)刻本　二册

520000－2801－0005603　8626
退思軒詩集六卷補遺一卷　(清)張百熙著　(清)王式通校　清宣統三年(1911)武昌刻本　二册

520000－2801－0005604　8627
尾燕叢談四卷　(清)李調元撰　清中刻本　一册

520000－2801－0005605　08628
黔記四卷　(清)李宗昉撰　清道光十四年(1834)刻本　一册

520000－2801－0005606　08629
也居山房文集八卷詩集十卷補錄一卷　(清)魏承柷著　清同治九年(1870)刻本　四册

520000－2801－0005607　8631
思補堂文集二卷　(清)劉昌臣著　清道光十一年(1831)吟石山房刻本　二册

520000－2801－0005608　8633
求實學齋文集四卷　(清)余愔撰　清光緒三十一年(1905)刻本　二册

520000－2801－0005609　08635
詩娛室詩集二十四卷　(清)黄安濤撰　清道光十四年(1834)刻本　六册

520000－2801－0005610　08636
誥授中憲大夫晉贈通奉大夫謚壯節簡堂鹿公行述一卷　(清)鹿傳昉等述　**定興鹿氏二續譜**　(清)劉有銘等撰　清末刻本　一册

520000－2801－0005611　08637
敬業堂詩集五十卷　(清)查慎行撰　清康熙五十八年(1719)刻本　十二册

520000－2801－0005612　08638
使滇集三卷　(清)史申義譔　清初刻本　一册

520000－2801－0005613　08639
苗疆見聞錄一卷　(清)徐家幹述　清光緒四年(1878)刻本　一册

520000－2801－0005614　08640
滇軺紀程一卷荷戈紀程一卷政書蒐遺一卷　(清)林則徐撰　清光緒三年(1877)刻本　一册

520000－2801－0005615　08641
東南紀事十二卷目錄一卷西南紀事十二卷目錄一卷　(清)邵廷采撰　清光緒十年(1884)邵武徐氏刻本　四册

520000－2801－0005616　08642
榴實山莊文稿一卷詩鈔六卷詞鈔一卷　(清)吳存義著　清同治十年(1871)刻本　二册

520000－2801－0005617　08643
西垣詩鈔二卷黔苗竹枝詞一卷　(清)毛貴銘著　清光緒十年(1884)長沙王氏刻本　一册

520000－2801－0005618　08644
黔滇紀略一卷　(清)陸嵩齡撰　**倚棹閑吟一卷**　清道光十三年(1833)拜五經樓刻本　一册

520000－2801－0005619　08645
棣懷堂隨筆十一卷末一卷雙圃賦鈔一卷夢巖賦鈔一卷詩鈔一卷　(清)李象鵾撰　清同治十三年(1874)刻本　八册

520000－2801－0005620　08646
[道光]連山綏猺廳志不分卷　(清)姚柬之編集　清光緒三年(1877)刻本　一册

520000－2801－0005621　8647
劉印渠先生南中手札一卷滇幕賸觚一卷　(清)歐陽侑代稿　清光緒二十三年(1897)刻本　一册

520000－2801－0005622　8648
青埵山人詩十卷　(清)洪飴孫著　**敕授文林郎湖北東湖縣知縣先伯兄行略一卷皇清文林郎湖北東湖縣知縣洪君傳一卷**　(清)吳育撰　**皇清文林郎湖北東湖縣知縣洪君墓誌銘一卷**　(清)李兆洛撰　**湖北東湖縣知縣洪君墓碑一卷**　(清)方履籛撰　清光緒十年(1884)閩縣陳氏西江使廨刻本　二册

520000－2801－0005623　8649
傳經堂詩鈔十二卷　(清)韋謙恒撰　清乾隆五十五年(1790)刻本　四册

520000－2801－0005624　08650
向湖邨舍詩初集十二卷　(清)趙藩撰　清光緒十四年(1888)長沙刻本　二册

520000－2801－0005625　08651
海豐吳氏詩存四卷　(清)吳重熹輯　清光緒八年(1882)刻本　四册

520000－2801－0005626　8652
春星草堂集十四卷　(清)沈丙瑩著　清光緒十五年(1889)刻本　三册　存七卷(文一至二、詩一至五)

520000－2801－0005627　8654
望山堂文集四卷　(清)張扶翼著　清光緒十二年(1886)黔陽黃氏刻本　二册

520000－2801－0005628　8656
聞妙香室詩十二卷　(清)李宗昉撰　清道光十五年(1835)刻本　四册

520000－2801－0005629　8658
鏡虹吟室詩集四卷經進稿一卷　(清)孔昭虔

撰　清道光十六年(1836)刻本　三册

520000－2801－0005630　08659

椒園居士集六卷　(清)王定柱著　清光緒三十二年(1906)刻本　二册

520000－2801－0005631　8660

岑襄勤公奏稿三十卷總目一卷首一卷　(清)岑毓英撰　清光緒二十三年(1897)武昌督糧官署止復園刻朱墨印本　三十二册

520000－2801－0005632　08661

郭大理遺稿八卷　(清)郭尚先撰　清道光二十四年至二十五年(1844－1845)刻本　四册

520000－2801－0005633　08662

駱文忠公年譜二卷　(清)駱秉章編　清光緒二十一年(1895)都門刻本　二册

520000－2801－0005634　8662

論祭駱文忠文一卷　(清)李光廷撰　**光禄大夫太子太傅協辦大學士四川總督世襲一等輕車都尉駱文忠公神道碑銘一卷**　(清)蘇廷魁撰　清末刻本　一册

520000－2801－0005635　8664

赤雅三卷　(明)鄺露撰　清乾隆三十四年(1769)刻本　一册

520000－2801－0005636　8667

使黔草三卷　(清)何紹基撰　清末刻本　三册

520000－2801－0005637　8669

使滇紀程一卷　(清)晏端撰　清光緒十三年(1887)刻本　一册

520000－2801－0005638　8673

黄孝子紀程二卷附録一卷　(清)黄向鑒識　**虎口餘生記**　(明)邊大綬著　清乾隆至道光長塘鮑氏刻本　一册

520000－2801－0005639　8674

滇黔土司婚禮記一卷　(清)陳鼎著　**三山鄭菊山先生清雋集**　(宋)鄭起撰　(元)仇遠選　清乾隆至道光長塘鮑氏刻本　一册

520000－2801－0005640　8676

庭聞録六卷　(清)劉健述　清康熙五十八年(1719)刻本　五册

520000－2801－0005641　8677

張制軍年譜二卷行狀一卷事略一卷家傳一卷墓誌銘一卷　(清)林紹年輯　清光緒三十一年(1905)刻本　二册

520000－2801－0005642　8678

滇詩拾遺六卷　(清)陳榮昌輯　清宣統元年(1909)昆明刻本　六册

520000－2801－0005643　8679

甌蠱燃犀錄一卷　題(清)燃犀道人著　清光緒十九年(1893)寶鏡山房刻本　一册

520000－2801－0005644　08680

牧鷗亦舫詩鈔四卷詩餘一卷　(清)趙瀚著　清同治元年(1862)刻本　二册

520000－2801－0005645　08681

岑襄勤公勳德介福圖不分卷　(清)岑春榮撰　清光緒十七年(1891)石印本　一册

520000－2801－0005646　08682

廣西全省地輿圖説一卷　(清)蘇鳳文編校　清同治五年(1866)刻本　一册

520000－2801－0005647　8683

皇清誥授光禄大夫頭品頂戴鹽運使銜前廣東候補道顯考靄山府君行述一卷　(清)李應燉等述　清末刻本　一册

520000－2801－0005648　08684

旌表孝子李茂才歸喪記一卷　(清)李學侗記　清光緒二十四年(1898)刻本　一册

520000－2801－0005649　08685

貴州安順府知府沈公行狀一卷　(清)譚廷獻撰　清同治九年(1870)刻本　一册

520000－2801－0005650　08686

逸云府君行述一卷　(清)莫宴均等述　清末富文齋刻本　一册

520000－2801－0005651　08687

趨庭紀聞一卷　(清)羅應旒著　清光緒二十六年(1900)刻本　一册

520000－2801－0005652　08688
故雲南布政使李公德莪家傳一卷　（清）李傳元撰　清末刻本　一冊

520000－2801－0005653　08689
仁書二篇　（清）易佩紳著　清光緒十年（1884）刻本　一冊

520000－2801－0005654　08690
荔村草堂詩續鈔一卷　（清）譚宗浚撰　清宣統二年（1910）刻本　一冊

520000－2801－0005655　08691
蓉湖草堂贈言錄一卷　（清）麟慶等述輯　**先妣惲太夫人言行略一卷**　（清）麟慶等述　**先太夫人逸事隨憶錄一卷**　（清）麟慶錄　清道光刻本　一冊

520000－2801－0005656　08693
安徽巡撫色卜星額行述一卷　（清）鳳柃等述　（清）穆彰阿頓塡　清末刻本　一冊

520000－2801－0005657　8694
賜硯山房黔蜀集一卷　（清）瞿嘉福撰　清光緒二年（1876）刻本　一冊

520000－2801－0005658　08695
抱影廬哀蟬集一卷詞一卷　（清）桂霖撰　清光緒二十七年（1901）貴西巡署刻本　一冊

520000－2801－0005659　08696
都勻至古州作詩三十首鈔本一卷　（清）文悌著　清光緒三十四年（1908）鉛印本　一冊

520000－2801－0005660　08697
宦黔紀略一卷　（清）涂步衢著　清光緒三十三年（1907）刻本　一冊

520000－2801－0005661　08699
于清端公政書八卷外集一卷首編一卷　（清）于成龍撰　（清）蔡方炳等編次　（清）于準錄　清康熙二十二年（1683）刻本　八冊

520000－2801－0005662　08700
［康熙］天柱縣志二卷　（清）王復宗匯輯　清康熙二十四年（1685）刻本　四冊

520000－2801－0005663　08701
可石小草二卷　（清）段琦藁　清嘉慶元年（1796）刻本　二冊

520000－2801－0005664　8702
卷施閣文甲集十卷補遺一卷乙集十卷續編一卷詩集二十卷　（清）洪亮吉撰　**洪北江先生年譜一卷**　（清）呂培等編次　清光緒三年（1877）授經堂刻本　十二冊

520000－2801－0005665　08704
遠音集五卷　（清）顧鑒撰　清乾隆五十五年（1790）刻本　一冊

520000－2801－0005666　8705
蠻語集一卷　程頌萬著　清光緒十五年（1889）嘉平刻本　一冊

520000－2801－0005667　8709
味和堂詩集六卷　（清）高其倬撰　清乾隆十四年（1749）刻本　二冊

520000－2801－0005668　8710
滇行日記二卷　（清）李澄中著　清刻本　一冊

520000－2801－0005669　08713
［道光］遵義府志四十八卷首一卷　（清）平翰等修　（清）鄭珍　（清）莫友芝纂　清道光二十一年（1841）刻本　十五冊

520000－2801－0005670　08714
湖南苗防屯政考十五卷首一卷　（清）但湘良纂　清光緒九年（1883）蒲圻但氏刻本　十五冊

520000－2801－0005671　08714
湖南苗防屯政考補編一卷　（清）但湘良纂　清光緒十六年（1890）蒲圻但氏刻本　一冊

520000－2801－0005672　8715
水經注西南諸水考三卷　（清）陳澧撰　**三統術詳説四卷弧三角平視法一卷摹印述一卷**　清咸豐七年（1857）刻本　一冊

520000－2801－0005673　8717
滇海虞衡志十三卷　（清）檀萃輯　清嘉慶九年（1804）刻本　二冊

520000－2801－0005674　8718

滇粹一卷　吕志伊　李根源輯　清宣統元年(1909)鉛印本　一册

520000－2801－0005675　8719

爾爾書屋詩草八卷　(清)史夢蘭撰　清光緒元年(1875)刻本　二册

520000－2801－0005676　8721

據鞍錄一卷　(清)楊應琚著　清光緒二十二年(1896)刻本　一册

520000－2801－0005677　8722

天岳山館文鈔四十卷　(清)李元度撰　清光緒六年(1880)刻本　十二册

520000－2801－0005678　8723

秋錦山房集二十二卷　(清)李良年撰　**徵士李君行狀**　(清)朱彝尊纂　**外集三卷香草居集七卷**　(清)李符撰　**布衣李君墓表**　(清)高層雲撰　**尋壑外言五卷**　(清)李繩遠撰　清康熙三十五年(1696)刻乾隆補刻本　八册

520000－2801－0005679　8724

宦拾錄十九卷　(清)王子音著　清嘉慶十二年(1807)刻本　八册

520000－2801－0005680　8725

花宜館詩鈔十六卷續存一卷無腔村笛二卷　(清)吴振棫撰　清同治四年(1865)刻本　六册

520000－2801－0005681　08726

黔語二卷　(清)吴振棫纂　清光緒貴陽陳氏靈峰草堂刻本　一册

520000－2801－0005682　8727

黎文肅公公牘十卷黔軺紀程一卷雜著二卷求補拙齋文略二卷詩略二卷外集四卷遺集十七卷　(清)黎培敬撰　清光緒十七年(1891)湘潭黎氏刻本　四册

520000－2801－0005683　8728

平播全書十五卷　(明)李成化著　清光緒五年(1879)刻本　十二册

520000－2801－0005684　8729

追贈道銜貴州補用知府固勇巴圖魯前署遵義縣知縣江公行軍紀略一卷　(清)顔佐才紀　清光緒二年(1876)鉛印本　一册

520000－2801－0005685　8729

追贈知府銜廣西麥嶺同知江公傳一卷　(清)江世忠等識　清末刻本　一册

520000－2801－0005686　8730

古歡堂集四十六卷　(清)田雯撰　清康熙刻本　十二册

520000－2801－0005687　08731

欣遇齋詩集十六卷　(清)沈峻撰　清咸豐四年(1854)刻本　六册

520000－2801－0005688　8732

澄悦堂詩集十四卷　(清)國良撰　清嘉慶十四年(1809)刻本　四册

520000－2801－0005689　8733

沈文忠公集十卷　(清)沈兆霖撰　清同治八年(1869)刻本　四册

520000－2801－0005690　8734

柏香書屋詩鈔二十四卷　(清)張鳳孫撰　清道光二十年(1840)廣州刻本　六册

520000－2801－0005691　8735

聽松濤館詩鈔十一卷　(清)阮文藻撰　清道光十一年(1831)刻本　十六册

520000－2801－0005692　8736

受宜堂集四十卷　(清)納蘭常安撰　清雍正十三年(1735)刻本　十二册

520000－2801－0005693　8737

滇事總錄二卷　(清)莊士敏撰　清光緒十四年(1888)刻本　一册

520000－2801－0005694　8738

賞雨茅屋詩集十七卷外集一卷　(清)曾燠撰　清嘉慶二十四年(1819)刻本　五册

520000－2801－0005695　8739

養素堂文集三十五卷首一卷　(清)張澍撰　清道光十七年(1837)刻本　十六册

520000－2801－0005696　08740
大小雅堂詩集四集附和作一集詩餘一卷　(清)承齡撰　清光緒十八年(1892)刻本　二册

520000－2801－0005697　8741
少梅詩鈔六卷　(清)瑞元著　清光緒三年(1877)刻本　四册

520000－2801－0005698　08742
[乾隆]黔南識略三十二卷　(清)愛必達撰　清道光二十七年(1847)刻本　十册

520000－2801－0005699　8743
滇黔奏議十卷　(清)劉嶽昭著　清光緒十四年(1888)刻本　六册

520000－2801－0005700　8744
援黔錄十二卷　(清)唐炯撰　清末刻本　四册

520000－2801－0005701　8745
泮炣集一卷　(清)宋至撰　清康熙五十二年(1713)刻本　一册

520000－2801－0005702　8746
喜聞過齋文集十二卷　(清)李文耕著　清光緒二十三年(1897)經正書院刻本　四册

520000－2801－0005703　08747
二鐵齋稿一卷　(清)張翰著　**梅花館懷古集一卷**　(清)慶珍著　清光緒二十三年(1897)刻本　一册

520000－2801－0005704　8748
怡云詩草二卷　(清)張其禄撰　**巢睫吟稿二卷**　(清)張烜撰　清光緒十五年(1889)刻本　四册

520000－2801－0005705　08749
穆清堂詩鈔三卷　(清)朱庭珍撰　清末刻本　三册

520000－2801－0005706　8750
坦園全集十七種　(清)楊恩壽撰　清光緒四年(1878)長沙楊氏坦園刻本　十六册　存六種

520000－2801－0005707　8751
花農詩鈔六卷　(清)查林著　清道光十二年(1832)雲南通志局刻本　二册

520000－2801－0005708　08752
黔游記程一卷　(清)崔應階撰　清乾隆二十一年(1756)刻本　一册

520000－2801－0005709　8753
懷慶堂集二十卷　(清)湯右曾撰　清乾隆七年(1742)刻本　四册

520000－2801－0005710　8754
抱真書屋詩鈔八卷　(清)陸應穀撰　清道光二十四年(1844)刻本　二册

520000－2801－0005711　8755
鴻泥日錄八卷　(清)王定柱著　清道光七年(1827)刻本　二册

520000－2801－0005712　8756
宦遊吟三卷　(清)劉塏著　清嘉慶十年(1805)刻本　一册

520000－2801－0005713　8757
琴硯草堂詩集五卷古文前集一卷　(清)沈毓蓀著　清咸豐六年(1856)上海張景渠刻本　二册

520000－2801－0005714　8758
小山類稿選二十卷　(明)張岳撰　清中刻本　六册

520000－2801－0005715　08759
存素堂詩稾十三卷文稾四卷補遺一卷　(清)錢寶琛撰　**頤壽老人年譜一卷**　清同治七年(1868)刻本　五册

520000－2801－0005716　8760
天韻堂詩存八卷　(清)徐維成著　清光緒四年(1878)貴陽刻本　四册

520000－2801－0005717　8761
續黔書八卷　(清)張澍撰　清光緒二十三年(1897)貴陽書局刻本　二册

520000－2801－0005718　8762
續黔書八卷　(清)張澍撰　清光緒二十三年

(1897)貴陽書局刻本　二冊

520000－2801－0005719　8763
平苗紀略一卷　(清)方顯撰　(清)方大湜重刊　清同治十二年(1873)武昌刻本　一冊

520000－2801－0005720　8764
半行庵詩存八卷　(清)貝青喬撰　清同治五年(1866)刻本　二冊

520000－2801－0005721　08765
久芬室詩集六卷　(清)鄭襄撰　清光緒二十一年(1895)石門刻本　二冊

520000－2801－0005722　8767
退思軒詩集六卷補遺一卷　(清)張百熙著　(清)王式通校　清宣統三年(1911)鉛印本　一冊

520000－2801－0005723　8768
雲左山房詩鈔八卷附錄一卷　(清)林則徐撰　清光緒十二年(1886)刻本　四冊

520000－2801－0005724　8769
菊存樓詩鈔十一卷補遺一卷附一卷　(清)李振堂撰　清宣統元年(1909)鉛印本　二冊

520000－2801－0005725　8770
增默菴詩遺集二卷　(清)郭尚先著　(清)許祖澇等輯　清同治十年(1871)刻本　一冊

520000－2801－0005726　08771
苗防備覽道路考四卷三省山内風土雜識一卷　(清)嚴如熤撰　清長沙八角亭馬豐裕店刻本　二冊

520000－2801－0005727　8772
補蹉跎齋詩存一卷　(清)萬同倫著　清光緒十一年(1885)長安刻本　二冊

520000－2801－0005728　8773
函樓詩鈔八卷倚霞宫集一卷　(清)易佩紳撰　**先府君行狀一卷玉虛齋集一卷**　易順鼎編　清光緒八年至二十七年(1882－1901)刻本　三冊

520000－2801－0005729　08775
大中丞静齋朱公奏疏一卷詩文遺稿一卷　(清)朱理撰　清光緒十五年(1889)三餘堂刻本　一冊

520000－2801－0005730　08776
牂牁客談七卷首一卷　曾廉著　清光緒三十二年(1906)刻本　三冊

520000－2801－0005731　8778
西洋雜志八卷　(清)黎庶昌撰　清光緒二十六年(1900)遵義黎氏刻本　四冊

520000－2801－0005732　8779
味鐙亭葉廬詩草二卷　(清)李振鈞著　清光緒十五年(1889)刻本　二冊

520000－2801－0005733　08810
松壽堂詩鈔十卷　陳夔龍著　清宣統三年(1911)京師刻本　四冊

520000－2801－0005734　8882
續古文辭類纂二十八卷　(清)黎庶昌輯　清光緒二十一年(1895)金陵狀元閣刻本　六冊

520000－2801－0005735　08883
郘亭遺詩八卷　(清)莫友芝撰　清光緒元年(1875)刻本　一冊

520000－2801－0005736　8885
巢經巢詩鈔後集四卷　(清)鄭珍撰　清光緒二十年(1894)貴築高氏資州刻本　一冊

520000－2801－0005737　08908
松壽堂詩鈔十卷　陳夔龍著　清宣統三年(1911)京師刻本　四冊

520000－2801－0005738　8931
清代名人墨寶真跡不分卷　(清)黎庶昌等撰　清抄本　一冊

520000－2801－0005739　8937
李迂仲黃實夫毛詩集解四十二卷　(宋)李樗　(宋)黃櫄講義　(宋)呂祖謙釋音　清初通志堂刻本　十四冊

520000－2801－0005740　08938
詩集傳名物鈔八卷　(元)許謙撰　清初通志堂刻本　四冊

520000－2801－0005741　08939
詩本義十五卷　（宋）歐陽修撰　**毛詩指說一卷**　（唐）成伯璵述　**鄭氏詩譜一卷**　（宋）歐陽修補亡　清康熙十五年（1676）通志堂刻本　三冊

520000－2801－0005742　08940
毛詩名物解二十卷　（宋）蔡元度集解　清康熙十五年（1676）通志堂刻本　一冊

520000－2801－0005743　8945
［同治］筠連縣志十六卷　（清）程熙春撰　清同治十二年（1873）刻本　六冊

520000－2801－0005744　08985
［乾隆］天津縣誌二十四卷　（清）吳延華等修　清乾隆四年（1739）刻本　八冊

520000－2801－0005745　08990
黔詩紀略三十三卷　（清）唐樹義審例　（清）黎兆勳採詩　（清）莫友芝傳證　清同治十二年（1873）遵義唐氏夢研齋金陵刻本　八冊

520000－2801－0005746　8993
說文新附考六卷續考一卷　（清）鈕樹玉撰　清嘉慶六年（1801）非石居刻本　二冊

520000－2801－0005747　08994
東坡先生志林五卷　（宋）蘇軾撰　明萬曆二十三年（1595）海虞趙開美刻本　二冊

520000－2801－0005748　9002
天下郡國利病書一百二十卷　（清）顧炎武輯　清道光三年（1823）成都龍萬育燮堂石印本　二十四冊

520000－2801－0005749　09003
增補事類統編九十三卷首一卷　（清）黃葆真增輯　清同治六年（1867）鴻漸書林刻本　四十冊

520000－2801－0005750　9004
五種遺規十八卷　（清）陳宏謀編輯　清同治七年（1868）金陵書局刻本　十冊

520000－2801－0005751　09005
東萊博議四卷　（宋）呂祖謙撰　**增補虛字註釋總目一卷**　（清）馮泰松點定　清光緒八年（1882）崇明馮泰松刻本　四冊

520000－2801－0005752　9007
經籍纂詁一百六卷首一卷　（清）阮元撰　清光緒六年（1880）淮南書局刻本　四十八冊

520000－2801－0005753　09008
八家四六文註八卷補註一卷　（清）孫星衍著　陳衍補註　清光緒十八年（1892）上海圖書集成印書局石印本　八冊

520000－2801－0005754　9013
國朝歷科館選錄二卷　（清）沈廷芳輯　清光緒刻本　二冊

520000－2801－0005755　09021
光緒三十年甲辰恩科會試同年齒錄不分卷　（清）□□輯　清光緒三十年（1904）刻本　四冊

520000－2801－0005756　09026
彙刻書目合編四種　（清）顧脩撰　清嘉慶四年（1799）刻本　十冊

520000－2801－0005757　09030
淵鑑類函四百五十卷目錄四卷　（清）張英等撰　清光緒元年（1875）上海圖文書局石印本　四十八冊

520000－2801－0005758　9034
水道提綱二十八卷　（清）齊召南編錄　清光緒七年（1881）上海文瑞樓鉛印本　八冊

520000－2801－0005759　9045
四庫書目略二十卷首一卷附錄一卷　（清）費莫文良編　清同治九年（1870）刻本　十二冊

520000－2801－0005760　09049
東華續錄一百卷　王先謙編　清光緒刻本　八十冊

520000－2801－0005761　9050
康熙字典十二集總目一卷檢字一卷辨似一卷等韻一卷備考一卷補遺一卷　（清）張玉書等修　（清）凌紹雯等纂　清刻本　四十冊

520000－2801－0005762　9085

清贈中憲大夫楊公茀綬墓誌銘一卷 (清)廖龔華撰 清宣統三年(1911)影印本 一冊

520000－2801－0005763 09090
成山老人[唐炯]自撰年譜六卷附錄一卷 (清)唐炯撰 清宣統二年(1910)京師鉛印本 三冊

520000－2801－0005764 09106
在官法戒錄摘抄四卷 (清)陳宏謀編輯 清光緒二十八年(1902)上海古香閣石印本 一冊

520000－2801－0005765 09107
訓俗遺規摘抄四卷 (清)陳宏謀原編 清光緒二十八年(1902)上海古香閣石印本 一冊

520000－2801－0005766 9108
從政遺規摘抄二卷 (清)陳宏謀原編 清光緒二十八年(1902)上海古香閣石印本 一冊

520000－2801－0005767 09117
古事比五十二卷總目一卷 (清)方中德輯著 清光緒三十一年(1905)上海點石齋石印本 六冊

520000－2801－0005768 09118
增廣詩韻全璧五卷 題(清)鴻寶齋主人輯 清光緒二十一年(1895)上海鴻寶齋石印本 六冊

520000－2801－0005769 9134
事物原會四十卷補遺十卷 (清)汪汲撰 清嘉慶三年(1798)刻本 四冊

520000－2801－0005770 9143
居東集二卷 蔣智由撰 清宣統二年(1910)文明書局鉛印本 一冊

520000－2801－0005771 9163
明通鑑九十卷首一卷目錄二十卷前編四卷附編六卷 (清)夏燮編輯 清光緒二十三年(1897)湖北官書處刻本 四十冊

520000－2801－0005772 9170
釋迦如來成道記註一卷 (唐)王勃記 (宋)釋道誠註 清刻本 一冊

520000－2801－0005773 09171
詩經八卷 (宋)朱熹集傳 清光緒二十一年(1895)湖北官書處刻本 四冊

520000－2801－0005774 9172
周易四卷 (宋)朱熹本義 **圖說一卷新增圖說一卷** (□)□□撰 清光緒十二年(1886)湖北官書處刻本 二冊

520000－2801－0005775 9173
書經六卷 (宋)蔡沈集傳 清光緒二十一年(1895)湖北官書處刻本 四冊

520000－2801－0005776 09174
禮記二十卷 (漢)鄭玄注 **撫本禮記鄭注攷異二卷** (清)張敦仁撰 清同治九年(1870)崇文書局刻本 八冊

520000－2801－0005777 9175
周禮十二卷 (漢)鄭玄注 (唐)陸德明音義 清光緒十二年(1886)湖北官書處刻本 六冊

520000－2801－0005778 9176
儀禮十七卷 (漢)鄭玄注 (唐)陸德明音義 清光緒十二年(1886)湖北官書處刻本 四冊

520000－2801－0005779 9177
春秋公羊傳十一卷 (漢)何休學 (唐)陸德明音義 清光緒十二年(1886)湖北官書處刻本 四冊

520000－2801－0005780 9178
春秋穀梁傳十二卷 (晉)范甯集成 (唐)陸德明音義 清光緒十二年(1886)湖北官書處刻本 四冊

520000－2801－0005781 9179
春秋左傳三十卷首一卷目錄一卷 (晉)杜預注 (宋)林堯叟附註 (唐)陸德明音釋 (清)馮李驊集解 清光緒十二年(1886)湖北官書處刻本 十二冊

520000－2801－0005782 9180
爾雅三卷 (晉)郭璞注 (唐)陸德明音釋

清光緒十二年(1886)湖北官書處刻本　三册

520000－2801－0005783　9181

論語十卷　(宋)朱熹集注　清光緒二十一年(1895)湖北官書處刻本　二册

520000－2801－0005784　9182

孟子七卷　(宋)朱熹集注　清光緒二十一年(1895)湖北官書處刻本　三册

520000－2801－0005785　9183

孝經一卷　(唐)玄宗李隆基注　(唐)陸德明音譯　清光緒二十一年(1895)湖北官書處刻本　一册

520000－2801－0005786　9184

大學一卷中庸一卷　(宋)朱熹章句　清光緒二十一年(1895)湖北官書處刻本　一册

520000－2801－0005787　9185

儀禮圖六卷　(清)張惠言述　清同治九年(1870)楚北崇文書局刻本　三册

520000－2801－0005788　09193

說文解字三十卷目錄一卷　(清)段玉裁注　**六書音均表二卷**　(清)段玉裁撰　**汲古閣說文訂一卷**　(清)段玉裁記　清同治十一年(1872)湖北崇文書局刻本　十八册

520000－2801－0005789　09195

字林考逸八卷附録一卷補本一卷補附録一卷　(清)任大椿學　清光緒十六年(1890)江蘇書局刻本　四册

520000－2801－0005790　9196

倉頡篇三卷　(清)孫星衍撰　**補讀本一卷補本二卷**　(清)陶方琦學　清光緒十六年(1890)江蘇書局刻本　二册

520000－2801－0005791　9197

重刊宋本十三經注疏附校勘記　(清)阮元校勘　(清)盧宣旬摘録　清道光六年(1826)刻本　一百九十二册

520000－2801－0005792　09198

十三經古注十三種　(明)金蟠　(明)葛鼒校　明崇禎十二年(1639)永懷堂刻清同治八年(1869)浙江書局補刻本　四十九册

520000－2801－0005793　9200

戰國策三十三卷　(漢)高誘注　(宋)姚宏補注　**札記三卷**　(清)黄丕烈撰　清同治八年(1869)湖北崇文書局刻民國元年(1912)印本　五册

520000－2801－0005794　09201

困學紀聞注二十卷目錄一卷　(宋)王應麟撰　(清)翁元圻輯　清道光五年(1825)刻本　十二册

520000－2801－0005795　9202

小學考五十卷　(清)謝啟昆撰　清咸豐二年(1852)刻本　十六册

520000－2801－0005796　9204

御纂周易折中二十二卷首一卷　(清)李光地等纂　清同治七年(1868)閩浙馬新貽、浙江李瀚章刻本　十册

520000－2801－0005797　09205

欽定禮記義疏八十二卷首一卷　(清)鄂爾泰等撰　清同治七年(1868)閩浙馬新貽、浙江李瀚章刻本　三十二册

520000－2801－0005798　09206

欽定書經傳説匯纂二十一卷首二卷書序一卷　(清)王頊齡等纂　清同治七年(1868)浙江李瀚章刻本　十二册

520000－2801－0005799　09207

欽定詩經傳説彙纂二十一卷首二卷詩序二卷　(清)王鴻緒等纂　清同治七年(1868)閩浙馬新貽、浙江李瀚章刻本　十六册

520000－2801－0005800　9208

欽定春秋傳説匯纂三十八卷首二卷　(清)王掞等纂　清同治七年(1868)閩浙馬新貽、浙江李瀚章刻本　二十册

520000－2801－0005801　09209

欽定周官義疏四十八卷首一卷　(清)鄂爾泰等撰　清同治七年(1868)閩浙馬新貽、浙江李瀚章刻本　十七册　存三十三卷(一至七、

二十四至四十八,首一卷)

520000－2801－0005802　09210
欽定儀禮義疏四十八卷首二卷　(清)朱軾等撰　清同治七年(1868)閩浙馬新貽、浙江李瀚章刻本　十九冊　存三十三卷(一至八、二十四至四十七,首一卷)

520000－2801－0005803　09212
三家詩補遺三卷　(清)阮元撰　清光緒二十四年(1898)長沙葉氏刻觀古堂彙刻書本　一冊

520000－2801－0005804　9213
輪輿私箋二卷附錄一卷　(清)鄭珍撰　清同治七年(1868)獨山莫氏金陵刻本　一冊

520000－2801－0005805　09214
仿唐寫本說文解字木部箋異一卷　(清)莫友芝撰　清同治三年(1864)刻本　一冊

520000－2801－0005806　9216
漢魏六朝一百三家集　(明)張溥輯　清光緒十八年(1892)善化章經濟堂刻本　一百冊

520000－2801－0005807　9217
北齊書五十卷　(唐)李百藥撰　清同治十三年(1874)金陵書局刻本　四冊

520000－2801－0005808　9218
魏書一百十四卷　(北齊)魏收撰　清同治十一年(1872)金陵書局刻本　二十冊

520000－2801－0005809　9219
周書五十卷　(唐)令狐德棻撰　清同治十三年(1874)金陵書局刻本　四冊

520000－2801－0005810　9220
隋書八十五卷　(唐)魏徵等撰　清同治十年(1871)淮南書局刻本　十二冊

520000－2801－0005811　9221
南史八十卷　(唐)李延壽撰　清同治十一年(1872)金陵書局刻本　十二冊

520000－2801－0005812　9222
北史一百卷目錄一卷　(唐)李延壽撰　清同治十一年(1872)金陵書局刻本　二十冊

520000－2801－0005813　09223
舊唐書二百卷目錄一卷　(五代)劉昫等撰　清同治十一年(1872)浙江書局刻本　四十冊

520000－2801－0005814　9224
唐書二百二十五卷　(宋)歐陽修　(宋)宋祁撰　清同治十二年(1873)浙江書局刻本　四十冊

520000－2801－0005815　9225
宋史四百九十六卷　(元)脫脫等撰　清光緒元年(1875)浙江書局刻本　九十九冊　存四百九十卷(一至四百九十)

520000－2801－0005816　9226
金史一百三十五卷　(元)脫脫等撰　清同治十三年(1874)江蘇書局刻本　二十冊

520000－2801－0005817　9227
元史二百十卷　(明)宋濂等修　清同治十三年(1874)江蘇書局刻本　四十冊

520000－2801－0005818　9228
明史三百三十二卷目錄四卷　(清)張廷玉等纂修　清光緒三年(1877)湖北崇文書局刻本　八十冊

520000－2801－0005819　09229
舊五代史一百五十卷目錄二卷　(宋)薛居正等撰　清同治十一年(1872)湖北崇文書局刻本　十六冊

520000－2801－0005820　9230
五代史七十四卷目錄一卷　(宋)歐陽修撰　(宋)徐無黨注　清同治十一年(1872)湖北崇文書局刻本　八冊

520000－2801－0005821　9231
遼史一百十五卷　(元)脫脫等撰　清同治十二年(1873)江蘇書局刻本　十二冊

520000－2801－0005822　9232
遼史拾遺二十四卷年表一卷　(清)厲鶚撰　清光緒元年(1875)江蘇書局刻本　八冊

520000－2801－0005823　09233
欽定遼史語解十卷　(□)□□撰　清光緒四

年(1878)江蘇書局刻本　二册

520000－2801－0005824　09234
欽定金史語解十二卷　(清)□□撰　清光緒四年(1878)江蘇書局刻本　二册

520000－2801－0005825　9235
元史藝文志四卷　(清)錢大昕補　清嘉慶五年(1800)江蘇書局刻本　一册

520000－2801－0005826　9236
元史氏族表三卷　(清)錢大昕撰　清嘉慶十一年(1806)江蘇書局刻本　二册

520000－2801－0005827　09237
欽定元史語解二十四卷　(□)□□撰　清光緒四年(1878)江蘇書局刻本　六册

520000－2801－0005828　9239
東都事略一百三十卷　(宋)王偁撰　清光緒九年(1883)淮南書局刻本　八册

520000－2801－0005829　9240
繹史一百六十卷年表一卷　(清)馬驌撰　清光緒三十年(1904)浙江書局刻本　五十册

520000－2801－0005830　09242
高安三傳合編三種　(清)朱軾等訂　(清)張江等撰　清光緒二十一年(1895)刻本　十册

520000－2801－0005831　09243
通志二百卷　(宋)鄭樵撰　清光緒二十二年(1896)浙江書局刻本　一百九十八册

520000－2801－0005832　09243
欽定通志考證三卷　(宋)鄭樵撰　清光緒二十年(1894)浙江書局刻本　二册

520000－2801－0005833　09244
通典二百卷總目一卷　(唐)杜佑纂　清光緒二十二年(1896)浙江書局刻本　五十册

520000－2801－0005834　09245
文獻通考三百四十八卷　(元)馬端臨撰　清光緒二十二年(1896)浙江書局刻本　一百五十册

520000－2801－0005835　9246
御批歷代通鑑輯覽一百二十卷　(清)傅恒總裁　(清)楊述曾等纂修　清同治十一年(1872)湖北崇文書局刻本　六十册

520000－2801－0005836　09247
資治通鑑地理今釋十六卷　(清)吳熙載撰　清光緒八年(1882)江蘇書局刻本　三册

520000－2801－0005837　9249
元和郡縣圖志四十卷　(唐)李吉甫撰　**補志九卷**　(清)嚴觀輯　清光緒六年至八年(1880－1882)金陵書局刻本　八册

520000－2801－0005838　09250
輿地廣記三十八卷　(宋)歐陽忞撰　清光緒六年(1880)金陵書局刻本　四册

520000－2801－0005839　09251
湘軍記二十卷　(清)王定安撰　清光緒十五年(1889)江南書局刻本　十二册

520000－2801－0005840　9252
中興將帥别傳三十卷　朱孔彰撰　清光緒二十三年(1897)江寧刻本　八册

520000－2801－0005841　9253
史外八卷　(清)汪有典著　清同治三年(1864)刻本　七册　存七卷(二至八)

520000－2801－0005842　09254
藕香零拾三十九種　繆荃孫輯　清光緒、宣統刻本　三十二册

520000－2801－0005843　09255
元和姓纂十卷　(唐)林寶撰　清光緒六年(1880)金陵書局刻本　四册

520000－2801－0005844　09257
[正德]武功縣誌三卷首一卷　(明)康海撰　(清)孫景烈評註　清同治十二年(1873)湖北崇文書局刻本　一册

520000－2801－0005845　09258
漢官儀三卷　(宋)劉攽撰　清道光四年(1824)揚州穆西堂刻本　一册

520000－2801－0005846　9259
天禄閣外史八卷　(漢)黄憲撰　明嘉靖二年

(1523)刻本　六冊

520000－2801－0005847　09260
路史四十五卷　(宋)羅泌纂　清光緒二年(1876)紅杏山房刻本　十六冊

520000－2801－0005848　9261
金陵先正言行錄六卷　陳作霖述　清末江楚書局刻本　一冊

520000－2801－0005849　9262
廿二史劄記三十六卷目錄一卷補遺一卷　(清)趙翼撰　清嘉慶五年(1800)湛貽堂刻本　十六冊

520000－2801－0005850　09263
通鑑紀事本末二百三十九卷目錄一卷　(宋)袁樞編輯　(明)張溥論正　清光緒二十四年(1898)湖南思賢書局刻本　六十四冊

520000－2801－0005851　9265
麟見亭制軍行述一卷　(清)□□撰　清刻本　一冊

520000－2801－0005852　9271
蘇米志林三卷　(明)毛晉輯　明天啟五年(1625)琴川毛氏刻本　二冊

520000－2801－0005853　09273
資治通鑑二百九十四卷目錄三十卷考異三十卷釋例一卷　(宋)司馬光編集　(元)胡三省音註　**問疑一卷**　(宋)劉羲仲纂集　**釋文三十卷**　(宋)史炤著　**釋文辨誤十二卷**　(元)胡三省撰　**敘錄三卷**　清光緒十四年至十七年(1888－1891)刻本　一百二十冊

520000－2801－0005854　9274
左傳紀事本末五十三卷　(清)高士奇編輯　(清)閔萃祥點勘　清光緒二十四年(1898)湖南思賢書局刻本　十二冊

520000－2801－0005855　9275
宋史紀事本末一百九卷　(明)馮琦撰　(明)陳邦瞻增訂　(明)張溥論正　清光緒二十四年(1898)湖南思賢書局刻本　二十冊

520000－2801－0005856　9276
元史紀事本末二十七卷　(明)陳邦瞻撰　(明)張溥論正　清光緒二十四年(1898)湖南思賢書局刻本　四冊

520000－2801－0005857　9277
明史紀事本末八十卷　(清)谷應泰輯　清光緒二十四年(1898)湖南思賢書局刻本　二十冊

520000－2801－0005858　09278
南北史補志十四卷目錄一卷　(清)汪士鐸撰　清光緒四年(1878)淮南書局刻本　六冊

520000－2801－0005859　09279
南北史識小錄二十八卷　(清)沈名蓀　(清)朱昆田原輯　(清)張應昌補正　清同治十年(1871)武林吳氏清來堂刻本　十冊

520000－2801－0005860　9280
史通削繁四卷　(唐)劉知幾撰　(清)紀昀削繁　(清)浦起龍注　清道光十三年(1833)兩廣節署刻朱墨印本　四冊

520000－2801－0005861　09284
黔詩紀略後編三十卷　(清)莫庭芝　(清)黎汝謙採詩　陳田傳證　**黔詩紀略補三卷**　陳田輯　清宣統三年(1911)筱石氏京師刻本　八冊

520000－2801－0005862　9287
子書百家一百一種　(清)湖北崇文書局輯　清光緒元年(1875)湖北崇文書局刻本　一百十冊

520000－2801－0005863　09288
二十二子二十二種　(清)浙江書局輯　清光緒二十七年(1901)浙江書局刻本　八十三冊

520000－2801－0005864　9302
墨子七十一篇　(戰國)墨翟撰　王闓運注　清光緒三十年(1904)江西書局刻本　二冊

520000－2801－0005865　9306
荀子集解二十卷首一卷　(戰國)荀況撰　(唐)楊倞注　王先謙集解　清光緒十七年(1891)刻本　六冊

520000－2801－0005866　09307

莊子集釋十卷　(清)郭慶藩輯　清光緒二十年(1894)湘陰郭氏思賢講舍刻本　八册

520000－2801－0005867　9308

韓非子集解二十卷首一卷　(戰國)韓非撰　(清)王先慎集解　清光緒二十二年(1896)刻本　六册

520000－2801－0005868　09309

三輔黄圖六卷　(漢)□□撰　(清)王謨輯　清刻本　二册

520000－2801－0005869　9310

荊楚歲時記一卷　(南朝梁)宗懍撰　(清)王謨輯　清刻本　一册

520000－2801－0005870　9311

南方草木狀三卷　(晉)譙國著　(清)王謨輯　清刻本　一册

520000－2801－0005871　9312

禽經一卷　(春秋)師曠撰　(晉)張華注　(清)王謨輯　清刻本　一册

520000－2801－0005872　9313

竹譜一卷　(晉)戴凱之撰　(清)王謨輯　清刻本　一册

520000－2801－0005873　9314

枕中書一卷　(晉)葛洪撰　清刻本　一册

520000－2801－0005874　09315

軒轅碑記醫學祝由十三科二卷增補一卷　(□)□□撰　清刻朱墨印本　二册

520000－2801－0005875　9316

墨子間詁十五卷目錄一卷附錄一卷後語二卷　(清)孫詒讓撰　清宣統二年(1910)刻本　八册

520000－2801－0005876　9317

崇文書局匯刻書三十三種　(清)崇文書局輯　清光緒三年(1877)湖北崇文書局刻本　八十册

520000－2801－0005877　9318

四禮翼一卷　(明)呂坤撰　清光緒二十一年(1895)湖北官書處刻本　一册

520000－2801－0005878　9319

晏子春秋七卷　(春秋)晏嬰撰　清光緒十八年(1892)思賢講舍刻本　二册

520000－2801－0005879　9324

御選唐宋詩醇四十七卷目錄二卷　(清)高宗弘曆選　清光緒七年(1881)浙江巡撫譚鍾麟刻本　二十册

520000－2801－0005880　9325

文選六十卷　(南朝梁)昭明太子蕭統撰　(唐)李善注　(清)葉樹藩參訂　清同治八年(1869)湖北崇文書局刻本　二十四册

520000－2801－0005881　9326

文粹一百卷　(宋)姚鉉纂　**補遺二十六卷**　(清)郭麐撰　清光緒十六年(1890)杭州許氏榆園刻本　二十册

520000－2801－0005882　9327

南宋文苑作者考二卷外編四卷　(清)莊仲方輯編　(清)顧少卿鑒定　清光緒十四年(1888)江蘇書局刻本　十六册

520000－2801－0005883　9328

元文類七十卷目錄三卷　(元)蘇天爵輯　清光緒十五年(1889)江蘇書局刻本　十册

520000－2801－0005884　9329

金文最六十卷首一卷　(清)張金吾輯　清光緒二十一年(1895)蘇州書局刻本　十六册

520000－2801－0005885　9330

明文在一百卷　(清)薛熙纂　(清)何潔輯　清光緒十五年(1889)江蘇書局刻本　十册

520000－2801－0005886　9331

古文辭類纂七十五卷附錄一卷　(清)姚鼐撰　清光緒二十七年(1901)滁州李氏求要堂刻本　十二册

520000－2801－0005887　9332

續古文辭類纂二十八卷　(清)黎庶昌輯　清光緒二十一年(1895)金陵狀元閣刻本　十二册

520000－2801－0005888　9333
史記一百三十卷　（漢）司馬遷撰　（南朝宋）裴駰集解　清光緒四年（1878）金陵刻本　十六册

520000－2801－0005889　9334
前漢書一百二十卷　（漢）班固撰　（唐）顔師古注　清光緒十三年（1887）金陵書局刻本　十六册

520000－2801－0005890　9335
後漢書一百卷　（南朝宋）范曄撰　（唐）章懷太子李賢注　**續漢書志三十卷**　（南朝梁）劉昭注補　清光緒十三年（1887）金陵書局刻本　十六册

520000－2801－0005891　09336
三國志六十五卷　（晉）陳壽撰　（南朝宋）裴松之注　清光緒十三年（1887）江南書局刻本　八册

520000－2801－0005892　9337
晉書一百三十卷　（唐）太宗李世民撰　**音義三卷**　（唐）何超撰　清同治十年（1871）金陵書局刻本　二十册

520000－2801－0005893　9338
宋書一百卷　（南朝梁）沈約撰　清同治十一年（1872）金陵書局刻本　十六册

520000－2801－0005894　9339
南齊書五十九卷目録一卷　（南朝梁）蕭子顯撰　清同治十三年（1874）金陵書局刻本　六册

520000－2801－0005895　9340
梁書五十六卷　（唐）姚思廉撰　清同治十三年（1874）金陵書局刻本　六册

520000－2801－0005896　09341
陳書三十六卷　（唐）姚思廉撰　清同治十一年（1872）金陵書局刻本　四册

520000－2801－0005897　09342
駢體文鈔三十一卷　（清）李兆洛輯　清同治六年（1867）徐氏刻本　八册

520000－2801－0005898　9343
徐孝穆集箋注六卷　（南朝陳）徐陵撰　（清）吴兆宜箋注　清光緒四年（1878）西齋别墅刻本　四册

520000－2801－0005899　9344
賦鈔六卷　（清）張惠言編　**賦鈔札記六卷**　（清）朱錦綬撰　清光緒二十三年（1897）江蘇書局刻本　五册

520000－2801－0005900　9345
初唐四傑集二十一卷　（清）項家達輯　清同治十二年（1873）馥雅居刻本　六册

520000－2801－0005901　09346
駱賓王文集十卷考異一卷　（唐）駱賓王撰　清嘉慶二十一年（1816）石研齋秦氏刻本　四册

520000－2801－0005902　9348
杜工部集二十卷附録一卷　（唐）杜甫撰　（清）錢謙益箋注　清宣統二年（1910）鉛印本　八册

520000－2801－0005903　9349
昌黎先生集四十卷外集十卷遺文一卷　（唐）韓愈撰　（宋）朱熹集傳　清同治八年（1869）江蘇書局刻本　十册

520000－2801－0005904　9349
韓集點勘四卷　（清）陳景雲撰　清同治九年（1870）江蘇書局刻本　一册

520000－2801－0005905　9352
韋蘇州集十卷　（唐）韋應物撰　清宣統三年（1911）石印本　六册

520000－2801－0005906　9353
溫飛卿詩集七卷别集一卷外集一卷　（唐）溫庭筠著　（明）曾益謙原注　（清）顧予咸補注　清康熙三十六年（1697）秀野草堂刻本　二册

520000－2801－0005907　9354
李義山詩集三卷　（唐）李商隱著　（清）朱鶴齡箋注　（清）沈厚塽輯評　清同治九年

(1870)廣州倅署刻三色套印本　四冊

520000－2801－0005908　09355
白氏長慶集七十一卷目錄二卷附錄一卷　(唐)白居易著　明萬曆三十四年(1606)刻本　十冊

520000－2801－0005909　09356
元氏長慶集六十卷補遺六卷目錄二卷附錄一卷　(唐)元稹著　明萬曆三十二年(1604)刻本　四冊

520000－2801－0005910　09357
浪跡叢談十一卷續談八卷目錄一卷　(清)錢登熙著　清道光二十七年(1847)刻本　八冊

520000－2801－0005911　09358
三蘇全集二百四卷　(宋)蘇洵等著　清道光十二年(1832)刻本　五十六冊

520000－2801－0005912　9359
才調集補注十卷　(清)殷元勳箋注　(清)宋邦綏補注　清光緒二十年(1894)杭州諸可寶署刻本　四冊

520000－2801－0005913　9360
王右丞集二十八卷首一卷末一卷　(唐)王維著　(清)趙殿丞輯錄　清乾隆二年(1737)刻本　六冊

520000－2801－0005914　9362
元遺山先生集四十卷首一卷末一卷年譜三卷附錄十一卷　(金)元好問纂　**續夷堅志四卷**　(元)張德輝類次　**新樂府四卷附錄一卷**　(明)儲瓘輯　**補載一卷**　(清)施國祁輯　**年譜一卷附錄一卷**　(清)翁方綱編　**年譜施輯一卷**　(清)施國祁編　**年譜凌輯二卷**　(清)凌廷堪編　(清)張穆訂　**考證三卷**　清光緒七年(1881)讀書山房刻本　十七冊

520000－2801－0005915　09364
義門讀書記十八種五十八卷　(清)何焯撰　(清)蔣維鈞編　清光緒六年(1880)刻本　十六冊

520000－2801－0005916　09365
惜抱軒全集十四種　(清)姚鼐撰　清同治五年(1866)省心閣刻本　二十四冊

520000－2801－0005917　09367
潛溪錄六卷首一卷目錄一卷　(明)宋濂撰　丁立中編輯　孫鏘增補　清宣統二年(1910)成都四明七千卷樓孫氏刻宣統三年(1911)印本　六冊

520000－2801－0005918　9368
來禽館集二十九卷　(明)邢侗著　明萬曆四十六年(1618)刻本　十冊

520000－2801－0005919　09369
益公題跋十二卷　(宋)周必大撰　明崇禎刻本　六冊

520000－2801－0005920　09371
錢牧齋文鈔不分卷　(清)錢謙益撰　(清)黄人輯　清宣統元年(1909)上海國學扶輪社鉛印本　四冊

520000－2801－0005921　09372
石笥山房文集五卷補遺一卷目錄一卷　(清)胡天游著　清宣統元年(1909)上海國學扶輪社鉛印本　四冊

520000－2801－0005922　09374
兩當軒集二十二卷附錄四卷考異二卷目錄一卷　(清)黄景仁著　清光緒二年(1876)刻本　六冊

520000－2801－0005923　09375
欽定國朝詩別裁集三十二卷目次一卷　(清)沈德潛纂評　清乾隆二十六年(1761)刻本　十二冊

520000－2801－0005924　09376
明詩別裁集十二卷　(清)沈德潛　(清)周準輯　清乾隆四年(1739)刻本　六冊

520000－2801－0005925　09377
述學内篇三卷外篇一卷補遺一卷別錄一卷附錄一卷校勘記一卷　(清)汪中撰　清同治八年(1869)揚州書局刻本　二冊

520000－2801－0005926　9378

漁洋山人精華錄箋注十二卷補注一卷 （清）王士禛撰 （清）金榮箋注 （清）徐淮纂輯 清雍正十二年(1734)寶華順刻本 八冊

520000－2801－0005927 09379
漁洋山人詩集十六卷 （清）王士禛撰 清康熙二十三年(1684)刻本 四冊

520000－2801－0005928 9380
蠶尾集十卷後集二卷續集二卷 （清）王士禛撰 清康熙三十五年(1696)刻本 六冊

520000－2801－0005929 09382
明張文忠公全集三十一卷詩集六卷附錄二卷女誡直解一卷 （明）張居正撰 清末刻本 六冊

520000－2801－0005930 09383
板橋詩鈔三卷 （清）鄭燮著 **家書一卷題畫一卷詞鈔一卷小唱一卷** 清乾隆八年(1743)司徒文膏刻本 四冊

520000－2801－0005931 9384
龔定盦全集 （清）龔自珍撰 清光緒十二年(1886)刻本 五冊 存十二卷(定盦續集一至四、文集補一至四、文集補編一至四)

520000－2801－0005932 9385
定盦文集三卷續集四卷文集補四卷續錄一卷 （清）龔自珍撰 清同治七年(1868)刻本 四冊

520000－2801－0005933 9386
熊襄愍公集十卷首一卷末一卷 （明）熊廷弼撰 清同治三年(1864)刻本 十冊

520000－2801－0005934 9387
壯悔堂文集十卷 （清）侯方域撰 （清）徐作肅等選 清順治十三年(1656)刻本 四冊

520000－2801－0005935 9388
大雲山房文稿初集四卷二集四卷 （清）惲敬著 清光緒十四年(1888)官書處刻本 八冊

520000－2801－0005936 09389
三魚堂文集十二卷附錄一卷外集六卷附錄一卷 （清）陸隴其撰 清康熙四十年(1701)刻本 八冊

520000－2801－0005937 09390
曝書亭集八十卷附錄一卷目錄一卷 （清）朱彝尊撰 **笛漁小稿十卷** （清）朱昆田撰 清光緒十五年(1889)刻本 十六冊

520000－2801－0005938 09391
悔餘菴尺牘三卷集句楹聯二卷 （清）何栻撰 清同治元年(1862)刻本 三冊

520000－2801－0005939 09391
悔餘菴詩稿十三卷文稿九卷樂府四卷 （清）何栻撰 清同治四年(1865)鳩江戎幄刻本 九冊

520000－2801－0005940 9392
漢魏六朝女子文選二卷 （清）張維學 清宣統三年(1911)海鹽朱是刻本 一冊

520000－2801－0005941 09393
湖塘林館駢體文二卷 （清）李慈銘著 清光緒十年(1884)福州吳玉田刻本 一冊

520000－2801－0005942 9394
梅村詩集箋注十八卷目錄一卷 （清）吳翌鳳撰 清光緒十年(1884)湖北官書處刻本 十二冊

520000－2801－0005943 9398
有正味齋全集六種 （清）吳錫麒撰 清刻本 十六冊

520000－2801－0005944 9399
文史通義八卷校讎通義三卷 （清）章學誠著 清光緒三年(1877)貴陽刻本 六冊

520000－2801－0005945 09400
直齋書錄解題二十二卷 （宋）陳振孫撰 清光緒九年(1883)江蘇書局刻本 六冊

520000－2801－0005946 9401
明三十家詩選初集八卷二集八卷 （清）汪端輯 清同治十二年(1873)蘊蘭吟館刻本 八冊

520000－2801－0005947 9402
揚州畫舫錄十八卷 （清）李斗著 清道光十

九年(1839)刻本　四冊

520000－2801－0005948　09403
十駕齋養新錄二十卷餘錄三卷　(清)錢大昕撰　清光緒二年(1876)浙江書局刻本　八冊

520000－2801－0005949　9404
金源紀事詩八卷　(清)湯運泰著　清嘉慶十八年(1813)刻本　四冊

520000－2801－0005950　09405
三家宮詞二卷　(明)毛晉輯　清同治十二年(1873)刻本　一冊

520000－2801－0005951　09406
十國宮詞一百首　(清)吳省蘭輯　清同治十二年(1873)淮南書局刻本　一冊

520000－2801－0005952　09407
十國宮詞一百首　(清)吳省蘭輯　清同治十二年(1873)淮南書局刻本　一冊

520000－2801－0005953　09408
漁隱叢話前集六十卷後集四十卷目錄二卷　(宋)胡仔纂集　清萬卷堂刻本　十冊

520000－2801－0005954　09409
漁洋山人古詩選五十卷　(清)王士禛選　清同治七年(1868)湘鄉曾氏刻本　十冊

520000－2801－0005955　9410
日知錄集釋三十二卷刊誤二卷續刊誤二卷　(清)顧炎武撰　(清)黃汝成集釋　清同治十一年(1872)湖北崇文書局刻本　十六冊

520000－2801－0005956　09411
霞客遊記十卷外編一卷補編一卷　(明)徐宏祖著　(清)李寄輯　(清)葉廷甲補編　清嘉慶十三年(1808)刻本　十冊

520000－2801－0005957　09413
桐城吳先生全書十七種　(清)吳汝綸撰　清光緒三十年(1904)王恩紱等刻本　二十冊

520000－2801－0005958　09414
濂亭文集八卷　(清)查燕緒編次　清光緒八年(1882)查氏木漸齋刻本　二冊

520000－2801－0005959　09414
濂亭遺詩二卷遺文五卷　(清)張裕釗著　清宣統二年(1910)鄂城刻本　二冊

520000－2801－0005960　9416
楊文節公江湖詩集四十二卷　(宋)楊萬里撰　(清)彭淑校訂　清乾隆六十年(1795)刻本　十二冊

520000－2801－0005961　9417
兩浙金石志十八卷補遺一卷　(清)阮元編錄　清光緒十六年(1890)浙江書局刻本　十二冊

520000－2801－0005962　9418
巢經巢文集六卷詩集九卷詩後集四卷遺詩一卷附錄一卷　(清)鄭珍撰　**屈盧詩稿四卷**　(清)鄭知同撰　清光緒二十年(1894)刻本　七冊　缺二卷(文集三至四)

520000－2801－0005963　9419
授經堂遺集二百二十二卷　(清)洪北江(洪亮吉)撰　清光緒三年至五年(1877－1879)授經堂刻本　八十四冊

520000－2801－0005964　9420
詞律二十卷首一卷拾遺六卷補遺六卷　(清)萬樹論次　清光緒二年(1876)刻本　十六冊

520000－2801－0005965　9421
鹿洲全集七種四十二卷　(清)藍鼎元纂　清雍正閩漳素位堂刻本　二十四冊

520000－2801－0005966　09425
半厂叢書初編十一種　(清)譚獻輯　清光緒十一年至十五年(1885－1889)仁和譚氏刻本　二十冊

520000－2801－0005967　9426
榆園叢刻二十八種　(清)許增輯　清同治十一年至光緒十九年(1872－1893)刻本　十六冊

520000－2801－0005968　9431
玉海二百卷辭學指南四卷附刻十三種　(宋)王應麟撰　清光緒九年(1883)浙江書局刻本

一百二十二册

520000－2801－0005969　9433
鄧尚書年譜一卷補遺一卷　(清)鄧邦康輯　清宣統元年(1909)江浦陳灃刻本　一册

520000－2801－0005970　9441
庚子辛丑恩正併科各省鄉試同年全録不分卷　(清)□□撰　清光緒二十八年(1902)刻本　三册

520000－2801－0005971　9442
佩文詩韻釋要五卷　(清)周兆基輯　清光緒十八年(1892)浙江書局刻本　一册

520000－2801－0005972　9443
春融堂襍記八種　(清)王昶撰　清嘉慶十三年(1808)刻本　二册

520000－2801－0005973　9447
青邱高季迪先生詩集十八卷首一卷遺詩一卷扣舷集一卷鳧藻集五卷　(明)高啟撰　(清)金檀輯注　清雍正六年(1728)刻本　八册

520000－2801－0005974　9455
十五弗齋詩存一卷文存一卷　(清)丁寶楨撰　清光緒二十年(1894)京師刻本　一册

520000－2801－0005975　9457
詞綜三十八卷　(清)朱彝尊輯　(清)汪嘉增定　(清)柯崇樸編次　(清)周篔辨僞　清光緒二十八年(1902)刻本　十册

520000－2801－0005976　09458
明詞綜十二卷目録一卷　(清)王昶纂　清光緒二十八年(1902)金匱浦氏刻本　二册

520000－2801－0005977　09459
國朝詞綜四十八卷目録一卷國朝詞綜二集八卷目録一卷　(清)王昶纂　清光緒二十八年(1902)金匱浦氏刻本　十二册

520000－2801－0005978　09461
薇省同聲集四種　(清)彭鑾輯　清光緒十六年(1890)刻本　一册

520000－2801－0005979　09462
和珠玉詞一卷　(清)張祥齡等撰　清光緒二十年(1894)揚州晏氏家刻本　一册

520000－2801－0005980　09463
半塘詞稿三種　(清)王鵬運撰　清光緒二十一年(1895)刻本　二册

520000－2801－0005981　09464
如皋冒氏叢書七種　冒廣生輯　清光緒二十三年(1897)如皋冒氏刻本　二册

520000－2801－0005982　09464
疚齋小品三種　冒廣生撰　清末刻本　一册

520000－2801－0005983　09465
寰宇訪碑録十二卷　(清)孫星衍　(清)邢澍撰　清光緒十年(1884)刻十一年(1885)印本　與520000－2801－0005984合六册

520000－2801－0005984　09465
寰宇訪碑録刊謬一卷　(清)朱記榮校刊　清光緒十七年(1891)刻本　與520000－2801－0005983合六册

520000－2801－0005985　9466
北堂書鈔一百六十卷首二卷　(唐)虞世南撰　(清)孔廣陶校注　清光緒十四年(1888)南海孔氏三十有三萬卷堂刻本　二十册

520000－2801－0005986　09467
明詩紀事十籤一百八十七卷　陳田輯　清光緒二十五年至宣統三年(1899－1911)聽詩齋刻本　三十八册

520000－2801－0005987　9468
御選唐宋詩醇四十七卷目録二卷　(清)高宗弘曆選　清光緒十九年(1893)湖南思賢講舍刻本　二十册

520000－2801－0005988　09470
湖海樓叢書十二種　(清)陳春輯　清嘉慶蕭山陳氏刻本　三十二册

520000－2801－0005989　9471
船山遺書□□種　(清)王夫之撰　**校勘記二卷**　(清)劉毓崧撰　清同治四年(1865)湘鄉曾氏金陵節署刻本　一百册

520000－2801－0005990　9472

邵武徐氏叢書初刻十四種八十三卷　（清）徐幹輯　清嘉慶二十五年(1820)邵武徐氏刻本　二十册

520000－2801－0005991　9473
邵武徐氏叢書二集　（清）徐幹輯　清光緒十四年(1888)邵武徐氏刻本　二十册

520000－2801－0005992　9474
觚賸八卷續編四卷　（清）鈕琇輯　清宣統三年(1911)上海國學扶輪社鉛印本　六册

520000－2801－0005993　09479
仰視千七百二十九鶴齋叢書三十七種　（清）趙之謙輯　清光緒會稽趙氏刻本　二十四册

520000－2801－0005994　9487
南宋院畫録八卷　（清）厲鶚輯　清光緒十年(1884)錢塘丁氏竹書堂刻本　四册

520000－2801－0005995　9489
穰梨館過眼録四十卷續録十六卷　（清）陸心源輯　清光緒十七年(1891)吴興陸氏刻本　十六册

520000－2801－0005996　9491
甌鉢羅室書畫過目考四卷首一卷附卷一卷　（清）李玉棻編輯　清光緒二十三年(1897)京都琉璃廠刻本　二册

520000－2801－0005997　9492
庚子銷夏記八卷　（清）孫承澤撰　清宣統三年(1911)石印本　四册

520000－2801－0005998　9493
辛丑消夏記五卷　（清）吳榮光撰　（清）潘正煒等訂　清光緒三十一年(1905)長沙郎園刻本　五册

520000－2801－0005999　9498
經史百家雜鈔二十六卷首一卷　（清）曾國藩纂　（清）李鴻章校刊　清光緒三十二年(1906)上海商務印書館鉛印本　十二册

520000－2801－0006000　9499
昭代名人尺牘續集二十四卷　陶湘輯　清宣統三年(1911)天寶石印局石印本　十二册

520000－2801－0006001　09500
藏書紀事詩六卷　葉昌熾撰　清光緒二十三年(1897)長沙使署刻本　十二册

520000－2801－0006002　09511
偕園吟草五卷雜詠一卷題辭一卷　（清）許禧身撰　清宣統元年(1909)鉛印本　一册

520000－2801－0006003　9512
含真仙蹟圖一卷　陳夔龍編　清光緒三十二年(1906)鉛印本　一册

520000－2801－0006004　09517
松壽堂詩鈔十卷　陳夔龍著　清宣統三年(1911)京師刻本　四册

520000－2801－0006005　9520
退耕堂集六卷目録一卷　徐世昌撰　清末天津徐氏刻本　一册

520000－2801－0006006　9536
鬱華閣遺集四卷　（清）盛昱撰　清光緒三十四年(1908)刻本　一册

520000－2801－0006007　9537
鬱華閣遺集四卷　（清）盛昱撰　清光緒石印本　一册

520000－2801－0006008　9538
靈樵山館詩集序一卷　易順鼎撰　清宣統元年(1909)石印本　一册

520000－2801－0006009　9539
靈樵仙館詩草□□卷　（清）何乃瑩撰　清光緒三十一年(1905)刻本　一册　存一卷(八)

520000－2801－0006010　9548
豐溪始祖存稿不分卷　（唐）吕從慶撰　清同治六年(1867)石印本　一册

520000－2801－0006011　9573
道咸同光四朝詩史一斑録不分卷　（清）孫雄輯　清光緒三十四年(1908)油印本　四册

520000－2801－0006012　9582
味靈華館詩六卷　（清）商廷煥著　清宣統二年(1910)石印本　一册

520000－2801－0006013　09589
曾文正公手書日記不分卷　（清）曾國藩撰　清宣統元年（1909）上海中國圖書公司石印本　四十冊

520000－2801－0006014　9591
續資治通鑑二百二十卷　（清）畢沅編輯　清同治八年（1869）江蘇書局刻本　六十冊

520000－2801－0006015　9592
宋稗類鈔八卷　（清）潘永因編　清末鉛印本　七冊　存七卷（一至七）

520000－2801－0006016　9599
韡芬室近詩一卷　（清）何震彝撰　清宣統元年（1909）刻本　二冊

520000－2801－0006017　9601
有正味齋詞集八卷　（清）吳錫麒撰　清宣統元年（1909）掃葉山房石印本　三冊

520000－2801－0006018　09603
漁洋感舊集小傳四卷　（清）盧見曾撰　清宣統二年（1910）上海國學扶輪社鉛印本　二冊

520000－2801－0006019　09609
詩餘偶鈔六卷　王先謙輯　清光緒十六年（1890）長沙王氏刻本　一冊

520000－2801－0006020　9610
彊邨詞三卷　朱祖謀撰　清光緒三十一年（1905）刻本　一冊

520000－2801－0006021　09613
知稼軒詩稿一卷　（清）張元奇撰　清光緒刻本　一冊

520000－2801－0006022　09614
知稼軒詩稿一卷　（清）張元奇撰　清光緒刻本　一冊

520000－2801－0006023　09615
竹里詩存不分卷　（清）王惠撰　清咸豐十年（1860）刻本　一冊

520000－2801－0006024　9616
梅湖吟稿四卷　（清）林棟撰　清宣統二年（1910）鉛印本　一冊

520000－2801－0006025　9621
韡芬室詞甲稿一卷　（清）何震彝撰　清光緒三十三年（1907）上海點石齋鉛印本　一冊

520000－2801－0006026　9622
詞苑珠塵一卷　（清）何震彝撰　清光緒三十三年（1907）上海點石齋鉛印本　一冊

520000－2801－0006027　09623
一微塵集五卷　（清）何震彝校錄　清宣統元年（1909）江陰何氏韡芬室鉛印本　一冊

520000－2801－0006028　9624
蔣詩二卷　（清）蔣智由撰　清宣統二年（1910）石印本　一冊

520000－2801－0006029　9625
嘯亭雜錄十卷續錄三卷　（清）昭槤撰　清宣統元年（1909）中國圖書公司鉛印本　四冊

520000－2801－0006030　09634
黃梨洲遺書十種　（清）黃宗羲撰　清光緒三十一年（1905）石印本　十二冊

520000－2801－0006031　09635
精刊王壬秋全集三種　王闓運著　清宣統二年（1910）上海國學扶輪社石印本　十二冊

520000－2801－0006032　09637
王氏漁洋詩鈔十二卷目次一卷　（清）王士禛撰　清宣統二年（1910）時中書局石印本　八冊

520000－2801－0006033　9639
宋代五十六家詩集不分卷　（清）坐春書塾選輯　清宣統二年（1910）北京龍文閣石印本　六冊

520000－2801－0006034　9648
亭林詩文集三種　（清）顧炎武撰　清宣統二年（1910）掃葉山房石印本　四冊

520000－2801－0006035　09653
明宮史八卷　（明）劉若愚編述　清宣統二年（1910）國學扶輪社鉛印本　二冊

520000－2801－0006036　09658
草莽私乘一卷　（明）陶宗儀鈔輯　清光緒三

十二年(1906)上海國學保存會鉛印本　一册

520000－2801－0006037　09659
吾汶藁十卷補遺一卷　(宋)王炎午著　清光緒三十四年(1908)上海國學保存會鉛印本　一册

520000－2801－0006038　09660
明季復社紀略四卷　(清)眉史氏集錄　**復社紀事一卷**　(清)吴偉業撰　清光緒三十四年(1908)上海國學保存會鉛印本　一册

520000－2801－0006039　09661
行朝錄六卷　(清)黄宗羲編撰　清末上海國學保存會鉛印本　一册

520000－2801－0006040　09664
九朝野記四卷　(明)祝允明纂　清宣統三年(1911)時中書局鉛印本　二册

520000－2801－0006041　9666
蜀碧四卷　(清)彭遵泗編述　清嘉慶刻本　二册

520000－2801－0006042　9671
香蔭樓草一卷　(清)錢孚威撰　清光緒十二年(1886)刻本　一册

520000－2801－0006043　09672
目耕齋讀本不分卷二集不分卷小題不分卷　(清)沈叔眉編次　清同治六年(1867)刻本　八册

520000－2801－0006044　09684
光緒甲辰恩科會試墨卷一卷　(清)傅增濬撰　清末鉛印本　一册

520000－2801－0006045　09685
[光緒]貴州闈墨一卷　(清)吕華鑒定　清光緒刻本　一册

520000－2801－0006046　9691
昌黎先生詩集注十一卷年譜一卷　(唐)韓愈撰　(清)朱彝尊　(清)何焯評　(清)顧嗣立删補　清道光十六年(1836)膺德堂刻本　四册

520000－2801－0006047　9692
桐城先生點勘史記一百三十卷附錄一卷史記初校本點識一卷彙錄諸家史記評語一卷　(清)吴汝綸評點　清宣統元年(1909)南宫邢之襄刻本　二十册

520000－2801－0006048　9696
金石錄三十卷　(宋)趙明誠撰　清乾隆二十七年(1762)雅雨堂刻本　四册

520000－2801－0006049　09705
欽定四庫全書總目二百卷首一卷　(清)紀昀等纂　清同治七年(1868)廣東書局刻本　一百十八册　存一百九十卷(一至一百二十、一百三十二至二百,首一卷)

520000－2801－0006050　9710
絕妙好辭□□卷　(清)□□抄　清抄本　一册

520000－2801－0006051　9711
煙霞萬古樓文集六卷　(清)王曇撰　清道光二十年(1840)刻本　二册

520000－2801－0006052　9726
遺民詩十六卷近青堂詩一卷　(清)卓爾堪輯　清末上海有正書局石印本　八册

520000－2801－0006053　9727
抱潤軒文集十卷　馬其昶撰　清宣統元年(1909)安徽官紙印刷局石印本　四册

520000－2801－0006054　9733
杖鄉集四卷　(清)汪偉撰　清末石印本　四册

520000－2801－0006055　9734
姜白石全集不分卷　(宋)姜夔撰　清末上海掃葉山房石印本　四册

520000－2801－0006056　9744
芋巖詩鈔一卷　(清)錢衡撰　(清)顏嗣徽輯　清光緒十二年(1886)刻本　一册

520000－2801－0006057　09745
陳太僕批選八家文抄九卷　(清)陳兆崙輯　清光緒二十六年(1900)天津文美齋石印本　一册　存一卷(韓文上)

520000－2801－0006058　09746
黔詩紀略三十三卷　（清）唐樹義審例　（清）黎兆勳採詩　（清）莫友芝傳證　清同治十二年(1873)遵義唐氏夢研齋金陵刻本　八册

520000－2801－0006059　9750
南渡錄四卷　（宋）辛棄疾撰　清光緒三十二年(1906)上海國學保存會鉛印本　一册

520000－2801－0006060　9782
桃花扇二卷　（清）孔尚仁輯　清末暖紅室夢鳳樓刻本　四册

520000－2801－0006061　09783
郘亭遺文八卷　（清）莫友芝撰　清末刻本　一册

520000－2801－0006062　09784
黔書二卷　（清）田雯撰　清刻本　二册

520000－2801－0006063　9785
紅樓夢散套十六卷　題（清）荆石山民填詞　清光緒元年(1875)蟾波閣刻本　二册

520000－2801－0006064　09786
曾文正公年譜十二卷　（清）李瀚章審訂　（清）黎庶昌編輯　清光緒二年(1876)傳忠書局刻本　四册

520000－2801－0006065　09790
曾文正公年譜十二卷　（清）李瀚章審訂　（清）黎庶昌編輯　清末鉛印本　二册

520000－2801－0006066　9792
綏寇紀略十二卷　（清）吳偉業撰　清康熙十三年(1674)刻本　四册

520000－2801－0006067　9793
梨洲遺著匯刊二十一種首一卷　（清）黃宗羲撰　清宣統二年(1910)上海時中書局鉛印本　二十册

520000－2801－0006068　9794
黃氏醫書八種　（清）黃元御撰　清宣統元年(1909)上海江左書林石印本　十二册

520000－2801－0006069　9795
四雪草堂重訂通俗隋唐演義二十卷　題（清）齊東野人等原本　題（清）沒世農夫匯編　清中文盛堂刻本　二十册

520000－2801－0006070　9796
新鐫玉茗堂批評按鑑參補南宋志傳十卷五十回楊家將傳十卷五十回　（明）研石山樵訂正　明萬曆四十六年(1618)英德堂刻本　十册

520000－2801－0006071　9801
天聞閣琴譜十六卷首一卷　（清）唐彝銘等纂集　清光緒二年(1876)成都刻本　十二册　存十四卷(一至十四)

520000－2801－0006072　09802
納書楹曲譜補遺四卷外集二卷　（清）葉堂訂譜　（清）王文治參訂　清道光二十八年(1848)刻本　六册

520000－2801－0006073　9803
重訂外科正宗十二卷　（明）陳實功撰　清光緒元年(1875)鐵瓶里有耀齋局刻本　六册

520000－2801－0006074　9805
續碑傳集八十六卷首二卷　繆荃孫纂錄　清宣統二年(1910)江楚編譯書局刻本　二十四册

520000－2801－0006075　9807
稱謂錄三十二卷　（清）梁章鉅撰　清光緒元年至十年(1875－1884)刻本　八册

520000－2801－0006076　9808
月令粹編二十四卷圖說一卷　（清）秦嘉謨編　清嘉慶十七年(1812)江都琳琅仙館刻本　八册

520000－2801－0006077　9810
全滇紀要不分卷　（清）雲南課吏館編輯　清光緒三十一年(1905)雲南課吏館鉛印本　十册

520000－2801－0006078　9811
蜀水考四卷　（清）陳登龍述　（清）朱錫穀補注　（清）陳一津分疏　清道光五年(1825)刻本　二册

520000－2801－0006079　9814

格致鏡原一百卷　(清)陳元龍輯　清雍正十三年(1735)刻本　十二册

520000－2801－0006080　09815
景德鎮陶録十卷　(清)藍浦撰　(清)鄭廷桂補輯　清同治九年(1870)刻本　四册

520000－2801－0006081　09816
針灸大成十卷　(明)楊繼洲匯編　(清)李月桂重訂　清嘉慶二年(1797)善成堂刻本　十册

520000－2801－0006082　09817
東垣十書十二種　(元)李杲等撰　(明)王肯堂訂正　清光緒七年(1881)刻本　十六册

520000－2801－0006083　9818
醫林指月十二種　(清)王琦輯　清乾隆刻本　十六册

520000－2801－0006084　9819
唐類函二百卷目録二卷　(明)俞安期彙纂　(明)徐顯卿校訂　明萬曆三十一年(1603)刻本　四十册

520000－2801－0006085　09823
湖海樓叢書十二種　(清)陳春輯　清嘉慶蕭山陳氏刻本　二十四册　存九種

520000－2801－0006086　09824
三忠合編六卷　(清)何瑩庵　(清)陳冠山原本　(清)胡長新重輯　清光緒八年(1882)刻本　四册

520000－2801－0006087　09825
三忠合編六卷　(清)何瑩庵　(清)陳冠山原本　(清)胡長新重輯　清光緒八年(1882)刻本　四册

520000－2801－0006088　9826
埽雲仙館詩鈔四卷　(清)詹嗣曾撰　清同治元年(1862)木活字印本　二册

520000－2801－0006089　9828
捌擇堂詩存稿一卷　(清)毛登峰撰　清光緒二十年(1894)刻本　一册

520000－2801－0006090　9829
養餘齋詩詞鈔一卷　(清)徐久道撰　清光緒二十一年(1895)刻本　一册

520000－2801－0006091　9830
子書二十八種　(清)育文書局輯　清宣統三年(1911)育文書局石印本　十五册

520000－2801－0006092　9831
孫氏族譜一卷　(清)孫漢英等撰　清咸豐二年(1852)抄本　一册

520000－2801－0006093　9832
礦政調查局詳定收取礦務經費章程一卷　(清)□□編　清末木活字印本　一册

520000－2801－0006094　9833
礦政調查局詳定收取礦務經費章程一卷　(清)□□編　清末木活字印本　一册

520000－2801－0006095　09834
武備輯要六卷　(清)曾國藩撰　清光緒二十七年(1901)貴州善後局刻本　一册　存二卷(一至二)

520000－2801－0006096　9835
拳教析疑説一卷　勞乃宣輯　清末木活字印本　一册

520000－2801－0006097　9839
文林堂增訂聲律對偶二卷　(清)車萬育撰　(清)夏大觀删補　(清)王之榦箋釋　清末貴州刻本　一册　存一卷(二)

520000－2801－0006098　9840
急救經驗良方一卷　(清)徐幹選　(清)費山壽纂輯　清宣統二年(1910)刻本　一册

520000－2801－0006099　09841
素問靈樞類纂約注三卷　(清)汪昂輯　(清)汪桓訂定　清光緒六年(1880)刻本　三册

520000－2801－0006100　9842
蠶桑萃編十五卷首一卷　(清)衛杰纂　清光緒刻本　五册　存八卷(二至七、十二至十三)

520000－2801－0006101　9843
診家正眼二卷　(明)李中梓著述　(清)尤乘

增補　清康熙六年(1667)善成堂刻本　一册

520000－2801－0006102　9844
劉簾舫先生吏治三書　(清)劉衡撰　清同治十年(1871)黔陽官署刻本　一册

520000－2801－0006103　9846
西洋倫理學史要二卷　(英國)西額惟克撰　(清)王國維抄譯　清末刻本　一册

520000－2801－0006104　9847
勸學篇二卷　(清)張之洞撰　清光緒二十四年(1898)貴州學院署刻本　一册

520000－2801－0006105　9848
新訂蕫頤堰章程一卷　(清)□□撰　清末刻本　一册

520000－2801－0006106　09849
通濟堰章程不分卷　(□)□□撰　清光緒二十七年(1901)刻本　二册

520000－2801－0006107　09850
通濟堰章程不分卷　(□)□□撰　清光緒二十七年(1901)刻本　一册

520000－2801－0006108　09852
瘰癧花柳良方錄要不分卷　(清)□□撰　清光緒二十年(1894)刻本　二册

520000－2801－0006109　9853
重鐫痢證三篇十卷　(清)吳道源輯　清末刻本　一册

520000－2801－0006110　9854
讀紅樓夢雜記一卷　題(□)明鏡室主人撰　**紅樓竹枝詞一卷紅樓夢賦一卷**　(清)沈謙撰　清光緒二年(1876)刻本　一册

520000－2801－0006111　09855
石頭記贊一卷　(清)王希廉撰　清末刻本　一册

520000－2801－0006112　9856
兩漢策要十二卷目錄一卷　(宋)陶叔獻撰　清光緒十三年(1887)上海同文書局石印本　八册

520000－2801－0006113　9857
觀聚方要補十卷　(日本)丹波元簡輯　(清)元昕參訂　清嘉慶十五年(1810)刻本　六册　存七卷(一至四、六至八)

520000－2801－0006114　9858
隨園詩話十六卷補遺四卷　(清)袁枚撰　清道光元年(1821)刻本　六册

520000－2801－0006115　9859
寄青霞館奕選八卷續八卷　(清)王存善輯　清光緒二十一年(1895)刻本　十六册

520000－2801－0006116　9860
隨園三十種　(清)袁枚撰　清咸豐四年(1854)刻本　三十三册

520000－2801－0006117　09861
八指頭陀詩集五卷雜文一卷　(清)釋敬安撰　清光緒十四年(1888)刻本　一册

520000－2801－0006118　9864
學部奏咨輯要四卷　(清)學部編　清末鉛印本　四册

520000－2801－0006119　9868
四書正蒙三辨不分卷　(□)□□編　清末黔省官書局刻本　七册

520000－2801－0006120　9869
陰騭文説證匯纂八卷末一卷　(□)□□撰　清光緒九年至十年(1883－1884)刻本　八册

520000－2801－0006121　09870
[同治]上江兩縣誌二十九卷首一卷　(清)莫祥芝　(清)甘紹盤修　(清)汪士鐸等纂　清同治十三年(1874)刻本　十二册

520000－2801－0006122　09871
[道光]重刊續纂宜荊縣誌十卷首一卷　(清)顧名等修　(清)吳德旋等纂　清道光二十年(1840)刻本　四册

520000－2801－0006123　09872
[光緒]宜興荊溪縣新志十卷首一卷末一卷　(清)英敏等修　(清)吳學墻等纂　清光緒八年(1882)刻本　七册

520000－2801－0006124　9873

泰山志二十卷　(清)金棨撰　清中刻本　八冊　存十六卷(五至二十)

520000－2801－0006125　09874

[光緒]丹徒縣誌六十卷首四卷　(清)何紹章等修　(清)吕耀斗等纂　清光緒五年(1879)刻本　三十二冊

520000－2801－0006126　09875

[同治]續纂江寧府誌十五卷首一卷　(清)蔣啟勛等修　(清)汪士鐸等纂　清光緒六年(1880)刻本　十二冊

520000－2801－0006127　9876

文字蒙求四卷　(清)王筠編　清末刻本　一冊

520000－2801－0006128　9877

文字蒙求四卷　(清)王筠輯　清光緒十三年(1887)刻本　二冊

520000－2801－0006129　9883

觀自得齋叢書　(清)徐士愷輯　清光緒刻本　十九冊

520000－2801－0006130　9884

遺山集四十卷附録一卷　(金)元好問撰　清初刻本　六冊　存三十二卷(九至四十)

520000－2801－0006131　9885

妙香庵詩存一卷　(清)林遇春撰　清同治十二年(1873)刻本　一冊

520000－2801－0006132　9886

集注太玄四卷　(宋)司馬光撰　清光緒元年(1875)湖北崇文書局刻本　一冊

520000－2801－0006133　09887

溈山警策句釋記二卷　(明)釋弘贊注　清初刻本　一冊

520000－2801－0006134　9888

徹悟禪師遺稿二卷　(清)釋訥堂道人撰　(清)釋了亮等輯　清嘉慶二十四年(1819)刻本　一冊

520000－2801－0006135　9890

啟悟初津一卷　(清)卜舫濟撰　清光緒二十八年(1902)上海美華書館鉛印本　一冊

520000－2801－0006136　9891

論法華二卷　題(清)釋愢觀老人口說　題(清)釋妙諦子等筆受　清光緒三年(1877)江北刻經處刻本　一冊

520000－2801－0006137　9892

御虛階功過格一卷　(□)□□輯　清光緒十五年(1889)貴州刻本　一冊

520000－2801－0006138　9893

往生集三卷附錄一卷　(明)釋袾宏輯　清光緒二十四年(1898)金陵刻經處刻本　一冊

520000－2801－0006139　9894

筠州黄蘗山斷際禪師傳心法要二卷　(唐)裴休輯　清光緒十年(1884)金陵刻經處刻本　一冊

520000－2801－0006140　09895

金剛般若波羅蜜經破空論一卷　(後秦)釋鳩摩羅什譯　(明)釋智旭造論　**般若波羅蜜多心經釋要一卷金剛般若波羅蜜經觀心釋一卷**　(明)釋智旭述　清同治十年(1871)如皋刻經處刻本　一冊

520000－2801－0006141　9896

佛說觀彌勒菩薩上生兜率陀天經一卷　(南朝宋)釋沮渠京聲譯　**佛說彌勒下生經一卷**　(後秦)釋鳩摩羅什譯　**佛說觀彌勒菩薩下生經一卷**　(晉)釋竺法護譯　清光緒三年(1877)金陵刻經處刻本　一冊

520000－2801－0006142　9899

諸菩薩求佛本業經一卷　(晉)聶道真譯　**菩薩十住行道品經一卷**　(晉)釋竺法護譯　**佛說菩薩十住經一卷**　(晉)釋祇多密譯　**等目菩薩所問三昧經三卷**　(晉)釋竺法護譯　**文殊師利問菩薩署經一卷**　(漢)釋支婁迦讖譯　清光緒十年(1884)常熟刻經處刻本　一冊

520000－2801－0006143　9900

佛母大孔雀明王經三卷　(唐)釋不空譯　清光緒十四年(1888)常熟刻經處刻本　一冊

520000－2801－0006144　09901
大佛頂如來密因修證了義諸菩薩萬行首楞嚴經十卷　（唐）釋般刺密帝譯　清同治八年(1869)金陵刻經處刻本　二册

520000－2801－0006145　9903
佛說四十二章經解一卷　（明）釋智旭撰　**佛遺教經解一卷**　（後秦）釋鳩摩羅什譯　**八大人覺經略解一卷**　（漢）釋安世高譯　（明）釋智旭解　清光緒十一年(1885)金陵刻經處刻本　一册

520000－2801－0006146　09905
佛說藥師如來本願經一卷　（隋）釋達磨笈多譯　**藥師琉璃光如來本願功德經一卷**　（唐）釋玄奘譯　**藥師琉璃光七佛本願功德經二卷**　（唐）釋義淨譯　清宣統元年(1909)常州刻本　一册

520000－2801－0006147　9907
天童密云禪師語録二十二卷　（清）釋道忞輯　清光緒二十五年(1899)刻本　四册

520000－2801－0006148　9909
佛果圜悟禪師碧巖集十卷　（清）釋開慧輯　清光緒二年(1876)杭省西湖昭慶慧空經房刻本　五册

520000－2801－0006149　9913
佛說阿閦佛國經二卷　（漢）釋支婁迦讖譯　**阿閦如來念誦供養法一卷**　（唐）釋不空譯　清末刻本　一册

520000－2801－0006150　9918
西方願文解一卷　（明）釋袾宏著并釋　清光緒二十四年(1898)金陵刻經處刻本　一册

520000－2801－0006151　9921
大般涅槃經三卷　（晉）釋法顯譯　清宣統元年(1909)常州天寧寺刻民國八年(1919)印本　一册

520000－2801－0006152　9922
佛說盂蘭經一卷　（晉）釋竺法護譯　**勸發菩提心文一卷**　（清）釋實賢撰　**上蘭盆供一卷**　（□）□□撰　清末上海佛經流通處刻本　一册

520000－2801－0006153　9923
佛爾雅八卷　（清）周春撰　清嘉慶二十一年(1816)錢塘陳氏刻本　一册

520000－2801－0006154　09924
金剛三昧經二卷　（五代）釋□□譯　清同治十二年(1873)金陵刻經處刻本　一册

520000－2801－0006155　9927
太上十三經四卷　題（唐）呂純陽點評　清中刻本　三册

520000－2801－0006156　9929
語珍切要録二卷　（清）許立陞輯　**達生編二卷**　題（□）亟齋居士輯　清光緒十六年(1890)刻本　二册

520000－2801－0006157　9933
楞伽阿跋多羅寶經四卷　（南朝宋）釋求那跋陀羅譯　清同治九年(1870)金陵刻經處刻本　二册

520000－2801－0006158　09938
入地眼全書十卷　（宋）釋靜道撰　（清）萬樹華輯　清道光元年(1821)刻本　四册　存七卷(一至五、九至十)

520000－2801－0006159　9939
萬松老人評唱天童覺和尚拈古請益録六卷　題（□）萬松評　清末福德因緣堂刻本　二册

520000－2801－0006160　9940
揞黑豆集八卷首一卷　（清）釋心圓撰　清末刻本　四册

520000－2801－0006161　9941
西齋淨土詩四卷　（明）釋梵琦撰　清末金陵刻經處刻本　一册

520000－2801－0006162　09942
六度集經八卷　（三國吳）釋康僧會譯　清光緒五年(1879)金陵刻經處刻本　二册

520000－2801－0006163　09943
高峯大師語録一卷　（元）釋原妙撰　清光緒十五年(1889)金陵刻經處刻本　一册

520000－2801－0006164　9944
佛說四諦經一卷本相倚致經一卷　(漢)釋安世高譯　**恒水經一卷**　(晉)釋法炬譯　**瞻婆比丘經一卷**　(晉)釋法炬譯　**佛說緣本致經一卷**　(□)□□譯　**頂生王故事經一卷**　(晉)釋法炬譯　**文陀竭王經一卷**　(五代)釋曇無讖譯　清光緒六年(1880)金陵刻經處刻本　一册

520000－2801－0006165　09945
徑中徑又徑徵義三卷首一卷　(清)張師誠輯　(清)徐槐廷徵義　清光緒二十五年(1899)刻本　一册

520000－2801－0006166　09946
無量壽經宗要一卷　(唐)釋元曉撰　清末刻本　一册

520000－2801－0006167　9948
請觀音經疏一卷　(隋)釋智顗說　清末刻本　一册

520000－2801－0006168　09950
龍舒淨土文十卷首一卷末一卷　(宋)王日休撰　清光緒九年(1883)金陵刻經處刻本　一册

520000－2801－0006169　9951
佛說無量清淨平等覺經二卷　(漢)釋支婁迦讖譯　清光緒五年(1879)常熟刻經處刻本　一册

520000－2801－0006170　09956
受持佛說阿彌陀經行願儀一卷　(清)釋成時輯　清同治九年(1870)如臯刻經處刻本　一册

520000－2801－0006171　09957
無量壽經起信論三卷　(清)彭際清述　清刻本　一册

520000－2801－0006172　9959
西歸直指四卷首一卷　(清)周夢顏輯　清光緒十二年(1886)金陵刻經處刻本　一册

520000－2801－0006173　09960
淨土論三卷　(唐)釋迦才撰　清末金陵刻經處刻本　一册

520000－2801－0006174　9961
佛說梵網經二卷　(後秦)釋鳩摩羅什譯　清光緒十年(1884)金陵刻經處刻本　一册

520000－2801－0006175　9963
四眾弟子淨土詩不分卷　(清)□□編　清同治十一年(1872)如臯刻經處刻本　一册

520000－2801－0006176　9964
佛說如幻三昧經三卷太子刷護經一卷　(晉)釋竺法護譯　**太子和休經一卷**　(□)□□譯　**入法界體性經一卷**　(隋)釋闍那崛多譯　清光緒六年(1880)常熟刻經處刻民國八年(1919)印本　一册

520000－2801－0006177　9969
大慈恩寺三藏法師傳十卷　(唐)釋彥悰箋　清宣統元年(1909)常州天寧寺刻本　三册

520000－2801－0006178　09970
林間錄二卷　(宋)釋德洪集　**林間錄後集一卷**　(宋)釋惠洪撰　清光緒二十七年(1901)刻本　二册

520000－2801－0006179　09971
大乘中觀釋論十卷　(宋)釋惟淨等譯　清光緒三十四年(1908)金陵刻經處刻本　二册

520000－2801－0006180　09972
淨土警語一卷　(清)釋截流撰　**起一心精進念佛七期規式一卷**　(清)釋行策定　清光緒六年(1880)常熟刻經處刻本　一册

520000－2801－0006181　9973
佛說阿彌陀經一卷　(後秦)釋鳩摩羅什譯　**佛說阿彌陀經疏鈔擷一卷附錄一卷**　題(明)釋雲棲宏大師疏鈔　(清)徐槐廷擷　清同治六年(1867)文芳刻字石印局刻本　一册

520000－2801－0006182　09977
大方便佛報恩經七卷　(□)□□譯　清同治十年(1871)如臯刻經處刻本　二册

520000－2801－0006183　9979

張三丰祖師無根樹詞注解一卷 （明）張三丰撰 （明）李涵虛增解 （清）劉悟元注 清末刻本 一册

520000－2801－0006184 09980
如意寶珠二卷 （明）張三丰撰 （清）吳海云輯 清末刻本 一册

520000－2801－0006185 9981
靈寶畢法三卷 （唐）鍾離權撰 （唐）吕嵓傳 清末刻本 一册

520000－2801－0006186 9985
金剛經聯語一卷 （清）王定安輯 清光緒十二年（1886）江南書局刻本 一册

520000－2801－0006187 09987
華氏中藏經三卷 （漢）華佗撰 （清）孫星衍校 清嘉慶十三年（1808）平津館孫氏刻本 一册

520000－2801－0006188 9989
吕祖度何仙姑傳一卷 （□）□□撰 **元貞小傳一卷** （□）離明子撰 清光緒三十三年（1907）湄邑新化里八甲刻本 一册

520000－2801－0006189 9992
西方要訣科注二卷 （唐）釋窺基撰 清末刻本 一册

520000－2801－0006190 09993
佛説觀普賢菩薩行法經一卷 （南朝宋）釋曇摩蜜多譯 清光緒七年（1881）金陵刻經處刻本 與520000－2801－0006191合一册

520000－2801－0006191 09993
無量義經一卷 （南朝齊）釋曇摩迦陀耶舍第二譯 清光緒三年（1877）江北刻經處刻本 與520000－2801－0006190合一册

520000－2801－0006192 9994
五百弟子自説本起經一卷 （晉）釋竺法護譯 清宣統二年（1910）常州天寧寺刻本 一册

520000－2801－0006193 9996
楞伽阿跋多羅寶經四卷 （南朝宋）釋求那跋陀羅譯 清同治九年（1870）金陵刻經處刻本 二册

520000－2801－0006194 9997
相宗八要解八卷 （唐）釋玄奘譯 （明）釋明昱釋 清光緒二十八年（1902）金陵刻經處刻本 三册

520000－2801－0006195 09998
禪林寶訓筆説三卷 （清）釋智祥述 清光緒十九年（1893）江北刻經處刻本 三册

520000－2801－0006196 10000
大方等如來藏經一卷 （晉）釋佛陀跋陀羅譯 **莊嚴菩提心經一卷** （後秦）釋鳩摩羅什譯 **寶授菩薩菩提行經一卷** （宋）釋法賢譯 **佛説長者女庵提遮師子吼了義經一卷** （□）□□譯 **佛説老女人經一卷** （三國吳）釋支謙譯 **稱讚大乘功德經一卷** （唐）釋玄奘譯 **佛説長者法志妻經一卷** （□）□□譯 **佛説堅固女經一卷** （隋）釋那連提耶舍譯 清光緒二十三年（1897）金陵刻經處刻本 一册

520000－2801－0006197 10001
白虎通四卷 （漢）班固等撰 **闕文一卷** （清）莊述祖輯 （清）盧文弨訂 清乾隆四十九年（1784）刻本 四册

520000－2801－0006198 10002
河防志六卷 （清）張鵬翮等纂 清雍正三年（1725）刻本 六册

520000－2801－0006199 10003
陶淵明詩 （晉）陶潛撰 清光緒元年（1875）據宋刻本影印本 一册

520000－2801－0006200 10004
莊子集釋十卷 （清）郭慶藩輯 清光緒二十年（1894）湘陰郭氏思賢講舍刻本 八册

520000－2801－0006201 10005
醫醇賸義四卷 （清）費伯雄撰 清光緒十四年（1888）掃葉山房刻本 四册

520000－2801－0006202 10006
書法離鉤十卷 （明）潘之宗撰 清末惜陰軒刻本 四册

520000－2801－0006203　10007
澄懷園詩選十二卷　（清）張廷玉撰　清光緒十七年（1891）刻本　四冊

520000－2801－0006204　10008
玉谿生詩詳注三卷年譜一卷詩話一卷　（唐）李商隱撰　（清）馮浩編　清嘉慶元年（1796）刻本　四冊

520000－2801－0006205　10011
養默山房詩藁四十卷　（清）謝元淮撰　**雪竹樓詩評一卷**　（清）黃道讓撰　清嘉慶二十一年（1816）刻本　八冊

520000－2801－0006206　10012
新纂簡捷易明算法四卷　（清）沈士桂纂輯　清道光九年（1829）刻本　四冊

520000－2801－0006207　10013
本草備要節鈔不分卷　（清）汪昂撰　清末抄本　三冊

520000－2801－0006208　10019
江南鐵淚圖一卷　題（清）寄雲山人編　清末刻本　一冊

520000－2801－0006209　10021
[選擇備要]一卷　（□）□□編　清刻朱墨印本　二冊

520000－2801－0006210　10024
杜工部集二十卷首一卷　（唐）杜甫撰　（明）王弇州（王世貞）等評　清光緒二年（1876）粵東翰墨園刻五色套印本　十冊

520000－2801－0006211　10025
鹿洲全集七種四十二卷　（清）藍鼎元纂　清雍正閩漳素位堂刻本　二十四冊

520000－2801－0006212　10026
一行居集八卷附錄一卷　（清）彭紹升撰　清道光五年（1825）刻本　四冊

520000－2801－0006213　10027
清容外集九種　（清）蔣士銓輯　（清）高文照題評　清末刻本　八冊

520000－2801－0006214　10028
名醫類案十二卷　（明）江瓘輯　清乾隆三十五年（1770）知不足齋刻本　六冊

520000－2801－0006215　10029
審看擬式四卷首一卷　（清）剛毅撰　清光緒二十五年（1899）刻本　四冊

520000－2801－0006216　10030
唐陸宣公奏議讀本四卷首一卷　（唐）陸贄撰　（清）汪銘謙輯　（清）馬傳庚評點　清光緒二十六年（1900）會稽刻本　二冊

520000－2801－0006217　10031
強邨詞二卷前集一卷別集一卷　朱祖謀撰　清光緒三十一年（1905）刻本　二冊

520000－2801－0006218　10032
國朝歷科館選錄二卷　（清）沈廷芳輯　清末刻本　二冊

520000－2801－0006219　10033
慶典成案五卷　（清）內部府奏稿　清末刻本　五冊

520000－2801－0006220　10034
晉史雜詠一卷　（清）丁桐撰　清光緒十八年（1892）木活字印本　一冊

520000－2801－0006221　10037
人海記二卷　（清）查慎行輯　清宣統二年（1910）石印本　二冊

520000－2801－0006222　10038
潛書二篇　（唐）唐甄撰　（清）王聞遠編　清末上海大經綸書局石印本　二冊

520000－2801－0006223　10039
[胡氏書畫考]三種　（清）胡敬輯　清嘉慶二十一年（1816）刻本　四冊

520000－2801－0006224　10041
內則衍義十六卷　（清）世祖福臨撰　清刻本　八冊

520000－2801－0006225　10042
鄂省丁漕指掌十卷　（清）潘霨撰　清光緒元年（1875）刻本　十冊

520000－2801－0006226　10043
欽定臺規四十二卷首一卷　(清)孔憲穀等纂　清光緒十八年(1892)刻本　二十四冊

520000－2801－0006227　10044
居易錄三十四卷　(清)王士禛著　清康熙四十年(1701)刻本　八冊

520000－2801－0006228　10045
內則衍義十六卷　(清)世祖福臨撰　清刻本　八冊

520000－2801－0006229　10046
內則衍義十六卷　(清)世祖福臨撰　清刻本　八冊

520000－2801－0006230　10047
莊子十卷　(戰國)莊周撰　(晉)郭象注　(唐)陸德明音義　清光緒二年(1876)浙江書局刻本　四冊

520000－2801－0006231　10048
閱微草堂筆記二十四卷目錄一卷　(清)紀昀撰　清嘉慶五年(1800)北平盛時彥刻本　十冊

520000－2801－0006232　10049
漁洋山人精華錄十卷　(清)王士禛著　(清)林佶編　清康熙三十九年(1700)刻本　四冊

520000－2801－0006233　10052
惜抱先生尺牘八卷　(清)姚鼐撰　(清)陳用光輯　清宣統元年(1909)小萬柳堂刻本　四冊

520000－2801－0006234　10057
明宮史八卷　(明)劉若愚編述　清宣統二年(1910)國學扶輪社鉛印本　二冊

520000－2801－0006235　10058
二程粹言二卷　(宋)楊時訂定　(宋)張栻編次　清光緒十八年(1892)傳經堂刻本　二冊

520000－2801－0006236　10059
韓非子二十卷　(戰國)韓非撰　**識誤三卷**　(清)顧廣圻識誤　清末刻本　六冊

520000－2801－0006237　10062
庸庵文編四卷外編四卷　(清)薛福成撰　清光緒十三年至十九年(1887－1893)刻本　八冊

520000－2801－0006238　10063
內閣撰擬文字二卷二編二卷續編一卷　(清)鮑康編輯　(清)徐士鑾輯　清同治七年至十一年(1868－1872)刻本　五冊

520000－2801－0006239　10066
昌黎先生詩集注十一卷年譜一卷　(唐)韓愈著　(清)顧嗣立刪補　清康熙三十八年(1699)秀野草堂刻本　六冊

520000－2801－0006240　10070
遯盦秦漢古銅印譜不分卷　(清)吳隱輯　清光緒三十四年(1908)西泠印社鈐印本　八冊

520000－2801－0006241　10072
萬卷讀餘五卷　(清)康基淵纂輯　清光緒二年(1876)刻本　四冊

520000－2801－0006242　10073
唐陸宣公集二十二卷　(唐)陸贄撰　清刻本　六冊

520000－2801－0006243　10074
湖海樓文傳七十五卷　(清)王昶輯　清道光十七年(1837)刻同治五年(1866)印本　十二冊

520000－2801－0006244　10079
漢魏叢書　(清)黃元壽輯　清光緒二十一年(1895)石印本　十六冊

520000－2801－0006245　10081
古詩歸十五卷唐詩歸三十六卷　(明)鍾惺(明)譚元春選定　明刻本　十冊

520000－2801－0006246　10082
榕村詩選八卷首一卷　(清)李光地撰　清雍正八年(1730)杭州臬署刻本　四冊

520000－2801－0006247　10083
化學分原八卷　(英國)蒲陸山撰　(英國)傅蘭雅口譯　(清)徐建寅筆述　清末江南製造總局刻本　二冊

520000－2801－0006248　10085
歸余鈔二卷　(清)高塘集評　清乾隆五十三年(1788)雙桐書屋刻本　四册

520000－2801－0006249　10087
文信國公集二十卷首一卷　(宋)文天祥撰　清同治七年(1868)楚醴景萊書室刻本　十六册

520000－2801－0006250　10088
孝友堂家規一卷　(清)孫奇逢撰　**家訓一卷**　(清)孫奏雅等輯　清末成都刻本　一册

520000－2801－0006251　10089
乘查筆記一卷　(清)斌椿撰　清同治八年(1869)刻本　一册

520000－2801－0006252　10090
擬明史樂府一百首　(清)尤侗撰　(清)尤珍注　清刻本　一册

520000－2801－0006253　10092
李長吉集四卷　(唐)李賀撰　(明)黄淳耀評　(清)黎二樵批點　清宣統元年(1909)上海掃葉山房朱墨印、石印本　二册

520000－2801－0006254　10093
世説新語六卷　(南朝宋)劉義慶撰　(南朝梁)劉孝標注　清光緒三年(1877)湖北崇文書局刻本　四册

520000－2801－0006255　10095
吕叔簡先生四禮翼四卷　(明)吕坤撰　清同治二年(1863)刻本　一册

520000－2801－0006256　10096
河南程氏經説八卷　(宋)程頤撰　清光緒十八年(1892)五劉傳經堂刻本　二册

520000－2801－0006257　10097
字説一卷　(清)吳大澂撰　清光緒十九年(1893)思賢講舍刻本　一册

520000－2801－0006258　10099
牧齋初學集詩注二十卷　(清)錢謙益撰　(清)錢曾箋注　清刻本　四册

520000－2801－0006259　10100
銅板四書遵注合講十九卷　(清)翁復撰　清嘉慶十四年(1809)刻本　六册

520000－2801－0006260　10101
峽江救生船志一卷行川必要一卷救生總圖一卷　(清)涂宗瀛等輯　清光緒三年(1877)水師新副中營刻本　二册

520000－2801－0006261　10102
列子八卷　(戰國)列禦寇撰　(唐)盧重元解　清嘉慶八年(1803)江都秦氏刻本　一册

520000－2801－0006262　10103
荀子二十卷　(唐)楊倞註　明刻本　八册

520000－2801－0006263　10104
太平廣記五百卷目錄十卷　(宋)李昉等輯　清乾隆二十年(1755)天都黄晟刻本　六十四册

520000－2801－0006264　10105
春秋公羊經傳解詁十二卷　(漢)何休注　清道光四年(1824)武進劉逢禄刻同治二年(1863)印本　二册

520000－2801－0006265　10106
説文通檢十四卷首一卷末一卷　(清)黎永椿編　清光緒二年(1876)崇文書局刻本　二册

520000－2801－0006266　10107
南宋雜事詩七卷　(清)沈嘉轍等撰　清同治十一年(1872)淮南書局刻本　二册

520000－2801－0006267　10111
萬卷堂書目四卷　(明)朱睦㮮編　清光緒二十九年(1903)長沙葉德輝刻本　一册

520000－2801－0006268　10114
國朝漢學師承記八卷經師經義目錄一卷宋學淵源記二卷附記一卷　(清)江藩撰　清光緒九年(1883)山西書局刻本　四册

520000－2801－0006269　10116
黔書二卷　(清)田雯撰　清康熙三十年(1691)刻本　六册

520000－2801－0006270　10117
項城袁氏家集七種　(清)清芬閣編　清宣統

三年(1911)清芬閣鉛印本　十四冊

520000－2801－0006271　10118
詩林韶濩二十卷　(清)顧嗣立選　清康熙刻本　六冊

520000－2801－0006272　10120
杜工部集二十卷　(唐)杜甫撰　(清)錢謙益箋註　清康熙六年(1667)刻本　四冊

520000－2801－0006273　10121
江邨銷夏錄三卷　(清)高士奇輯　清康熙三十二年(1693)刻本　六冊

520000－2801－0006274　10123
文中子中說十卷　(隋)王通撰　(宋)阮逸注　清光緒二年(1876)浙江書局刻本　二冊

520000－2801－0006275　10124
淮南子二十一卷　(漢)劉安撰　(漢)高誘注　清乾隆五十三年(1788)咸寧官署刻本　二冊

520000－2801－0006276　10126
欽定吏部銓選漢官品級考四卷　(清)吏部纂　清末刻本　四冊

520000－2801－0006277　10127
歸愚集□□種　(清)沈德潛撰　清乾隆十六年至三十二年(1751－1767)刻本　十二冊　存四種

520000－2801－0006278　10130
地理八竅追尋古跡心法捷訣四卷　(清)朱冠臣輯著　(清)劉高魁訂　清光緒九年(1883)刻本　三冊

520000－2801－0006279　10131
周易口訣議六卷　(唐)史徵撰　清刻本　二冊

520000－2801－0006280　10137
海峰文集八卷　(清)劉大櫆撰　清同治十三年(1874)邢邱刻本　六冊

520000－2801－0006281　10138
唐陸宣公奏議讀本四卷首一卷　(唐)陸贄撰　(清)汪銘謙輯　(清)馬傳庚評點　清光緒二十六年(1900)會稽刻本　二冊

520000－2801－0006282　10143
玉谿生詩詳注三卷年譜一卷詩話一卷　(唐)李商隱撰　(清)馮浩編　清末刻本　二冊

520000－2801－0006283　10144
漁洋山人精華錄箋注十二卷補注一卷附錄一卷　(清)王士禛撰　(清)金榮箋注　(清)徐淮纂輯　清康熙刻本　十二冊

520000－2801－0006284　10145
小萬卷齋經進稿四卷　(清)朱琦撰　清道光六年(1826)刻本　一冊

520000－2801－0006285　10146
欽定日下舊聞考一百六十卷譯語總目一卷　(清)于敏中等編　清乾隆刻本　四十八冊

520000－2801－0006286　10148
周禮六卷　(漢)鄭玄注　(唐)陸德明音義　清宣統元年(1909)學部圖書局刻本　六冊

520000－2801－0006287　10149
宸垣識略十六卷　(清)吳長元輯　清光緒二年(1876)刻本　八冊

520000－2801－0006288　10150
御定駢字類編二百四十卷　(清)張廷玉等編　清光緒十三年(1887)上海同文書局石印本　四十八冊

520000－2801－0006289　10151
兩浙輶軒續錄五十四卷　(清)潘衍桐輯　清光緒十七年(1891)浙江書局刻本　三十六冊

520000－2801－0006290　10152
文心雕龍十卷　(南朝梁)劉勰撰　(清)黃叔琳注　(清)紀昀評　清光緒十九年(1893)思賢講舍刻本　四冊

520000－2801－0006291　10153
荀子二十卷校勘補遺一卷　(戰國)荀況撰　(唐)楊倞注　清乾隆五十一年(1786)嘉善謝氏刻本　九冊

520000－2801－0006292　10154
沖虛至德真經八卷　(戰國)列禦寇撰　(晉)

張湛註　清嘉慶九年(1804)刻本　三册

520000－2801－0006293　10155
汪子遺集十卷　(清)汪縉撰　(清)彭紹升錄　清光緒八年(1882)刻本　四册

520000－2801－0006294　10156
制義叢話二十四卷題名一卷　(清)梁章鉅撰　清咸豐九年(1859)刻本　八册

520000－2801－0006295　10158
佩秋閣遺稿四卷　(清)吳茝撰　清光緒元年(1875)刻十四年(1888)印本　一册

520000－2801－0006296　10159
本草綱目五十二卷圖三卷奇經八脈攷一卷　(明)李時珍著　清中刻本　四十四册

520000－2801－0006297　10160
王荊文公詩五十卷目錄一卷本傳一卷　(宋)王安石撰　(宋)李壁箋注　清乾隆六年(1741)刻本　八册

520000－2801－0006298　10161
李義山文集十卷　(唐)李商隱著　(清)徐樹穀箋　(清)徐炯註　清康熙四十七年(1708)刻本　四册

520000－2801－0006299　10163
明詩綜一百卷目錄一卷　(清)朱彝尊錄　(清)汪森輯評　清康熙四十四年(1705)刻本　二十四册

520000－2801－0006300　10164
因明入正理論疏八卷　(唐)釋窺基撰　清光緒二十二年(1896)金陵刻經處刻本　二册

520000－2801－0006301　10165
元文類七十卷目錄三卷　(元)蘇天爵輯　清光緒十五年(1889)江蘇書局刻本　十册

520000－2801－0006302　10166
徐文長文集三十卷補遺一卷目錄一卷四聲猿一卷　(明)徐渭撰　(明)袁宏道評點　**徐文長傳一卷**　(明)陶望齡撰　明萬曆刻本　八册

520000－2801－0006303　10168
備急千金要方三十卷　(唐)孫思邈撰　(宋)林億等校正　清光緒四年(1878)刻本　二十四册

520000－2801－0006304　10170
廣漢魏叢書八十一種　(明)何允中輯　清中刻本　九十册

520000－2801－0006305　10173
惜抱先生尺牘八卷　(清)姚鼐撰　(清)陳用光輯　清宣統元年(1909)小萬柳堂刻本　四册

520000－2801－0006306　10174
資治通鑑外紀十卷目錄五卷　(宋)劉恕編集　(清)胡克家注補　清同治十年(1871)江蘇書局刻本　十册

520000－2801－0006307　10175
唐陸宣公集二十二卷　(唐)陸贄撰　清初刻本　六册

520000－2801－0006308　10177
玉茗堂還魂記二卷　(明)湯顯祖撰　清末暖紅室、夢鳳樓刻本　二册

520000－2801－0006309　10180
[黑龍江邊事紀要叢編]不分卷　(清)李遜等編　清宣統元年(1909)鉛印本　四册

520000－2801－0006310　10181
廣濟耆舊詩集十二卷　(清)夏槐編　清光緒十三年(1887)松江金山縣署刻本　六册

520000－2801－0006311　10185
袁文箋正十六卷補注一卷　(清)袁枚撰　(清)石韞玉箋　清嘉慶十七年(1812)刻本　六册

520000－2801－0006312　10188
江蘇同官錄不分卷　(清)許星瑩編　清光緒六年(1880)刻本　六册

520000－2801－0006313　10192
奇經八脈考一卷　(明)李時珍輯　清末刻本　一册

520000－2801－0006314　10193

四字類賦二十七卷　(清)張師載輯　清道光二十九年(1849)刻本　四册

520000－2801－0006315　10195
李義山詩集三卷　(唐)李商隱著　(清)朱鶴齡箋注　(清)沈厚塽輯評　清同治九年(1870)廣州倅署刻三色套印本　四册

520000－2801－0006316　10196
列子沖虚真經八卷　(戰國)列禦寇撰　(漢)劉向校　明閔齊伋刻朱墨印本　一册

520000－2801－0006317　10198
楊忠愍集八卷首一卷末一卷　(明)楊繼盛撰　(清)蔣攸銛重輯　清道光五年(1825)刻本　四册

520000－2801－0006318　10199
精刻看命一掌金一卷　(唐)釋一行撰　清刻本　一册

520000－2801－0006319　10200
欽定康濟録四卷　(清)陸曾禹撰　(清)倪國璉釐正　(清)高宗弘曆删定　清同治八年(1869)崇文書局刻本　四册

520000－2801－0006320　10201
李翰林集三十卷　(唐)李白撰　清光緒三十二年(1906)刻本　六册

520000－2801－0006321　10202
七子詩選十四卷　(清)沈德潛選　清乾隆十八年(1753)刻本　四册

520000－2801－0006322　10203
辛丑消夏記五卷　(清)吳榮光撰　(清)潘正煒等訂　清光緒三十一年(1905)長沙郎園刻本　五册

520000－2801－0006323　10204
左傳易讀六卷　(清)司徒修選訂　清光緒十年(1884)刻本　六册

520000－2801－0006324　10205
肇論略注六卷　(明)釋德清述　清光緒十四年(1888)金陵刻經處刻本　二册

520000－2801－0006325　10212
郎潛紀聞初筆七卷二筆八卷三筆六卷　(清)陳康祺撰　清宣統二年(1910)上海掃葉山房石印本　十册

520000－2801－0006326　10216
六書通十卷　(明)閔齊伋撰　(清)畢弘述篆訂　清光緒二十一年(1895)上海鴻寶齋石印本　五册

520000－2801－0006327　10220
尺木堂綱鑑易知録九十二卷目録一卷明鑑易知録十五卷　(清)吳乘權等輯　清光緒十四年(1888)上海廣百宋齋鉛印本　十六册

520000－2801－0006328　10222
名儒學案十六卷　(清)黄宗羲述　(清)萬言等訂　清光緒二十八年(1902)上海文瀾書局石印本　八册

520000－2801－0006329　10225
通德遺書所見録七十二卷　(清)孔廣林輯　清末刻本　四册

520000－2801－0006330　10228
神農本草三卷　謝滸校　清光緒十一年(1885)尊經書院刻本　一册

520000－2801－0006331　10229
絶妙好詞七卷　(宋)周密輯　(清)厲鶚等同箋　清乾隆十五年(1750)刻本　二册

520000－2801－0006332　10233
眉韻樓詩三卷　(清)孫雄撰　清光緒三十年(1904)京師刻本　一册

520000－2801－0006333　10236
宋元名家詞不分卷　(清)江標輯　清光緒二十一年(1895)刻本　四册

520000－2801－0006334　10237
輟畊録三十卷目録一卷　(明)陶宗儀撰　明末刻本　八册

520000－2801－0006335　10238
兵船炮法六卷　(美國)水師書院原本　(美國)金楷理口譯　(清)朱恩錫筆述　(清)李鳳苞删潤　清末刻本　三册

520000－2801－0006336　10239
史外八卷　（清）汪有典撰　清同治四年(1865)刻本　八册

520000－2801－0006337　10240
集説詮真一卷提要一卷續編一卷　（清）黄伯禄輯　清光緒三十二年(1906)上海慈母堂鉛印本　六册

520000－2801－0006338　10242
明史三百三十二卷目錄四卷　（清）張廷玉等纂修　清光緒三年(1877)湖北崇文書局刻本　八十册

520000－2801－0006339　10244
小腆紀年二十卷　（清）徐鼒撰　清咸豐十一年(1861)刻本　十二册

520000－2801－0006340　10247
杜工部集二十卷　（唐）杜甫撰　（清）錢謙益箋注　清宣統三年(1911)時中書局石印本　八册

520000－2801－0006341　10248
治河方略十卷首一卷　（清）靳輔著　清嘉慶四年(1799)刻本　八册

520000－2801－0006342　10249
彭剛直公奏稿八卷　（清）彭玉麟撰　（清）俞樾編　清光緒十七年(1891)鉛印本　四册

520000－2801－0006343　10250
歷代帝王年表三卷紀元編三卷末一卷　（清）齊召南編　清光緒二十九年(1903)方亭知不足齋刻本　六册

520000－2801－0006344　10251
皇清開國方略三十二卷首一卷　（清）阿桂等纂修　清光緒十五年(1889)上海廣百宋齋鉛印本　六册

520000－2801－0006345　10252
海藏樓詩十三卷　（清）鄭孝胥撰　清光緒二十八年(1902)武昌刻本　四册

520000－2801－0006346　10254
諧鐸十二卷　（清）沈起鳳撰　清光緒二十一年(1895)海上書局石印、上海廣百宋齋鉛印本　四册

520000－2801－0006347　10259
函樓詩鈔八卷　（清）易佩紳撰　清光緒二十三年(1897)刻本　二册

520000－2801－0006348　10261
許竹篔先生出使函稿十四卷　（清）許景澄撰　清末鉛印本　五册

520000－2801－0006349　10262
詞律二十卷　（清）萬樹論次　（清）司馬留村鑒定　清康熙二十六年(1687)刻本　八册

520000－2801－0006350　10263
［菊社詩集］一卷　（清）孫毓林輯　清光緒二十二年(1896)刻本　一册

520000－2801－0006351　10264
南軒易説二卷　（宋）張栻撰　清宣統二年(1910)刻朱墨印本　一册

520000－2801－0006352　10267
北東園筆錄初編六卷續編六卷三編六卷四編六卷　（清）梁恭辰撰　清光緒二十一年(1895)刻本　八册

520000－2801－0006353　10268
詩畫舫六卷　（清）點石齋編輯　清光緒十四年(1888)石印本　六册

520000－2801－0006354　10269
仙拈集四卷　（清）李文炳匯纂　清嘉慶二十二年(1817)刻本　四册

520000－2801－0006355　10271
北上備攬一卷　（清）畢鐘元輯　清光緒十四年(1888)鴻寶齋西法石印、鉛印本　一册

520000－2801－0006356　10274
歷代職官表六卷　（清）黄本驥舊校　（清）王廷學重校　清光緒八年(1882)上海王廷學刻本　四册

520000－2801－0006357　10276
漢隸字源五卷碑目一卷　（宋）婁機輯　清末姚覲元刻本　六册

520000－2801－0006358　10277

毛詩稽古編三十卷　（清）陳啟源述　**毛詩稽古錄附考一卷**　（清）費雲倬輯　清光緒九年（1883）上海同文書局石印本　八册

520000－2801－0006359　10278

修身學講義不分卷　（清）書銘纂輯　清光緒三十二年（1906）石印本　七册

520000－2801－0006360　10279

倫理學講義八種　（清）書銘纂輯　清光緒三十二年（1906）石印本　九册

520000－2801－0006361　10280

天下才子必讀書十五卷　（清）金聖歎選　清宣統二年（1910）國學進化社石印本　六册

520000－2801－0006362　10281

郎潛紀聞十四卷燕下鄉脞錄十六卷　（清）陳康祺撰　清光緒十年至十一年（1884－1885）刻本　八册

520000－2801－0006363　10283

增訂批點四書集注十九卷　（清）高珍輯　清光緒十三年（1887）刻本　六册

520000－2801－0006364　10284

歐陽文忠公文抄十卷　（宋）歐陽修撰　明刻朱墨印本　六册

520000－2801－0006365　10285

于清端公政書八卷外集一卷首編一卷　（清）于成龍撰　（清）蔡方炳等編次　（清）于準錄　清初刻本　十册

520000－2801－0006366　10287

五燈會元二十卷　（□）□□撰　清光緒二十八年至三十二年（1902－1906）黄崗陶子麟刻本　十六册

520000－2801－0006367　10289

古文淵鑒六十四卷　（清）徐乾學等編注　清宣統二年（1910）學部圖書局石印本　二十四册

520000－2801－0006368　10290

嘯亭雜錄十卷續錄三卷　（清）昭槤撰　清宣統元年（1909）中國圖書公司鉛印本　四册

520000－2801－0006369　10291

陳書三十六卷　（唐）姚思廉撰　清刻本　六册

520000－2801－0006370　10292

杭州府鄉土歷史歌一卷　鍾寅賓等纂　清光緒三十四年（1908）上海彪蒙書室石印本　一册

520000－2801－0006371　10296

易經通注九卷　（清）傅以漸等撰　清光緒十二年（1886）雖園刻本　八册

520000－2801－0006372　10297

白芙堂算學叢書二十三種　（清）丁取忠輯　清光緒十四年（1888）上海龍文書局石印本　八册

520000－2801－0006373　10298

本經疏證十二卷續疏六卷　（清）鄒澍撰　清同治十二年（1873）刻本　十册

520000－2801－0006374　10299

名賢手札不分卷　（清）郭子瀞輯　清光緒十一年（1885）上海同文書局石印本　四册

520000－2801－0006375　10301

鑑撮四卷奉使紀勝一卷讀史論略一卷　（清）曠敏本編　清道光十九年（1839）陳階平刻本　八册

520000－2801－0006376　10302

銅板四書遵注合講十九卷　（清）翁復編　清雍正八年（1730）銅活字印本　六册

520000－2801－0006377　10303

資治通鑑外紀十卷　（宋）劉恕編集　清嘉慶十六年（1811）刻本　六册

520000－2801－0006378　10304

漁洋山人文略十四卷　（清）王士禎撰　清康熙三十四年（1695）刻本　四册

520000－2801－0006379　10305

文心雕龍十卷　（南朝梁）劉勰撰　（清）黄叔琳輯注　清乾隆六年（1741）刻本　四册

520000－2801－0006380　10306
讀史大略六十卷　(清)沙張白撰　清咸豐七年(1857)刻本　十冊

520000－2801－0006381　10307
明季稗史彙編二十七卷　題(清)留雲居士輯　清都城琉璃廠留雲居士刻本　十六冊

520000－2801－0006382　10312
玉谿生詩詳注三卷首一卷樊南文集詳注八卷　(唐)李商隱撰　(清)馮浩編　清同治七年(1868)刻本　十冊

520000－2801－0006383　10313
郘亭詩鈔六卷遺詩八卷遺文八卷　(清)莫友芝撰　清咸豐二年(1852)遵義湘川講舍刻同治五年(1866)江寧三山客舍補刻本　三冊

520000－2801－0006384　10314
古文辭類纂七十四卷　(清)姚鼐纂集　清乾隆四十四年(1779)合河康氏家塾刻本　十二冊

520000－2801－0006385　10315
班馬異同三十五卷　(宋)倪思編　(宋)劉辰翁評　明刻本　十冊

520000－2801－0006386　10318
楚寶四十卷外篇五卷　(明)周聖楷輯纂　清道光九年(1829)刻本　三十冊

520000－2801－0006387　10319
國朝詩人徵略六十卷　(清)張維屏輯　清道光十年(1830)刻本　十六冊

520000－2801－0006388　10320
唐文粹一百卷　(宋)姚鉉纂　清光緒九年(1883)江蘇書局刻本　十六冊

520000－2801－0006389　10321
白虎通疏證十二卷　(清)陳立撰　清光緒元年(1875)淮南書局刻本　四冊

520000－2801－0006390　10322
四大奇書第一種五十一卷一百二十回　(明)羅貫中撰　(清)金聖嘆　(清)毛宗崗評　清順治元年(1644)刻本　二十冊

520000－2801－0006391　10323
于文定公讀史漫錄二十卷　(明)于慎行撰　(清)黃恩彤參訂　清道光二十六年(1846)刻本　十冊

520000－2801－0006392　10324
楓香詞一卷　(清)宋犖撰　**緯蕭草堂詩一卷**　(清)宋至山撰　清康熙二十七年(1688)刻本　二冊

520000－2801－0006393　10325
震川大全集五十六卷　(明)歸有光撰　清嘉慶四年(1799)刻本　十四冊

520000－2801－0006394　10326
列朝詩集六集八十一卷　(清)錢謙益輯　清初刻本　二十八冊

520000－2801－0006395　10327
李義山詩集十六卷　(唐)李商隱撰　(清)姚培謙箋　清乾隆五年(1740)松桂讀書堂刻本　六冊

520000－2801－0006396　10328
御製數理精蘊上編五卷下編四十卷表八卷　(清)聖祖玄燁御製　清光緒八年(1882)廣東藩司刻本　四十一冊

520000－2801－0006397　10329
管子二十四卷　(春秋)管仲撰　(唐)房玄齡注　(明)劉績補　清光緒二年(1876)浙江書局刻本　六冊

520000－2801－0006398　10331
唐文粹一百卷　(宋)姚鉉纂　**文粹補遺二十六卷**　(清)郭麐纂　清光緒十六年(1890)杭州許氏榆園刻本　二十四冊

520000－2801－0006399　10333
茗香室詩略一卷　(清)李如蕙撰　(清)李萃亨校字　清同治七年(1868)刻本　一冊

520000－2801－0006400　10336
李義山詩集三卷　(唐)李商隱著　(清)朱鶴齡箋注　(清)沈厚塽輯評　清同治九年(1870)廣州倅署刻三色套印本　四冊

520000－2801－0006401　10337
袁文箋正十六卷補注一卷　(清)袁枚撰　(清)石韞玉箋　清嘉慶十七年(1812)刻本　六册

520000－2801－0006402　10338
庚辰集五卷唐人試律說一卷　(清)紀昀編　清乾隆二十七年(1762)積秀堂刻本　六册

520000－2801－0006403　10339
二林居集二十四卷　(清)彭紹升撰著　清光緒七年(1881)刻本　六册

520000－2801－0006404　10340
詩經八卷　(宋)朱熹集傳　清道光四年(1824)崇讓堂刻本　四册

520000－2801－0006405　10341
國朝詞綜四十八卷二集八卷　(清)王昶纂　清嘉慶七年(1802)刻本　十六册

520000－2801－0006406　10343
絳跗草堂詩集六卷　(清)陳壽祺撰　清末刻本　二册

520000－2801－0006407　10344
溫飛卿詩集九卷　(唐)溫庭筠撰　(明)曾益謙原注　(清)顧予咸補注　清康熙刻本　四册

520000－2801－0006408　10348
二程文集十二卷　(宋)程顥　(宋)程頤撰　清康熙四十七年(1708)刻本　四册

520000－2801－0006409　10349
史鑑節要便讀六卷　(清)鮑東里編輯　清同治十二年(1873)崇文書局刻本　二册

520000－2801－0006410　10350
帝鑑圖說六卷　(明)張居正等撰　清中刻本　四册

520000－2801－0006411　10351
五代史記七十四卷　(宋)歐陽修撰　(宋)徐無黨注　清宣統元年至三年(1909－1911)刻本　十册

520000－2801－0006412　10352
七十家賦鈔六卷　(清)張惠言輯　清道光元年(1821)刻本　四册

520000－2801－0006413　10353
皇朝謚法表不分卷　(清)楊樹編　清光緒二十八年(1902)刻本　二册

520000－2801－0006414　10355
經濟叢編不分卷　(清)北京華北譯書局輯　清光緒二十八年至二十九年(1902－1903)鉛印本　三十七册

520000－2801－0006415　10357
萬國公法四卷　(美國)惠頓著　(美國)丁韙良譯　清同治三年(1864)刻本　四册

520000－2801－0006416　10358
黃運兩河擬定成規不分卷　(□)□□撰　清刻本　二册

520000－2801－0006417　10360
欽定兵部續纂處分則例四卷　(清)慶源等纂修　清道光九年(1829)刻本　四册

520000－2801－0006418　10361
勅修兩浙海塘通志二十卷首一卷　(清)查祥等纂修　清乾隆十六年(1751)刻本　十册

520000－2801－0006419　10362
大清一統志四百二十四卷目錄一卷　(清)和珅等纂修　清光緒二十八年(1902)上海寶善齋石印本　六十册

520000－2801－0006420　10363
牧齋有學集五十一卷　(清)錢謙益撰　清康熙二十四年(1685)刻本　二十册

520000－2801－0006421　10364
兩浙輶軒錄四十卷補遺十卷　(清)阮元訂　清光緒十六年(1890)浙江書局刻本　三十二册

520000－2801－0006422　10365
國朝杭郡詩續輯四十六卷　(清)吳振棫編　清光緒二年(1876)刻本　十六册

520000－2801－0006423　10366
漁洋山人古詩選五十卷　(清)王士禎選　清

同治五年(1866)金陵書局刻本　十册

520000－2801－0006424　10367
東華録詳節二十四卷　(清)鄔樹庭編　清光緒二十六年(1900)上海東文學堂石印本　十六册

520000－2801－0006425　10368
國朝文續録六十六卷　(清)李祖陶評　清末刻本　三十二册

520000－2801－0006426　10369
運漕摘要三卷便覽編句一卷　(清)張光華輯　清嘉慶四年至八年(1799－1803)刻本　四册

520000－2801－0006427　10370
陳檢討集二十卷　(清)陳維崧撰　清康熙三十二年(1693)刻本　六册

520000－2801－0006428　10373
兩般秋雨盦隨筆八卷　(清)梁紹壬纂　清道光十七年(1837)錢塘汪氏振綺堂刻本　八册

520000－2801－0006429　10379
物料價值則例十二卷　(清)陳宏謀等撰　清乾隆三十三年(1768)刻本　十二册

520000－2801－0006430　10380
海道圖說十五卷附長江圖說一卷總目一卷　(英國)金約翰輯　(英國)傅蘭雅口譯　(清)王德均筆述　清光緒刻本　十册

520000－2801－0006431　10381
御選唐宋詩醇四十七卷目錄二卷　(清)高宗弘曆選　清乾隆二十五年(1760)刻朱墨印本　十六册

520000－2801－0006432　10382
芥子園畫傳五卷　(清)李漁論定　清康熙十八年(1679)刻本　五册

520000－2801－0006433　10384
芙蓉山館尺牘六卷　(清)楊芳燦撰　清光緒二年(1876)陳嘉孫抄本　六册

520000－2801－0006434　10388
歷代畫史匯傳七十二卷目錄三卷附錄二卷　(清)彭蘊璨編　清光緒八年(1882)上海掃葉山房刻本　二十四册

520000－2801－0006435　10389
宋文鑑一百五十卷目錄三卷　(宋)呂祖謙編　清末刻本　二十四册

520000－2801－0006436　10393
觀古堂所著書觀古堂匯刻書二十九種　葉德輝撰　清光緒二十八年至二十九年(1902－1903)長沙葉氏刻本　二十六册

520000－2801－0006437　10394
武英殿聚珍版書　(□)□□編　清末刻本　九百二十七册

520000－2801－0006438　10395
池北偶談二十六卷　(清)王士禛撰　清初刻本　八册

520000－2801－0006439　10396
焦氏易林十六卷　(漢)焦贛著　(明)唐琳訂　明天啟六年(1626)刻本　四册

520000－2801－0006440　10400
欽定四庫全書總目二百卷首一卷　(清)紀昀等纂　清同治七年(1868)廣東書局刻本　一百二十册

520000－2801－0006441　10402
歷代畫史匯傳七十二卷目錄三卷附錄二卷　(清)彭蘊璨編　清光緒八年(1882)上海掃葉山房刻本　二十四册

520000－2801－0006442　10403
欽定四庫全書總目二百卷首四卷考證一百卷　(清)紀昀等纂　清光緒二十一年(1895)刻本　一百五十七册

520000－2801－0006443　10404
淮南子二十一卷　(漢)劉安撰　(漢)高誘注　清乾隆五十三年(1788)刻本　八册

520000－2801－0006444　10405
惜抱軒全集十四種　(清)姚鼐撰　清同治五年(1866)省心閣刻本　十四册

520000－2801－0006445　10406

楹聯叢話十二卷　（清）梁章鉅輯　清道光二十年（1840）桂林署齋刻本　四冊

520000－2801－0006446　10407
六科証治準繩四十四卷　（明）王肯堂輯　明萬曆三十六年（1608）刻本　五十六冊

520000－2801－0006447　10408
李義山詩集三卷　（唐）李商隱著　（清）朱鶴齡箋注　（清）沈厚塽輯評　清同治九年（1870）廣州倅署刻三色套印本　四冊

520000－2801－0006448　10409
李義山詩集十六卷　（唐）李商隱撰　（清）姚培謙箋　清乾隆五年（1740）松桂讀書堂刻本　二冊

520000－2801－0006449　10410
李義山詩集十六卷　（唐）李商隱撰　（清）姚培謙箋　清乾隆五年（1740）松桂讀書堂刻本　四冊

520000－2801－0006450　10411
物體遇熱改易記四卷　（英國）瓦特斯輯　（英國）傅蘭雅口譯　（清）徐壽筆述　清光緒二十五年（1899）江南製造局刻本　二冊

520000－2801－0006451　10412
小學弦歌八卷　（清）李元度集　清光緒五年（1879）刻本　四冊

520000－2801－0006452　10413
讀史兵略四十六卷目錄一卷　（清）胡林翼纂　清咸豐十一年（1861）武昌節署刻本　十六冊

520000－2801－0006453　10414
天市風水圖不分卷　（元）賴文俊撰　清末抄本　一冊

520000－2801－0006454　10415
聖廟祀典圖考五卷首一卷　（清）顧沅輯　**聖蹟圖一卷孟子聖蹟圖一卷**　清道光六年（1826）刻本　六冊

520000－2801－0006455　10416
林文忠公政書三十七卷　（清）林則徐撰　清末刻本　十四冊

520000－2801－0006456　10417
樊川詩集四卷別集一卷外集一卷補遺一卷　（唐）杜牧撰　（清）馮集梧注　清光緒十六年（1890）湘南書局刻本　五冊

520000－2801－0006457　10418
退菴詩存二十五卷　（清）梁章鉅撰　清道光十二年（1832）刻本　八冊

520000－2801－0006458　10419
史記選六卷　（清）儲欣評　清乾隆五十年（1785）二南堂刻本　四冊

520000－2801－0006459　10420
西漢文選四卷　（清）儲欣評　清乾隆五十年（1785）二南堂刻本　四冊

520000－2801－0006460　10421
陔餘叢考四十三卷目錄一卷　（清）趙翼撰　清乾隆五十五年（1790）刻本　十二冊

520000－2801－0006461　10422
樞垣記略二十八卷　（清）梁章鉅輯　清光緒元年（1875）刻本　六冊

520000－2801－0006462　10423
玉谿生詩詳注三卷　（唐）李商隱撰　（清）馮浩編訂　清乾隆三十二年（1767）刻本　十二冊

520000－2801－0006463　10424
小萬卷齋詩藁三十二卷續藁四卷　（清）朱琦撰　清道光九年（1829）刻本　九冊

520000－2801－0006464　10425
潛穎文四卷　（清）何維棣撰　清末刻本　二冊

520000－2801－0006465　10426
倭文端公遺書十卷首二卷　（清）倭仁輯　清光緒三年（1877）粵東翰元樓刻本　六冊

520000－2801－0006466　10427
明季北略二十四卷　（清）計六奇編輯　清初都城琉璃廠半松居士木活字印本　十二冊

520000－2801－0006467　10428
明季南略十八卷　(清)計六奇編輯　清初都城琉璃廠半松居士木活字印本　八册

520000－2801－0006468　10430
曝書亭集八十卷附錄一卷　(清)朱彝尊撰　清康熙五十三年(1714)刻本　十四册

520000－2801－0006469　10431
讀史方輿紀要十卷　(清)顧祖禹撰　清道光三十年(1850)刻本　八册

520000－2801－0006470　10432
庾子山集十六卷庾集總釋一卷　(北周)庾信撰　(清)倪璠註釋　清光緒二十年(1894)儒雅堂刻本　十二册

520000－2801－0006471　10433
中興將帥別傳三十卷　朱孔彰撰　清光緒二十三年(1897)江寧刻本　十二册

520000－2801－0006472　10434
漢魏六朝百三名家集　(明)張溥輯　清光緒十八年(1892)善化章經濟堂刻本　九十六册

520000－2801－0006473　10437
蓮子居詞話四卷　(清)吳衡照輯　清嘉慶二十三年(1818)刻本　四册

520000－2801－0006474　10438
金石三例　(元)潘昂霄等撰　(清)王芑孫評　清光緒四年(1878)讀有用書齋刻朱墨印本　四册

520000－2801－0006475　10439
樊南文集箋註八卷　(唐)李商隱撰　(清)馮浩重訂　清乾隆三十年(1765)刻本　四册

520000－2801－0006476　10440
溫飛卿詩集九卷別集一卷外集一卷　(唐)溫庭筠撰　(明)曾益謙原注　(清)顧予咸補注　清康熙三十六年(1697)秀野草堂刻本　二册

520000－2801－0006477　10441
理學宗傳二十六卷補傳一卷　(清)孫奇逢輯　(清)魏一鼇等編　清光緒六年(1880)浙江書局刻本　十二册

520000－2801－0006478　10442
蘇文忠公詩集五十卷目錄二卷　(宋)蘇軾撰　(清)紀昀評點　清同治八年(1869)韞玉山房刻朱墨印本　十二册

520000－2801－0006479　10443
古今類傳四卷目錄一卷　(清)董穀士　(清)董炳文輯　清康熙三十一年(1692)刻本　四册

520000－2801－0006480　10444
吳郡名賢圖傳贊二十卷目錄一卷　(清)顧沅輯　清道光九年(1829)長洲顧氏刻本　四册　存四卷(一至四)

520000－2801－0006481　10445
[樊江圖說]一卷　(清)范鳴龢撰　清光緒五年(1879)刻本　一册

520000－2801－0006482　10448
說文堂詩集八卷　(清)許之瀚撰　清道光十八年(1838)刻本　四册

520000－2801－0006483　10449
網師園唐詩箋十八卷　(清)宋宗元手輯　清乾隆三十二年(1767)刻本　六册

520000－2801－0006484　10451
吳興長橋沈氏家集不分卷　沈家本輯　清光緒三十一年(1905)刻本　十二册

520000－2801－0006485　10452
六臣註文選六十卷目錄一卷　(南朝梁)昭明太子蕭統撰　(唐)李善等註　**梁昭明太子小傳一卷進五臣集註文選表一卷**　明萬曆六年(1578)刻本　三十册

520000－2801－0006486　10453
國朝駢體正宗十二卷　(清)曾燠輯　清嘉慶十一年(1806)刻本　六册

520000－2801－0006487　10454
文貞公集十二卷首一卷　(清)張玉書撰　**年譜一卷**　(清)丁傳靖撰　清光緒二十七年(1901)刻本　十三册

520000－2801－0006488　10455
天禄識余十卷　(清)高士奇輯　清康熙二十九年(1690)刻本　四冊

520000－2801－0006489　10456
陳文肅公遺集二卷　(清)陳大受撰　(清)陳文騄輯　**年譜一卷**　(清)陳輝祖等輯　**清芬錄二卷**　(清)陳文騄輯　清光緒十六年(1890)浯湘求志書屋鉛印本　四冊

520000－2801－0006490　10457
通商各國條約　(清)耆英等議定　清末鉛印本　十九冊

520000－2801－0006491　10458
六書說一卷　(清)江聲撰　**轉注古義考一卷**　(清)曹仁虎撰　清光緒十五年(1889)蔣氏求實齋刻本　一冊

520000－2801－0006492　10460
鮚埼亭集外編五十卷　(清)全祖望撰　清嘉慶十六年(1811)刻本　十冊

520000－2801－0006493　10461
廿一史彈詞注十一卷　(明)楊慎編　(清)張三異增訂　(清)楊仲璜注　清乾隆五十一年(1786)刻本　八冊

520000－2801－0006494　10462
尚絅堂賦一卷試帖二卷制藝不分卷　(清)劉嗣綰撰　清同治七年(1868)刻本　六冊

520000－2801－0006495　10463
樊榭山房集十卷　(清)厲鶚撰　清乾隆四年(1739)刻本　二冊

520000－2801－0006496　10464
證俗文十九卷　(清)郝懿行撰　清光緒十年(1884)東路廳署刻本　六冊

520000－2801－0006497　10465
夷堅志八十卷　(宋)洪邁撰　清光緒五年(1879)吳興陸氏十萬卷樓刻本　十二冊

520000－2801－0006498　10467
楊忠愍公全集年譜一卷　(明)楊繼盛撰　(清)毛大可鑒定　章鈺輯　清道光八年(1828)刻本　四冊

520000－2801－0006499　10468
青門簏稿十六卷　(清)邵長蘅撰　(清)顧景星批點　清康熙三十四年(1695)刻本　六冊

520000－2801－0006500　10469
荊駝逸史五十二種　(清)陳湖逸士輯　清宣統三年(1911)中國圖書館石印本　十六冊

520000－2801－0006501　10472
甌鉢羅室書畫過目考四卷首一卷附卷一卷　(清)李玉棻編輯　清宣統三年(1911)京城藏古書畫樓石印本　四冊

520000－2801－0006502　10476
救生船四卷末一卷　(□)□□撰　清光緒二年(1876)刻本　四冊

520000－2801－0006503　10477
唐賢三昧集三卷　(清)王士禎選　(清)吳煊等輯注　清乾隆五十二年(1787)聽雨齋刻本　三冊

520000－2801－0006504　10478
杭女表微錄七卷首一卷　(清)杭郡志稿志局編　清光緒十六年(1890)刻本　四冊

520000－2801－0006505　10480
豫醫雙璧二種　(清)陳東橋等作　清末石印本　五冊

520000－2801－0006506　10481
庚子銷夏記八卷　(清)孫承澤撰　清光緒七年(1881)山隱居刻本　四冊

520000－2801－0006507　10483
開方釋例四卷　(清)駱騰鳳撰　清光緒二十二年(1896)石印本　四冊

520000－2801－0006508　10484
龍威祕書十集　(清)馬俊良輯　清乾隆四十七年(1782)石門馬氏大酉山房刻本　八十冊

520000－2801－0006509　10486
朔方備乘六十八卷首十二卷　(清)何秋濤撰　清末石印本　八冊

520000－2801－0006510　10488

四書集注直解二十七卷　(明)張居正撰　清宣統元年(1909)學部圖書局石印本　十四册

520000－2801－0006511　10489

皇清開國方略三十二卷首一卷　(清)阿桂等纂修　清光緒十五年(1889)上海廣百宋齋鉛印本　六册

520000－2801－0006512　10490

春秋經傳集解三十卷　(晉)杜預注　清宣統二年(1910)學部圖書局石印本　十三册

520000－2801－0006513　10505

漁洋山人精華錄十卷　(清)王士禛著　(清)林佶編　清康熙三十九年(1700)刻本　六册

520000－2801－0006514　10506

永寧祇謁筆記不分卷　(清)董恂撰　清同治十一年(1872)刻本　一册

520000－2801－0006515　10507

篆學瑣著四十卷　(清)顧湘輯　清道光二十年(1840)海虞顧氏刻本　八册

520000－2801－0006516　10508

古香齋鑒賞袖珍初學記三十卷　(唐)徐堅等撰　清江西金谿紅杏山房刻本　十六册

520000－2801－0006517　10511

廣虞初新志四十卷　(清)黄承增輯　清嘉慶八年(1803)刻本　二十册

520000－2801－0006518　10512

虞初續志十二卷　(清)鄭澍若編　清咸豐小嫏嬛山館刻本　五册

520000－2801－0006519　10513

虞初新志二十卷　(清)張潮輯　清咸豐元年(1851)小嫏嬛山館刻本　七册

520000－2801－0006520　10516

洴澼百金方十四卷　題(清)惠麓酒民編次　清道光二十年(1840)刻本　五册

520000－2801－0006521　10517

大能寒軒詩鈔八卷首一卷試帖詩鈔二卷課孫詩鈔一卷　(清)吳為楫撰　清同治四年至五年(1865－1866)刻本　五册

520000－2801－0006522　10518

十七史商榷一百卷目錄一卷　(清)王鳴盛述　清乾隆五十二年(1787)刻本　二十册

520000－2801－0006523　10520

咫進齋叢書三集三十七種　(清)姚覲元輯　清光緒九年(1883)歸安姚氏刻本　十册　存十九種

520000－2801－0006524　10521

二知軒詩鈔十四卷　(清)方濬頤撰　清同治五年(1866)刻本　十六册

520000－2801－0006525　10522

新增龍文鞭影二卷　(明)蕭良有撰　(清)楊臣諍增定　清光緒十四年(1888)三義堂刻本　四册

520000－2801－0006526　10523

拾雅二十卷　(清)夏味堂述　清嘉慶二十五年(1820)刻本　八册

520000－2801－0006527　10525

學士遺規四卷補四卷　(清)陳宏謀輯　(清)陳鐘珂等編校　清宣統二年(1910)學部圖書局石印本　五册

520000－2801－0006528　10532

康熙字典十二集　(清)張玉書等纂修　清道光七年(1827)刻本　四十册

520000－2801－0006529　10533

康熙字典十二集　(清)張玉書等纂修　清康熙五十五年(1716)刻本　四十册

520000－2801－0006530　10534

趙州革貢生袁有仁造具受屈各案清册不分卷　(清)袁有仁撰　清光緒抄本　一册

520000－2801－0006531　10537

元史譯文證補三十卷　(清)洪鈞撰　清光緒二十三年(1897)刻本　四册　存十四卷(一至二、十八至二十四、二十六至三十)

520000－2801－0006532　10538

九章算術細草圖說九卷　(晉)劉徽注　(唐)

李淳風註釋　(清)李潢撰　**海島算經細草圖說一卷**　清光緒二十二年(1896)上海文淵山房石印本　二册

520000－2801－0006533　10539
援鶉堂筆記五十卷刊誤一卷刊誤補遺一卷　(清)姚範撰　清道光十五年(1835)刻本　二十册

520000－2801－0006534　10541
重訂唐詩别裁集二十卷　(清)沈德潛選　清乾隆二十八年(1763)教忠堂刻本　八册

520000－2801－0006535　10542
名法指掌新纂四卷　(清)黄魯溪編輯　(清)邵繩清參訂　清道光十年(1830)刻本　四册

520000－2801－0006536　10544
智囊補二十八卷　(明)馮夢龍輯　(明)朱名鼎删訂　明末刻本　十二册

520000－2801－0006537　10546
陳太僕批選八家文抄九卷　(清)陳兆崙輯　清光緒二十六年(1900)天津文美齋石印本　六册

520000－2801－0006538　10547
水道提綱二十八卷　(清)齊召南編録　清光緒二十四年(1898)新化三味書室刻本　六册

520000－2801－0006539　10548
詩中畫不分卷　(清)馬濤作　清光緒十一年(1885)石印本　二册

520000－2801－0006540　10550
史通削繁四卷　(唐)劉知幾撰　(清)紀昀削繁　(清)浦起龍注　清道光十三年(1833)兩廣節署刻朱墨印本　四册

520000－2801－0006541　10551
列子八卷　(戰國)列禦寇撰　(唐)盧重元解　清嘉慶八年(1803)江都秦氏刻本　二册

520000－2801－0006542　10552
河東鹽法備覽十二卷　(清)蔣兆奎輯　清乾隆五十五年(1790)刻本　八册

520000－2801－0006543　10553
湖海文傳七十五卷　(清)王昶輯　清光緒二十三年(1897)刻本　十六册

520000－2801－0006544　10557
爾雅二卷　(晉)郭璞註　清嘉慶六年(1801)影宋刻本　三册

520000－2801－0006545　10565
山海經十八卷圖讃一卷訂譌一卷敘録一卷　(晉)郭璞傳　(清)郝懿行箋疏　清嘉慶十四年(1809)刻本　四册

520000－2801－0006546　10566
儀禮十七卷　(漢)鄭玄注　(元)敖繼公集說　清初通志堂刻本　十册

520000－2801－0006547　10567
寶訓八卷記海錯一卷燕子春秋一卷蜂衙小記一卷　(清)郝懿行撰　清光緒五年(1879)東路廳署刻本　六册

520000－2801－0006548　10569
醫方易簡新編六卷　(清)龔自璋　(清)黄統編　清咸豐元年(1851)刻本　四册

520000－2801－0006549　10571
資治通鑑綱目前編二十五卷正編五十九卷續編二十七卷目録三卷　(宋)司馬光撰　(明)陳仁錫評閱　清康熙四十年(1701)王公行刻本　一百二十册

520000－2801－0006550　10573
欽定儀禮義疏四十八卷首二卷　(清)朱軾等撰　清同治十年(1871)刻本　二十八册

520000－2801－0006551　10574
欽定禮記義疏八十二卷首一卷　(清)鄂爾泰等撰　清同治十年(1871)刻本　三十二册

520000－2801－0006552　10575
金源紀事詩八卷　(清)湯運泰撰　(清)湯顯業等注　清同治十二年(1873)淮南書局刻本　四册

520000－2801－0006553　10584
水龍經五卷　(清)蔣平階輯　清咸豐六年(1856)刻本　四册

520000－2801－0006554　10593

潛菴先生擬明史稿二十卷　（清）湯斌擬　（清）田蘭芳評　清康熙二十七年（1688）刻本　八册

520000－2801－0006555　10594

古藤書屋詩鈔不分卷　（清）劉肇堂撰　清同治六年（1867）刻本　八册

520000－2801－0006556　10598

船山遺書□□種　（清）王夫之撰　清同治四年（1865）湘鄉曾氏金陵節署刻本　九十七册　存七十種

520000－2801－0006557　10599

青邱高季迪先生詩集十八卷首一卷補遺一卷詩餘一卷附錄一卷　（明）高啟撰　（清）金檀輯注　清清雍正六年（1728）刻本　四册　存十一卷（一至八、十二至十四）

520000－2801－0006558　10600

于湖小集六卷　（清）袁昶撰　**金陵雜事詩一卷**　清光緒二十年（1894）水明樓刻本　二册　存三卷（一至三）

520000－2801－0006559　10601

邵子湘全集　（清）邵長蘅撰　（清）顧景星批點　清康熙三十二年（1693）刻本　十二册

520000－2801－0006560　10604

左傳經世鈔二十三卷　（清）魏禧評點　（清）彭家屏參訂　清乾隆十三年（1748）刻本　十册

520000－2801－0006561　10606

璇璣碎錦二卷　（清）萬樹撰　清乾隆五年（1740）揚州江氏柏香堂刻本　二册

520000－2801－0006562　10607

謫麐堂遺集四卷　（清）戴望撰　清光緒元年（1875）刻本　二册

520000－2801－0006563　10608

四溟山人詩集十卷　（明）謝榛撰　（清）盛以進選　清宣統元年（1909）問影樓鉛印本　二册　存七卷（一至三、七至十）

520000－2801－0006564　10610

河工器具圖說四卷　（清）麟慶纂輯　**日用字一卷河工器用一卷算法一卷**　清道光十六年（1836）刻本　四册

520000－2801－0006565　10612

徐孝穆全集六卷　（南朝陳）徐陵撰　（清）吳兆宜箋注　**備考一卷**　（清）徐文炳輯　清刻本　二册

520000－2801－0006566　10613

春秋穀梁注疏附考證二十卷　（晉）范寧集解　（唐）陸德明音義　（清）楊士勛疏　清乾隆四年（1739）刻本　六册

520000－2801－0006567　10614

爾雅注疏附考證十一卷　（晉）范寧注　（唐）陸德明音義　（宋）邢昺疏　清乾隆四年（1739）刻本　四册

520000－2801－0006568　10615

春秋公羊傳注疏二十八卷　（漢）何休學　（唐）陸德明音義　清乾隆十二年（1747）刻本　八册

520000－2801－0006569　10616

論語二十卷　（三國魏）何晏集解　（唐）陸德明音義　清乾隆十二年（1747）刻本　四册

520000－2801－0006570　10617

春秋左傳注疏六十卷末一卷　（晉）杜預注　（唐）陸德明音義　清乾隆十二年（1747）刻本　二十册

520000－2801－0006571　10618

周禮注疏四十二卷　（漢）鄭氏注　（唐）陸德明音義　清乾隆十二年（1747）刻本　七册

520000－2801－0006572　10619

周易注疏十三卷　（三國魏）王弼注　（唐）陸德明音義　清乾隆十二年（1747）刻本　六册

520000－2801－0006573　10620

儀禮注疏十七卷　（漢）鄭玄注　（唐）陸德明音義　清乾隆十二年（1747）刻本　十册

520000－2801－0006574　10621

孟子注疏十四卷 (漢)趙岐注 (宋)孫奭音義 清乾隆十二年(1747)刻本 六册

520000－2801－0006575 10622
毛詩注疏三十卷 (漢)鄭玄箋 (唐)陸德明音義 清乾隆十二年(1747)刻本 十二册

520000－2801－0006576 10625
一切經音義二十五卷 (唐)釋元應撰 (清)莊炘等校正 清道光十一年(1831)刻本 四册

520000－2801－0006577 10628
左通補釋三十二卷 (清)梁履繩撰 清道光九年(1829)錢塘汪氏刻光緒元年(1875)補刻本 十册

520000－2801－0006578 10630
妙香軒集唐詩鈔四卷附二卷 (清)程祖潤集句 清咸豐七年(1857)刻本 一册

520000－2801－0006579 10631
補讀山房詩稿二卷 (清)李國藩撰 **補讀詩存一卷** (清)李仲甫撰 清光緒十八年(1892)漢陽刻本 一册

520000－2801－0006580 10632
説經堂詩草一卷 (清)楊銳撰 清末刻本 一册

520000－2801－0006581 10633
説經堂詩草一卷 (清)楊銳撰 清末刻本 一册

520000－2801－0006582 10634
説經堂詩草一卷 (清)楊銳撰 清末刻本 一册

520000－2801－0006583 10635
説經堂詩草一卷 (清)楊銳撰 清末刻本 一册

520000－2801－0006584 10636
説經堂詩草一卷 (清)楊銳撰 清末刻本 一册

520000－2801－0006585 10637
説經堂詩草一卷 (清)楊銳撰 清末刻本 一册

520000－2801－0006586 10639
蘇文六卷 (宋)蘇軾撰 (明)閔爾容輯 明末刻朱墨藍三色套印本 十册

520000－2801－0006587 10640
忠雅堂評選四六法海八卷 (清)蔣士銓評選 清同治十年(1871)刻朱墨印本 八册

520000－2801－0006588 10641
神農本草三卷 王闓運校 清光緒十一年(1885)尊經書院刻本 一册

520000－2801－0006589 10642
孫文定公南游記一卷 (清)孫嘉淦撰 清嘉慶十年(1805)刻朱墨印本 二册

520000－2801－0006590 10643
遼史拾遺補五卷 (清)楊復吉輯 清光緒三年(1877)江蘇書局刻本 二册

520000－2801－0006591 10644
韓非子二十卷 (戰國)韓非撰 明萬曆十年(1582)刻本 六册

520000－2801－0006592 10645
荔村草堂詩續鈔一卷 (清)譚宗浚撰 清宣統二年(1910)刻本 一册

520000－2801－0006593 10648
茹古畧集十四卷 (明)程良孺撰 清初刻本 四册

520000－2801－0006594 10650
宋元三十一家詞三十一卷 (清)王鵬運輯 清光緒十九年(1893)刻本 四册

520000－2801－0006595 10651
胡文忠公遺集八十六卷 (清)胡林翼撰 (清)曾國荃等編輯 清末刻本 二十八册

520000－2801－0006596 10652
胡文忠公遺集八十六卷目録一卷首一卷 (清)胡林翼撰 (清)鄭敦謹 (清)曾國荃纂輯 清光緒元年(1875)湖北崇文書局刻本 三十二册

520000－2801－0006597　10653
王遵巖集十卷　(明)王慎中撰　(清)張汝瑚選　清初刻本　六冊

520000－2801－0006598　10654
相理衡真十卷首一卷　(清)陳釗撰　(清)榮錫鵬鑑定　清道光十三年(1833)刻本　六冊

520000－2801－0006599　10665
火器演草二卷補編二卷　(清)鄧鈞撰　清光緒三十三年(1907)石印本　四冊

520000－2801－0006600　10668
浙西水利備考不分卷　(清)王鳳生輯　(清)胡德璐繪圖　(清)梁恭辰校　清光緒四年(1878)刻本　四冊

520000－2801－0006601　10669
天元草五卷　(清)蕭履安教訂　(清)王樹柟撰　清光緒十九年(1893)成都刻本　一冊

520000－2801－0006602　10670
句股邊角圖說一卷　(清)胡炳文撰　清光緒二十三年(1897)刻本　一冊

520000－2801－0006603　10671
句股演代二卷　(清)江衡撰　清光緒刻本　一冊

520000－2801－0006604　10672
句股容三事拾遺三卷附錄一卷　(清)羅士琳撰　清末手抄本　一冊

520000－2801－0006605　10673
恒河沙館算草二卷　(清)華世芳撰　清光緒十一年(1885)金匱華氏刻本　一冊

520000－2801－0006606　10674
武定府團練章程一卷　(清)余棨編　清咸豐三年(1853)刻本　一冊

520000－2801－0006607　10676
元遺山先生集四十卷首一卷末一卷年譜三卷附錄十一卷　(金)元好問纂　**續夷堅志四卷**　(元)張德輝類次　**新樂府四卷附錄一卷**　(明)儲瓘輯　**補載一卷**　(清)施國祁輯　**年譜一卷附錄一卷**　(清)翁方綱編　**年譜施輯一卷**　(清)施國祁編　**年譜凌輯二卷**　(清)凌廷堪編　(清)張穆訂　**考證三卷**　清光緒七年(1881)讀書山房刻本　十七冊

520000－2801－0006608　10681
荀子二十卷校勘補遺一卷　(戰國)荀況撰　(唐)楊倞注　(清)盧文弨　(清)謝墉校　清光緒二年(1876)浙江書局刻本　六冊

520000－2801－0006609　10682
野記四卷　(明)祝允明纂　清同治十三年(1874)刻本　二冊

520000－2801－0006610　10683
漢書地理志校本二卷　(清)汪遠孫撰　清道光二十八年(1848)振綺堂刻本　一冊

520000－2801－0006611　10687
豫醫雙璧二種　(宋)郭雍等撰　(清)吳重熹輯　清宣統元年(1909)梁園節署鉛印本　八冊

520000－2801－0006612　10688
地球韻言四卷目錄一卷　(清)張士瀛著　清光緒二十四年(1898)朱匯源堂刻本　二冊

520000－2801－0006613　10689
周易二閭記三卷　(清)茹敦和撰　清中刻本　三冊

520000－2801－0006614　10690
平浙紀略十六卷　(清)秦緗業　(清)陳鐘英纂輯　清同治十二年(1873)浙江書局刻本　四冊

520000－2801－0006615　10693
玉洤詞一卷　(清)潘曾瑋撰　清咸豐四年(1854)蘇城徐元圃局刻本　一冊

520000－2801－0006616　10694
南雷餘集一卷　(清)黃宗羲撰　清宣統三年(1911)順德鄧氏鉛印本　一冊

520000－2801－0006617　10695
結水滸全傳七十卷像一卷末一卷　(清)俞萬春撰　清同治十年(1871)刻本　二十冊

520000－2801－0006618　10697

玉井山館集二十三卷　(清)許宗衡撰　清同治四年至九年(1865－1870)刻本　五冊

520000－2801－0006619　10698
人範須知六卷　(清)盛隆編輯　清同治二年(1863)刻本　六冊

520000－2801－0006620　10699
廣雅疏證十卷　(清)王念孫學　**博雅音十卷**　(唐)曹憲　清光緒五年(1879)淮南書局刻本　八冊

520000－2801－0006621　10703
四元玉鑑四象細草詳解一卷　(清)鄒祖蔭撰　清光緒十九年(1893)刻本　一冊

520000－2801－0006622　10705
草窗詞二卷詞補二卷　(宋)周密撰　朱祖謀輯　清光緒二十六年(1900)刻本　一冊

520000－2801－0006623　10708
離騷草木疏四卷　(宋)吳仁傑撰　(清)祝德麟補證　清乾隆四十四年(1779)刻本　一冊

520000－2801－0006624　10710
古文詞略二十四卷　(清)梅曾亮輯　清光緒三十一年(1905)鉛印本　四冊

520000－2801－0006625　10711
火器真訣釋例一卷　(清)李善蘭撰　盧靖述　清光緒十年(1884)湖北撫署刻本　一冊

520000－2801－0006626　10712
輿地廣記三十八卷附校勘記二卷　(宋)歐陽忞撰　清光緒六年(1880)金陵書局刻本　四冊

520000－2801－0006627　10713
中西紀事二十四卷首一卷　(清)夏燮撰　清同治四年(1865)刻本　六冊

520000－2801－0006628　10715
譎麐堂遺集四卷　(清)戴望撰　清宣統三年(1911)風雨樓鉛印本　一冊

520000－2801－0006629　10716
典故列女全傳四卷　題(□)曉星樵人復校重刊　清末李光明莊刻本　四冊

520000－2801－0006630　10717
古文詞略二十四卷　(清)梅曾亮輯　清光緒三十一年(1905)鉛印本　四冊

520000－2801－0006631　10718
古文苑九卷　(宋)章樵注　清刻本　二冊

520000－2801－0006632　10720
蓮子居詞話四卷　(清)吳衡照輯　清道光十二年(1832)錢塘汪氏振綺堂刻本　一冊

520000－2801－0006633　10721
樓隱盦賸稿一卷　(清)王世耀等撰　清光緒三十二年(1906)刻本　一冊

520000－2801－0006634　10722
書目答問不分卷　(清)張之洞撰　清光緒五年(1879)刻本　一冊

520000－2801－0006635　10726
周氏止庵詞辨二卷論詞雜箸一卷　(清)周濟編著　(清)譚獻評并審定　清道光二十七年(1847)刻本　一冊

520000－2801－0006636　10728
東澗寫校李商隱詩集三卷　(唐)李商隱撰　清宣統元年(1909)據絳雲樓主人手抄本影印本　二冊

520000－2801－0006637　10729
兩淮鹽法撰要二卷　(清)陳慶年撰　清光緒十八年(1892)金陵湯明林聚珍書局木活字印本　一冊

520000－2801－0006638　10730
退補齋隨筆一卷　(清)董廷策撰　清光緒十七年(1891)鉛印本　一冊

520000－2801－0006639　10736
夔雅堂遺集十八卷附錄二卷　(清)杜濬撰　清光緒二十年(1894)刻本　六冊

520000－2801－0006640　10737
書林揚觶二卷　(清)方東樹撰　清同治十年(1871)望三益齋刻本　二冊

520000－2801－0006641　10738
漢學商兑三卷　(清)方東樹撰　清同治十年

(1871)望三益齋刻本　四册

520000－2801－0006642　10739
元和郡縣圖志四十卷　(唐)李吉甫撰　**補志九卷**　(清)嚴觀輯　清光緒六年至八年(1880－1882)金陵書局刻本　五册　存十九卷(一至十五、補志一至四)

520000－2801－0006643　10740
莊子内篇注四卷　(明)釋德清注　清光緒十四年(1888)金陵刻經處刻本　二册

520000－2801－0006644　10743
讀左補義五十卷首二卷　(清)姜炳璋輯　清乾隆刻本　十六册

520000－2801－0006645　10744
詞選二卷續詞選二卷附録一卷　(清)張惠言録　**宋四家詞選一卷**　(清)周濟輯　**唐五代詞選三卷**　(清)馮煦輯　**樂府指迷一卷**　(宋)沈義父撰　**詞源二卷**　(宋)張炎編　**詞旨一卷**　(元)陸輔之述　清末刻本　四册

520000－2801－0006646　10745
詩經八卷　(宋)朱熹集傳　清光緒三十四年(1908)學部圖書局石印本　四册

520000－2801－0006647　10747
唐宋詩本六十六卷目録八卷　(清)戴第元輯　(清)何永逞校　清光緒三年(1877)刻本　三十六册

520000－2801－0006648　10748
校邠廬初稿二卷　(清)馮桂芬撰　清抄本　二册

520000－2801－0006649　10749
浪跡叢談十一卷續談八卷目録一卷　(清)錢登熙著　清道光二十七年(1847)刻本　八册

520000－2801－0006650　10749
楹聯叢話十二卷續話四卷　(清)梁章鉅編輯　**楹聯雜記一卷**　(清)吕恩湛續輯　清道光二十二年(1842)刻本　四册

520000－2801－0006651　10749
歸田瑣記八卷　(清)梁章鉅撰　清道光二十五年(1845)刻本　四册

520000－2801－0006652　10750
[雍正]西湖志四十八卷　(清)李衛等纂修　清光緒四年(1878)浙江書局刻本　二十册

520000－2801－0006653　10751
荔村草堂詩鈔十卷　(清)譚宗浚撰　清光緒十八年(1892)羊城刻本　四册

520000－2801－0006654　10753
春秋傳三十卷篇目一卷　(宋)胡安國撰　**春秋提要一卷春秋諸國興廢說一卷春秋傳綱領一卷**　清内府刻本　五册

520000－2801－0006655　10754
經傳釋詞十卷　(清)王引之撰　(清)江杏溪重校　清嘉慶二十四年(1819)蘇州文學山房木活字印本　四册

520000－2801－0006656　10756
淮南子二十一卷　(漢)劉安撰　(漢)高誘注　清嘉慶九年(1804)武進莊逵吉刻本　八册

520000－2801－0006657　10758
懷古田舍梅統十三卷　(清)徐榮輯　清咸豐二年(1852)刻本　四册

520000－2801－0006658　10759
培遠堂偶存稿文集十卷文檄四十八卷　(清)陳宏謀著　(清)陳鐘珂等編　清乾隆七年(1742)刻本　二十八册

520000－2801－0006659　10760
筠廊偶筆二卷　(清)宋犖撰　**怪石贊一卷雪堂墨品一卷漫堂墨品一卷**　(清)張仁熙撰　清康熙刻本　二册

520000－2801－0006660　10761
通鑑直解二十五卷　(明)張居正撰　(明)高兆麟重訂　明崇禎四年(1631)刻本　八册

520000－2801－0006661　10762
去偽齋集十卷首一卷　(明)吕坤撰　清道光七年(1827)刻本　十一册

520000－2801－0006662　10763
重刊荊川先生文集十七卷附録一卷外集三卷

（明）唐順之撰　明萬曆元年（1573）純白齋刻本　十冊

520000－2801－0006663　10764
藤陰雜記十二卷　（清）戴璐撰　清光緒三年（1877）刻本　二冊

520000－2801－0006664　10765
小腆紀傳六十五卷　（清）徐鼒撰　**補遺一卷**　（清）徐承禮撰　清光緒十三年至十四年（1887－1888）金陵刻本　十六冊

520000－2801－0006665　10766
筱雲詩集二卷　（清）陸應宿撰　清嘉慶十二年（1807）刻本　二冊

520000－2801－0006666　10769
菜根堂古文集二卷詩集二卷　（清）李以篤撰　（清）張爾公等選定　（清）李為棻等校訂　清光緒九年（1883）刻本　四冊

520000－2801－0006667　10770
陳文恭公手札節要三卷　（清）陳宏謀撰　清道光二十六年（1846）刻本　一冊

520000－2801－0006668　10771
禹貢說斷四卷　（宋）傅寅撰　清光緒十九年（1893）補刻本　一冊

520000－2801－0006669　10772
近世社會主義四編　（日本）福井準造撰　趙必振譯　清光緒二十八年（1902）上海廣智書局鉛印本　二冊

520000－2801－0006670　10776
嘉定長白二先生奏議二卷　（清）徐致祥撰　（清）寶廷撰　清宣統二年（1910）京邸鉛印本　二冊

520000－2801－0006671　10778
墨花吟館感舊懷人集一卷　（清）嚴辰撰　清光緒十五年（1889）刻本　一冊

520000－2801－0006672　10780
永嘉禪宗集註二卷　（明）釋傳燈編註　清光緒二十二年（1896）丹徒縣李培楨刻本　一冊

520000－2801－0006673　10781
永嘉真覺大師證道歌一卷　（唐）釋玄覺撰　（清）釋彥琪注　清光緒二十二年（1896）丹徒縣李培楨刻本　一冊

520000－2801－0006674　10784
大唐西域記十二卷　（唐）釋玄奘述　（唐）釋辯機撰　清宣統元年（1909）常州天寧寺刻本　四冊

520000－2801－0006675　10785
竹葉亭雜記八卷　（清）姚元之撰　清光緒十九年（1893）刻本　二冊

520000－2801－0006676　10787
藤陰雜記十二卷　（清）戴璐撰　清光緒三年（1877）刻本　四冊

520000－2801－0006677　10789
康熙幾暇格物編二卷　（清）聖祖玄燁撰　清末石印本　二冊

520000－2801－0006678　10790
文廟通考六卷首一卷　（清）牛樹梅輯　清同治十一年（1872）浙江書局刻本　二冊

520000－2801－0006679　10792
欽定吏部銓選漢官則例八卷　（清）吏部編　清末刻本　十冊

520000－2801－0006680　10793
感舊集十六卷目錄一卷　（清）王士禛選　（清）盧見曾補傳　清乾隆十七年（1752）刻本　八冊

520000－2801－0006681　10796
弘正四傑詩集四種　（清）張祖同輯　清光緒二十一年（1895）長沙張氏湘雨樓刻本　十六冊

520000－2801－0006682　10798
律例便覽八卷處分則例圖要六卷　（清）蔡逢年輯　清同治八年（1869）刻本　六冊

520000－2801－0006683　10799
式訓堂叢書二集十二種　（清）章壽康輯　清光緒刻本　十二冊

520000－2801－0006684　10800

金剛般若波羅密經心印疏二卷 （清）釋溥畹述 清宣統元年（1909）揚州藏經院刻本 二册

520000－2801－0006685 10802
莊子集解八卷 王先謙集解 清宣統元年（1909）上海掃葉山房石印本 四册

520000－2801－0006686 10809
日下尊聞錄五卷 （□）□□撰 清末刻本 二册

520000－2801－0006687 10813
四六叢話三十三卷選詩叢話一卷 （清）孫梅輯 清中刻本 十六册

520000－2801－0006688 10814
蕉軒隨錄十二卷續錄二卷 （清）方濬師撰 清同治十一年（1872）退一步齋刻本 十四册

520000－2801－0006689 10815
貸園叢書初集十二種 （清）周永年輯 清乾隆五十四年（1789）刻本 十六册

520000－2801－0006690 10816
古香齋鑒賞袖珍春明夢餘錄七十卷 （清）孫承澤撰 清末刻本 二十四册

520000－2801－0006691 10819
漁洋山人精華錄訓纂十卷自撰年譜二卷訓纂補十卷首一卷 （清）王士禛撰 （清）惠棟訓纂 **金氏精華錄箋注辯訛一卷** （清）惠棟撰 清末刻本 十二册

520000－2801－0006692 10820
王臨川全集一百卷目錄二卷 （宋）王安石撰 清光緒九年（1883）刻本 二十册

520000－2801－0006693 10821
槐廬叢書五編四十六種 （清）朱記榮輯 清光緒刻本 八册 存一編（第四編金石輯刻七種）

520000－2801－0006694 10827
天玉經說七卷 （清）黃越撰 清康熙六十年（1721）刻本 八册

520000－2801－0006695 10829
津門雜記三卷 （清）張燾輯 清光緒十年（1884）刻本 三册

520000－2801－0006696 10831
野記四卷 （明）祝允明纂 清同治十三年（1874）刻本 二册

520000－2801－0006697 10834
東萊先生音註唐鑑二十四卷 （宋）范祖禹撰 （宋）呂祖謙註 清同治十三年（1874）刻本 六册

520000－2801－0006698 10835
蘇詩補注八卷 （宋）蘇軾撰 （清）翁方綱學 **志道集一卷** （宋）顧禧撰 清乾隆四十七年（1782）蘇齋刻本 二册

520000－2801－0006699 10837
寄園寄所寄十二卷 （清）趙吉士輯 清康熙三十四年（1695）刻本 十册

520000－2801－0006700 10838
人壽金鑑二十二卷 （清）程得齡輯 清光緒元年（1875）湖北崇文書局刻本 六册

520000－2801－0006701 10842
歷代職官表六卷 （清）黃本驥舊校 （清）張孝楷覆校 清光緒六年（1880）膺詁齋刻本 二册

520000－2801－0006702 10843
草字便覽摘要二卷 （清）黃思永編 （清）王仁堪等書 清光緒刻本 二册

520000－2801－0006703 10846
裘文達公奏議不分卷 （清）裘曰修撰 清嘉慶刻本 三册

520000－2801－0006704 10847
六如居士全集七卷補遺一卷 （明）唐寅撰 （清）仲冕編 清嘉慶六年（1801）刻本 四册

520000－2801－0006705 10849
馬文莊公文集選六卷附錄一卷 （明）馬自強撰 清中刻本 二册

520000－2801－0006706 10852
海塘新志六卷 （清）琅玕等纂 清刻本

四册

520000－2801－0006707　10853
廣生編一卷　(清)包誠編　清同治七年(1868)刻本　一册

520000－2801－0006708　10854
產孕集二卷　(清)張曜孫纂輯　(清)包誠增訂　清同治七年(1868)刻本　一册

520000－2801－0006709　10855
王洪緒先生外科證治全生　(清)王維德撰　清咸豐十一年(1861)武昌節署刻本　一册

520000－2801－0006710　10857
易行錄一卷　(清)因覺生編輯　清光緒二十六年(1900)鉛印本　一册

520000－2801－0006711　10859
景德鎮陶錄十卷　(清)藍浦撰　(清)鄭廷桂補輯　清光緒十七年(1891)刻本　四册

520000－2801－0006712　10862
尚友錄二十二卷補遺一卷　(明)廖用賢編纂　(清)張伯琮補輯　清初刻本　十二册

520000－2801－0006713　10863
歷代世系紀年編一卷　(清)沈炳震撰　**歷代建元重號一卷**　(清)姚文田增輯　清道光二年(1822)刻本　一册

520000－2801－0006714　10864
浙江鄉試錄(清咸豐八年戊午科)　(清)胡興仁等輯　清咸豐刻本　一册

520000－2801－0006715　10865
觀劇絕句三卷　(清)金德瑛等撰　清光緒三十四年(1908)葉氏觀古堂刻本　一册

520000－2801－0006716　10866
觀劇絕句三卷　(清)金德瑛等撰　清光緒三十四年(1908)葉氏觀古堂刻本　一册

520000－2801－0006717　10867
金陵歷代建置表一卷　(清)傅春官纂　清光緒二十三年(1897)晦齋刻本　一册

520000－2801－0006718　10868
吳郡圖經續記三卷校勘記一卷　(宋)朱長文撰　清同治十二年(1873)浙江書局刻本　一册

520000－2801－0006719　10870
銜署名目一卷　(□)□□輯　清光緒十七年(1891)刻本　一册

520000－2801－0006720　10871
官銜名目一卷　(清)京都名德堂坊輯　清光緒十七年(1891)刻本　一册

520000－2801－0006721　10873
胡石查先生書札真跡一卷　(清)胡義贊書　清同治手抄剪貼本　一册

520000－2801－0006722　10874
商君書五卷　(戰國)商鞅撰　(清)嚴可均校本　清光緒二年(1876)浙江書局刻本　一册

520000－2801－0006723　10875
學略一卷　艮思輯　清光緒三十年(1904)鉛印本　一册

520000－2801－0006724　10878
使德日記　(清)李鳳苞撰　清光緒二十三年(1897)湖南新學書局刻本　一册

520000－2801－0006725　10880
韡園醫學六種　(清)潘霨輯　清光緒九年(1883)刻本　十二册

520000－2801－0006726　10881
罔極編一卷　(清)吳之桓輯　**攜雪堂家訓一卷**　(清)吳可讀撰　清光緒刻本　一册

520000－2801－0006727　10882
誦過齋日記六卷　(清)毛輝鳳撰　(清)饒拱辰編訂　(清)牛樹梅評校　清同治十一年(1872)成都刻本　二册

520000－2801－0006728　10884
鶡冠子三卷　(宋)陸佃注　(明)王宇等評　明天啟刻本　一册

520000－2801－0006729　10885
墨餘書異八卷　(清)蔣知白撰　清嘉慶二十五年(1820)刻本　二册

520000－2801－0006730　10886
舒文靖公類稿四卷　(宋)舒璘撰　**附錄三卷**　(清)徐時棟輯校　清同治十一年(1872)刻本　四冊

520000－2801－0006731　10887
郭氏傳家易說十一卷首一卷　(宋)郭雍撰　清乾隆四十年(1775)武英殿木活字印武英殿聚珍版書本　八冊

520000－2801－0006732　10891
陳文恭公手札節要三卷　(清)陳宏謀撰　清同治三年(1864)四川藩署刻本　一冊

520000－2801－0006733　10892
宋元名家詞不分卷　(清)江標輯　清光緒二十一年(1895)刻本　一冊　殘

520000－2801－0006734　10893
方正學先生遜志齋集二十四卷拾補一卷外紀一卷校勘記一卷　(明)方孝孺撰　(清)張紹謙纂定　清同治十二年(1873)浙江省城刻本　十二冊

520000－2801－0006735　10894
鮚埼亭集三十八卷首一卷全謝山先生經史問答十卷　(清)全祖望撰　(清)史夢蛟校　清嘉慶九年(1804)刻本　十二冊

520000－2801－0006736　10898
礮法畫譜一卷　(清)丁乃文撰　清光緒十四年(1888)江南製造局刻本　一冊

520000－2801－0006737　10899
唐詩百名家全集　(清)席啟寓輯　清康熙四十一年(1702)東山席氏琴川書屋刻本　四十八冊

520000－2801－0006738　10900
誠齋易傳二十卷　(宋)楊萬里撰　清乾隆三十九年(1774)武英殿木活字印武英殿聚珍版書本　八冊

520000－2801－0006739　10904
春秋通論四卷　(清)方苞著　(清)顧用方等同訂　清乾隆九年(1744)刻本　二冊

520000－2801－0006740　10905
春秋十二卷　(清)方苞著　(清)劉敦等校讐　(清)劉道興編錄　清中抗希堂刻本　六冊

520000－2801－0006741　10906
五朝名臣言行錄前集十卷　(宋)朱熹纂集　(宋)李衡校正　**三朝名臣言行錄十四卷皇朝名臣言行錄八卷**　(宋)朱熹撰　**四朝名臣言行錄別集上十三卷四朝名臣言行錄別集下十三卷皇朝道學名臣言行外錄十七卷**　(宋)李幼武纂集　清同治七年(1868)臨川桂氏刻本　十二冊

520000－2801－0006742　10908
立山詞一卷　(清)張琦撰　**柳下詞一卷**　(清)周青著　**齊物論齋詞一卷**　(清)董士錫撰　**萬善花室詞一卷**　(清)方履籛撰　**汀鷺詩餘一卷**　(清)楊傳第撰　**水雲樓詞二卷續一卷**　(清)蔣春霖撰　**蘭紉詞一卷瓠落詞一卷**　(清)陸志淵撰　清末刻本　二冊

520000－2801－0006743　10909
欽定日下舊聞考一百六十卷　(清)朱彝尊原輯　(清)于敏中等修　清乾隆刻本　四十冊

520000－2801－0006744　10910
六臣註文選六十卷目錄一卷　(南朝梁)昭明太子蕭統撰　(唐)李善等註　明萬曆六年(1578)刻本　二十三冊　存四十六卷(十五至六十)

520000－2801－0006745　10911
宋黃文節公全集詩文三十二卷外集二十四卷別集十九卷首四卷　(宋)黃庭堅撰　(清)梁調元輯　**伐檀集二卷**　(宋)黃庶撰　清乾隆三十年(1765)刻本　二十四冊

520000－2801－0006746　10912
山谷詩集二十卷別集詩注二卷外集詩注十七卷　(宋)黃庭堅撰　(宋)史季溫　(宋)史容注　清光緒二十一年至二十五年(1895－1899)刻本　二十冊

520000－2801－0006747　10914
小方壺齋輿地叢鈔十二帙續編十二帙再補編

十二帙　(清)王錫祺輯　清光緒十七年(1891)上海著易堂鉛印本　四十三册　存九帙(一至五、七至八、十至十一)

520000－2801－0006748　10917
李太白文集三十卷　(唐)李白撰　清光緒十四年(1888)湖北官書處刻本　四册

520000－2801－0006749　10918
水經注四十卷　(漢)桑欽撰　(北魏)酈道元注　**山海經十八卷**　(晉)郭璞傳　清乾隆十八年(1753)天都黄曉峯刻本　五册

520000－2801－0006750　10919
出使英法義比四國日記六卷　(清)薛福成纂著　(清)吴宗濂等采譯　清光緒二十年(1894)孫谿校經堂刻本　六册

520000－2801－0006751　10921
小西腴山館文鈔五卷　(清)吴大廷撰　清同治三年(1864)刻本　八册

520000－2801－0006752　10923
楸枰雅集二卷　(清)龔嘉相編輯　清光緒二十一年(1895)刻本　二册

520000－2801－0006753　10924
馬家浜河工案牘一卷　謝源深等編校　清宣統元年(1909)上海浦東塘工善後局鉛印本　一册

520000－2801－0006754　10925
水經注四十卷首一卷　(北魏)酈道元撰　清刻本　十八册

520000－2801－0006755　10926
皇朝三通識要類編六十五卷　(清)黄儁輯　(清)吴斌校　清光緒二十八年(1902)上海寶善齋石印本　十二册

520000－2801－0006756　10929
禮記訓纂四十九卷　(清)朱彬輯　清宣統元年(1909)學部圖書局刻本　十册

520000－2801－0006757　10930
青霞館論畫絶句一百首　(清)吴修撰　清道光四年(1824)刻本　一册

520000－2801－0006758　10934
四子棋譜二卷　(清)過文年輯著　清宣統三年(1911)上海千頃堂石印本　二册

520000－2801－0006759　10940
真蹟日錄三集附清秘藏二卷　(明)張丑著　清中知不足齋刻本　四册

520000－2801－0006760　10942
朔方備乘六十八卷首十二卷　(清)何秋濤纂輯　清光緒七年(1881)石印本　八册

520000－2801－0006761　10944
八家四六文註八卷補註一卷　(清)孫星衍著　陳衍補註　清光緒十八年(1892)上海圖書集成印書局石印本　四册

520000－2801－0006762　10945
昭代名人尺牘續集二十四卷　陶湘輯　清宣統三年(1911)天寶石印局石印本　十二册

520000－2801－0006763　10946
新編直指算法統宗卷十七卷　(明)程大位編集　(清)程素亭等較正　(清)程藴齋等參閲　清康熙五十五年(1716)海陽率濱維新堂刻本　五册

520000－2801－0006764　10947
海塘新志六卷　(清)琅玕等纂　清中刻本　四册

520000－2801－0006765　10949
復堂日記六卷　(清)譚獻撰　清光緒十三年(1887)刻本　四册

520000－2801－0006766　10956
明道文集五卷　(宋)程顥撰　清光緒十八年(1892)劉氏傳經堂刻本　一册

520000－2801－0006767　10959
循吏傳一卷　(清)國史館編　**藏諫研齋疏稿一卷**　(清)何金壽撰　清光緒二十四年(1898)滇南刻本　二册

520000－2801－0006768　10961
歷代名人年譜十卷　(清)吴榮光撰　(清)翟樹辰　(清)吴彌光同編校　清光緒二年

(1876)京都寶經書坊刻本　十冊

520000－2801－0006769　10962
應元書院課藝續編不分卷　(□)□□撰　清同治十三年(1874)雙門底聚文堂刻本　四冊

520000－2801－0006770　10963
蘅華館詩錄五卷　(清)王韜撰　清光緒六年(1880)鉛印本　二冊

520000－2801－0006771　10964
習之先生文集二卷　(唐)李翺撰　清宣統三年(1911)上海會文堂石印本　二冊

520000－2801－0006772　10966
花外集一卷　(宋)王沂孫撰　清末四川官印刷局刻本　一冊

520000－2801－0006773　10967
花外集一卷　(宋)王沂孫撰　清末四川官印刷局刻本　一冊

520000－2801－0006774　10972
樞垣記略二十六卷　(清)梁章鉅輯　清道光五年(1825)刻本　四冊

520000－2801－0006775　10973
貸園叢書初集十二種　(清)周永年輯　清乾隆五十四年(1789)刻本　十六冊

520000－2801－0006776　10974
班馬異同三十五卷　(宋)倪思編　(宋)劉辰翁評　明刻本(目錄第五頁、卷三十三第八頁至卷三十五為抄配)　四冊

520000－2801－0006777　10975
墨子十六卷篇目考一卷　(戰國)墨翟撰　(清)畢沅注　清光緒元年(1875)湖北崇文書局刻本　二冊

520000－2801－0006778　10976
意大利蠶書十五章　(意大利)丹吐魯著　(英國)傅蘭雅　(英國)傅紹雅口譯　(清)汪振聲筆述　清光緒二十四年(1898)江南製造局刻本　一冊

520000－2801－0006779　10977
樞垣題名不分卷　(清)吴考銘輯　清道光十八年(1838)刻本　二冊

520000－2801－0006780　10980
切韻指掌圖一卷　(宋)司馬光撰　清宣統二年(1910)豐城熊氏舊補史堂刻本　一冊

520000－2801－0006781　10987
義和拳教門源流考　勞乃宣編　清光緒二十八年(1902)鉛印本　一冊

520000－2801－0006782　10988
新撰亞細亞洲大地志六章　(日本)山上萬次郎編　葉瀚譯　清光緒二十七年(1901)上海正記書局鉛印本　四冊

520000－2801－0006783　10989
孔子家語十卷　(三國魏)王肅注　清末上海同文書局石印本　五冊

520000－2801－0006784　10990
孔子家語十卷　(三國魏)王肅注　清末上海同文書局石印本　五冊

520000－2801－0006785　10991
孔子家語十卷　(三國魏)王肅注　清末上海同文書局石印本　五冊

520000－2801－0006786　10993
易經八卷　(宋)程頤傳　清宣統元年(1909)學部圖書局據湖北局刻本影印本　六冊

520000－2801－0006787　10994
毛詩天文考一卷　(清)洪亮吉撰　**摹印述一卷**　(清)陳灃撰　清咸豐元年(1851)刻本　一冊

520000－2801－0006788　10995
白虎通德論四卷　(漢)班固纂　清光緒元年(1875)湖北崇文書局刻本　二冊

520000－2801－0006789　10996
金石三例　(清)盧見曾輯　**金石例一卷**　(元)潘昂霄撰　**墓銘舉例四卷**　(明)王行撰　**金石要例一卷**　(清)黃宗羲撰　清嘉慶十六年(1811)刻本　二冊

520000－2801－0006790　10997
端溪硯史三卷　(清)吳蘭修編　清道光十四

年(1834)味菜廬刻本　二册

520000－2801－0006791　11000

盛京兩陵天星紀瑞應修火烏馬圖說一卷捫蝨餘談一卷　(清)董毓琦擬草　清光緒二十一年(1895)刻本　一册

520000－2801－0006792　11003

南北史識小錄二十八卷　(清)沈名蓀　(清)朱昆田原輯　(清)張應昌補正　清同治十年(1871)武林吳氏清來堂刻本　十二册

520000－2801－0006793　11004

倚晴樓詩集十二卷詩餘四卷續集四卷帝女花二卷桃谿雪二卷　(清)黄燮清撰　清咸豐七年至同治九年(1857－1870)刻本　六册

520000－2801－0006794　11005

船山詩草二十卷補遺六卷敘目一卷　(清)張問陶撰　清嘉慶二十年至道光二十九年(1815－1849)刻本　八册

520000－2801－0006795　11006

經略洪承疇奏對筆記二卷　(清)洪承疇撰　清末刻本　二册

520000－2801－0006796　11007

儉德堂讀書隨筆二卷　(清)劉庠慈撰　(清)劉孚京輯存　清宣統二年(1910)鉛印本　二册

520000－2801－0006797　11012

忠雅堂評選四六法海八卷　(清)蔣士銓評選　清同治十年(1871)刻朱墨印本　八册

520000－2801－0006798　11013

卷施閣文甲集十卷補遺一卷乙集十卷續編一卷詩集二十卷　(清)洪亮吉撰　清乾隆五十一年(1786)刻本　五册

520000－2801－0006799　11014

管子二十四卷　(唐)房玄齡註釋　(明)劉績增註　(明)朱長春通演　清嘉慶九年(1804)刻本　八册

520000－2801－0006800　11016

李太白文集三十卷　(唐)李白撰　清光緒十四年(1888)湖北官書處刻本　四册

520000－2801－0006801　11017

欽定明鑑二十四卷首一卷　(清)托津等纂修　清同治九年(1870)湖北崇文書局刻本　十册

520000－2801－0006802　11018

箋註陶淵明集十卷　(晉)陶潛撰　清宣統三年(1911)貴池劉氏玉海堂影宋刻本　四册

520000－2801－0006803　11019

癸巳存稿十五卷　(清)俞正燮撰　清光緒十年(1884)刻本　八册

520000－2801－0006804　11020

靖節先生集十卷首一卷諸本評陶匯集一卷　(晉)陶潛撰　(清)陶澍集注　**靖節先生年譜考異二卷**　(清)陶澍編　清道光二十年(1840)刻本　四册

520000－2801－0006805　11021

景德鎮陶錄十卷　(清)藍浦撰　(清)鄭廷桂補輯　清光緒十七年(1891)刻本　四册

520000－2801－0006806　11022

太鶴山人集十三卷　(清)端木國瑚撰　清嘉慶十三年(1808)刻本　四册

520000－2801－0006807　11023

復古編二卷首一卷校正一卷附錄一卷　(宋)張有撰　清光緒十八年(1892)香山劉氏小蘇齋刻本　四册

520000－2801－0006808　11025

惜抱先生尺牘八卷　(清)姚鼐撰　(清)陳用光輯　清宣統元年(1909)小萬柳堂刻本　四册

520000－2801－0006809　11026

惜抱先生尺牘八卷　(清)姚鼐撰　(清)陳用光輯　清宣統元年(1909)小萬柳堂刻本　四册

520000－2801－0006810　11027

南華經十六卷　(戰國)莊周撰　(晉)郭象註　明萬曆三十三年(1605)刻本　六册

520000－2801－0006811　11029
文心雕龍十卷目録一卷　(南朝梁)劉勰撰　(清)黄叔琳注　(清)紀昀評　清道光十三年(1833)兩廣節署刻朱墨印本　四册

520000－2801－0006812　11032
閲微草堂筆記二十四卷目録一卷　(清)紀昀撰　清嘉慶五年(1800)北平盛氏刻本　十二册

520000－2801－0006813　11034
王文成公全書三十八卷目録一卷　(明)王陽明撰　(明)徐愛等編輯　清宣統元年(1909)鉛印本　十二册

520000－2801－0006814　11035
楹聯叢話十二卷續話四卷　(清)梁章鉅輯　清道光二十二年至二十五年(1842－1845)長沙刻本　六册

520000－2801－0006815　11036
新編筭學啓蒙二卷　(元)朱世傑編撰　清道光十九年(1839)揚州刻本　二册

520000－2801－0006816　11040
韋蘇州集十卷　(唐)韋應物撰　清宣統三年(1911)石印本　六册

520000－2801－0006817　11041
重訂教乘法數十二卷　(清)釋超海等編　清光緒三十四年(1908)常州天寧寺刻本　六册

520000－2801－0006818　11042
新刻重校增補圓機活法詩學全書二十四卷　(明)王世貞校正　清初刻本　二十四册

520000－2801－0006819　11043
唐陸宣公集二十二卷目録一卷　(唐)陸贄撰　(清)年羹堯重訂　清雍正元年(1723)刻本　六册

520000－2801－0006820　11044
繡像東周列國志二十七卷　(清)蔡奡元評點　清光緒三十年(1904)上海商務印書館鉛印本　十二册

520000－2801－0006821　11049
十國春秋一百十六卷　(清)吳任臣撰　清乾隆五十八年(1793)周昂刻本　十四册

520000－2801－0006822　11051
山東黄河南岸十三州縣遷民總圖　(清)黄璣撰　清光緒二十年(1894)石印本　一册

520000－2801－0006823　11052
歷代帝王法帖釋文十卷　(清)徐朝弼集釋　清嘉慶十七年(1812)刻本　二册

520000－2801－0006824　11053
内則衍義十六卷　(清)世祖福臨撰　清末影印本　八册

520000－2801－0006825　11054
憑山閣增輯留清新集三十卷總目一卷　(清)陳枚選　(清)陳德裕增輯　清康熙四十七年(1708)積秀堂刻本　三十二册

520000－2801－0006826　11059
養素堂詩集二十六卷　(清)張澍撰　清道光刻本　十四册

520000－2801－0006827　11060
福建鹽法志二十二卷首一卷　(□)□□撰　清道光刻本　十六册

520000－2801－0006828　11061
國朝詞綜續編二十四卷　(清)黄燮清編纂　清同治十二年(1873)鄂垣旅次刻本　八册

520000－2801－0006829　11062
古文雅正十四卷目録一卷　(清)蔡世遠選評　清同治七年(1868)湘鄉曾氏刻本　六册

520000－2801－0006830　11063
重建昭忠祠爵秩姓名録六卷附一卷　(清)鹿傳霖纂　清光緒三十四年(1908)刻本　六册

520000－2801－0006831　11064
欽定總管内務府現行則例四卷　(清)裕誠等編　清咸豐刻本　四册

520000－2801－0006832　11065
籌濟編三十二卷首一卷　(清)楊景仁輯　清道光九年(1829)刻本　八册

520000－2801－0006833　11066
海叟詩集四卷集外詩一卷附録一卷　(明)袁凱著　(清)曹炳曾重輯　清宣統三年(1911)江西印刷局石印本　二册

520000－2801－0006834　11067
禮記訓纂四十九卷　(清)朱彬輯　清宣統元年(1909)學部圖書局刻本　十册

520000－2801－0006835　11070
治河方畧十卷首一卷　(清)靳輔著　清刻本　十一册

520000－2801－0006836　11071
智囊補二十八卷　(明)馮夢龍重輯　清乾隆五十九年(1794)刻本　十册

520000－2801－0006837　11072
對山書屋墨餘録十六卷　(清)毛祥麟撰　清同治十年(1871)杭州文元堂楊氏刻本　八册

520000－2801－0006838　11073
聖廟祀典圖考三卷首一卷　(清)顧沅輯　清末上海同文書局影印本　三册

520000－2801－0006839　11075
明季稗史彙編二十七卷　(明)王圻輯　清都城琉璃廠留雲居士刻本　八册

520000－2801－0006840　11077
文心雕龍十卷　(南朝梁)劉勰撰　(清)黄叔琳注　(清)紀昀評　清乾隆六年(1741)養素堂刻本　四册

520000－2801－0006841　11078
唐宋八大家類選十四卷　(清)儲欣評　清刻本　八册

520000－2801－0006842　11083
番禺陳氏東塾叢書四種附一種　(清)陳澧撰　清光緒五年(1879)刻本　八册

520000－2801－0006843　11085
卓氏藻林八卷　(明)卓明卿編輯　(明)王世懋校正　明末刻本　八册

520000－2801－0006844　11089
十七史商榷一百卷目録一卷　(清)王鳴盛述　清光緒六年(1880)太原王氏刻本　二十四册

520000－2801－0006845　11090
劉武慎公遺書二十四卷　(清)劉長佑撰　**年譜三卷**　(清)鄧輔綸等編次　清光緒二十六年(1900)鉛印本　二十八册

520000－2801－0006846　11094
柳文四十三卷别集二卷外集二卷附録一卷目録一卷　(唐)柳宗元撰　(唐)劉禹錫編　**柳先生年譜一卷**　(宋)文安禮撰　清同治六年(1867)刻本　八册

520000－2801－0006847　11095
陳太僕批選八家文抄九卷　(清)陳兆崙輯　清光緒二十六年(1900)天津文美齋石印本　六册

520000－2801－0006848　11096
書法正宗四卷　(清)蔣和撰　清乾隆四十六年(1781)刻本　一册

520000－2801－0006849　11097
初唐四傑文集二十一卷　(清)項家達輯　清光緒五年(1879)淮南書局刻本　三册

520000－2801－0006850　11099
資治通鑑目録三十卷　(宋)司馬光編集　清同治八年(1869)江蘇書局刻本　十册

520000－2801－0006851　11100
九章算術細草圖説九卷　(晉)劉徽注　(唐)李淳風等奉敕註釋　(清)李潢撰　**海島算經細草圖説一卷**　清嘉慶二十五年(1820)刻本　八册

520000－2801－0006852　11101
[光緒]雲南課吏館全滇紀要編輯章程不分卷　(清)雲南課吏館編輯　清光緒三十一年(1905)鉛印本　十册

520000－2801－0006853　11102
白雨齋詞話八卷詞存一卷詩鈔一卷　(清)陳廷焯著　清光緒二十年(1894)刻本　四册

520000－2801－0006854　11103

白雨齋詞話八卷詞存一卷詩鈔一卷 （清）陳廷焯著　清光緒二十年(1894)刻本　四册

520000－2801－0006855　11104
棉業圖説八卷首一卷 （清）農工商部編　清宣統三年(1911)鉛印本　二册

520000－2801－0006856　11107
秋夢盦詞鈔二卷續一卷再續一卷 （清）葉衍蘭撰　清光緒十六年(1890)羊城刻本　一册

520000－2801－0006857　11108
花影吹笙詞鈔二卷 （清）葉英華撰　**小遊僊詞一卷**　題（清）夢禪居士撰　清光緒三年(1877)羊城刻本　一册

520000－2801－0006858　11110
清暉閣贈貽尺牘二卷 （清）周亮工等撰　清宣統三年(1911)順德鄧氏鉛印本　一册

520000－2801－0006859　11112
增删算法統宗十一卷首一卷 （明）程大位撰　（清）梅㲄成增删　清光緒二十四年(1898)江蘇書局刻本　四册

520000－2801－0006860　11114
詞名集解六卷續編二卷 （清）汪汲撰　清刻本　二册

520000－2801－0006861　11115
唐陸宣公集二十二卷 （唐）陸贄撰　清道光四年(1824)刻本　十册

520000－2801－0006862　11116
三魚堂文集十二卷附録一卷外集六卷附録一卷 （清）陸隴其撰　清康熙四十年(1701)刻本　六册

520000－2801－0006863　11118
梁元帝集八卷梁代帝王合集二卷 （明）閻光世輯閲　明刻本　五册

520000－2801－0006864　11122
稽古録二十卷 （宋）司馬光撰　清同治十一年(1872)湖北崇文書局刻本　四册

520000－2801－0006865　11127
教諭語四卷 （清）謝金鑾著　清道光六年(1826)刻本　一册

520000－2801－0006866　11131
南湖詩集九卷 （清）張雲驤撰　清光緒十四年(1888)刻本　一册

520000－2801－0006867　11132
婦人集注一卷集輔一卷 （清）陳維崧撰（清）冒褒注　清末刻本　一册

520000－2801－0006868　11133
國學叢刊不分卷　羅振玉輯　清宣統三年(1911)石印本　二册

520000－2801－0006869　11136
戰國策三十三卷 （漢）高誘注　清乾隆二十一年(1756)刻本　六册

520000－2801－0006870　11138
隨園詩話十六卷補遺十卷 （清）袁枚撰　清乾隆五十七年(1792)刻本　十册

520000－2801－0006871　11139
小倉山房尺牘十卷 （清）袁枚撰　清乾隆五十四年(1789)刻本　三册

520000－2801－0006872　11142
青霞館論畫絶句一百首 （清）吳修撰　清光緒二年(1876)刻本　一册

520000－2801－0006873　11144
竈嫗解一卷 （清）沈峻撰　清道光二十九年(1849)刻本　一册

520000－2801－0006874　11145
書法偶集一卷 （清）陳玠撰　清道光三十年(1850)刻本　一册

520000－2801－0006875　11148
救荒補遺二卷 （日本）京兆蘭山撰　清末據日本寛政十一年(1799)刻本抄本　一册

520000－2801－0006876　11156
欽定國朝詩别裁集三十二卷目次一卷 （清）沈德潛纂評　清乾隆二十六年(1761)刻本　十二册

520000－2801－0006877　11158

中西紀事二十四卷首一卷 (清)夏燮撰 清同治七年(1868)刻本 六册

520000－2801－0006878 11161
水道提綱二十八卷目次一卷 (清)齊召南編錄 清光緒四年(1878)刻本 八册

520000－2801－0006879 11162
板橋集五種 (清)鄭燮撰 清乾隆清暉書屋刻本 四册

520000－2801－0006880 11164
醫學篇八卷目錄一卷 (清)曾懿著 清光緒三十三年(1907)長沙刻本 二册

520000－2801－0006881 11165
陳文恭公手札節要三卷 (清)陳宏謀撰 清道光二十六年(1846)刻本 一册

520000－2801－0006882 11166
漸西村人初集十三卷目錄十三卷 (清)袁昶著 清光緒二十年(1894)避舍葢公堂刻本 三册

520000－2801－0006883 11167
唐駢體文鈔十七卷總目一卷 (清)陳均輯 清嘉慶二十五年(1820)刻本 四册

520000－2801－0006884 11168
澹秋館遺詩一卷補遺一卷 (清)林毓麟撰 **林隱君傳一卷** (清)趙熙撰 清宣統三年(1911)成都鉛印本 一册

520000－2801－0006885 11169
澹秋館遺詩一卷補遺一卷 (清)林毓麟撰 **林隱君傳一卷** (清)趙熙撰 清宣統三年(1911)成都鉛印本 一册

520000－2801－0006886 11170
澹秋館遺詩一卷補遺一卷 (清)林毓麟撰 **林隱君傳一卷** (清)趙熙撰 清宣統三年(1911)成都鉛印本 一册

520000－2801－0006887 11171
澹秋館遺詩一卷補遺一卷 (清)林毓麟撰 **林隱君傳一卷** (清)趙熙撰 清宣統三年(1911)成都鉛印本 一册

520000－2801－0006888 11172
澹秋館遺詩一卷補遺一卷 (清)林毓麟撰 **林隱君傳一卷** (清)趙熙撰 清宣統三年(1911)成都鉛印本 一册

520000－2801－0006889 11174
重訂路史全本九卷 (宋)羅泌著 (明)吳弘基訂 明刻本 十二册

520000－2801－0006890 11175
南疆繹史勘本五十六卷首二卷目錄一卷 (清)溫睿臨撰 (清)李瑤勘定 清道光十年(1830)都城琉璃廠半松居士木活字印本 十六册

520000－2801－0006891 11176
遼史拾遺二十四卷年表一卷 (清)厲鶚撰 清光緒元年(1875)江蘇書局刻本 八册

520000－2801－0006892 11177
三因極一病証方論十八卷 (宋)陳言編 (清)蔡載鼎讀 清道光二十三年(1843)青蓮華館刻本 六册

520000－2801－0006893 11199
等韻一得内篇一卷 勞乃宣撰 清光緒二十四年(1898)刻本 一册

520000－2801－0006894 11200
唐陸宣公奏議讀本四卷首一卷 (唐)陸贄撰 (清)汪銘謙輯 (清)馬傳庚評點 清道光九年(1829)刻本 二册

520000－2801－0006895 11201
鎗礮算法從新二卷 (清)焦震福學 清光緒二十二年(1896)刻本 二册

520000－2801－0006896 11202
算學敲門磚一卷 (清)葛朝模零拾 (清)潘承銜繕校 清光緒二十四(1898)刻本 一册

520000－2801－0006897 11203
明季稗史正編二十七卷 題(清)劍心簃主人校輯 清光緒二十九年(1903)鉛印本 六册

520000－2801－0006898 11204
先賢補天錄一卷 (□)□□撰 清光緒十一

年(1885)刻本　一冊

520000－2801－0006899　11205
官閨聯名譜二十二卷　(清)董恂原本　(清)陸續松補輯　清光緒二年(1876)申報館鉛印本　十冊

520000－2801－0006900　11212
夢窗詞四卷　(宋)吳文英撰　清咸豐十一年(1861)刻本　二冊

520000－2801－0006901　11217
尊聞居士集八卷附錄一卷　(清)羅有高撰　(清)彭紹升錄　清乾隆刻本　四冊

520000－2801－0006902　11220
慎宜軒詩八卷　姚永概撰　清宣統二年(1910)鉛印本　一冊

520000－2801－0006903　11221
求闕齋日記類鈔二卷　(清)曾國藩撰　(清)王啟原編　清光緒河南官印刷局鉛印本　一冊

520000－2801－0006904　11222
題江南曾文正公祠百詠一卷　朱孔彰撰　清光緒十三年(1887)金陵刻本　一冊

520000－2801－0006905　11225
羣書疑辨十二卷　(清)萬斯同纂　清中抄本　四冊

520000－2801－0006906　11234
國語校注本二十五卷　(清)汪遠孫撰　清道光二十六年(1846)刻本　五冊

520000－2801－0006907　11235
平平言四卷　(清)方大湜撰　清光緒十三年(1887)常德府署刻本　四冊

520000－2801－0006908　11237
秋讞輯要六卷　(□)子良氏輯　清光緒十年(1884)刻本　八冊

520000－2801－0006909　11239
先正切要格言二卷　(清)陸錫璞輯　清道光元年(1821)八桂堂同學諸子刻本　二冊

520000－2801－0006910　11240
絳雲樓書目不分卷　(清)錢謙益撰　清抄本　二冊

520000－2801－0006911　11241
竹虛小題鈔不分卷　(清)潘謙受著　清光緒五年(1879)刻本　二冊

520000－2801－0006912　11242
幽夢影二卷　(清)張潮著　清刻本　二冊

520000－2801－0006913　11244
明夷待訪錄一卷　(清)黄宗羲著　清光緒五年(1879)刻本　一冊

520000－2801－0006914　11245
追昔遊集三卷　(唐)李紳著　(明)毛晉訂　清宣統二年(1910)石印本　一冊

520000－2801－0006915　11247
輶軒語一卷　(清)張之洞撰　清光緒二十一年(1895)湖北官書處刻本　一冊

520000－2801－0006916　11248
翡翠尺牘不分卷　(清)鄧承周輯　清嘉慶十四年(1809)刻本　四冊

520000－2801－0006917　11249
西遊錄注一卷　(元)耶律楚材撰　(清)李文田注　清光緒二十三年(1897)石印本　一冊

520000－2801－0006918　11250
古文斵後集十八卷　(清)姚培謙評註　清雍正元年(1723)刻本　八冊

520000－2801－0006919　11250
古文斵前集十六卷　(清)姚培謙評註　清康熙元年(1662)刻本　八冊

520000－2801－0006920　11259
訓俗遺規摘鈔四卷目錄一卷　(清)陳宏謀編　清同治七年(1868)楚北崇文書局刻本　二冊

520000－2801－0006921　11260
吳園周易解九卷附錄一卷目錄一卷　(宋)張根撰　清乾隆武英殿木活字印武英殿聚珍版書本　五冊

520000－2801－0006922　11264
周文忠公尺牘二卷附錄一卷目錄一卷　（清）周天爵著　清同治七年（1868）蘇松太道署刻本　二冊

520000－2801－0006923　11265
詞綜三十八卷目錄一卷　（清）朱彝尊抄撮　清中刻本　十一冊

520000－2801－0006924　11266
明詞綜十二卷目錄一卷　（清）王昶纂　清嘉慶七年（1802）刻本　三冊

520000－2801－0006925　11267
國朝詞綜四十八卷二集八卷　（清）王昶纂　清嘉慶八年（1803）三泖漁莊刻本　十四冊

520000－2801－0006926　11268
求古錄一卷　（清）顧炎武撰　（清）朱記榮校刊　清中刻本　二冊

520000－2801－0006927　11269
史學驪珠四卷　（清）周贇纂輯　清光緒七年（1881）刻本　四冊

520000－2801－0006928　11272
泰西十八周史攬要十八卷　（英國）雅各偉德著　（英國）季理斐成章譯　（清）李鼎星述稿　清光緒二十八年（1902）蜀東善成堂刻本　六冊

520000－2801－0006929　11273
江湖後集二十四卷　（宋）陳起編　清中讀畫齋刻本　八冊

520000－2801－0006930　11277
明夷待訪錄一卷　（清）黃宗羲著　清光緒五年（1879）刻本　一冊

520000－2801－0006931　11285
覺非盦筆記八卷　（清）顧堃撰　清光緒刻本　一冊

520000－2801－0006932　11288
春秋大事表五十卷輿圖一卷附錄一卷　（清）顧棟高纂輯　清乾隆十三年至十四年（1748－1749）萬卷樓刻本　十六冊

520000－2801－0006933　11289
儀禮十七卷　（漢）鄭玄注　**嚴本儀禮鄭氏注校錄一卷**　（清）黃丕烈撰　清同治九年（1870）楚北崇文書局刻本　二冊

520000－2801－0006934　11290
儀禮圖六卷　（清）張惠言述　清同治九年（1870）楚北崇文書局刻本　三冊

520000－2801－0006935　11291
山中白雲詞八卷附錄一卷逸事一卷詞源二卷　（宋）張炎著　（清）許增校刊　清光緒八年（1882）娛園刻本　二冊

520000－2801－0006936　11295
幽夢影二卷　（清）張潮撰　清刻本　一冊

520000－2801－0006937　11296
花間集十卷　（唐）溫庭筠等撰　（五代）趙崇祚輯　清光緒十九年（1893）臨桂王氏四印齋刻本　一冊

520000－2801－0006938　11297
義門讀書記五十八卷　（清）何焯撰　（清）蔣維鈞編　清光緒六年（1880）刻本　十二冊

520000－2801－0006939　11298
晉書校文五卷　（清）丁國鈞撰　清光緒二十年（1894）木活字印本　一冊

520000－2801－0006940　11299
教務紀略四卷首一卷　（清）李剛己撰　清光緒三十一年（1905）南洋官報局刻本　四冊

520000－2801－0006941　11300
近思錄十四卷　（宋）朱熹撰　（清）江永集注　清光緒二十五年（1899）浙江書局刻本　四冊

520000－2801－0006942　11301
鄭氏禮記箋四十九卷目錄一卷　（清）郝懿行學　清光緒八年（1882）東路廳署刻本　六冊　存二十九卷（一至六、二十至二十三、三十一至四十九）

520000－2801－0006943　11302
吳詩集覽二十卷目錄一卷談藪二卷拾遺一卷

(清)吳偉業撰　(清)靳榮藩輯　**行狀一卷**　(清)顧湄撰　**墓表一卷**　(清)陳廷敬撰　清乾隆四十年(1775)刻本　十六册

520000－2801－0006944　11303
周易述四十卷目次一卷　(清)惠棟集注并疏　清乾隆二十四年至二十五年(1759－1760))雅雨堂刻本　八册　缺十九卷(八、二十一、二十四至四十)

520000－2801－0006945　11305
經籍纂詁一百六卷首一卷　(清)阮元撰　清嘉慶四年(1799)刻本　六十四册

520000－2801－0006946　11309
易解拾遺七卷周易讀本三卷　(清)周世金撰　清同治七年(1868)刻本　四册

520000－2801－0006947　11312
詩韻珠璣五卷　(清)余照輯　清嘉慶五年(1800)刻本　四册

520000－2801－0006948　11313
訓俗遺規四卷　(清)陳宏謀編輯　**補編一卷**　(清)華希閔編輯　清光緒三十四年(1908)學部圖書局刻本　四册

520000－2801－0006949　11315
名原二卷　(清)孫詒讓記　清光緒三十一年(1905)刻本　一册

520000－2801－0006950　11316
名原二卷　(清)孫詒讓記　清光緒三十一年(1905)刻本　一册

520000－2801－0006951　11317
書目答問不分卷　(清)張之洞撰　清光緒二年(1876)貴陽刻本　一册

520000－2801－0006952　11321
等韻一得内篇一卷補篇一卷外篇一卷　勞乃宣撰　清光緒二十四年(1898)吳橋官廨刻本　三册

520000－2801－0006953　11322
鬱華閣遺集四卷　(清)盛昱撰　清光緒二十八年(1902)寫刻朱印本　一册

520000－2801－0006954　11324
西園文鈔一卷　(清)馮道立著　清道光二十年(1840)刻本　二册

520000－2801－0006955　11325
勸學篇二卷　(清)張之洞撰　清光緒二十四年(1898)兩湖書院刻本　一册

520000－2801－0006956　11326
唐寫本說文木部題辭一卷　(清)曾國藩撰　清同治二年(1863)刻本　一册

520000－2801－0006957　11328
神農本草三卷　王闓運校　清光緒十一年(1885)尊經書院刻本　一册

520000－2801－0006958　11329
新疆賦一卷　(清)徐松撰　清光緒八年(1882)華陽海方徐道宗署刻本　一册

520000－2801－0006959　11330
南海先生奏稿一卷　康有為撰　清宣統三年(1911)鉛印本　一册

520000－2801－0006960　11354
明賢尺牘四卷　(清)王元勳等輯　清光緒二十六年(1900)許氏榆園刻本　二册

520000－2801－0006961　11361
[海陵丁烈女徵詩]一卷　(清)張炳堃等撰　清光緒元年(1875)刻本　一册

520000－2801－0006962　11362
太玄十卷　(漢)揚雄撰　(清)吳汝綸點勘　清宣統二年(1910)衍星社鉛印本　二册

520000－2801－0006963　11368
洗蕉吟館詩鈔一卷詞鈔一卷　(清)惲戴青撰　清宣統二年(1910)石印本　一册

520000－2801－0006964　11369
列女傳七卷續列女傳一卷　(漢)劉向撰　(□)□□撰續　(清)梁端校注　清道光十七年(1837)錢塘汪氏振綺堂刻本　二册

520000－2801－0006965　11370
東槎紀畧五卷　(清)姚瑩著　清道光十二年(1832)刻本　二册

520000－2801－0006966　11390
義門先生集十二卷家書四卷　(清)何焯撰　(清)韓宗等輯　清宣統元年(1909)平江吴氏刻本　六册

520000－2801－0006967　11393
緩雅堂駢體文八卷　(清)王詒壽著　清光緒六年(1880)刻本　二册

520000－2801－0006968　11394
補注黄帝内經素問二十四卷靈樞十二卷　(唐)王冰注　(宋)林億等校正　(宋)孫兆重改誤　**黄帝内經素問遺篇一卷**　(宋)劉溫舒原本　清光緒三年(1877)浙江書局刻本　八册　存二十四卷(補注黄帝内經素問二十四卷)

520000－2801－0006969　11395
新鐫神峯張先生通考闢謬命理正宗大全六卷　(清)張楠著　清刻本　六册

520000－2801－0006970　11396
吴門畫舫録二卷續録三卷　題(清)西溪山人編　清嘉慶十九年(1814)虎邱行館刻本　二册

520000－2801－0006971　11402
湘軍志十六卷　王闓運著　清光緒刻本　六册

520000－2801－0006972　11403
畫禪室隨筆四卷　(明)董其昌著　清康熙五十九年(1720)刻本　二册

520000－2801－0006973　11423
霜紅龕集三種　(清)傅山撰　(清)張廷鑒等拾遺　(清)劉飛補輯　清宣統二年(1910)平遥王氏刻本　四册

520000－2801－0006974　11424
昇勤直公年譜二卷　(清)馬佳寶琳等述　清末刻本　二册

520000－2801－0006975　11427
直齋書録解題二十二卷　(宋)陳振孫撰　清光緒九年(1883)江蘇書局刻本　六册

520000－2801－0006976　11429
滿洲四禮集五卷　(清)索寧安等編輯　清嘉慶六年(1801)刻本　四册

520000－2801－0006977　11431
勸學篇二卷　(清)張之洞撰　清光緒二十四年(1898)慎始基齋刻本　一册

520000－2801－0006978　11434
楊忠愍公全集四卷目録一卷　(明)楊繼盛撰　(清)毛大可鑒定　章鈺重訂　清康熙三十七年(1698)蕭山章氏刻本　二册

520000－2801－0006979　11435
宣統條約不分卷　(清)外交部排印　清宣統三年(1911)鉛印本　二册

520000－2801－0006980　11436
資治通鑑綱目二十卷　(清)張廷玉等修　清乾隆十一年(1746)刻本　六册

520000－2801－0006981　11437
餘生録一卷　(清)邊大綬撰　清順治元年(1644)刻本　一册

520000－2801－0006982　11439
明夷待訪録一卷　(清)黄宗羲著　清光緒五年(1879)北洋官報局鉛印本　一册

520000－2801－0006983　11441
浙東籌防録四卷　(清)薛福成纂輯　(清)李圭等參訂　清光緒十四年(1888)刻本　四册

520000－2801－0006984　11444
青邱高季迪先生詩集十八卷首一卷補遺一卷詩餘一卷附録一卷總目一卷鳧藻集五卷　(明)高啟撰　(清)金檀輯注　清雍正六年(1728)文瑞樓刻本　十册

520000－2801－0006985　11445
文心雕龍十卷目録一卷　(南朝梁)劉勰撰　(清)黄叔琳注　(清)紀昀評　清道光十三年(1833)兩廣節署刻朱墨印本　四册

520000－2801－0006986　11446
歸元鏡二卷目次一卷　(清)釋智達拈頌　(清)釋德日閱録　清光緒二十三年(1897)揚

州藏經院刻本　二册

520000－2801－0006987　11447
近思錄補註十四卷　（宋）朱熹　（宋）吕祖謙輯　（清）陳沆補註　**諸儒論近思錄一卷**　清末刻本　四册

520000－2801－0006988　11448
本草萬方鍼線八卷目錄一卷本草藥品總目五十二卷　（清）蔡烈先輯　清金閶書業堂目錄一卷刻本　一册　存五十四卷（本草萬方鍼線一、目錄一卷、本草藥品總目五十二卷）

520000－2801－0006989　11449
陰陽五要奇書五種　（明）江之棟輯　**八宅明鏡二卷**　清乾隆五十五年（1790）翠葯山房刻本　六册

520000－2801－0006990　11450
詩比興箋四卷目錄一卷　（清）陳沆撰　清光緒九年（1883）刻本　二册

520000－2801－0006991　11458
原富不分卷　（英國）斯密亞丹著　嚴復譯　清光緒二十八年（1902）鉛印本　六册

520000－2801－0006992　11459
靈芬館詞四種　（清）郭麐撰　清光緒五年（1879）娱園刻本　二册

520000－2801－0006993　11460
皇清地理圖不分卷　（清）董祐誠繪　清咸豐六年（1856）刻本　一册

520000－2801－0006994　11461
淮陽水利圖説一卷　（清）馮道立著　清道光十九年（1839）刻本　一册

520000－2801－0006995　11462
意林五卷目錄一卷　（唐）馬總撰　**補遺一卷**（清）張海鵬增訂　清光緒三年（1877）湖北崇文書局刻本　二册

520000－2801－0006996　11464
南湖誌考一卷　（清）梅啟照輯　清光緒五年（1879）刻本　一册

520000－2801－0006997　11465
玉雨堂書畫記四卷　（唐）裴孝源撰　（清）韓泰華撰　清咸豐元年（1851）朱印本　一册

520000－2801－0006998　11466
藝風堂文漫存一卷　繆荃孫撰　清末刻本　一册

520000－2801－0006999　11467
元次山集十二卷　（唐）元結撰　（清）黄研旅訂　清中刻本　二册

520000－2801－0007000　11471
聖武記十四卷　（清）魏源撰　清道光二十二年（1842）刻本　八册

520000－2801－0007001　11474
濂亭遺詩二卷　（清）張裕釗撰　清宣統二年（1910）鄂城刻本　一册

520000－2801－0007002　11477
枝山文集四卷　（明）祝允明撰　清同治十三年（1874）刻本　二册

520000－2801－0007003　11478
史鑑節要便讀六卷　（清）鮑東里編輯　清同治六年（1867）刻本　二册

520000－2801－0007004　11479
樊南文集詳註八卷　（唐）李商隱撰　（清）馮浩編訂　清末刻本　四册

520000－2801－0007005　11480
新書十卷　（漢）賈誼撰　清光緒元年（1875）湖北崇文書局刻本　二册

520000－2801－0007006　11482
輶軒語一卷　（清）張之洞撰　清光緒五年（1879）貴陽刻本　一册

520000－2801－0007007　11483
存素堂詩稾十三卷　（清）錢寶琛撰　清同治七年（1868）刻本　一册

520000－2801－0007008　11484
宦游紀略二卷　（清）高廷瑤撰　清光緒九年（1883）資中官廨刻本　一册

520000－2801－0007009　11488

四川省城尊經書院記一卷　(清)張之洞撰　清光緒十九年(1893)寫刻本　一册

520000－2801－0007010　11489
東莊吟稿不分卷　(清)呂留良撰　清宣統三年(1911)神州國光社鉛印本　一册

520000－2801－0007011　11500
蟄廬詩鈔二卷　(清)張士瀛撰　清光緒二十八年(1902)刻本　一册

520000－2801－0007012　11505
吟秋遺稿一卷　(清)唐承壽著　清刻本　一册

520000－2801－0007013　11507
耳提錄一卷　(清)顧昌述　清光緒二十八年(1902)刻本　一册

520000－2801－0007014　11510
大清礦務附章一卷　(清)□□撰　清末鉛印本　一册

520000－2801－0007015　11514
水經注圖一卷附錄一卷　(清)汪士鐸繪　清咸豐十一年(1861)刻本　一册

520000－2801－0007016　11515
輪輿私箋二卷附錄一卷　(清)鄭珍撰　清同治七年(1868)獨山莫氏金陵刻本　一册

520000－2801－0007017　11516
律法須知二卷　(清)呂芝田撰　清光緒九年(1883)貴州臬署刻本　二册

520000－2801－0007018　11517
雲谷雜紀四卷首一卷末一卷　(宋)張淏撰　清刻本　二册

520000－2801－0007019　11518
醫書六種　(清)徐大椿撰　清乾隆刻本　七册

520000－2801－0007020　11519
榕村詩選八卷首一卷　(清)李光地撰　清雍正八年(1730)杭州臬署刻本　三册

520000－2801－0007021　11520
靈芬館雜著二卷　(清)郭麐撰　清嘉慶九年(1804)刻本　一册

520000－2801－0007022　11521
景詹闇遺文一卷　(清)姚諶撰　清同治二年(1863)刻本　一册

520000－2801－0007023　11522
臨文便覽一卷　(清)張敀泰輯　(清)龍光甸重修　清同治十三年(1874)刻本　二册

520000－2801－0007024　11528
補讀山房詩稿二卷　(清)李國藩撰　**補讀詩存一卷**　(清)李仲甫撰　清光緒十八年(1892)漢陽刻本　一册

520000－2801－0007025　11529
兩浙校士錄不分卷　(清)吳鍾駿輯　清末石印本　一册

520000－2801－0007026　11531
彙刻書目不分卷　(清)顧修編　清光緒十二年至十五年(1886－1889)上海福瀛書局刻本　二十册

520000－2801－0007027　11532
讀西學書法一卷　梁啟超記　清光緒二十三年(1897)時務報館石印本　一册

520000－2801－0007028　11533
國朝六家詩鈔八卷　(清)劉執玉選　(清)許庭堅　(清)鄒容成參閱　清乾隆三十二年(1767)刻本　八册

520000－2801－0007029　11535
鄂國金佗粹編二十八卷續編三十卷目錄二卷　(宋)岳珂編　清光緒九年(1883)浙江書局刻本　十二册

520000－2801－0007030　11536
繡虎軒尺牘八卷二集八卷三集八卷　(清)曹煜著　清康熙十七年(1678)傳萬堂刻本　十二册

520000－2801－0007031　11537
香樹齋詩集十八卷目錄一卷　(清)錢陳羣撰　清乾隆十六年(1751)刻本　五册　缺三卷

（十三至十五）

520000－2801－0007032　11539
後漢書一百三十卷　（南朝宋）范曄撰　（南朝梁）劉昭補志　（唐）章懷太子李賢注　明崇禎十六年（1643）琴川毛氏刻本　十六冊

520000－2801－0007033　11546
說鈴十六種　（清）吳震方輯　清末刻本　十二冊

520000－2801－0007034　11547
枕善堂尺牘一隅二十卷　（清）陳大溶著　清道光十六年（1836）台州府署刻本　八冊

520000－2801－0007035　11548
傅青主男科二卷　（清）傅山撰　清光緒十三年（1887）湖北官書處刻本　二冊

520000－2801－0007036　11551
方正學先生遜志齋集七卷首一卷　（明）方孝孺撰　清同治三年（1864）刻本　七冊

520000－2801－0007037　11553
近思錄集解十四卷　（宋）朱熹原編　（宋）葉采集解　（宋）呂祖謙編　清刻本　四冊

520000－2801－0007038　11554
文選五卷首一卷　（南朝梁）昭明太子蕭統撰　（唐）李善注　**考異一卷**　（清）胡克家撰　清光緒十四年（1888）同文書局石印本　六冊

520000－2801－0007039　11555
救急應驗良方一卷　題（清）頤園居士撰　清光緒二十四年（1898）石印本　一冊

520000－2801－0007040　11556
小蓬萊山館方鈔二卷　（清）竹林寺僧等傳　清道光十七年（1837）刻本　一冊

520000－2801－0007041　11558
桐陰論畫二卷首一卷續一卷畫訣一卷　（清）秦祖永撰　清同治三年（1864）刻朱墨印本　四冊

520000－2801－0007042　11562
夢癡說夢二編　題（清）夢癡學人撰　清光緒十三年（1887）管可壽齋刻本　二冊

520000－2801－0007043　11563
古今類傳四卷目錄一卷　（清）董穀士　（清）董炳文輯　清康熙三十一年（1692）刻本　六冊

520000－2801－0007044　11564
述古堂文集十二卷　（清）錢兆鵬撰　清光緒七年（1881）刻本　四冊

520000－2801－0007045　11565
因樹屋書影十卷　（清）周亮工筆記　清雍正三年（1725）刻本　六冊

520000－2801－0007046　11566
悔翁詩餘五卷　（清）汪士鐸撰　清光緒九年（1883）味古齋刻本　一冊

520000－2801－0007047　11567
江東白苧二卷續二卷　（明）梁辰魚撰　明刻本　一冊

520000－2801－0007048　11568
廣輿記二十四卷　（清）陸應陽原纂　（清）蔡方炳增輯　清康熙二十五年（1686）刻本　十二冊

520000－2801－0007049　11569
詁經精舍文集十四卷　（清）阮元手訂　清嘉慶六年（1801）刻本　八冊

520000－2801－0007050　11570
澹宜草四卷雜著一卷　（清）徐榯著　清光緒六年（1880）江西永甯官廨刻本　四冊

520000－2801－0007051　11571
六梅書屋尺牘四卷　（清）淩丹陛撰　清光緒三年（1877）上海申報館鉛印本　二冊

520000－2801－0007052　11572
耳郵四卷　（清）朱翁戲編　清光緒四年（1878）上海申報館鉛印本　一冊

520000－2801－0007053　11573
驗方新編二十四卷　（清）鮑相璈撰　清光緒十一年（1885）鉛印本　十二冊

520000－2801－0007054　11574
白香詞譜一百篇　（清）舒夢蘭輯　清道光二

十四年(1844)刻本　二册

520000－2801－0007055　11581
板橋詩鈔三卷詞鈔一卷　(清)鄭燮著　清中刻本　二册

520000－2801－0007056　11582
厲樊榭先生年譜一卷　(清)朱文藻撰　繆荃孫重訂　清中吳興嘉業堂刻本　一册

520000－2801－0007057　11583
三水關紀事和詩三卷續刻一卷補刻一卷　(清)黄維寅輯　清光緒三十年至三十一年(1904－1905)刻本　四册

520000－2801－0007058　11588
古列女傳八卷　(漢)劉向著　(明)黄魯曾贊　清光緒三年(1877)湖北崇文書局刻本　四册

520000－2801－0007059　11589
易漢學八卷　(清)惠棟學　清中刻本　一册

520000－2801－0007060　11599
勝朝殉揚錄三卷　(清)劉寶楠輯　清同治十年(1871)淮南書局刻本　一册

520000－2801－0007061　11600
元史氏族表三卷藝文志四卷　(清)錢大昕撰　清嘉慶五年(1800)江蘇書局刻本　二册

520000－2801－0007062　11601
湛然居士集十四卷　(元)耶律楚材撰　清光緒二十年(1894)刻本　四册

520000－2801－0007063　11602
山中白雲詞八卷附錄一卷玉田先生樂府指迷一卷　(宋)張炎著　清雍正四年(1726)刻本　二册

520000－2801－0007064　11606
測海集六卷　(清)彭紹升撰　清同治四年(1865)刻本　四册

520000－2801－0007065　11607
山東考古錄一卷　(清)顧炎武著　清光緒七年(1881)成都瀹雅齋刻本　一册

520000－2801－0007066　11608
金華文萃一卷　(宋)王象之撰　清同治八年(1869)退補齋刻本　一册

520000－2801－0007067　11609
愍孝錄一卷　(清)王子獻輯　清光緒十年(1884)刻本　一册

520000－2801－0007068　11610
顯志堂稿十二卷萝萘詩稿一卷　(清)馮桂芬著　清光緒二年(1876)校邠廬刻本　六册

520000－2801－0007069　11611
[明進士題名碑錄]不分卷　(□)□□輯　清初刻本　五册　殘

520000－2801－0007070　11612
國朝歷科題名碑錄初集(順治至光緒)不分卷　(清)李周望輯　清末刻本　七册

520000－2801－0007071　11613
歷代帝王世系圖一卷　(□)□□撰　清宣統二年(1910)石印本　一册

520000－2801－0007072　11614
農書二十二卷　(元)王禎撰　清末刻本　二册

520000－2801－0007073　11615
山海經十八卷目錄一卷　(晉)郭璞傳　(清)畢沅校正　清光緒三年(1877)浙江書局刻本　三册

520000－2801－0007074　11617
芙蓉山館詩鈔八卷補鈔一卷詞二卷　(清)楊芳燦撰　清嘉慶十二年(1807)刻本　二册

520000－2801－0007075　11618
和珠玉詞一卷　(清)張祥齡等撰　清光緒二十年(1894)刻本　一册

520000－2801－0007076　11619
打馬圖經一卷　(宋)李清照撰　**除紅譜一卷**　(宋)朱河撰　**唐女郎魚玄機詩一卷附錄一卷**　(唐)魚玄機撰　清光緒三十二年(1906)長沙葉氏刻本　一册

520000－2801－0007077　11620

塞上吟四卷 （清）方聯甲稿 （清）孫大浤校 清同治十二年（1873）武昌刻本 一冊

520000－2801－0007078 11623
辟邪紀實三卷附一卷 題（清）天下第一傷心人撰 清光緒十二年（1886）刻本 一冊

520000－2801－0007079 11624
力學課編八卷首一卷 （英國）馬格訥斐立原著 **答數備質一卷** （清）嚴文炳編譯 清光緒三十二年（1906）學部編譯圖書局鉛印本 四冊

520000－2801－0007080 11625
迴瀾紀要二卷 （清）徐端著 清道光二十三年（1843）刻本 一冊 存一卷（二）

520000－2801－0007081 11627
三家宮詞二卷 （明）毛晉輯 清同治十二年（1873）刻本 一冊

520000－2801－0007082 11628
西招圖畧一卷圖說一卷附錄二卷 （清）松筠撰 （清）陸為柄校訂 清道光二十七年（1847）刻本 一冊 存上冊

520000－2801－0007083 11633
山中白雲詞八卷 （宋）張炎撰 清刻本 一冊

520000－2801－0007084 11634
虞東學詩十二卷首一卷 （清）顧鎮撰 清光緒十八年（1892）誦芬堂刻本 六冊

520000－2801－0007085 11635
離騷一卷 （戰國）屈原撰 （宋）錢杲之集傳 清光緒三年（1877）湖北崇文書局刻本 一冊

520000－2801－0007086 11636
離騷箋二卷 （戰國）屈原撰 （清）龔景瀚箋 清光緒三年（1877）湖北崇文書局刻本 一冊

520000－2801－0007087 11637
離騷草木疏四卷 （宋）吴仁傑撰 清光緒三年（1877）湖北崇文書局刻本 一冊

520000－2801－0007088 11639
鐵琴銅劍樓藏書目錄二十四卷 （清）瞿鏞編 清光緒二十三年（1897）誦芬室刻本 十冊

520000－2801－0007089 11641
夢虹奏議二卷首一卷 （明）鄧顯麒撰 （清）鄧廉甫等編輯 清光緒二十三年（1897）新吳公廨刻本 一冊

520000－2801－0007090 11643
皇朝駢文類苑十四卷首一卷目錄一卷 （清）姚燮選 清光緒七年（1881）張壽榮刻本 二十四冊

520000－2801－0007091 11647
子史精華一百六十卷目錄一卷 （清）允祿等監修 （清）張廷玉等校對 （清）吳士玉等總裁 清光緒十年（1884）上海同文書局石印本 八冊

520000－2801－0007092 11649
胡文忠公遺集八十六卷目錄一卷首一卷 （清）胡林翼撰 （清）鄭敦謹 （清）曾國荃纂輯 清同治六年（1867）刻本 三十二冊

520000－2801－0007093 11650
通俗編三十八卷 （清）翟灝撰 清乾隆十六年（1751）無不宜齋刻本 十二冊

520000－2801－0007094 11651
省軒考古類編十二卷 （清）柴紹炳纂 （清）姚培謙評 清乾隆二十三年（1758）刻本 六冊

520000－2801－0007095 11652
東都事畧一百三十卷 （宋）王偁撰 清嘉慶三年（1798）掃葉山房刻本 十冊

520000－2801－0007096 11653
唐詩鼓吹十卷 （元）郝天挺註 清乾隆十一年（1746）刻本 六冊

520000－2801－0007097 11655
國朝畫徵錄三卷續錄二卷 （清）張庚著 清乾隆四年（1739）睢州蔣泰刻本 二冊

520000－2801－0007098 11659

御選唐宋詩醇四十七卷目錄二卷　（清）高宗弘曆選　清光緒十八年（1892）學庫山房刻本　二十三册　存四十五卷（一至四十五）

520000－2801－0007099　11661
漢丞相諸葛武侯傳一卷　（宋）張栻撰　清咸豐三年（1853）黄岡陶子麟影刻本　一册

520000－2801－0007100　11664
説苑二十卷　（漢）劉向撰　清光緒元年（1875）湖北崇文書局刻本　四册

520000－2801－0007101　11667
金粱夢月詞二卷懷夢詞一卷　（清）周之琦撰　**三十六陂漁唱一卷**　（清）王敬之撰　清末刻本　一册

520000－2801－0007102　11668
廣東俗話七律詩一卷　題（清）懺綺盦主人著　清同治三年（1864）刻本　一册

520000－2801－0007103　11672
續黔書八卷　（清）張澍撰　清嘉慶九年（1804）刻本　一册

520000－2801－0007104　11673
古泉叢話三卷　（清）戴熙撰　清同治十一年（1872）滂喜齋刻本　一册

520000－2801－0007105　11674
蓮子居詞話四卷　（清）吳衡照輯　清同治十年（1871）退補齋刻本　一册

520000－2801－0007106　11677
小三吾亭詩四卷　冒廣生撰　清末刻本　一册

520000－2801－0007107　11678
奉使俄羅斯一卷　（清）張鵬翮撰　清抄本　一册

520000－2801－0007108　11680
有正味齋駢體文二十四卷　（清）吳錫麒撰　（清）王廣業箋　清咸豐九年（1859）刻本　八册

520000－2801－0007109　11681
詞律二十卷首一卷拾遺六卷補遺六卷　（清）萬樹論次　清光緒二年（1876）刻本　十六册

520000－2801－0007110　11682
文選旁證四十六卷目錄一卷　（清）梁章鉅撰　清道光十八年（1838）刻本　十二册

520000－2801－0007111　11685
四書定本辨正一卷　（明）胡正心　（明）胡正言攷輯　清咸豐元年（1851）朱氏挹翠樓刻本　一册

520000－2801－0007112　11686
第一生修梅花館詞三卷附錄一卷　況周儀撰　清光緒十八年（1892）刻本　一册

520000－2801－0007113　11688
四川官運鹽案類編九十卷首一卷　（清）王季寅等編　清光緒二十八年（1902）瀘州總局刻本　二十四册

520000－2801－0007114　11689
四川官運鹽案類編正編二十七卷首一卷續編四卷再續編十五卷　（清）唐炯編　清光緒七年（1881）成都鹽務總局刻本　十四册

520000－2801－0007115　11690
四川官運鹽案類編正編二十七卷首一卷續編四卷再續編十五卷　（清）唐炯編　清光緒七年（1881）成都鹽務總局刻本　二十册

520000－2801－0007116　11691
淮北票鹽續略二編十卷　（清）項晉蕃編　清光緒十六年（1890）刻本　八册

520000－2801－0007117　11692
兩淮鹽法志五十六卷首四卷　（清）單渠總纂　（清）沈襄琴等纂修　清同治九年（1870）揚州書局刻本　二十册

520000－2801－0007118　11693
士禮居黃氏叢書　（清）黃丕烈輯　清光緒十三年（1887）上海蜚英館石印本　二十九册　存十五種

520000－2801－0007119　11695
楚辭八卷首一卷　（戰國）屈原撰　（宋）朱熹集注　清光緒三年（1877）湖北崇文書局刻本

二冊

520000－2801－0007120　11696
水經注四十卷首一卷　(北魏)酈道元撰　清光緒三年(1877)湖北崇文書局刻本　十二冊

520000－2801－0007121　11697
繆武烈公遺集六卷首一卷　(清)繆梓撰　清光緒七年(1881)刻本　四冊

520000－2801－0007122　11698
逸周書集訓校釋十卷目錄一卷附錄一卷　(清)朱右曾集訓校釋　清光緒三年(1877)湖北崇文書局刻本　二冊

520000－2801－0007123　11699
春秋繁露十七卷首一卷　(漢)董仲舒撰　清光緒三年(1877)湖北崇文書局刻本　二冊

520000－2801－0007124　11700
文心雕龍十卷　(南朝梁)劉勰撰　(清)黄叔琳注　(清)紀昀評　清光緒三年(1877)湖北崇文書局刻本　二冊

520000－2801－0007125　11703
東華錄三十二卷　(清)蔣良騏撰　清刻本　十二冊

520000－2801－0007126　11704
桂馨堂集八卷　(清)張廷濟著　清道光十九年至二十八年(1839－1848)刻本　四冊

520000－2801－0007127　11706
古春軒詩鈔二卷　(清)梁德繩撰　清咸豐二年(1852)鳳城刻本　一冊

520000－2801－0007128　11709
太霞新奏十四卷　題(清)香月居主人評選　清末刻本　六冊

520000－2801－0007129　11710
弇山堂别集一百卷　(明)王世貞著　清末廣雅書局刻本　二十冊

520000－2801－0007130　11711
東漢會要四十卷　(宋)徐天麟撰　清乾隆三十九年(1774)武英殿木活字印武英殿聚珍版書本　十二冊

520000－2801－0007131　11712
禹貢指南四卷　(宋)毛晃撰　清乾隆三十八年(1773)武英殿木活字印武英殿聚珍版書本　四冊

520000－2801－0007132　11713
絜齋毛詩經筵講義四卷　(宋)袁燮撰　清乾隆四十年(1775)武英殿木活字印武英殿聚珍版書本　四冊

520000－2801－0007133　11714
續呂氏家塾讀詩記三卷　(宋)戴溪撰　清乾隆四十一年(1776)武英殿木活字印武英殿聚珍版書本　三冊

520000－2801－0007134　11715
儀禮識誤三卷　(宋)張淳撰　清乾隆四十年(1775)武英殿木活字印武英殿聚珍版書本　二冊

520000－2801－0007135　11716
公是弟子記四卷　(宋)劉敞撰　清乾隆四十三年(1778)木活字印武英殿聚珍版書本　二冊

520000－2801－0007136　11717
浙志便覽七卷　(清)李應珏著　清光緒十七年(1891)刻本　四冊

520000－2801－0007137　11718
儒門法語一卷　(清)彭定求原編　(清)湯金釗輯要　清咸豐二年(1852)味道腴軒刻本　一冊

520000－2801－0007138　11719
聽雲僊館酬應儷體文二卷　(清)湯成彦撰　清抄本　二冊

520000－2801－0007139　11720
蕉庵琴譜四卷　(清)秦維瀚編　清光緒三年(1877)刻本　四冊

520000－2801－0007140　11721
蕉庵琴譜四卷　(清)秦維瀚編　清光緒三年(1877)刻本　四冊

520000－2801－0007141　11722

寶顏堂訂正丙丁龜鑑六卷 （宋）柴望輯 （明）顧雲鵬等校 明刻本 二冊

520000－2801－0007142 11723

德音堂琴譜十卷 （清）汪天榮輯 （清）吳之振鑒定 清康熙六十年（1721）刻本 四冊

520000－2801－0007143 11727

省庵法師語錄二卷目次一卷 （清）彭際清重訂 **西方發願文註一卷** （明）釋蓮池作 （清）釋寶賢註 **東海若解一卷** （唐）柳子厚（柳宗元）著 （清）釋寶賢解 清光緒二十六年（1900）揚州藏經院刻本 二冊

520000－2801－0007144 11730

墨子十五卷 （清）畢沅撰 清光緒三年（1877）浙江書局刻本 四冊

520000－2801－0007145 11733

亞美利加洲通史十編 （清）戴彬編譯 清光緒二十八年（1902）上海商務印書館鉛印本 二冊

520000－2801－0007146 11734

地勢畧解二十章 （美國）李安德著 清光緒十九年（1893）京都滙文書院鉛印本 一冊

520000－2801－0007147 11735

拿破崙本紀四十二章 （英國）洛加德箸 林紓 魏易譯 清光緒三十一年（1905）京師學務處官書局鉛印本 四冊

520000－2801－0007148 11736

阿富汗土耳其斯坦志一卷阿富汗斯坦志一卷阿富汗斯坦新志一卷土耳基司丹志一卷東土耳基司丹志一卷 （清）學部編譯圖書局編纂 清光緒三十三年（1907）學部編譯圖書局鉛印本 一冊

520000－2801－0007149 11737

正誼堂全書六十三種 （清）張伯行編輯 清同治五年（1866）福州正誼書局刻本 一百四十七冊 缺三種

520000－2801－0007150 11738

正誼堂全書六十三種 （清）張伯行編輯 清同治五年（1866）福州正誼書局刻本 二百十九冊 存六十二種

520000－2801－0007151 11740

碎金詞韻四卷首一卷 （清）謝元淮輯 清道光二十八年（1848）刻本 二冊

520000－2801－0007152 11741

古文類選十四卷 （清）黃道恩輯 清道光二十九年（1849）刻本 六冊

520000－2801－0007153 11750

最近揚子江之大勢一卷 （日本）國府犀東撰 趙必振譯 清光緒二十八年（1902）上海廣智書局鉛印本 一冊

520000－2801－0007154 11752

洪北江全集二十三種二百二十二卷 （清）洪亮吉撰 清光緒洪用懃授經堂刻本 六十一冊 存十四種

520000－2801－0007155 11753

培遠堂偶存稿四十八卷 （清）陳宏謀著 （清）陳鐘珂等編 清中刻本 四十八冊

520000－2801－0007156 11757

周易本義辯證五卷周易古義十六卷 （清）惠棟撰 **五經同異三卷** （清）顧炎武撰 **石經考一卷** （清）萬斯同撰 清常熟蔣光弼省吾堂刻本 十冊

520000－2801－0007157 11758

小隱山房詩十九卷新樂府一卷駢體文鈔二卷 （清）劉溱撰 清光緒十三年（1887）刻本 六冊

520000－2801－0007158 11759

存宅偶編一卷 （清）胡宗藩輯 清同治十年（1871）刻本 一冊

520000－2801－0007159 11760

行素齋雜記二卷 （清）李佳繼昌撰 清光緒二十七年（1901）湖南臬署刻本 二冊

520000－2801－0007160 11762

袖海集二卷 葉玉森撰 清末鉛印本 一冊

520000－2801－0007161 11764

白石道人詩集二卷集外詩一卷附錄一卷詩說一卷補遺一卷　(宋)姜夔撰　清光緒十年(1884)上海有正書局刻本　一册

520000－2801－0007162　11766
疑雨集二卷　(明)王彦泓撰　清刻本　二册

520000－2801－0007163　11767
樊山集二十八卷續集二十八卷公牘三卷　樊增祥撰　清光緒十九至二十年(1893－1894)渭南縣署刻本　十六册

520000－2801－0007164　11770
思痛記二卷　(清)李圭撰　清光緒六年(1880)師一齋刻本　一册

520000－2801－0007165　11771
白石道人詩集二卷附錄一卷歌曲四卷別集一卷　(宋)姜夔撰　清知不足齋刻本　二册

520000－2801－0007166　11773
華陽國志十二卷　(晉)常璩撰　**補華陽國志三州郡縣目錄一卷**　(清)廖寅撰　**華陽國志佚文一卷**　清光緒三年(1877)成都志古堂影刻本　四册

520000－2801－0007167　11773
華陽國志校勘記十二卷　(清)顧觀光撰　清光緒三年(1877)成都志古堂刻本　二册

520000－2801－0007168　11774
新鐫鑑畧釋義一卷　(清)王仕云著　清咸豐十年(1860)山東布政使長白清刻本　一册

520000－2801－0007169　11775
鑑畧四字書一卷　(清)王仕云著　清刻本　一册

520000－2801－0007170　11778
方泉先生詩集三卷目錄一卷　(宋)周文璞撰　清宣統元年(1909)國光社影印本　一册

520000－2801－0007171　11779
論語十卷　(宋)朱熹集註　清末刻本　二册

520000－2801－0007172　11785
御纂醫宗金鑑九十卷首一卷　(清)吴謙等總修　(清)李毓清等纂修　清光緒二年(1876)江西書局刻本　五十九册　存八十八卷(一至八、十二至九十,首一卷)

520000－2801－0007173　11786
資治通鑑目錄三十卷　(宋)司馬光編集　清同治八年(1869)江蘇書局刻本　十册

520000－2801－0007174　11787
資治通鑑二百九十四卷　(宋)司馬光編集　(元)胡三省註　**釋文辨誤十二卷**　(元)胡三省撰　清同治八年(1869)江蘇書局刻本　一百二十册

520000－2801－0007175　11788
繹史一百六十卷世系圖一卷年表一卷　(清)馬驌撰　清光緒十五年(1889)金匱浦氏刻本　四十八册

520000－2801－0007176　11789
禮經宫室答問二卷　(清)洪頤煊撰　清光緒十年(1884)臨海馬氏刻本　一册

520000－2801－0007177　11791
天游閣集五卷　(清)顧太清著　清宣統二年(1910)鉛印本　一册

520000－2801－0007178　11792
世說新語補二十卷　(南朝宋)劉義慶撰　清乾隆二十七年(1762)刻本　六册

520000－2801－0007179　11794
改辦溫處鹽務撮要不分卷　(清)趙舒翹撰　清光緒十九年(1893)甌江官舍刻本　一册

520000－2801－0007180　11797
大清礦務正章一卷　(清)農工商部續定　清光緒三十四年(1908)鉛印本　一册

520000－2801－0007181　11800
淮北票鹽志餘續篇不分卷　(清)劉鉞撰　清光緒三十年(1904)刻本　二册

520000－2801－0007182　11801
議挽北鹽罪言一卷　(清)劉鉞撰　清光緒二十九年(1903)刻本　二册

520000－2801－0007183　11802
兩淮鹽法撰要二卷　(清)陳慶年著　清光緒

十八年(1892)刻本　一冊

520000－2801－0007184　11803
官話萃珍不分卷　(美國)富善著　清光緒二十四年(1898)鉛印本　一冊

520000－2801－0007185　11805
東洲草堂詩鈔二十七卷詩餘一卷目錄一卷　(清)何紹基撰　**東洲草堂題詞一卷**　(清)賀長齡撰　(清)何慶涵編次　清同治六年(1867)長沙無園刻本　六冊

520000－2801－0007186　11806
旌表貞烈女郭敖氏題詞二卷　(清)甘廷賡等輯　清光緒六年(1880)刻本　二冊

520000－2801－0007187　11807
字學舉隅一卷　(清)龍啟瑞增輯　清光緒十五年(1889)刻本　一冊

520000－2801－0007188　11808
京邸懷歸詩　(明)文徵明撰　清末影印本　一冊

520000－2801－0007189　11810
天演論二卷　(英國)赫胥黎造論　嚴復達恉　清光緒二十七年(1901)富文書局石印本　一冊

520000－2801－0007190　11813
吴地記一卷後集一卷　(唐)陸廣微撰　清同治十二年(1873)江蘇書局刻本　一冊

520000－2801－0007191　11815
寫定尚書二十八篇　(清)□□撰　清光緒十八年(1892)桐城吴氏家塾石印本　一冊

520000－2801－0007192　11817
壯學堂詩稿六卷　(清)許亦松撰　清光緒二十一年(1895)京師刻本　二冊

520000－2801－0007193　11818
納蘭詞五卷補遺一卷　(清)納蘭性德著　清光緒六年(1880)娛園刻本　二冊

520000－2801－0007194　11821
朱子讀書法四卷　(宋)張洪　(宋)齊熙編　清光緒二十三年(1897)八旗書院刻本　四冊

520000－2801－0007195　11822
朝野類要五卷　(宋)趙升撰　清乾隆四十七年(1782)武英殿木活字印武英殿聚珍版書本　二冊

520000－2801－0007196　11823
風俗通義十卷　(漢)應劭撰　清光緒元年(1875)湖北崇文書局刻本　二冊

520000－2801－0007197　11825
新書十卷　(漢)賈誼撰　清光緒元年(1875)湖北崇文書局刻本　二冊

520000－2801－0007198　11826
居濟一得八卷　(清)張伯行著　清康熙四十七年(1708)刻本　四冊

520000－2801－0007199　11827
上蔡先生語錄三卷　(宋)謝良佐撰　(清)張伯行重訂　清同治五年(1866)福州正誼書局刻本　一冊

520000－2801－0007200　11828
率性篇二卷　(清)李慎修撰　清宣統三年(1911)鉛印本　一冊

520000－2801－0007201　11834
小四書五卷　(宋)方逢辰等撰　清雍正十一年(1733)朱廷標刻本　二冊

520000－2801－0007202　11836
字學舉隅一卷　(清)龍啟瑞撰　清道光二十六年(1846)刻本　一冊

520000－2801－0007203　11838
志學編二卷　(清)余寅止編次　清光緒元年(1875)刻本　一冊

520000－2801－0007204　11841
印度國志不分卷　(清)學部編譯圖書局編纂　清光緒三十三年(1907)學部編譯圖書局鉛印本　一冊

520000－2801－0007205　11842
波斯志一卷　(清)學部編譯圖書局編纂　清光緒三十三年(1907)學部圖書局鉛印本　一冊

520000－2801－0007206　11843
西比利亞志一卷　(清)前編書局編纂　清光緒三十四年(1908)學部圖書局鉛印本　一冊

520000－2801－0007207　11845
鐔津文集十九卷首一卷　(宋)釋契嵩撰　清光緒二十八年(1902)揚州藏經院刻本　四冊

520000－2801－0007208　11846
説經堂詩草一卷　(清)楊鋭撰　清末刻本　一冊

520000－2801－0007209　11847
宮詞一卷　(明)毛晉輯　清同治十二年(1873)淮南書局刻本　一冊

520000－2801－0007210　11848
寄庵雜著二卷　(清)張應昌撰　清末刻本　一冊

520000－2801－0007211　11851
呂氏春秋二十六卷附攷一卷　(戰國)呂不韋撰　(漢)高誘注并攷　清光緒元年(1875)浙江書局刻本　六冊

520000－2801－0007212　11853
萬象一原演式九卷首一卷　(清)夏鸞翔原術　盧靖演式　清光緒二十八年(1902)石印本　一冊

520000－2801－0007213　11855
雷霆軍略十六卷　(清)陳昌編輯　清光緒八年(1882)刻本　六冊

520000－2801－0007214　11856
南漢春秋十三卷　(清)劉應麟編輯　清道光三十年(1850)刻本　四冊

520000－2801－0007215　11865
聰訓齋語二卷　(清)張英著　清光緒二十四年(1898)京都聚文齋刻本　一冊

520000－2801－0007216　11868
芬陀利室詞集五卷遺集一卷　(清)蔣敦復著　**麗農山人事實雜録一卷**　(清)王韜輯　清光緒十一年(1885)淞隂廬刻本　二冊

520000－2801－0007217　11869
滄江虹月詞三卷　(清)汪初撰　清光緒十五年(1889)刻本　一冊

520000－2801－0007218　11871
荔影堂詩鈔二卷　(清)薩大文著　**荔影堂詩鈔二卷**　(清)薩大年著　清光緒三十一年(1905)刻本　二冊

520000－2801－0007219　11873
樂府指迷一卷　(宋)沈義父撰　**詞源二卷**　(宋)張炎編　**詞旨一卷**　(元)陸輔之述　清光緒十三年(1887)刻本　一冊

520000－2801－0007220　11874
擬明史樂府一百首　(清)尤侗撰　(清)尤珍注　清康熙二十年(1681)刻本　一冊

520000－2801－0007221　11877
古今書刻二卷　(明)周弘祖編　清光緒三十二年(1906)長沙葉德輝觀古堂刻本　二冊

520000－2801－0007222　11878
校正元親征錄一卷　(清)何秋濤校正　清光緒二十年(1894)小漚巢刻本　一冊

520000－2801－0007223　11879
温故錄一卷　(清)長庚撰　清光緒三十三年(1907)寫刻本　一冊

520000－2801－0007224　11880
笛漁小稿十卷　(清)朱昆田撰　清乾隆刻本　一冊

520000－2801－0007225　11882
欽定二十三史　(清)紀昀等撰　清道光四年(1824)刻本　四百八十一冊　存十八種

520000－2801－0007226　11883
西洋史要四卷首一卷　(日本)小川銀次郎著　樊炳清　(清)薩端譯　清光緒二十七年(1901)上海金粟齋譯書處鉛印本　二冊

520000－2801－0007227　11885
詩韻釋目五卷　(清)陳錦編輯　清光緒十三年(1887)刻本　二冊

520000－2801－0007228　11887
絕妙好詞箋七卷續鈔二卷　(宋)周密原輯

(清)查為仁　(清)厲鶚箋　清道光八年(1828)刻本　三册

520000－2801－0007229　11889
晚翠軒詞韻一卷　(□)□□撰　清刻本　一册

520000－2801－0007230　11890
火器真訣解證一卷　(清)沈善蒸學　**解代數一百十四款**　清光緒十八年(1892)刻本　一册

520000－2801－0007231　11894
字説一卷　(清)吳大澂撰　清光緒十九年(1893)思賢講舍刻本　一册

520000－2801－0007232　11895
十國宫詞一百首　(清)吳省蘭輯　清同治十二年(1873)淮南書局刻本　一册

520000－2801－0007233　11897
中國歷史戰爭形勢圖説附論二卷　盧彤著　清宣統二年(1910)武昌同倫書社鉛印本　一册

520000－2801－0007234　11899
春秋左傳三十卷首一卷目錄一卷　(晉)杜預注　(宋)林堯叟附註　(唐)陸德明音釋　(清)馮李驊集解　清光緒十二年(1886)湖北官書處刻本　十一册　存二十九卷(一至十六、二十至三十,首一卷,目錄一卷)

520000－2801－0007235　11903
金梁夢月詞二卷懷夢詞一卷　(清)周之琦撰　**三十六陂漁唱一卷**　(清)王敬之撰　清刻本　一册

520000－2801－0007236　11905
西山題跋三卷目錄一卷　(宋)真德秀撰　**元豐題跋一卷目錄一卷**　(宋)曾鞏撰　明毛晉汲古閣刻本　三册

520000－2801－0007237　11906
漁洋山人自撰年譜二卷附錄一卷　(清)王士禛撰　(清)惠棟註補　清乾隆紅豆齋刻本　二册

520000－2801－0007238　11907
割錐術課本二篇　(英國)威里孫著　(清)陳沚譯　清光緒三十二年(1906)京師學部官書局鉛印本　一册

520000－2801－0007239　11908
昭忠錄九十卷　(清)丁日昌編　清同治九年(1870)刻本　四十四册

520000－2801－0007240　11910
南莊類稿八卷崧甫黃先生行狀一卷　(清)黃永年著　**黃靜山墓誌銘一卷**　(清)雷鋐撰　清乾隆十八年(1753)刻本　三册

520000－2801－0007241　11911
蕚𠂆雜著十卷　(清)俞蛟撰　清嘉慶十六年(1811)刻本　四册

520000－2801－0007242　11912
[雍正]上諭内閣一百五十九卷　(清)允禄　(清)弘晝等編　清乾隆刻本　三十一册

520000－2801－0007243　11913
天下郡國利病書一百二十卷　(清)顧炎武撰　清光緒二十七年(1901)鉛印本　二十八册

520000－2801－0007244　11914
二十二子二十二種　(清)浙江書局輯　清光緒元年(1875)浙江書局刻本　六十五册　存二十種

520000－2801－0007245　11915
漢魏遺書鈔　(清)王謨輯　清嘉慶五年(1800)金溪王氏刻本　十八册

520000－2801－0007246　11916
玉海二百卷辭學指南四卷附刻十三種　(宋)王應麟撰　清光緒九年(1883)浙江書局刻本　一百二十册

520000－2801－0007247　11917
方正學先生遜志齋集二十四卷拾補一卷外紀一卷校勘記一卷　(明)方孝孺撰　(清)張紹謙纂定　清同治十二年(1873)浙江省城刻本　十六册

520000－2801－0007248　11918

淮南子二十一卷敘目一卷　(漢)劉安撰　(漢)高誘注　清光緒二年(1876)浙江書局刻本　八册

520000－2801－0007249　11919
湘綺樓文集八卷　王闓運撰　清光緒三十三年(1907)長沙刻本　六册

520000－2801－0007250　11920
唐文粹一百卷　(宋)姚鉉纂　清光緒九年(1883)江蘇書局刊本　十六册

520000－2801－0007251　11921
金石萃編一百六十卷目錄一卷　(清)王昶撰　清嘉慶十年(1805)刻本　五十六册　存一百四十八卷(一至一百九、一百二十三至一百六十,目錄一卷)

520000－2801－0007252　11924
吳詩集覽二十卷談藪二卷　(清)吳偉業撰　(清)靳榮藩輯　清乾隆四十六年(1781)刻本　二十册

520000－2801－0007253　11927
讀史方輿紀要一百三十卷圖説四卷　(清)顧祖禹撰　清光緒二十五年(1899)新化三味書室刻本　五十六册

520000－2801－0007254　11928
吳詩集覽二十卷談藪二卷　(清)吳偉業撰　(清)靳榮藩輯　清乾隆四十六年(1781)刻本　十五册

520000－2801－0007255　11929
新唐書二百七十三卷　(宋)歐陽修　(宋)宋祁撰　清同治十二年(1873)浙江書局刻本　四十册

520000－2801－0007256　11930
南漢書十八卷考異十八卷字略十八卷叢錄二卷　(清)梁廷枏撰　清道光九年(1829)刻本　八册

520000－2801－0007257　11931
謝疊山公文集六卷　(元)謝枋得撰　清康熙六十年(1721)刻本　四册

520000－2801－0007258　11932
歷代名人年譜十卷　(清)吳榮光編　清咸豐二年(1852)刻本　十册

520000－2801－0007259　11936
玉函山房輯佚書五百九十四種目錄八十卷　(清)馬國翰輯　清光緒九年(1883)長沙嫏嬛館刻本　八十册

520000－2801－0007260　11937
式訓堂叢書初集十四種二集十二種　(清)章壽康輯　清光緒三年(1877)刻本　二十四册

520000－2801－0007261　11938
北史一百卷目錄一卷　(唐)李延壽撰　清同治十二年(1873)金陵書局刻本　二十册

520000－2801－0007262　11939
後周書五十卷　(唐)令狐德棻撰　清同治十三年(1874)金陵書局刻本　四册

520000－2801－0007263　11940
隋書八十五卷　(唐)魏徵撰　清同治十年(1871)淮南書局刻本　十六册

520000－2801－0007264　11941
魏書一百十四卷　(北齊)魏收撰　清同治十一年(1872)金陵書局刻本　二十册

520000－2801－0007265　11942
北齊書五十卷　(唐)李百藥撰　清同治十三年(1874)金陵書局刻本　四册

520000－2801－0007266　11943
梁書五十六卷　(唐)姚思廉撰　清同治十三年(1874)金陵書局刻本　六册

520000－2801－0007267　11944
南齊書五十九卷目錄一卷　(南朝梁)蕭子顯撰　清同治十三年(1874)金陵書局刻本　六册

520000－2801－0007268　11945
忠雅堂詩集二十七卷補遺二卷銅絃詞二卷　(清)蔣士銓撰　清乾隆二十七年(1762)刻本　六册

520000－2801－0007269　11946

碑版文廣例十卷 (清)王芑孫輯 清道光二十一年(1841)刻本 四册

520000－2801－0007270 11947
詩倫二卷 (清)汪薇輯 清康熙五十六年(1717)刻本 二册

520000－2801－0007271 11948
晉書一百三十卷 (唐)太宗李世民撰 **音義三卷** (唐)何超撰 清同治十年(1871)金陵書局刻本 二十册

520000－2801－0007272 11950
書古微十二卷首一卷 (清)魏源著 清光緒四年(1878)淮南書局刻本 四册

520000－2801－0007273 11951
漆室吟四卷 (清)王柏心撰 清咸豐七年(1857)刻本 二册

520000－2801－0007274 11951
擷芳集三十六卷 (清)王啟淑選 清乾隆五十年(1785)刻本 十册

520000－2801－0007275 11952
司馬溫公文集八十二卷目錄一卷 (宋)司馬光撰 清康熙四十七年(1708)蔣起龍刻本 二十四册

520000－2801－0007276 11954
古夫于亭雜錄五卷 (清)王士禛撰 清康熙六十年(1721)刻本 四册

520000－2801－0007277 11955
漁洋山人精華錄訓纂十卷目錄二卷附錄一卷 (清)王士禛撰 (清)惠棟訓纂 **年譜二卷** (清)惠棟註補 清刻本 二十四册

520000－2801－0007278 11956
史鑑節要便讀六卷 (清)鮑東里編輯 清光緒八年(1882)華氏家塾刻本 二册

520000－2801－0007279 11957
十國春秋一百十六卷 (清)吳任臣撰 清乾隆五十三年(1788)周昂刻本 二十四册

520000－2801－0007280 11959
飲冰室文集十八卷 梁啟超著 清光緒二十八年(1902)鉛印本 十八册

520000－2801－0007281 11961
紅豆樹館書畫記八卷 (清)陶樑編輯 清光緒八年(1882)潘氏韡園刻本 六册

520000－2801－0007282 11962
國語補音三卷 (宋)宋庠撰 清光緒二年(1876)成都尊經書院刻本 一册

520000－2801－0007283 11963
敏求軒述記十六卷 (清)陳世箴輯 清道光二十八年(1848)刻本 八册

520000－2801－0007284 11964
子書百家一百一種 (清)湖北崇文書局輯 清光緒元年(1875)湖北崇文書局刻本 九十七册 存九十五種

520000－2801－0007285 11965
子書百家一百一種 (清)湖北崇文書局輯 清光緒元年(1875)湖北崇文書局刻本 七十六册 存九十種

520000－2801－0007286 11966
淳熙稿二十卷 (宋)趙蕃撰 清乾隆三十九年(1774)武英殿木活字印武英殿聚珍版書本 十二册

520000－2801－0007287 11967
五代會要三十卷 (宋)王溥撰 清乾隆三十九年(1774)武英殿木活字印武英殿聚珍版書本 十六册

520000－2801－0007288 11968
禹貢說斷四卷 (宋)傅寅著 清乾隆三十九年(1774)武英殿木活字印武英殿聚珍版書本 四册

520000－2801－0007289 11969
周髀算經二卷 (漢)趙君卿注 (唐)李淳風釋 清乾隆三十九年(1774)武英殿木活字印武英殿聚珍版書本 六册

520000－2801－0007290 11970
夏侯陽算經三卷 (隋)夏侯陽撰 (北周)甄鸞注 清乾隆三十九年(1774)武英殿木活字

印武英殿聚珍版書本　三册

520000－2801－0007291　11971
周易口訣義六卷　(唐)史徵撰　清乾隆三十九年(1774)武英殿木活字印武英殿聚珍版書本　四册

520000－2801－0007292　11972
春秋傳說例一卷　(宋)劉敞撰　清乾隆三十九年(1774)武英殿木活字印武英殿聚珍版書本　一册

520000－2801－0007293　11973
儀禮釋宫一卷　(宋)李如圭撰　清乾隆三十九年(1774)武英殿木活字印武英殿聚珍版書本　一册

520000－2801－0007294　11974
猗覺寮雜記二卷　(宋)朱翌撰　清乾隆三十九年(1774)武英殿木活字印武英殿聚珍版書本　二册

520000－2801－0007295　11985
新增格古要論十三卷　(明)曹昭撰　(明)舒敏編　(明)王佐增　清刻本　十册

520000－2801－0007296　11987
詞林正韻三卷　(清)戈載撰　清光緒七年(1881)刻本　一册

520000－2801－0007297　11988
時方妙用四卷　(清)陳念祖撰　清嘉慶八年(1803)刻本　二册

520000－2801－0007298　11989
東湖草堂賦鈔初集二卷二集四卷三集四卷四集四卷　(清)程祥棟輯　清同治六年(1867)刻本　十册

520000－2801－0007299　11997
味梨集一卷　(清)王鵬運撰　清光緒二十一年(1895)刻本　一册

520000－2801－0007300　11998
尚論後篇四卷　(清)俞昌著　清光緒二十六年(1900)上海掃葉山房石印本　一册

520000－2801－0007301　12000
勾股淺述一卷　(清)梅沖學　清嘉慶三年(1798)刻本　一册

520000－2801－0007302　12001
詞選二卷　(清)張惠言録　**附録一卷續詞選二卷**　(清)董毅録　清道光十年(1830)刻本　一册

520000－2801－0007303　12002
字學舉隅一卷　(清)龍啟瑞撰　(清)黄本驥編　清光緒六年(1880)刻本　一册

520000－2801－0007304　12004
蕙襟集十二卷　(清)馮秀瑩著　清宣統三年(1911)刻本　二册

520000－2801－0007305　12005
八家四六文鈔九卷　(清)吳鼒輯　清嘉慶三年(1798)刻本　六册

520000－2801－0007306　12007
常談四卷　(清)劉玉書撰　清光緒二十五年(1899)豫章鹺廨刻本　四册

520000－2801－0007307　12008
練公文集二卷首一卷手蹟一卷遺事一卷崇祀寶紀一卷　(明)練子寧著　清雍正六年(1728)刻本　一册

520000－2801－0007308　12012
心書一卷　題(三國蜀)諸葛亮撰　清末刻本　一册

520000－2801－0007309　12013
約章述要二卷　(美國)李佳白編輯　(清)嚴善坊譯　清光緒三十三年(1907)尚賢堂鉛印本　二册

520000－2801－0007310　12015
靜遠山房小題文存不分卷　(清)葛文麟撰　(清)朱學篤參訂　清光緒九年(1883)刻本　四册

520000－2801－0007311　12017
聖祖仁皇帝庭訓格言一卷　(清)聖祖玄燁撰　清末刻本　一册

520000－2801－0007312　12018

皇清誥授光祿大夫晉加太子太保銜賜諡恭勤兵部侍郎兼都察院右副都御史總督河南山東河道提督軍務加六級顯考樸園府君行述一卷　（清）栗烜等撰　清末刻本　一册

520000－2801－0007313　12020
割圜密率捷法四卷　（清）明安圖撰　（清）陳際新續撰　清道光十九年（1839）石梁岑氏刻本　一册

520000－2801－0007314　12021
保全生命論一卷　（英國）古蘭肥勒撰　（英國）秀耀春口譯　（清）趙元益筆述　清光緒二十七年（1901）上海製造局刻本　一册

520000－2801－0007315　12022
說文聲系六卷　（清）姚文田述　清嘉慶九年（1804）粵東督學使者署刻本　二册

520000－2801－0007316　12024
内閣撰擬文字三編　（清）丁士彬等擬　清同治十三年（1874）刻本　一册

520000－2801－0007317　12027
鳳臺祇謁筆記一卷　（清）董恂等修　清同治九年（1870）刻本　一册

520000－2801－0007318　12029
養性要旨合編二篇補遺一篇闢邪篇一卷　（清）汪啟濩撰　**太極圖説一卷**　（清）柯懷經著　清光緒十七年（1891）海峯别墅刻本　一册

520000－2801－0007319　12032
粵謳一卷　題（清）明珊居士撰　清道光八年（1828）廣州登雲閣刻本　一册

520000－2801－0007320　12033
韻字略十二集　（清）毛謨編　清光緒元年（1875）湖北崇文書局刻本　一册

520000－2801－0007321　12034
建炎時政記三卷附錄一卷　（宋）李綱著　清光緒十年（1884）邵武徐氏刻本　一册

520000－2801－0007322　12036
張太素齊書一卷　（南朝齊）徐嗣伯　清末刻本　一册

520000－2801－0007323　12048
花甲閒談十六卷　（清）張維屏撰　清光緒十年（1884）上海同文書局石印本　四册

520000－2801－0007324　12049
中西算學滙通四卷　（清）羅士琳演　清光緒二十二年（1896）三魚書屋石印本　四册

520000－2801－0007325　12050
雞跖賦續刻三十卷目錄一卷　（清）應泰泉（清）馮鏡清等編輯　清光緒十年（1884）銅活字印本　六册

520000－2801－0007326　12051
隸辨八卷　（清）顧藹吉撰　清乾隆八年（1743）玉淵堂刻本　八册

520000－2801－0007327　12052
類篇十五卷　（宋）司馬光等纂　清光緒二年（1876）川東官舍刻本　八册

520000－2801－0007328　12055
四書四卷　（宋）朱熹章句　清光緒三年（1877）江蘇書局刻本　一册　存二卷（大學、中庸）

520000－2801－0007329　12060
佩文韻府一百六卷　（清）張玉書彙閱　（清）孫致彌纂　**拾遺一百六卷**　（清）張廷玉校勘　（清）汪灝等纂　清光緒十三年（1887）上海點石齋石印本　四十八册　存一百八十八卷（佩文韻府一至五十九、八十四至一百六，拾遺一百六卷）

520000－2801－0007330　12061
集韻十卷　（宋）丁度撰　清光緒二年（1876）川東官舍刻本　十册

520000－2801－0007331　12064
寶顏堂秘笈六集　（明）陳繼儒輯　明刻本　十二册

520000－2801－0007332　12065
籌算淺釋二卷　勞乃宣輯　清光緒二十三年（1897）刻本　二册

520000－2801－0007333　12066
割圓通解一卷代數術二十五卷末款詳解一卷　(清)吳誠學　清光緒二十四年(1898)江蘇書局刻本　一冊

520000－2801－0007334　12067
弧矢割圓一卷　(清)陳世佶輯　(清)陳昱校刻　清末刻本　一冊

520000－2801－0007335　12068
算學一隅二卷　(清)吳誠學　清光緒二十四年(1898)寧波儲材學堂刻本　一冊

520000－2801－0007336　12069
衍元小草二卷　(清)孔慶霽等述　清光緒二十四年(1898)清苑官廨刻本　二冊

520000－2801－0007337　12070
句股三種　崔朝慶學　清光緒十七年(1891)刻本　一冊

520000－2801－0007338　12071
垛積籌法二卷　勞乃宣學　清光緒二十六年(1900)吳橋官廨刻本　二冊

520000－2801－0007339　12072
割圓術輯要一卷　盧靖輯　清光緒二十八年(1902)石印本　一冊

520000－2801－0007340　12073
微積溯源八卷　(英國)華里司輯　(英國)傅蘭雅口譯　(清)華蘅芳筆述　清同治十三年(1874)江南機器製造總局刻本　六冊

520000－2801－0007341　12075
算律便讀二卷　(清)羅致勳編　清光緒二十七年(1901)震溪學舍刻本　一冊

520000－2801－0007342　12076
新法句股引蒙細草四卷　郭恩敷學　清光緒二十六年(1900)刻朱印本　一冊　存二卷(一篇上、下)

520000－2801－0007343　12077
學一齋算課草四卷　徐紹楨閱定　清光緒二十六年(1900)刻本　一冊　存二卷(三至四)

520000－2801－0007344　12078
秋澄算稿四卷　(清)繆胡銓學　清光緒十八年(1892)刻本　一冊

520000－2801－0007345　12079
沿沂亭算稿二卷　(清)徐異學　清光緒二十七年(1901)刻本　一冊

520000－2801－0007346　12080
海鏡窺豹一卷　(清)王鑒學　清光緒二十年(1894)刻本　一冊

520000－2801－0007347　12081
割錐術課本二篇　(英國)威里孫著　(清)陳泚譯　清光緒三十二年(1906)京師學部官書局鉛印本　一冊

520000－2801－0007348　12082
算橇三卷　(清)張煜著　清光緒三十年(1904)刻本　二冊　存二卷(一至二)

520000－2801－0007349　12084
歷代鐘鼎彝器款識法帖二十卷　(宋)薛尚功輯　(清)阮元校補　清嘉慶二年(1797)刻本　四冊

520000－2801－0007350　12085
禮部韻略五卷　(宋)歐陽德隆等原輯　(宋)郭守正校補　清光緒二年(1876)川東官舍刻本　五冊

520000－2801－0007351　12087
廣東財政說明書十六卷　(清)廣東清理財政局編訂　清宣統二年(1910)鉛印本　十六冊

520000－2801－0007352　12089
說文新坿考六卷目錄一卷　(清)鄭珍著　清光緒四年(1878)刻本　一冊　存三卷(一至三)

520000－2801－0007353　12096
淮南子二十一卷　(漢)劉安著　(漢)高誘注　清乾隆五十三年(1788)莊逵吉刻本　八冊

520000－2801－0007354　12097
禮記二十卷　(漢)鄭玄注　**撫本禮記鄭注攷異二卷**　(清)張敦仁撰　清同治九年(1870)崇文書局刻本　八冊

520000－2801－0007355　12098
儀禮十七卷　（漢）鄭玄注　（清）張爾岐句讀　**監本正誤一卷**　清同治七年（1868）金陵書局刻本　四冊

520000－2801－0007356　12099
家語疏證六卷　（清）孫志祖學　清末刻本　一冊

520000－2801－0007357　12100
陔餘叢考四十三卷目錄一卷　（清）趙翼撰　清乾隆五十五年（1790）刻本　十冊

520000－2801－0007358　12102
陔餘叢考四十三卷目錄一卷　（清）趙翼撰　清乾隆五十五年（1790）刻本　十一冊

520000－2801－0007359　12103
道援堂詩集十三卷目錄一卷　（清）屈大均著　清刻本　八冊

520000－2801－0007360　12109
汲古閣詞苑英華四十三卷總目一卷　（宋）黃昇編集　清乾隆十七年（1752）刻本　十二冊

520000－2801－0007361　12110
徐氏醫書六種　（清）徐大椿撰　清同治十二年（1873）湖北崇文書局刻本　十冊

520000－2801－0007362　12111
胡文忠公遺集八十六卷目錄一卷首一卷　（清）胡林翼撰　（清）鄭敦謹　（清）曾國荃纂輯　清同治六年（1867）刻本　三十二冊

520000－2801－0007363　12112
［乾隆］富順縣志五卷首一卷　（清）段玉裁纂輯　（清）李芝等纂修　清光緒八年（1882）刻本　五冊

520000－2801－0007364　12113
吳學士文集四卷詩集五卷　（清）梁肇煌　（清）薛時雨編訂　清光緒八年（1882）江寧藩署刻本　六冊

520000－2801－0007365　12114
李義山詩集十六卷　（唐）李商隱撰　（清）姚培謙箋　清乾隆四年（1739）松桂讀書堂刻本　四冊　缺一卷（二）

520000－2801－0007366　12116
聰訓齋語二卷恆產瑣言一卷　（清）張英著　清末鉛印本　一冊

520000－2801－0007367　12117
明辨錄一卷　（清）陳法手訂　（清）荊如棠校刊　清光緒二十一年（1895）固始張氏刻本　一冊

520000－2801－0007368　12119
形學課本四篇　（英國）威理孫著　（清）陳泚翻譯　清光緒三十二年（1906）京師學部編譯局鉛印本　一冊

520000－2801－0007369　12120
味棃集一卷　（清）王鵬運撰　清光緒二十一年（1895）刻本　一冊

520000－2801－0007370　12121
艷異編□□卷　題（明）退息庵居士輯　明刻本　九冊　存二十四卷（二十至二十六、二十九至四十五）

520000－2801－0007371　12122
韓非子二十卷目錄一卷　（戰國）韓非撰　**識誤三卷**　（清）顧廣圻識誤　清光緒元年（1875）浙江書局刻本　六冊

520000－2801－0007372　12123
呂氏春秋二十六卷總目一卷附攷一卷　（戰國）呂不韋撰　（漢）高誘訓解并攷　清光緒元年（1875）浙江書局刻本　六冊

520000－2801－0007373　12124
山海經十八卷目錄一卷　（晉）郭璞傳　（清）畢沅校正　清光緒三年（1877）浙江書局刻本　三冊

520000－2801－0007374　12127
周易十卷　（明）梁寅撰　清康熙十六年（1677）通志堂刻本　四冊

520000－2801－0007375　12128
書傳音釋六卷首一卷末一卷　（宋）蔡沈集傳　（元）鄒季友音釋　清同治五年（1866）望三

益齋刻本　四册

520000－2801－0007376　12129
沈文肅公政書七卷首一卷　（清）沈葆楨撰　清光緒六年（1880）吳門節署木活字印本　十二册

520000－2801－0007377　12132
古音諧八卷首一卷　（清）姚文田撰　清刻本　四册

520000－2801－0007378　12133
顧氏音學五書三十八卷　（清）顧炎武撰　清光緒十六年（1890）思賢講舍刻本　十二册

520000－2801－0007379　12134
畿輔水利備覽十三卷首一卷　（清）唐鑑著　清道光十九年（1839）刻本　十册

520000－2801－0007380　12135
半厂叢書初編十一種　（清）譚獻輯　清光緒十一年至十五年（1885－1889）仁和譚氏刻本　二十册

520000－2801－0007381　12136
稽古齋鐘鼎彝器款識四卷　（清）阮元編錄　清光緒十六年（1890）影印本　三册

520000－2801－0007382　12138
王陽明先生全集二十二卷首一卷　（明）王守仁著　（清）俞嶙重編　清康熙十二年（1673）刻本　十六册

520000－2801－0007383　12139
古今韻略五卷　（清）邵長蘅纂　清康熙三十五年（1696）刻本　五册

520000－2801－0007384　12141
李長吉集四卷外卷一卷　（唐）李賀撰　（明）黄淳耀評　（清）黎二樵批點　清光緒十八年（1892）葉衍蘭寫刻朱墨印本　二册

520000－2801－0007385　12143
唐陸宣公奏議讀本四卷首一卷　（唐）陸贄撰　（清）汪銘謙編輯　（清）馬傳庚評點　清光緒二十六年（1900）石印本　二册

520000－2801－0007386　12144
廣西梧州府知府劉君墓志銘一卷　（清）喬樹枬撰　清末刻本　一册

520000－2801－0007387　12147
度隴記四卷　（清）董醇著　清咸豐元年（1851）刻本　四册

520000－2801－0007388　12148
圖繪寶鑑八卷　（元）夏文彦纂　（明）毛大倫增補　（清）藍瑛　（清）謝彬纂輯　清康熙借緑草堂刻本　四册

520000－2801－0007389　12150
白嶽盦詩話二卷　（清）余楙著　清末鉛印本　一册

520000－2801－0007390　12154
經心書院算學課程二卷　（清）曹汝川編　清末刻本　二册

520000－2801－0007391　12157
有正味齋全集六種　（清）吳錫麒撰　清刻本　十六册

520000－2801－0007392　12159
潞河白大司空軼事一卷　（清）張炳撰　清咸豐四年（1854）刻本　一册

520000－2801－0007393　12161
思綺堂文集十卷　（清）章藻功撰注　（清）沈善式等校閲　（清）俞大年等叅訂　清康熙四十二年（1703）聚錦堂刻本　十册

520000－2801－0007394　12162
制義叢話二十四卷題名一卷　（清）梁章鉅撰　清咸豐九年（1859）知足知不足齋刻本　八册

520000－2801－0007395　12163
班馬字類五卷訂一卷　（宋）婁機撰　清光緒十七年（1891）思賢書局刻本　二册

520000－2801－0007396　12164
董方立遺書十六卷　（清）董祐誠撰　清同治八年（1869）四川成都寓舍刻本　四册

520000－2801－0007397　12165
澄衷蒙學堂字課圖說四卷　（清）劉樹屏輯

清光緒二十七年(1901)石印本　八冊

520000－2801－0007398　12167

春秋左傳杜注三十卷首一卷　(清)姚培謙學　清光緒九年(1883)江南書局刻本　八冊

520000－2801－0007399　12168

長河志籍考十卷　(清)田雯編　清康熙三十七年(1698)古歡堂刻本　一冊

520000－2801－0007400　12169

眉山詩案廣證六卷　(清)張鑑秋著　清光緒十年(1884)江蘇書局刻本　二冊

520000－2801－0007401　12170

芙蓉山館文鈔不分卷　(清)楊芳燦撰　清嘉慶十年(1805)刻本　二冊

520000－2801－0007402　12171

刻楮集四卷　(清)錢儀吉撰　清光緒七年(1881)刻本　一冊

520000－2801－0007403　12177

天演論二卷　(英國)赫胥黎造論　嚴復達恉　清光緒二十九年(1903)上海斌記書莊石印本　一冊

520000－2801－0007404　12178

簡齋集十六卷　(宋)陳與義撰　清同治八年(1869)據武英殿聚珍版抄本　二冊

520000－2801－0007405　12179

皇朝謚法考五卷續編一卷　(清)鮑康輯　清同治三年(1864)刻本　一冊

520000－2801－0007406　12180

陳一齋先生詩集一卷　(清)陳梓著　(清)崔以學編　清宣統三年(1911)上海國學扶輪社鉛印本　一冊

520000－2801－0007407　12181

儷白妃黃冊八卷　(清)董恂輯　清同治十年(1871)刻本　一冊

520000－2801－0007408　12182

杜詩偶評四卷　(唐)杜甫撰　(清)沈德潛纂　清乾隆十二年(1747)刻本　二冊

520000－2801－0007409　12185

欽定武英殿聚珍版程式一卷　(清)金簡奉敕撰　清乾隆四十一年(1776)刻本　一冊

520000－2801－0007410　12186

持志塾言二卷　(清)劉熙載撰　清同治六年(1867)刻本　一冊

520000－2801－0007411　12187

帝女花二卷　(清)黃燮清填詞　(清)查仲誥正譜　**題辭一卷**　(清)黃立衡等撰　**詩餘一卷**　(清)張泰初等撰　**題辭二卷**　(清)查慧等撰　**詩餘二卷**　(清)席慧文等撰　清道光十二年(1832)刻本　二冊

520000－2801－0007412　12192

淮南子二十一卷　(漢)劉安撰　(漢)高誘注　清光緒二年(1876)浙江書局刻本　六冊

520000－2801－0007413　12193

程氏家塾讀書分年日程三卷　(元)程端禮述　清同治七年(1868)湖北崇文書局刻本　二冊

520000－2801－0007414　12194

天祿閣外史八卷　(漢)黃憲撰　(明)鍾惺評　明嘉靖二年(1523)刻本　二冊

520000－2801－0007415　12195

竹書紀年統箋十二卷　(南朝梁)沈約附注　(清)徐文靖補箋　**雜述一卷**　(清)徐文靖彙輯　清光緒三年(1877)浙江書局刻本　四冊

520000－2801－0007416　12196

孔子集語十七卷　(清)孫星衍撰　清光緒三年(1877)刻本　四冊

520000－2801－0007417　12197

本草三家合注六卷　(清)郭如聰集注　**神農本草經百種錄一卷**　(清)徐大椿著　清光緒十六年(1890)刻本　三冊

520000－2801－0007418　12198

硯箋四卷　(宋)高似孫撰　**墨經一卷**　(宋)晁說之著　**都城紀勝一卷**　題(宋)耐得翁撰　**糖霜譜一卷**　(宋)王灼撰　清康熙四十五

年(1706)刻本　一册

520000－2801－0007419　12199
選擇備要二卷　(□)□□撰　清光緒十五年(1889)古香山館刻朱墨印本　二册

520000－2801－0007420　12200
百宋一廛賦注一卷　(清)顧廣圻撰　清嘉慶十年(1805)吳郡黃氏士禮居刻本　一册

520000－2801－0007421　12202
求志新編三卷　(清)汪雲林著　清咸豐八年(1858)京都琉璃廠刻本　三册

520000－2801－0007422　12203
杭氏七種　(清)杭世駿撰　清咸豐元年(1851)長沙小嫏嬛山館刻本　四册

520000－2801－0007423　12204
冷廬雜識八卷　(清)陸以湉撰　清咸豐六年(1856)刻本　八册

520000－2801－0007424　12205
蓬萊仙館尺牘六卷　(清)翟國棟編輯　清光緒十二年(1886)刻本　六册

520000－2801－0007425　12206
彙刻書目七卷　(清)顧修編　清光緒元年(1875)刻本　十册

520000－2801－0007426　12207
西域聞見錄八卷首一卷　(清)七十一著　清乾隆四十二年(1777)刻本　二册

520000－2801－0007427　12208
古經解彙函十六種　(清)鍾謙鈞等輯　清同治十二年(1873)粵東書局刻本　六十册

520000－2801－0007428　12209
禮記集説一百六十卷　(宋)衛湜纂　清通志堂刻本　四十册

520000－2801－0007429　12210
咫進齋叢書三集三十七種　(清)姚覲元輯　清光緒九年(1883)歸安姚氏刻本　二十三册

520000－2801－0007430　12211
[雍正]西湖志四十八卷　(清)李衛等纂修　清光緒四年(1878)浙江書局刻本　二十册

520000－2801－0007431　12213
文選六十卷　(南朝梁)昭明太子蕭統撰　(唐)李善注　(清)葉樹藩参訂　清乾隆三十七年(1772)海錄軒刻朱墨印本　十二册

520000－2801－0007432　12214
書目答問不分卷　(清)張之洞撰　清光緒二年(1876)貴陽刻本　二册

520000－2801－0007433　12215
三朝聖諭錄三卷　(清)楊士奇輯　清抄本　一册

520000－2801－0007434　12216
本草從新十八卷　(清)吳儀洛編　清末刻本　三册

520000－2801－0007435　12217
外科證治全生不分卷　(清)王維德撰　清道光二十五年(1845)瓶花書屋刻本　一册

520000－2801－0007436　12218
通雅五十二卷首三卷　(清)方以智撰　清嘉慶四年(1799)刻本　十二册

520000－2801－0007437　12219
澹堪詩草一卷　(清)成多祿撰　清宣統元年(1909)鉛印本　一册

520000－2801－0007438　12222
靖康傳信錄三卷　(宋)李綱撰　清光緒十年(1884)邵武徐氏刻本　一册

520000－2801－0007439　12223
重校十三經不貳字不分卷　(清)李鴻藻撰　清光緒元年(1875)刻本　一册

520000－2801－0007440　12224
水雲樓詞二卷　(清)蔣春霖撰　清咸豐十一年(1861)曼陀羅華閣刻本　一册

520000－2801－0007441　12227
説文解字十五卷　(漢)許慎撰　(宋)徐鉉等校定　清乾隆三十八年(1773)大興朱筠據宋本刻本　八册

520000－2801－0007442　12229
玉谿生詩詳註三卷首一卷　（唐）李商隱撰　（清）馮浩編訂　清乾隆四十五年（1780）刻本　四册

520000－2801－0007443　12233
琢春詞二卷　（清）江炳炎撰　清乾隆二年（1737）刻本　一册

520000－2801－0007444　12234
補注黃帝内經素問二十四卷靈樞十二卷　（唐）王冰注　（宋）林億等校正　（宋）孫兆重改誤　**黃帝内經素問遺篇一卷**　（宋）劉溫舒原本　清光緒三年（1877）浙江書局刻本　十册

520000－2801－0007445　12235
容齋隨筆十六卷續筆十六卷三筆十六卷四筆十六卷五筆十卷　（宋）洪邁撰　清光緒二十年（1894）刻本　二十册

520000－2801－0007446　12236
四書考異二編七十二卷　（清）翟灝學　清乾隆三十四年（1769）無不宜齋刻本　十二册

520000－2801－0007447　12238
綱鑑正史約三十六卷　（明）顧錫疇撰　（清）陳宏謀增訂　清同治八年（1869）浙江書局刻本　二十册

520000－2801－0007448　12242
玉堂才調集三十卷　（五代）韋縠輯　清光緒二年（1876）刻本　八册

520000－2801－0007449　12243
飲杜文集一卷　（清）張問彤著　清道光五年（1825）刻本　一册

520000－2801－0007450　12243
飲杜詩集二卷　（清）張問彤著　清道光四年（1824）刻本　一册

520000－2801－0007451　12245
浙東籌防錄四卷　（清）薛福成纂輯　（清）李圭等參訂　清光緒十二年（1886）刻本　四册

520000－2801－0007452　12246
駢體文鈔三十一卷　（清）李兆洛撰　清刻本　十六册

520000－2801－0007453　12247
律賦必以集二卷　（清）顧南雅評選　清道光十三年（1833）刻本　二册

520000－2801－0007454　12248
字詁一卷附錄一卷　（清）黃生撰　清光緒三年（1877）刻本　二册

520000－2801－0007455　12249
義府二卷　（清）黃生撰　清光緒三年（1877）刻本　二册

520000－2801－0007456　12251
借閒生詩三卷詞一卷　（清）汪遠孫撰　清道光二十年（1840）錢唐振綺堂刻本　一册

520000－2801－0007457　12252
竹窻詞一卷蔬香詞一卷歸田集六卷　（清）高士奇撰　清康熙三十年（1691）刻本　一册

520000－2801－0007458　12253
新鄉縣新中等驛運解京餉銀清册不分卷　（清）覺羅鐘培輯　清光緒三十一年（1905）抄本　一册

520000－2801－0007459　12255
部頒浙省牙帖章程一卷　（□）□□撰　清同治刻本　一册

520000－2801－0007460　12258
荊釵記二卷　（明）朱權撰　清末夢鳳樓、暖紅室刻本　二册

520000－2801－0007461　12259
鉼笙館修簫譜四卷　（清）舒位撰　清道光十三年（1833）錢堂汪氏振綺堂刻本　一册

520000－2801－0007462　12261
翰林楊仲弘詩八卷　（元）楊載撰　清康熙抄本　一册

520000－2801－0007463　12262
聖諭廣訓一卷　（清）聖祖玄燁撰　（清）世宗胤禛推繹　清刻本　一册

520000－2801－0007464　12263
文字蒙求四卷　(清)王筠撰　清道光十八年(1838)刻本　一冊

520000－2801－0007465　12264
三角數理八卷　(英國)海麻士輯　(英國)傅蘭雅口譯　(清)華蘅芳筆述　清末刻本　四冊

520000－2801－0007466　12266
醫宗備要三卷　(清)曾鼎輯　清同治八年(1869)楚北崇文書局刻本　一冊

520000－2801－0007467　12267
玉井山館筆記一卷　(清)許宗衡撰　清同治十三年(1874)滂喜齋刻本　一冊

520000－2801－0007468　12268
籌算蒙課一卷　勞乃宣著　清光緒二十四年(1898)吳橋官廨刻本　一冊

520000－2801－0007469　12269
孝經二卷　(清)賀長齡輯注　(清)傅壽彤述　清同治二年(1863)大梁刻本　一冊　存一卷(一)

520000－2801－0007470　12270
句股通義三卷　徐紹楨學　清光緒十四年(1888)刻本　一冊

520000－2801－0007471　12270
學一齋算課草四卷　徐紹楨閱定　清光緒二十三年(1897)桂林刻本　一冊　存二卷(一至二)

520000－2801－0007472　12271
算學入門三卷目錄一卷　(清)周廣詢輯錄　清光緒二十二年(1896)漣湘周氏刻本　四冊

520000－2801－0007473　12274
東郭記二卷　(明)孫仁孺撰　清同治十一年(1872)刻本　二冊

520000－2801－0007474　12275
小謨觴館文集四卷　(清)彭兆蓀撰　清光緒六年(1880)存存軒刻本　二冊

520000－2801－0007475　12276
亭皋詩鈔四卷　(清)吳綺撰　清乾隆四十一年(1776)刻本　二冊

520000－2801－0007476　12277
藝香詞鈔四卷　(清)吳綺撰　清乾隆四十一年(1776)刻本　二冊

520000－2801－0007477　12278
代數通藝錄十六卷　(清)方愷撰　清光緒二十二年(1896)時務報館石印本　三冊　存十二卷(一至四、九至十六)

520000－2801－0007478　12279
林蕙堂文集十二卷　(清)吳綺撰　清康熙四年(1665)刻本　六冊

520000－2801－0007479　12279
林蕙堂文集續刻六卷　(清)吳綺撰　清乾隆四十一年(1776)刻本　四冊

520000－2801－0007480　12280
聖跡圖一卷　(□)□□撰　**孟子聖跡圖一卷　崇聖祠考一卷**　清末石印本　一冊

520000－2801－0007481　12281
毛詩稽古編三十卷　(清)陳啟源述　**毛詩稽古錄附考一卷**　(清)費雲倬輯　清嘉慶十八年(1813)刻本　十六冊

520000－2801－0007482　12282
紀載彙編十種　(明)馮夢龍原本　(清)朱子素述　清末都城琉璃廠木活字印本　二冊

520000－2801－0007483　12284
測圜海鏡通釋四卷算學叢話一卷喻利算法一卷　(清)劉嶽雲撰　清光緒二十二年(1896)刻本　一冊

520000－2801－0007484　12287
古泉匯六十卷首四卷　(清)李左賢輯　清同治三年(1864)利津李氏石泉書屋刻本　十四冊　存五十六卷(首集一至四,元集一至十四,亨集一至十四,利集一至五、十至十四,貞集一至十四)

520000－2801－0007485　12289
篋衍集十二卷　(清)陳維崧著　(清)蔣國祥

校訂　清康熙刻本　三册　存九卷（四至十二）

520000－2801－0007486　12290
人範須知六卷　（清）盛隆編輯　清光緒二十六年（1900）刻本　六册

520000－2801－0007487　12291
印雪軒詩鈔十六卷　（清）俞鴻漸撰　清道光二十七年（1847）刻本　六册

520000－2801－0007488　12293
壯悔堂文集十卷四億堂詩集六卷　（清）侯方域著　清乾隆刻本　十二册

520000－2801－0007489　12295
觀上六小學校記一卷　（清）吕珮芬撰　清光緒三十四年（1908）刻本　一册

520000－2801－0007490　12296
篋中詞六卷續集四卷　（清）譚獻輯　清光緒八年（1882）刻本　四册　存九卷（篋中詞六卷、續集一至三）

520000－2801－0007491　12303
舞譜一卷　（清）桂良輯　清刻本　一册

520000－2801－0007492　12304
讁麐堂遺集四卷　（清）戴望撰　清宣統三年（1911）國光印刷所鉛印本　一册

520000－2801－0007493　12306
東萊博議四卷　（宋）吕祖謙撰　清光緒十五年（1889）善成堂刻本　四册

520000－2801－0007494　12307
廿一史約編八卷首一卷　（清）鄭元慶述　（清）龐祁等輯　清康熙三十六年（1697）刻本　八册

520000－2801－0007495　12308
學治一得編一卷　（清）何耿繩撰　清道光二十一年（1841）眉壽堂刻本　一册

520000－2801－0007496　12310
春蟄吟一卷　鄭文焯等撰　清末刻本　一册

520000－2801－0007497　12311
二希堂文集十一卷首一卷　（清）蔡世遠撰　清乾隆二十二年（1757）刻本　六册

520000－2801－0007498　12312
昌黎先生集四十卷外集十卷遺文一卷　（唐）韓愈撰　（宋）朱熹集傳　清同治八年（1869）江蘇書局刻本　十册

520000－2801－0007499　12312
韓集點勘四卷　（清）陳景雲撰　清同治九年（1870）江蘇書局刻本　一册

520000－2801－0007500　12313
說經堂詩草一卷　（清）楊鋭撰　清末刻本　一册

520000－2801－0007501　12314
說經堂詩草一卷　（清）楊鋭撰　清末刻本　一册

520000－2801－0007502　12316
讀書雜志八十二卷餘編二卷目録二卷　（清）王念孫撰　清同治九年（1870）金陵書局刻本　二十四册

520000－2801－0007503　12317
昭德先生郡齋讀書志二十卷　（宋）晁公武撰　（宋）姚應績編　**附志二卷**　（宋）趙希弁撰　**校補一卷**　王先謙撰　清光緒六年（1880）會稽章氏用藝蕓書舍刻本　八册

520000－2801－0007504　12318
昭德先生郡齋讀書志二十卷　（宋）晁公武撰　（宋）姚應績編　**附志二卷**　（宋）趙希弁撰　**校補一卷**　王先謙撰　清光緒十年（1884）長沙王氏刻本　十册

520000－2801－0007505　12319
皇朝通志一百二十六卷　（清）嵇璜等修　（清）曹仁虎等纂　清光緒八年（1882）浙江書局刻本　四十册

520000－2801－0007506　12320
續資治通鑑二百二十卷　（清）畢沅編集　清同治六年至八年（1867－1869）江蘇書局刻本　六十册

520000－2801－0007507　12322

讀雪山房唐詩三十四卷　(清)管世銘著　清光緒十二年(1886)湖北官書處刻本　十二冊

520000－2801－0007508　12323

山谷内集詩注二十卷外集十七卷别集二卷　(宋)黄庭堅撰　(宋)史容注　(宋)史季溫注　清道光二十七年(1847)刻本　十四冊

520000－2801－0007509　12324

樂府詩集一百卷目錄二卷　(宋)郭茂倩編次　清同治十三年(1874)湖北崇文書局刻本　十六冊

520000－2801－0007510　12327

王荊公唐百家詩選二十卷　(宋)王安石輯　清康熙四十二年(1703)宋犖刻本　十二冊

520000－2801－0007511　12329

茗柯文四編五卷目錄一卷　(清)張惠言著　清光緒七年(1881)刻本　二冊

520000－2801－0007512　12330

善本書室藏書志四十卷　(清)丁丙輯　清光緒二十七年(1901)錢唐丁氏刻本　十六冊

520000－2801－0007513　12331

十三經紀字一卷字典紀字一卷韻府紀字一卷　(清)汪汲撰　清乾隆五十九年(1794)刻本　一冊

520000－2801－0007514　12331

事物原會四十卷　(清)汪汲撰　清二銘草堂刻本　七冊

520000－2801－0007515　12332

尊經閣募捐藏書章程一卷中江講院建立經誼治事兩齋章程一卷　(清)□□撰　清光緒二十二年(1896)刻本　一冊

520000－2801－0007516　12333

山谷詩集注内集二十卷外集十七卷别集二卷　(宋)黄庭堅撰　(宋)任淵注　清光緒二十一年至二十五年(1895－1899)刻本　十九冊　存三十七卷(内集一至二、五至二十,外集十七卷,别集二卷)

520000－2801－0007517　12334

揚州水道記四卷　(清)劉文淇撰　清同治十一年(1872)淮南書局刻本　二冊

520000－2801－0007518　12335

蘇文忠公詩編注集成四十六卷　(宋)蘇軾撰　(清)王文誥撰　清嘉慶二十四年(1819)刻本　二十六冊

520000－2801－0007519　12336

山谷詩内集注二十卷外集注十七卷别集二卷外集補四卷别集補一卷附錄一卷目錄一卷　(宋)黄庭堅撰　(宋)任淵注　清乾隆五十四年(1789)刻本　二十冊

520000－2801－0007520　12337

魏稼孫先生集四種　(清)魏曾錫撰　清光緒九年(1883)羊城刻本　十四冊

520000－2801－0007521　12338

説文分韻易知錄五卷　(清)許巽行撰　清光緒五年(1879)刻本　八冊

520000－2801－0007522　12339

廣韻五卷　(宋)陳彭年等修　清康熙四十三年(1704)刻本　三冊

520000－2801－0007523　12340

文章軌範七卷　(元)謝枋得輯　清同治七年(1868)湘鄉曾氏刻本　二冊

520000－2801－0007524　12341

戰國策三十三卷　(漢)高誘注　(宋)姚宏補注　**札記三卷**　(清)黄丕烈撰　清同治八年(1869)湖北崇文書局刻本　五冊

520000－2801－0007525　12342

國語二十一卷　(三國吴)韋昭解　**校刊明道本韋氏解國語劄記一卷**　(清)黄丕烈撰　**國語明道本攷異四卷**　(清)汪遠孫著　清同治八年(1869)湖北崇文書局刻本　五冊

520000－2801－0007526　12343

説文提要一卷　(清)陳建侯撰　清同治十二年(1873)湖北崇文書局刻本　一冊

520000－2801－0007527　12347

詒穀老人手訂年譜一卷 （清）彭藴章手訂 **光祿大夫武英殿大學士先文敬公行狀一卷** （清）彭慰高撰 **大學士彭文敬公神道碑銘一卷** （清）潘祖蔭撰 清光緒六年（1880）刻本 一冊

520000－2801－0007528 12349
鬳齋考工記解二卷 （宋）林希逸撰 清康熙十九年（1680）通志堂刻本 二冊

520000－2801－0007529 12350
夢溪筆談二十六卷末一卷補筆談三卷目録一卷續筆談十一篇 （宋）沈括撰 **校字記一卷** （清）陶福祥訂 清光緒三十二年（1906）番禺陶氏愛廬刻本 三冊 存十七卷（十至二十六）

520000－2801－0007530 12352
歷代世系紀年編一卷 （清）沈炳震撰 **歷代建元重號一卷** （清）姚文田增輯 清道光二年（1822）刻本 一冊

520000－2801－0007531 12353
蘇文公忠公詩編註集成四十六卷 （宋）蘇軾撰 （清）王文誥輯 清光緒十四年（1888）浙江書局刻本 二十四冊

520000－2801－0007532 12354
四川鹽法志四十卷首一卷 （清）丁寶楨等纂 清光緒八年（1882）刻本 二十冊

520000－2801－0007533 12355
前明嘉靖年河口圖說一卷 （清）麟慶撰 清道光二十一年（1841）刻本 一冊

520000－2801－0007534 12356
弇山畢公年譜一卷 （清）史善長撰 清嘉慶三年（1798）刻本 一冊

520000－2801－0007535 12357
杜工部草堂詩話二十二卷 （宋）蔡夢弼集録 清光緒元年（1875）碧琳琅館刻本 五冊

520000－2801－0007536 12358
濂亭遺文五卷 （清）張裕釗著 清光緒十二年（1886）刻本 一冊

520000－2801－0007537 12359
籌濟編三十二卷首一卷 （清）楊景仁輯 清光緒五年（1879）江蘇書局刻本 八冊

520000－2801－0007538 12360
合江東鄉中匯支篆洞園李氏族譜十卷首一卷 （清）李超元 （清）李超瓊輯 清光緒二十一年（1895）陽湖官廨木活字印本 四冊

520000－2801－0007539 12362
曾子家語六卷 （戰國）曾參撰 （清）王定安輯 （清）曾國荃訂 清光緒十六年（1890）金陵刻本 二冊

520000－2801－0007540 12364
沈端恪公年譜二卷 （清）沈曰富編 **勵志録二卷** （清）沈近思撰 清同治十二年（1873）浙江書局刻本 二冊

520000－2801－0007541 12368
經學歷史一卷 （清）皮錫瑞撰 清光緒三十二年（1906）思賢書局刻本 一冊 殘

520000－2801－0007542 12370
全體通考十八卷圖二卷 （英國）德貞子固撰 清光緒十二年（1886）鉛印本 四冊

520000－2801－0007543 12375
東塾讀書記二十五卷 （清）陳澧撰 清末刻本 五冊 缺十卷（十三至十四、十七至二十、二十二至二十五）

520000－2801－0007544 12376
思鶴山房文鈔十二卷 （清）錢崇柏撰 清光緒十二年（1886）刻本 四冊

520000－2801－0007545 12377
澠水燕談録十卷 （宋）王闢之撰 清末刻本 四冊

520000－2801－0007546 12378
俄國西伯利東偏紀要一卷 （清）曹廷杰撰 清末刻本 一冊

520000－2801－0007547 12379
亥白詩草六卷 （清）張問安撰 清嘉慶二十一年（1816）刻本 三冊

520000－2801－0007548　12380
紅豆樹館詩稿十四卷　（清）陶樑撰　清咸豐七年（1857）刻本　二册

520000－2801－0007549　12381
紅豆樹館詞八卷　（清）陶樑撰　清道光二十三年（1843）刻本　二册

520000－2801－0007550　12382
大明令一卷　（明）太祖朱元璋頒行　清末刻本　一册

520000－2801－0007551　12386
南宋雜事詩七卷　（清）沈嘉轍等撰　清同治十一年（1872）淮南書局刻本　四册

520000－2801－0007552　12388
捧月樓綺語八卷　（清）袁通撰　清嘉慶二十年（1815）刻本　一册

520000－2801－0007553　12389
雲自在龕叢書五集　繆荃孫輯　清光緒二十七年（1901）刻本　二十五册　存四集（一至四）

520000－2801－0007554　12390
蘇老泉批點孟子二卷　（宋）蘇洵批點　明萬曆四十二年（1614）程開祜刻本　二册

520000－2801－0007555　12391
治河涯覽八卷　（清）靳輔著　清光緒十一年（1885）刻本　八册

520000－2801－0007556　12393
新刊埤雅二十卷　（宋）陸佃撰　明刻本　八册

520000－2801－0007557　12394
江邨銷夏錄三卷　（清）高士奇輯　清康熙三十二年（1693）刻本　三册

520000－2801－0007558　12395
國朝詩鐸二十六卷首一卷分類目一卷　（清）張應昌選輯　清同治八年（1869）刻本　二十册

520000－2801－0007559　12396
太乙舟文集八卷目錄一卷　（清）陳用光撰　清道光二十三年（1843）刻本　七册

520000－2801－0007560　12397
輟畊錄三十卷目錄一卷　（明）陶宗儀撰　清初刻本　五册

520000－2801－0007561　12398
粟香室叢書六十四種　金武祥輯　清光緒江陰金氏刻本　二十册　缺十六種

520000－2801－0007562　12400
愛國精神談一卷　（法國）愛彌兒拉著　（清）愛國逸人譯　清光緒二十八年（1902）上海廣智書局鉛印本　一册

520000－2801－0007563　12403
通德遺書所見錄七十二卷　（漢）鄭玄注　（清）孔廣林輯　清光緒十六年（1890）山東書局刻本　六册

520000－2801－0007564　12404
音學五書三十八卷　（清）顧炎武撰　清刻本　二十册

520000－2801－0007565　12406
頂批金丹真傳六卷　（明）孫汝忠著　清咸豐九年（1859）刻本　一册

520000－2801－0007566　12407
爾雅三卷　（晉）郭璞注　（唐）陸德明音義　清嘉慶二十二年（1817）刻本　三册

520000－2801－0007567　12408
章氏遺書十一卷　（清）章學誠著　清光緒四年（1878）刻本　五册

520000－2801－0007568　12409
本事詩十二卷　（清）徐釚編輯　清乾隆二十二年（1757）刻本　二册

520000－2801－0007569　12411
周易八卷　（宋）程頤傳　（宋）朱熹本義　（宋）呂祖謙音訓　清同治六年（1867）刻本　五册

520000－2801－0007570　12412
修本堂叢書　（清）林伯桐撰　清道光二十四年（1844）刻本　十四册

520000－2801－0007571　12413
爾雅古注斠三卷蘭如詩鈔一卷　（清）葉惠心撰　清光緒二年（1876）刻本　二册

520000－2801－0007572　12414
類選箋釋草堂詩餘六卷　（明）顧從敬輯　**類編箋釋續選草堂詩餘二卷**　（明）錢允治箋釋　**類編箋釋國朝詩餘五卷**　（明）錢允治編（明）陳仁錫釋　明萬曆四十二年（1614）刻本　四册　存十卷（類選箋釋草堂詩餘一至三、類編箋釋續選草堂詩餘二卷、類編箋釋國朝詩餘五卷）

520000－2801－0007573　12415
小學集注六卷首一卷末一卷總目一卷　（宋）朱熹撰　（明）陳選注　清同治二年（1863）刻本　四册

520000－2801－0007574　12416
古文辭類纂七十四卷序目一卷　（清）姚鼐集　清刻本　十二册

520000－2801－0007575　12417
墨緣彙觀四卷目錄四卷　（清）安岐著　清光緒二十六年（1900）鉛印本　四册

520000－2801－0007576　12422
杜工部集二十卷首一卷　（唐）杜甫撰　清同治十一年（1872）致一齋刻本　十册

520000－2801－0007577　12424
史記一百三十卷　（漢）司馬遷撰　（南朝宋）裴駰集解　（唐）司馬貞索隱　（唐）張守節正義　清光緒十年（1884）上海同文書局石印本　二十六册　存一百二十四卷（一至二十一、二十八至一百三十）

520000－2801－0007578　12425
前漢書一百卷　（漢）班固撰　（唐）顔師古注　清光緒十年（1884）上海同文書局石印本　三十六册

520000－2801－0007579　12426
後漢書一百二十卷　（南朝宋）范曄撰　（唐）章懷太子李賢注　清光緒十年（1884）上海同文書局石印本　二十八册　存一百十二卷（一至八十一、九十至一百二十）

520000－2801－0007580　12427
三國志六十五卷　（晉）陳壽撰　（南朝宋）裴松之注　清光緒十年（1884）上海同文書局石印本　十六册

520000－2801－0007581　12428
册府元龜一千卷目錄十卷　（宋）王欽若等撰　清乾隆十九年（1754）刻本　二百五十六册

520000－2801－0007582　12430
五百四峯堂詩鈔二十五卷　（清）黎簡撰　清光緒六年（1880）順德黎教忠堂刻本　八册

520000－2801－0007583　12431
淮南子二十一卷敘目一卷　（漢）劉安撰（漢）高誘注　清嘉慶九年（1804）刻本　六册

520000－2801－0007584　12432
廣東文獻初集十八卷　（清）羅學鵬編輯　**平海策初呈一卷**　清嘉慶十九年（1814）刻本　八册

520000－2801－0007585　12433
説文解字三十二卷六書音均表五卷　（漢）許慎撰　（清）段玉裁注　清同治六年（1867）蘇州保息局刻本　十六册

520000－2801－0007586　12434
南村草堂文鈔二十卷　（清）鄧顯鶴撰　清咸豐元年（1851）刻本　六册

520000－2801－0007587　12435
東漢會要四十卷　（宋）徐天麟撰　清光緒十年（1884）江蘇書局刻本　八册

520000－2801－0007588　12436
西漢會要七十卷　（宋）徐天麟撰　清光緒十年（1884）江蘇書局刻本　十册

520000－2801－0007589　12438
玉海二百四卷附六十一卷　（宋）王應麟撰　元後至元六年（1340）慶元路儒學刻元明清遞修本　九十九册　缺二卷（一百五十二至一百五十三）

520000－2801－0007590　12440

芥子園畫傳六卷　(清)王安節摹　清光緒十三年(1887)上海同文書局石印本　四册

520000－2801－0007591　12441
劍南詩鈔不分卷　(宋)陸游著　(清)楊大鶴選　清康熙二十四年(1685)刻本　八册

520000－2801－0007592　12442
國朝閨閣詩鈔一百卷　(清)蔡殿齊輯　清道光二十四年(1844)刻本　九册

520000－2801－0007593　12443
唐詩金粉十卷　(清)沈炳震撰　清雍正二年(1724)刻本　四册

520000－2801－0007594　12444
新鐫五言千家詩會義直解一卷諸名家百花詩一卷　(清)王相選注　清末刻本　一册

520000－2801－0007595　12446
古文淵鑒六十四卷　(清)徐乾學等編注　清宣統二年(1910)學部圖書局石印本　二十四册

520000－2801－0007596　12447
國朝文匯甲前集二十卷甲集六十卷乙集七十卷丙集三十卷丁集二十卷　(清)上海國學扶輪社編　清宣統元年(1909)上海國學扶輪社石印本　七十八册　存一百五十六卷(甲前集一至十二、十五至二十,甲集三至六、九至六十,乙集七至八、四十一至七十,丙集三十卷,丁集二十卷)

520000－2801－0007597　12449
今古學攷二卷　廖平述　清宣統三年(1911)上海國學扶輪社鉛印本　一册

520000－2801－0007598　12451
青燐屑二卷　(明)應喜臣著　清刻本　一册

520000－2801－0007599　12452
分韻青雲詩集四卷　(清)楊逢春等輯　清末銅活字朱墨印本　一册　存一卷(一)

520000－2801－0007600　12453
新義錄一百卷首一卷　(清)孫壁文撰　清光緒八年(1882)刻本　四十册

520000－2801－0007601　12454
左文襄公奏疏三十八卷總目一卷續編七十六卷總目一卷三編六卷總目一卷　(清)左宗棠撰　清光緒十六年(1890)上海圖書集成局鉛印本　二十册

520000－2801－0007602　12458
桐城吴先生全書十七種　(清)吳汝綸撰　清光緒三十年(1904)王恩紱等刻本　二十二册

520000－2801－0007603　12459
午亭文編五十卷　(清)林佶輯錄　清乾隆四十三年(1778)刻本　八册

520000－2801－0007604　12460
午亭文編五十卷　(清)林佶輯錄　清乾隆四十三年(1778)刻本　十六册

520000－2801－0007605　12462
四大奇書第一種十九卷首一卷一百二十回　(明)羅貫中撰　(清)金聖嘆　(清)毛宗崗評　清刻本　二十册

520000－2801－0007606　12465
海峰文集八卷詩集十一卷　(清)劉大櫆撰　清刻本　十册

520000－2801－0007607　12468
李商隱詩集三卷　(唐)李商隱撰　清宣統元年(1909)影印本　二册

520000－2801－0007608　12469
樹經堂文集四卷　(清)謝啟昆撰　清嘉慶七年(1802)刻本　二册

520000－2801－0007609　12469
樹經堂詩初集十五卷續集八卷　(清)謝啟昆撰　清嘉慶五年(1800)刻本　六册

520000－2801－0007610　12472
宋元舊本書經眼錄三卷附錄二卷　(清)莫友芝撰　清同治十二年(1873)刻本　一册

520000－2801－0007611　12473
西域水道五卷　(清)徐松撰　清道光三年(1823)刻本　二册

520000－2801－0007612　12476

洗冤錄解不分卷　(清)姚德豫著　清同治九年(1870)刻本　一册

520000－2801－0007613　12477

佩文廣韻匯編五卷　(清)李元祺編輯　清同治十一年(1872)金陵書局刻本　二册

520000－2801－0007614　12479

三徑草堂詩鈔四卷　(清)蔣師軾著　清光緒十六年(1890)刻本　一册

520000－2801－0007615　12480

蟻術詞選四卷　(元)邵亨貞著　清光緒十七年(1891)刻本　一册

520000－2801－0007616　12481

裒碧齋詩集一卷附詞一卷　(清)陳鋭著　清光緒十二年(1886)京師刻本　一册

520000－2801－0007617　12483

望衡堂詩鈔四卷　(清)吴聯元撰　清同治十三年(1874)摩兜鞬室刻本　二册

520000－2801－0007618　12484

唐五代詞選三卷　(清)成肇麐輯　清光緒十三年(1887)刻本　一册

520000－2801－0007619　12486

于湖題襟集十卷　(清)袁昶輯　清光緒二十一年(1895)小漚巢刻本　五册　缺一卷(詩集二)

520000－2801－0007620　12487

潛菴先生志學會約一卷困學錄一卷　(清)湯斌著　清光緒四年(1878)江蘇督學使者刻本　一册

520000－2801－0007621　12488

睦州存稿八卷臺垣疏稿一卷　(清)丁壽昌撰　**誥授中憲大夫道銜浙江嚴州府知府伯兄頤伯先生行狀一卷**　(清)丁壽祺狀　清同治四年至五年(1865－1866)刻本　四册

520000－2801－0007622　12490

山門新語二卷目錄一卷　(清)周贇著　清光緒十九年(1893)刻本　二册

520000－2801－0007623　12491

齊民要術十卷雜說一卷　(北魏)賈思勰撰　清光緒二十二年(1896)漸西村舍刻本　四册

520000－2801－0007624　12492

劉給諫文集五卷　(宋)劉安上著　**劉左史文集四卷**　(宋)劉安節撰　清同治十二年(1873)瑞安孫氏詒善祠塾刻本　二册

520000－2801－0007625　12495

字林考逸八卷附錄一卷補本一卷補附錄一卷　(清)任大椿學　清光緒十六年(1890)江蘇書局刻本　四册

520000－2801－0007626　12497

詞選二卷附錄一卷　(清)張惠言錄　**續詞選二卷**　(清)董毅編　清道光十年(1830)湖南思賢書局刻本　一册

520000－2801－0007627　12498

毛詩草木鳥獸蟲魚疏二卷　(三國吴)陸機撰　**毛鄭詩斠議一卷**　羅振玉撰　清末鉛印本　一册

520000－2801－0007628　12500

增補分部書法正傳不分卷　(清)蔣和撰　清光緒八年(1882)刻本　一册

520000－2801－0007629　12504

倉頡篇三卷　(清)孫星衍撰　**補讀本一卷補本二卷**　(清)陶方琦學　清光緒十六年(1890)江蘇書局刻本　二册

520000－2801－0007630　12506

八指頭陀詩集□□卷　(清)釋敬安撰　清光緒刻本　一册　存六卷(一至六)

520000－2801－0007631　12508

唐詩三百首三卷　(清)蘅塘退士(孫洙)編　清同治十三年(1874)龍城曾氏刻本　二册

520000－2801－0007632　12509

櫻海詞一卷桃渡詞一卷　葉玉森撰　清宣統元年(1909)鉛印本　一册

520000－2801－0007633　12510

陽湖沈氏算學初刻四卷首一卷附一卷二刻八卷　(清)沈保樞著　(清)沈保善同訂　清光

緒二十七年(1901)常州里舍刻本　六册

520000－2801－0007634　12511
粤東金石略九卷首一卷附録二卷　(清)翁方綱撰　清光緒十七年(1891)廣州石經堂書局影印本　四册

520000－2801－0007635　12512
杜詩鏡銓二十卷本傳一卷年譜一卷墓誌一卷目録一卷附録一卷　(唐)杜甫撰　(清)楊倫編輯　**讀書堂杜工部文集註解二卷**　(清)張溍評註　清同治十一年(1872)望三益齋刻本　十册

520000－2801－0007636　12513
西漢會要七十卷　(宋)徐天麟撰　清光緒十年(1884)江蘇書局刻本　十册

520000－2801－0007637　12516
老子道德經二卷　(三國魏)王弼注　**經典釋文一卷**　(唐)陸德明撰　清光緒元年(1875)湖北崇文書局刻本　一册

520000－2801－0007638　12517
道德真經註四卷　(元)吴澄述　清光緒元年(1875)湖北崇文書局刻本　一册

520000－2801－0007639　12518
梅崖居士文集三十八卷外集二卷　(清)朱仕琇撰　清乾隆二十四年(1759)刻本　六册

520000－2801－0007640　12519
東垣十書十九卷　(元)李杲等撰　(明)吴勉學等校　明末刻本　十六册

520000－2801－0007641　12520
紅藕莊詞三卷　(清)龔翔麟撰　清末刻本　一册

520000－2801－0007642　12521
電學測算不分卷　(清)徐兆熊譯　清末鉛印本　一册

520000－2801－0007643　12522
兒童矯弊論七章　(日本)大村仁太郎撰　(清)京師編書局譯　清光緒三十一年(1905)京師學務處官書局鉛印本　一册

520000－2801－0007644　12524
名醫類案十二卷　(明)江瓘輯　清同治十年(1871)刻本　十册　存十卷(三至十二)

520000－2801－0007645　12525
日知録三十二卷　(清)顧炎武撰　清康熙三十四年(1695)刻本　十册

520000－2801－0007646　12526
泰山道里記一卷　(清)聂剑光著　清同治五年(1866)刻本　一册

520000－2801－0007647　12529
學海堂二集二十二卷　(清)吴蘭修編　清道光十八年(1838)刻本　十册

520000－2801－0007648　12529
學海堂三集二十四卷　(清)張維屏續編　清咸豐九年(1859)刻本　八册

520000－2801－0007649　12530
唐宋叢書一百九種　(明)鍾人傑等編　明末刻本　三十册

520000－2801－0007650　12531
儀禮私箋八卷　(清)鄭珍撰　清同治五年(1866)成山唐氏刻本　二册

520000－2801－0007651　12535
二家詠古詩一卷試帖二卷　(清)張之洞撰　清光緒二十七年(1901)刻本　與520000－2801－0007652合二册

520000－2801－0007652　12535
二家詞鈔五卷　(清)李慈銘撰　清光緒二十八年(1902)刻本　與520000－2801－0007651合二册

520000－2801－0007653　12536
古紅梅閣集六卷　(清)劉履芬撰　清光緒六年(1880)蘇州高心夔署刻本　一册

520000－2801－0007654　12537
越諺三卷勝語二卷　(清)范寅輯稿　(清)黄以周審定　清光緒八年(1882)刻本　三册

520000－2801－0007655　12538
琴臺合刻七種　(清)汪守正輯　清光緒十五

年(1889)刻本　二冊

520000－2801－0007656　12539
迪幼錄三卷　(清)程基輯著　清光緒二十八年(1902)刻本　一冊

520000－2801－0007657　12540
算學謌畧一卷　(清)徐繼高撰稿　清末刻本　一冊

520000－2801－0007658　12541
乘法一卷　(清)□□撰　清光緒二十三年(1897)石印本　一冊

520000－2801－0007659　12548
積古齋鐘鼎彝器款識十卷　(清)阮元編錄　清光緒五年(1879)武昌刻本　六冊

520000－2801－0007660　12549
禮記十卷　(元)陳澔集說　清同治五年(1866)金陵書局刻本　十冊

520000－2801－0007661　12550
周禮十二卷　(漢)鄭玄注　(唐)陸德明音義　清同治七年(1868)湖北崇文書局刻本　六冊

520000－2801－0007662　12551
儀禮十七卷　(漢)鄭玄注　(唐)陸德明音義　清同治七年(1868)湖北崇文書局刻本　四冊

520000－2801－0007663　12554
古今同姓名錄二卷　(南朝梁)元帝蕭繹撰　(唐)陸善經續　(元)葉森補　清中期刻本　一冊

520000－2801－0007664　12555
熙朝新語十六卷　(清)余金輯　清道光二年(1822)有金堂刻本　八冊

520000－2801－0007665　12556
卓氏藻林八卷　(明)卓明卿輯　清道光二十七年(1847)藝圃刻本　四冊

520000－2801－0007666　12557
天心正運四卷　(清)華湛恩撰　清道光十五年(1835)刻本　四冊

520000－2801－0007667　12558
柳南隨筆六卷續筆四卷　(清)王應奎撰　清光緒四年(1878)申報館鉛印本　四冊

520000－2801－0007668　12559
吾學錄初編二十四卷　(清)吳榮光述　清光緒二十年(1894)寶善書局石印本　四冊

520000－2801－0007669　12562
日知薈說四卷　(清)高宗弘曆撰　清光緒鉛印本　四冊

520000－2801－0007670　12563
火器命中十二卷　(清)梅定久著　(清)熊方柏圖解　清光緒二十四年(1898)刻本　四冊

520000－2801－0007671　12564
船塢論略一卷　(英國)傅蘭雅輯譯　清末鉛印本　一冊

520000－2801－0007672　12585
詞選二卷附錄一卷　(清)張惠言編　**續詞選二卷**　(清)董毅編　清同治十一年(1872)會稽章氏刻本　一冊

520000－2801－0007673　12587
墨子十六卷篇目考一卷　(戰國)墨翟撰　(清)畢沅注　清光緒元年(1875)湖北崇文書局刻本　四冊

520000－2801－0007674　12589
力學課編八卷首一卷　(英國)馬格訥斐立原著　**答數備質一卷**　(清)嚴文炳編譯　清光緒三十二年(1906)學部編譯圖書局鉛印本　四冊

520000－2801－0007675　12591
戰國策去毒二卷　(清)陸隴其評定　(清)趙弘洵等較訂　清康熙三十三年(1694)三魚堂刻本　二冊

520000－2801－0007676　12592
日本華族女學校規則　(清)□□譯　**黃蕘圃先生年譜二卷**　(清)江標輯　清光緒二十三年(1897)長沙刻本　二冊

520000－2801－0007677　12593

歸樸齋詩集二卷　(清)曾紀澤著　清光緒十二年(1886)鉛印本　一冊　存二卷(己集一至二)

520000－2801－0007678　12595
戴南山文鈔六卷首一卷　(清)戴名世撰　清宣統二年(1910)鉛印本　三冊

520000－2801－0007679　12596
農務實業新編　(清)王上達編　清宣統二年(1910)刻本　一冊　存一冊(下)

520000－2801－0007680　12598
微積闡詳五卷　(清)陳志堅學　清光緒三十一年(1905)刻本　二冊

520000－2801－0007681　12599
算術條目及教授法二卷　(日本)藤澤利喜太郎著　王國維譯　清末刻本　一冊

520000－2801－0007682　12600
傷寒論注四卷附翼二卷　(漢)張仲景著　(清)柯琴編注　清宣統元年(1909)刻本　四冊

520000－2801－0007683　12603
西招圖畧一卷圖說一卷附錄二卷　(清)松筠撰　(清)陸為柄校訂　清道光二十七年(1847)刻本　一冊　存上冊

520000－2801－0007684　12604
太霞新奏十四卷　題(清)香月居主人評選　清末刻本　六冊

520000－2801－0007685　12605
從政遺規二卷　(清)陳宏謀輯　清光緒三十四年(1908)學部圖書局石印本　二冊

520000－2801－0007686　12607
竹葉亭雜記八卷　(清)姚元之撰　清宣統二年(1910)掃葉山房石印本　二冊　存四卷(一至四)

520000－2801－0007687　12611
夢綠草堂詩鈔十二卷首一卷末一卷附錄一卷　(清)蔡壽祺撰　清咸豐娜嬛別館刻本　四冊

520000－2801－0007688　12612
重刊船山遺書二百八十八卷　(清)王夫之撰　清同治四年(1865)湘鄉曾氏金陵節署刻本　一百五十五冊　缺十一卷(禮記章句三十五至四十一;張子正蒙論四下,五上、下;思問錄内篇一)

520000－2801－0007689　12614
楓窗小牘二卷　題(宋)百歲寓翁絕筆　(宋)袁頤續筆　明末刻本　一冊

520000－2801－0007690　12615
小湖田樂府十卷續集三卷　(清)吳蔚光撰　清嘉慶二年(1797)刻本　四冊

520000－2801－0007691　12616
孝經音訓一卷爾雅音訓一卷　(清)楊國楨撰　清末刻本　一冊

520000－2801－0007692　12617
長安獲古編二卷補編一卷　(清)劉喜海撰　清末刻本　一冊

520000－2801－0007693　12618
經傳釋詞十卷　(清)王引之撰　清道光二十七年(1847)刻本　二冊

520000－2801－0007694　12619
眉庵詩集二集　(明)楊基撰　清末上海有正書局石印本　二冊

520000－2801－0007695　12624
澮上南川都臺浦河工案牘一卷　謝源深　朱日宣編校　清宣統元年(1909)上海時中書局鉛印本　一冊

520000－2801－0007696　12625
禁書總目一卷　(□)□□撰　清光緒九年(1883)歸安姚氏刻本　一冊　殘

520000－2801－0007697　12629
四庫全書薈要目一卷　(清)于敏中等編　清末仁和吳氏雙照樓朱色鉛印本　一冊

520000－2801－0007698　12630
書目答問五卷別錄一卷國朝著述諸家姓名略一卷　(清)張之洞撰　清光緒十四年(1888)

上海蜚英館石印本　二冊

520000－2801－0007699　12634

閱微草堂筆記二十四卷　（清）紀昀撰　清嘉慶二十一年（1816）北平盛氏刻本　十冊

520000－2801－0007700　12635

宏遠謨齋書目八卷　（□）□□撰　清末民初抄本　四冊

520000－2801－0007701　12639

武英殿聚珍版叢書一百四十一種二千六百五卷　（清）紀昀等編　清乾隆武英殿木活字印武英殿聚珍版書本　五十五冊　存三十一種

520000－2801－0007702　12640

欽定重修兩浙鹽法志三十卷首二卷　（清）阮元等纂修　**兩浙鹽法續纂備考十二卷**　（清）楊昌濬等纂修　清同治十三年（1874）刻本　三十六冊

520000－2801－0007703　19811

印度國志不分卷　（清）學部編譯圖書局編纂　清光緒三十三年（1907）學部編譯圖書局鉛印本　一冊

520000－2801－0007704　12641

文貞公集十二卷　（清）張玉書著　清乾隆五十五年（1790）松蔭堂刻本　六冊

520000－2801－0007705　12643

道統大成三卷　（宋）張伯端著　（清）汪啟濩輯　（清）韓景垚評點　（清）陸西星測疏　清光緒二十五年（1899）刻本　一冊

520000－2801－0007706　12644

鐵華館叢書六種　（清）蔣鳳藻輯　清光緒十一年（1885）刻本　六冊

520000－2801－0007707　12647

大易輯說十卷　（元）王申子述　清康熙十六年（1677）刻本　五冊

520000－2801－0007708　12648

古格言十二卷　（清）梁章鉅輯　清道光四年（1824）刻本　二冊

520000－2801－0007709　12649

九數存古九卷　（清）顧觀光撰　清光緒十八年（1892）江蘇書局刻本　四冊

520000－2801－0007710　12650

古籌算考釋六卷　勞乃宣撰　清光緒十二年（1886）完縣官舍刻本　六冊

520000－2801－0007711　12651

加減乘除釋八卷　（清）焦循撰　清嘉慶四年（1799）刻本　四冊

520000－2801－0007712　12652

竊悟軒算草初集一卷　（清）張爔撰　清光緒二十四年（1898）刻本　一冊

520000－2801－0007713　12653

四元消法易簡草四卷首一卷末一卷　陳棠撰　清宣統二年（1910）刻本　一冊

520000－2801－0007714　12654

靈憲書屋算草八卷　（清）張鴻勛撰　清光緒二十八年（1902）綿竹山房刻本　四冊

520000－2801－0007715　12655

求實齋算學四種四卷　（清）張楚鐘撰　（清）何廷謙鑒定　清同治十二年（1873）刻本　二冊

520000－2801－0007716　12656

開方用表簡術一卷　（清）程之驥撰　清光緒十四年（1888）刻本　一冊

520000－2801－0007717　12657

算牖四卷　（清）許桂林學　清光緒十三年（1887）刻本　二冊

520000－2801－0007718　12658

筆算數學三卷　（美國）狄考文輯　（清）鄒立文述　清光緒二十三年（1897）武備學會刻本　六冊

520000－2801－0007719　12663

廣西梧州府知府劉君墓志銘一卷　（清）喬樹枬撰　清末刻本　一冊

520000－2801－0007720　12664

川南道屬沿江各灘議定章程一卷　（□）□□撰　清同治三年（1864）木活字印本　一冊

520000－2801－0007721　12665
皇清誥封一品太夫人顯妣富察太夫人行狀一卷　(清)文玉等述　清道光十五年(1835)刻本　一冊

520000－2801－0007722　12667
六朝文絜四卷　(清)許槤評選　清道光五年(1825)刻朱墨印本　二冊

520000－2801－0007723　12668
屈子六帙　(戰國)屈原撰　(宋)朱熹集注　清光緒二十六年(1900)廣雅書局刻本　一冊

520000－2801－0007724　12670
同館經進賦鈔一卷　(清)琉璃厂秀文齋編選　清光緒十五年(1889)刻本　一冊

520000－2801－0007725　12671
六藝綱目二卷附錄一卷　(元)舒天民述　清光緒十七年(1891)思賢書局刻本　二冊

520000－2801－0007726　12675
府君李紹青公行述一卷　(清)李鏞述　**皇清誥授朝議大夫知府銜貴州臺拱廳同知李公墓誌銘一卷**　(清)李元度譔　**輓詩一卷**　(清)張銑撰　**附刊一卷**　(清)黎光曙撰　清末刻本　一冊

520000－2801－0007727　12678
宋黃宣獻公周禮說五卷首一卷末一卷　(清)陳金鑑輯　清道光十年(1830)剡東陳氏五馬山樓刻本　二冊

520000－2801－0007728　12679
江口巡船章程一卷　(□)□□撰　清末刻本　一冊

520000－2801－0007729　12680
續北鹽挽疲芻議一卷　(清)劉鉞撰　清光緒三十一年(1905)刻本　一冊

520000－2801－0007730　12682
西清古鑑四十卷錢錄十六卷　(清)梁詩正等編纂　清光緒十四年(1888)上海鴻文書局石印本　二十二冊　缺四卷(西清古鑑三十六至三十九)

520000－2801－0007731　12684
嶺南遺書六集　(清)伍元薇　(清)伍崇曜輯　清道光十一年至同治二年(1831－1863)南海伍氏粵雅堂文字歡娛室刻本　八十八冊　存五十七種

520000－2801－0007732　12686
春秋公羊經傳解詁十二卷　(漢)何休學　**重刊宋紹熙公羊傳注附音本校記一卷**　(清)魏彥校記　清光緒二十一年(1895)金陵書局刻本　二冊

520000－2801－0007733　12687
東三省籌蒙大勢圖一卷　(□)□□繪　清宣統石印本　一冊

520000－2801－0007734　12688
奉天省全境圖一卷　(清)□□繪　**吉林省全境圖黑龍江省全境圖一卷**　清宣統石印本　一冊

520000－2801－0007735　12689
東三省郡縣一覽圖一卷　(□)□□繪　**濛江州設治區域圖一卷長嶺縣設治區域圖一卷樺甸縣設治區域圖一卷方正縣分界區域圖一卷**　清宣統石印本　一冊

520000－2801－0007736　12690
長白臨江全境圖一卷　徐世昌編　**長白府四圍提要圖一卷夾皮溝全境圖一卷綏芬府全境圖一卷密山府全境圖一卷呼倫貝爾全境圖一卷黑龍江各處金礦圖一卷**　清宣統石印本　一冊

520000－2801－0007737　12691
科爾沁右翼中旗圖一卷　(清)□□撰　**前旗圖一卷後旗圖一卷科爾沁左翼中旗圖一卷前旗圖一卷後旗圖一卷劄齎特旗圖一卷杜爾伯特旗圖一卷郭爾羅斯前旗圖一卷後旗圖一卷**　清宣統石印本　一冊

520000－2801－0007738　12692
瑷琿邊界卡倫圖一卷呼倫貝爾邊界卡倫圖一卷　(□)□□撰　清宣統石印本　一冊

520000－2801－0007739　12693

延吉琿春一帶地圖不分卷 （□）□□撰 清宣統石印本 一冊

520000－2801－0007740 12694

奉天府商埠圖一卷 （清）□□繪 **安東縣商埠圖一卷大東溝商埠圖一卷鐵嶺縣商埠圖一卷通江縣商埠圖一卷法庫廳商埠圖一卷新民府商埠圖一卷鳳凰城商埠圖一卷遼陽州商埠圖一卷吉林府商埠圖一卷長春府商埠圖一卷** 清宣統石印本 一冊

520000－2801－0007741 12695

撫順興京兩界煤礦圖一卷 （清）□□繪 **本溪湖煤礦附近地圖一卷尾明山天利公司煤礦圖一卷尾明山煤礦腹地層積圖一卷菊花島圖一卷葫蘆島圖一卷菊花島葫蘆島至營□沿海地圖一卷** 清宣統石印本 一冊

520000－2801－0007742 12696

軍隊營房各圖二十五種 徐世昌編 清宣統石印本 一冊

520000－2801－0007743 12697

世界教育統計年鑒不分卷 （日本）伊東佑穀著 謝蔭昌輯譯 清宣統二年（1910）鉛印本 一冊

520000－2801－0007744 12698

春秋比事目錄四卷 （清）方苞論次 （清）王兆符編錄 清乾隆九年（1744）抗希堂刻本 二冊

520000－2801－0007745 12699

學治一得編一卷 （清）何耿繩輯 清道光二十一年（1841）眉壽堂刻本 一冊

520000－2801－0007746 12700

韻字同異考辨五卷 （清）郭鑒庚輯 清道光二十三年（1843）刻本 二冊

520000－2801－0007747 12702

輶軒語一卷 （清）張之洞撰 清光緒元年（1875）刻本 一冊

520000－2801－0007748 12703

書目答問不分卷 （清）張之洞撰 清光緒元年（1875）刻本 一冊

520000－2801－0007749 12714

二李唱和集不分卷 （宋）李昉 （宋）李至撰 清宣統二年（1910）羅振玉刻本 一冊

520000－2801－0007750 12729

六朝事蹟編類十四卷 （宋）張敦頤撰 清光緒十三年（1887）刻本 四冊

520000－2801－0007751 12730

欽定四庫全書簡明目錄二十卷 （清）永瑢修 （清）紀昀等纂 （清）陳桂一鈔 清末抄本 一冊 存六卷（十五至二十）

520000－2801－0007752 12732

沈文節公事實一卷 （清）吳祖昌等撰 清光緒八年（1882）京師刻本 一冊

520000－2801－0007753 12735

納蘭詞五卷補遺一卷 （清）納蘭性德著 清光緒六年（1880）娛園刻本 二冊

520000－2801－0007754 12740

江西等處驛站錢糧奏銷總冊不分卷 （清）江西提刑按察使司等編 清光緒稿本 一冊

520000－2801－0007755 12741

吳詩集覽二十卷談藪二卷 （清）吳偉業撰 （清）靳榮藩輯 清乾隆四十六年（1781）刻本 十六冊

520000－2801－0007756 12742

善卷堂四六十卷 （清）陸繁弨撰 （清）吳自高注 清乾隆三十五年（1770）刻本 四冊

520000－2801－0007757 12745

湖南褒忠錄初稾不分卷 （清）郭筠仙等編 清同治十二年（1873）排印本 二十二冊

520000－2801－0007758 12746

古文約選不分卷 （清）和碩果親王允禮選 （清）方苞訂 清同治八年（1869）刻本 十六冊

520000－2801－0007759 12747

湘軍記二十卷 （清）王定安撰 清光緒十五年（1889）江南書局刻本 十二冊

520000－2801－0007760　12748
經典釋文三十卷　(唐)陸德明撰　**經典釋文考證三十卷**　(清)盧文弨綴緝　清乾隆五十六年(1791)刻本　十六册

520000－2801－0007761　12749
白雨齋詞話八卷詞存一卷詩鈔一卷　(清)陳廷焯著　清光緒二十年(1894)刻本　四册

520000－2801－0007762　12753
南宋雜事詩七卷　(清)沈嘉轍等撰　清同治十一年(1872)淮南書局刻本　四册

520000－2801－0007763　12756
欽定工部則例一百四十二卷　(清)曹振鏞等纂　清嘉慶二十年(1815)刻本　二十册

520000－2801－0007764　12757
[乾隆]曲阜縣誌一百卷　(清)楚安鄉等編修　清乾隆三十九年(1774)聖化堂刻本　十二册

520000－2801－0007765　12758
孟子七卷　(宋)朱熹集注　清末刻本　三册

520000－2801－0007766　12759
海峯詩集十一卷時文不分卷文集八卷　(清)劉大櫆撰　清刻本　十二册

520000－2801－0007767　12764
張氏適園叢書第一集七種　張鈞衡輯　清宣統三年(1911)上海國學扶輪社鉛印本　十册

520000－2801－0007768　12765
二酉堂叢書二十一種　(清)張澍集補注　清道光元年(1821)二酉堂刻本　十册

520000－2801－0007769　12793
唐眉山詩集十卷文集十四卷　(宋)唐庚撰　清雍正三年(1725)木活字印本　四册

520000－2801－0007770　12801
百一草堂集唐初刻二卷詩餘一卷二刻二卷詩餘一卷三刻二卷詩餘一卷　(清)柴才輯　(清)顧大本編　(清)宋呈瑞等仝校　清乾隆二十五年(1760)刻本　三册

520000－2801－0007771　12803
揅經室集一集十四卷二集八卷三集五卷四集二卷詩十一卷續集十一卷再續集六卷外集五卷　(清)阮元撰　清刻本　二十四册

520000－2801－0007772　12804
重輯宋黃宣獻公周禮說五卷首一卷末一卷　(宋)黃度撰　(清)陳金鑒輯　清道光十年(1830)剡東陳氏五馬山樓刻本　二册

520000－2801－0007773　12805
西堂餘集六十七卷　(清)尤侗撰　清中刻本　十八册

520000－2801－0007774　12806
唐類函二百卷目錄二卷　(明)俞安期彙纂　(明)徐顯卿校訂　明萬曆三十一年(1603)刻本　五十六册

520000－2801－0007775　12807
實政錄七卷　(明)呂坤撰　清同治十一年(1872)江蘇書局刻本　六册

520000－2801－0007776　12808
紅樓夢偶說二卷　題(清)晶三廬月草舍居士撰　清光緒二年(1876)簣覆山房刻本　二册

520000－2801－0007777　12809
介白堂詩集二卷　(清)劉光第著　清光緒二十九年(1903)宜賓刻本　二册

520000－2801－0007778　12811
鑑略四字書一卷　(清)王仕云著　清末李光明莊刻本　一册

520000－2801－0007779　12812
增補重訂千家詩注解二卷　(清)任來吉選　(清)王相注　清同治元年(1862)東郡文苑閣刻本　一册

520000－2801－0007780　12819
匋雅二卷　題(清)寂園叟初稿　清宣統二年(1910)上海朝記書莊石印本　四册

520000－2801－0007781　12822
邇言六卷　(清)錢大昭撰　清光緒四年(1878)刻本　二册

520000－2801－0007782　12823

兩漢策要十二卷目録一卷 （宋）陶叔獻撰 清光緒十三年（1887）上海同文書局石印本 八冊

520000－2801－0007783 12824
國朝蜀詩略十二卷總目一卷 （清）張沆輯録 清咸豐七年（1857）京師刻本 六冊

520000－2801－0007784 12825
水道提綱二十八卷目次一卷 （清）齊召南編録 清乾隆四十一年（1776）刻宏達堂叢書本 三冊

520000－2801－0007785 12826
古音類表九卷 （清）傅壽彤撰 清刻本 二冊

520000－2801－0007786 12829
撫郡農產攷略二卷 （清）何剛德輯 清光緒三十三年（1907）鉛印本 二冊

520000－2801－0007787 12830
釣臺集四卷 （明）楊束選校 （明）魯振宣補遺 明萬曆十三年（1585）刻本 二冊

520000－2801－0007788 12831
地理圖便覽一卷 （清）崔暕撰 清末刻本 一冊

520000－2801－0007789 12835
西堂全集十七種 （清）尤侗撰 清康熙刻本 十六冊

520000－2801－0007790 12836
銅梁山人詩集二十五卷詞四卷 （清）王汝璧撰 清光緒二十年（1894）京師刻本 五冊

520000－2801－0007791 12838
六朝文絜四卷 （清）許槤評選 清道光五年（1825）刻朱墨印本 二冊

520000－2801－0007792 12840
白香山詩長慶集二十卷後集十七卷別集一卷目録一卷 （唐）白居易撰 （清）汪立名編訂 **年譜一卷** （清）汪立名譔 **舊唐書本傳一卷年譜舊本一卷詩集補遺二卷** （清）汪立名輯 清康熙四十二年（1703）一隅草堂刻本 六冊

520000－2801－0007793 12841
玉臺新詠五卷 （南朝梁）徐陵編 （清）吳兆宜原注 清乾隆三十九年（1774）刻本 二冊

520000－2801－0007794 12843
楚辭十七卷 （戰國）屈原撰 （漢）王逸章句 明末汲古閣刻本 三冊

520000－2801－0007795 12851
太玄十卷 （漢）揚雄撰 （清）吳汝綸點勘 清宣統二年（1910）衍星社鉛印本 一冊

520000－2801－0007796 12852
初堂遺稿七種 （清）洪榜著 清刻本 三冊

520000－2801－0007797 12853
南北史捃華八卷 （清）周嘉猷輯 清同治四年（1865）刻本 四冊

520000－2801－0007798 12854
南北史捃華八卷 （清）周嘉猷輯 清同治四年（1865）刻本 四冊

520000－2801－0007799 12855
支那通史七卷 （日本）那珂通世撰 清光緒鉛印本 五冊 存四卷（一至四）

520000－2801－0007800 12856
筠河文集十六卷首一卷 （清）朱筠撰 清嘉慶二十年（1815）刻本 五冊 存十三卷（一至六、十一至十六，首一卷）

520000－2801－0007801 12856
筠河詩集二十卷目録一卷 （清）朱筠撰 清嘉慶二十二年（1817）刻本 八冊

520000－2801－0007802 12857
課子隨筆節抄六卷附録一卷 （清）張又渠輯 （清）徐桐節鈔 **續編一卷** （清）徐桐續編 清同治十年（1871）貴州刻本 四冊

520000－2801－0007803 12858
戴南山文鈔六卷首一卷 （清）戴名世撰 清宣統二年（1910）上海國學扶輪社鉛印本 二冊

520000－2801－0007804　12859
書敘指南二十卷　（宋）任廣編次　（清）李錫齡校訂　清刻本　四冊

520000－2801－0007805　12860
衛公兵法輯本三卷　（唐）李靖撰　**舊唐書李靖傳考證一卷**　清光緒二十年（1894）刻本　一冊

520000－2801－0007806　12863
忠裕堂詩集十卷文集三卷　（清）申涵盼著　清道光二十七年（1847）刻本　四冊

520000－2801－0007807　12864
六書通十卷　（明）閔齊伋撰　（清）畢弘述篆訂　清末石印本　二冊

520000－2801－0007808　12869
歷代名儒傳八卷首一卷循吏傳八卷名臣傳三十五卷首一卷續編五卷首一卷　（清）朱軾（清）蔡世遠編輯　清同治三年（1864）刻本　十九冊　缺三卷（循吏傳四至六）

520000－2801－0007809　12871
韓詩外傳十卷　（漢）韓嬰撰　（明）鍾惺評　清初刻本　四冊

520000－2801－0007810　12872
欽定篆文六經四書十種　（清）李光地等著　清光緒九年（1883）上海同文書局石印本　十冊

520000－2801－0007811　12880
江蘇海運全案十二卷目錄一卷　（清）賀長齡等纂輯　清道光六年（1826）刻本　十二冊

520000－2801－0007812　12881
卜魁城賦一卷　（清）英和撰　**新疆賦一卷**（清）徐松撰　清光緒八年至九年（1882－1883）元尚居刻本　一冊

520000－2801－0007813　12886
唐中興間氣集二卷　（唐）高仲武述　清末武進費氏影印本　二冊

520000－2801－0007814　12889
內閣撰擬文字二卷二編二卷　（清）鮑康編輯（清）徐士鑾輯　清同治七年至十一年（1868－1872）刻本　四冊

520000－2801－0007815　12890
浙江海運全案初編八卷重編四卷　（清）蔣益澧等總纂　（清）椿壽等總纂　清同治六年（1867）刻本　六冊

520000－2801－0007816　12891
刑案匯覽續編三十二卷　（清）吳潮　（清）何錫儼彙纂　清光緒十三年（1887）退思軒刻本　三十二冊

520000－2801－0007817　12892
李氏五種合刊二十七卷　（清）李兆洛輯　清同治九年至十年（1870－1871）合肥李氏刻本　十二冊　存四種

520000－2801－0007818　12893
唐宋十大家全集錄五十一卷總目一卷首一卷（清）儲欣錄　清康熙四十四年（1705）刻本　三十二冊

520000－2801－0007819　12894
福惠全書三十二卷　（清）黃六鴻撰　清刻本　八冊

520000－2801－0007820　12895
粵雅堂叢書二十集一百二十八種續一集五十八種　（清）伍崇曜輯　清道光至光緒南海伍氏刻本　二百六十八冊

520000－2801－0007821　12896
［清十朝聖訓］不分卷　（□）□□輯　清末石印本　九十三冊　殘

520000－2801－0007822　12897
佩文韻府一百六卷　（清）張玉書彙閱　（清）孫致彌纂　**拾遺一百六卷**　（清）張廷玉校勘（清）汪灝等纂　清光緒二十年（1894）上海點石齋石印本　六十冊

520000－2801－0007823　12898
廣古今同姓名錄補編三卷　（清）邵塾輯　清末刻本　一冊

520000－2801－0007824　12900

康熙字典十二集　(清)張玉書等纂修　清康熙五十五年(1716)刻本　三十七册

520000－2801－0007825　12901
欽定大清會典一百卷首一卷　(清)崑岡等纂修　清光緒二十五年(1899)石印本　三十四册　缺九卷(二十七至三十二、四十三至四十五)

520000－2801－0007826　12902
欽定大清會典圖二百七十卷首一卷　(清)崑岡等編纂　清光緒二十五年(1899)石印本　六十一册　缺四十七卷(五十至五十三、九十七、一百二十五至一百三十二、一百三十九、二百二十七至二百五十九)

520000－2801－0007827　12903
欽定大清會典事例一千二百二十卷目錄一卷　(清)崑岡等纂修　清光緒十二年(1886)石印本　三百四十一册　存一千一百二十二卷(一至十、十四至一百九、一百十八至一百十九、一百二十六至一百三十七、一百五十二至一百五十三、一百七十至一百七十四、一百七十八至一百九十一、一百九十六至二百一、二百七至二百七十九、二百九十至四百四、四百七至五百四十四、五百五十至五百五十一、五百五十四至五百六十五、五百七十二至六百五十六、六百六十至六百六十二、六百六十六至九百二十三、九百三十二至一千二百二十卷)

520000－2801－0007828　12904
登壇必究四十卷　(明)王鳴鶴編輯　明萬曆二十七年(1599)刻本　三十九册　存三十九卷(一至二十一、二十三至四十)

520000－2801－0007829　12905
春秋公羊經傳解詁十二卷　(漢)何休學　**校記十二卷**　(□)□□撰　清道光四年(1824)揚州汪氏問禮堂刻同治二年(1863)印本　二册

520000－2801－0007830　19810
印度國志不分卷　(清)學部編譯圖書局編纂　清光緒三十三年(1907)學部編譯圖書局鉛印本　一册

520000－2801－0007831　12906
春秋穀梁傳十二卷　(晉)范甯集解　清同治七年(1868)金陵書局刻本　二册

520000－2801－0007832　12907
資治通鑑二百九十四卷　(宋)司馬光編集　(元)胡三省註　**釋文辨誤十二卷**　(元)胡三省撰　清同治八年(1869)江蘇書局刻本　九十八册

520000－2801－0007833　12909
格致鏡原一百卷　(清)陳元龍撰　清雍正十三年(1735)刻本　二十四册

520000－2801－0007834　12910
南巡盛典一百二十卷　(清)高晉等纂　清乾隆三十六年(1771)刻本　四十二册　存一百八卷(一至九十三、一百六至一百二十)

520000－2801－0007835　12911
世宗憲皇帝御製文集三十卷　(清)世宗胤禛撰　**文輝遺稿一卷**　(清)和碩怡親王胤祥撰　清雍正十二年(1734)刻本　十五册

520000－2801－0007836　12913
方望溪先生文集十八卷集外文十卷集外文補遺二卷　(清)方苞撰　**年譜一卷附錄一卷**　清咸豐二年(1852)戴鈞衡刻本　十四册

520000－2801－0007837　12914
蜀典十二卷　(清)張澍輯　清光緒二年(1876)尊經書院刻本　四册

520000－2801－0007838　12915
梅叟閑評四卷　(清)郝培元著　清光緒十年(1884)東路廳署刻本　二册

520000－2801－0007839　12916
十國宮詞一百首　(清)吳省蘭輯　清同治十二年(1873)淮南書局刻本　一册

520000－2801－0007840　12918
鳴原堂論文二卷　(清)曾國藩撰　清同治十二年(1873)勵志齋刻本　一册

520000－2801－0007841　12919

蠶桑實濟六卷 （□）□□撰 清末刻本 一册

520000－2801－0007842 12920
方望溪先生文集十八卷集外文十卷集外文補遺二卷 （清）方苞撰 **年譜一卷附録一卷** 清咸豐二年（1852）戴鈞衡刻本 十二册

520000－2801－0007843 12921
政治汎論四卷 （美國）威爾遜著 （日本）高田早苗原譯 清光緒二十九年（1903）上海商務印書館鉛印本 二册

520000－2801－0007844 12922
新刊宣和遺事二集 （宋）□□撰 清末石印本 一册

520000－2801－0007845 12923
洪經略奏對筆記二卷 （清）洪承疇撰 清光緒十年（1884）廣百宋齋鉛印本 一册

520000－2801－0007846 12925
欽定大清會典一百卷 （清）允祹等纂修 清末刻本 二十册

520000－2801－0007847 12926
註釋水竹居賦不分卷 （清）盛觀潮著 清刻本 二册

520000－2801－0007848 12927
邵武徐氏叢書二集六十四卷 （清）徐幹輯 清光緒十四年（1888）刻本 二十册

520000－2801－0007849 12931
御選唐宋詩醇五十八卷 （清）高宗弘曆選 （清）允禄等編 清乾隆三年（1738）刻本 二十册

520000－2801－0007850 12932
春秋世族譜二卷 （清）陳厚耀撰 清嘉慶五年（1800）刻本 二册

520000－2801－0007851 12933
桐城先生點勘墨子讀本十六卷 （戰國）墨翟撰 （清）吳汝綸評點 清宣統二年（1910）鉛印本 二册

520000－2801－0007852 12934
桐城先生點勘子書讀本二十四卷 （清）吳汝綸評點 清宣統二年（1910）鉛印本 二册

520000－2801－0007853 12935
桐城先生點勘莊子讀本十卷 （戰國）莊周撰 （清）吳汝綸評點 清宣統元年（1909）鉛印本 二册

520000－2801－0007854 12937
白鶴堂詩文稿不分卷 （清）彭端淑著 （清）胡天游等評 清同治六年（1867）迪菴彭效宗刻本 六册

520000－2801－0007855 12938
觀心約一卷 （明）鄒森著 （清）魏象樞等訂 清順治十二年（1655）刻本 一册

520000－2801－0007856 12939
長恩書室叢書 （清）莊肇麟校刊 清咸豐四年（1854）新昌莊氏刻本 十二册

520000－2801－0007857 12940
萬善先資四卷 （清）周安士述 清光緒二十六年（1900）南昌刻經處刻本 二册

520000－2801－0007858 12941
白虎通德論四卷 （漢）班固纂 （明）鍾惺評 清初刻本 二册

520000－2801－0007859 12942
化學求數十五卷求數便用表一卷 （德國）富里西尼烏司著 （英國）傅蘭雅口譯 （清）徐壽筆述 清末江南製造總局刻本 十四册

520000－2801－0007860 12943
吳興詩存四集二十卷 （清）陸心源輯 清末刻本 八册

520000－2801－0007861 12944
漱芳居文鈔二集八卷 （清）趙青藜著 清乾隆刻本 四册

520000－2801－0007862 12946
東關紀略二卷 （清）林慶炳輯 清光緒九年（1883）刻本 一册

520000－2801－0007863 12949
聖安本紀六卷 （清）顧炎武著 清末鉛印本

一冊

520000－2801－0007864　12950

石遺室詩集三卷補遺一卷　陳衍撰　清光緒三十一年(1905)刻本　一冊

520000－2801－0007865　12951

江月松風集十二卷補遺一卷附文一卷　(元)錢惟善撰　清光緒八年(1882)刻本　一冊

520000－2801－0007866　12952

明題名碑錄不分卷　(□)□□編　清雍正刻本　二冊

520000－2801－0007867　12953

洪稚存先生事蹟一卷　(清)李兆洛撰　清同治十二年(1873)刻本　一冊

520000－2801－0007868　12954

小山詞鈔一卷補鈔一卷　(宋)晏幾道著　清光緒十一年(1885)揚州刻本　一冊

520000－2801－0007869　12957

類篇十五卷　(宋)司馬光等纂　清光緒二年(1876)川東官舍刻本　十四冊

520000－2801－0007870　12961

亞斐利加洲志一卷新志一卷　(清)學部編譯圖書局編纂　清宣統元年(1909)學部編譯圖書局鉛印本　一冊

520000－2801－0007871　12962

亞斐利加洲志一卷新志一卷　(清)學部編譯圖書局編纂　清宣統元年(1909)學部編譯圖書局鉛印本　一冊

520000－2801－0007872　12963

波斯志一卷　(清)學部編譯圖書局編纂　清光緒三十三年(1907)學部圖書局鉛印本　一冊

520000－2801－0007873　12964

開浦殖民地志一卷新志一卷　(清)學部編譯圖書局編纂　清光緒三十四年(1908)學部圖書局鉛印本　一冊

520000－2801－0007874　12965

開浦殖民地志一卷新志一卷　(清)學部編譯圖書局編纂　清光緒三十四年(1908)學部圖書局鉛印本　一冊

520000－2801－0007875　12966

緬甸國志一卷英領緬甸志一卷緬甸新志一卷暹羅國志一卷布哈爾志一卷　(清)學部編譯圖書局編纂　清光緒三十三年(1907)學部圖書局鉛印本　一冊

520000－2801－0007876　12967

緬甸國志一卷英領緬甸志一卷緬甸新志一卷暹羅國志一卷布哈爾志一卷　(清)學部編譯圖書局編纂　清光緒三十三年(1907)學部圖書局鉛印本　一冊

520000－2801－0007877　12968

印度新志一卷　(清)學部編譯圖書局編纂　清光緒三十三年(1907)學部編譯圖書局鉛印本　一冊

520000－2801－0007878　12969

印度新志一卷　(清)學部編譯圖書局編纂　清光緒三十三年(1907)學部編譯圖書局鉛印本　一冊

520000－2801－0007879　12970

小亞西亞志新志一卷　(清)學部編譯圖書局編纂　清光緒三十三年(1907)學部編譯圖書局鉛印本　一冊

520000－2801－0007880　12971

阿達曼群島志一卷新志一卷婆羅島志一卷　(清)前編書局編纂　清光緒三十四年(1908)學部編譯圖書局鉛印本　一冊

520000－2801－0007881　12972

爪哇志一卷新誌一卷蘇門答拉志一卷新志一卷　(清)學部編譯圖書局編纂　清光緒三十三年(1907)學部編譯圖書局鉛印本　一冊

520000－2801－0007882　12973

俾路芝志一卷馬留土股志一卷紐吉尼亞島志一卷西里伯島志一卷西里伯島新志一卷　(清)學部編譯圖書局編纂　清光緒三十三年(1907)學部編譯圖書局鉛印本　一冊

520000－2801－0007883　12974
阿富汗土耳其斯坦志一卷阿富汗斯坦志一卷阿富汗斯坦新志一卷土耳基司丹志一卷東土耳基司丹志一卷　(清)學部編譯圖書局編纂　清光緒三十三年(1907)學部編譯圖書局鉛印本　一册

520000－2801－0007884　12975
亞細亞洲志一卷新志一卷　(清)學部編譯圖書局編纂　清光緒三十四年(1908)學部編譯圖書局鉛印本　一册

520000－2801－0007885　12976
亞細亞洲志一卷新志一卷　(清)學部編譯圖書局編纂　清光緒三十四年(1908)學部編譯圖書局鉛印本　一册

520000－2801－0007886　12977
波斯志一卷　(清)學部編譯圖書局編纂　清光緒三十三年(1907)學部圖書局鉛印本　一册

520000－2801－0007887　12978
阿達曼群島志一卷新志一卷婆羅島志一卷　(清)前編書局編纂　清光緒三十四年(1908)學部編譯圖書局鉛印本　一册

520000－2801－0007888　12979
亞拉伯志一卷新志一卷　(清)學部編譯圖書局編纂　清光緒三十三年(1907)學部編譯圖書局鉛印本　一册

520000－2801－0007889　12980
俾路芝志一卷馬留土股志一卷紐吉尼亞島志一卷西里伯島志一卷西里伯島新志一卷　(清)學部編譯圖書局編纂　清光緒三十三年(1907)學部編譯圖書局鉛印本　一册

520000－2801－0007890　12981
俾路芝志一卷馬留土股志一卷紐吉尼亞島志一卷西里伯島志一卷西里伯島新志一卷　(清)學部編譯圖書局編纂　清光緒三十三年(1907)學部編譯圖書局鉛印本　一册

520000－2801－0007891　12982
英領開浦殖民地志一卷新志一卷　(清)學部編譯圖書局編纂　清光緒三十四年(1908)學部編譯圖書局鉛印本　一册

520000－2801－0007892　12983
土耳其志一卷新志一卷　(清)學部編譯圖書局編纂　清光緒三十三年(1907)學部圖書局鉛印本　一册

520000－2801－0007893　12984
土耳其志一卷新志一卷　(清)學部編譯圖書局編纂　清光緒三十三年(1907)學部圖書局鉛印本　一册

520000－2801－0007894　12985
俄國新志八卷　(英國)陔勒低撰　(英國)傅蘭雅　(清)潘松譯　清光緒二十四年(1898)上海製造總局刻本　三册

520000－2801－0007895　12987
印度國志不分卷　(清)學部編譯圖書局編纂　清光緒三十三年(1907)學部編譯圖書局鉛印本　一册

520000－2801－0007896　12988
小亞西亞志新志一卷　(清)學部編譯圖書局編纂　清光緒三十三年(1907)學部編譯圖書局鉛印本　一册

520000－2801－0007897　12989
土耳其志一卷新志一卷　(清)學部編譯圖書局編纂　清光緒三十三年(1907)學部圖書局鉛印本　一册

520000－2801－0007898　12990
東華錄四百二十五卷　王先謙編　清光緒十年(1884)刻本　一百六十册

520000－2801－0007899　12991
籌濟編三十二卷首一卷　(清)楊景仁輯　清光緒九年(1883)武昌書局刻本　八册

520000－2801－0007900　12992
太平御覽一千卷目錄十五卷　(宋)李昉等撰　(清)鮑崇城重校　清嘉慶十二年至十七年(1807－1812)歙鮑氏刻本　一百二十册

520000－2801－0007901　12993

仿宋相臺五經九十三卷考證九十三卷 （宋）岳珂校　清光緒二年（1876）刻本　三十二冊

520000－2801－0007902　12994

朱子原訂近思錄十四卷 （宋）朱熹撰　（清）江永集注　清同治七年（1868）楚北崇文書局刻本　四冊

520000－2801－0007903　12995

歸雲別集十種 （明）陳士元撰　清道光十三年（1833）吴玉坪刻本　三十二冊

520000－2801－0007904　13000

岳武忠王文集八卷末一卷 （宋）岳飛撰　清同治十二年（1873）刻本　三冊

520000－2801－0007905　13004

明史稿三百十卷目錄三卷 （清）王鴻緒編撰　清雍正元年（1723）王氏敬慎堂刻本　八十冊

520000－2801－0007906　13007

晨風閣叢書二十三種 沈宗畸校刻　清宣統元年（1909）刻本　十二冊　存十種

520000－2801－0007907　13009

碑傳集一百六十卷首二卷 （清）錢儀吉纂錄　清光緒十九年（1893）刻本　五十九冊　存一百五十九卷（四至一百六十、首二卷）

520000－2801－0007908　13045

［光緒］秀山縣誌十四卷首一卷 （清）王壽松錄　清光緒十七年（1891）刻本　四冊

520000－2801－0007909　13050

苗疆見聞錄一卷 （清）徐家幹述　清光緒四年（1878）刻本　一冊

520000－2801－0007910　13054

蝴蝶媒四卷 題（清）南陽道人題　題（清）清溪醉客編　清光緒三十年（1904）經翼山房刻本　四冊

520000－2801－0007911　13055

巢經巢詩集九卷後集四卷遺詩一卷 （清）鄭珍著　清咸豐四年（1854）刻本　四冊

520000－2801－0007912　13078

夷氛聞記五卷 （清）梁廷枏撰　清末刻本　五冊

520000－2801－0007913　13115

［光緒］湖南通志二百八十八卷首八卷末十九卷敘目一卷 （清）曾國荃等纂修　清光緒五年至十一年（1879－1885）刻本　一百六十六冊

520000－2801－0007914　13124

泉志十五卷譜雙五卷 （宋）洪遵撰　清同治十三年（1874）隸釋齋刻本　二冊

520000－2801－0007915　13144

自怡草一卷 （清）伍之麟撰　清末刻本　一冊

520000－2801－0007916　13145

望眉草堂詩集四卷文集二卷 （清）顏嗣徽撰　清光緒十九年（1893）古築顏氏文蔚堂刻本　五冊

520000－2801－0007917　13152

校正尚友錄二十二卷 （明）廖用賢編纂　（清）張伯琮補輯　清光緒十九年（1893）上海蜚英館石印本　十二冊

520000－2801－0007918　13167

黔語二卷 （清）吳振棫纂　清咸豐四年（1854）刻本　一冊

520000－2801－0007919　13170

輶軒語一卷 （清）張之洞撰　清光緒五年（1879）貴陽刻本　二冊

520000－2801－0007920　13171

書目答問不分卷 （清）張之洞撰　清光緒二年（1876）貴陽刻本　一冊

520000－2801－0007921　13186

翰林學士集一卷 （唐）太宗李世民等撰　清光緒十九年（1893）影刻本　一冊

520000－2801－0007922　13187

靈峯草堂集不分卷 陳矩撰　清光緒十九年（1893）刻本　一冊

520000－2801－0007923　13192

西河合集十五卷 (清)毛奇齡撰　清初刻本　六册

520000－2801－0007924　13197
[咸豐]盛京通志四十八卷 (清)雷以誠等督修　清咸豐三年(1853)刻本　二十册

520000－2801－0007925　13202
黔書二卷 (清)田雯撰　清康熙二十九年(1690)刻本　二册

520000－2801－0007926　13203
[乾隆]山西志輯要十卷首一卷清涼山志輯要二卷 (清)雅德修　(清)汪本直纂　清乾隆四十五年(1780)刻本　十二册

520000－2801－0007927　13258
宦游紀略二卷 (清)高廷瑤撰　清光緒九年(1883)資中官廨刻本　一册

520000－2801－0007928　13289
[乾隆]貴州通志四十六卷首一卷 (清)鄂爾泰　(清)張廣泗修　(清)靖道謨　(清)杜詮纂　清中刻本　二十册

520000－2801－0007929　13292
誥授光禄大夫頭品頂戴陝西布政使司布政使贈内閣學士先考之純府君行狀一卷誥封一品夫人晉封一品太夫人先妣李太夫人事略一卷 (清)蔣澤澐等述　**少甫遺詩一卷** (清)蔣本璋著　**水經注西南諸水考三卷** (清)陳澧撰　清末刻本　一册

520000－2801－0007930　13293
澹勤室詩六卷 (清)傅壽彤著　清同治十年(1871)大梁刻本　一册

520000－2801－0007931　13294
體訓堂遺詩一卷 (清)孔慶齡撰　清光緒二十一年(1895)臨縣官署刻本　一册

520000－2801－0007932　13295
樂府古題要解二卷 (唐)吳兢撰　清抄本　一册

520000－2801－0007933　13296
海水吟一卷 (清)楊楙林撰　清末石印本　一册

520000－2801－0007934　13297
沼山精舍經律劄記不分卷 (清)朱廷勷撰　清光緒十六年(1890)刻本　一册

520000－2801－0007935　13299
[同治]畿輔通志三百卷首一卷 (清)李鴻章修　(清)黃彭年纂　清光緒十年(1884)刻本　二百四十册

520000－2801－0007936　13300
西藏圖考八卷首一卷 (清)黃沛翹輯　清光緒十七年(1891)讀我書齋刻本　六册

520000－2801－0007937　13301
精鈔名臣三傳一卷 (晉)陳壽等撰　清抄本　一册

520000－2801－0007938　13304
太史升菴全集八十一卷目錄二卷 (明)楊慎著　清乾隆六十年(1795)刻本　二十四册

520000－2801－0007939　13304
升菴外集一百卷目錄一卷 (明)楊慎著　清道光二十四年(1844)刻本　二十四册

520000－2801－0007940　13322
檀几叢書二集五十卷餘集二卷 (清)王晫　(清)張潮輯　清康熙三十四年(1695)新安張氏霞舉堂刻本　十二册

520000－2801－0007941　13323
昭代叢書甲集五十卷乙集四十卷 (清)張潮輯　(清)王嗣槐校　清康熙三十六年(1697)刻本　十二册

520000－2801－0007942　13371
貴州全省諸苗圖說一卷 (清)□□撰　清光緒四年(1878)抄本　一册

520000－2801－0007943　13372
三硯齋金石編不分卷 (清)王宇春編　清道光六年(1826)受書堂鈐印本　十册

520000－2801－0007944　13455
棣懷堂隨筆十一卷末一卷雙圃賦鈔一卷夢巖賦鈔一卷詩鈔一卷 (清)李象鵾撰　清道光

二十六年(1846)刻本　八冊

520000－2801－0007945　13458
[乾隆]大清一統志三百五十六卷　(清)蔣廷錫等修　(清)王安國等纂　清木活字印本　一百二十冊

520000－2801－0007946　13464
欽定平定貴州苗匪紀略四十卷　(清)奕訢等修　(清)朱學勤等纂　清末鉛印本　六冊

520000－2801－0007947　13488
中國近世輿地圖說二十三卷　(清)羅汝楠編纂　(清)方新校繪　清宣統元年(1909)石印本　八冊

520000－2801－0007948　13489
張氏叢書三十六種　(清)張澍編輯　清道光元年(1821)刻本　十冊

520000－2801－0007949　13520
天一閣藏碑目一卷藏書目四卷　(清)范懋敏編次　清乾隆五十二年(1787)刻本　九冊　存五卷(碑目一之一、藏書目四卷)

520000－2801－0007950　13522
天一閣見存書目四卷首一卷末一卷　(清)薛福成錄　清光緒十五年(1889)崇實書院刻本　四冊

520000－2801－0007951　13532
貴州全省地輿圖說不分卷　(清)□□編　清宣統元年(1909)貴州調查局石印本　四冊

520000－2801－0007952　13539
長田捷疏一卷　(明)蔡復等撰　明天啟五年(1625)刻本　一冊

520000－2801－0007953　13541
金石三例　(清)盧見曾輯　清乾隆二十年(1755)刻本　二冊

520000－2801－0007954　13542
拙尊園叢稿六卷　(清)黎庶昌撰　清光緒十九年(1893)上海醉六堂石印本　二冊

520000－2801－0007955　13543
隸辨八卷　(清)顧藹吉撰　清乾隆八年(1743)刻本　八冊

520000－2801－0007956　13544
碑版文廣例十卷　(清)王芑孫輯　清道光二十一年(1841)刻本　四冊

520000－2801－0007957　13545
史通削繁四卷　(唐)劉知幾撰　(清)紀昀削繁　(清)浦起龍注　清道光十三年(1833)兩廣節署刻朱墨印本　四冊

520000－2801－0007958　13548
佩文詩韻釋要五卷　(清)周兆基編　清宣統三年(1911)商務印書館石印本　一冊

520000－2801－0007959　13560
琴學入門□□卷　(清)張靜薌輯　清同治十二年(1873)刻本　一冊　存一卷(下)

520000－2801－0007960　13563
韻法直圖一卷橫圖一卷　(清)梅膺祚撰　清刻本　一冊

520000－2801－0007961　13564
歷代畫史彙傳七十二卷總目三卷首一卷附錄二卷目錄二卷　(清)彭蘊璨編　清光緒五年(1879)京都善成堂書舖刻本　三十二冊

520000－2801－0007962　14002
欽定五軍道里表十八卷　(清)明亮等修　(清)常泰等纂　清末刻本　十八冊

520000－2801－0007963　14004
墨花吟館詩鈔十六卷試帖一卷　(清)嚴辰撰　清光緒八年(1882)刻本　五冊

520000－2801－0007964　14005
皇朝經世文編一百二十卷　(清)賀長齡輯　清道光七年(1827)刻本　八十冊

520000－2801－0007965　14006
十三經注疏十三種　(三國魏)王弼等注疏　(清)弘晝監理　清同治十年(1871)廣東書局刻本　六十六冊　存八種

520000－2801－0007966　14007
國朝文錄八十二卷　(清)姚椿輯　清咸豐元年(1851)終南山館刻本　三十二冊

520000－2801－0007967　14009
隋朝雜詠一卷隋末諸竊據雜詠一卷　（清）趙炳藜著　清光緒八年（1882）刻本　一冊

520000－2801－0007968　14011
斜川集六卷　（宋）蘇過著　清道光六年（1826）刻本　二冊

520000－2801－0007969　14011
嘉祐集二十卷　（宋）蘇洵著　**東坡集八十四卷目錄二卷**　（宋）蘇軾著　清道光十三年（1833）刻本　四十二冊

520000－2801－0007970　14011
欒城初集四十八卷後集二十四卷三集十卷應詔集十二卷　（宋）蘇轍撰　清道光十二年（1832）刻本　二十冊

520000－2801－0007971　14012
藝海珠塵八集一百六十四種　（清）吳省蘭輯　（清）錢熙輔增輯　清嘉慶南匯吳氏聽彝堂刻本　六十二冊

520000－2801－0007972　14013
攻媿集一百十二卷　（宋）樓鑰撰　清刻本　三十五冊　存一百卷（十三至一百十二）

520000－2801－0007973　14014
四書纂箋二十八卷　（元）詹道傳撰　清初通志堂刻本　十冊

520000－2801－0007974　14015
校邠廬抗議二卷　（清）馮桂芬著　清咸豐十一年（1861）刻本　二冊

520000－2801－0007975　14018
金陵通紀十卷續四卷　陳作霖編輯　清光緒三十二年（1906）瑞華館刻本　六冊

520000－2801－0007976　14019
駢雅七卷駢雅訓纂十六卷序目一卷　（明）朱謀㙔著　（清）魏茂林訓纂　清光緒七年（1881）成都瀹雅齋刻本　八冊

520000－2801－0007977　14020
歷代史表五十九卷　（清）萬斯同撰　（清）孫傳瀓校訂　清嘉慶元年（1796）留香閣刻本　八冊

520000－2801－0007978　14021
漢隸字源五卷碑目一卷　（宋）婁機輯　清光緒三年（1877）川東官舍刻本　六冊

520000－2801－0007979　14022
廣雅疏證十卷　（清）王念孫學　**博雅音十卷**　（唐）曹憲　清嘉慶元年（1796）刻本　八冊

520000－2801－0007980　14023
惜抱先生尺牘八卷　（清）姚鼐撰　（清）陳用光輯　清宣統元年（1909）小萬柳堂刻本　二冊

520000－2801－0007981　14026
衎石齋記事稿十卷續稿十卷　（清）錢儀吉撰　清光緒六年（1880）刻本　十冊

520000－2801－0007982　14027
石經考異二卷　（清）杭世駿撰　清乾隆元年（1736）刻本　一冊

520000－2801－0007983　14028
二申野錄八卷　（清）孫之騄輯　清末刻本　四冊

520000－2801－0007984　14029
浣霞摸心記畧二卷　（清）金城撰　清刻本　二冊

520000－2801－0007985　14030
缾水齋詩集十六卷別集二卷詩話一卷　（清）舒位撰　清光緒十二年（1886）刻本　八冊

520000－2801－0007986　14031
蘭臺遺稿一卷附錄一卷續編一卷　（清）彭希涑撰　**芸暉小閣吟草一卷**　（清）顧韞玉撰　**測海集六卷**　（清）彭紹升撰　**觀河集四卷南畇詩稿十卷**　（清）彭定求撰　清刻本　六冊

520000－2801－0007987　14032
絕妙好詞箋七卷續鈔一卷又續一卷　（宋）周密原輯　（清）查為仁　（清）厲鶚箋　清道光八年（1828）刻本　二冊

520000－2801－0007988　14033
屈宋古音義三卷　（明）陳第撰　清武昌張氏

刻本　二册

520000－2801－0007989　14034
毛詩古音考五卷　(明)陳第編輯　清光緒六年(1880)武昌張氏刻本　四册

520000－2801－0007990　14035
朱文端公文集四卷　(清)朱軾撰　清末刻本　四册

520000－2801－0007991　14046
衷聖齋文集一卷外編一卷　(清)劉光第著　清光緒三十年(1904)刻本　二册

520000－2801－0007992　14047
衷聖齋文集一卷外編一卷　(清)劉光第著　清光緒三十年(1904)刻本　二册

520000－2801－0007993　14048
衷聖齋文集一卷外編一卷　(清)劉光第著　清光緒三十年(1904)刻本　二册

520000－2801－0007994　14049
出使英法日記一卷　(清)曾紀澤著　清光緒二十三年(1897)湖南新學書局刻本　一册

520000－2801－0007995　14050
冰泉唱和集一卷　金武祥撰　清光緒十五年(1889)刻本　一册

520000－2801－0007996　14052
庸盦海外文編四卷目錄一卷　(清)薛福成撰　清光緒二十一年(1895)蕭山陳氏刻本　四册

520000－2801－0007997　14053
政藝通報乙巳全書二篇五十八卷附錄五卷目錄一卷　(清)政藝通報編　清光緒三十一年(1905)鉛印本　六册

520000－2801－0007998　14056
古香齋鑒賞袖珍春明夢餘錄七十卷　(清)孫承澤撰　清光緒七年至八年(1881－1882)刻本　二十三册　存六十四卷(一至五十七、六十四至七十)

520000－2801－0007999　14061
廣古今同姓名錄三卷　(清)邵塈輯　清刻本　一册

520000－2801－0008000　14062
明治政黨小史一卷　(日本)東京日日新報撰　(清)出洋學生編輯所編譯　清光緒二十八年(1902)商務印書館鉛印本　一册

520000－2801－0008001　14063
埃及近世史一卷　(日本)柴四郎撰　(清)出洋學生編輯所編譯　清光緒二十八年(1902)商務印書館鉛印本　一册

520000－2801－0008002　14064
中國現勢論一卷　(法國)□□撰　(清)出洋學生編輯所編譯　清光緒二十八年(1902)商務印書館鉛印本　一册

520000－2801－0008003　14065
春在堂全書　(清)俞樾著　清同治十年(1871)石印本　三十一册

520000－2801－0008004　14067
憲廟朱批諭旨不分卷　(清)世宗胤禛批　清光緒十三年(1887)上海廣百宋齋鉛印本　五十五册

520000－2801－0008005　14068
欽定大清會典一百卷　(清)允祹等纂修　清刻本　二十四册

520000－2801－0008006　14069
欽定大清會典一百卷首一卷　(清)崑岡等纂修　清宣統元年(1909)南洋官書局石印本　十二册

520000－2801－0008007　14070
拳匪紀事六卷　(日本)佐原篤介　(清)漚隱輯　清光緒二十七年(1901)鉛印本　五册　存五卷(一至五)

520000－2801－0008008　14071
岑嘉州集八卷　(唐)岑參撰　**高常侍集十卷**　(唐)高適撰　**王摩詰集六卷**　(唐)王維撰　**孟浩然集四卷**　(唐)孟浩然撰　清光緒十年(1884)上海同文書局石印本　八册

520000－2801－0008009　14072

全唐詩三十二卷總目一卷 （清）曹寅等輯 清光緒十三年(1887)上海同文書局石印本 三十二册

520000－2801－0008010 14077
王摩詰集六卷 （唐）王維撰 清光緒十年(1884)尚友山房刻本 四册

520000－2801－0008011 14078
國朝駢體正宗十二卷 （清）曾燠輯 清光緒十三年(1887)上海蜚英館石印本 六册

520000－2801－0008012 14080
佩文齋書畫譜一百卷 （清）孫岳頒等纂 清光緒九年(1883)上海同文書局石印本 十五册 存九十三卷(一至八十、八十八至一百)

520000－2801－0008013 14082
兒女英雄傳評話四十回首一回 （清）文康撰 清光緒十四年(1888)石印本 十册 存三十五回(一至二十一、二十八至四十,首一回)

520000－2801－0008014 14083
李文忠公奏議二十卷 （清）李鴻章撰 （清）章洪鈞 （清）吳汝綸編輯 清末蓮池石印本 十九册 存十九卷(一至九、十一至二十)

520000－2801－0008015 14084
增補詩韻合璧五卷 （清）湯文潞編 **虚字韻藪一卷詩腋目一卷詞林典腋一卷** （清）潘維城輯 清光緒十年(1884)四明暢懷書屋鉛印本 五册

520000－2801－0008016 14085
行水金鑑一百七十五卷首圖一卷 （清）傅澤洪錄 清雍正三年(1725)淮陽官署鑄錯草堂刻本 三十六册

520000－2801－0008017 14086
昭代叢書甲集五十卷乙集四十卷 （清）張潮輯 （清）王嗣槐校 清康熙三十六年(1697)刻本 十六册 存八十九卷(甲集五十卷、乙集一至三十九)

520000－2801－0008018 14087
檀几叢書二集五十卷餘集二卷 （清）王晫 （清）張潮輯 清康熙三十四年(1695)新安張氏霞舉堂刻本 十二册

520000－2801－0008019 14088
水經注四十卷首一卷 （北魏）酈道元撰 **附錄二卷** （清）趙一清錄 清光緒十八年(1892)長沙王氏刻本 八册 存二十六卷(十七至四十、附錄二卷)

520000－2801－0008020 14089
精選名賢詞話草堂詩餘二卷 （宋）何士信輯 清光緒二十二年(1896)四印齋刻本 二册

520000－2801－0008021 14090
古經解匯函十六種小學匯函十四種 （清）鍾謙鈞等輯 清光緒十五年(1889)湖南書局刻本 八十册

520000－2801－0008022 14091
二十二子二十二種 （清）浙江書局輯 清光緒浙江書局刻本 六十二册 存二十一種

520000－2801－0008023 14092
御批歷代通鑑輯覽一百二十卷 （清）傅恒等總裁 （清）楊述曾等纂修 清同治十年(1871)浙江巡撫楊昌濬刻朱墨印本 四十八册

520000－2801－0008024 14093
御批歷代通鑑輯覽一百二十卷 （清）傅恒總裁 （清）楊述曾等纂修 清刻本 五十六册 存一百十一卷(七至六十三、六十六至一百十九)

520000－2801－0008025 14094
淵鑑類函四百五十卷目錄四卷 （清）張英等纂 清康熙四十九年(1710)刻本 一百三十三册 存四百三十五卷(一至六十、六十四至七十五、八十至一百五十五、一百五十九至二百九、二百十三至二百十六、二百二十至二百二十二、二百二十六至四百五十,目錄四卷)

520000－2801－0008026 14095
淵鑑類函四百五十卷目錄四卷 （清）張英等纂 清康熙四十九年(1710)刻本 一百三十六册 存四百二十八卷(一至三百二十一、三

百三十五至三百八十五、三百九十九至四百五十，目錄四卷）

520000－2801－0008027　14096
綱鑑會纂三十八卷首一卷　（明）王世貞編　（清）陳宏謀輯　清刻本　四十册

520000－2801－0008028　14097
槐廬叢書三十三卷　（清）朱記榮輯訂　清光緒十三年（1887）吳縣朱氏家塾刻本　四十八册

520000－2801－0008029　14098
資治通鑑地理今釋十六卷　（清）吳熙載撰　清光緒八年（1882）江蘇書局刻本　三册

520000－2801－0008030　14099
鄭氏佚書二十三種　（漢）鄭玄著　（清）袁鈞學　清光緒十四年（1888）江蘇書局刻本　十册

520000－2801－0008031　14100
五朝名臣言行錄前集十卷　（宋）朱熹纂集　（宋）李衡校正　**三朝名臣言行錄十四卷皇朝名臣言行錄八卷**　（宋）朱熹撰　**四朝名臣言行錄别集上十三卷四朝名臣言行錄别集下十三卷皇朝道學名臣言行外錄十七卷**　（宋）李幼武纂集　清同治七年（1868）臨川桂氏刻本　十二册

520000－2801－0008032　14101
唐宋十大家全集錄五十一卷總目一卷首一卷　（清）儲欣錄　清康熙四十四年（1705）刻本　三十册　缺十六卷（蘇東坡集六至九、藾欒城集一至六、曾南豐集一至二、王臨川集一至四）

520000－2801－0008033　14102
佩文齋詠物詩選六十四卷　（清）高輿編修　清康熙四十六年（1707）刻本　六十一册　存六十一卷（一至二十七、二十九至三十七、四十至六十四）

520000－2801－0008034　14103
東華錄一百二十卷　王先謙編　（清）周潤蕃等校　清末石印本　六十册

520000－2801－0008035　14105
本事詩十二卷　（清）徐釚編輯　清光緒十四年（1888）刻本　四册

520000－2801－0008036　14107
御定駢字類編二百四十卷　（清）張廷玉等編　清光緒十三年（1887）上海同文書局石印本　四十八册

520000－2801－0008037　14108
御批歷代通鑑輯覽一百二十卷　（清）傅恒等總裁　（清）楊述曾等纂修　清光緒二十八年（1902）萃文齋石印本　十九册　存一百十三卷（一至三十三、四十一至一百二十）

520000－2801－0008038　14111
子史精華一百六十卷目錄一卷　（清）允祿等監修　（清）張廷玉等校對　（清）吳士玉等總裁　清雍正五年（1727）刻本　二十四册　存一百二十一卷（一至八十、一百二十一至一百六十一）

520000－2801－0008039　14112
昭代經濟言十四卷　（明）陳子壯撰　清同治二年（1863）南海伍氏粵雅堂文字歡娛室刻本　六册

520000－2801－0008040　14113
唐四家詩集二十卷拾補一卷　（清）胡鳳丹輯　清光緒十三年（1887）湖北官書處刻本　五册

520000－2801－0008041　14114
段氏說文注訂八卷　（清）鈕樹玉撰　清同治五年（1866）碧螺山館刻本　四册

520000－2801－0008042　14115
歷代名臣言行錄二十四卷　（清）朱桓編輯　清光緒二十九年（1903）經藝齋石印本　八册

520000－2801－0008043　14118
讀畫齋叢書八集　（清）顧修輯　清嘉慶四年（1799）桐川顧氏刻本　九十六册

520000－2801－0008044　14119
讀畫齋叢書八集　（清）顧修輯　清嘉慶四年

(1799)刻本　四十二册　缺一集(丙)

520000－2801－0008045　14120
讀畫齋叢書八集　(清)顧修輯　清嘉慶四年(1799)刻本　五十八册　缺二集(丙、辛)

520000－2801－0008046　14121
述古叢鈔四集二十九種　(清)劉晚榮輯　清末藏修書屋刻本　三十六册　存二十種

520000－2801－0008047　14122
隨園三十種　(清)袁枚輯　清乾隆、嘉慶刻本　九十三册　存二十九種

520000－2801－0008048　14123
史記一百三十卷　(漢)司馬遷撰　(南朝宋)裴駰集解　清光緒十四年(1888)鉛印本　十六册

520000－2801－0008049　14124
前漢書一百二十卷　(漢)班固撰　(唐)顔師古注　清光緒十四年(1888)鉛印本　二十册

520000－2801－0008050　14125
後漢書一百二十卷　(南朝宋)范曄撰　(唐)章懷太子李賢注　清光緒十四年(1888)上海圖書集成印書局鉛印本　十六册

520000－2801－0008051　14126
三國志六十五卷考證六十五卷　(晉)陳壽撰　(南朝宋)裴松之注　清光緒十四年(1888)上海圖書集成印書局鉛印本　八册

520000－2801－0008052　14127
二十四史　(□)□□輯　清光緒二十八年(1902)史學會社石印本　一百三十一册　存十六種

520000－2801－0008053　14128
宋元學案一百卷首一卷　(清)黄宗羲撰　(清)黄百家纂輯　(清)全祖望修定　清光緒五年(1879)長沙寄廬刻本　四十册

520000－2801－0008054　14129
胡文忠公遺集八十六卷首一卷目錄一卷　(清)胡林翼撰　(清)鄭敦謹　(清)曾國荃編輯　清同治六年(1867)刻本　三十二册

520000－2801－0008055　14130
郝氏遺書　(清)郝懿行撰　清光緒八年(1882)刻本　三十七册　存十五種

520000－2801－0008056　14131
崇文書局匯刻書三十三種　(清)崇文書局輯　清光緒三年(1877)湖北崇文書局刻本　二十册　存九種

520000－2801－0008057　14132
皇清經解一千四百卷首一卷續刻八卷　(清)阮元輯　(清)勞崇光補刻　清咸豐十一年(1861)補刻本　二百八十六册　存一千五十四卷(一至一百九十三、一百九十九至六百五十、六百七十至六百七十三、七百九十二至八百十、八百二十六至八百四十一、八百四十五至八百四十九、八百七十八至八百八十一、九百七十七至九百八十、九百八十五至一千三十八、一千九十九至一千四百,首一卷)

520000－2801－0008058　14133
皇清經解續編一千四百三十卷　王先謙輯　清光緒十四年(1888)南菁書院刻本　三百二十册

520000－2801－0008059　14134
春在堂全書　(清)俞樾撰　清光緒二十八年(1902)刻本　九十八册　存三十三種

520000－2801－0008060　14135
浙西六家詩鈔六卷　(清)吴應和　(清)馬洵選　清道光七年(1827)刻本　六册

520000－2801－0008061　14136
太平廣記五百卷目錄十卷　(宋)李昉編　清道光二十六年(1846)刻本　三十九册　存五百卷(一至三百八十、三百九十一至五百,目錄十卷)

520000－2801－0008062　14138
理財攷鏡十卷首一卷　(清)孫德全著　清宣統二年(1910)鉛印本　四册

520000－2801－0008063　14139
文選六十卷　(南朝梁)昭明太子蕭統撰　(唐)李善注　(清)葉樹藩參訂　清同治八年

(1869)湖北崇文書局刻本　二十四册

520000－2801－0008064　14140
文選六十卷　(南朝梁)昭明太子蕭統撰　(唐)李善注　(清)葉樹藩參訂　清乾隆三十七年(1772)羊城翰墨園刻朱墨印本　十五册　缺四卷(二十四至二十七)

520000－2801－0008065　14141
春在堂全書　(清)俞樾撰　清刻本　七十八册　存十八種

520000－2801－0008066　14142
春暉堂叢書十二種　(清)徐渭仁輯　清道光二十年至咸豐九年(1840－1859)上海徐氏寒木春華館刻本　十二册

520000－2801－0008067　14143
左繡三十卷首一卷　(清)馮李驊　(清)陸浩評輯　**春秋經傳集解三十卷**　(晉)杜預原本　(唐)陸德明音義　(宋)林堯叟附註　(清)馮李驊增訂　清華川書屋刻本　十四册

520000－2801－0008068　14144
文中子中説十卷　(隋)王通撰　(宋)阮逸注　清光緒二年(1876)浙江書局刻本　二册

520000－2801－0008069　14145
文中子中説十卷　(隋)王通撰　(宋)阮逸注　清光緒二年(1876)浙江書局刻本　二册

520000－2801－0008070　14146
春在堂全書　(清)俞樾撰　清刻本　五十八册　存十九種

520000－2801－0008071　14147
聖安皇帝本紀二卷　(清)顧炎武撰　清刻本　一册

520000－2801－0008072　14148
右台仙館筆記十六卷　(清)俞樾撰　清末刻本　五册

520000－2801－0008073　14155
新雕校證大字白氏諷諫一卷　(唐)白居易撰　清光緒十九年(1893)影宋刻本　一册

520000－2801－0008074　14157
靈芬館詞四種　(清)郭麐撰　清光緒五年(1879)娱園刻本　二册

520000－2801－0008075　14161
醲齋訓蒙雜編四卷　(清)鮑東里著　清光緒十年(1884)刻本　一册

520000－2801－0008076　14163
增廣新術二卷　(清)羅士琳撰　**同度記一卷**　(清)孔繼涵撰　清光緒十七年(1891)刻本　一册

520000－2801－0008077　14164
金正希先生燕詒閣集七卷　(明)金聲撰　明末刻本　四册

520000－2801－0008078　14170
效學樓述文三卷　(清)馬綱章撰　清光緒三十四年(1908)京師刻本　一册

520000－2801－0008079　14171
欽定四庫全書總目二百卷首四卷　(清)紀昀等纂　清刻本　九十一册　存一百六十七卷(十九至一百七十九、一百八十一至一百八十三、一百八十五、一百八十八至一百八十九)

520000－2801－0008080　14172
佩文韻府一百六卷　(清)張玉書等纂修　清刻本　一百七册

520000－2801－0008081　14175
孫子十家注十三卷　(春秋)孫武撰　(三國魏)曹操等注　**敘錄一卷**　(清)畢以珣撰　**遺説一卷**　(清)孫星衍等同校　清光緒三年(1877)浙江書局刻本　六册

520000－2801－0008082　14176
老子道德經二卷　(三國魏)王弼注　**經典釋文一卷**　(唐)陸德明撰　清光緒元年(1875)湖北崇文書局刻本　一册

520000－2801－0008083　14177
管子二十四卷　(春秋)管仲撰　(唐)房玄齡注　(明)劉績補　清光緒二年(1876)浙江書局刻本　六册

520000－2801－0008084　14178

荀子二十卷校勘補遺一卷 (戰國)荀況撰 (唐)楊倞注 (清)盧文弨 (清)謝墉校 清光緒二年(1876)浙江書局刻本 六冊

520000－2801－0008085 19809
印度國志不分卷 (清)學部編譯圖書局編纂 清光緒三十三年(1907)學部編譯圖書局鉛印本 一冊

520000－2801－0008086 14179
揚子法言十三卷音義一卷 (漢)揚雄撰 (晉)李軌注 清光緒二年(1876)浙江書局刻本 一冊

520000－2801－0008087 14180
尸子二卷存疑一卷 (戰國)尸佼撰 (清)汪繼培輯 清光緒三年(1877)浙江書局刻本 一冊

520000－2801－0008088 14181
商君書五卷 (戰國)商鞅撰 (清)嚴可均校本 清光緒二年(1876)浙江書局刻本 一冊

520000－2801－0008089 14182
新書十卷 (漢)賈誼撰 清光緒元年(1875)浙江書局刻本 二冊

520000－2801－0008090 14183
董子春秋繁露十七卷目錄一卷附錄一卷 (漢)董仲舒撰 清光緒十九年(1893)鴻文書局石印本 二冊

520000－2801－0008091 14184
文子纘義十二卷 (元)杜道堅撰 清光緒二年(1876)浙江書局刻本 二冊

520000－2801－0008092 14185
安徽輿圖表說七卷 (清)□□纂修 清光緒二十二年(1896)刻本 二冊

520000－2801－0008093 14186
金石摘十卷 (清)陳善墀輯 清同治十二年(1873)瀏陽縣學不求甚解齋刻本 十冊

520000－2801－0008094 14187
四書反身錄八卷 (清)李顒撰 **李二曲先生事畧一卷** (清)杜紹祁撰 清嘉慶二十二年(1817)刻本 四冊

520000－2801－0008095 14189
漢魏六朝名家集 (清)丁福保輯 清宣統三年(1911)上海文明書局鉛印本 二十二冊 存二十三種

520000－2801－0008096 14190
松風閣詩鈔二十五卷歸樸龕叢稿十二卷續編四卷鶴和樓制義一卷補編一卷 (清)彭蘊章撰 清同治三年(1864)刻本 十四冊

520000－2801－0008097 14191
欽定中樞政考四十卷 (清)納蘇泰等纂修 清道光五年(1825)刻本 三十八冊 存三十八卷(一至五、八至四十)

520000－2801－0008098 14192
北山錄十卷 (唐)釋神清撰 (唐)釋慧寶注 **註解隨函二卷** (宋)釋德珪撰 清末影印本 四冊

520000－2801－0008099 14193
北山錄十卷 (唐)釋神清撰 (唐)釋慧寶注 **註解隨函二卷** (宋)釋德珪撰 清末影印本 四冊

520000－2801－0008100 14194
春秋穀梁經傳補注二十四卷首一卷末一卷 (晉)范甯集解 (清)鍾文烝補注 清光緒二年(1876)刻本 六冊 存二十一卷(一至十九、首一卷、末一卷)

520000－2801－0008101 14195
醫方集解二十一卷救急良方一卷勿藥元詮一卷 (清)汪昂撰 清道光二十七年(1847)瓶花書屋刻本 四冊

520000－2801－0008102 14198
蒙學初編六種 (□)□□輯 清刻本 一冊

520000－2801－0008103 14200
佩文韻府一百六卷 (清)張玉書彙閱 (清)孫致彌纂 **拾遺一百六卷** (清)張廷玉校勘 (清)汪灝等纂 清刻本 八十六冊 存一百二十九卷(佩文韻府五至二十二、二十六至

三十四、三十七至九十、九十九至一百六，拾遺一至四十）

520000－2801－0008104　14201
國朝杭郡詩輯三十二卷　（清）吳顥撰　（清）吳振棫重編　清同治十三年（1874）刻本　十二册

520000－2801－0008105　14202
兩浙輶軒續録五十四卷補遺六卷　（清）潘衍桐輯　清光緒十七年（1891）浙江書局刻本　四十册

520000－2801－0008106　14203
醫效秘傳三卷　（清）吴葉桂述　**溫熱贅言一卷**　題（清）寄瓢子述　清道光十一年（1831）刻本　二册

520000－2801－0008107　14204
國朝杭郡詩續輯四十六卷　（清）吴振棫編　清光緒二年（1876）丁氏刻本　十六册

520000－2801－0008108　14205
廣事類賦四十卷　（清）華希閔著　清乾隆二十九年（1764）刻本　八册

520000－2801－0008109　14206
明張文忠公全集四十六卷附録二卷　（明）張居正撰　清光緒二十七年（1901）紅藤碧樹山館刻本　十六册

520000－2801－0008110　14208
針灸擇日編集一卷　（明）金循義等撰　**備急灸方一卷**　題（宋）聞人耆年述　清光緒十六年（1890）上杭羅氏刻本　二册

520000－2801－0008111　14210
薛氏醫案二十四種　（明）薛己撰　（明）吴琯輯　清刻本　四十八册

520000－2801－0008112　14211
陳修園醫書六種　（清）陳念祖著　清光緒三十三年（1907）巴蜀善成堂刻本　三十三册

520000－2801－0008113　14212
當歸草堂醫學叢書初編四十卷　（清）丁丙輯　清光緒四年（1878）錢塘丁氏當歸草堂刻本　十一册

520000－2801－0008114　14213
東醫寶鑑二十三卷　（朝鮮）許浚撰　清刻本　二十一册

520000－2801－0008115　14215
神農本草三卷　王闓運校　清光緒十一年（1885）尊經書院刻本　一册

520000－2801－0008116　14216
景岳全書六十四卷　（明）張介賓撰　（清）魯超訂　清刻本　二十四册

520000－2801－0008117　14217
診斷脈法雜鈔不分卷　（□）□□撰　清抄本　一册

520000－2801－0008118　14218
新鐫陶節庵家藏秘授傷寒六書六卷　（明）陶華撰　明末刻本　一册　存五卷（二至六）

520000－2801－0008119　14219
證治準繩不分卷　（明）王肯堂輯　清刻本　十六册

520000－2801－0008120　14220
幼科證治準繩集九卷　（明）王肯堂輯　明末刻本　八册　存四卷（六至九）

520000－2801－0008121　14221
小學類編七種　（清）李祖望輯　清咸豐二年至光緒二年（1852－1876）江都李氏半畝園刻本　八册

520000－2801－0008122　14222
脾胃論三卷内外傷辨三卷　（元）李杲撰　**湯液本草三卷**　（元）王好古類集　**醫經溯洄集一卷**　（元）王履著　清末刻本　七册

520000－2801－0008123　14224
聿修堂醫學叢書六十九卷十三種　（日本）丹波元簡等著　清光緒十年（1884）飛青閣刻本　三十八册

520000－2801－0008124　14225
醫統正脈全書四十四種　（明）王肯堂輯　清江陰朱氏刻本　三十一册

520000－2801－0008125　14226

成方切用二十六卷方制總義一卷　（清）吳儀洛輯　清道光二十七年（1847）瓶花書屋刻本　五册　存二十一卷（一至五、十一至二十六）

520000－2801－0008126　14227

班馬字類五卷　（宋）婁機撰　清刻本　二册

520000－2801－0008127　14228

慎齋遺書十卷　（明）周之幹撰　清道光二十九年（1849）刻本　三册　存七卷（一至三、七至十）

520000－2801－0008128　14229

較正醫林狀元壽世保元十卷　（明）龔廷賢編　清道光九年（1829）刻本　十册

520000－2801－0008129　14230

血證論八卷　（清）唐宗海撰　清光緒十九年（1893）湖北郧縣署刻本　四册

520000－2801－0008130　14231

三家醫案合刻三卷醫效秘傳三卷　（清）葉桂著　**溫熱贅言一卷**　（清）寄瓢子述　清道光十一年（1831）刻本　五册

520000－2801－0008131　14232

註解傷寒論十卷　（漢）張仲景述　**傷寒明理論四卷**　（宋）成無已撰　清同治九年（1870）刻本　四册

520000－2801－0008132　14233

種福堂公選良方四卷　（清）葉桂著　清刻本　二册　存三卷（二至四）

520000－2801－0008133　14234

陳修園醫書五十種　（清）陳念祖輯　清光緒三十一年（1905）上海商務印書館鉛印本　二十三册

520000－2801－0008134　14235

本草萬方鍼線八卷　（清）蔡烈先輯　**本草綱目圖□□卷**　（□）□□繪　**本草綱目五十二卷**　（明）李時珍著　（清）蔡烈先輯　**瀕湖脈學一卷**　（明）李時珍著　**奇經八脈攷一卷**　（明）李時珍撰輯　清刻本　三十五册　存六十三卷（本草萬方鍼線八卷、本草綱目圖上、本草綱目一至五十二卷、瀕湖脈學一卷、奇經八脈攷一卷）

520000－2801－0008135　14236

史姓韻編六十四卷總目一卷　（清）汪輝祖輯　（清）馮祖憲重校　清光緒十年（1884）耕餘樓書局鉛印本　十六册

520000－2801－0008136　14238

書六卷首一卷末一卷　（宋）蔡沈集傳　（元）鄒季友音釋　清咸豐五年（1855）刻本　五册　存六卷（書六卷）

520000－2801－0008137　14240

測海山房中西算學叢刻初編二十七種　題（清）測海山房主人輯　清光緒二十二年（1896）上海璣衡堂石印本　三十二册

520000－2801－0008138　14241

格物測算八卷　（美國）丁韙良著　清末石印本　六册

520000－2801－0008139　14242

翠薇山房數學十五種　（清）張作楠撰　清光緒二十三年（1897）上海鴻寶齋石印本　八册

520000－2801－0008140　14243

翠薇山房數學十五種　（清）張作楠撰　清光緒二十三年（1897）上海鴻寶齋石印本　八册

520000－2801－0008141　14244

梅氏叢書輯要六十二卷　（清）梅文鼎撰　清光緒二年（1876）石印本　六册

520000－2801－0008142　14245

兩漢雋言十六卷　（宋）林越輯　（明）凌迪知校　清光緒六年（1880）八杉齋刻本　六册

520000－2801－0008143　14246

歷代鐘鼎彝器款識法帖二十卷　（宋）薛尚功輯　清光緒八年（1882）上海點石齋石印本　三册　存十五卷（一至十五）

520000－2801－0008144　14247

算經十書十六種　（清）孔繼涵輯　清光緒二

十二年(1896)上海鴻寶齋石印本　八册

520000－2801－0008145　14248

算學課藝四卷　(清)席淦　(清)貴榮編次　清光緒二十二年(1896)上海著易堂石印本　四册

520000－2801－0008146　14249

中西算法集要十卷　(清)周毓英述　清光緒二十二年(1896)上海鴻文書局石印本　六册

520000－2801－0008147　14250

中西算學叢書初編　題(清)四明求敏齋主人輯　清光緒二十二年(1896)上海鴻寶齋石印本　三十二册　存二十二種

520000－2801－0008148　14251

西算新法叢書第一集八卷　(清)李慎齋輯　清光緒二十二年(1896)上海賜書堂石印本　五册　存六卷(一至五、八)

520000－2801－0008149　14252

求一得齋算學十一卷　(清)陳志堅學　清光緒三十年(1904)松江稿文墨齋刻本　四册

520000－2801－0008150　14253

數學佩觽二卷　(清)徐虎臣選譯　**問題之答二卷勘誤表二卷**　(清)善濬補答　清光緒二十八年(1902)江楚書局刻本　二册

520000－2801－0008151　14254

代數淺釋三卷首一卷　(清)伍毓華編述　清光緒三十年(1904)廣州學院前麟書閣刻本　三册

520000－2801－0008152　14255

新三角問題正解十一編　(清)薛光錡編撰　(清)薛光鐸增補　(清)薛光釗校算　清光緒二十九年(1903)刻本　三册　存六編(一至三、五至七)

520000－2801－0008153　14256

方程演元一卷　(清)何步瀛學　清光緒二十一年(1895)刻本　一册

520000－2801－0008154　14258

句股截積和較筭術二卷　(清)羅士琳撰　**橢圓術一卷**　(清)項名達學　清道光二十八年(1848)靈石楊尚文刻本　一册　存二卷(句股截積和較筭術下、橢圓術一卷)

520000－2801－0008155　14259

弧角三術二卷首一卷　(清)劉鶚學　清刻本　一册

520000－2801－0008156　14260

代數不分卷　(□)□□撰　清末石印本　二册

520000－2801－0008157　14261

算測基始二卷　(清)王殿華述學　清光緒二十四年(1898)黄岡王氏刻本　一册

520000－2801－0008158　14262

清芬閣集十二卷目録一卷　(清)朱采著　清光緒三十四年(1908)上海商務印書館鉛印本　七册　缺二卷(六至七)

520000－2801－0008159　14264

方輿全圖總說五卷　(清)顧祖禹輯　清光緒二十五年(1899)上海二林齋石印本　四册

520000－2801－0008160　14265

四元玉鑑細艸三卷　(元)朱世傑編述　**四元釋例一卷**　(清)羅士彬撰　清光緒二十二年(1896)鴻寶齋書局石印本　五册

520000－2801－0008161　14266

七修類稿五十一卷　(明)郎瑛著述　清光緒六年(1880)廣州翰墨園刻本　十一册

520000－2801－0008162　14267

海秋詩集二十六卷　(清)湯鵬撰　清同治十二年(1873)刻本　八册

520000－2801－0008163　14272

南海先生詩集十三卷　康有為著　清宣統三年(1911)石印本　一册

520000－2801－0008164　14275

經進風憲忠告一卷庙堂忠告一卷　(元)張養浩著　清刻本　一册

520000－2801－0008165　14277

續資治通鑑二百二十卷　(清)畢沅集編　清

同治六年(1867)江蘇書局刻本　五十七冊　存二百九卷(一至一百十八、一百二十三至一百五十、一百五十四至一百七十八、一百八十三至二百二十)

520000－2801－0008166　14278
曉夢春紅詞一卷　(清)潘介繁撰　清同治八年(1869)刻本　一冊

520000－2801－0008167　14280
張氏叢書三十六種　(清)張澍編輯　清道光元年(1821)刻本　十冊

520000－2801－0008168　14281
歷代輿地沿革險要圖不分卷　楊守敬編　清光緒三十二年至宣統三年(1906－1911)刻本　二十九冊　殘

520000－2801－0008169　14283
萬國公法四卷　(美國)惠頓著　(美國)丁韙良譯　清同治三年(1864)刻本　四冊

520000－2801－0008170　14284
滿蒙漢三文合璧教科書不分卷　(清)榮德譯　清宣統元年(1909)石印本　四冊

520000－2801－0008171　14285
林文忠公政書三集三十七卷　(清)林則徐撰　清末刻本　十三冊

520000－2801－0008172　14286
唐陸宣公集二十二卷　(唐)陸贄撰　清刻本　六冊

520000－2801－0008173　14287
詞餘叢話三卷　(清)楊恩壽撰　清末長沙楊氏刻本　一冊

520000－2801－0008174　14289
吹綱錄六卷鷗陂漁話六卷　(清)葉廷琯撰　清同治八年(1869)嘉興唐翰題署刻本　六冊

520000－2801－0008175　14290
文靖公遺集十二卷補遺一卷　(清)寶鋆撰　(清)孫蔭桓輯　清光緒二十二年(1896)刻本　六冊

520000－2801－0008176　14292
唐皮日休文藪十卷　(唐)皮日休撰　清光緒八年(1882)刻本　二冊

520000－2801－0008177　14293
微波榭遺書□□種　(清)孔繼涵輯　清刻本　四冊　存三種

520000－2801－0008178　14294
四書反身錄十五卷　(清)李顒撰　(清)王心敬錄　清光緒八年(1882)刻本　四冊

520000－2801－0008179　14295
居官圭臬二卷　(清)沈葆楨編次　清刻本　二冊

520000－2801－0008180　14296
禮記注疏六十三卷　(漢)鄭玄注　(唐)陸德明音義　(唐)孔穎達疏　清乾隆四年(1739)刻本　二十冊

520000－2801－0008181　14297
孝經注疏九卷　(唐)玄宗李隆基注　(唐)陸德明音義　清刻本　一冊

520000－2801－0008182　14298
歷代史論十二卷　(明)張溥論正　**宋史論三卷元史論一卷明史論四卷**　(清)谷應泰論正　**左傳史論二卷**　(清)高士奇論正　清光緒五年(1879)刻本　八冊

520000－2801－0008183　14299
書經精華六卷　(清)薛嘉穎撰　清嘉慶二十四年(1819)光韙堂刻本　三冊

520000－2801－0008184　14300
定盦文集三卷續集四卷續錄一卷古今體詩二卷雜詩一卷詞錄一卷詞選一卷　(清)龔自珍撰　清同治七年(1868)刻本　四冊

520000－2801－0008185　14301
董子春秋繁露十七卷附錄一卷　(漢)董仲舒撰　清刻本　二冊

520000－2801－0008186　14302
翼梅八卷　(清)江永撰　清光緒七年(1881)群玉山房刻本　四冊

520000－2801－0008187　14304

尚書詳解五十卷　(宋)陳經撰　清乾隆三十九年(1774)武英殿木活字印武英殿聚珍版書本　八冊

520000－2801－0008188　14305
原富不分卷　(英國)斯密亞丹撰　嚴復譯　清光緒二十九年(1903)鉛印本　八冊

520000－2801－0008189　14309
誥授建威將軍浙江提督張公奎元軍門行狀一卷　(清)張焯奎撰　清光緒二十三年(1897)刻本　一冊

520000－2801－0008190　14310
古韻通說二十卷　(清)龍啓瑞撰　清光緒九年(1883)四川尊經書局刻本　三冊

520000－2801－0008191　14311
尚書注疏十九卷　(漢)孔安國撰　(唐)陸德明音義　(唐)孔穎達疏　清末刻本　六冊

520000－2801－0008192　14312
春秋辨疑四卷　(宋)蕭楚撰　清咸豐五年(1855)刻本　二冊

520000－2801－0008193　14315
述菴詩鈔十二卷　(清)王昶撰　清乾隆五十五年(1790)刻本　一冊　存三卷(一至三)

520000－2801－0008194　14316
劉武慎公遺書二十四卷　(清)劉長佑撰　**年譜三卷**　(清)鄧輔綸等編次　清光緒二十六年(1900)鉛印本　二十六冊　存二十五卷(奏稿一至十一、十三至十六,稟牘一至四,尺牘一至二,札瑜營規一,雜文詩劄記一,年譜二至三)

520000－2801－0008195　14317
[抗希堂]十六種　(清)方苞撰　清中刻本　二十六冊　存十一種

520000－2801－0008196　14318
淞隱漫錄十二卷續錄三卷隨錄二卷　(清)王韜撰　**風箏誤一卷**　(清)李漁編次　清光緒十三年(1887)石印本　十冊

520000－2801－0008197　14319
點石齋畫報不分卷　題(清)點石齋輯　清末點石齋石印本　四冊

520000－2801－0008198　14320
湖南女士詩鈔所見初集四卷　(清)毛國姬編　清道光十四年(1834)刻本　二冊

520000－2801－0008199　14321
沅湘耆舊集二百卷　(清)鄧顯鶴編輯　清道光二十三年(1843)新化鄧氏南邨草堂刻本　五十三冊　存一百七十四卷(一至十九、二十一至一百七十一、一百九十七至二百)

520000－2801－0008200　14322
船山遺書□□種　(清)王夫之撰　清同治四年(1865)湘鄉曾氏金陵節署刻本　一百十二冊　存六十一種

520000－2801－0008201　14323
文心雕龍十卷目錄一卷　(南朝梁)劉勰撰　(清)黃叔琳注　(清)紀昀評　清道光十三年(1833)兩廣節署刻朱墨印本　四冊

520000－2801－0008202　19808
印度國志不分卷　(清)學部編譯圖書局編纂　清光緒三十三年(1907)學部編譯圖書局鉛印本　一冊

520000－2801－0008203　14324
三國志六十五卷　(晉)陳壽撰　(南朝宋)裴松之注　清同治九年(1870)金陵書局刻本　七冊　存五十四卷(一至五十四)

520000－2801－0008204　14324
宋史四百九十六卷　(元)脫脫等撰　清光緒元年(1875)浙江書局刻本　一百冊　存四百十九卷(四至五十一、五十六至六十、六十六至七十六、九十二至二百三十五、二百四十二至二百四十五、二百五十六至三百十四、三百二十至三百七十六、三百八十二至四百十六、四年二十一至四百三十、四百三十五至四百八十)

520000－2801－0008205　14324
金史一百三十五卷　(元)脫脫等撰　清同治十三年(1874)江蘇書局刻本　二十二冊　存

一百二十三卷（一至十三、二十至九十四、一百一至一百三十五）

520000－2801－0008206　14324
南史八十卷　（唐）李延壽撰　清同治十一年（1872）金陵書局刻本　十册　存六十八卷（一至四、十一至七十四）

520000－2801－0008207　14324
前漢書一百二十卷　（漢）班固撰　（唐）顏師古注　清同治八年（1869）金陵書局刻本　十二册　存八十一卷（一至十四、十九至二十七、三十三至四十四、五十五至一百）

520000－2801－0008208　14325
御定歷代賦彙一百四十卷外集二十卷集逸句二卷補遺二十二卷　（清）陳元龍輯　清光緒二十年（1894）上海點石齋石印本　十六册

520000－2801－0008209　14326
欽定儀象考成三十卷首二卷　（清）允祿等總理　（德國）戴維賢等考測　（清）明安圖等推算　清光緒二十四年（1898）慎記書莊石印本　十二册

520000－2801－0008210　14327
策學備纂三十二卷目錄三十二卷首一卷　（清）吳熲炎等纂　清光緒十四年（1888）上海點石齋石印本　四十六册

520000－2801－0008211　14328
丹鉛總錄二十七卷　（明）楊慎撰　（清）楊昶校　清乾隆三十年（1765）刻本　七册　存二十四卷（一至二十四）

520000－2801－0008212　14329
四書味根錄三十九卷　（清）金澂輯　清道光十七年（1837）綮花吟館刻本　八册

520000－2801－0008213　14330
經學輯要二十四卷首一卷總目一卷　（清）吳熲炎等纂輯　清光緒十四年（1888）點石齋石印本　二十七册　缺六卷（六至八、十二、二十三、二十四下之三）

520000－2801－0008214　14331
佩文韻府一百六卷　（清）張玉書彙閲　（清）孫致彌纂　**韻府拾遺一百六卷**　（清）張廷玉校勘　（清）汪灝等纂　清光緒十八年（1892）上海鴻寶齋石印本　一百八十三册　存二百三卷（佩文韻府一、三至九十一、九十三、九十五至一百六，拾遺一至四十九、五十六至一百六）

520000－2801－0008215　14332
事類統編九十三卷　（清）林敬昭重校　清光緒十年（1884）腹笥山房石印本　十一册　存八十五卷（一至八十五）

520000－2801－0008216　14333
經學輯要二十四卷首一卷　（清）吳熲炎輯　清光緒二十三年（1897）上海點石齋石印本　二十二册　存十九卷（一至四、五中至下、六、九至十五、十七下、十八至二十、二十二上、二十四上二至三、二十四中一至二、二十四下一、二十四下三）

520000－2801－0008217　14334
列女傳二卷　（漢）劉向撰　（明）仇英補圖　清光緒十二年（1886）上海同文書局石印本　二册

520000－2801－0008218　14335
爾雅三卷　（晉）郭璞注　清光緒八年（1882）上海同文書局縮印石印本　二册

520000－2801－0008219　14336
佩文齋書畫譜一百卷總目一卷纂輯書籍一卷　（清）孫岳頒等纂輯　清光緒九年（1883）上海同文書局石印本　十五册　缺四卷（六十三至六十六）

520000－2801－0008220　14337
國朝二十四家文鈔二十四卷總目一卷　（清）徐斐然輯評　清道光十年（1830）三餘堂刻本　七册　缺五卷（十三至十七）

520000－2801－0008221　14338
諭摺彙存不分卷　（清）□□輯　清光緒二十三年至三十二年（1897－1906）北京鉛印本　六百四十册

520000－2801－0008222　14339
時事采新彙選不分卷　題北平居士輯　清末鉛印本　三百十四册　殘

520000－2801－0008223　14340
北京新聞彙報不分卷官書局彙報不分卷　(清)官書局彙編　清末鉛印本　七十二册　殘

520000－2801－0008224　14341
諭旨恭錄不分卷　(清)□□輯　清光緒北京擷華書局鉛印本　二十二册

520000－2801－0008225　14342
閣學公文稿拾遺一卷公牘十卷首一卷詩稿拾遺一卷　(清)袁保齡撰　**文誠公奏議六卷詩稿拾遺一卷函牘二卷文稿拾遺一卷**　(清)袁保恆撰　**袁氏家書六卷**　(清)袁世傳輯　清宣統三年(1911)清芬閣鉛印本　十四册　存十四卷(閣學公文稿拾遺一卷、公牘九至十、文誠公奏議三至六、函牘二卷、文稿拾遺一卷、袁氏家書一至四)

520000－2801－0008226　14343
閣學公公牘十卷首一卷書札四卷錄遺一卷　(清)袁保齡撰　清宣統三年(1911)清芬閣鉛印本　十册

520000－2801－0008227　14345
張龍湖先生文集十五卷　(明)張治撰　(清)彭思眷編輯　清雍正四年(1726)刻本　三册　存十卷(一至六、十二至十五)

520000－2801－0008228　14346
金史詳校十卷首一卷末一卷　(清)施國祁撰　清光緒六年(1880)會稽章氏刻本　九册　存八卷(一至三上、六至十)

520000－2801－0008229　14347
歷代帝王年表二卷　(清)齊召南編　(清)阮福續編　清光緒二十三年(1897)上海著易堂石印本　四册

520000－2801－0008230　14349
史姓韻編二十四卷總目一卷　(淸)汪輝祖輯　清光緒二十九年(1903)上海文瀾書局石印本　八册

520000－2801－0008231　14352
曾文正公書札三十三卷首一卷　(清)曾國藩撰　(清)李鴻章輯　清宣統元年(1909)上海二金壘堂石印本　十册

520000－2801－0008232　14355
御纂周易折中二十二卷首一卷　(清)李光地總裁　清刻本　十册

520000－2801－0008233　14356
易象圖說内篇三卷外篇三卷　(元)張理述　清中通志堂刻本　一册

520000－2801－0008234　14357
夢硯齋遺稿八卷　(清)唐樹義撰　**昭忠錄一卷**　(清)王柏心等撰　清同治四年(1865)刻本　四册

520000－2801－0008235　14359
登瀛瑣蹟擬樂府百首二卷　(清)陸和鈞著　(清)丁文藻輯　清光緒九年(1883)蜀中江氏刻本　一册

520000－2801－0008236　14360
欽定大清會典事例一千二百二十卷首一卷　(清)崑岡等纂修　**光緒朝新修欽定大清會典事例樣本一卷欽定大清會典一百卷首一卷**　清光緒三十四年(1908)商務印書館石印本　一百六十一册

520000－2801－0008237　14361
大清現行刑律案語不分卷　沈家本等輯　**核訂現行刑律不分卷修正各條清單一卷**　奕劻等輯　清宣統元年(1909)法律館鉛印本　二十一册　殘

520000－2801－0008238　14362
大清律講義一卷　(清)吉同鈞撰　清光緒三十年(1904)鉛印本　一册

520000－2801－0008239　14363
大清礦務正章一卷　(清)農工商部續定　清光緒三十四年(1908)鉛印本　一册

520000－2801－0008240　14366

湖海詩傳四十六卷 （清）王昶輯 清同治四年（1865）刻本 十六册

520000－2801－0008241 14367

湖海樓叢書續編十四種 （清）張之洞輯 清光緒九年（1883）湖海樓刻本 二十三册

520000－2801－0008242 14368

清白士集二十八卷 （清）梁玉繩撰 **庭立記聞四卷** （清）梁學昌輯 清末刻本 十一册 存二十七卷（二至二十八）

520000－2801－0008243 14369

顔氏家訓二卷 （北齊）顔之推撰 清光緒元年（1875）湖北崇文書局刻本 一册

520000－2801－0008244 14370

東塾讀書記二十五卷 （清）陳澧撰 清光緒刻本 六册 缺十卷（十三至十四、十七至二十、二十二至二十五）

520000－2801－0008245 14371

史記注補正一卷 （清）方苞講授 （清）程崟 （清）王兆符編錄 清中刻本 一册

520000－2801－0008246 14371

望溪集不分卷 （清）方苞撰 （清）王兆符等輯 清中刻本 七册

520000－2801－0008247 14371

管子不分卷 （清）方苞删定 （清）顧琮參校 清中刻本 三册

520000－2801－0008248 14371

禮記析疑四十八卷 （清）方苞著 清中刻本 十册

520000－2801－0008249 14371

湘綺樓箋啓八卷 王闓運著 **校正湘綺樓箋啓誤字一卷** （清）墨莊氏校刊 清光緒三十三年（1907）長沙刻本 四册

520000－2801－0008250 14372

二十四家隱語二卷 （清）陳應禧輯 清光緒八年（1882）鉛印本 一册 存一卷（下）

520000－2801－0008251 14373

藤華吟館詩錄六卷 （清）陳棨仁撰 清末鉛印本 一册 存三卷（四至六）

520000－2801－0008252 14376

重訂江蘇海運全案原編六卷 （清）王毓藻輯 清光緒十一年（1885）刻本 六册

520000－2801－0008253 14377

樊南文集詳注八卷 （唐）李商隱撰 （清）馮浩撰 清乾隆三十年（1765）刻本 四册

520000－2801－0008254 14378

河南按察使奏報支應廪糧不分卷 （清）河南按察使司輯 清光緒三十一年（1905）抄本 一册

520000－2801－0008255 14381

曝書亭集詞注七卷 （清）朱彝尊撰 （清）李富孫注 （清）嚴榮參 清嘉慶十九年（1814）刻本 四册

520000－2801－0008256 14382

武夷山志二十四卷首一卷 （清）董天工編 清道光二十七年（1847）刻本 七册 存二十一卷（一至五、十至二十四，首一卷）

520000－2801－0008257 14383

韻辨附文五卷目錄一卷 （清）沈兆霖輯 清同治十二年（1873）刻本 五册

520000－2801－0008258 14384

説文引經考二卷補遺一卷 （清）吴玉搢箸 清道光元年（1821）歸安姚氏刻本 一册

520000－2801－0008259 14385

捐釐新章一卷 （清）□□撰 清咸豐十年（1860）刻本 一册

520000－2801－0008260 14389

日本國志四十卷首一卷目錄一卷 （清）黄遵憲編纂 清光緒十六年（1890）羊城富文齋刻本 十三册 存三十七卷（一至三十七）

520000－2801－0008261 14390

四溟山人詩集十卷 （明）謝榛著 清宣統元年（1909）新昌胡思敬鉛印本 一册 存二卷（四至五）

520000－2801－0008262 14391

京省各水道總考一卷 （清）汪日暐編輯 清乾隆六十年（1795）刻本 一冊

520000－2801－0008263 14393
庾子山集十六卷 （北周）庾信撰 （清）倪璠註釋 清初刻本 九冊 存十卷（一至二、四、七至九、十三至十六）

520000－2801－0008264 14394
朱文憲公全集五十三卷首一卷 （明）朱濂撰 清刻本 二十二冊 存五十一卷（三至五十三）

520000－2801－0008265 14395
帶經堂詩話三十卷首一卷 （清）王士禎撰 （清）張宗柟輯 清同治十二年（1873）廣州藏脩堂刻本 九冊 存二十八卷（一至八、十二至三十，首一卷）

520000－2801－0008266 14396
周易虞氏義九卷消息二卷 （清）張惠言學 清嘉慶八年（1803）揚州阮氏琅嬛仙館刻本 四冊

520000－2801－0008267 14396
張皋文箋易詮全集十五種 （清）張惠言撰 清嘉慶道光刻本 十二冊 缺一種六卷（儀禮圖六卷）

520000－2801－0008268 14397
綠雪堂遺集二十卷 （清）王衍梅撰 清道光二十年（1840）刻本 八冊

520000－2801－0008269 14398
六書分類十二卷首一卷 （清）傅世垚輯纂 清乾隆五十五年（1790）刻本 十二冊 存十二卷（一至十一、首一卷）

520000－2801－0008270 14399
倚晴樓七種曲七種 （清）黄燮清填詞 （清）瞿世瑛評文 （清）李光溥訂譜 清道光二十七年（1847）刻本 七冊 存五種

520000－2801－0008271 14400
讀易日札一卷 （清）茹敦和著 清刻本 一冊

520000－2801－0008272 14401
律例圖說十卷 （清）萬維翰纂 清乾隆三十九年（1774）刻本 七冊

520000－2801－0008273 14403
簡學齋館課試律存一卷試律續鈔一卷 （清）陳沆撰 清咸豐二年（1852）刻本 二冊

520000－2801－0008274 14404
說文釋例二十卷 （清）王筠貫學 清道光十七年（1837）刻本 十冊

520000－2801－0008275 14405
高江村集八十卷 （清）高士奇撰 清康熙三十九年（1700）刻本 十四冊

520000－2801－0008276 14406
南海集二卷 （清）王士禎撰 清中刻本 一冊

520000－2801－0008277 14407
國朝三家文鈔三十卷 （清）宋犖 （清）許汝霖同選 **侯朝宗文鈔八卷** （清）侯方域撰 **魏叔子文鈔十二卷** （清）魏禧撰 **汪鈍翁文鈔十二卷** （清）汪琬撰 清康熙三十三年（1694）刻本 八冊

520000－2801－0008278 14409
白香山詩長慶集二十卷後集十七卷別集一卷目錄一卷 （唐）白居易撰 （清）汪立名編訂 **年譜一卷** （清）汪立名譔 **舊唐書本傳一卷年譜舊本一卷詩集補遺二卷** （清）汪立名輯 清康熙四十二年（1703）一隅草堂刻本 九冊 存三十七卷（白香山詩長慶集二十卷，後集一至四、九至十七，別集一卷，目錄一卷，詩集補遺二卷）

520000－2801－0008279 14410
日知錄三十二卷 （清）顧炎武撰 清刻本 十一冊 存三十卷（三至三十二）

520000－2801－0008280 14411
四庫書目略二十卷首一卷附錄一卷 （清）費莫文良編 清同治九年（1870）刻本 十二冊

520000－2801－0008281 14412

雪鴻吟草一卷 （清）陳瑞森纂著 **暈碧軒詩存一卷** （清）羅瀚隆纂著 清末刻本 一册

520000－2801－0008282 14413

轉慧軒詩草一卷 （清）謝質卿纂著 清末刻本 一册

520000－2801－0008283 14414

永懷堂詩鈔一卷 （清）龍文彬纂著 清末刻本 一册

520000－2801－0008284 14415

竹林老屋詩鈔一卷 （清）蔣恩瀸纂著 **尚絅廬詩存一卷** （清）吳嘉賓纂著 清末刻本 一册

520000－2801－0008285 14416

格致課藝全編十三卷 （清）王韜輯 清光緒二十九年（1903）石印本 十三册

520000－2801－0008286 14416

格致課藝續編四卷 （清）趙元益輯 清光緒二十四年（1898）上海鑄記書局石印本 二册

520000－2801－0008287 14419

說文古籀補十四卷補遺一卷附錄一卷 （清）吳大澂撰 清光緒七年（1881）刻本 二册

520000－2801－0008288 14420

王文成公全書三十八卷目錄一卷 （明）王守仁撰 （明）徐愛等編輯 清末刻本 二十一册 存三十四卷（一至六、九至二十五、二十八至三十八）

520000－2801－0008289 14421

新譯日本法規大全不分卷 劉崇傑等譯 **日本法規解字不分卷** （清）董鴻禕 （清）錢恂編纂 清光緒三十三年（1907）上海商務印書館鉛印本 八十一册

520000－2801－0008290 14422

與人論滇中宜與楚蜀制撫通問一卷 （□）□□撰 清刻本 一册

520000－2801－0008291 14423

浙江財政說明書二編 （清）浙江清理財政局編 清末浙江清理財政局石印本 六册

520000－2801－0008292 14424

光緒乙巳年交涉要覽上篇二卷下篇三卷 （清）北洋洋務局纂輯 清光緒三十三年（1907）北洋官報局鉛印本 五册

520000－2801－0008293 14424

光緒丙午年交涉要覽上篇一卷中篇二卷下篇四卷 （清）北洋洋務局纂輯 清光緒三十四年（1908）北洋官報局鉛印本 三册 存四卷（上篇一卷、中篇二卷、下篇一卷）

520000－2801－0008294 14425

字典考證十二集 （清）奕繪等輯 清光緒二年（1876）崇文書局刻本 六册

520000－2801－0008295 14426

六書分類十二卷首一卷 （清）傅世堯撰 清康熙四十四年（1705）聽松閣刻本 十四册

520000－2801－0008296 14427

六書分類十二卷首一卷 （清）傅世堯撰 清康熙四十四年（1705）聽松閣刻本 十三册 存十二卷（一至八、十至十二，首一卷）

520000－2801－0008297 14428

康熙字典十二集等韻一卷補遺一卷 （清）張玉書等纂修 清刻本 三十四册

520000－2801－0008298 14429

蘇東坡詩集注三十二卷目錄一卷 （宋）蘇軾撰 （宋）呂祖謙分編 （宋）王十朋纂輯 清康熙三十七年（1698）文蔚堂刻本 十一册

520000－2801－0008299 14430

唐詩三百首注釋六卷 （清）孫洙手編 （清）章燮註 **姓氏小傳一卷續選一卷** （清）于慶元輯 清光緒十三年（1887）湖南共賞書局刻本 四册

520000－2801－0008300 14431

欽定禮記義疏八十二卷首一卷 （清）鄂爾泰等撰 清刻本 三十二册

520000－2801－0008301 14432

說文通訓定聲十八卷說雅一卷分部檢韻一卷古今韻準一卷 （清）朱駿聲撰 **皇清敕授文**

林郎國子監博士銜揀選知縣揚州府學教授允倩府君行述一卷　朱孔彰撰　清末刻本　二十四冊

520000－2801－0008302　14433
新刻通用尺素見心集四卷　（清）汪文芳輯　清李光明莊刻本　三冊

520000－2801－0008303　14434
息影偶錄八卷　（清）張埏輯　清嘉慶九年（1804）刻本　五冊

520000－2801－0008304　14435
周禮注疏刪翼三十卷　（明）葉培恕定　（明）王志長輯　明崇禎十二年（1639）天德堂刻本　十九冊

520000－2801－0008305　14438
日本國志四十卷首一卷　（清）黃遵憲編纂　清光緒二十四年（1898）上海圖書集成印書局鉛印本　八冊　存三十三卷（一至十二、二十一至四十，首一卷）

520000－2801－0008306　14439
娛親雅言六卷　（清）嚴元照著　清光緒十一年（1885）弢園王氏木活字印本　三冊　存五卷（二至六）

520000－2801－0008307　14440
明儒學案六十二卷　（清）黃宗羲撰　清嘉慶會稽莫氏刻本　二十一冊　存五十四卷（三至十一、十八至六十二）

520000－2801－0008308　14441
申鑒五卷　（漢）荀悅撰　**中論二卷**　（漢）徐幹撰　**中說二卷**　（隋）王通撰　**枕中書一卷**　（晉）葛洪撰　清初刻本　一冊

520000－2801－0008309　14442
青門旅稿六卷賸稿八卷　（清）邵長蘅撰　清康熙三十八年（1699）刻本　六冊

520000－2801－0008310　14445
石鐘山志十六卷首一卷　（清）李成謀　（清）丁義方輯　清光緒九年（1883）聽濤眺雨軒刻本　四冊　存十一卷（一至十、首一卷）

520000－2801－0008311　14446
雙梅景闇叢書十七種二十六卷　葉德輝輯　清光緒二十九年至宣統三年（1903－1911）長沙葉氏郎園刻本　四冊　存二十七卷（素女經一、素女方一、玉房秘訣一、玉房指要一、洞玄子一、天地陰陽交歡大樂賦一、青樓集一、板橋雜記一至三、吳門畫舫錄一、燕蘭小譜一至五、海漚小譜一、檜門觀劇絕句一至三、和作一至二、木皮散人鼓詞一、萬古愁曲一、乾嘉詩壇點將錄一、附東林點將錄一卷、秦雲擷英小譜一）

520000－2801－0008312　14448
于清端公政書八卷外集一卷　（清）于成龍撰　（清）蔡方炳等編次　（清）于準錄　清刻本　九冊

520000－2801－0008313　14449
自遠堂琴譜十二卷　（清）吳灴彙輯　清嘉慶六年（1801）自遠堂刻本　四冊　存四卷（二上、九至十一）

520000－2801－0008314　14450
湖山便覽十二卷目錄一卷　（清）翟灝　（清）翟瀚輯　（清）王維翰重訂　清光緒元年（1875）槐蔭堂刻本　四冊　存八卷（一至四、九至十二）

520000－2801－0008315　14451
詩韻類從十卷　（清）黃澍國輯　清咸豐六年（1856）刻本　四冊

520000－2801－0008316　14452
北徼彙編六卷　（清）何秋濤編錄　清同治四年（1865）刻本　三冊　存三卷（一、三至四）

520000－2801－0008317　14453
漁隱叢話前集六十卷後集四十卷目錄二卷　（宋）胡仔纂集　清初刻本　七冊　缺二十八卷（前集五十二至六十，後集一至十一、三十三至四十）

520000－2801－0008318　14454
說經五稾三十六卷未竟稾一卷　（清）孔廣林箸　清嘉慶十七年（1812）刻本　七冊

520000－2801－0008319　14455
［光緒］續纂江寧府志十五卷首一卷勘誤一卷　（清）蔣啟勛等修　（清）汪士鐸等纂　清光緒七年（1881）刻本　一册　存七卷（一至六、首一卷）

520000－2801－0008320　14455
［嘉慶］重刊江寧府志五十六卷首一卷　（清）呂燕昭修　（清）姚鼐纂　清光緒六年（1880）刻本　十一册　存五十二卷（五至五十六）

520000－2801－0008321　14456
康熙字典十二集　（清）張玉書等撰　清康熙至雍正刻本　三册

520000－2801－0008322　14457
晏子春秋七卷　（春秋）晏嬰撰　**音義二卷**　（清）孫星衍撰　**校勘二卷**　（清）黄以周撰　清光緒二年（1876）刻本　三册　存七卷（五至七、音義二卷、校勘二卷）

520000－2801－0008323　14458
御纂周易折中二十二卷首一卷　（清）李光地等撰　清同治六年（1867）刻本　五册

520000－2801－0008324　14459
欽定春秋傳說彙纂三十八卷首二卷　（清）王掞等纂　清同治九年（1870）浙江巡撫楊昌濬刻本　二十册

520000－2801－0008325　14460
熙朝新語十六卷　（清）余金輯　清道光十二年（1832）文大堂刻本　三册

520000－2801－0008326　14461
談徵三種　題（□）外方山人輯　清嘉慶十二（1807）年刻本　三册

520000－2801－0008327　14462
欽定書經傳說彙纂二十一卷首二卷書序一卷　（清）王頊齡等纂　清同治七年（1868）閩浙總督馬新貽、浙江巡撫李瀚章刻本　十二册

520000－2801－0008328　14463
欽定詩經傳說彙纂二十一卷首二卷詩序二卷　（清）王鴻緒等纂　清同治七年（1868）閩浙馬新貽、浙江李瀚章刻本　十四册　存二十三卷（一至四、六至二十一，首二卷，詩序下）

520000－2801－0008329　14464
古文觀止十二卷　（清）吳留村鑒定　（清）吳乘權　（清）吳大職手錄　清光緒三十年（1904）上海著易堂石印本　六册

520000－2801－0008330　14465
塗說四卷　（清）繆艮輯　清道光八年（1828）刻本　四册

520000－2801－0008331　14467
欽定春秋傳說彙纂三十八卷首二卷　（清）王掞等纂　清同治九年（1870）刻本　十五册

520000－2801－0008332　14468
爾雅郭注義疏十九卷　（清）郝懿行學　清光緒十年（1884）榮縣蜀南閣刻本　八册

520000－2801－0008333　14469
快心醒睡錄十六卷首一卷　（清）於汝庸學　清光緒二十一年（1895）上海書局石印本　六册

520000－2801－0008334　14470
說文解字五十卷附錄一卷　（清）桂馥學　清同治九年（1870）湖北崇文書局刻本　三十一册　存四十九卷（一至五、七至五十）

520000－2801－0008335　14471
說文解字五十卷附錄一卷　（清）桂馥學　清同治九年（1870）湖北崇文書局刻本　三十一册　存四十七卷（一至四十七）

520000－2801－0008336　14472
十一經音訓十一種　（清）楊國楨撰　清道光十一年（1831）刻本　二十四册

520000－2801－0008337　14473
欽定書經傳說彙纂二十一卷首二卷書序一卷　（清）王頊齡等纂　清同治七年（1868）閩浙總督馬新貽、浙江巡撫李瀚章刻本　十册　存二十卷（一至七、十二至二十一，首二卷，書序一卷）

520000－2801－0008338　14474
欽定儀禮義疏四十八卷首二卷　(清)朱軾等撰　清光緒十四年(1888)刻本　二十一册　存四十二卷(一至十八、二十一至四十、四十七至四十八,首二卷)

520000－2801－0008339　14475
欽定詩經傳説彙纂二十一卷首二卷詩序二卷　(清)王鴻緒等纂　清同治七年(1868)閩浙馬新貽、浙江李瀚章刻本　十五册　存二十四卷(一至三、五至二十一,首二卷,詩序二卷)

520000－2801－0008340　14476
爾雅正義二十卷　(清)邵晉涵撰　**釋文三卷**　(唐)陸德明撰　清乾隆五十三年(1788)餘姚邵氏刻本　八册

520000－2801－0008341　14477
經籍纂詁一百六卷首一卷　(清)阮元撰　清嘉慶十七年(1812)揚州阮元琅嬛仙館刻本　二十二册　存九十卷(一至四十、四十八至八十、九十至一百六)

520000－2801－0008342　14479
中州集十卷　(金)元好問集　明末刻本　十二册

520000－2801－0008343　14480
孝經一卷　(唐)玄宗李隆基注　清同治七年(1868)金陵書局刻本　一册

520000－2801－0008344　14481
重刊校正笠澤叢書四卷補遺一卷　(唐)陸龜蒙著　清雍正九年(1731)刻本　一册

520000－2801－0008345　14482
漢丞相諸葛武侯集二十一卷　(明)諸葛羲基編輯　清中刻本　六册

520000－2801－0008346　14483
春秋穀梁傳音訓不分卷　(清)楊國楨撰　清光緒三年(1877)湖北崇文書局刻本　二册

520000－2801－0008347　14484
[尺牘稿本]一卷　(清)□□撰　清末抄本　一册

520000－2801－0008348　14486
重刊補注洗冤録集證六卷　(宋)宋慈撰　(清)王又槐增輯　(清)李觀瀾補輯　(清)阮其新補注　清光緒三年(1877)浙江書局四色套印本　五册

520000－2801－0008349　14487
欽定周官義疏四十八卷首一卷　(清)鄂爾泰等總裁　(清)諸錦等纂　清中期刻本　二十一册　存四十三(一至五、八至二十一、二十四至四十七)

520000－2801－0008350　14488
廿二史劄記三十六卷補遺一卷　(清)趙翼撰　清中刻本　八册　存二十四卷(十三至三十六)

520000－2801－0008351　14489
增補五方元音二卷　(清)樊騰鳳輯　(清)年希堯增補　清光緒八年(1882)刻本　二册

520000－2801－0008352　14490
春秋公羊傳音訓不分卷　(清)楊國楨撰　清光緒三年(1877)湖北崇文書局刻本　二册

520000－2801－0008353　14491
十九世紀末世界之政治五編　(美國)靈綬著　(清)周起鳳譯　清光緒二十八年(1902)上海廣智書局鉛印本　一册

520000－2801－0008354　14492
西比利亞志一卷　(清)前編書局編纂　清光緒三十四年(1908)學部圖書局鉛印本　一册

520000－2801－0008355　14493
江北運程四十卷　(清)董恂輯　清同治六年(1867)刻本　三十五册　缺四卷(二十八、三十七至三十九)

520000－2801－0008356　14494
鄧文肅公巴西集二卷　(清)鄧文原撰　**元史本傳一卷**　(明)宋濂等撰　清光緒二十五年(1899)刻本　一册　存一卷(上)

520000－2801－0008357　14495

老子道德經二卷 （三國魏）王弼注 **經典釋文一卷** （唐）陸德明撰 清光緒元年（1875）湖北崇文書局刻本 一册

520000－2801－0008358 14496
道德真經註四卷 （元）吴澄述 清光緒元年（1875）湖北崇文書局刻本 一册

520000－2801－0008359 14497
列子二卷 （戰國）列禦寇撰 清光緒元年（1875）湖北崇文書局刻本 一册

520000－2801－0008360 14498
陰符經一卷 （漢）張良注 **關尹子一卷** （周）關喜撰 清光緒元年（1875）湖北崇文書局刻本 一册

520000－2801－0008361 14499
［嘉慶］續纂淮關統志十四卷首一卷圖攷一卷 （清）杜琳初修 （清）伊齡阿等重修 （清）元成續纂 清嘉慶二十一年（1816）刻本 五册 缺三卷（八至十）

520000－2801－0008362 14500
春秋穀梁傳十二卷校刊記一卷 （晉）范甯集解 （唐）陸德明音義 清光緒十七年（1891）湖南思賢書局刻本 四册

520000－2801－0008363 14501
白茅堂集四十六卷 （清）顧景星著 **行述一卷** （清）顧普等述 **附銘一卷** （清）張仁熙撰 清刻本 十二册 缺十八卷（十四至十五、二十四至二十五、二十八至二十九、三十五至四十六）

520000－2801－0008364 14503
巾經纂二十卷 （清）宋宗元著 清光緒二十四年（1898）新化三味書室刻本 四册

520000－2801－0008365 14504
法苑珠林一百卷 （唐）釋道世撰 清宣統二年（1910）刻本 三十册

520000－2801－0008366 14505
大佛頂如來密因修證了義諸菩薩萬行首楞嚴經玄義二卷 （明）釋智旭撰述 **大佛頂如來密因修證了義諸菩薩萬行首楞嚴經文句十卷** （唐）釋般刺密諦譯經 （明）釋智旭文句 清同治十三年（1874）金陵刻經處刻本 十册

520000－2801－0008367 14506
成唯識論述記六十卷 （唐）釋窺基撰 清光緒二十七年（1901）金陵刻經處刻本 二十册

520000－2801－0008368 14507
大方廣佛新華嚴經合論一百二十卷首一卷 （唐）釋實叉難陀譯經 清中刻本 三十册

520000－2801－0008369 14508
弘明集十四卷 （南朝梁）釋僧祐集 清光緒二十二年（1896）金陵刻經處刻本 四册

520000－2801－0008370 14509
顯揚聖教論二十卷 （唐）釋玄奘譯 清宣統元年（1909）揚州藏經院刻本 四册

520000－2801－0008371 14512
雜阿含經五十卷 （南朝宋）釋求那跋陀羅譯 清光緒十四年（1888）常熟刻經處刻本 十二册

520000－2801－0008372 14513
般若綱要十卷 （清）釋通門閲正 清光緒二十三年（1897）揚州藏經院刻本 四册

520000－2801－0008373 14516
釋氏十三經注疏 （明）釋通潤述 清光緒三十四年（1908）金陵刻經處刻本 三十册

520000－2801－0008374 14517
靈峰蕅益大師選定淨土十要十卷 （明）釋蕅益選 清光緒二十年（1894）刻本 四册

520000－2801－0008375 14518
維摩詰所説經六卷 （明）釋大賢述 清末金陵刻經處刻本 三册

520000－2801－0008376 14519
佛説長阿含經二十二卷 （後秦）釋佛陀耶舍等譯 清光緒十三年（1887）姑蘇刻經處刻本 五册 存十九卷（一至十六、二十至二十二）

520000－2801－0008377 14520

大佛頂如來密因修證了義諸菩薩萬行首楞嚴經通議十卷補遺一卷　（明）釋德清述　**首楞嚴經懸鏡一卷首楞嚴經通議提綱略科一卷**　清光緒二十年（1894）金陵刻經處刻本　六冊

520000－2801－0008378　14522
大智度論一百卷　（後秦）釋鳩摩羅什譯　清末刻本　十冊　存四十卷（四十九至八十八）

520000－2801－0008379　14523
宗鏡錄一百卷　（宋）釋延壽集　清光緒二十五年（1899）江北刻經處刻本　二十冊

520000－2801－0008380　14524
佛祖心髓十卷　（清）釋達如輯　清光緒十三年（1887）刻本　五冊

520000－2801－0008381　14526
大方廣佛華嚴經著述集要二十三種　（唐）釋澄觀等撰　清光緒二年（1876）長沙刻經處刻本　十二冊

520000－2801－0008382　14528
云棲法匯十三種　（明）釋袾宏輯　清光緒二十四年（1898）金陵刻經處刻本　十二冊

520000－2801－0008383　14529
成唯識論觀心法要十卷　（明）釋智旭撰　清光緒二十六年（1900）揚州藏經院刻本　十冊

520000－2801－0008384　14530
大般涅槃經四十卷附二卷目錄一卷　（五代）釋曇無讖譯　清同治十三年（1874）刻本　十一冊

520000－2801－0008385　14531
太上感應篇圖說八卷首一卷末一卷　（宋）李昌齡著　（清）黄正元注　（清）毛金蘭增補　清同治七年（1868）刻本　八冊

520000－2801－0008386　14532
妙法蓮華經臺宗會義十六卷妙法蓮華經綸貫一卷　（明）釋智旭述　清光緒十九年（1893）江北刻經處刻本　八冊

520000－2801－0008387　14533
閱藏知津四十四卷總目四卷　（清）釋智旭編次　清光緒十八年（1892）金陵刻經處刻本　十冊

520000－2801－0008388　14537
禪林寶訓筆說三卷　（清）釋智祥述　清光緒十九年（1893）江北刻經處刻本　三冊

520000－2801－0008389　14539
禪林僧寶傳三十卷首一卷　（宋）釋惠洪撰　清光緒五年（1879）常熟刻經處刻本　三冊

520000－2801－0008390　14540
觀佛三昧海經十卷　（晉）釋佛陀跋陀羅譯　清光緒十七年（1891）金陵刻經處刻本　二冊

520000－2801－0008391　14541
大方廣佛華嚴經疏鈔懸談二十八卷首一卷　（唐）釋澄觀撰　清光緒三十三年（1907）金陵刻經處刻本　八冊

520000－2801－0008392　14544
大佛頂如來密因修證了義諸菩薩萬行首楞嚴經纂註十卷首一卷末一卷　（唐）釋般刺密諦譯　（明）釋真界纂註　清光緒三十四年（1908）金陵刻經處刻本　二冊　存四卷（一至四）

520000－2801－0008393　14545
摩訶止觀輔行傳弘決四十卷　（唐）釋湛然撰　（明）釋傳燈增科　清末刻本　二十冊

520000－2801－0008394　14546
楞伽阿跋多羅寶經會譯四卷　（南朝宋）釋求那跋陀羅初譯　（北魏）釋菩提留支再譯　（唐）釋實叉難陀后譯　（明）釋員珂會譯　清光緒三十四年（1908）金陵刻經處刻本　四冊

520000－2801－0008395　14547
大方廣佛華嚴經疏鈔會本八十卷　（唐）釋實叉難陀譯　（唐）釋澄觀撰　清末刻本　六十冊

520000－2801－0008396　14548
宗范八卷　（清）釋錢伊庵編輯　清光緒十二年（1886）金陵刻經處刻本　三冊

520000－2801－0008397　14549

大佛頂首楞嚴經寶鏡疏科十卷　（清）釋溥畹撰　清末刻本　十册

520000－2801－0008398　14550
增壹阿含經五十卷　（前秦）釋曇摩難提譯　清光緒十二年（1886）江北刻經處刻本　十二册

520000－2801－0008399　14551
註心賦四卷　（宋）釋延壽述　清光緒三年（1877）金陵刻經處刻本　四册

520000－2801－0008400　14553
大佛頂首楞嚴經正脈疏四十卷首一卷　（明）釋交光真鑑述　清光緒二十二年（1896）金陵刻經處刻本　十一册　存三十二卷（一至二十五、三十五至四十，首一卷）

520000－2801－0008401　14554
大佛頂首楞嚴經正脈疏四十卷首一卷　（明）釋交光真鑑述　清光緒二十二年（1896）金陵刻經處刻本　十二册　存三十五卷（一至三十四、首一卷）

520000－2801－0008402　14556
佛果圜悟禪師碧巖集十卷　（清）釋開慧輯　清光緒二年（1876）杭省西湖昭慶慧空經房刻本　五册

520000－2801－0008403　14557
天目中峰和尚廣錄三十卷　（元）釋慈寂編　清光緒七年（1881）姑蘇刻經處刻本　五册　存二十八卷（一至九、十二至三十）

520000－2801－0008404　14558
永覺和尚洞上古轍二卷寱言一卷　（清）釋元賢輯　清光緒二十三年（1897）刻本　二册

520000－2801－0008405　14559
大乘起信論疏解彙集三十六卷　（南朝梁）釋智愷輯　清光緒二十四年（1898）金陵刻經處刻本　十二册

520000－2801－0008406　14561
高峯大師語錄一卷　（元）釋原妙撰　清光緒十五年（1889）金陵刻經處刻本　一册

520000－2801－0008407　14562
高僧傳初集十五卷首一卷　（南朝梁）釋慧皎撰　清光緒十年（1884）金陵刻經處刻本　四册

520000－2801－0008408　14564
紫栢老人集二十九卷首一卷　（明）釋真可撰　（明）釋德清閲　清末刻本　十册

520000－2801－0008409　14565
大方廣圓覺經大疏十六卷　（唐）釋宗密述　清宣統元年（1909）金陵刻經處刻本　四册

520000－2801－0008410　14566
金剛般若波羅密經宗通九卷　（後秦）釋鳩摩羅什譯　（明）曾鳳儀宗通　清光緒十一年（1885）金陵刻經處刻本　二册

520000－2801－0008411　14567
説文解字十五卷　（漢）許慎記　（宋）徐鉉等校訂　**通檢十四卷末一卷**　（清）黎永椿編　清同治十二年（1873）羊城西湖街富文齋刻本　九册

520000－2801－0008412　14568
春秋箋例三十卷首一卷　（清）趙儀吉輯　清嘉慶二十二年（1817）刻本　十册　存二十五卷（三至二十三、二十七至三十）

520000－2801－0008413　14569
日下舊聞四十二卷　（清）朱彝尊撰　清末刻本　十二册　存二十六卷（二、六至八、十三至十四、十七至十八、二十一至二十九、三十二至三十五、三十八至四十二）

520000－2801－0008414　14570
二南詩鈔二卷　（清）周樂著　清道光九年（1829）刻本　二册

520000－2801－0008415　14571
清腴集稿初編二卷　陸潤庠鑒定　清光緒十七年（1891）刻本　一册

520000－2801－0008416　14572
潛邱劄記六卷　（清）閻若璩撰　清乾隆十年（1745）刻本　五册　存五卷（二至六）

520000－2801－0008417　14574
儀禮正義四十卷　(清)胡培翬撰　清咸豐二年(1852)蘇州湯晉苑局刻本　十五冊　存三十七卷(一至三十七)

520000－2801－0008418　14575
說文解字句讀三十卷目錄一卷　(漢)許慎記　(清)王筠撰集　清同治四年(1865)王氏涵芬樓刻本　八冊　存十八卷(一至六、十三至十六、二十一至二十八)

520000－2801－0008419　14576
讀書雜志八十二卷餘編二卷目錄二卷　(清)王念孫撰　清同治九年(1870)金陵書局刻本　十八冊　存六十二卷(戰國策一至三,史記一至六,漢書一至十六,管子一至五,墨子一至三,荀子一至八、補遺一,淮南内篇一至九、十一至十五、二十一至二十二、補一,漢隸拾遺一;餘編二卷)

520000－2801－0008420　14577
六書通十卷　(明)閔齊伋撰　(清)畢宏述篆訂　清刻本　四冊　存四卷(二至五)

520000－2801－0008421　14578
二林居集二十四卷　(清)彭紹升著　清光緒七年(1881)刻本　五冊　存二十卷(一至十二、十七至二十四)

520000－2801－0008422　14579
悔餘菴文稿九卷詩稿十三卷樂府四卷餘辛集三卷　(清)何栻撰　清同治四年(1865)刻本　十冊

520000－2801－0008423　14580
知足齋詩集二十卷續集四卷文集六卷進呈文稿二卷目錄四卷　(清)朱珪撰　清嘉慶十年(1805)刻本　十二冊

520000－2801－0008424　14581
中晚唐詩主客圖二卷　(清)李懷民集　清嘉慶十八年(1813)刻本　四冊

520000－2801－0008425　14582
松陽講義十二卷目錄一卷　(清)陸隴其著　(清)侯銓等編次　清光緒十三年(1887)張氏刻本　四冊

520000－2801－0008426　14583
曾文正公奏議十卷首一卷末一卷目錄一卷　(清)曾國藩撰　(清)薛福成編次　清同治十二年(1873)蘇郡刻本　七冊　存九卷(一至八、十)

520000－2801－0008427　14584
曾惠敏公文集五卷歸樸齋詩鈔戊集二卷使西日記二卷　(清)曾紀澤撰　清光緒十九年(1893)江南製造總局刻本　四冊

520000－2801－0008428　14585
曾文正公文集三卷　(清)曾國藩撰　(清)李瀚章編次　清光緒二年(1876)傳忠書局刻本　三冊

520000－2801－0008429　14586
綏寇紀略十二卷補遺三卷　(清)吳偉業纂輯　(清)鄒漪原訂　(清)張海鵬增訂　清嘉慶九年(1804)刻本　七冊

520000－2801－0008430　14587
易道入門四卷　(清)張屯述　(清)張雲鵬校錄　清中刻本　六冊

520000－2801－0008431　14588
類對集材六卷　(清)胡云煥編釋　清嘉慶二十年(1815)古虞亦愛軒刻本　六冊

520000－2801－0008432　14590
閱微草堂筆記五種　(清)紀昀撰　清道光二十七年(1847)小蓬萊山館刻本　九冊

520000－2801－0008433　14592
新訂崇正闢謬通書十四卷　(清)李奉來編輯　清刻本　五冊　存十一卷(一至五、八至十三)

520000－2801－0008434　14594
崇雅堂集六種　(清)胡敬撰　清道光二十四年(1844)刻本　七冊

520000－2801－0008435　14595
毘陵集二十卷補遺一卷附錄一卷　(唐)獨孤及撰　清亦有生齋刻本　四冊

520000－2801－0008436　14596
讀杜心解六卷首二卷　(清)浦起龍撰　清雍正二年(1724)刻本　六册　存七卷(一至五、首二卷)

520000－2801－0008437　14597
詩經八卷目錄一卷　(宋)朱熹集傳　清末煮字山房刻本　四册

520000－2801－0008438　14598
人生必讀書十二卷目錄一卷　(清)唐彪著輯　清嘉慶三年(1798)刻本　五册　缺三卷(九至十一)

520000－2801－0008439　14599
四書大全四十二卷　(明)胡廣等撰　清康熙四十一年(1702)遄喜齋刻本　二十二册

520000－2801－0008440　14600
歷代帝王年表十四卷　(清)齊召南編　清光緒二十八年(1902)山東書局石印本　四册

520000－2801－0008441　14601
御纂周易折中二十二卷首一卷　(清)李光地撰　清初刻本　七册　存十四卷(五至六、九至十八、二十一至二十二)

520000－2801－0008442　14602
朱子性理吟註釋二卷　(清)李熙和纂輯　(清)紹英註釋　清咸豐六年(1856)刻本　二册

520000－2801－0008443　14603
御纂周易折中二十二卷首一卷　(清)李光地撰　(清)魏廷珍等校對　清同治十一年(1872)江西書局刻本　十二册

520000－2801－0008444　14604
聖武記十四卷　(清)魏源撰　清道光二十六年(1846)刻本　九册　存十一卷(二至五、七至十三)

520000－2801－0008445　14605
古歡室全集詩詞集四卷女學篇一卷中饋錄一卷　(清)曾懿撰　清光緒三十三年(1907)長沙刻本　四册

520000－2801－0008446　14606
質學課本五卷　(英國)伊那楞木孫撰　清光緒三十二年(1906)鉛印本　五册

520000－2801－0008447　14607
質學課本五卷　(英國)伊那楞木孫撰　清光緒三十二年(1906)鉛印本　五册

520000－2801－0008448　14609
朱子近思錄十四卷　(清)朱顯祖輯　清光緒二十八年(1902)刻本　四册

520000－2801－0008449　14611
羅經指南撥霧集三卷　(清)葉泰撰　清康熙三十二年(1693)經國堂刻本　一册　存一卷(一)

520000－2801－0008450　14612
地理或問二卷　(清)陸應穀著　清道光二十八年(1848)刻本　一册

520000－2801－0008451　14613
[術數類著述雜鈔]不分卷　(□)□□撰　清末抄本　三册

520000－2801－0008452　14619
經濟類考二卷　(清)顧九錫輯　清光緒十五年(1889)上海鴻文書局石印本　二册

520000－2801－0008453　14620
胡竹鄉文稿不分卷　(清)胡筠著　清同治九年(1870)刻本　二册

520000－2801－0008454　14620
胡竹鄉塾課不分卷　(清)胡筠著　清同治八年(1869)刻本　二册

520000－2801－0008455　14623
史記一百三十卷考證一百三十卷　(漢)司馬遷撰　(南朝宋)裴駰集解　(唐)司馬貞索隱　(唐)張守節正義　清光緒十四年(1888)上海圖書集成印書局石印本　十六册

520000－2801－0008456　14624
史記一百三十卷考證一百三十卷　(漢)司馬遷撰　(南朝宋)裴駰集解　(唐)司馬貞索隱　(唐)張守節正義　清光緒十四年(1888)上

海圖書集成印書局石印本　十六冊

520000－2801－0008457　14626
後漢書一百二十卷　（南朝宋）范曄撰　（唐）章懷太子李賢注　清光緒十四年（1888）上海圖書集成印書局石印本　十五冊　存一百十四卷（一至四、十一至一百二十）

520000－2801－0008458　14627
陳書三十六卷　（唐）姚思廉撰　清光緒十年（1884）上海同文書局石印本　六冊

520000－2801－0008459　14628
梁書五十六卷　（唐）姚思廉撰　清光緒十年（1884）上海同文書局石印本　八冊

520000－2801－0008460　14629
南齊書五十九卷目錄一卷　（南朝梁）蕭子顯撰　清光緒十年（1884）上海同文書局影印本　八冊

520000－2801－0008461　14630
周書五十卷　（唐）令狐德棻等撰　清光緒十年（1884）上海同文書局石印、影印本　一冊　存七卷（十六至二十二）

520000－2801－0008462　14631
新增說文韻府羣玉二十卷　（元）陰時夫編輯　清末刻本　二十冊

520000－2801－0008463　14632
皇朝五經彙解二百七十卷　題（清）抉經心室主人輯　清光緒十九年（1893）同文書局石印本　三十三冊

520000－2801－0008464　14633
西夏紀事本末三十六卷首二卷　（清）張鑒著　清光緒二十五年（1899）慎記書莊石印本　二冊

520000－2801－0008465　14634
元史紀事本末二十七卷　（明）陳邦瞻編輯　清光緒二十五年（1899）慎記書莊石印本　二冊

520000－2801－0008466　14635
金史紀事本末五十二卷首一卷　（清）李有棠編輯　清光緒二十五年（1899）慎記書莊石印本　四冊

520000－2801－0008467　14636
遼史紀事本末四十卷首一卷　（清）李有棠編纂　清光緒二十五年（1899）慎記書莊石印本　二冊

520000－2801－0008468　14637
管子校正二十四卷　（清）戴望纂　清同治十二年（1873）刻本　六冊

520000－2801－0008469　14639
皇朝經世文新編一百七卷總目一卷目錄十卷　（清）邵之棠編輯　清光緒二十七年（1901）上海寶善齋石印本　三十六冊　存七十卷（一至六、十六至二十二、三十五至四十二、五十九至一百七）

520000－2801－0008470　14640
金史一百三十五卷　（元）脫脫等修　清光緒二十八年（1902）史學會社石印本　六冊　存七十八卷（一至六十二、九十九至一百十四）

520000－2801－0008471　14641
北齊書五十卷　（唐）李百藥撰　清光緒二十八年（1902）史學會社石印本　二冊

520000－2801－0008472　14642
宋史一百九卷　（明）陳邦瞻編輯　清光緒二十五年（1899）慎記書莊石印本　七冊

520000－2801－0008473　14643
皇清經解續編二百九卷　王先謙撰　清光緒十五年（1889）上海蜚英館石印本　三十一冊　存二百一卷（一至一百八十四、一百九十三至二百九）

520000－2801－0008474　14644
經籍籑詁一百六卷　（清）阮元等編　清嘉慶十七年（1812）揚州阮氏刻本　六十八冊　存八十八卷（一至十九、二十一至二十三、二十五至二十九、四十、四十三至八十一、八十三至九十八、一百至一百四）

520000－2801－0008475　14645

八代詩選二十卷　王闓運輯　清光緒十六年(1890)江蘇書局刻本　八冊

520000－2801－0008476　14649
新雕校證大字白氏諷諫一卷　(唐)白居易撰　(清)費念慈批校　清刻朱印本　一冊

520000－2801－0008477　14650
化學考質八卷　(德國)富里西尼烏司著　(英國)傅蘭雅口譯　(清)徐壽筆述　清光緒九年(1883)江南機器製造總局刻本　四冊　存六卷(三至八)

520000－2801－0008478　14653
志學編二卷　(清)余寅止編次　清光緒元年(1875)刻本　一冊

520000－2801－0008479　14656
山東直隸河南三省黃河全圖不分卷　(清)倪文蔚　易順鼎等編製　清光緒十六年(1890)上海鴻文書局石印本　四冊　殘

520000－2801－0008480　14657
長江圖說十二卷首一卷　(清)馬徵麟制　清同治九年(1870)刻本　十一冊　存九卷(三至十一)

520000－2801－0008481　14658
鑑史輯要圖說一卷　(清)萬卓志繪　清光緒三十三年(1907)鉛印曁石印本　一冊

520000－2801－0008482　14662
大清中外一統輿圖三十一卷首一卷　(清)胡林翼　(清)嚴樹森修　(清)鄒世詒等繪　清同治二年(1863)刻本　八冊　存十五卷(中一,南十,北一、三、四、六、七、九、十一、十二、十四、十五、十七、十八、二十)

520000－2801－0008483　14663
中外交涉類要表一卷光緒通商綜覈表不分卷附中西紀年周始表　(清)錢學嘉輯　清光緒二十年(1894)上海醉六堂刻本　一冊

520000－2801－0008484　14675
評點春秋綱目左傳句解彙雋六卷目錄一卷　(清)韓菼重訂　清李光明莊刻本　五冊　存五卷(一至五)

520000－2801－0008485　14682
五禮通考二百六十二卷首四卷　(清)秦蕙田輯　清光緒六年(1880)江蘇書局刻本　九十五冊　存一百四十八卷(一至二十三、二十七至九十九、二百五至二百十九、二百二十三至二百五十二、二百五十六至二百六十二)

520000－2801－0008486　14683
重刊宋本十三經注疏附校勘記四百十六卷　(清)阮元校勘　(清)盧宣旬摘錄　清同治十二年(1873)江西書局刻本　與520000－2801－0008487合一百七十四冊

520000－2801－0008487　14683
重刊宋本十三經注疏附校勘記識語四卷　(清)汪文臺撰　清光緒三年(1877)江西書局刻本　與520000－2801－0008486合一百七十四冊

520000－2801－0008488　14685
春藹堂集十八卷　(清)陳奕禧撰　清康熙四十六年(1707)刻本　一冊

520000－2801－0008489　14688
偶存集一卷　(清)董貽清撰　清同治十一年(1872)刻本　一冊

520000－2801－0008490　14689
黔書二卷　(清)田雯撰　清嘉慶十三年(1808)黔藩使者李長森刻本　一冊　存一卷(上)

520000－2801－0008491　14690
詞律校勘記一卷　(清)杜文瀾撰　清咸豐十一年(1861)刻本　二冊

520000－2801－0008492　14691
擬訂陸軍營制餉章膳貝清單一卷　奕劻等輯　清光緒三十年(1904)石印本　一冊

520000－2801－0008493　14700
說文解字十二卷　(漢)許慎記　清末石印本　三冊

520000－2801－0008494　14701

庚子秋詞二卷　(清)王鵬運等撰　清光緒二十六年(1900)石印本　二册

520000－2801－0008495　14702
丁巨算法一卷　(元)丁巨撰　(清)鮑廷博輯　(清)鮑志祖續輯　清刻本　一册

520000－2801－0008496　14703
透簾細草一卷　(□)□□撰　(清)鮑廷博輯　(清)鮑志祖續輯　清刻本　一册

520000－2801－0008497　14704
歸田詩話三卷　(明)瞿佑著　(清)鮑廷博輯　(清)鮑志祖續輯　清刻本　一册

520000－2801－0008498　14705
南濠詩話一卷　(明)都穆撰　(清)鮑廷博輯　(清)鮑志祖續輯　清刻本　一册

520000－2801－0008499　14706
樂府補題一卷　(宋)王沂孫等撰　**蛻巖詞二卷**　(元)張翥著　(清)鮑廷博輯　(清)鮑志祖續輯　清刻本　一册

520000－2801－0008500　14707
石墨鐫華八卷　(明)趙崡著　(清)鮑廷博輯　(清)鮑志祖續輯　清刻本　二册

520000－2801－0008501　14709
賦役全書一卷　(□)□□撰　清末鉛印本　一册

520000－2801－0008502　14710
說文段注訂補十四卷　(清)王紹蘭著　清光緒十四年(1888)胡燏棻刻本　六册　存十一卷(一至十一)

520000－2801－0008503　14713
陸文慎公奏議一卷　(清)陸寶忠撰　清宣統三年(1911)鉛印本　一册

520000－2801－0008504　14715
楹聯叢話十二卷巧對錄八卷　(清)梁章鉅輯　清末刻本　六册

520000－2801－0008505　14716
味塵軒詞餘二卷　(清)李文瀚撰　清刻本　一册　存一卷(一)

520000－2801－0008506　14717
觀河集四卷　(清)彭紹升著　清道光三年(1823)刻本　一册

520000－2801－0008507　14719
賦則四卷首一卷　(清)鮑桂星評選　清刻本　二册

520000－2801－0008508　14721
芝麓山房集□□卷　(清)向時鳴撰　清光緒十三年至十四年(1887－1888)刻本　五册　存五卷(芝麓山房散體文鈔一、時藝一、時藝讀刻一、四川鄉試硃卷一、會試硃卷一)

520000－2801－0008509　14722
崧緯瑣言一卷　(清)萬之鍔撰　清刻本　一册

520000－2801－0008510　14723
第一生修梅花館詞三卷附錄一卷　況周儀撰　清光緒十八年(1892)刻本　一册

520000－2801－0008511　14725
花外集一卷　(宋)王沂孫撰　清刻本　一册

520000－2801－0008512　14727
欽定七經綱領一卷　(清)□□輯　**勘誤表一卷**　清宣統元年(1909)學部圖書局鉛印本　一册

520000－2801－0008513　14728
易經八卷　(宋)程頤傳　清宣統元年(1909)學部圖書局據湖北局刻本影印本　六册

520000－2801－0008514　14729
漁洋感舊集小傳四卷補遺一卷目錄一卷　(清)盧見曾撰　清光緒四年(1878)上海淞隱閣鉛印本　一册　存二卷(一至二)

520000－2801－0008515　14730
紅樓夢本義約編二卷類聯集要一卷　題(清)話石主人手定　**對語一卷**　題(清)拜石山人戲編　清光緒四年(1878)刻本　三册

520000－2801－0008516　14732
貞觀政要十卷　(唐)吳兢撰　清刻本　三册　存七卷(三至九)

520000－2801－0008517　14733
太平寰宇記二百卷目録二卷　(宋)樂史撰　清光緒九年(1883)影印本　一册　存六卷(一百十三至一百十八)

520000－2801－0008518　14736
癸巳存稿十五卷　(清)俞正燮撰　清光緒十年(1884)刻本　五册　存十一卷(一、四至十三)

520000－2801－0008519　14738
增補綱鑑輯要四十卷首一卷　(明)袁黄編纂　清光緒二十四年(1898)益元書局刻本　十八册

520000－2801－0008520　14742
出使英法義比四國日記六卷　(清)薛福成撰　清光緒十八年(1892)上海鴻寶齋石印本　三册

520000－2801－0008521　14743
學仕遺規四卷　(清)陳宏謀輯　(清)陳鐘珂等編校　清宣統二年(1910)學部圖書局石印本　三册

520000－2801－0008522　14744
焦氏易林十六卷　(漢)焦贛撰　**易林元籥十測**　(明)盛如林纂著　清嘉慶十三年(1808)知白齋刻本　三册

520000－2801－0008523　14745
武當功課經二卷　(□)□□撰　**北方真武妙經一卷**　(□)□□撰　**太上五斗金章受生經一卷**　(□)□□撰　**太上玄靈北斗本命延生真經一卷**　(□)□□撰　**太上三元賜福赦罪解厄消災延生保命妙經一卷**　(□)□□撰　清石印本　五册

520000－2801－0008524　14795
缶廬詩四卷别存一卷　(清)吳俊卿撰　清光緒十九年(1893)刻本　一册

520000－2801－0008525　14796
濂亭遺詩五卷　(清)張裕釗撰　清光緒二十一年(1895)遵義黎氏刻本　二册

520000－2801－0008526　14798
水東日記四十卷　(明)葉盛撰　明末葉重華刻本　四册

520000－2801－0008527　14799
濂亭文集八卷　(清)查燕緒編次　清光緒八年(1882)查氏木漸齋刻本　二册

520000－2801－0008528　14800
秋影樓詩集九卷　(清)汪繹撰　清光緒二十三年(1897)鐵琴銅劍樓瞿氏刻本　二册

520000－2801－0008529　14801
傳樸堂詩稿四卷補遺一卷附録一卷竹樊山莊詞一卷　(清)葛金烺著　**弢華館詩稿一卷**　(清)葛嗣溁著　清光緒二十一年(1895)嘉定廖壽豐署刻本　二册

520000－2801－0008530　14803
清足居集一卷　(清)鄧瑜撰　清光緒二十一年(1895)刻本　一册

520000－2801－0008531　14803
蕉窗詞一卷　(清)鄧瑜撰　清光緒二十二年(1896)刻本　一册

520000－2801－0008532　14805
十華小築詩鈔四卷　(清)余本愚撰　清光緒十一年(1885)刻本　一册

520000－2801－0008533　14809
鬱華閣遺詩四卷　(清)盛昱撰　清光緒三十四年(1908)石印本　一册

520000－2801－0008534　14811
鄧尉探梅詩四卷　(清)謝家福輯　清光緒二十年(1894)刻本　一册

520000－2801－0008535　14813
飲雪軒詩集四卷　(清)楊泰亨撰　清宣統二年(1910)經畲家塾刻本　一册

520000－2801－0008536　14818
蔣詩二卷　(清)蔣智由撰　清宣統二年(1910)石印本　一册

520000－2801－0008537　14824
嗣雅堂詩存五卷　(清)王嘉禄著　清末刻本

一冊

520000－2801－0008538　14827
秋士先生遺集六卷目錄一卷　（清）彭績撰　清光緒七年（1881）刻本　一冊

520000－2801－0008539　14838
味靈華館詩六卷　（清）商廷煥著　清宣統二年（1910）石印本　一冊

520000－2801－0008540　14839
閨秀詩選六卷　（清）王慧秋輯　清光緒二十年（1894）鉛印本　二冊

520000－2801－0008541　14840
桂之華軒詩集四卷　（清）朱銘盤著　清光緒三十四年（1908）南通翰墨書局鉛印本　一冊

520000－2801－0008542　14841
桂之華軒文集九卷　（清）朱銘盤著　清光緒三十二年（1906）翰墨林編譯印書局鉛印本　二冊

520000－2801－0008543　14851
艾廬遺稿六卷　（清）邵曾鑑著　清光緒二十三年（1897）刻本　二冊

520000－2801－0008544　14855
茗柯文四編五卷目錄一卷　（清）張惠言著　清光緒七年（1881）刻本　二冊

520000－2801－0008545　14857
抱潤軒文集十卷　馬其昶撰　清宣統元年（1909）安徽官紙印刷局石印本　一冊

520000－2801－0008546　14859
萊香書屋詩草一卷　（清）陸以耕著　清光緒二十二年（1896）鉛印本　一冊

520000－2801－0008547　14865
鶴窠村人初稿一卷　黃協塤著　**紅閨艷體詩一卷**　申左夢著　清光緒三十四年（1908）國光書局鉛印本　一冊

520000－2801－0008548　14867
散原精舍詩二卷　陳三立撰　清宣統二年（1910）商務印書館鉛印本　二冊

520000－2801－0008549　14869
春酒堂文集一卷　（清）周容著　清宣統二年（1910）國學扶輪社鉛印本　一冊

520000－2801－0008550　14870
梅花山館詩鈔一卷　（清）徐光發著　清光緒三十一年（1905）鐵沙徐氏石印本　二冊

520000－2801－0008551　14874
蚍廬詩鈔十卷　（清）王蔭槐撰　清光緒七年（1881）刻本　二冊

520000－2801－0008552　14959
藏書紀事詩七卷　葉昌熾撰　清宣統二年（1910）刻本　六冊

520000－2801－0008553　14968
求礦指南十卷附一卷　（英國）安德孫撰　清光緒二十五年（1899）江南製造總局刻本　二冊

520000－2801－0008554　14970
蠶務條陳一卷　（英國）康發達撰　**整飭皖茶文牘廐肥篇一卷**　（美國）啤耳撰　（清）胡濬康譯　清光緒二十三年（1897）鉛印本　一冊

520000－2801－0008555　14971
品花寶鑑六十回　（清）張星撰　清末刻本　十四冊

520000－2801－0008556　14984
杜詩鏡銓二十卷本傳一卷年譜一卷墓誌一卷目錄一卷附錄一卷　（唐）杜甫撰　（清）楊倫編輯　清同治十一年（1872）望三益齋刻本　十冊

520000－2801－0008557　14985
直齋書錄解題二十二卷　（宋）陳振孫撰　清光緒九年（1883）江蘇書局刻本　六冊

520000－2801－0008558　14989
中說十卷　（隋）王通撰　（宋）阮逸注　清光緒石印本　二冊

520000－2801－0008559　14990
長恩書室叢書　（清）莊肇麟校刊　清咸豐四年（1854）新昌莊氏刻本　十冊

520000－2801－0008560　14991
歷代名媛尺牘二卷　（清）水鏡山房輯　清刻本　一册

520000－2801－0008561　14995
靈樞經九卷　（清）張志聰集註　清光緒十六年（1890）浙江書局刻本　八册

520000－2801－0008562　15015
劉河間醫學六書　（金）劉完素撰　明刻本　六册

520000－2801－0008563　15016
飲冰室文集十八卷總目一卷　梁啟超著　清光緒二十九年（1903）上海廣智書局鉛印本　十八册

520000－2801－0008564　15017
唐王燾先生外臺秘要方四十卷目錄一卷　（唐）王燾撰　（清）林億等上進　（清）陸錫明校閱　清同治十三年（1874）廣東翰墨園刻本　四十二册

520000－2801－0008565　15018
驗方新編十六卷末一卷　（清）鮑相璈編輯　清宣統二年（1910）刻本　九册

520000－2801－0008566　15023
宋元舊本書經眼錄三卷附錄二卷　（清）莫友芝撰　清同治十年（1871）刻本　一册

520000－2801－0008567　15023
青田山廬詞鈔一卷　（清）莫庭芝撰　清光緒十五年（1889）日本使署刻本　一册

520000－2801－0008568　15024
莫氏遺書不分卷　（清）莫友芝撰　清同治五年（1866）江寧三山客舍刻本　二册

520000－2801－0008569　15025
金匱鉤玄三卷　（元）朱震亨著　**傷寒一提金一卷傷寒截江網一卷**　（明）陶華述　清光緒三十三年（1907）刻本　三册

520000－2801－0008570　15027
丹溪心法五卷附錄一卷　（元）朱震亨著　**儒門事親一卷**　（金）張從政撰　清光緒三十三年（1907）刻本　四册

520000－2801－0008571　15060
誥封中議大夫國子監學正衛原任務川縣教諭李蹇府君行狀一卷　（清）李詵等撰　清同治九年（1870）刻本　一册

520000－2801－0008572　15062
國語二十一卷　（三國吳）韋昭解　（宋）宋庠輔音　清同治九年（1870）經綸堂刻本　四册

520000－2801－0008573　15088
文字會寶不分卷　（明）朱文治輯　明萬曆三十六年（1608）刻本　五册

520000－2801－0008574　15116
莫愁湖志六卷首一卷　（清）馬士圖輯　清光緒八年（1882）刻本　二册

520000－2801－0008575　15117
［道光］吉林外紀十卷刊誤一卷　（清）薩英額撰　**甯古塔記畧一卷**　（清）吳振臣撰　清光緒二十一年（1895）漸西村舍刻本　二册

520000－2801－0008576　15118
京口山水志十八卷首一卷末一卷　（清）楊棨撰　清宣統三年（1911）鉛印本　四册

520000－2801－0008577　15120
［嘉靖］西湖遊覽志二十四卷志餘二十六卷　（明）田汝成撰　清光緒二十二年（1896）錢塘丁氏嘉惠堂刻本　十册

520000－2801－0008578　15123
雞足山志十卷　（清）范承勳撰　清末石印本　四册

520000－2801－0008579　15126
樗繭譜一卷　（清）鄭珍纂　（清）莫友芝注　清宣統元年（1909）遵義府官書局鉛印本　一册

520000－2801－0008580　15128
［同治］湘鄉縣志二十三卷首一卷末一卷　（清）齊德五等修　（清）黄楷盛等纂　清同治八年至十三年（1869－1874）刻本　二十一册　存十七卷（二至七、十至二十）

520000－2801－0008581　15130
山西志輯要十卷首一卷　（清）雅德修　（清）汪本直纂　清乾隆四十五年（1780）刻本　十二册

520000－2801－0008582　15131
兵鏡類編四十卷首一卷　（清）李蕊編輯　清光緒六年至十年（1880－1884）刻本　十四册　存三十四卷（一至二十、二十四至二十五、二十九至四十）

520000－2801－0008583　15133
呻吟語六卷　（明）呂坤撰　清同治七年（1868）刻本　四册

520000－2801－0008584　15135
[光緒]百色廳志八卷首一卷　（清）陳如金修　（清）華本松纂　清光緒十七年（1891）刻本　三册　存七卷（一至六、首一卷）

520000－2801－0008585　15136
南越筆記十六卷　（清）李調元輯　清刻本　三册

520000－2801－0008586　15137
皇朝武功紀盛四卷　（清）趙翼撰　清乾隆五十七年（1792）刻本　一册

520000－2801－0008587　15138
廣東新語二十八卷　（清）屈大均撰　清康熙三十九年（1700）水天閣刻本　七册　存十五卷（一至四、七至八、十三至二十一）

520000－2801－0008588　15143
西藏通覽二編　（日本）山縣初男編著　清宣統二年（1910）成都文倫書局鉛印本　四册

520000－2801－0008589　15144
[道光]廣西通志輯要十五卷首一卷　（清）蘇宗經原輯　清光緒十五年（1889）桂林九如堂刻本　九册　存十二卷（一至三、五、七至八、十至十五）

520000－2801－0008590　15146
[光緒]深州風土記二十二卷　（清）□□編　**國朝貞節表五卷**　（清）□□編　清光緒二十六年（1900）文瑞書院刻本　八册

520000－2801－0008591　15151
明季稗史彙編十六種二十七卷　題（清）留云居士輯　清都城琉璃廠刻本　八册

520000－2801－0008592　15152
春在堂全書　（清）俞樾撰　清刻本　十二册　存二種

520000－2801－0008593　15153
廣雁蕩山志二十八卷首一卷末一卷　（清）曾唯輯　清乾隆五十五年（1790）刻本　八册

520000－2801－0008594　15154
平定粵匪紀略十八卷附記四卷　（清）杜文瀾撰　清同治十年（1871）京都聚珍齋木活字印本　十册

520000－2801－0008595　15156
古今錢略三十二卷首一卷末一卷　（清）倪模撰　清光緒三年（1877）望江倪氏兩疆勉齋刻本　十六册

520000－2801－0008596　15158
[光緒]遷江縣誌四卷　（清）顔嗣徽等纂修　清光緒十七年（1891）桂林書局刻本　三册　存三卷（二至四）

520000－2801－0008597　15159
[光緒]富川縣誌十二卷　（清）顧國誥　（清）柴照修　（清）劉樹賢等纂　清光緒十六年（1890）刻本　六册

520000－2801－0008598　15161
明季稗史匯編□□種　題（清）留雲居士編　清刻本　十九册　存十三種

520000－2801－0008599　15162
兩廣鹽法志三十五卷首一卷　（清）阮元等撰　清道光十五年（1835）刻本　三十三册　存三十三卷（一至二、四至二十四、二十六至二十九、三十一至三十五，首一卷）

520000－2801－0008600　15164
莊子獨見三十三卷　（清）胡文英評釋　（清）武啟圖同訂　清乾隆十七年（1752）文淵堂刻

本　四册

520000－2801－0008601　15167

白鹿書院志十九卷　（清）毛德琦原訂　（清）周兆蘭重修　清乾隆六十年（1795）刻本　八册

520000－2801－0008602　15168

御定歷代賦彙一百四十卷外集二十卷集逸句二卷補遺二十二卷　（清）陳元龍輯　清刻本　二十六册

520000－2801－0008603　15169

［光緒］江西通志一百八十卷首五卷　（清）劉坤一修　（清）趙之謙等纂　清光緒七年（1881）刻本　一百二十册

520000－2801－0008604　15170

金紫何氏重修合譜不分卷　（清）何□□等校　清同治十一年（1872）許疇堂木活字印本　三册

520000－2801－0008605　15171

何氏宗譜三卷　（清）何文濬撰　清光緒十五年（1889）木活字印本　二册

520000－2801－0008606　15174

武經三書匯解三卷末一卷　（清）曹日瑋等纂輯　清康熙五十年（1711）刻本　六册

520000－2801－0008607　15175

讀史兵略四十六卷目錄一卷　（清）胡林翼纂　清咸豐十一年（1861）武昌節署刻本　十六册

520000－2801－0008608　15177

讀史兵略續編十卷　（清）胡林翼撰　清光緒二十八年（1902）湘省學堂刊本　十册

520000－2801－0008609　15196

國朝畫徵錄三卷續錄二卷　（清）張庚著　清同治八年（1869）刻本　二册

520000－2801－0008610　15232

桐溪耆隱集一卷補錄一卷　（清）袁炯輯　**榆園雜興詩一卷**　（清）袁振業撰　清光緒十六年（1890）春藻堂刻本　一册

520000－2801－0008611　15234

本草綱目五十二卷圖三卷　（明）李時珍撰　（清）張雲中重訂　清同治十一年（1872）芥子園刻本　四十四册

520000－2801－0008612　15235

遯庵詩稿一卷　（清）曹希璨撰　清宣統三年（1911）木活字印本　一册

520000－2801－0008613　15319

聊齋志異新評十六卷　（清）蒲松齡撰　（清）王士禛評　（清）但明倫新評　清光緒八年（1882）刻朱墨印本　八册

520000－2801－0008614　15320

紅樓夢一百二十卷像一卷　（清）曹雪芹撰　（清）王希廉評　清道光十二年（1832）刻本　二十四册

520000－2801－0008615　15328

黔語二卷　（清）吳振棫纂　清咸豐四年（1854）刻本　一册

520000－2801－0008616　15329

金匱玉函經二註二十二卷　（宋）趙以德衍義　（清）周揚俊補註　清同治二年（1863）刻本　二册

520000－2801－0008617　15330

女科二卷產後編二卷　（清）傅山著　清光緒十年（1884）青霞閣張氏刻本　一册

520000－2801－0008618　15332

醫方易簡新編六卷　（清）龔自璋　（清）黄統編　清同治五年（1866）刻本　四册

520000－2801－0008619　15333

三家醫案合刻三卷　（清）葉桂著　（清）吳金壽纂　清道光十二年（1832）刻本　一册

520000－2801－0008620　15334

溫熱經緯五卷　（清）王士雄纂　清同治二年（1863）刻本　四册

520000－2801－0008621　15359

歷代鐘鼎彝器款識法帖二十卷　（宋）薛尚功輯　（清）阮元校補　清嘉慶二年（1797）刻本

五冊

520000－2801－0008622　15361
麻科活人全書四卷　(清)謝玉瓊纂輯　清光緒二年(1876)刻本　四冊

520000－2801－0008623　15374
炳燭齋文集初刻一卷續刻一卷　(明)顧大韶著　清宣統元年(1909)國學扶輪社鉛印本　二冊

520000－2801－0008624　15375
顧雙溪集九卷　(清)顧奎光著　清光緒二十一年(1895)排印本　二冊

520000－2801－0008625　15384
八指頭陀詩集十卷述一卷附存一卷雜文一卷　(清)釋敬安撰　清光緒二十四年(1898)刻本　二冊

520000－2801－0008626　15385
蘭墅詩存二卷　(清)陳允頤撰　清光緒三十二年(1906)杭州刻本　一冊

520000－2801－0008627　15386
金氏二妙集二卷　(清)金家驥著　清末鉛印本　一冊

520000－2801－0008628　15396
龔定盦集外未刻詩不分卷　(清)龔自珍撰　清宣統三年(1911)上海秋星社石印本　一冊

520000－2801－0008629　15409
沈四山人詩錄六卷附錄一卷　(清)沈謹學著　清宣統二年(1910)鉛印本　一冊

520000－2801－0008630　15416
洨民叢稿一卷　(清)孫傳鳳撰　清光緒二十二年(1896)未經廬刻本　一冊

520000－2801－0008631　15418
自怡軒遺稿一卷　(清)朱清撰　**知止軒吟草一卷**　(清)朱鎮撰　**片玉山房詩存一卷**　(清)朱彥臣撰　清光緒二十二年(1896)刻本　一冊

520000－2801－0008632　15430
大清一統志四百二十四卷目錄一卷　(清)和珅等纂修　清光緒二十八年(1902)上海寶善齋石印本　六十冊

520000－2801－0008633　15444
寶研山房臨多寶塔帖一卷　(唐)岑勛撰　清道光十三年(1833)抄本　一冊

520000－2801－0008634　15456
城北草堂詩餘二卷　(清)顧夔撰　**小鄉嬛室詩餘殘稾一卷**　(清)王清霞撰　清光緒十四年(1888)刻本　二冊

520000－2801－0008635　15464
孟塗先生遺詩二卷　(清)劉開撰　清光緒十二年(1886)刻本　一冊

520000－2801－0008636　15466
師鄭堂駢體文存二卷　(清)孫同康譔　清光緒二十一年(1895)刻本　一冊

520000－2801－0008637　15473
傳樸堂詩稿四卷　(清)葛金烺著　清光緒二十一年(1895)刻本　二冊

520000－2801－0008638　15476
吳摯甫詩集一卷　(清)吳汝綸撰　清宣統元年(1909)國學扶輪社石印本　一冊

520000－2801－0008639　15477
緩雅堂駢體文八卷　(清)王詒壽著　清光緒六年(1880)刻本　二冊

520000－2801－0008640　15478
佩秋閣詩稿二卷詞稿一卷駢文稿一卷　(清)吳茝撰　清光緒元年(1875)刻本　一冊

520000－2801－0008641　15481
鴛鴦湖櫂歌一卷　(清)朱彝尊等撰　清乾隆四十年(1775)刻本　一冊

520000－2801－0008642　15487
六半樓詩鈔四卷　(清)蔡鵬飛撰　**文杏堂詩賸附一卷**　(清)趙青士撰　清光緒十年(1884)松江蕭隆盛刻本　一冊

520000－2801－0008643　15489
湖塘林館駢體文二卷　(清)李慈銘著　清光緒十年(1884)福州吳玉田刻本　一冊

520000－2801－0008644　15496
退思軒詩集六卷補遺一卷　(清)張百熙著　清宣統三年(1911)京師石印本　一冊

520000－2801－0008645　15498
游道堂集四卷　(清)朱彬著　清光緒二年(1876)金陵柏繼倫刻本　二冊

520000－2801－0008646　15512
寒松閣詩八卷　(清)張鳴珂撰　清光緒十九年(1893)刻本　一冊　存四卷(一至四)

520000－2801－0008647　15525
心潛書屋詩存一卷　(清)陳亮疇撰　清光緒三十二年(1906)杭州刻本　一冊

520000－2801－0008648　15529
洪北江文集四卷　(清)洪亮吉著　清宣統二年(1910)上海國學扶輪社鉛印本　二冊

520000－2801－0008649　15530
北山樓文集一卷　(清)吳癭撰　清光緒三十二年(1906)鉛印本　一冊

520000－2801－0008650　15539
缶廬詩四卷別存一卷　(清)吳俊卿撰　清光緒十九年(1893)刻本　一冊

520000－2801－0008651　15542
錢南園先生遺集五卷　(清)錢灃撰　清光緒十九年(1893)浙江書局刻本　二冊

520000－2801－0008652　15544
篤素堂文集四卷　(清)張英著　清刻本　一冊

520000－2801－0008653　15549
師竹軒詩集四卷韻香閣詩草一卷　(清)劉樹堂撰　清光緒十四年(1888)刻本　一冊

520000－2801－0008654　15554
印度新志一卷　(清)學部編譯圖書局編纂　清光緒三十三年(1907)學部編譯圖書局鉛印本　一冊

520000－2801－0008655　15555
亞斐利加洲志一卷新志一卷　(清)學部編譯圖書局編纂　清宣統二年(1910)學部編譯圖書局鉛印本　一冊

520000－2801－0008656　15556
阿富汗土耳其斯坦志一卷阿富汗斯坦志一卷阿富汗斯坦新志一卷土耳基司丹志一卷東土耳基司丹志一卷　(清)學部編譯圖書局編纂　清光緒三十三年(1907)學部編譯圖書局鉛印本　一冊

520000－2801－0008657　15557
亞拉伯志一卷新志一卷　(清)學部編譯圖書局編纂　清光緒三十三年(1907)學部編譯圖書局鉛印本　一冊

520000－2801－0008658　15558
俾路芝志一卷馬留土股志一卷紐吉尼亞島志一卷西里伯島志一卷西里伯島新志一卷　(清)學部編譯圖書局編纂　清光緒三十三年(1907)學部編譯圖書局鉛印本　一冊

520000－2801－0008659　15559
西臺集二十卷　(宋)畢仲游撰　清木活字印本　三冊　存十一卷(十至二十)

520000－2801－0008660　15561
沅湘通藝錄八卷附二卷　(清)江標編校　清光緒二十三年(1897)長沙刻本　十冊

520000－2801－0008661　15562
黃蕘圃先生年譜二卷　(清)江標輯　**日本華族女子校規則一卷**　(清)翻譯官譯錄　清光緒二十三年(1897)元和江氏靈鶼閣刻本　二冊

520000－2801－0008662　15564
涼州異物志一卷　(清)張澍纂輯　**涼州記一卷**　(清)段龜龍纂　(清)張澍編輯　**西河舊事一卷西河記一卷**　(清)喻歸纂　**沙洲記一卷**　(清)段國纂　清道光元年(1821)刻本　一冊

520000－2801－0008663　15565
孫真人千金方衍義三十卷　(唐)孫思邈撰　(清)張璐衍義　清嘉慶五年(1800)掃葉山房刻本　二十八冊

520000－2801－0008664　15605
靈谷禪林志十五卷首一卷　(□)□□輯　清光緒十二年(1886)刻本　四册

520000－2801－0008665　15606
陔餘叢考四十三卷目錄一卷　(清)趙翼撰　清乾隆五十五年(1790)刻本　十二册

520000－2801－0008666　15641
唐音癸籤三十三卷　(明)胡震亨撰　清初金陵劉鳳鳴刻本　四册

520000－2801－0008667　15642
重校正唐文粹一百卷目錄一卷　(宋)姚鉉纂　明嘉靖刻本　四十册

520000－2801－0008668　15643
重修政和經史證類備用本草三十卷　(宋)唐慎微纉證類　明嘉靖三十一年(1552)刻本　十六册

520000－2801－0008669　15644
爾雅三卷　(晉)郭璞注　(唐)陸德明音義　清嘉慶二十二年(1817)刻本　三册

520000－2801－0008670　15645
文心雕龍十卷　(南朝梁)劉勰撰　(清)黄叔琳注　(清)紀昀評　明萬曆四十年(1612)刻五色套印本　五册

520000－2801－0008671　15646
集千家註杜工部詩集二十卷目錄一卷附錄一卷文集二卷目錄一卷　(唐)杜甫撰　(宋)劉辰翁批點　明萬曆刻本　十四册

520000－2801－0008672　15647
元文類七十卷目錄三卷　(元)蘇天爵輯　明刻本　二十四册

520000－2801－0008673　15648
草堂詩餘五卷　(明)楊慎批點　(明)閔暎璧校訂　明刻朱墨印本　五册

520000－2801－0008674　15649
徐文長文集三十卷　(明)徐渭撰　(明)袁宏道評點　明萬曆四十二年(1614)刻本　六册

520000－2801－0008675　15651
淮海集四十卷後集六卷長短句三卷　(宋)秦觀撰　明萬曆四十六年(1618)刻本　十六册

520000－2801－0008676　15652
名世文宗二十卷外集四卷　(明)郭子章參輯　(明)胡時化編次　明萬曆五年(1577)刻本　十二册

520000－2801－0008677　15653
王氏書畫苑　(明)王元貞輯　明萬曆十八年至十九年(1590－1591)刻本　二十四册

520000－2801－0008678　15654
六十種曲十二集　(明)毛晉輯　明末刻本　七十二册　存九集(子至申)

520000－2801－0008679　15655
王文恪公集三十六卷目錄一卷　(明)王鏊著　(明)朱國楨訂　**鶡音一卷白社詩草一卷**　(明)王禹聲著　**名公筆記一卷**　明萬曆三槐堂寫刻清中印本　八册

520000－2801－0008680　15682
神州國光集一卷　(清)國學保存會撰　清光緒三十四年(1908)影印本　一册

520000－2801－0008681　15880
教餘教子錄一卷　(清)黎愷撰　清光緒十八年(1892)刻本　一册

520000－2801－0008682　15915
恪靖侯盾鼻餘瀋一卷　(清)左宗棠撰　(清)柳葆元等錄刊　清光緒七年(1881)刻本　一册

520000－2801－0008683　16033
[康熙]餘慶縣志一卷　(清)蔣深輯　(清)許學遜錄　清光緒三十年(1904)抄本　一册

520000－2801－0008684　16034
[康熙]龍泉縣志一卷　(清)張其文編集　清康熙四十八年(1709)抄本　一册

520000－2801－0008685　16111
黔軺紀行集一卷　(清)蔣攸銛著　清道光三十年(1850)刻本　一册

520000－2801－0008686　16192

［道光］**貴陽府志八十八卷冠編二卷餘編二十卷**　（清）周作楫等修　（清）蕭琯等纂　清咸豐二年（1852）刻本　四十册

520000－2801－0008687　16198
潘氏八世詩選不分卷　（清）潘潤民等撰　清道光抄本　四册

520000－2801－0008688　16200
潘氏族譜一卷　（清）潘榑輯　清光緒二十七年（1901）抄本　一册

520000－2801－0008689　16203
春秋大事表五十卷輿圖一卷附録一卷　（清）顧棟高纂輯　清乾隆十三年至十四年（1748－1749）萬卷樓刻本　二十三册

520000－2801－0008690　16203
春秋輿圖一卷附録一卷　（清）顧棟高著　清乾隆十四年（1749）萬卷樓刻本　一册

520000－2801－0008691　16204
［光緒］**普安直隸廳志二十二卷**　（清）王粵麟等修　（清）曹維祺等纂　（清）曹昌祺等續修　（清）覃夢榕等續纂　清光緒十五年（1889）刻本　八册

520000－2801－0008692　16381
［道光］**淡水廳志二卷**　（清）李嗣鄴修　（清）鄭用錫纂　清抄本　四册

520000－2801－0008693　16422
［光緒］**畢節縣志十卷首一卷**　（清）陳昌言修　（清）徐廷燮纂　清光緒五年（1879）刻本　八册

520000－2801－0008694　16441
夏小正一卷　（清）鄭知同校録　清末抄本　一册

520000－2801－0008695　16441
夏小正一卷　（清）鄭知同校録　清抄本　一册

520000－2801－0008696　16445
寶研山房詩集手稿一卷　（清）徐如澍撰　清抄本　一册

520000－2801－0008697　16451
［光緒］**鎮寧州志八卷**　（清）李昶元等纂　清末抄本　三册

520000－2801－0008698　16455
御製數理精蘊上編五卷下編四十卷表八卷　（清）梅瑴照等編　清光緒十年（1884）石印本　二十一册　存四十八卷（上編五卷，下編一至七、十三至四十，表八卷）

520000－2801－0008699　16477
形學備旨十卷　（美國）狄考文選譯　清光緒三十四年（1908）上海美華書館鉛印本　二册

520000－2801－0008700　16478
勾股演代五卷　（清）王君爰撰　清光緒二十九年（1903）鉛印本　一册

520000－2801－0008701　16479
九數通考十一卷首一卷末一卷　（清）屈曾發輯　清同治十一年（1872）刻本　四册

520000－2801－0008702　16491
測海山房中西算學叢刻初編二十七種　題（清）測海山房主人輯　清光緒二十二年（1896）上海璣衡堂石印本　三十二册　存四種

520000－2801－0008703　16533
守拙齋詩鈔二卷　（清）李蹇臣撰　清末刻本　一册

520000－2801－0008704　16569
［道光］**黎平府志四十一卷**　（清）劉宇昌等修　（清）唐本洪等纂　清道光二十五年（1845）刻本　十七册　存三十四卷（四至五、八至三十九）

520000－2801－0008705　16579
位育山房稿一卷　（清）吳隆輝著　清末刻本　一册

520000－2801－0008706　16585
莘齋文鈔四卷詩鈔七卷詩餘一卷　（清）宦懋庸撰　清光緒二十年（1894）川東道署刻本　三册

520000－2801－0008707　16587
[順治]重修句容縣志十二卷　(清)葛翊宸撰　(清)胡岳編輯　清康熙二十二年(1683)刻本　四册

520000－2801－0008708　16588
[光緒]續修正安州志十卷　(清)彭焯等修　(清)楊德明等纂　清光緒三年(1877)刻本　十册

520000－2801－0008709　16589
江上雲林閣藏書目四卷　(清)倪模輯　清道光二十三年(1843)刻本　三册

520000－2801－0008710　16590
黔記四卷　(清)李宗昉撰　**東三省輿圖説**　(清)曹廷杰撰　清光緒三十四年(1908)京師鉛印本　一册

520000－2801－0008711　16591
大清會典四卷　(清)□□撰　清同治十一年(1872)湖北崇文書局刻本　四册

520000－2801－0008712　16592
[鹿丕中行述]一卷　(清)鹿傳昉等述　清末刻本　一册

520000－2801－0008713　16593
古香書屋詩鈔十二卷　(清)趙輝璧著　清光緒十八年(1892)刻本　四册

520000－2801－0008714　16594
重訂教乘法數十二卷　(清)釋超海等編　清光緒三十四年(1908)常州天寧寺刻本　六册

520000－2801－0008715　16595
唯識二十論一卷　(印度)世親菩薩造　(唐)釋玄奘譯　**唯識二十論述記四卷**　(唐)釋窺基撰　清宣統二年(1910)江西刻經處刻本　二册

520000－2801－0008716　16596
皇朝中外壹統輿圖中一卷南十卷北二十卷首一卷　(清)鄒世詒等編　(清)李廷簫增訂　清同治二年(1863)刻本　十二册

520000－2801－0008717　16597
山海經箋疏十八卷圖贊一卷訂譌一卷敘録一卷　(晉)郭璞撰　(清)郝懿行箋疏　清光緒十七年(1891)五彩公司石印本　六册

520000－2801－0008718　16598
成唯識論十卷　(印度)釋護法等菩薩造　(唐)釋玄奘譯　清光緒二十二年(1896)金陵刻經處刻本　二册

520000－2801－0008719　16599
怡怡樓遺稿一卷　(清)高以莊撰　清光緒元年(1875)西充官廨刻本　一册

520000－2801－0008720　16600
大佛頂如來密因修證了義諸菩薩萬行首楞嚴經十卷　(唐)釋般剌密帝譯　清同治八年(1869)金陵刻經處刻本　二册

520000－2801－0008721　16601
雲林别墅纂集酬世錦囊稱呼帖式續編不分卷　(清)謝梅林　(清)鄒可庭輯　清末刻本　一册　殘

520000－2801－0008722　16602
楞伽阿跋多羅寶經註解四卷　(南朝宋)釋求那跋陀羅譯　(明)釋宗泐等注　清光緒四年(1878)刻本　三册　存三卷(二至四)

520000－2801－0008723　16604
皇朝掌故彙編内編六十卷首一卷外編四十卷首一卷　(清)張壽鏞等編　清光緒二十八年(1902)求實書社鉛印本　六十册

520000－2801－0008724　16605
明五彩版書畫譜　(□)□□撰　清末石印本　三册

520000－2801－0008725　16610
[道光]貴陽府志八十八卷冠編二卷餘編二十卷　(清)周作楫等修　(清)蕭琯等纂　清咸豐二年(1852)刻本　三十八册　存一百卷(一至二十九、三十四至三十六、三十八至八十八,餘編一至十七)

520000－2801－0008726　16612
[咸豐]興義府志七十四卷首一卷　(清)張瑛

纂輯　清宣統元年(1909)貴陽文通書局鉛印本　三十三册　存五十二卷(二十三至七十四)

520000－2801－0008727　16644
南嶽志二十六卷　(清)李元度纂修　清末刻本　九册　存十六卷(十一至二十六)

520000－2801－0008728　16645
漪香山館文集一卷　吳曾祺著　清宣統二年(1910)商務印書館鉛印本　一册

520000－2801－0008729　16650
南疆繹史勘本五十六卷首二卷目録一卷　(清)溫睿臨原本　(清)李瑤勘定　清道光十年(1830)刻本　十册　存三十三卷(記畧一至六、列傳一至二十四,目録一卷,首二卷)

520000－2801－0008730　16651
大乘起信論直解二卷　(明)釋德清述　清光緒十六年(1890)金陵刻經處刻本　一册

520000－2801－0008731　16654
古香書屋文鈔二卷　(清)趙輝璧著　清光緒十八年(1892)刻本　二册

520000－2801－0008732　16656
[道光]大定府志六十卷　(清)王允浩原本　(清)黄宅中重輯　清道光二十七年(1847)刻本　三十册

520000－2801－0008733　16663
羅氏宗譜一卷　(□)□□撰　清光緒十九年(1893)刻本　一册

520000－2801－0008734　16672
梅花緣傳奇四卷　(清)任璇撰　清嘉慶七年(1802)省城西湖街正文堂刻本　一册

520000－2801－0008735　16692
閑情小品二十八種　(明)華淑輯　(明)陳所聞訂　明嘉靖四十一年(1562)刻本　四册

520000－2801－0008736　16694
悔昨非齋倣陶詩集不分卷　(清)錢登熙著　清光緒二十六年(1900)刻本　一册

520000－2801－0008737　16696
樹蕙背遺詩一卷　(清)鄭淑昭撰　清光緒十六年(1890)刻本　一册

520000－2801－0008738　16697
黔西州續志六卷　(清)白建鋆等纂　清光緒十年(1884)刻本　四册

520000－2801－0008739　16710
史學提要箋釋五卷　(宋)黄繼善撰　(清)楊錫佑釋　清刻本　四册　存四卷(一至四)

520000－2801－0008740　16711
儀禮十七卷　(漢)鄭玄注　(清)吳廷華章句　清乾隆二十二年(1757)三讓堂刻本　四册

520000－2801－0008741　16712
說文逸字二卷附録一卷　(清)鄭珍記　清咸豐八年(1858)刻本　一册

520000－2801－0008742　16713
說文逸字二卷附録一卷　(清)鄭珍記　清咸豐八年(1858)刻本　一册

520000－2801－0008743　16714
說文逸字二卷附録一卷　(清)鄭珍記　清咸豐八年(1858)刻本　一册

520000－2801－0008744　16715
小亞西亞志新志一卷　(清)學部編譯圖書局編纂　清光緒三十三年(1907)學部編譯圖書局鉛印本　一册

520000－2801－0008745　16722
[道光]廣順州志十二卷首一卷末一卷　(清)金臺修　(清)但明倫纂　清道光二十七年(1847)刻本　五册

520000－2801－0008746　16725
欽定春秋左傳讀本三十卷　(清)英和等撰　清末遵義府官書局鉛印本　十册

520000－2801－0008747　16735
歷代輿地沿革險要圖一卷　楊守敬撰　清光緒五年(1879)東湖饒氏刻本　一册

520000－2801－0008748　16737
楞嚴指掌事義十卷　(清)釋心興撰　清光緒二十七年(1901)刻本　一册

520000－2801－0008749　16738
新書十卷　（漢）賈誼撰　清光緒二年（1876）浙江書局刻本　二册

520000－2801－0008750　16739
藏書紀事詩六卷　葉昌熾撰　清刻本　五册　存五卷（二至六）

520000－2801－0008751　16741
傅青主男科二卷　（清）傅山撰　清光緒十三年（1887）湖北官書處刻本　二册

520000－2801－0008752　16742
傅青主女科二卷產後編二卷　（清）傅山撰　清同治八年（1869）湖北崇文書局刻本　二册

520000－2801－0008753　16743
貞定先生遺集四卷　（清）莫與儔撰　清末刻本　一册

520000－2801－0008754　16744
緬甸國志一卷英領緬甸志一卷緬甸新志一卷暹羅國志一卷布哈爾志一卷　（清）學部編譯圖書局編纂　清光緒三十三年（1907）學部圖書局鉛印本　一册

520000－2801－0008755　16745
印度新志一卷　（清）學部編譯圖書局編纂　清光緒三十三年（1907）學部編譯圖書局鉛印本　一册

520000－2801－0008756　16748
四六法海九卷　（明）王志堅編次　明天啟七年（1627）刻本　十二册

520000－2801－0008757　16749
詩解頤四卷　（明）朱善學　清初通志堂刻本　二册

520000－2801－0008758　16750
檀几叢書二集五十卷餘集二卷　（清）王晫（清）張潮輯　清康熙三十六年（1697）刻本　八册

520000－2801－0008759　16751
［唐樹義履歷］不分卷　（清）□□撰　清道光十五年（1835）稿本　二册

520000－2801－0008760　16752
［梁萼涵信札］一卷　（清）梁萼涵撰　清末稿本　一册

520000－2801－0008761　16756
［諶湛溪丙午劄記］一卷　諶湛溪撰　清光緒三十二年（1906）稿本　一册

520000－2801－0008762　16757
［諶湛溪丁未劄記］一卷　諶湛溪撰　清光緒三十三年（1907）稿本　一册

520000－2801－0008763　16762
皇清敕封太孺人顯妣唐母黃老太君行述一卷　（清）唐羲叔等撰　**皇清敕授文林郎山西太原府陽曲縣知縣兼理事通判加二級唐公府君行一卷**　清末抄本　一册

520000－2801－0008764　16775
周書五十卷　（唐）令狐德棻等撰　明崇禎五年（1632）毛氏汲古閣刻本　八册

520000－2801－0008765　16776
北齊書五十卷目錄一卷　（唐）李百藥撰　明崇禎十一年（1638）毛氏汲古閣刻本　二册

520000－2801－0008766　16777
象山先生年譜三卷　（宋）袁燮　（宋）傅子云初稿　（宋）李子願彙編　（清）李紱增訂　清雍正十年（1732）刻本　一册

520000－2801－0008767　16778
御批資治通鑑綱目五十九卷首一卷　（宋）朱熹撰　清雍正刻本　十二册　存二十一卷（三十九至五十九）

520000－2801－0008768　16779
御批續資治通鑑綱目二十七卷目錄一卷　（明）商輅撰　清雍正刻本　十一册　存二十六卷（一至七、十至二十七，目錄一卷）

520000－2801－0008769　16786
［光緒］黎平府志八卷首一卷　（清）俞渭修（清）陳瑜纂　清光緒十八年（1892）黎平府志書局刻本　十册　存九卷（一、二上、三上下、四下、五上下、六上、七下、八，首一卷）

520000－2801－0008770　16787

歷代地理志韻編今釋二十卷　(清)李兆洛輯　**皇朝輿地圖一卷皇朝輿地韻編二卷**　(清)宋景昌等編集　清同治十年(1871)上海蜚英館石印本　一冊　存五卷(一至五)

520000－2801－0008771　16788

皇清經解續編二百九卷　王先謙撰　清光緒十五年(1889)上海蜚英館石印本　八冊　存五十三卷(一百五十七至二百九)

520000－2801－0008772　16789

欽定大清會典事例一千二百二十卷首一卷　(清)崑岡等纂修　清光緒三十四年(1908)商務印書館石印本　一冊　存八卷(二百十八至二百二十五)

520000－2801－0008773　16790

皇清經解續編二百九卷　王先謙撰　清光緒十五年(1889)上海蜚英館石印本　六冊　存二十六卷(六十八至七十三、七十五上至八十六、九十六至一百二、一百六上、中)

520000－2801－0008774　17001

廿一史約編八卷首一卷　(清)鄭元慶述　(清)龐祁等輯　清康熙三十六年(1697)刻本　八冊

520000－2801－0008775　17002

二曲全集二十六卷　(清)李顒撰　清刻本　二冊　存九卷(六至十二、十七至十八)

520000－2801－0008776　17005

丁文誠公奏稿二十六卷首一卷　(清)丁寶楨撰　陳夔龍輯　清光緒二十二年(1896)刻本　二十七冊

520000－2801－0008777　17006

十三經類記十六卷　(清)王燮元編　清咸豐元年(1851)刻本　二冊　存八卷(九至十六)

520000－2801－0008778　17007

九數通考十一卷首一卷末一卷　(清)屈曾發撰　清光緒二十四年(1898)復古齋石印本　五冊

520000－2801－0008779　17008

九通序錄四卷　(□)□□撰　清光緒二十八年(1902)會文學社石印本　一冊

520000－2801－0008780　17013

八銘塾鈔二集　(清)吳懋政輯　清乾隆刻本　一冊　存一集(二)

520000－2801－0008781　17014

七家詩選七卷　(清)張熙宇輯評　清道光十二年(1832)刻朱墨印本　一冊　存一卷(六)

520000－2801－0008782　17015

二十四史分類輯要十二卷　(清)沈桐生輯　清光緒二十八年(1902)石印本　四冊　存三卷(五、八至九)

520000－2801－0008783　17016

二十四史論贊七十八卷　(清)陳闌輯　清光緒二十八年(1902)石印本　九冊　存六十七卷(一至三十一、四十三至七十八)

520000－2801－0008784　17017

增訂二論引端詳解二卷　(清)劉忠輯　清刻本　一冊　存一卷(二)

520000－2801－0008785　17018

史姓韻編六十四卷　(清)汪輝祖輯　(清)馮祖憲重校　清光緒石印本　一冊　存十八卷(四十七至六十四)

520000－2801－0008786　17019

幾何原本十五卷　(希臘)歐幾里得撰　(意大利)利瑪竇口譯　(明)徐光啟筆受　(英國)偉烈亞力續譯　(清)李善蘭續筆　清光緒二十二年(1896)上海積山書局石印本　四冊

520000－2801－0008787　17020

重刊人子須知資孝地理心學統宗三十九卷　(明)徐善繼　(明)徐善述著　清刻本　十一冊　缺十一卷(二十五至三十、三十三至三十七)

520000－2801－0008788　17021

人物串珠一卷　(□)□□撰　**新訂四書補註**

備旨一卷 （明）鄧林著 清刻本 二册 殘

520000－2801－0008789 17023

人譜類記增訂六卷 （明）劉宗周著 清光緒三年（1877）湖北崇文書局刻本 一册 存四卷（一至四）

520000－2801－0008790 17024

東華錄四百二十五卷續錄一百卷 王先謙編 清光緒二十年（1894）上海積山書局石印本 一册 存四卷（乾隆六十九至七十二）

520000－2801－0008791 17025

十種曲□□卷 （清）李笠翁編次 清刻本 一册 存一卷（玉搔頭下）

520000－2801－0008792 17026

古經解彙函十六種小學彙函十四種續十種 （清）鍾謙鈞輯 清末石印本 九册 存七種

520000－2801－0008793 17027

十住毗婆沙論十卷 （後秦）釋鳩摩羅什譯 清光緒二十一年（1895）江北刻經處刻本 二册

520000－2801－0008794 17028

十八家詩鈔二十八卷 （清）曾國藩纂 （清）李鴻章審定 清末鉛印本 一册 存四卷（九至十二）

520000－2801－0008795 17029

十三經注疏校勘記十三種 （清）汪文臺撰 清光緒十三年（1887）上海點石齋石印本 三册 存三種

520000－2801－0008796 17030

蒙求箋注十卷 （唐）李翰著 （清）陶鴻甄較梓 清刻本 一册 存三卷（八至十）

520000－2801－0008797 17031

鼎鍥趙田了凡袁先生編纂古本歷史大方綱鑑補三十九卷首一卷 （宋）劉恕外紀 （元）金履祥前編 （明）袁黄編纂 清刻本 二十三册 存二十九卷（二至七、十三至二十一、二十三至二十六、二十八至三十三、三十六至三十九）

520000－2801－0008798 17032

鼎鍥趙田了凡袁先生編纂古本歷史大方綱鑑補三十九卷首一卷 （宋）劉恕外紀 （元）金履祥前編 （明）袁黄編纂 清刻本 二册 存三卷（三、十六、二十四）

520000－2801－0008799 17033

大清通禮五十四卷 （清）來保等總裁 （清）李玉鳴等纂修 （清）穆克登額等續纂 （清）恆泰等總纂 清光緒九年（1883）江蘇書局刻本 十二册

520000－2801－0008800 17034

大清通禮五十四卷 （清）來保等總裁 （清）李玉鳴等纂修 （清）穆克登額等續纂 （清）恆泰等總纂 清光緒九年（1883）江蘇書局刻本 十一册 存五十三卷（二至五十四）

520000－2801－0008801 17035

增訂漢魏叢書九十六種 （清）王謨輯 清乾隆五十六年（1791）金谿王氏刻本 二十册 存四種

520000－2801－0008802 17036

大清一統志四百二十四卷目錄一卷 （清）和珅等纂修 清光緒二十八年（1902）上海寶善齋石印本 八册 存五十卷（七十五至八十一、一百十七至一百三十一、一百七十七至一百八十一、二百二十六至二百三十六、二百七十五至二百八十一、三百九十至三百九十四）

520000－2801－0008803 17037

大清律例增修統纂集成四十卷 （清）陶駿 （清）陶念霖增修 清末鉛印本 十册 存十七卷（二十四至四十）

520000－2801－0008804 17038

大清新法令十三類附錄三種 （清）商務印書館編譯所編 清宣統元年（1909）商務印書館鉛印本 十六册 存十三種（四至十三、附錄三種）

520000－2801－0008805 17039

大佛頂如來密因修證了義諸菩薩萬行首楞嚴經纂注十卷 （明）釋真界纂注 清光緒三十

四年(1908)金陵刻經處刻本　五冊

520000－2801－0008806　17039

大佛頂首楞嚴經正脈疏四十卷首一卷　(明)釋真鑑述　清光緒二十二年(1896)金陵刻經處刻本　十二冊　存三十七卷(一至二十五、二十九至四十)

520000－2801－0008807　17040

[道光]大姚縣誌十六卷附圖一卷　(清)黎恂輯　清道光二十五年(1845)刻本　二冊　存四卷(一、十一至十三)

520000－2801－0008808　17041

大清會典四卷　(清)□□撰　清同治十一年(1872)湖北崇文書局刻本　三冊　存三卷(一至三)

520000－2801－0008809　17042

大清律例新增統纂集成四十卷督捕則例二卷　(清)沈之奇原註　(清)姚潤原輯　清同治十一年(1872)刻本　五冊　存七卷(三十五、三十七至四十,督捕則例上、下)

520000－2801－0008810　17043

大學衍義四十三卷　(宋)真德秀彙輯　清末刻本　二冊　存九卷(六至十、二十八至三十一)

520000－2801－0008811　17045

小倉山房文集三十五卷目錄一卷　(清)袁枚撰　清刻本　四冊　存十二卷(一至二、十一至十四、十八至二十、二十八至三十)

520000－2801－0008812　17046

大清律例彙纂大成四十卷督捕則例附纂二卷三流道里表一卷五軍道里表一卷附秋審實緩比較彙案一卷光緒十一年恩赦查辦斬絞人犯條款一卷　(清)三泰等纂　清光緒二十四年(1898)石印本　十四冊　存二十六卷(大清律例彙纂大成三至四、二十至四十,三流道里表一卷,秋審實緩比較彙案一卷,光緒十一年恩赦查辦斬絞人犯條款一卷)

520000－2801－0008813　17047

大定課藝不分卷　(清)覃方仁選評　清光緒十一年(1885)刻十二年(1886)印本　二冊

520000－2801－0008814　17048

小題不分卷　(□)□□撰　清末刻本　九冊　存九卷(四十六至五十一、五十三、五十六至五十七)

520000－2801－0008815　17049

隨園全集三十六種　(清)袁枚撰　清末石印本　二十七冊　存二十一種

520000－2801－0008816　17052

小題三萬選不分卷　(□)□□撰　清末石印本　一冊　殘

520000－2801－0008817　17053

小倉山房詩集三十七卷　(清)袁枚撰　清刻本　二冊　存十一卷(十四至十九、二十五至二十九)

520000－2801－0008818　17054

小倉山房尺牘十卷　(清)袁枚撰　清刻本　一冊　存五卷(一至五)

520000－2801－0008819　17056

萬斛珠璣□□卷　(□)□□編　清末刻本　十一冊　存十一卷(六至十二、三十七、四十二、四十五至四十六)

520000－2801－0008820　17057

鄉會元文合璧□□卷　(清)袁魁等撰　清末刻本　二冊　存三卷(三至五)

520000－2801－0008821　17058

[嘉慶]衛藏通志十六卷首一卷　(清)和琳纂修　清末石印本　二冊　存六卷(六至十、十三)

520000－2801－0008822　17059

小倉山房詩集三十七卷　(清)袁枚撰　清刻本　二冊　存十三卷(九至十五、二十六至三十一)

520000－2801－0008823　17061

新刊纂圖類方元亨療馬集六卷　(明)喻本元　(明)喻本亨撰　清刻本　二冊　存二卷(五至六)

520000－2801－0008824　17062
輿地經緯度里表二卷　(清)丁玫忠述　**求一術通解二卷**　(清)黄宗憲編述　**割圜八綫綴術二卷**　(清)吳嘉善述草　清同治十三年(1874)石印本　一冊

520000－2801－0008825　17063
隨園女弟子詩選六卷　(清)袁枚編　清末文明書局石印本　一冊

520000－2801－0008826　17066
萬國通鑑五卷首一卷　(美國)謝衛樓撰　(清)趙如光譯　清光緒八年(1882)刻本　五冊　存四卷(一至四)

520000－2801－0008827　17067
于京集五卷　(清)尤侗撰　清刻本　一冊

520000－2801－0008828　17073
四書四種　(□)□□撰　清末刻本　四十二冊

520000－2801－0008829　17074
小倉山房詩集三十一卷補遺一卷附錄一卷　(清)袁枚撰　清刻本　八冊

520000－2801－0008830　17075
孫真人備急千金要方三十卷　(唐)孫思邈撰　(清)張璐衍義　清光緒三十四年(1908)上海久敬齋書莊鉛印本　十四冊　存二十八卷(一至五、八至三十)

520000－2801－0008831　17076
千家詩注二卷　(清)黎恂編　清光緒十五年(1889)鉛印本　一冊

520000－2801－0008832　17077
三字經注解備要二卷　(宋)王應麟撰　(清)賀興思注　清末刻本　一冊　存一卷(下)

520000－2801－0008833　17079
忠烈編□□卷　(清)何琮　(清)陳冠山原本　(清)胡長新重輯　清刻本　一冊　存二卷(三至四)

520000－2801－0008834　17081
三通序三卷　(唐)杜佑等撰　清光緒十四年(1888)蔣氏求實齋刻本　一冊

520000－2801－0008835　17082
三通序三卷　(唐)杜佑等撰　清光緒十九年(1893)雙門底文英閣刻本　一冊

520000－2801－0008836　17083
[嘉慶]三臺縣志八卷　(清)沈昭興纂修　清嘉慶刻本　六冊　存六卷(二至六、八)

520000－2801－0008837　17084
大清宣統新法令一卷　(清)商務印書館編　清宣統商務印書館鉛印本　一冊

520000－2801－0008838　17087
萬國近政考略十六卷　(清)鄒弢編輯　清光緒二十二年(1896)三借廬刻本　一冊　存四卷(一至四)

520000－2801－0008839　17088
文獻通考輯要二十四卷欽定續文獻通考輯要二十六卷皇朝文獻通考輯要二十六卷　湯壽潛編輯　清光緒二十五年(1899)圖書集成局鉛印本　三十冊

520000－2801－0008840　17089
文獻通考輯要二十四卷欽定續文獻通考輯要二十六卷皇朝文獻通考輯要二十六卷　湯壽潛編輯　清光緒二十五年(1899)圖書集成局鉛印本　二十六冊　缺十二卷(文獻通考輯要一至四,皇朝文獻通考輯要一、十七至十八、二十中至二十四)

520000－2801－0008841　17090
毛詩稽古編三十卷　(清)陳啟源述　**毛詩稽古錄附考一卷**　(清)費雲倬輯　清光緒九年(1883)上海同文書局石印本　五冊　存二十卷(毛詩稽古編一至十六、二十一至二十四)

520000－2801－0008842　17091
廣益叢報　(清)廣益叢報社編輯　清光緒三十三年(1907)廣益叢報館鉛印本　二十一冊　殘

520000－2801－0008843　17094
中國通史第一編　(清)京師大學堂編　清末

京師學務處官書局鉛印本　一册

520000－2801－0008844　17095

廣化新編百忍全科四卷　（清）張重撰　清末刻本　一册　存一卷（四）

520000－2801－0008845　17096

廣廣事類賦三十二卷　（清）吳世旃撰註　清末刻本　一册　存四卷（十九至二十二）

520000－2801－0008846　17097

輶軒使者絕代語釋別國方言十三卷補遺一卷　（漢）揚雄撰　**釋名八卷**　（漢）劉熙撰　**廣雅十卷**　（三國魏）張揖撰　**廣韻五卷**　（宋）陳彭年等修　清末石印本　二册

520000－2801－0008847　17098

子史精華一百六十卷　（清）允祿等監修　（清）張廷玉等校對　清光緒十二年（1886）上海同文書局石印本　六册　存一百二十卷（一至二十、四十一至八十、一百一至一百六十）

520000－2801－0008848　17099

廣事類賦四十卷　（清）華希閔著　清光緒二年（1876）刻本　三册　存十八卷（一至四、十五至二十二、二十七至三十二）

520000－2801－0008849　17100

廣韻五卷　（宋）陳彭年等修　清末石印本　一册

520000－2801－0008850　17101

廣治平略三十六卷　（清）蔡方炳定本　清刻本　一册　存六卷（一至六）

520000－2801－0008851　17102

文選古字通疏證六卷　（清）薛傳均撰　清光緒二十二年（1896）鴻寶齋書局石印本　一册

520000－2801－0008852　17106

元城語錄解三卷行錄解一卷目錄一卷　（明）王崇慶著　清光緒二十二年（1896）長沙刻本　一册

520000－2801－0008853　17107

元史二百十卷目錄二卷　（明）宋濂等修　清末石印本　七册　存一百十八卷（九十三至二百十）

520000－2801－0008854　17110

文獻通考詳節二十四卷　（元）馬端臨著　（清）嚴虞惇錄　清刻本　三册　存十二卷（七至十、十五至十六、十九至二十四）

520000－2801－0008855　17111

文獻通考二十四卷首一卷　（元）馬端臨著　清光緒二十五年（1899）上海點石齋石印本　九册　存八卷（九至十、十二下、十四至十五、十七至十九）

520000－2801－0008856　17112

文獻通考三百四十八卷　（元）馬端臨著　明末刻本　二十八册　存八十五卷（一百二十二至一百二十三、一百六十二至一百六十三、二百三十四至二百三十八、二百四十四至二百四十六、二百七十六至三百四十八）

520000－2801－0008857　17113

文選六十卷　（南朝梁）昭明太子蕭統撰　（唐）李善注　（清）葉樹藩參訂　清乾隆三十七年（1772）葉樹藩羊城翰墨園刻朱墨印本　九册　存四十四卷（一至四十四）

520000－2801－0008858　17114

文選錦字錄二十一卷　（明）凌迪知輯　清光緒二十二年（1896）鴻寶齋書局石印本　二册

520000－2801－0008859　17115

文選類雋十四卷　（清）何松新編　清光緒二十二年（1896）鴻寶齋書局石印本　一册

520000－2801－0008860　17116

文選集腋二卷　（清）胥斌輯　清光緒二十二年（1896）鴻寶齋書局石印本　一册

520000－2801－0008861　17117

文選課虛四卷　（清）杭世駿類次　清光緒二十二年（1896）鴻寶齋書局石印本　一册

520000－2801－0008862　17118

文選六十卷　（南朝梁）昭明太子蕭統撰　（唐）李善注　清光緒十一年（1885）上海同文

書局石印本　四冊　存二十四卷(一至六、四十三至六十)

520000－2801－0008863　17119
文選六十卷　(南朝梁)昭明太子蕭統撰　(唐)李善注　清嘉慶十六年(1811)刻本　二冊　存七卷(三十五至四十一)

520000－2801－0008864　17120
文選六十卷　(南朝梁)昭明太子蕭統撰　(唐)李善注　清末石印本　三冊　存十二卷(九至十二、十七至二十、二十五至二十八)

520000－2801－0008865　17126
文廟通考六卷首一卷　(清)牛樹梅輯　清同治十一年(1872)浙江書局刻本　一冊　存三卷(四至六)

520000－2801－0008866　17128
文公家禮儀節八卷　(宋)朱熹編　(明)楊慎輯　清刻本　一冊　存二卷(三至四)

520000－2801－0008867　17129
文選考異六十卷　(清)胡克家撰　清末石印本　五冊

520000－2801－0008868　17132
中西關繫略論四卷續編一卷　(美國)林樂知撰　清光緒鉛印本　一冊

520000－2801－0008869　17134
中庸章句本義匯參六卷　(清)王步青輯　(清)王士鼇編　清末敦復堂刻本　二冊　存五卷(一至三、五至六)

520000－2801－0008870　17137
中外地輿圖說集成一百三十卷首三卷　題(清)同康廬主人輯　清末石印本　十八冊　存一百十四卷(一至十四、二十一至九十二、九十九至一百九、一百十四至一百三十)

520000－2801－0008871　17142
抗希堂稿□□卷　(清)方苞撰　清末善成堂刻本　一冊　存二卷(大學一、中庸一)

520000－2801－0008872　17143
公民必讀二編一卷　(清)孟昭常撰　清光緒三十四年(1908)預備立憲公會鉛印本　一冊

520000－2801－0008873　17144
中西算學大成一百卷　(清)陳維祺撰　清光緒同文書局石印本　七冊　存三十四卷(五十三至六十三、七十二至八十四、九十至九十八、一百)

520000－2801－0008874　17147
歷代名臣言行錄二十四卷　(清)朱桓編輯　清嘉慶二年(1797)刻本　十二冊　存八卷(十六至十七、十九至二十四)

520000－2801－0008875　17148
歷朝紀事本末五百十三卷　(清)陳如升　(清)朱記榮輯　清光緒二十一年(1895)上海積山書局石印本　十三冊　存一百六十六卷(西夏紀事本末一至三十六、首一至二,元史紀事本末一至二十六,明史紀事本末一至八十,三藩紀事本末一至二十二)

520000－2801－0008876　17149
歷代地理志韻編今釋二十卷　(清)李兆洛輯　清同治十年(1871)上海蜚英館石印本　三冊　存十七卷(一至十七)

520000－2801－0008877　17152
明史論四卷　(清)谷應泰論正　清末石印本　一冊　存三卷(一至三)

520000－2801－0008878　17153
歷代名臣言行錄二十四卷　(清)朱桓輯錄　清末石印本　二冊　存六卷(十七至十九、二十二至二十四)

520000－2801－0008879　17154
歷代紀元表一卷　(清)黃本驥編　清同治五年(1866)明辨齋刻本　與520000－2801－0008880合二冊

520000－2801－0008880　17154
歷代通論一卷　(清)任兆麟撰　**歷代統系表六卷**　(清)黃本驥編　清同治八年(1869)長沙余氏明辨齋刻本　與520000－2801－0008879合二冊

520000－2801－0008881　17155
歷代經濟文編□□卷　(清)顧亭林纂輯　清末石印本　二冊　存四卷(十二至十三上、二十六至二十七)

520000－2801－0008882　17156
宋史論三卷　(明)張溥論正　清末石印本　一冊

520000－2801－0008883　17158
歷代地理志韻編今釋二十卷　(清)李兆洛輯　清刻本　二冊　存四卷(六至九)

520000－2801－0008884　17160
歷代帝王年表三卷　(清)齊召南編　清光緒十二年(1886)蘇州埽葉山房刻本　三冊

520000－2801－0008885　17161
勸學篇二篇　(清)張之洞撰　清光緒二十四年(1898)貴陽大文書局刻本　一冊

520000－2801－0008886　17162
勸學篇二篇　(清)張之洞撰　清光緒二十四年(1898)貴陽大文書局刻本　一冊

520000－2801－0008887　17163
勸學篇二篇　(清)張之洞撰　清光緒二十四年(1898)貴陽大文書局刻本　一冊

520000－2801－0008888　17164
爪哇志一卷新誌一卷蘇門答拉志一卷新志一卷　(清)學部編譯圖書局編纂　清光緒三十三年(1907)學部編譯圖書局鉛印本　一冊

520000－2801－0008889　17165
廿二史紀畧十二卷首一卷　(清)王鋈彙輯　清刻本　三冊　存三卷(二、五至六)

520000－2801－0008890　17166
廿一史約編八卷首一卷　(清)鄭元慶述　(清)龐祁等輯　清刻本　一冊　存二卷(絲、竹)

520000－2801－0008891　17167
廿四史約編八卷首一卷　(清)鄭元慶述　(清)龐祁等輯　清末鉛印本　一冊　存一卷(竹)

520000－2801－0008892　17168
精訂綱鑑廿四史通俗衍義二十六卷首一卷　(清)呂撫輯　清光緒十四年(1888)廣百宋齋鉛印本　四冊　存十七卷(一至四、九至二十一)

520000－2801－0008893　17169
廿二史紀畧十二卷首一卷　(清)王鋈彙輯　清刻本　三冊　存九卷(四至十二)

520000－2801－0008894　17170
天文歌畧一卷　(清)葉瀾著　清光緒二十三年(1897)貴陽大文書局刻本　一冊

520000－2801－0008895　17171
天文歌畧一卷　(清)葉瀾著　清光緒二十三年(1897)貴陽大文書局刻本　一冊

520000－2801－0008896　17172
天崇百篇二卷　(清)吳懋政評選　清中刻本　三冊

520000－2801－0008897　17175
風水一書七卷　(清)歐陽純撰　清刻本　一冊　存二卷(二至三)

520000－2801－0008898　17176
天雨花三十回　(清)陶貞懷撰　清道光二十一年(1841)刻本　二十三冊　存二十三回(一、三至八、十至二十二、二十八至三十)

520000－2801－0008899　17177
歷代帝王年表三卷　(清)齊召南編　清光緒十二年(1886)蘇州埽葉山房刻本　三冊

520000－2801－0008900　17178
歷代帝王年表三卷　(清)齊召南編　清光緒十二年(1886)蘇州埽葉山房刻本　三冊

520000－2801－0008901　17179
歷代帝王年表三卷　(清)齊召南編　清光緒十二年(1886)蘇州埽葉山房刻本　三冊

520000－2801－0008902　17180
歷代帝王年表三卷　(清)齊召南編　清光緒十二年(1886)蘇州埽葉山房刻本　三冊

520000－2801－0008903　17181

歷代帝王年表三卷　(清)齊召南編　清光緒十二年(1886)蘇州埽葉山房刻本　三册

520000－2801－0008904　17182
歷代帝王年表三卷　(清)齊召南編　清光緒十二年(1886)蘇州埽葉山房刻本　三册

520000－2801－0008905　17184
太玄十卷　(漢)揚雄撰　(晉)范望注　(明)吕胤昌編輯　清嘉慶三年(1798)刻本　一册　存六卷(五至十)

520000－2801－0008906　17185
尚書十三卷　(漢)孔安國傳　清刻本　三册

520000－2801－0008907　17186
尚書十三卷　(漢)孔安國傳　清刻本　一册　存四卷(一至四)

520000－2801－0008908　17187
毛詩二十卷考證二十卷　(漢)鄭玄箋　清刻本　五册　存十四卷(一至十四)

520000－2801－0008909　17190
公門懲勸錄二卷　(清)周炳麟編輯　清光緒二十二年(1896)刻本　二册

520000－2801－0008910　17191
分類文腋八卷　(清)李楨選　清刻本　二册　存二卷(二、八)

520000－2801－0008911　17192
公法會通十卷　(美國)丁韙良譯　清光緒二十四年(1898)北洋書局鉛印本　四册　存八卷(一至六、九至十)

520000－2801－0008912　17193
中國古世公法一卷　(美國)丁韙良撰　**陸地戰例新選一卷農學新法一卷**　(□)貝德禮著　清光緒二十三年(1897)上海書局石印本　一册

520000－2801－0008913　17193
公法總論一卷　(英國)羅柏村著　(英國)傅蘭雅譯　(清)汪振聲譯　清光緒二十三年(1897)慎記書莊石印本　一册

520000－2801－0008914　17194
孔子集語十七卷　(清)孫星衍撰　清光緒二十三年(1897)文瑞樓鉛印本　二册

520000－2801－0008915　17195
康熙字典十二集　(清)張玉書等纂　清末刻本　三册　存二集(丑集中、寅集上下)

520000－2801－0008916　17196
太史華句八卷　(清)凌迪知輯　清光緒二十二年(1896)鴻寶齋書局石印本　一册

520000－2801－0008917　17197
分類尺牘備覽三十卷　(清)王虎榜輯　清末石印本　一册　存四卷(三至六)

520000－2801－0008918　17198
臨川先生全集錄四卷　(宋)王安石著　(清)儲欣錄　**宋史臨川先生本傳一卷**　(元)脱脱等撰　清刻本　三册　存三卷(一至三)

520000－2801－0008919　17201
毛詩注疏三十卷　(漢)鄭玄箋　(唐)孔穎達疏　明末刻本　十一册　存十五卷(五至十九)

520000－2801－0008920　17205
水道提綱二十八卷　(清)齊召南撰　清刻本　五册　存十九卷(十至二十八)

520000－2801－0008921　17207
化學求數十五卷附表一卷　(德國)富里西尼烏司撰　(英國)傅蘭雅口譯　(清)徐壽筆述　清末江南製造總局刻本　十四册

520000－2801－0008922　17208
見物五卷　(明)李蘇撰　(清)李錫齡校訂　清光緒二十二年(1896)長沙刻本　二册

520000－2801－0008923　17209
皇清經解横直縮編目十六卷　(清)凌忠照等編輯　清末石印本　一册

520000－2801－0008924　17210
切韻考六卷外篇三卷　(清)陳澧撰　清光緒刻本　三册

520000－2801－0008925　17211
太史升菴遺集二十六卷目錄一卷　(明)楊慎

著　清道光二十四年(1844)刻本　六册

520000－2801－0008926　17212
長沙賈太傅祠志四卷　(清)夏獻雲輯　清光緒四年(1878)長沙刻本　二册

520000－2801－0008927　17214
尸子二卷存疑一卷　(戰國)尸佼撰　(清)汪繼培輯　**商君書五卷**　(戰國)商鞅撰　(清)嚴可均校　清光緒二十三年(1897)圖書集成局石印本　一册

520000－2801－0008928　17215
尺木堂綱鑑易知録九十二卷　(清)吳乘權等輯　清刻本　二册　存五卷(四至五、七十六至七十八)

520000－2801－0008929　17219
陶詩彙注四卷首一卷末一卷　(清)吳瞻泰輯　清光緒二十二年(1896)刻本　一册　存二卷(四、末一卷)

520000－2801－0008930　17222
雲林別墅繪像妥註第六才子書□□卷　(清)鄒聖脉妥註　清刻本　一册　存二卷(五至六)

520000－2801－0008931　17223
雲川閣集六卷　(清)杜詔藁　清雍正八年(1730)長沙余肇鈞刻本　一册　存一卷(五)

520000－2801－0008932　17224
書經精義四卷首一卷末一卷　(清)黄淦纂　清嘉慶九年(1804)刻本　一册

520000－2801－0008933　17225
寄傲山房塾課纂輯書經備旨蔡註捷録七卷首一卷　(清)鄒聖脉纂輯　清末刻本　二册

520000－2801－0008934　17226
書苑菁華二十卷　(清)陳思纂次　清光緒十三年(1887)石印本　二册

520000－2801－0008935　17227
水道提綱二十八卷　(清)齊召南撰　清末鉛印本　三册　存十卷(十二至十八、二十二至二十四)

520000－2801－0008936　17228
日知録集釋三十二卷刊誤二卷續刊誤二卷　(清)顧炎武著　(清)黄汝成集釋　清同治十一年(1872)湖北崇文書局刻本　十六册

520000－2801－0008937　17230
會文堂鳳崗詩經國風□□卷　(□)李□賢校正　清安順會文堂刻本　一册　存一卷(三)

520000－2801－0008938　17231
日本書目志十五卷　康有為著　清末石印本　二册　存四卷(三至四、十四至十五)

520000－2801－0008939　17232
重訂王鳳洲先生綱鑑會纂四十六卷目録一卷續宋元二十三卷目録一卷　(明)王世貞纂　**御撰資治通鑑綱目三編二十卷**　(清)張廷玉等編次　清刻本　三册　存六卷(一至二、十六至十七、二十至二十一)

520000－2801－0008940　17233
日知録集釋三十二卷刊誤二卷續刊誤二卷　(清)顧炎武撰　(清)黄汝成集釋　清末石印本　一册　存六卷(十二至十七)

520000－2801－0008941　17235
水經注四十卷首一卷　(北魏)酈道元撰　清光緒三年(1877)湖北崇文書局刻本　二册　存八卷(二十四至二十六、三十一至三十五)

520000－2801－0008942　17236
少嵒賦草四卷　(清)夏思沺撰　清末刻本　一册　存一卷(一)

520000－2801－0008943　17237
六書十二聲傳十二卷　(清)吕調陽述　清末刻本　四册　存六卷(四至九)

520000－2801－0008944　17238
丹溪心法五卷　(元)朱震亨著　清末刻本　一册　存一卷(五)

520000－2801－0008945　17239
六如畫譜三卷　(明)唐寅輯　清光緒二十二年(1896)長沙刻本　一册

520000－2801－0008946　17240

秘藏大六壬大全善本十三卷 (清)郭載騋輯 清初懷慶楊氏刻本 二册 存二卷(四、十)

520000－2801－0008947 17241

六經閣大字詩經國風□□卷 (□)□□撰 清刻本 一册 存一卷(三)

520000－2801－0008948 17243

六壬指南五卷 (清)程起鸞删定 (清)陳良謨增註 清末刻本 二册

520000－2801－0008949 17245

增補周易錦囊初集二卷 (□)□□撰 清光緒五年(1879)刻本 一册

520000－2801－0008950 17247

五經典林五十三卷目錄一卷 (清)何松編 清光緒元年(1875)慈谿何氏刻本 八册 存三十一卷(一至五、十二至十六、二十二至四十二)

520000－2801－0008951 17248

五經文府不分卷 (□)□□撰 清末石印本 二十六册

520000－2801－0008952 17253

新刊醫林狀元壽世保元十卷 (清)龍廷賢編 清刻本 二册 存二卷(七、九)

520000－2801－0008953 17255

五百家註音昌黎先生文集四十卷 (唐)韓愈撰 清中刻本 二册 存五卷(五至六、十二至十四)

520000－2801－0008954 17256

新五代史七十四卷 (宋)歐陽修撰 清光緒二十八年(1902)石印本 二册

520000－2801－0008955 17257

五經萃精五種 (清)寄傲山房塾課纂輯 清光緒十年(1884)刻本 十四册 存十四册(一至三、五至六、八至十一、十三至十七)

520000－2801－0008956 17258

五經異義疏證三卷 (漢)許慎撰 (清)陳壽祺學 **尚書馬鄭注十卷** (宋)王應麟撰集 **尚書逸文二卷** (清)江聲撰集 **魯詩故三卷** (漢)申培撰 **齊詩傳二卷** (漢)后蒼撰 **韓詩故二卷** (漢)侯苞撰 **薛君韓詩章句二卷** (漢)薛漢撰 清末石印本 一册

520000－2801－0008957 17259

五經教科書一卷 (清)□□撰 清刻本 一册

520000－2801－0008958 17260

五經味根錄□□卷 (清)劉昌齡輯 清光緒十四年(1888)同文書局石印本 六册 存十六卷(春秋一至五、周易一、書經一至六、詩經一至四)

520000－2801－0008959 17261

五經文鵠不分卷 (□)□□撰 清末石印本 一册 存十四種

520000－2801－0008960 17262

補元和郡縣志四十七鎮圖說一卷 (清)龐鴻書訂 清末貴州調查局鉛印本 一册

520000－2801－0008961 17265

五經合纂大成三十四卷 (□)□□輯 清末石印本 十四册 存二十五卷(詩一至二、七至八,書一至二、五至六,禮一至二、五至六、八、十,周易一、三至四,春秋六至八、十二至十六)

520000－2801－0008962 17269

經史百家辨體約鈔二卷 (清)□□手錄 清光緒七年(1881)抄本 二册

520000－2801－0008963 17270

增訂本草備要四卷醫方湯頭歌括一卷經絡歌訣一卷 (清)汪昂著輯 清刻本 一册

520000－2801－0008964 17271

校正本草綱目□□卷 (清)趙學敏輯 清末石印本 二册 存七卷(本草綱目草部十三至十四、本草綱目拾遺六至十)

520000－2801－0008965 17273

嶠雅二卷 (明)鄺露撰 清末國學保存會影印本 一册

520000－2801－0008966　17275
外金丹□□卷　(□)□□撰　清末上海江左書林石印本　二册　存二卷(三至四)

520000－2801－0008967　17276
本草備要八卷　(清)汪昂撰　清末鉛印本　一册　存七卷(二至八)

520000－2801－0008968　17277
本草綱目五十二卷　(明)李時珍編輯　**拾遺十卷**　(清)趙學敏輯　**本草萬方鍼線八卷**　(清)蔡烈先輯　清光緒十四年(1888)鴻寶齋石印本　十一册　存五十五卷(本草綱目一至三、九至四十二,拾遺一至十,本草萬方鍼線一至八)

520000－2801－0008969　17279
寄傲山房塾課新增幼學故事瓊林四卷首一卷　(清)程允升撰　(清)劉聖脈增補　清光緒十一年(1885)刻本　三册　存三卷(一至二、首一卷)

520000－2801－0008970　17281
幼學歌五卷續編一卷　(清)王用臣編次　清光緒十一年(1885)刻本　一册　存三卷(一至三)

520000－2801－0008971　17282
目耕帖三十一卷　(清)馬國翰撰　清光緒九年(1883)刻本　二十册

520000－2801－0008972　17283
甲午一卷　(□)□□撰　清抄本　一册

520000－2801－0008973　17291
古香書屋文鈔二卷　(清)趙輝璧著　清光緒十八年(1892)刻本　一册

520000－2801－0008974　17293
光緒平湖殉難錄一卷　(清)彭潤章修　(清)葉廉鍔纂　清光緒刻本　一册

520000－2801－0008975　17294
儀禮十七卷　(漢)鄭氏注　(唐)陸德明音義　清刻本　七册　存十五卷(三至十七)

520000－2801－0008976　17297
儀禮十七卷　(漢)鄭氏注　(唐)陸德明音義　清刻本　一册　存五卷(九至十三)

520000－2801－0008977　17298
玉皇真經□□卷　(□)□□撰　清末刻本　一册　存一卷(下)

520000－2801－0008978　17299
繪圖平金川四卷三十二回　(清)張小山撰　清末刻本　一册　存一卷(三)

520000－2801－0008979　17300
四書分類考□□卷　(□)□□撰　清中抄本　一册　存二卷(一至二)

520000－2801－0008980　17301
儀禮私箋八卷　(清)鄭珍撰　清同治五年(1866)成山唐氏刻本　三册

520000－2801－0008981　17302
儀禮私箋八卷　(清)鄭珍撰　清同治五年(1866)成山唐氏刻本　一册　存三卷(六至八)

520000－2801－0008982　17303
儀禮私箋八卷　(清)鄭珍撰　清同治五年(1866)成山唐氏刻本　一册　存四卷(五至八)

520000－2801－0008983　17304
儀禮析疑十七卷　(清)方苞著　清乾隆十一年(1746)刻本　五册　存十一卷(一至五、八至九、十四至十七)

520000－2801－0008984　17305
古文辭類纂十五卷　(清)姚鼐輯　清末石印本　三册　存三卷(六、八、十)

520000－2801－0008985　17306
四部精華□□卷　(□)□□撰　清末石印本　一册　存一卷(子部)

520000－2801－0008986　17308
增評加批歷史綱鑑補三十九卷首一卷　(明)袁黄輯　(明)王世貞編　清末石印本　十册　存二十四卷(一、七至十四、二十至二十一、二十五至三十四、三十八至三十九,首一卷)

520000－2801－0008987　17310
重訂鳳洲先生綱鑑會纂四十六卷　（明）王世貞纂　清末石印本　九冊　存四十二卷（一至二十三、二十八至四十六）

520000－2801－0008988　17312
重訂鳳洲先生綱鑑會纂四十六卷　（明）王世貞纂　清末石印本　五冊　存二十七卷（一至二十七）

520000－2801－0008989　17313
代數須知四章　（英國）傅蘭雅輯　清刻本　一冊

520000－2801－0008990　17314
代微積拾級一卷　周藩學　清光緒三十一年（1905）刻本　一冊

520000－2801－0008991　17315
四裔編年表四卷　（美國）林樂知譯　嚴良勳譯　（清）李鳳苞彙編　清末刻本　三冊　存三卷（二至四）

520000－2801－0008992　17316
世說新語六卷　（南朝宋）劉義慶撰　（南朝梁）劉孝標注　清光緒元年（1875）湖北崇文書局刻本　三冊　存六卷（一至六）

520000－2801－0008993　17319
爾雅三卷　（晉）郭璞注　（唐）陸德明音義　清嘉慶二十二年（1817）刻本　三冊

520000－2801－0008994　17320
古經解鈎沉三十卷　（清）余蕭客撰　清刻本　五冊　存十九卷（三至五、十一至二十三、二十八至三十）

520000－2801－0008995　17321
爾雅二卷　（清）張孝楷等校定　清光緒六年（1880）成都書局刻本　一冊　存一卷（上）

520000－2801－0008996　17324
古文辭類纂七十四卷　（清）姚鼐纂集　清光緒三十三年（1907）商務印書館鉛印本　二冊　存二十卷（一至二十）

520000－2801－0008997　17325
駁五經異義十卷補遺一卷　（漢）許慎撰　（漢）鄭玄駁　（清）孔廣林纂輯　**魯禮禘祫義一卷**　（漢）鄭玄撰　（清）孔廣林纂輯　清道光四年（1824）刻本　一冊

520000－2801－0008998　17326
爾雅翼三十二卷　（宋）羅願撰　（元）洪焱祖音釋　清照曠閣刻本　一冊　存八卷（十八至二十五）

520000－2801－0008999　17329
龍文鞭影二卷　（明）蕭良有撰　清抄本　一冊　存一卷（上）

520000－2801－0009000　17331
蘭臺軌範八卷　（清）徐大椿著　清同治刻本　一冊　存二卷（七至八）

520000－2801－0009001　17335
樂書二百卷目錄一卷　（宋）陳暘撰　清光緒二年（1876）廣州菊坡精舍巴陵方功惠署刻本　七冊　存八十八卷（一至六十四、一百九至一百十九、一百五十一至一百六十三）

520000－2801－0009002　17336
舊五代史一百五十卷　（宋）薛居正等撰　清光緒二十八年（1902）上海文瀾書局石印本　三冊　存一百十四卷（一至七十八、一百十五至一百五十）

520000－2801－0009003　17337
舊唐書二百卷　（五代）劉昫等撰　清刻本　一冊　存二卷（四十一至四十二）

520000－2801－0009004　17338
龍文鞭影二卷　（明）蕭良有撰　（明）楊臣諍增訂　清咸豐九年（1859）刻本　一冊　存一卷（上）

520000－2801－0009005　17341
重刊史鑑節要便讀六卷　（清）鮑東里編輯　清光緒二十五年（1899）至寶堂刻本　二冊　存二卷（一、四）

520000－2801－0009006　17343
印度新志一卷　（清）學部編譯圖書局編纂

清光緒三十三年(1907)學部編譯圖書局鉛印本　一册

520000－2801－0009007　17344
印度新志一卷　(清)學部編譯圖書局編纂　清光緒三十三年(1907)學部編譯圖書局鉛印本　一册

520000－2801－0009008　17345
印度新志一卷　(清)學部編譯圖書局編纂　清光緒三十三年(1907)學部編譯圖書局鉛印本　一册

520000－2801－0009009　17346
印度新志一卷　(清)學部編譯圖書局編纂　清光緒三十三年(1907)學部編譯圖書局鉛印本　一册

520000－2801－0009010　17347
印度新志一卷　(清)學部編譯圖書局編纂　清光緒三十三年(1907)學部編譯圖書局鉛印本　一册

520000－2801－0009011　17348
印度新志一卷　(清)學部編譯圖書局編纂　清光緒三十三年(1907)學部編譯圖書局鉛印本　一册

520000－2801－0009012　17349
印度新志一卷　(清)學部編譯圖書局編纂　清光緒三十三年(1907)學部編譯圖書局鉛印本　一册

520000－2801－0009013　17350
印度新志一卷　(清)學部編譯圖書局編纂　清光緒三十三年(1907)學部編譯圖書局鉛印本　一册

520000－2801－0009014　17351
印度新志一卷　(清)學部編譯圖書局編纂　清光緒三十三年(1907)學部編譯圖書局鉛印本　一册

520000－2801－0009015　17352
印度新志一卷　(清)學部編譯圖書局編纂　清光緒三十三年(1907)學部編譯圖書局鉛印本　一册

520000－2801－0009016　17353
印度新志一卷　(清)學部編譯圖書局編纂　清光緒三十三年(1907)學部編譯圖書局鉛印本　一册

520000－2801－0009017　17356
印度新志一卷　(清)學部編譯圖書局編纂　清光緒三十三年(1907)學部編譯圖書局鉛印本　一册

520000－2801－0009018　17357
典故列女全傳二卷　(明)[解縉]撰　清李光明莊刻本　三册

520000－2801－0009019　17358
明大司馬盧公集十二卷首一卷　(明)盧象昇撰　清光緒元年(1875)刻本　五册　存八卷(三至六、八至十,首一卷)

520000－2801－0009020　17359
白雨湖莊詩鈔四卷　(清)余雲煥撰　清光緒元年(1875)刻本　一册　存三卷(二至四)

520000－2801－0009021　17361
託素齋詩集四卷　(清)黎士弘撰　清雍正刻本　一册　存一卷(四)

520000－2801－0009022　17362
光緒丙午年交涉要覽上篇一卷中篇二卷下篇四卷　(清)北洋洋務局纂輯　清光緒三十四年(1908)北洋官報局鉛印本　二册　存二卷(下篇三至四)

520000－2801－0009023　17363
舊唐書二百卷　(五代)劉昫等撰　清末石印本　一册　存二十卷(九十八至一百十七)

520000－2801－0009024　17365
禾莊詩存補遺一卷南歸草一卷　(清)戴粟珍箸　清咸豐四年(1854)刻本　與520000－2801－0009025合一册

520000－2801－0009025　17365
對床聽雨詩屋詩鈔一卷　(清)戴粟珍箸　清道光二十九年(1849)刻本　與520000－2801－

0009024 合一册

520000－2801－0009026　17367
石室秘籙六卷　（清）陳士鐸撰　清末刻本　一册　存二卷（三至四）

520000－2801－0009027　17368
聖濟總録纂要二十六卷　（清）程林纂　（清）吳汝漸較　清康熙二十年（1681）刻本　一册　存一卷（一）

520000－2801－0009028　17369
孟子七卷　（宋）朱熹集註　清刻本　一册　存三卷（一至三）

520000－2801－0009029　17370
試帖仙樣集裁詩十法三卷　題（清）麓峰居士輯　清刻本　一册　存一卷（中）

520000－2801－0009030　17371
北齊書五十卷　（唐）李百藥撰　清光緒二十八年（1902）上海文瀾書局石印本　一册

520000－2801－0009031　17372
彙刻書目十卷補編一卷　（清）顧修撰　清嘉慶四年（1799）刻本　二册

520000－2801－0009032　17375
四書説苑十一卷首一卷補遺一卷續遺一卷　（清）孫應科輯　清道光五年（1825）刻道光二十八年（1848）補刻本　四册

520000－2801－0009033　17376
四書反身録七卷續録一卷　（清）李顒口授　（清）王心敬録　清光緒十一年（1885）四川鹺務官舍刻本　二册

520000－2801－0009034　17378
四書朱子本義匯參四十三卷首四卷　（清）王步青輯　（清）王士鼇編　清乾隆十年（1745）敦復堂刻本　九册　存二十一卷（大學一至三、首一卷，孟子一至十二、首一卷，論語五至六、十五至十六）

520000－2801－0009035　17379
四書反身録八卷　（清）李顒撰　（清）王心敬輯　清小嫏嬛山館刻本　二册　存四卷（三至四、七至八）

520000－2801－0009036　17380
四書考異二編七十二卷　（清）翟灝學　清乾隆三十四年（1769）無不宜齋刻本　十册

520000－2801－0009037　17383
新訂四書補註備旨十卷　（明）鄧林手著　（清）鄧煜編次　（清）杜定基增訂　清刻本　三册　存三卷（中庸一、上孟一至二）

520000－2801－0009038　17384
孟子七卷　（宋）朱熹集註　清刻本　一册　存二卷（四至五）

520000－2801－0009039　17385
四書味根録三十七卷　（清）金澂輯　清刻本　一册　存二卷（中庸一至二）

520000－2801－0009040　17386
宋名臣言行録前集十卷後集十四卷别集二十六卷續集八卷外集十七卷　（宋）朱熹纂　（宋）李幼武續纂　清光緒二十九年（1903）播州華氏刻本　十二册

520000－2801－0009041　17387
四郡驪唱集不分卷　（清）陳燦輯　清光緒二十年（1894）滇南經正書院刻本　三册　存三種（澂江、順甯、楚雄）

520000－2801－0009042　17388
春秋名號歸一圖二卷　（五代）馮繼先撰　清刻本　一册

520000－2801－0009043　17391
史記精華録□□卷　（□）□□撰　清刻本　一册　存一卷（二）

520000－2801－0009044　17392
史通削繁四卷　（唐）劉知幾撰　（清）紀昀削繁　清刻本　一册　存一卷（二）

520000－2801－0009045　17393
史記論文一百三十卷　（漢）司馬遷撰　（清）吳見思評點　（清）吳興祚參訂　清康熙刻本　二册　存十三卷（九十七至一百四、一百十至一百十四）

520000－2801－0009046　17394
史略八十七卷　(清)朱堃輯　清同治六年(1867)刻本　四册　存二十六卷(三十一至五十三、七十四至七十六)

520000－2801－0009047　17395
禮記節本□□卷　(□)□□撰　清末鉛印本　一册　存一卷(下)

520000－2801－0009048　17396
史鑑節要便讀六卷　(清)鮑東里編輯　清光緒八年(1882)華氏家塾刻本　一册　存三卷(一至三)

520000－2801－0009049　17397
史鑑節要便讀六卷　(清)鮑東里編輯　清同治十二年(1873)羊城刻本　一册　存三卷(一至三)

520000－2801－0009050　17398
史記評林一百三十卷首一卷　(明)凌稚隆輯校　清光緒二十七年(1901)上海錦章書局石印本　五册　存六十九卷(一至三、十六至六十七、一百五至一百十七,首一卷)

520000－2801－0009051　17400
涇野先生禮問二卷　(明)呂柟著　清光緒二十二年(1896)長沙刻本　一册

520000－2801－0009052　17401
史記選六卷　(清)儲欣評　清康熙二十四年(1685)刻本　四册

520000－2801－0009053　17402
史鑑撮要四卷　(清)曠敏本編　清刻本　二册　存二卷(三至四)

520000－2801－0009054　17406
史記菁華錄六卷　(清)姚祖恩編輯　清道光四年(1824)吳興姚氏扶荔山房刻本　三册　存三卷(二、五至六)

520000－2801－0009055　17407
讀史大畧六十卷首一卷　(清)沙張白著　清末石印本　三册　存二十九卷(十三至三十七、五十七至六十)

520000－2801－0009056　17409
寄傲山房塾課纂輯禮記全文備旨十一卷　(清)鄒聖脈纂輯　清光緒十三年(1887)刻本　三册　存六卷(三至四、八至十一)

520000－2801－0009057　17410
禮記精義六卷首一卷　(清)黄淦纂　清嘉慶八年(1803)刻本　一册

520000－2801－0009058　17411
儀禮精義一卷　(清)黄淦纂　清嘉慶十二年(1807)刻本　一册

520000－2801－0009059　17412
史論正鵠八卷　(清)侯方域撰　清光緒二十七年(1901)石印本　二册　存二卷(六至七)

520000－2801－0009060　17413
歷代史論一編四卷　(明)張溥著　清光緒二十七年(1901)上海石印本　一册

520000－2801－0009061　17414
史鑑總目新編□□卷　(明)王世貞鑒定　清末石印本　一册　存一卷(六)

520000－2801－0009062　17415
禮記二十卷考證二十卷　(漢)鄭玄註　清刻本　一册　存六卷(十一至十三、考證十一至十三)

520000－2801－0009063　17416
禮記□□卷　(□)□□撰　清刻本　四册　存四卷(二、五至七)

520000－2801－0009064　17417
禮記十卷　(元)陳澔集說　清刻本　一册　存一卷(三)

520000－2801－0009065　17418
禮記十卷　(元)陳澔集說　清末令德堂刻本　六册　存六卷(一至三、五至七)

520000－2801－0009066　17419
有餘堂重訂禮記□□卷　(□)□□撰　清末刻本　三册　存三卷(三、五至六)

520000－2801－0009067　17420
禮記精義三卷　(清)黄淦纂　**寄傲山房塾課**

纂輯禮記全文備旨十一卷　(元)陳澔集說　(清)鄒聖脈纂輯　**禮體義□□卷**　清末刻本　二冊　存十卷(禮記精義一至二,禮記全文備旨一至二、九至十一,禮體義九至十一)

520000－2801－0009068　17424
皇朝政治新書四卷　(□)敬三史輯　清末郇山學堂鉛印本　一冊　存一卷(一)

520000－2801－0009069　17425
三十六甎唫館文鈔一卷　(清)許應鑠撰　清末刻本　一冊

520000－2801－0009070　17425
古今勸懲錄不分卷　(□)□□編　清光緒五年(1879)刻本　一冊

520000－2801－0009071　17425
重陽壽鞠徵詩傳啓合刻一卷　(□)□□編　清末刻本　一冊

520000－2801－0009072　17425
訓學良規一卷　(□)□□撰　**小兒語一卷**　(明)呂得勝撰　**勸孝歌一卷**　(□)□□撰　**學究語一卷**　(□)□□撰　清末刻本　一冊

520000－2801－0009073　17425
覃恩誥授通議大夫覃恩晉授資政大夫欽加布政使銜廣西按察使司按察使賓衢徐公逸事述略一卷　(清)許應鑠撰　清末刻本　一冊

520000－2801－0009074　17425
誥封中議大夫覃恩誥贈資政大夫拜庭許公事略一卷　(清)許應鑠撰　清末刻本　一冊

520000－2801－0009075　17425
勸民息訟示諭一卷　(□)□□撰　清光緒十五年(1889)刻本　一冊

520000－2801－0009076　17428
禮書一百五十卷　(宋)陳祥道撰　清光緒二年(1876)廣州刻本　十冊　存一百二十三卷(一至四十六、七十四至一百五十)

520000－2801－0009077　17430
寄傲山房塾課纂輯禮記全文備旨十一卷　(清)鄒聖脈纂輯　清光緒十三年(1887)刻本　一冊　存三卷(四至六)

520000－2801－0009078　17432
寄傲山房塾課纂輯禮記全文備旨十一卷　(清)鄒聖脈纂輯　清末石印本　二冊　存七卷(一至七)

520000－2801－0009079　17433
禮記二十卷考證二十卷　(漢)鄭玄註　清刻本　十冊

520000－2801－0009080　17434
儀禮十七卷　(漢)鄭氏注　(唐)陸德明音義　清刻本　一冊　存五卷(九至十三)

520000－2801－0009081　17435
禮記二十卷考證二十卷　(漢)鄭玄註　清刻本　十冊

520000－2801－0009082　17436
禮記二十卷　(元)陳澔集說　清末刻本　三冊　存三卷(七、九至十)

520000－2801－0009083　17437
東華續錄□□卷　王先謙編　清光緒刻本　五十五冊　存一百三十九卷(乾隆一至六十八,嘉慶一至七、九至五十,同治四十九至七十)

520000－2801－0009084　17438
禮記二十卷考證二十卷　(漢)鄭玄註　清刻本　一冊　存二卷(十七、考證十七)

520000－2801－0009085　17439
漢儒通義七卷　(清)陳澧撰集　清咸豐八年(1858)粵東富文齋刻本　二冊

520000－2801－0009086　17440
東漢會要四十卷　(宋)徐天麟撰　清光緒十年(1884)江蘇書局刻本　四冊　存十九卷(一至四、二十六至四十)

520000－2801－0009087　17442
東坡先生全集錄九卷　(宋)蘇軾撰　清刻本　二冊　存四卷(六至九)

520000－2801－0009088　17443
東晉志傳八卷　(明)陳氏尺蠖齋評釋　清刻

本　一册　存一卷(三)

520000－2801－0009089　17444
東萊先生音註唐鑑二十四卷　(宋)范祖禹譔　(宋)吕祖謙註　清刻本　一册　存十二卷(一至十二)

520000－2801－0009090　17445
東萊先生古文關鍵二卷　(宋)吕祖謙撰　清刻本　一册　存一卷(下)

520000－2801－0009091　17446
東萊博議四卷　(宋)吕祖謙撰　**增補虚字註釋六卷**　(清)馮泰松點定　清末刻本　一册　存七卷(東萊博議四、增補虚字註釋六卷)

520000－2801－0009092　17447
東萊博議四卷　(宋)吕祖謙撰　(清)孫執升評選　清末刻本　一册　存一卷(一)

520000－2801－0009093　17448
東萊博議四卷　(宋)吕祖謙撰　(清)張文炳評點　清末刻本　一册　存一卷(三)

520000－2801－0009094　17450
批評東萊博議四卷增補虚字備考註釋總目一卷　(宋)吕祖謙撰　清光緒二十八年(1902)上海廣益書局石印本　四册

520000－2801－0009095　17451
東華續錄□□卷　王先謙編　清末石印本　一册　存二卷(同治四至五)

520000－2801－0009096　17452
東萊博議四卷　(宋)吕祖謙撰　清末石印本　三册　存一卷(二)

520000－2801－0009097　17453
東萊博議四卷　(宋)吕祖謙撰　**增補虚字註釋一卷**　(清)馮泰松點定　清末石印本　三册　存三卷(二至四)

520000－2801－0009098　17454
增批輯註東萊博議四卷　(宋)吕祖謙撰　清末石印本　一册　存一卷(四)

520000－2801－0009099　17455
批評東萊博議四卷　(宋)吕祖謙撰　清末石印本　一册　存一卷(二)

520000－2801－0009100　17456
國朝古文正的五卷逐學齋文鈔一卷移芝室古文一卷　(清)楊彝珍纂輯　清光緒六年(1880)獨山莫氏鉛印本　六册

520000－2801－0009101　17457
史記一百三十卷　(漢)司馬遷撰　(南朝宋)裴駰集解　(唐)司馬貞索隱　清同治十一年(1872)成都書局刻本　八册　存四十八卷(一至二、四十四至四十九、六十八至九十四、一百五至一百十七)

520000－2801－0009102　17458
周禮六卷　(漢)鄭玄注　(唐)陸德明音義　清刻本　一册　存二卷(十一至十二)

520000－2801－0009103　17459
古文觀止十二卷　(清)吳留村鑒定　清末鉛印本　三册　存六卷(三至六、十一至十二)

520000－2801－0009104　17461
觀象廬叢書二十八種　(清)吕調陽述　清光緒刻本　五十册　存十九種

520000－2801－0009105　17463
評點春秋綱目左傳句解彙雋六卷　(清)韓菼重訂　清康熙刻本　二册　存二卷(一、五)

520000－2801－0009106　17464
史記一百三十卷　(漢)司馬遷撰　清抄本　一册　存一册(二十四)

520000－2801－0009107　17466
史論三十卷　(清)俞曲園鑒定　(清)徐永隆編輯　清末石印本　五册　存九卷(四至六、九至十、十二至十五)

520000－2801－0009108　17467
古文講授談二編　尚秉和輯　清宣統二年(1910)京師京華印書局鉛印本　二册

520000－2801－0009109　17469
重訂古文釋義新編八卷　(清)余誠評注　清刻本　四册　存五卷(一至二、四至五、八)

520000－2801－0009110　17471

古文析義六卷　(清)林雲銘評註　(清)鄭郟等校　清刻本　一册　存一卷(一)

520000－2801－0009111　17472
古文講授談二編　尚秉和輯　清宣統二年(1910)京師京華印書局鉛印本　二册

520000－2801－0009112　17475
會文堂精校四書旁訓□□卷　(□)□□編　清刻本　一册　存一卷(孟下)

520000－2801－0009113　17476
古詩源十四卷　(清)沈德潛輯　清刻本　三册　存十卷(一至三、八至十一、十二至十四)

520000－2801－0009114　17481
古今史學萃珍八種　(清)余肇鈞輯　清同治八年(1869)古潭余氏明辨齋刻本　一册　存一種

520000－2801－0009115　17482
欒城先生全集錄六卷　(宋)蘇轍撰　清刻本　三册

520000－2801－0009116　17483
東瀛草一卷　陳矩著　(清)朱庭珍評點　清光緒十七年(1891)石印本　一册

520000－2801－0009117　17484
東瀛草一卷　陳矩著　(清)朱庭珍評點　清光緒十七年(1891)石印本　一册

520000－2801－0009118　17485
東瀛草一卷　陳矩著　(清)朱庭珍評點　清光緒十七年(1891)石印本　一册

520000－2801－0009119　17486
東瀛草一卷　陳矩著　(清)朱庭珍評點　清光緒十七年(1891)石印本　一册

520000－2801－0009120　17487
古文辭類纂七十四卷　(清)姚鼐纂集　清光緒十九年(1893)刻本　六册　存四十三卷(十六至二十、二十五至三十八、五十一至七十四)

520000－2801－0009121　17488
古文講授談二編古文魂不分卷　尚秉和撰　清末鉛印本　一册

520000－2801－0009122　17492
古文辭類纂七十四卷校勘記一卷　(清)姚鼐纂集　清光緒二十七年(1901)掃葉山房石印本　二册　存三卷(五、十二,校勘記一卷)

520000－2801－0009123　17496
守山閣叢書一百十二種　(清)錢熙祚輯　清中刻本　四册　存七種

520000－2801－0009124　17497
古香齋新刻袖珍淵鑑類函四百五十卷目錄四卷　(清)張英　(清)王世正等纂　清光緒二年(1876)刻本　二册　存五卷(一百七十六至一百七十七、二百六十二至二百六十四)

520000－2801－0009125　17498
新訂四書補註備旨十卷　(明)鄧林著　清刻本　二册　存四卷(論語一至四)

520000－2801－0009126　17499
四書經註集證□□卷　(清)吴昌宗輯　清嘉慶三年(1798)刻本　十五册　存二十五卷(大學一卷、中庸一卷、論語一至八、孟子三至十七)

520000－2801－0009127　17500
四書味根錄三十七卷　(清)金澂撰　清刻本　一册　存二卷(孟子十一至十二)

520000－2801－0009128　17501
四書人物類典串珠四十卷　(清)臧志仁編輯　清刻本　二册　存十卷(六至十五)

520000－2801－0009129　17502
四書人物類典串珠四十卷　(清)臧志仁編輯　清刻本　一册　存五卷(三十六至四十)

520000－2801－0009130　17503
四書人物類典串珠四十卷　(清)臧志仁編輯　清刻本　三册　存十九卷(四至二十二)

520000－2801－0009131　17504
四書大註匯纂合講題鏡合纂□□卷　(□)□□撰　清刻本　三册　存四卷(二、四、六至七)

520000－2801－0009132　17505

四書味根録三十七卷　(清)金澂撰　清刻本　十四冊　存十五卷(三、十二、十五至十八、二十二至三十)

520000－2801－0009133　17506

四書合講十九卷　(清)翁復撰　清刻本　一冊　存一卷(孟子四)

520000－2801－0009134　17507

四書五經類典集成三十四卷　(清)戴兆春撰　清光緒十四年(1888)同文書局石印本　二十三冊　存三十三卷(一至二十七、二十九至三十四)

520000－2801－0009135　17508

欽定春秋左傳讀本三十卷　(清)英和等輯　清道光二十五年(1845)刻本　十四冊　存二十六卷(五至三十)

520000－2801－0009136　17509

古文苑二十一卷　(宋)章樵註　清刻本　三冊　存十七卷(五至二十一)

520000－2801－0009137　17510

左繡三十卷首一卷　(清)馮李驊　(清)陸浩評輯　**春秋經傳集解三十卷**　(晉)杜預原本　(唐)陸德明音義　清康熙華川書屋刻本　一冊　存二卷(左繡一、首一卷)

520000－2801－0009138　17511

批點春秋左傳綱目句解六卷目録一卷　(清)韓菼重訂　清刻本　二冊　存二卷(一至二)

520000－2801－0009139　17513

評點春秋綱目左傳句解彙雋六卷目録一卷　(清)韓菼重訂　清刻本　二冊　存二卷(四至五)

520000－2801－0009140　17514

功順堂叢書十八種　(清)潘祖蔭輯　清道光元年(1821)刻本　二冊　存三種八卷(左傳補注一至四,半氊齋題跋上、下,南澗文集上、下)

520000－2801－0009141　17515

傳經堂增訂四書旁訓□□卷　(□)□□撰　清刻本　一冊　存一卷(下孟上)

520000－2801－0009142　17517

萬章章句九章　(□)□□撰　清刻本　一冊　存一卷(上)

520000－2801－0009143　17519

重訂方望溪全稿四卷　(清)方苞撰　(清)韓菼評選　清光緒二十年(1894)善成堂刻本　四冊　存三卷(論語、中庸、孟子)

520000－2801－0009144　17520

精校左傳杜林合註五十卷　(晉)杜預　(宋)林堯叟註釋　(唐)陸德明音義　清末石印本　一冊　存四卷(十九至二十二)

520000－2801－0009145　17524

左文襄公奏疏三編一百二十卷　(清)左宗棠撰　清光緒二十八年(1902)上海古香閣石印本　七冊　存七十三卷(初編十一至三十八,續編二十八至六十、七十一至七十六,三編一至六)

520000－2801－0009146　17527

左傳類駢一卷　(□)□□撰　清刻本　一冊

520000－2801－0009147　17530

四書味根録三十七卷　(清)金澂撰　清刻本　一冊　存六卷(論語一至五、首一卷)

520000－2801－0009148　17532

四書味根録三十七卷　(清)金澂撰　清刻本　一冊　存四卷(孟子十一至十四)

520000－2801－0009149　17533

四書味根録三十七卷　(清)金澂撰　清刻本　二冊　存四卷(九、二十二、三十四、四十二)

520000－2801－0009150　17534

四書味根録三十七卷四書宗旨□□卷四書題鏡□□卷　(清)金澂撰　清刻本　一冊　存九卷(四書味根録二至十)

520000－2801－0009151　17535

四書題鏡味根合編三十七卷　(□)□□撰

清光緒十四年(1888)鴻文書局石印本　三冊　存十四卷(大學一卷,中庸一至二,孟子首一卷、一至四,論語八至十三)

520000－2801－0009152　17536
四書典制新穎三十五卷　(清)黃讓川纂輯　清同治十年(1871)刻本　一冊　存四卷(一至四)

520000－2801－0009153　17537
左恪靖侯手札一卷　(清)左宗棠撰　**彭大司馬手札一卷**　(清)彭麟玉撰　清末刻本　一冊

520000－2801－0009154　17538
左傳舊疏考證八卷　(清)劉文淇撰　清刻本　四冊

520000－2801－0009155　17539
春秋經傳集解三十卷　(唐)陸德明音釋　(宋)林堯叟附註　(晉)杜預原本　**左繡三十卷**　(清)馮李驊　(清)陸浩評op　清刻本　五冊　存二十卷(春秋經傳集解二至十一、左繡二至十一)

520000－2801－0009156　17540
曲江書屋新訂批註左傳快讀十八卷首一卷　(晉)杜預原註　(唐)陸德明音義　清刻本　六冊　存八卷(二至八、十)

520000－2801－0009157　17541
太史張天如詳節春秋綱目句解左傳彙雋六卷　(清)韓菼重訂　清刻本　一冊　存一卷(三)

520000－2801－0009158　17542
左傳選十四卷　(清)儲欣評　清刻本　一冊　存二卷(十三至十四)

520000－2801－0009159　17545
春秋左傳五十卷　(晉)杜預　(宋)林堯叟註釋　(唐)陸德明音義　清刻本　九冊　存四十卷(五至二十三、二十六、三十一至三十八、三十九至五十)

520000－2801－0009160　17547
欽定春秋左傳讀本三十卷　(清)英和等輯　清道光二十五年(1845)刻本　十一冊　存二十一卷(一至二、五至十四、二十一至二十八、三十)

520000－2801－0009161　17549
荆楚歲時記一卷　(南朝梁)宗懔撰　**南方草木狀三卷**　(晉)嵇含著　(清)王謨輯　**竹譜一卷**　(晉)戴凱之撰　(清)王謨輯　**禽經一卷**　(春秋)師曠撰　(晉)張華注　(清)王謨輯　**鼎錄一卷**　(南朝梁)虞荔纂　**古今刀劍錄一卷**　(南朝梁)陶宏景纂　清刻本　一冊

520000－2801－0009162　17550
漢魏叢書三十八種　(明)程榮輯　清刻本　二十冊　存二十四種

520000－2801－0009163　17551
漢上消閒集十六卷　(清)宦應清編　清宣統三年(1911)振華印書館鉛印本　五冊　存十一卷(一至十一)

520000－2801－0009164　17553
漢名臣傳三十二卷　(清)國史館編　清末刻本　一冊　存一卷(三)

520000－2801－0009165　17554
冬青館古宮詞三卷　(清)張鑑撰　清光緒刻本　一冊

520000－2801－0009166　17555
平定羅刹方略四卷　(清)□□撰　**西清筆記二卷**　(清)沈初撰　**涇林續記一卷**　(清)周元暐撰　清光緒十年(1884)刻本　一冊

520000－2801－0009167　17556
國史考異六卷　(清)潘檉章撰　清光緒刻本　二冊

520000－2801－0009168　17557
說文古籀疏證六卷原目一卷　(清)莊述祖撰　清光緒刻本　三冊　存六卷(說文古籀疏證六卷)

520000－2801－0009169　17558

論語孔注辨僞二卷 （清）沈濤撰 **爾雅補注殘本一卷** （清）劉玉麐撰 **急就章一卷** （漢）史游纂 清光緒十二年（1886）刻本 一册

520000－2801－0009170 17559
王氏經説六卷 （清）王紹蘭撰 清光緒刻本 一册 存三卷（一至三）

520000－2801－0009171 17560
周人經説八卷 （清）王紹蘭撰 清光緒刻本 一册 存四卷（一至四）

520000－2801－0009172 17563
小學韻語一卷 （清）羅澤南著 清咸豐六年（1856）刻本 一册

520000－2801－0009173 19807
畫圖新報十卷（光緒十二年） （清）上海聖教書會編 清光緒十八年（1892）上海美華圖書館鉛印本 一册

520000－2801－0009174 17564
千家詩注二卷 （清）黎恂編輯 清光緒二十年（1894）川東道署刻本 二册

520000－2801－0009175 17565
大學薪傳一卷 （清）吳隆輝集 清光緒三十二年（1906）刻本 一册

520000－2801－0009176 17568
三忠合編六卷 （清）何瑩庵 （清）陳冠山原本 （清）胡長新重輯 清同治二年（1863）刻本 四册

520000－2801－0009177 17571
論衡三十卷 （漢）王充撰 清末刻本 一册 存五卷（五至九）

520000－2801－0009178 17572
十三經一卷 （□）□□撰 清刻本 一册

520000－2801－0009179 17574
論語四卷 （清）方苞撰 清刻本 一册 存一卷（元）

520000－2801－0009180 17575
論語類考二十卷 （明）陳士元著 清光緒十七年（1891）三餘州堂刻本 三册 存十五卷（一至十、十六至二十）

520000－2801－0009181 17576
論語後案二十卷 （清）黄式三學 清光緒九年（1883）浙江書局刻本 八册 存十六卷（一至二、五至十一、十四至二十）

520000－2801－0009182 17579
後漢書一百卷 （南朝宋）范曄撰 （唐）章懷太子李賢注 清同治八年（1869）金陵書局刻本 一册 存十卷（一至十）

520000－2801－0009183 17581
後漢書一百二十卷考證一百二十卷 （南朝宋）范曄撰 （唐）章懷太子李賢注 清末刻本 一册 存三卷（考證九十二至九十四）

520000－2801－0009184 17582
石頭記十二卷一百二十回 （清）曹雪芹撰 清末石印本 一册 存二卷（七至八）

520000－2801－0009185 17583
後漢書菁華録二卷 （清）高嵣撰 清末石印本 一册 存一卷（一）

520000－2801－0009186 17585
紅樓夢一百二十回 （清）曹雪芹撰 清末刻本 一册 存三回（九十七至九十九）

520000－2801－0009187 17586
紅樓夢一百二十回 （清）曹雪芹撰 清末刻本 三册 存十九回（二十至二十六、五十二至五十七、八十八至九十三）

520000－2801－0009188 17587
紀效新書十八卷首一卷 （明）戚繼光撰 清末石印本 二册 存八卷（九至十四、十七至十八）

520000－2801－0009189 17588
紀文達公詩集十六卷 （清）紀昀撰 （清）紀樹馨編校 清末刻本 七册 存十五卷（二至十六）

520000－2801－0009190 17589
有正味齋全集□□種 （清）吳錫麒撰 清嘉

慶十三年(1808)刻本　八册　存二十卷(詩集一至七、十一至十六,外集一至五,詞集四至五)

520000－2801－0009191　17590
漢魏六朝一百三家集　(明)張溥評閲　清光緒十八年(1892)善化章經濟堂刻本　三册　存三種

520000－2801－0009192　17591
求闕齋讀書録十卷　(清)曾國藩著　(清)王啟原編輯　清光緒二年(1876)刻本　二册　存四卷(三至四、九至十)

520000－2801－0009193　17592
在家律要廣集十二卷　(清)陳熙願廣集　清道光五年(1825)刻本　三册

520000－2801－0009194　17594
竹園詩稿一卷　(清)王績康撰　清咸豐十一年(1861)刻本　一册

520000－2801－0009195　17595
竹書紀年統箋十二卷　(南朝梁)沈約附注　(清)徐文靖統箋　清光緒三年(1877)刻本　三册　存十卷(一至十)

520000－2801－0009196　17596
李氏遺書十一種　(清)李鋭述　清道光三年(1823)刻本　四册　存六種

520000－2801－0009197　17597
阿達曼群島志一卷新志一卷婆羅島志一卷　(清)前編書局編纂　清光緒三十四年(1908)學部編譯圖書局鉛印本　一册

520000－2801－0009198　17598
全唐詩九百卷總目一卷　(清)曹寅等編修　清康熙四十六年(1707)刻本　七册　殘

520000－2801－0009199　17600
守山閣叢書一百十二種　(清)錢熙祚輯　清末石印本　四册　存四種

520000－2801－0009200　17601
自強學齋治平十議十種　題(清)自強學齋主人輯　清末石印本　七册　存七種

520000－2801－0009201　17602
紀文達公遺集十六卷目録一卷　(清)紀昀撰　(清)紀樹馨編校　清嘉慶十七年(1812)刻本　十四册

520000－2801－0009202　17603
老子章義二卷　(清)姚鼐撰　清同治九年(1870)桐城吳氏刻本　一册

520000－2801－0009203　17605
紀效新書十八卷首一卷　(明)戚繼光撰　清末石印本　一册　存二卷(十七至十八)

520000－2801－0009204　17606
宋文鑑一百五十卷目録三卷　(宋)呂祖謙輯　清刻本　十五册　存九十六卷(十五至二十、二十六至四十、四十六至一百六、一百三十二至一百三十五、一百四十一至一百五十)

520000－2801－0009205　17607
監本春秋公羊注疏二十八卷　(漢)何休撰　(唐)陸德明音義　清刻本　四册　存十一卷(六至十六)

520000－2801－0009206　17609
周易上經噬嗑傳□□卷　(三國魏)王弼註　清刻本　一册　存二卷(三至四)

520000－2801－0009207　17610
春秋經傳集解襄公□□卷　(晉)杜預撰　清刻本　一册　存二卷(十四至十五)

520000－2801－0009208　17611
宋元學案一百卷首一卷　(清)黄宗羲撰　(清)全祖望修定　清刻本　一册　存三卷(七十九至八十一)

520000－2801－0009209　17612
禮記四十九卷考證四十九卷　(漢)鄭玄註　清刻本　五册　存二十四卷(五至十二、十五至十八,考證五至十二、十五至十八)

520000－2801－0009210　17614
西清續鑑甲編二十卷附録一卷　(清)王傑等輯　清宣統三年(1911)上海商務印書館影印本　四十二册

520000－2801－0009211　17615
綱鑑會纂□□卷　(明)王世貞編　清刻本　五册　存五卷(二十、二十四、二十九、三十五、三十九)

520000－2801－0009212　17616
綱鑑正史約三十六卷　(明)顧錫疇原編　(清)陳宏謀增訂　清刻本　二册　存四卷(三至四、十五至十六)

520000－2801－0009213　17620
御撰資治通鑑綱目三編二十卷　(清)張廷玉等撰　清咸豐五年(1855)刻本　十一册　存十卷(一至五、十一至十五)

520000－2801－0009214　17621
綱鑑易知録九十二卷　(清)吳乘權等輯　清刻本　九册　存十七卷(二至三、二十二至二十三、二十六至二十七、四十、四十六至四十九、五十二至五十五、七十五至七十六)

520000－2801－0009215　17625
[咸豐]佛岡直隸軍民廳志四卷　(清)龔耿光纂　清咸豐元年(1851)刻本　四册

520000－2801－0009216　17627
李太白文集三十六卷　(唐)李白著　(清)王琦輯註　清刻本　七册　存十七卷(十九至三十三、三十五至三十六)

520000－2801－0009217　17628
佛説阿彌陀經一卷　(後秦)釋鳩摩羅什譯　清末刻本　一册

520000－2801－0009218　17630
臣鑑録二十卷　(清)蔣伊編輯　清刻本　六册　存十二卷(三至八、十五至二十)

520000－2801－0009219　17631
周至德堂較正四書　(清)□□撰　清末刻本　二册　存二卷(孟子中、下)

520000－2801－0009220　17632
蘇詩試帖分韻□□卷　(□)張快園著　清末刻本　一册　存一卷(三)

520000－2801－0009221　17636
[乾隆]蘇州府志八十卷首一卷　(清)雅爾哈善等纂修　清刻本　四册　存八卷(二十五至二十七、七十四至七十八)

520000－2801－0009222　17638
小石帆亭著録五卷　(清)翁方綱撰　**聲調譜三卷**　(清)趙執信撰　**談龍録一卷**　清末刻本　一册　存五卷(小石帆亭著録五、聲調譜三卷、談龍録一卷)

520000－2801－0009223　17640
表異録二十卷　(明)王志堅輯　清光緒二十二年(1896)長沙刻本　二册　存十卷(一至十)

520000－2801－0009224　17642
阿毘達磨俱舍論三十卷　(唐)釋玄奘譯　清刻本　一册　存五卷(二十一至二十五)

520000－2801－0009225　17644
表聖詩品一卷　(唐)司空圖撰　清抄本　一册

520000－2801－0009226　17646
芥子園畫傳三集六卷　(清)王概摹繪　清光緒三十四年(1908)章福記書局石印本　四册

520000－2801－0009227　17647
納書楹紫釵記全譜二卷　(清)葉堂訂譜　(清)王文治參訂　清乾隆五十七年(1792)刻本　二册

520000－2801－0009228　17648
納書楹邯鄲記全譜二卷　(清)葉堂訂譜　(清)王文治參訂　清乾隆五十七年(1792)刻本　二册

520000－2801－0009229　17649
夷牢溪廬文鈔六卷　(清)黎汝謙撰　清光緒二十七年(1901)羊城刻本　二册

520000－2801－0009230　17651
隸書彙纂五卷　(清)項懷述編録　清乾隆四十五年(1780)刻本　二册

520000－2801－0009231　17654
[湯頭歌括]一卷　(□)□□撰　清刻本

一册

520000－2801－0009232　17655
初月樓文鈔十卷詩鈔四卷　（清）吴德旋著　清光緒十年（1884）刻本　一册　存四卷（詩鈔四卷）

520000－2801－0009233　17658
附釋音春秋左傳注疏六十卷末一卷　（晉）杜預注　（唐）孔穎達疏　清刻本　一册　存二卷（十九至二十）

520000－2801－0009234　17659
聲律通考十卷　（清）陳澧撰　清咸豐十年（1860）刻本　二册

520000－2801－0009235　17660
東牢溪廬文鈔六卷　（清）黎汝謙撰　清光緒二十七年（1901）羊城刻本　一册　存三卷（一至三）

520000－2801－0009236　17663
西堂雜俎一集八卷　（清）尤侗撰　清康熙刻本　一册　存二卷（五至六）

520000－2801－0009237　17664
練勇芻言五卷　（清）王鑫撰　清光緒二十一年（1895）刻本　一册

520000－2801－0009238　17665
孫山甫督學文集四卷　（明）孫應鼇撰　清光緒十九年（1893）川東巡署刻本　二册

520000－2801－0009239　17667
飲冰室壬寅文集□□卷　梁啟超撰　清光緒二十八年（1902）石印本　三册　存三卷（二至三、六）

520000－2801－0009240　17668
詞苑叢談十二卷　（清）徐釚編輯　清末鉛印本　二册　存六卷（一至六）

520000－2801－0009241　17670
御纂醫宗金鑑九十卷首一卷　（清）吴謙等編纂　清末石印本　一册　存三卷（二十一至二十三）

520000－2801－0009242　17671
醫學實在易八卷　（清）陳念祖著　清光緒二十七年（1901）石印本　一册

520000－2801－0009243　17676
樹經堂詠史詩八卷目錄一卷　（清）謝啟昆撰　清嘉慶三年（1798）刻本　一册　存二卷（一至二）

520000－2801－0009244　17677
陰陽二宅全書十二卷　（清）姚廷鑾輯　清乾隆十九年（1754）刻本　十二册

520000－2801－0009245　17678
陽明先生集要經濟編七卷　（明）王守仁撰　（明）施邦曜評輯　清刻本　一册　存一卷（五）

520000－2801－0009246　17679
杜工部詩集二十卷　（唐）杜甫撰　（清）朱鶴齡輯註　清刻本　三册　存五卷（八至十一、十三）

520000－2801－0009247　17680
守拙齋詩鈔二卷　（清）李蹇臣撰　清同治三年（1864）刻本　一册

520000－2801－0009248　17681
志餘□□卷　（□）□□撰　清末刻本　一册　存一卷（七之二）

520000－2801－0009249　17684
陰符玄解一卷　（清）范宜賓註釋　清乾隆三十七年（1772）刻本　一册

520000－2801－0009250　17687
補元和郡縣志四十七鎮圖說一卷　（清）龐鴻書訂　清末貴州調查局鉛印本　一册

520000－2801－0009251　17689
繪圖孝經便蒙課本十八章　（清）南洋官書局纂　清宣統二年（1910）安順會文堂刻本　一册

520000－2801－0009252　17691
法規大全　（□）□□撰　清末商務印書館鉛印本　一册　存一類一章（十七類第四章藥業及藥品）

520000－2801－0009253　17692
時園詩草二卷雜詩一卷　(清)余家駒撰　清光緒七年(1881)刻本　一册

520000－2801－0009254　17693
希古堂塾課一卷　(清)劉鳳章著　清光緒八年(1882)善成堂刻本　一册

520000－2801－0009255　17695
雨江課藝彙編□□卷　(□)□□撰　清末鉛印本　一册　存一卷(二)

520000－2801－0009256　17696
陽宅輯要傳家寶三卷末一卷　(清)黄一鳳纂著　(明)龔居中增補　清光緒二年(1876)刻本　二册

520000－2801－0009257　17698
漢書蒙拾三卷　(清)杭世駿鈔　清光緒二十二年(1896)鴻寶齋書局石印本　一册

520000－2801－0009258　17699
禮記四十九卷考證四十九卷　(漢)鄭玄註　清刻本　四册　存十二卷(五至六、十一至十二、十五至十六,考證五至六、十一至十二、十五至十六)

520000－2801－0009259　17701
明高僧傳四集六卷　(明)釋如惺撰　清光緒十八年(1892)江北刻經處刻本　二册

520000－2801－0009260　17703
納書楹牡丹亭全譜二卷　(清)葉堂訂譜　(清)王文治參訂　清乾隆五十七年(1792)刻本　一册　存一卷(上)

520000－2801－0009261　17705
皇朝道學名臣言行外錄十七卷　(宋)李幼武纂集　清刻本　一册　存五卷(一至五)

520000－2801－0009262　17707
吳詩集覽二十卷　(清)吳偉業撰　(清)靳榮藩輯　清乾隆四十年(1775)刻本　八册　存十三卷(一至二、八至十八)

520000－2801－0009263　17708
形學十卷開端一卷　(美國)狄考文選譯　(清)鄒立文筆述　清光緒十一年(1885)刻本　二册

520000－2801－0009264　17709
陣紀四集　(明)何良臣著　清光緒二十二年(1896)長沙刻本　一册

520000－2801－0009265　17710
通行條例十四卷(光緒元年至十四年)　(清)□□纂修　清末刻本　三册　存十卷(一至五、十至十四)

520000－2801－0009266　17711
芥子園畫傳三集六卷　(清)王概摹繪　清光緒十四年(1888)石印本　四册

520000－2801－0009267　17712
芥子園畫傳三集六卷　(清)王概摹繪　清光緒十四年(1888)石印本　一册　存二卷(三至四)

520000－2801－0009268　17713
讀史論斷二十卷首一卷　(清)洪亮吉著　清末石印本　一册　存四卷(四至七)

520000－2801－0009269　17714
醫學實在易八卷　(清)陳念祖著　清末石印本　一册　存四卷(五至八)

520000－2801－0009270　17716
針灸大成十卷　(明)楊繼洲匯編　清末石印本　一册　存三卷(三至五)

520000－2801－0009271　17719
曬書堂集十一種　(清)郝懿行著　(清)周悦讓編　清光緒十年(1884)東路廳署刻本　七册　存九種

520000－2801－0009272　17720
西夏紀事本末三十六卷首二卷　(清)張鑒著　清刻本　三册　存三十卷(七至三十六)

520000－2801－0009273　17722
西笑山房詩鈔□□卷　(清)于鐘岳撰　清刻本　二册　存五卷(黔南集三至五、正安集一至二)

520000－2801－0009274　17723

西清古鑑四十卷 (清)梁詩正等編纂 清光緒十四年(1888)上海鴻文書局石印本 二冊 存三卷(一至二、四十)

520000－2801－0009275 17725

西晉志傳□□卷 (□)□□撰 清刻本 一冊 存一卷(四)

520000－2801－0009276 17726

西湖志纂十四卷首一卷 (清)沈德潛 (清)傅王露輯 (清)梁詩正纂 清乾隆二十七年(1762)刻本 六冊 存十卷(三至四、八至十四,首一卷)

520000－2801－0009277 17727

兩江課藝匯編□□卷 (清)實學書社編 清光緒二十七年(1901)實學書社鉛印本 二冊 存三卷(一、四至五)

520000－2801－0009278 17729

西政叢書三十一種 梁啟超編輯 清光緒二十三年(1897)慎記書莊石印本 二冊 存二種

520000－2801－0009279 17730

西湖楹聯四卷 (□)□□編 清末刻本 一冊 存一卷(四)

520000－2801－0009280 17732

箴膏肓一卷起廢疾一卷 (漢)鄭玄撰 **鄭志三卷補遺一卷** (三國魏)鄭小同編 清刻本 一冊

520000－2801－0009281 17733

考工記要十七卷 (英國)瑪體生撰 (英國)傅蘭雅譯 (清)鍾天緯譯 清光緒二十三年(1897)慎記書莊石印本 四冊 存十四卷(一至四、八至十七)

520000－2801－0009282 17734

芥子園畫傳三集六卷 (清)王概摹繪 清光緒三十四年(1908)章福記書局石印本 二冊 存四卷(一至二、五至六)

520000－2801－0009283 17737

成山廬稿十二卷 (清)唐炯撰 清末貴陽刻本 一冊 存二卷(九至十)

520000－2801－0009284 17738

成山老人[唐炯]年譜六卷附錄一卷 (清)唐炯撰 清宣統二年(1910)鉛印本 一冊 存一卷(附錄一卷)

520000－2801－0009285 17744

十四層啓蒙捷訣集二卷 (清)曹原亮撰 清光緒七年(1881)刻本 一冊

520000－2801－0009286 17748

地球韻言四卷目錄一卷 (清)張士瀛撰 清光緒二十四年(1898)鄂垣務急書館刻本 二冊

520000－2801－0009287 17749

先正遺規二卷 (清)汪正集錄 清刻本 一冊 存一卷(下)

520000－2801－0009288 17750

黃帝素問宣明論方十五卷 (金)劉完素著 清江陰朱氏刻本 三冊

520000－2801－0009289 17751

芝龍山房散體文鈔三卷外集一卷人覲詩鈔一卷讀史隨筆一卷 (清)向時鳴撰 清光緒十三年(1887)刻本 五冊 存五卷(散體文鈔二至三、外集一卷、人覲詩鈔一卷、讀史隨筆一卷)

520000－2801－0009290 17753

式古堂目錄十七卷 (清)尤瑩編 清光緒十九年(1893)石印本 一冊 存六卷(一至六)

520000－2801－0009291 17754

地文學問答十一章 (清)邵羲譯述 清光緒二十九年(1903)商務印書館鉛印本 一冊 存八章(四至十一)

520000－2801－0009292 17755

御纂醫宗金鑑九十卷首一卷 (清)吳謙等編纂 清末石印本 十二冊 存五十六卷(一至三、七至四十四、五十五至六十三、六十九至七十四)

520000－2801－0009293 17756

毛詩□□卷 (清)余蕭客撰 清刻本 一册 存一卷(上)

520000－2801－0009294 17757

毛詩二十卷 (漢)鄭玄箋 清中刻本 五册 存十三卷(八至二十)

520000－2801－0009295 17758

毛詩音義中攷證一卷 (唐)陸德明撰 清刻本 一册

520000－2801－0009296 17759

約章分類輯要三十八卷 蔡乃煌輯 清末刻本 二十三册 存三十一卷(一至三、六至至十九、二十二至二十八、三十一至三十四、三十五上、三十六至三十七)

520000－2801－0009297 17761

全五代詩一百卷 (清)李調元編 清乾隆刻本 四册 存二十四卷(七十七至一百)

520000－2801－0009298 17762

華盛頓傳八卷七十六章 (清)黎汝謙譯 清光緒十一年(1885)鉛印本 七册 存七卷(一至三、五至八)

520000－2801－0009299 17763

各國立約始末記三十卷首二卷 (清)陸元鼎編 清光緒二十八年(1902)鉛印本 十九册 存二十七卷(一至五、八至十一、十三至三十)

520000－2801－0009300 17763

各國憲法源泉三種合編 (德國)挨里捏克著 (日本)美濃部達吉譯 (清)林萬里 (清)陳承澤譯 清光緒三十四年(1908)鉛印本 一册

520000－2801－0009301 17764

各直省選拔同年明經通譜不分卷 (清)□□撰 清光緒十一年(1885)刻本 二册

520000－2801－0009302 17771

西堂全集十七種 (清)尤侗撰 清刻本 四册 存六種

520000－2801－0009303 17772

孫子十家註十三卷遺説一卷敘録一卷 (春秋)孫武撰 (清)孫星衍等校 清光緒三年(1877)刻本 六册 存十一卷(一至二、五至十三)

520000－2801－0009304 17773

遣戍伊犁日記一卷天山客話一卷外家紀聞一卷 (清)洪亮吉著 清光緒三年(1877)刻本 一册

520000－2801－0009305 17774

字學舉隅一卷 (清)龍啟瑞編著 清宣統元年(1909)刻本 一册

520000－2801－0009306 17775

孫氏宗譜一卷 (清)□□撰 清末刻本 一册

520000－2801－0009307 17776

金光斗臨經一卷 (明)周繼撰 清咸豐三年(1853)刻本 一册

520000－2801－0009308 17777

孫文恭公遺書二十卷 (明)孫應鼇撰 **黔詩紀畧孫文恭公小傳一卷** (清)莫友芝撰 清光緒四年(1878)鉛印本 三册 存十卷(淮海易談一至四、教秦緒言一、幽心瑶草一、學孔精舍詩鈔一至三、黔詩紀畧孫文恭公小傳一)

520000－2801－0009309 17778

孫文恭公遺書二十卷 (明)孫應鼇撰 **黔詩紀畧孫文恭公小傳一卷** (清)莫友芝撰 清光緒四年(1878)鉛印本 二册 存八卷(淮海易談一至二、教秦緒言一、幽心瑶草一、學孔精舍詩鈔一至三、黔詩紀畧孫文恭公小傳一)

520000－2801－0009310 17781

孫子十家注十三卷末一卷 (宋)吉天保輯 (清)畢以珣撰 清末石印本 二册 存七卷(一至四、十二至十三,末一卷)

520000－2801－0009311 17782

試賦從新一卷 題(清)聞妙香齋主人輯 清光緒六年(1880)刻本 一册

520000－2801－0009312　17783

後漢書一百二十卷考證一百二十卷　（南朝宋）范曄撰　（唐）章懷太子李賢注　清末刻本　二十七册　存二百二十二（六至九、十二至五十二、五十五至一百二十，考證六至九、十二至五十二、五十五至一百二十）

520000－2801－0009313　17784

後漢書一百二十卷考證一百二十卷　（南朝宋）范曄撰　（唐）章懷太子李賢注　清末刻本　二册　存十六卷（四十九至五十三、五十八至六十，考證四十九至五十三、五十八至六十）

520000－2801－0009314　17785

貞定先生遺集四卷附録一卷　（清）莫與儔（清）鄭珍撰　清刻本　一册

520000－2801－0009315　17786

劉子二卷　（北齊）劉晝撰　清光緒元年（1875）湖北崇文書局刻本　一册

520000－2801－0009316　17789

芋巖詩鈔一卷　（清）錢衡撰　（清）顔嗣徽輯　清光緒十二年（1886）刻本　一册

520000－2801－0009317　17794

節本王陽明集傳習録一卷　（明）王守仁撰（明）徐愛手述　清光緒三十四年（1908）上海教育圖書館鉛印本　一册

520000－2801－0009318　17796

傷寒直格論方三卷　（金）劉完素著　清末江陰朱氏刻本　一册　存二卷（上、中）

520000－2801－0009319　17797

傷寒明理論四卷　（宋）成無己撰　清末江陰朱氏刻本　一册

520000－2801－0009320　17800

大日本農會章程一卷　（日本）古城貞吉譯　清末鉛印本　一册

520000－2801－0009321　17801

打藥妙方一卷　（清）□□撰　清光緒五年（1879）抄本　一册

520000－2801－0009322　17802

張仲景傷寒論原文淺註六卷　（漢）張仲景撰（清）陳念祖集註　清嘉慶二十五年（1820）刻本　一册　存二卷（五至六）

520000－2801－0009323　17803

傷寒懸解十四卷首一卷末一卷　（清）黄元御著　清末石印本　一册　存七卷（九至十四、末一卷）

520000－2801－0009324　17805

光緒壬寅補行庚子辛丑恩正併科鄉墨不分卷（清）□□撰　清光緒精宏書局鉛印本　二册

520000－2801－0009325　17806

異域録二卷　（清）圖理琛撰　清雍正刻本　一册　存一卷（下）

520000－2801－0009326　17807

欽定書經傳説彙纂二十一卷首二卷　（清）王頊齡撰　清同治十年（1871）湖北崇文書局刻本　十一册　存二十二卷（一至二十、首二卷）

520000－2801－0009327　17808

行文寶笈二卷　（□）□□撰　清末石印本　一册　存一卷（下）

520000－2801－0009328　17810

自得齋易學十一卷　（清）丁澤安著　清光緒刻本　三册

520000－2801－0009329　17811

自得齋易學十一卷　（清）丁澤安著　清光緒刻本　三册

520000－2801－0009330　17812

自得齋易學十一卷　（清）丁澤安著　清光緒刻本　三册

520000－2801－0009331　17813

自治學社襍誌第叁期　（清）諶顯謨等撰　清光緒三十四年（1908）遵義府官書局鉛印本　一册

520000－2801－0009332　17815

亞斐利加洲志一卷新志一卷　(清)前編書局編纂　清宣統元年(1909)學部編譯圖書局鉛印本　一冊

520000－2801－0009333　17816
亞斐利加洲志一卷新志一卷　(清)前編書局編纂　清宣統元年(1909)學部編譯圖書局鉛印本　一冊

520000－2801－0009334　17817
亞斐利加洲志一卷新志一卷　(清)前編書局編纂　清宣統元年(1909)學部編譯圖書局鉛印本　一冊

520000－2801－0009335　17818
亞斐利加洲志一卷新志一卷　(清)前編書局編纂　清宣統元年(1909)學部編譯圖書局鉛印本　一冊

520000－2801－0009336　17819
亞斐利加洲志一卷新志一卷　(清)前編書局編纂　清宣統元年(1909)學部編譯圖書局鉛印本　一冊

520000－2801－0009337　17820
亞斐利加洲志一卷新志一卷　(清)前編書局編纂　清宣統元年(1909)學部編譯圖書局鉛印本　一冊

520000－2801－0009338　17821
亞斐利加洲志一卷新志一卷　(清)前編書局編纂　清宣統元年(1909)學部編譯圖書局鉛印本　一冊

520000－2801－0009339　17823
因樹屋書影十卷　(清)周亮工筆記　清因樹屋刻本　一冊　存一卷(五)

520000－2801－0009340　17824
列子八卷　(戰國)列禦寇撰　(晉)張湛注　清光緒二年(1876)浙江書局刻本　一冊　存四卷(一至四)

520000－2801－0009341　17828
農政全書六十卷　(明)徐光啟纂輯　清刻本　三冊　存十七卷(十八至三十四)

520000－2801－0009342　17830
惜陰軒叢書三十四種附一種　(清)李錫齡輯　清光緒二十二年(1896)長沙刻本　六冊　存五種

520000－2801－0009343　17831
呂氏春秋二十六卷　(戰國)呂不韋撰　清鎮洋畢氏刻本　一冊　存三卷(十六至十八)

520000－2801－0009344　17833
指玄篇十六首　(唐)呂純陽著　清乾隆五十八年(1793)刻本　一冊

520000－2801－0009345　17834
江蘇學務文牘不分卷　(清)江蘇學務公所編　清宣統二年(1910)鉛印本　四冊

520000－2801－0009346　17835
江上雲林閣藏書目四卷　(清)倪模輯　清刻本　一冊　存一卷(四)

520000－2801－0009347　17836
亞斐利加洲志一卷新志一卷　(清)前編書局編纂　清宣統元年(1909)學部編譯圖書局鉛印本　一冊

520000－2801－0009348　17837
康熙字典十二集　(清)張玉書等纂　清末石印本　一冊　存二集(未至申)

520000－2801－0009349　17838
國朝三十五科同館詩賦解題七卷首二卷　(清)魏茂林輯　清同治三年(1864)文光書屋刻本　二冊　存五卷(一至三、首二卷)

520000－2801－0009350　17839
分韻字學七種二卷　(清)李祕園撰　清光緒十三年(1887)上海大同書局石印本　一冊　存一卷(下)

520000－2801－0009351　17840
同文算指通編八卷　(意大利)利瑪竇撰　(明)李之藻演　清末石印本　二冊　存四卷(三至四、七至八)

520000－2801－0009352　17841
算學課藝四卷　(清)席淦　(清)貴榮編次

清光緒二十二年(1896)上海著易堂石印本　四冊

520000－2801－0009353　17842
易音□□卷　(清)顧炎武撰　清初木活字印本　一冊

520000－2801－0009354　17843
易道入門四卷　(清)張屯述　清刻本　二冊　存二卷(一至二)

520000－2801－0009355　17844
十一經初學讀本一卷　(清)萬廷蘭撰　清光緒五年(1879)刻本　一冊

520000－2801－0009356　17845
易學啓蒙通釋二卷　(宋)胡方平通釋　清康熙十六年(1677)刻本　一冊　存一卷(上)

520000－2801－0009357　17846
來瞿唐先生易註十五卷首一卷末一卷　(明)來知德撰　清刻本　二冊　存三卷(七至八、首一卷)

520000－2801－0009358　17848
易經精華六卷末一卷　(清)薛嘉穎編　清嘉慶十八年(1813)刻本　三冊

520000－2801－0009359　17849
楊園先生文稿□□卷　(清)張履祥著　清刻本　一冊　存四卷(一至四)

520000－2801－0009360　17850
楊園先生近古錄□□卷　(清)張履祥著　清刻本　一冊　存四卷(一至四)

520000－2801－0009361　17851
陳太僕批選八家文鈔　(清)陳兆崙撰　清光緒二十六年(1900)石印本　三冊　存三種

520000－2801－0009362　17852
醫法圓通四卷　(清)鄭壽全編輯　清光緒刻本　二冊　存二卷(一至二)

520000－2801－0009363　17853
匡謬正俗八卷　(唐)顔師古撰　**急就章一卷**　(漢)史游撰　**說文解字一卷**　(清)徐鉉等校定　清石印本　一冊

520000－2801－0009364　17854
揚州畫舫錄十八卷　(清)李斗著　清石印本　一冊　存三卷(七至九)

520000－2801－0009365　17855
新訂四書補註備旨大學□□卷　(明)鄧林著　清乾隆二十七年(1762)刻本　二冊　存二卷(一、三)

520000－2801－0009366　17858
醫門法律六卷　(清)喻昌嘉著　清刻本　二冊　存二卷(一至二)

520000－2801－0009367　17859
增訂醫宗金鑑七十四卷　(□)□□輯　清末刻本　四冊　存四十四卷(四至十六、三十至三十六、五十一至七十四)

520000－2801－0009368　17860
薛氏醫按二十四種　(明)薛己撰　明嘉靖刻本　六冊　存六種

520000－2801－0009369　17863
經義述聞三十二卷　(清)王引之撰　清嘉慶二十二年(1817)刻本　十七冊　存二十一卷(一至八、十八至二十三、二十六至三十二)

520000－2801－0009370　17864
制藝靈樞四編　(清)周銘恩評選　清末刻本　三冊　存三編(二至四)

520000－2801－0009371　17866
經傳釋詞十卷　(清)王引之撰　清嘉慶二十四年(1819)刻本　四冊

520000－2801－0009372　17867
金淵集六卷　(元)仇遠撰　清末刻本　一冊　存三卷(四至六)

520000－2801－0009373　17868
枕善堂尺牘一隅二十卷　(清)陳大溶著　清刻本　三冊　存十二卷(二至三、八至十七)

520000－2801－0009374　17869
典林二十八卷　(□)□□撰　清文道堂刻本　一冊　存六卷(一至六)

520000－2801－0009375　17870

試帖詩□□卷　(□)□□撰　清末石印本　一册　存一卷(一)

520000－2801－0009376　17871
[道光]武進陽湖縣合志三十六卷首一卷　(清)孫琬等修　(清)李兆洛等纂　清光緒十二年(1886)木活字印本　二十二册　存二十七卷(一至三、五至十六、二十五至三十六)

520000－2801－0009377　17873
讀書偶識十卷附一卷　(清)鄒漢勛撰　清刻本　一册　存三卷(三至五)

520000－2801－0009378　17875
微積闡解五卷　(清)陳志堅學　清刻本　一册　存二卷(四至五)

520000－2801－0009379　17876
學部官報　(清)學部編　清光緒三十二年至宣統三年(1906－1911)鉛印本　十一册　存十一期(一百三十八至一百四十三、一百四十五至一百四十六、一百四十九至一百五十一)

520000－2801－0009380　17877
斆藝齋文存八卷　(清)鄒漢勛撰　清末刻本　一册　存五卷(四至八)

520000－2801－0009381　17878
周禮精華六卷首一卷　(清)陳龍標編輯　清嘉慶十一年(1806)刻本　八册　存五卷(一至五)

520000－2801－0009382　17879
學部奏咨輯要一卷　(清)學部輯　清宣統二年(1910)鉛印本　一册

520000－2801－0009383　17880
學源堂古文□□卷　(清)吳留村鑒定　清刻本　一册　存二卷(三至四)

520000－2801－0009384　17882
私塾改良會章程一卷　(清)上海私塾改良總會編　清光緒三十四年(1908)上海南洋官書局鉛印本　一册

520000－2801－0009385　17884
學文定法一卷　(□)□□撰　清抄本　一册

520000－2801－0009386　17886
詳註聊齋志異圖詠十六卷　(清)蒲松齡撰　(清)呂湛恩註　清末石印本　一册　存二卷(十三至十四)

520000－2801－0009387　17892
方百川稿一卷　(清)方舟撰　方椒塗稿一卷　(清)方林撰　清善成堂刻本　一册　存(方百川稿孟子,方椒塗稿論語、大學、孟子)

520000－2801－0009388　17893
新訂四書補註備旨十卷　(明)鄧林手著　(清)鄧煜編次　(清)杜定基增訂　清刻本　一册　存二卷(上孟一至二)

520000－2801－0009389　17894
碩薖園全集十卷總目一卷　(明)蒲秉權著　清光緒元年(1875)刻本　四册

520000－2801－0009390　17896
經學輯要二十四卷首一卷　(清)吳潁炎輯　清光緒十三年(1887)點石齋石印本　六册　存三卷(十六上、十七上中、二十三下)

520000－2801－0009391　17897
學部官報　(清)學部編　清光緒三十二年至宣統三年(1906－1911)鉛印本　二册　存二期(一百三十九至一百四十)

520000－2801－0009392　17898
宗鏡錄一百卷　(宋)釋延壽集　清雍正十二年(1734)刻本　十九册

520000－2801－0009393　17903
明三十家詩選初集八卷　(清)汪端輯　清同治十二年(1873)藴蘭吟館刻本　一册

520000－2801－0009394　17904
明九邊考四卷末一卷　(明)魏焕撰　清余氏家塾刻本　一册

520000－2801－0009395　17905
明史三百三十二卷目錄四卷　(清)張廷玉等修纂　清光緒三年(1877)湖北崇文書局刻本　一册　存八卷(二百九十一至二百九十四、目錄四卷)

520000－2801－0009396　17907
明辨齋叢書五集三十三種　(清)余肇鈞輯　清刻本　十一册　存十二種

520000－2801－0009397　17908
明史三百三十二卷目錄四卷　(清)張廷玉等修纂　清末石印本　八册　存九十九卷(八十九至一百二十六、一百二十八至一百四十三、一百四十五至一百六十二、一百七十八至二百四)

520000－2801－0009398　17910
明史擥要八卷　(清)姚培謙　(清)張景星錄　清刻本　二册　存五卷(一至三、七至八)

520000－2801－0009399　17911
孟子集註本義匯參□□卷　(清)王步青輯　(清)王士鼇編　清乾隆十年(1745)刻本　一册　存二卷(九至十)

520000－2801－0009400　17912
明季北略二十四卷　(清)計六奇編輯　清都城琉璃廠刻本　九册　存二十一卷(一至二十一)

520000－2801－0009401　17913
明史三百三十二卷目錄四卷　(清)張廷玉等修纂　清光緒二十八年(1902)上海文瀾書局石印本　六册　存一百三十五卷(一至七十六、九十六至一百十、二百六十九至三百十二)

520000－2801－0009402　17914
詩序議四卷　(清)呂調陽述　清刻本　一册　存一卷(二)

520000－2801－0009403　17915
詩經八卷　(宋)朱熹集傳　清光緒十二年(1886)湖北官書處刻本　四册　存六卷(一至三、六至八)

520000－2801－0009404　17916
詩經申義十卷　(清)吳士模著　清光緒十六年(1890)刻本　三册　存七卷(一至二、六至十)

520000－2801－0009405　17917
詩經初學讀本□□卷　(□)□□撰　清刻本　一册

520000－2801－0009406　17920
至德堂鳳崗詩經三頌□□卷　(□)□□撰　清末刻本　一册　存一卷(八)

520000－2801－0009407　17921
新增詩經補註附考備旨八卷　(清)鄒聖脉纂輯　清光緒十四年(1888)刻本　三册　存三卷(四至六)

520000－2801－0009408　17924
七行詩經□□卷　(□)□□撰　清宣統三年(1911)學海堂刻本　二册　存三卷(一至三)

520000－2801－0009409　17925
詩集□□卷　(□)□□撰　清末刻本　一册　存一卷(一)

520000－2801－0009410　17926
詩經講義一卷　潘任等輯　清末鉛印本　一册

520000－2801－0009411　17927
詩傳名物集覽十二卷　(清)陳大章著　清末刻本　一册　存二卷(九至十)

520000－2801－0009412　17928
詩八卷　(宋)朱熹集傳　清刻本　二册　存三卷(三至五)

520000－2801－0009413　17929
彙纂詩法度鍼三十三卷　(清)徐文弼編輯　清初刻本　三册　存十三卷(十九至三十一)

520000－2801－0009414　17930
詩學含英十四卷　(清)劉文蔚輯　清黔安甘至實堂刻本　一册　存三卷(一至三)

520000－2801－0009415　17932
詩經精義四卷首一卷末一卷　(清)黃淦錄　清刻本　一册

520000－2801－0009416　17933
詩韻合璧五卷　(清)湯文潞編　清末鉛印本　一册　存一卷(二)

520000－2801－0009417　17934
詩韻合璧五卷　（清）湯文潞編　清末石印本　一册　存一卷（四）

520000－2801－0009418　17935
詩毛氏傳疏三十卷　（清）陳奐學　清光緒七年（1881）石印本　三册

520000－2801－0009419　17936
詩韻全璧五卷　（清）湯文潞編　清光緒十二年（1886）上海積山書局石印本　二册　存二卷（一至二）

520000－2801－0009420　17937
詩經類駢一卷禮記類駢一卷　（□）□□撰　清末刻本　二册

520000－2801－0009421　17938
詩韻海不分卷　題（清）文匯館主人輯　**字韻標韻六卷韻辨摘要一卷**　（清）華綱輯　清光緒十四年（1888）上海點石齋石印本　三册　殘

520000－2801－0009422　17939
孟子集註本義匯參□□卷　（清）王步青輯　（清）王士鼇編　清乾隆十年（1745）刻本　六册　存十一卷（一至二、六至十四）

520000－2801－0009423　17941
經典釋文三十卷　（唐）陸德明撰　清同治十三年（1874）刻本　九册　存二十六卷（五至三十）

520000－2801－0009424　17943
［乾隆］直隸澧州志林二十六卷首一卷末一卷　（清）何璘纂　清乾隆十七年（1752）刻本　二册　存三卷（一、三，首一卷）

520000－2801－0009425　17944
書圖新報（第十二年第五卷）　（清）中國聖教書會印　清光緒十七年（1891）鉛印本　一册

520000－2801－0009426　17945
書圖新報（第十一年第九卷）　（清）中國聖教書會印　清光緒十六年（1890）鉛印本　一册

520000－2801－0009427　17948
經義正衡敘錄二卷　（清）雷廷珍學　清光緒二十八年（1902）刻本　二册

520000－2801－0009428　17949
經籍跋文一卷　（清）陳鱣撰　清光緒三十年（1904）刻本　一册

520000－2801－0009429　17950
附釋音周禮注疏四十二卷校勘記四十二卷　（漢）鄭玄注　（唐）陸德明音義　（唐）賈公彦疏　清光緒十三年（1887）石印本　一册　存二卷（附釋音周禮注疏一至二）

520000－2801－0009430　17951
注解傷寒論十卷　（漢）張仲景述　（晉）王叔和撰次　（宋）成無已注解　清末江陰朱氏刻本　二册

520000－2801－0009431　17952
證俗文十九卷　（清）郝懿行著　清光緒十年（1884）刻本　一册　存十三卷（七至十九）

520000－2801－0009432　17953
述本堂詩續集二卷　（清）方觀承撰　清嘉慶十四年（1809）刻本　一册

520000－2801－0009433　17954
國語韋解補正二十一卷　吴曾祺補正　清宣統元年（1909）鉛印本　四册

520000－2801－0009434　17955
國語韋解補正二十一卷　吴曾祺補正　清宣統元年（1909）鉛印本　二册　存九卷（一至三、十六至二十一）

520000－2801－0009435　17956
圖注脈訣辯真四卷　（晉）王叔和撰　清刻本　一册　存二卷（三至四）

520000－2801－0009436　17957
經餘必讀三集八卷　（清）雷琳等輯　清刻本　一册　存二卷（五至六）

520000－2801－0009437　17958
說文解字十五卷　（漢）許慎記　（宋）徐鉉等校　清末石印本　四册

520000－2801－0009438　17959

經餘必讀三集八卷 （清）雷琳等輯 清嘉慶十六年（1811）刻本 二册

520000－2801－0009439 17960
經餘必讀三集八卷 （清）雷琳等輯 清嘉慶十六年（1811）刻本 二册

520000－2801－0009440 17961
經籍纂詁一百六卷 （清）阮元撰 清光緒石印本 十一册 存九十三卷（一至五十三、六十七至一百六）

520000－2801－0009441 17962
涑水記聞十六卷補遺一卷 （宋）司馬光撰 清刻本 三册 存十三卷（五至十六、補遺一卷）

520000－2801－0009442 17963
春秋□□卷 （春秋）孔丘撰 清乾隆四十八年（1783）刻本 一册 存六卷（年表一、考證一，春秋名號歸一圖一至二、考證一至二）

520000－2801－0009443 17964
春秋左傳五十卷 （晉）杜預集解 （明）葛鼒較訂 清永懷堂刻浙江書局補刻本 四册 存十二卷（十九至三十）

520000－2801－0009444 17965
評點春秋綱目左傳句解彙雋六卷 （清）韓菼校訂 清光緒十四年（1888）刻本 三册 存三卷（一、四至五）

520000－2801－0009445 17966
春秋穀梁傳十二卷 （晉）范甯集解 （唐）陸德明音義 清刻本 三册 存九卷（四至十二）

520000－2801－0009446 17967
春秋左氏傳補注十二卷 （清）沈欽韓撰 清光緒刻本 三册 存八卷（五至十二）

520000－2801－0009447 17968
船山遺書□□種 （清）王夫之撰 清同治四年（1865）湘鄉曾氏金陵節署刻本 八册 存四種

520000－2801－0009448 17969
戰國策選□□卷 （□）□□撰 清刻本 一册 存七卷（六至十二）

520000－2801－0009449 17972
說唐后傳六卷首一卷五十八回 （□）如蓮居士編次 清刻本 一册 存一卷（首一卷）

520000－2801－0009450 17974
宋書一百卷考證一百卷 （南朝梁）沈約撰 清乾隆四年（1739）刻本 一册 存十卷（九十六至一百、考證九十六至一百）

520000－2801－0009451 17975
後漢書一百二十卷 （南朝宋）范曄撰 （唐）章懷太子李賢注 清末石印本 一册 存十一卷（一百十至一百二十）

520000－2801－0009452 17976
欽定四庫全書總目二百卷 （清）紀昀等編 清刻本 一册 存一卷（一百八十）

520000－2801－0009453 17977
春秋釋例□□卷 （□）□□撰 清末石印本 一册 存六卷（七至十二）

520000－2801－0009454 17979
欽定六部處分則例五十二卷 （清）文孚等纂 清刻本 一册 存一卷（二十一）

520000－2801－0009455 17980
許氏說文解字雙聲疊韻譜不分卷 （清）鄧廷楨譔 清光緒九年（1883）同文書局石印本 一册 殘

520000－2801－0009456 17981
鳳儀詩經正韻□□卷 （□）□□撰 清末刻本 一册 存二卷（四至五）

520000－2801－0009457 17983
經史百家雜鈔二十六卷 （清）曾國藩纂 （清）李鴻章校刊 清光緒三十二年（1906）上海商務印書館鉛印本 十一册 存二十四卷（一至二十四）

520000－2801－0009458 17984
經史百家雜鈔二十六卷 （清）曾國藩纂 （清）李鴻章校刊 清光緒三十二年（1906）上

海商務印書館鉛印本　十一册　存二十四卷（一至二十四）

520000－2801－0009459　17986
經史百家雜鈔二十六卷　（清）曾國藩纂　（清）李鴻章校刊　清光緒三十二年（1906）上海商務印書館鉛印本　三册　存六卷（七至十、十八至十九）

520000－2801－0009460　17987
經史百家雜鈔二十六卷　（清）曾國藩纂　清末鴻寶齋書局石印本　一册　存二卷（十七至十八）

520000－2801－0009461　17988
詩經八卷　（宋）朱熹集傳　清光緒十二年（1886）湖北官書處刻本　一册　存三卷（六至八）

520000－2801－0009462　17989
燕山外史註釋八卷　（清）陳球著　（清）若駿子輯註　清末石印本　一册　存一卷（一）

520000－2801－0009463　17991
御撰資治通鑑綱目三編二十卷　（清）張廷玉等編次　清刻本　二册　存十卷（六至十、十六至二十）

520000－2801－0009464　17992
説文解字句讀三十卷　（漢）許慎撰　（清）王筠撰集　清刻本　二册　存四卷（七至八、十一至十二）

520000－2801－0009465　17993
仿宋相臺五經九十三卷考證九十三卷　（宋）岳珂校　清乾隆四十八年（1783）刻本　二十六册　存六十卷（春秋經傳集解一至三十、周易一至十、尚書一至十三、毛詩一至七）

520000－2801－0009466　17994
國朝古文正的五卷遜學齋文鈔一卷移芝室古文一卷　（清）楊彝珍纂輯　清光緒六年（1880）獨山莫氏鉛印本　六册

520000－2801－0009467　17995
周易上經傳六卷　（宋）李中正撰　清刻本　五册　存五卷（一至五）

520000－2801－0009468　17996
尚書離句六卷　（清）錢在培輯解　清刻本　一册　存一卷（四）

520000－2801－0009469　17997
書四卷　（宋）蔡沈集傳　清末善成堂刻本　一册　存一卷（一）

520000－2801－0009470　18000
周禮政要四卷　（清）孫詒讓著　清光緒二十八年（1902）瑞安普通學堂刻本　一册　存二卷（一至二）

520000－2801－0009471　18001
周禮精義六卷首一卷　（清）黄淦纂　清嘉慶十二年（1807）刻本　一册

520000－2801－0009472　18002
周禮精義六卷首一卷　（清）黄淦纂　清嘉慶十二年（1807）刻本　一册

520000－2801－0009473　18003
附釋音周禮注疏四十二卷校勘記四十二卷　（漢）鄭玄注　（唐）陸德明音義　（唐）賈公彦疏　清刻本　十二册　存二十一卷（二十二至四十二）

520000－2801－0009474　18006
新刻增訂太史仇滄柱先生家傳周易備旨□□卷　（□）□□撰　清刻本　一册　存二卷（備旨下、經三）

520000－2801－0009475　18007
周禮註疏刪翼三十卷　（明）葉培恕定　（明）王志長輯　清初刻本　一册　存二卷（五至六）

520000－2801－0009476　18008
國朝先正事略六十卷　（清）李元度纂　清光緒十二年（1886）鉛印本　五册　存三十九卷（二十二至六十）

520000－2801－0009477　18009
國朝先正事略六十卷　（清）李元度纂　清末刻本　三册　存三卷（十七、二十四、三十四）

520000－2801－0009478　18010
國朝先正事略六十卷　(清)李元度纂　清同治刻本　十四册　存五十一卷(四至八、十二至二十五、二十九至六十)

520000－2801－0009479　18011
國朝先正事略六十卷　(清)李元度纂　清光緒十三年(1887)石印本　四册　存二十四卷(五至九、十五至三十三)

520000－2801－0009480　18012
國語二十一卷劄記一卷考異四卷　(三國吳)韋昭解　清同治八年(1869)刻本　二册　存七卷(周一至三、考異一至四)

520000－2801－0009481　18013
國朝詞綜四十八卷　(清)王昶纂　清嘉慶七年至八年(1802－1803)刻本　六册　存二十四卷(三至六、十一至十四、二十八至三十、三十六至四十八)

520000－2801－0009482　18014
國語二十一卷　(三國吳)韋昭解　清刻本　一册　存四卷(十四至十七)

520000－2801－0009483　18015
[國風]□□卷　(□)□□撰　清刻本　一册　存二卷(三至四)

520000－2801－0009484　18016
國粹學報不分卷　(清)劉世瑗撰　清末鉛印本　一册

520000－2801－0009485　18017
國朝鄉嬛别館詩鈔一卷　(清)鮑之蕙輯　清道光二十四年(1844)刻本　一册

520000－2801－0009486　18018
國朝駢體正宗續編八卷總目一卷　(清)張鳴珂輯　清刻本　一册　存二卷(三至四)

520000－2801－0009487　18022
春秋左傳三十卷　(晉)杜預集解　(明)金蟠較訂　清永懷堂刻本　一册　存三卷(一至三)

520000－2801－0009488　18023
欽定春秋傳説彙纂三十八卷首二卷　(清)王掞等輯　清刻本　一册　存一卷(十三)

520000－2801－0009489　18024
春秋穀梁摘鈔一卷　(□)□□撰　清刻本　一册

520000－2801－0009490　18025
春秋公羊傳十一卷　(漢)何休學　(唐)陸德明音義　清刻本　三册　存五卷(一至五)

520000－2801－0009491　18026
省齋詩鈔四卷　(清)文天駿著　清光緒二十三年(1897)四川鹽局刻本　一册　存二卷(一至二)

520000－2801－0009492　18027
春秋□□卷　(□)□□撰　清刻本　一册　存五卷(二十至二十四)

520000－2801－0009493　18028
春秋箋例三十卷首一卷　(清)趙儀吉輯　清刻本　一册　存三卷(二十四至二十六)

520000－2801－0009494　18029
小學匯函十四種　(清)鍾謙鈞等輯　清末石印本　四册　存六種

520000－2801－0009495　18030
春秋精義四卷首一卷　(清)黄淦纂　清嘉慶九年(1804)刻本　一册

520000－2801－0009496　18031
春秋精義四卷首一卷　(清)黄淦纂　清嘉慶九年(1804)刻本　一册

520000－2801－0009497　18032
欽定宗室王公功績表傳十二卷首一卷　(清)國史館編　清刻本　一册　存一卷(二)

520000－2801－0009498　18033
納書楹南柯記全譜二卷　(清)葉堂訂譜　(清)王文治參訂　清乾隆五十七年(1792)刻本　二册

520000－2801－0009499　18035
南宋書六十八卷　(明)錢抑之著　清嘉慶二年(1797)刻本　十册

520000－2801－0009500　18036
南華真經解六卷　(清)宣穎著　清刻本　二冊　存四卷(三至六)

520000－2801－0009501　18037
南籠紀瑞詩鈔一卷　(清)鄒元吉撰　清光緒十五年(1889)興義府署刻本　一冊

520000－2801－0009502　18038
南華真經解六卷　(清)宣穎著　清康熙刻本　四冊　存四卷(三至六)

520000－2801－0009503　18039
南豐先生全集五十卷　(清)儲欣錄　清刻本　二冊　存二卷(一至二)

520000－2801－0009504　18040
南高平物產記二卷　(清)鄒漢勛撰　清刻本　一冊　存一卷(下)

520000－2801－0009505　18041
增補泰西名人傳六卷　(清)上海徐匯匯報館原本　(清)徐心境增訂　清光緒二十九年(1903)石印本　四冊

520000－2801－0009506　18042
增補泰西名人傳六卷　(清)上海徐匯匯報館原本　(清)徐心境增訂　清光緒二十九年(1903)石印本　四冊

520000－2801－0009507　18043
南華真經解外篇十五首　(清)宣穎著　清刻本　一冊

520000－2801－0009508　18046
南巡盛典一百二十卷　(清)高晉輯　清光緒八年(1882)石印本　五冊　存七十二卷(三十四至五十、六十六至一百二十)

520000－2801－0009509　18047
說文解字句讀三十卷　(清)王筠撰集　清刻本　四冊　存七卷(七至八、十三至十七)

520000－2801－0009510　18052
守山閣叢書一百十二種　(清)錢熙祚輯　清末石印本　五冊　存九種

520000－2801－0009511　18053
星軺指掌三卷續一卷　(清)聯芳等譯　清光緒二年(1876)刻本　一冊　存三卷(一至三)

520000－2801－0009512　18054
欽定國朝詩別裁集三十二卷　(清)沈德潛纂評　清末刻本　三冊　存六卷(一至六)

520000－2801－0009513　18058
荀子三卷　(戰國)荀況撰　清光緒元年(1875)刻本　二冊

520000－2801－0009514　18062
家蔭堂詩鈔一卷　(清)周際華著　清道光十九年(1839)刻本　一冊

520000－2801－0009515　18063
樊川詩集四卷　(唐)杜牧撰　清光緒十六年(1890)湘南書局刻本　二冊　存二卷(一、三)

520000－2801－0009516　18064
宦滇存藁五卷　(清)陳燦著　清光緒貴陽文通書局鉛印本　一冊　存一卷(五)

520000－2801－0009517　18066
荀子二十卷　(唐)楊倞注　清末石印本　四冊

520000－2801－0009518　18067
讀史論斷二十卷首一卷　(清)洪亮吉著　清宣統三年(1911)石印本　一冊　存十卷(一至十)

520000－2801－0009519　18068
舉業新模八卷末一卷　(清)周百順著　清嘉慶刻本　一冊　存五卷(五至八、末一卷)

520000－2801－0009520　18070
入地眼全書十卷　(宋)釋靜道著　(清)萬樹華編次　清道光元年(1821)刻本　二冊　存三卷(一、三至四)

520000－2801－0009521　18071
詳註分韻試帖青雲集十四卷　(清)楊逢春　(清)蕭應櫆輯　清道光五年(1825)刻本　一冊　存一卷(一)

520000－2801－0009522　18072

乾坤法竅三卷 （清）范宜賓編　清乾隆三十一年（1766）刻本　一册　存二卷（上、下）

520000－2801－0009523　18075

測海山房中西算學彙刻初編二十七種　題（清）測海山房主人輯　清末石印本　三册　存二種

520000－2801－0009524　18076

小嫏嬛山館衡刊類書二十種　（清）□□撰　清末刻本　四册　存五種

520000－2801－0009525　18078

壽世保元十卷　（明）龔廷賢編　清刻本　一册　存一卷（辛）

520000－2801－0009526　18079

高上玉皇本行集經三卷首一卷　（□）□□撰　清光緒十二年（1886）刻本　一册　存二卷（一、首一卷）

520000－2801－0009527　18080

天香集□□卷　（□）□□撰　清光緒五年（1879）刻本　一册　存一卷（上）

520000－2801－0009528　18080

覺世寶箴一卷　（□）□□撰　清光緒二十六年（1900）刻本　一册

520000－2801－0009529　18081

書經六卷　（清）任啟運約註　清光緒十二年（1886）刻本　一册　存一卷（一）

520000－2801－0009530　18082

鄭學録四卷　（清）鄭珍撰　清同治七年（1868）刻本　二册

520000－2801－0009531　18083

鄭學録四卷　（清）鄭珍撰　清同治七年（1868）刻本　二册

520000－2801－0009532　18084

養正遺規補編一卷　（清）陳宏謀編輯　清刻本　一册

520000－2801－0009533　18085

神課金口訣六卷末一卷　（明）適適子撰　明刻本　一册　存三卷（三至五）

520000－2801－0009534　18086

類證活人書二十二卷　（宋）無求子著　清光緒三十三年（1907）刻本　四册

520000－2801－0009535　18091

貼骨親二集　（□）□□撰　清光緒十七年（1891）刻本　一册　存一卷（下集）

520000－2801－0009536　18094

繪圖蒙學造句實在易一卷　（□）□□撰　清末石印本　一册

520000－2801－0009537　18095

談天十八卷首一卷附表一卷　（英國）侯失勒原本　（英國）偉烈亞力口譯　（清）李善蘭刪述　（清）徐建寅續述）　清咸豐九年（1859）石印本　二册　存十五卷（一至十三、首一卷、附表一卷）

520000－2801－0009538　18096

拾遺記十卷　（晉）王嘉撰　（南朝梁）蕭綺録　清光緒元年（1875）湖北崇文書局刻本　一册

520000－2801－0009539　18097

詩經二十卷　（漢）毛亨傳　（漢）鄭玄箋　（明）金蟠訂　清同治八年（1869）刻本　三册

520000－2801－0009540　18098

毛詩二十卷考證二十卷　（漢）鄭玄箋　清刻本　四册

520000－2801－0009541　18103

［乾隆］貴州通志四十六卷首一卷　（清）鄂爾泰　（清）張廣泗修　（清）靖道謨　（清）杜詮纂　清乾隆六年（1741）刻本　一册　存一卷（十一）

520000－2801－0009542　18109

郘亭遺詩八卷　（清）莫友芝撰　**徵君莫子偲墓誌銘一卷**　（清）張裕釗撰　清光緒元年（1875）刻本　二册

520000－2801－0009543　18112

賦彙録要一卷　（□）□□撰　**文選題解一卷**　（□）□□撰　**詩韻合璧一卷**　（□）□□撰

虚字韻藪一卷 (清)潘維城輯 清光緒鉛印本 一册

520000－2801－0009544 18113

[乾隆]直隸澧州志林二十六卷首一卷末一卷 (清)何璘纂 清乾隆刻本 六册 存九卷(二至五、七至十一)

520000－2801－0009545 18115

[光緒]重修奉賢縣志二十卷首一卷末一卷 (清)韓佩金修 清光緒刻本 四册 存十五卷(七至二十、末一卷)

520000－2801－0009546 18116

牧令書輯要十卷 (清)徐棟原編 (清)丁日昌選評 清刻本 四册 存四卷(三、五、九至十)

520000－2801－0009547 18117

牧民寶鑑七種 (清)王文韶彙訂 清光緒二十年(1894)刻本 七册 存五種

520000－2801－0009548 18118

法書要錄十卷 (清)張彥遠輯 清照曠閣刻本 一册 存三卷(八至十)

520000－2801－0009549 18119

知不足齋叢書三十集 (清)鮑廷博輯 (清)鮑志祖續輯 清刻本 二册 存四種

520000－2801－0009550 18120

黔南職方紀略九卷 (清)羅繞典輯 清道光二十七年(1847)刻本 一册 存六卷(一至六)

520000－2801－0009551 18121

佩文齋書畫譜一百卷 (清)孫岳頒等纂 清康熙刻本 十三册 存二十八卷(二十一至二十三、二十六至四十三、五十六至五十八、六十二至六十三、七十至七十一)

520000－2801－0009552 18123

船山遺書□□種 (清)王夫之撰 清同治四年(1865)湘鄉曾國荃金陵節署刻本 十六册 存七種

520000－2801－0009553 18124

雨亭尺牘八卷 (清)林欽潤著 清抄本 一册 存一卷(六)

520000－2801－0009554 18125

杭氏七種 (清)杭世駿撰 清刻本 三册 存三種

520000－2801－0009555 18126

佩文詩韻五卷 (清)周兆基撰 清同治九年(1870)刻本 一册

520000－2801－0009556 18127

郘亭遺文八卷詩鈔六卷遺詩八卷 (清)莫友芝撰 清同治五年(1866)刻本 三册

520000－2801－0009557 18128

範家集畧六卷 (清)秦坊輯 清刻本 二册 存三卷(三、四至五)

520000－2801－0009558 18129

知新報不分卷 康有為等編 清光緒二十三年(1897)鉛印本 四册 存四册(二、八、十、十二)

520000－2801－0009559 18130

尚書要義二十卷 (宋)魏了翁撰 清光緒十年(1884)刻本 六册 存十六卷(三至九、十二至二十)

520000－2801－0009560 18131

運規約指三卷 (英國)白起德輯 清光緒二十三年(1897)製造局刻本 一册

520000－2801－0009561 18132

賜姓始末一卷 (清)黄宗羲撰 **兩廣集畧一卷** (明)華復蠡撰 **東明聞見錄一卷** (明)瞿共美撰 清刻本 一册

520000－2801－0009562 18134

拙尊園叢稿六卷 (清)黎庶昌撰 清光緒刻本 二册 存三卷(二、五至六)

520000－2801－0009563 18135

苗防備覽二十二卷 (清)嚴如熤撰 清道光二十三年(1843)刻本 一册 存三卷(一至三)

520000－2801－0009564 18136

武場條例八卷首一卷　(清)兵部纂　清同治刻本　二冊　存九卷(一至八、首一卷)

520000－2801－0009565　18137
武陽團練紀實二卷　(清)莊毓鋐輯　清光緒十二年(1886)刻本　一冊

520000－2801－0009566　18138
青泥蓮花記十三卷　(明)梅禹金纂輯　清末石印本　一冊　存八卷(六至十三)

520000－2801－0009567　18139
青田山廬詩鈔二卷詞鈔一卷　(清)莫庭芝撰　清光緒十五年(1889)日本使署刻本　一冊

520000－2801－0009568　18140
青田山廬詩鈔二卷詞鈔一卷　(清)莫庭芝撰　清光緒十五年(1889)日本使署刻本　一冊

520000－2801－0009569　18142
寶懺三卷　(□)□□撰　清刻本　一冊

520000－2801－0009570　18144
寶藏興焉十二卷　(英國)費而奔著　(英國)傅蘭雅口譯　(清)徐壽筆述　清末刻本　十五冊　缺一卷(八)

520000－2801－0009571　18145
寶藏興焉十二卷　(英國)費而奔著　(英國)傅蘭雅口譯　(清)徐壽筆述　清末刻本　十冊　存九卷(三至五、七至十二)

520000－2801－0009572　18146
春秋經傳集解三十卷年表一卷名號歸一圖二卷　(晉)杜預集解　清乾隆四十八年(1783)刻本　十四冊　存二十九(一至十八、二十一至二十四、二十五至二十六、二十九至三十,年表一卷,名號歸一圖二卷)

520000－2801－0009573　18147
春秋經傳集解三十卷年表一卷名號歸一圖二卷　(晉)杜預集解　清乾隆四十八年(1783)刻本　五冊　存十卷(五至十、一五至十六、二十一至二十二)

520000－2801－0009574　18148
禮記二十卷考證二十卷　(漢)鄭玄註　清乾隆四十八年(1783)刻本　二冊　存八卷(三至四、十三至十四,考證三至四、十三至十四)

520000－2801－0009575　18149
尚書十三卷　(漢)孔安國傳　清乾隆四十八年(1783)刻本　二冊　存四卷(五至六、九至十)

520000－2801－0009576　18150
尚書大傳四卷　(漢)伏勝撰　(漢)鄭玄注　**補遺一卷續補遺一卷考異一卷**　(清)盧文弨學　清光緒三年(1877)湖北崇文書局刻本　一冊

520000－2801－0009577　18151
書經講義一卷　潘任輯　清末鉛印本　一冊

520000－2801－0009578　18157
金史一百三十五卷　(元)脫脫等修纂　清刻本　四冊　存二十六卷(二十至四十五)

520000－2801－0009579　18159
隸法彙纂十卷　(清)項懷述　清乾隆刻本　二冊　存五卷(六至十)

520000－2801－0009580　18160
金剛經直解一卷　題(□)圓通文尼自在光佛直解　清道光二十三年(1843)刻本　一冊

520000－2801－0009581　18162
昌黎先生集四十卷外集十卷遺文一卷　(唐)韓愈撰　**朱子校昌黎先生集傳一卷**　清同治八年(1869)江蘇書局刻本　二冊　存十九卷(三十四至四十、外集十卷、遺文一卷、集傳一卷)

520000－2801－0009582　18163
金匱要畧方論三卷　(漢)張仲景述　(晉)王叔和集　清刻本　二冊

520000－2801－0009583　18165
史記一百三十卷　(漢)司馬遷撰　(南朝宋)裴駰集解　(唐)司馬貞索隱　(唐)張守節正義　清末石印本　六冊　存九十六卷(十三至九十、一百十三至一百三十)

520000－2801－0009584　18166

金史一百三十五卷　(元)脱脱等修纂　清光緒二十八年(1902)上海文瀾書局石印本　三冊　存九十九卷(一至九十九)

520000－2801－0009585　18169
通鑑釋文辯誤十二卷　(元)胡三省撰　清刻本　一冊　存六卷(七至十二)

520000－2801－0009586　18170
續漢志三十卷　(南朝梁)劉昭注補　清刻本　一冊　存十八卷(十三至三十)

520000－2801－0009587　18174
乾隆府廳州縣圖志五十卷　(清)洪亮吉撰　清刻本　一冊　存四卷(十至十三)

520000－2801－0009588　18176
續古文辭類纂三十四卷目錄一卷　王先謙纂集　清光緒八年(1882)王氏虚受堂刻本　一冊　存十四卷(十至十一、二十三至三十四)

520000－2801－0009589　18177
清白士集二十八卷　(清)梁玉繩撰　清嘉慶五年(1800)刻本　一冊　存二卷(一至二)

520000－2801－0009590　18181
二十一種膏藥方藥熬法一卷　(□)□□撰　清刻本　一冊

520000－2801－0009591　18185
雪門詩草十四卷　(清)許瑤光著　清同治十三年(1874)刻本　一冊

520000－2801－0009592　18187
商務官報第三十二期　(清)北京工商部署内商務官報局編輯　清光緒三十三年(1907)鉛印本　一冊

520000－2801－0009593　18188
萃報不分卷　(清)□□撰　清光緒二十三年(1897)石印本　三冊　殘

520000－2801－0009594　18189
後漢書蒙拾一卷晉書補傳贊一卷文選課虚四卷　(清)杭世駿撰　清光緒二年(1876)刻本　一冊

520000－2801－0009595　18190
檢韻指南六集　(清)錢大昕撰　清嘉慶四年(1799)刻本　一冊

520000－2801－0009596　18192
孟子七卷　(宋)朱熹集註　清末石印本　一冊　存二卷(四至五)

520000－2801－0009597　18193
淮南鴻烈解二十一卷　(漢)劉安撰　清末石印本　一冊　存六卷(十一至十六)

520000－2801－0009598　18198
續新齋諧十卷　(清)袁枚編　清刻本　一冊　存二卷(七至八)

520000－2801－0009599　18199
清波小志二卷補一卷　(清)徐逢吉輯　清光緒二年(1876)刻本　一冊

520000－2801－0009600　18200
情史類畧二十四卷　題(明)詹詹外史評輯　清道光二十八年(1848)刻本　一冊　存二卷(十八至十九)

520000－2801－0009601　18201
兩山墨談十八卷　(明)陳霆撰　清光緒二十二年(1896)長沙刻本　三冊

520000－2801－0009602　18204
梅叟閑評四卷　(清)郝培元著　清光緒十年(1884)甲申東路廳署刻本　二冊

520000－2801－0009603　18205
弢園文錄外編十卷　(清)王韜撰　清刻本　三冊　存六卷(三至四、七至十)

520000－2801－0009604　18207
康熙字典十二集　(清)凌紹雯等纂修　清光緒十年(1884)上海同文書局石印本　三冊　存七集(子至午)

520000－2801－0009605　18209
梅氏叢書輯要六十二卷　(清)梅文鼎撰　清末石印本　三冊　存二十一卷(二十一至三十三、五十五至六十二)

520000－2801－0009606　18210
情史類畧二十四卷　題(明)詹詹外史評輯

清刻本　一册　存一卷(二十一)

520000－2801－0009607　18211

船山遺書□□種　(清)王夫之撰　清同治四年(1865)湘鄉曾氏金陵節署刻本　六十五册　存五十一種

520000－2801－0009608　18213

□文便覽一卷　(清)□□撰　清光緒二年(1876)刻本　一册

520000－2801－0009609　18214

教女遺規三卷　(清)陳宏謀編輯　清刻本　一册

520000－2801－0009610　18215

御撰資治通鑑綱目三編二十卷末一卷　(清)張廷玉等編次　清刻本　三册　存十二卷(六、十一至二十,末一卷)

520000－2801－0009611　18217

御批歷代通鑑輯覽一百二十卷　(清)傅恒編纂　清廣東藏珍閣萃文堂刻本　六册　存九卷(三十一、三十五、三十七、四十三、一百十六至一百二十)

520000－2801－0009612　18218

御纂周易折中二十二卷首一卷　(清)李光地總裁　清光緒十八年(1892)五彩公司石印本　一册　存十一卷(一至十、首一卷)

520000－2801－0009613　18221

康熙字典十二集　(清)張玉書等纂修　清刻本　九册　存九集(丑、卯至午、申至亥)

520000－2801－0009614　18222

康熙字典十二集備考一卷補遺一卷　(清)張玉書等纂修　清刻本　十册　存(康熙字典卯、辰、巳、午、未、申、酉、亥,備考一卷,補遺一卷)

520000－2801－0009615　18223

康熙字典十二集檢字一卷辨似一卷等韻一卷總目一卷備考一卷補遺一卷　(清)張玉書等纂　(清)奕繪等重修　清道光七年(1827)刻本　一册　存三卷(總目一卷、辨似一卷、檢字一卷)

520000－2801－0009616　18224

庸庵文編四卷　(清)薛福成撰　清末刻本　二册　存二卷(二至三)

520000－2801－0009617　18227

光緒二十年甲午科順天鄉試同年録不分卷　(清)□□編　清光緒刻本　二册

520000－2801－0009618　18228

望眉草堂詩集十二卷　(清)顔嗣徽撰　清末刻本　一册　存二卷(三至四)

520000－2801－0009619　18229

寄園寄所寄十二卷　(清)趙吉士撰　清刻本　一册　存一卷(六)

520000－2801－0009620　18230

聊齋志異新評十六卷　(清)蒲松齡撰　(清)王士正評　(清)但明倫新評　清刻本　一册　存一卷(六)

520000－2801－0009621　18231

康熙字典十二集補遺一卷備考一卷等韻一卷　(清)張玉書等纂　(清)奕繪等重修　清道光七年(1827)刻本　三十册　存(子至寅,卯上,辰上中,巳上、下,午上、下,未上、中,申,酉上、下,戌,亥上、下;等韻一卷)

520000－2801－0009622　18232

盛世危言六卷　(清)鄭觀應輯著　清光緒二十四年(1898)巴蜀善成堂刻本　二册

520000－2801－0009623　18233

盛世危言續編三卷　(清)杞憂生輯著　清光緒二十二年(1896)巴蜀善成堂刻本　一册

520000－2801－0009624　18234

盛世危言六卷　(清)鄭觀應輯著　**續編三卷**　(清)杞憂生輯著　**外編三卷**　(清)馮桂芬輯著　清光緒二十一年(1895)上海賜書堂石印本　六册　存六卷(二、五,續編中、下,外編上、下)

520000－2801－0009625　18235

館課賦鈔二十卷　(清)朱昌頤等輯　清道光

刻本　十三冊　存十三卷(四至十四、十七、二十)

520000－2801－0009626　18236
館課詩鈔十卷　(清)郭沛霖等輯　清道光刻本　二冊　存二卷(八至九)

520000－2801－0009627　18238
續資治通鑑綱目二十七卷　(明)陳仁錫評閱　清刻本　一冊　存一卷(十三)

520000－2801－0009628　18239
高僧傳初集十五卷首一卷二集四十卷　(南朝梁)釋慧皎撰　清光緒十六年(1890)江北刻經處刻本　十冊

520000－2801－0009629　18240
高僧傳初集十五卷首一卷三集三十卷四集六卷　(南朝梁)釋慧皎撰　清光緒十八年(1892)江北刻經處刻本　十二冊　四十六卷(初集一至十五、首一卷,三集四至三十,四集四至六)

520000－2801－0009630　18241
素問玄機原病式一卷　(金)劉完素著　清江陰朱氏刻本　一冊

520000－2801－0009631　18242
悦坳遺詩一卷　(清)鄭琿撰　清光緒十四年(1888)刻本　一冊

520000－2801－0009632　18243
悦坳遺詩一卷　(清)鄭琿撰　清光緒十四年(1888)刻本　一冊

520000－2801－0009633　18245
脈訣一卷　(金)劉完素著　清江陰朱氏刻本　一冊

520000－2801－0009634　18246
萬國藥方八卷　(美國)洪士提反譯　清光緒三十年(1904)上海美華書館石印本　二冊　存二卷(六至七)

520000－2801－0009635　18247
高厚蒙求五集　(清)徐朝俊輯　清刻本　一冊

520000－2801－0009636　18248
貴州高峯了塵和尚事蹟□□卷　(清)羅奎西等彙述　清鉛印本　一冊　存七卷(一至七)

520000－2801－0009637　18254
高厚蒙求五集　(清)徐朝俊輯　清嘉慶刻本　二冊　存二集七卷(三集一至四、四集一至三)

520000－2801－0009638　18255
悔餘菴詩稿十三卷　(清)何栻撰　清刻本　一冊　存三卷(十一至十三)

520000－2801－0009639　18257
唐語林八卷　(宋)王讜撰　清刻本　一冊　存二卷(七至八)

520000－2801－0009640　18258
諸葛忠武侯文集四卷首一卷　(清)張澍編輯　清刻本　一冊　存三卷(一至二、首一卷)

520000－2801－0009641　18259
道德經解二篇　(□)□□撰　清刻本　二冊　存四十九章(上篇十四至三十七、下篇五十七至八十一)

520000－2801－0009642　18260
[光緒]常昭合志稿四十八卷首一卷末一卷　(清)鄭鍾祥修　(清)龐鴻文纂　清光緒三十年(1904)木活字印本　一冊　存五卷(四十五至四十八、末一卷)

520000－2801－0009643　18261
御選語錄十九卷　(清)世宗胤禛選　清刻本　一冊　存一卷(十三)

520000－2801－0009644　18262
御選語錄十九卷　(清)世宗胤禛選　清刻本　一冊　存一卷(十三)

520000－2801－0009645　18263
資治通鑑綱目前編二十五卷正編五十九卷續編二十七卷目錄三卷　(宋)司馬光撰　(明)陳仁錫評閱　明刻本　十四冊　存十三卷(正編一下、三下、六、八上下、十、十六、二十三至二十四,二十六、五十、五十七至五十八,

續編末一卷）

520000－2801－0009646　18266
桐埜詩集四卷　（清）周起渭撰　清咸豐二年（1852）刻本　二册

520000－2801－0009647　18268
通鑑答問五卷　（宋）王應麟撰　清刻本　一册　存二卷（四至五）

520000－2801－0009648　18270
讀史大略六十卷首一卷　（清）沙張白著　清刻本　一册　存五卷（十一至十五）

520000－2801－0009649　18272
桐城吴氏古文讀本十三卷　（清）吴汝綸評選　清光緒三十二年（1906）上海文明書局鉛印本　一册　存四卷（四至七）

520000－2801－0009650　18273
桐城吴氏古文讀本十三卷　（清）吴汝綸評選　清光緒三十二年（1906）上海文明書局鉛印本　三册　存十卷（四至十三）

520000－2801－0009651　18278
讀史兵略四十六卷　（清）胡林翼撰　清刻本　十五册　存四十三卷（一至四十、四十二至四十四）

520000－2801－0009652　18279
讀史方輿紀要一百三十卷輿圖要覽四卷　（清）顧祖禹輯著　清光緒二十九年（1903）上海益吾齋石印本　二册　存二十二卷（一至九、六十六至七十八）

520000－2801－0009653　18280
讀史方輿紀要一百三十卷輿圖要覽四卷　（清）顧祖禹輯著　清末石印本　十一册　存五十二卷（十至十四、二十二至二十四、四十六至五十九、六十六至七十四、八十九至一百五、一百二十至一百二十三）

520000－2801－0009654　18281
古唐詩合解十二卷　（清）王堯衢註　清雍正十年（1732）刻本　四册　存十卷（一至七、十至十二）

520000－2801－0009655　18283
唐宋八家文讀本三十卷　（唐）韓愈著　（清）沈德潛評點　清刻本　一册　存三卷（三至五）

520000－2801－0009656　18284
唐詩三百首註疏六卷　（清）蘅塘退士（孫洙）手編　清刻本　三册　存三卷（三至五）

520000－2801－0009657　18285
唐詩三百首續選　（清）于慶元編　清刻本　二册

520000－2801－0009658　18286
御選唐宋詩醇四十七卷目錄二卷　（清）高宗弘曆選　清刻本　八册　存十七卷（九至十、十七至十八、二十五至二十六、三十一至三十四、三十七、四十二至四十七）

520000－2801－0009659　18287
四書五經類典集成三十四卷　（清）戴兆春撰　清光緒十四年（1888）同文書局石印本　十二册　存十八卷（一至十八）

520000－2801－0009660　18290
容齋隨筆十六卷續筆十六卷三筆十六卷四筆十六卷五筆十卷　（宋）洪邁撰　清乾隆五十九年（1794）刻本　四册　存二十卷（隨筆一至四、四筆十六卷）

520000－2801－0009661　18293
唐陸宣公奏議讀本四卷　（清）汪銘謙編輯　清光緒二十六年（1900）貴陽文通書局鉛印本　一册　存二卷（三至四）

520000－2801－0009662　18294
驗方新編十六卷　（清）鮑相璈輯　清末刻本　一册　存二卷（十二至十三）

520000－2801－0009663　18295
害蟲要説一卷　（日本）小野孫三郎著　（日本）鳥居赫雄譯　清末石印本　一册

520000－2801－0009664　18298
袁王綱鑑合編三十九卷　（明）袁黄輯　（明）王世貞編　**御撰明紀綱目二十卷**　（清）張廷

玉等纂　清光緒三十年(1904)上海商務印書館鉛印本　六冊　存二十二卷(袁王綱鑑合編一、五至十、十七至二十、二十九至三十,御撰明紀綱目一至九)

520000－2801－0009665　18299
增廣驗方新編二十四卷　(清)鮑相璈編輯　清末石印本　一冊　存三卷(七至九)

520000－2801－0009666　18300
皇清經解一千四百卷　(清)阮元輯　清學海堂石印本　十六冊　存一百二十四卷(二十六至三十二、五十至九十六、一百十五至一百十七、一百二十四至一百九十)

520000－2801－0009667　18301
鄒徵君遺書六種附刻二種　(清)鄒伯奇撰　清末刻本　一冊　存三種

520000－2801－0009668　18302
戰國策三十三卷　(漢)高誘注　清刻本　一冊　存九卷(十至十八)

520000－2801－0009669　18303
二論詳解四卷　(清)劉忠手輯　清宣統元年(1909)石印本　一冊　存一卷(二)

520000－2801－0009670　18308
悔昨非齋倣陶詩集不分卷　(清)錢登熙著　清光緒二十六年(1900)刻本　一冊

520000－2801－0009671　18312
前漢書鈔四卷　(清)高梅亭集評　清乾隆五十三年(1788)刻本　一冊　存一卷(一)

520000－2801－0009672　18313
莫愁湖志六卷首一卷　(清)馬士圖輯　清光緒十七年(1891)刻本　一冊　存二卷(四至五)

520000－2801－0009673　18316
垛積比類四卷　(清)李善蘭學　清同治六年(1867)刻本　一冊　存二卷(三至四)

520000－2801－0009674　18317
容齋隨筆十六卷續筆十六卷三筆十六卷四筆十六卷五筆十卷　(宋)洪邁撰　清乾隆五十九年(1794)刻本　七冊　存四十三卷(隨筆六至十、三筆五至十六、四筆一至十六、五筆一至十)

520000－2801－0009675　18318
日本國志四十卷　(清)黃遵憲編纂　清光緒二十二年(1896)石印本　二冊　存六卷(三十五至四十)

520000－2801－0009676　18319
泰西事物叢考八卷　(清)徐匯匯報館教士譯　清光緒二十九年(1903)鴻寶齋石印本　六冊　存六卷(一至三、五、七至八)

520000－2801－0009677　18320
泰西新史攬要二十四卷　(英國)馬懇西撰　(英國)李提摩太譯　蔡爾康述　清光緒二十二年(1896)三味堂刻本　一冊　存一卷(一)

520000－2801－0009678　18322
欽定詩經傳說彙纂二十一卷首二卷詩序二卷　(清)王鴻緒等纂　清刻本　二冊　存三卷(四、十九至二十)

520000－2801－0009679　18324
格致書院課藝不分卷　(清)王韜編　清光緒十四年(1888)石印本　二冊

520000－2801－0009680　18325
增補泰西名人傳六卷　(清)上海徐滙報館原本　(清)徐心鏡增訂　清光緒二十九年(1903)鴻寶齋石印本　四冊

520000－2801－0009681　18326
增補泰西名人傳六卷　(清)上海徐滙報館原本　(清)徐心鏡增訂　清光緒二十九年(1903)鴻寶齋石印本　四冊

520000－2801－0009682　18327
增補泰西名人傳六卷　(清)上海徐滙報館原本　(清)徐心鏡增訂　清光緒二十九年(1903)鴻寶齋石印本　四冊

520000－2801－0009683　18328
增補泰西名人傳六卷　(清)上海徐滙報館原本　(清)徐心鏡增訂　清光緒二十九年

(1903)鴻寶齋石印本　四冊

520000－2801－0009684　18330
增補泰西名人傳六卷　(清)上海徐滙報館原本　(清)徐心鏡增訂　清光緒二十九年(1903)鴻寶齋石印本　四冊

520000－2801－0009685　18331
增補泰西名人傳六卷　(清)上海徐滙報館原本　(清)徐心鏡增訂　清光緒二十九年(1903)鴻寶齋石印本　二冊　存二卷(五至六)

520000－2801－0009686　18332
刪註脈訣規正二卷　(清)沈鏡刪註　清刻本　一冊　存一卷(上)

520000－2801－0009687　18334
通商條約章程成案彙編三十卷　(清)李鴻章編　清末鉛印本　六冊　存十九卷(九至十五、十九至三十)

520000－2801－0009688　18336
重訂事類賦三十卷目錄一卷　(宋)吳淑撰註　清道光二十二年(1842)刻本　一冊　存九卷(一至九)

520000－2801－0009689　18337
素問靈樞類纂約註三卷　(清)汪昂纂輯　清光緒二十二年(1896)上海圖書集成印書局鉛印本　一冊

520000－2801－0009690　18338
唐代叢書十二集　(清)王文誥輯　清末石印本　一冊　存三集(十至十二)

520000－2801－0009691　18339
朔方備乘六十八卷首十二卷目錄一卷　(清)何秋濤纂輯　清光緒石印本　六冊　存五十一卷(一至二十二、三十至五十、六十二至六十八,首一)

520000－2801－0009692　18340
息影偶錄八卷　(清)張埏輯　清刻本　一冊　存一卷(八)

520000－2801－0009693　18341
校邠廬抗議二卷　(清)馮桂芬著　清末石印本　一冊

520000－2801－0009694　18342
困學紀聞注二十六卷首一卷　(清)翁元圻輯　清光緒十三年(1887)上海同文書局石印本　四冊　存十四卷(一至四、十二至二十,首一卷)

520000－2801－0009695　18343
袁文箋正十六卷目錄一卷附錄小傳一卷補注一卷　(清)袁枚著　(清)石韞玉箋　清末石印本　二冊

520000－2801－0009696　18344
增像第六才子書五卷首一卷　(元)王實甫撰　(清)金聖歎評　清末鉛印本　一冊　存一卷(一)

520000－2801－0009697　18345
前漢書一百二十卷　(漢)班固撰　(唐)顏師古注　清同治八年(1869)金陵書局刻本　十冊　存五十一卷(一至四、十五至十六、十九至四十四、六十四至八十二)

520000－2801－0009698　18346
聞妙香室精進集五卷　(清)李宗昉撰　清道光十五年(1835)刻本　一冊

520000－2801－0009699　18347
說文解字句讀三十卷　(漢)許慎撰　(清)王筠撰集　清刻本　二冊　存六卷(十至十一、二十一至二十二、二十九至三十)

520000－2801－0009700　18348
欽定續通志六百四十卷　(清)嵇璜等修　(清)曹仁虎等纂　清末浙江書局刻本　一冊　存二卷(一百十四至一百十五)

520000－2801－0009701　18349
前漢書一百卷　(漢)班固撰　(唐)顏師古注　清末石印本　一冊　存十四卷(八十一至九十四)

520000－2801－0009702　18350
前漢書菁華錄四卷　(清)高嵣撰　清末石印

本　二册　存二卷（二至三）

520000－2801－0009703　18351
欽定大清刪除新律例不分卷　（清）□□輯　清末石印本　三册

520000－2801－0009704　18354
［雍正］敕修浙江通志二百八十卷首三卷　（清）李衛等修　（清）沈翼機等纂　清末浙江書局刻本　十五册　存四十卷（一百五十八至一百九十七）

520000－2801－0009705　18355
胡文忠公遺集八十六卷首一卷目録一卷　（清）胡林翼撰　（清）鄭敦謹　（清）曾國荃編輯　清刻本　五册　存十一卷（三十七至四十二、五十一至五十五）

520000－2801－0009706　18356
胡文忠公遺集十卷首一卷　（清）胡林翼撰　（清）閻敬銘等編輯　清刻本　六册　存九卷（一至六、九至十，首一卷）

520000－2801－0009707　18357
重訂廣事類賦四十卷　（清）華希閔著　清刻本　一册　存九卷（二十三至三十一）

520000－2801－0009708　18359
御纂五經一百九十二卷　（清）王頊齡總裁　清光緒十八年（1892）五彩公司石印本　十册

520000－2801－0009709　18360
欽定周官義疏四十八卷首一卷　（清）允祿等撰　清同治十年（1871）湖北崇文書局刻本　十三册　存二十五卷（十五至三十九）

520000－2801－0009710　18361
重學二十卷圜錐曲線説三卷　（英國）艾約瑟口譯　（清）李善蘭筆述　清光緒二十二年（1896）上海積山書局石印本　一册　存十卷（一至十）

520000－2801－0009711　18362
重學二十卷圜錐曲線説三卷　（英國）艾約瑟口譯　（清）李善蘭筆述　清光緒二十二年（1896）上海積山書局石印本　一册　存十卷（一至十）

520000－2801－0009712　18363
通鑑擥要正編十九卷附録一卷前編二卷續編八卷　（清）姚培謙　（清）張景星録　清刻本　一册　存三卷（正編九至十一）

520000－2801－0009713　18364
新訂四書補註備旨大學□□卷　（明）鄧林著　清光緒十七年（1891）刻本　一册　存一卷（一）

520000－2801－0009714　18365
［嘉慶］重刊宜興縣志十卷首一卷末一卷　（清）阮升基等修纂　清嘉慶二年（1797）刻本　十册

520000－2801－0009715　18366
［光緒］重修奉賢縣志二十卷首一卷末一卷　（清）韓佩金修　（清）張文虎等纂　清光緒四年（1878）刻本　一册　存四卷（三至六）

520000－2801－0009716　18367
春秋左傳五十卷　（晉）杜預註釋　清光緒三十四年（1908）石印本　一册　存四卷（一至四）

520000－2801－0009717　18368
春秋備旨十二卷　（清）鄒聖脈纂輯　清刻本　三册　存八卷（四至六、八至十二）

520000－2801－0009718　18369
春秋左傳五十卷　（晉）杜預註釋　清刻本　一册　存三卷（四十八至五十）

520000－2801－0009719　18370
重訂文選集評十五卷首一卷末一卷　（南朝梁）昭明太子蕭統選　（清）于光華編次　清刻本　一册　存二卷（六至七）

520000－2801－0009720　18376
蠕範八卷劄記一卷　（清）李元撰　清光緒十七年（1891）刻本　二册　存五卷（二至三、七至八，劄記一卷）

520000－2801－0009721　18382
遵議滿漢通行刑律一卷　沈家本等編　清光

緒三十三年(1907)鉛印本　一册

520000－2801－0009722　18383
遵議滿漢通行刑律一卷　沈家本等編　清光緒三十三年(1907)法律館鉛印本　一册

520000－2801－0009723　18384
遵議滿漢通行刑律一卷　沈家本等編　清光緒三十三年(1907)法律館鉛印本　一册

520000－2801－0009724　18385
遵議滿漢通行刑律一卷　沈家本等編　清光緒三十三年(1907)法律館鉛印本　一册

520000－2801－0009725　18386
遵議滿漢通行刑律一卷　沈家本等編　清光緒三十三年(1907)法律館鉛印本　一册

520000－2801－0009726　18387
遵議滿漢通行刑律一卷　沈家本等編　清光緒三十三年(1907)法律館鉛印本　一册

520000－2801－0009727　18388
遵議滿漢通行刑律一卷　沈家本等編　清光緒三十三年(1907)法律館鉛印本　一册

520000－2801－0009728　18389
遵議滿漢通行刑律一卷　沈家本等編　清光緒三十三年(1907)法律館鉛印本　一册

520000－2801－0009729　18390
遵議滿漢通行刑律一卷　沈家本等編　清光緒三十三年(1907)法律館鉛印本　一册

520000－2801－0009730　18391
遵議滿漢通行刑律一卷　沈家本等編　清光緒三十三年(1907)法律館鉛印本　一册

520000－2801－0009731　18392
遵議滿漢通行刑律一卷　沈家本等編　清光緒三十三年(1907)法律館鉛印本　一册

520000－2801－0009732　18393
遵議滿漢通行刑律一卷　沈家本等編　清光緒三十三年(1907)法律館鉛印本　一册

520000－2801－0009733　18394
遵議滿漢通行刑律一卷　沈家本等編　清光緒三十三年(1907)法律館鉛印本　一册

520000－2801－0009734　18395
遵議滿漢通行刑律一卷　沈家本等編　清光緒三十三年(1907)法律館鉛印本　一册

520000－2801－0009735　18396
遵議滿漢通行刑律一卷　沈家本等編　清光緒三十三年(1907)法律館鉛印本　一册

520000－2801－0009736　18397
三書院課藝□□卷　(清)錢衡等著　清刻本　一册　存一卷(二)

520000－2801－0009737　18398
瞿脉和禪師語錄□□卷　(清)釋德廣等編　清初刻本　一册　存四卷(六至九)

520000－2801－0009738　18399
黔靈山志十二卷　(清)于準鑒定　清初刻本　一册　存六卷(七至十二)

520000－2801－0009739　18400
韻字略十二集　(清)毛謨編　清刻本　一册　存一集(午)

520000－2801－0009740　18401
遼史一百六卷　(元)脫脫等修　清光緒二十八年(1902)石印本　一册　存四十六卷(一至四十六)

520000－2801－0009741　18402
黔南六家詩選四卷　(清)周鶴選　清光緒十三年(1887)刻本　一册

520000－2801－0009742　18403
評點春秋綱目左傳句解彙雋六卷　(清)韓菼重訂　清末石印本　二册　存二卷(一、四)

520000－2801－0009743　18404
續古文辭類纂三十四卷　王先謙纂集　清末石印本　一册　存三卷(八至十)

520000－2801－0009744　18405
辨正補義不分卷　(清)蔣大鴻補註　清刻本　三册

520000－2801－0009745　18406

魏志三十卷考證三十卷　(晉)陳壽撰　(南朝宋)裴松之注　清刻本　四冊　存三十四卷(四至十、十八至二十七,考證四至十、十八至二十七)

520000－2801－0009746　18410
黎氏家集十二種附刻四種　(清)黎庶昌輯　清光緒十四年至十五年(1888－1889)日本使署刻本　七冊　存十種

520000－2801－0009747　18411
黎氏家集十二種附刻四種　(清)黎庶昌輯　清光緒十四年至十五年(1888－1889)日本使署刻本　八冊　存十二種

520000－2801－0009748　18412
黎氏家集十二種附刻四種　(清)黎庶昌輯　清光緒十四年至十五年(1888－1889)日本使署刻本　一冊　存五種

520000－2801－0009749　18413
增廣大題文二集□□種　(□)□□撰　清末石印本　一冊　存一種

520000－2801－0009750　18414
增補事類統編九十三卷首一卷　(清)黃葆真增輯　清刻本　一冊　存二卷(九十一至九十二)

520000－2801－0009751　18415
增補五經備旨萃精□□卷　(清)鄒聖脈纂輯　(清)鄒廷猷編次　清光緒五年(1879)星沙韞玉山房刻本　一冊　存二卷(易經備旨一至二)

520000－2801－0009752　18416
增補禮記錦囊初集二卷次集二卷附成文八篇為式增補周禮錦囊初集二卷次集二卷附成文四篇為式　(□)□□撰　清刻本　一冊

520000－2801－0009753　18417
增補事類統編九十三卷首一卷　(清)黃葆真增輯　清光緒十四年(1888)上海積山書局石印本　十一冊　存八十六卷(一至五十、五十九至九十三,首一卷)

520000－2801－0009754　18418
播雅二十四卷　(清)鄭珍編次　(清)唐樹義校訂　清宣統三年(1911)貴陽文通書局鉛印本　八冊

520000－2801－0009755　18419
播雅二十四卷　(清)鄭珍編次　(清)唐樹義校訂　清宣統三年(1911)貴陽文通書局鉛印本　八冊

520000－2801－0009756　18420
播雅二十四卷　(清)鄭珍編次　(清)唐樹義校訂　清宣統三年(1911)貴陽文通書局鉛印本　七冊　存二十一卷(一至十二、十六至二十四)

520000－2801－0009757　18421
播雅二十四卷　(清)鄭珍編次　(清)唐樹義校訂　清宣統三年(1911)貴陽文通書局鉛印本　四冊　存十二卷(七至十二、十六至二十一)

520000－2801－0009758　18422
古文觀止十二卷　(清)吳留村鑒定　(清)吳乘權　(清)吳大職手錄　清末貴陽文通書局鉛印本　一冊　存六卷(一至六)

520000－2801－0009759　18425
增廣小題文府不分卷　(清)□□撰　清末石印本　一冊　存一卷(上論)

520000－2801－0009760　18426
詩韻五卷初學檢韻一卷　題(清)本齋主人輯　清光緒二十一年(1895)鴻寶齋石印本　五冊

520000－2801－0009761　18427
詩句題解韻編六卷　(清)陳維屏纂輯　清末刻本　一冊　存一卷(六)

520000－2801－0009762　18429
播川詩鈔六卷　(清)趙旭撰　清同治四年(1865)刻本　一冊　存三卷(一至三)

520000－2801－0009763　18430
寄傲山房塾課新增幼學故事瓊林四卷首一卷

（清）程允升原本　（清）鄒聖脉增補　清刻本　二冊　存二卷（二、四）

520000－2801－0009764　18431
遵議滿漢通行刑律一卷　沈家本等編　清光緒三十三年（1907）法律館鉛印本　一冊

520000－2801－0009765　18432
遵議滿漢通行刑律一卷　沈家本等編　清光緒三十三年（1907）法律館鉛印本　一冊

520000－2801－0009766　18433
增評加批歷史綱鑑補三十九卷首一卷　（明）袁黄輯　（明）王世貞編纂　清末石印本　十三冊　存二十四卷（三至四、七至八、十一至十五、十八至十九、二十二至二十六、二十九至三十、三十四至三十九）

520000－2801－0009767　18434
增評加批歷史綱鑑補三十九卷首一卷　（明）袁黄輯　（明）王世貞編纂　清光緒二十八年（1902）上海富強齋石印本　五冊　存十五卷（二至四、十六至二十四、二十八至三十）

520000－2801－0009768　18437
德國議院章程一卷　（德國）芬福根鑒定　（清）徐建寅譯述　**肄業要覽一卷**　（英國）史本守著　（清）顔永京譯　清光緒二十三年（1897）慎記書莊石印本　一冊

520000－2801－0009769　18439
增評補圖石頭記一百二十卷首一卷　（清）曹雪芹　（清）高鶚撰　題（清）護花主人評　清末鉛印本　一冊　存八卷（二十五至三十二）

520000－2801－0009770　18441
德意志全史四編　（日本）河上清著　（清）褚嘉猷譯　清光緒二十九年（1903）上海商務印書館鉛印本　一冊　存二編（三至四）

520000－2801－0009771　18448
輿地沿革表四十卷首一卷　（清）楊丕復著　清刻本　二十冊　存三十四卷（五至三十八）

520000－2801－0009772　18449
熊襄愍公集十卷首一卷末一卷　（明）熊廷弼撰　清同治三年（1864）刻本　七冊　存七卷（二至七、末一卷）

520000－2801－0009773　18450
疑獄集十卷附録一卷　（五代）和凝編纂　清刻本　二冊

520000－2801－0009774　18454
槐西雜志四卷　題（清）觀弈道人撰　清刻本　一冊　存二卷（三至四）

520000－2801－0009775　18455
滿洲名臣傳四十八卷　（清）國史館編　清末刻本　七冊　存七卷（二十四至二十九、三十一）

520000－2801－0009776　18458
新譯列國歲計政要三編　（清）傅運森等譯纂　（清）白作霖校正　清光緒二十七年（1901）上海譯社鉛印本　十一冊　存一編（下）

520000－2801－0009777　18460
新譯日本法規大全不分卷　（清）劉崇傑等譯　**日本法規字解不分卷**　（清）董鴻禕　（清）錢恂編纂　清光緒三十三年（1907）商務印書館鉛印本　五十五冊　存二十四類（一至十一、十三至十七、十九至二十五，解字）

520000－2801－0009778　18464
新書十卷　（清）夏獻雲校刊　清末刻本　二冊

520000－2801－0009779　18469
新增繪圖幼學故事瓊林四卷　（清）程允升撰　清末石印本　二冊　存二卷（一至二）

520000－2801－0009780　18471
新增繪圖幼學故事瓊林四卷　（清）程允升撰　清末石印本　三冊　存三卷（一至二、四）

520000－2801－0009781　18472
新訂左傳快讀十八卷首一卷　（清）李紹崧輯　清刻本　一冊　存一卷（十六）

520000－2801－0009782　18475
新齊諧二十四卷　（清）袁枚撰　清光緒十九年（1893）石印本　一冊　存十二卷（一至十

二）

520000－2801－0009783　18476
匡廬紀游□□卷　（清）吳闡思著　清刻本　一冊　存一卷（三十一）

520000－2801－0009784　18479
新纂約章大全七十三卷　（清）陸鳳石編輯　清宣統元年（1909）石印本　三十一冊　存四十四卷（八至十六、二十二至二十四、二十八至三十六、四十七至五十二、五十四至五十七、六十至六十八、七十至七十三）

520000－2801－0009785　18481
數學啓蒙二卷附對數表一篇　（英國）偉烈亞力撰　清光緒二十六年（1900）刻本　二冊　存一卷（二）

520000－2801－0009786　18483
新政真詮六編　（清）何啟　胡禮垣撰　清光緒二十七年（1901）上海格致新報館鉛印本　三冊　存三編（二至四）

520000－2801－0009787　18485
文光堂增定課兒鑑畧妥註善本□□卷　（明）李廷機手著　（清）鄒聖脈原訂　清初刻本　一冊　存二卷（二至三）

520000－2801－0009788　18486
古棠書屋叢書十八種　（清）孫澍　（清）孫錤輯　清鵝溪孫氏刻本　九冊　存九種

520000－2801－0009789　18487
蜀秀集九卷　（清）譚叔裕編修　清光緒五年（1879）成都試院刻本　八冊　存八卷（一至四、六至九）

520000－2801－0009790　18490
蜀龜鑑七卷首一卷　（清）劉景伯輯　清刻本　一冊　存二卷（三至四）

520000－2801－0009791　18493
鑑攝四卷　（清）曠敏本撰　清刻本　一冊　存一卷（一）

520000－2801－0009792　18494
新纂約章大全七十三卷　（清）陸鳳石編　清末石印本　一冊　存一卷（五十五）

520000－2801－0009793　18495
福惠全書三十二卷　（清）黃六鴻撰　清刻本　五冊　存十五卷（四至六、十五至十八、二十二至二十九）

520000－2801－0009794　18496
書目答問不分卷　（清）張之洞撰　**國朝著述諸家姓名略一卷四川省城尊經書院記一卷**　清光緒五年（1879）貴陽王秉恩刻本　一冊　存二部（子、集）

520000－2801－0009795　18497
雍州金石記十卷記餘一卷　（清）朱楓著　清光緒二十二年（1896）長沙刻本　二冊

520000－2801－0009796　18498
清異錄二卷　（宋）陶穀撰　清光緒二十二年（1896）長沙刻本　二冊

520000－2801－0009797　18500
經義正衡敘錄二卷　（清）雷廷珍學　清末刻本　一冊　存一卷（下）

520000－2801－0009798　18501
鑑行集□□卷　（清）□□撰　清刻本　五冊　存十七卷（十四至三十）

520000－2801－0009799　18502
嵩厓尊生書十五卷　（明）景日昣著　清刻本　一冊　存三卷（十至十二）

520000－2801－0009800　18504
隨園詩話十六卷補遺十卷　（清）袁枚撰　清刻本　八冊　存二十一卷（隨園詩話十六卷、補遺一至五）

520000－2801－0009801　18505
隨園詩話補遺十卷　（清）袁枚撰　清刻本　一冊　存三卷（八至十）

520000－2801－0009802　18506
御批增補了凡綱鑑四十卷首一卷　（明）袁黃輯　（明）王世貞編　清末石印本　二冊　存二卷（六、八）

520000－2801－0009803　18507

御纂周易折中二十二卷首一卷　(清)李光地等編纂　清康熙五十四年(1715)刻本　六冊　存十一卷(一至四、七至八、十二至十三、十九至二十,首一卷)

520000－2801－0009804　18508
[乾隆]富順縣志五卷首一卷　(清)段玉裁纂輯　(清)李芝等纂修　清光緒八年(1882)刻本　一冊　存一卷(四)

520000－2801－0009805　18509
渝報不分卷　(清)渝報館編　清光緒二十三年(1897)刻本　四冊　存四冊(二至五)

520000－2801－0009806　18510
童山詩集四十二卷附錄二卷　(清)李調元著　清刻本　三冊　存十二卷(十一至十七、二十三至二十七)

520000－2801－0009807　18511
紫荃山館試帖偶存不分卷　(清)石贊清著　清光緒十三年(1887)築垣刻本　二冊

520000－2801－0009808　18512
紫荃山館試帖偶存不分卷　(清)石贊清著　清光緒十三年(1887)築垣刻本　二冊

520000－2801－0009809　18514
[道光]普洱府志二十卷　(清)鄭紹謙纂修　清刻本　一冊　存三卷(十四至十六)

520000－2801－0009810　18517
望眉草堂喬梓聯吟草一卷　(清)顏嗣徽撰　清光緒二十六年(1900)刻本　一冊

520000－2801－0009811　18519
脾胃論三卷　(元)李杲撰　清刻本　一冊　存一卷(下)

520000－2801－0009812　18520
重訂李義山詩集箋注三卷　(清)朱鶴齡元本　(清)程夢星刪補　清刻本　一冊　存一卷(下)

520000－2801－0009813　18521
御製數理精蘊八卷　(□)□□撰　清刻本　二冊　存二卷(一、三)

520000－2801－0009814　18525
富國養民策十六章　(英國)艾約瑟譯　清光緒二十三年(1897)慎記書莊石印本　一冊　存一卷(一)

520000－2801－0009815　18526
御批歷代通鑑輯覽一百二十卷　(清)傅恒編纂　清刻本　二冊　存四卷(二十至二十三)

520000－2801－0009816　18528
御製曆象考成二編二十六卷　(清)何國宗等編　清刻本　四冊　存六卷(上編七至八、下編五至八)

520000－2801－0009817　18529
御批歷代通鑑輯覽一百二十卷　(清)傅恒編纂　清刻本　一冊　存一卷(九十八)

520000－2801－0009818　18530
御纂七經綱領不分卷　潘任錄　清宣統元年(1909)江南高等學堂鉛印本　一冊

520000－2801－0009819　18535
溫飛卿詩集九卷　(唐)溫庭筠撰　(明)曾益謙原注　(清)顧予咸補注　清宣統二年(1910)石印本　三冊

520000－2801－0009820　18536
御纂醫宗金鑑七十四卷首一卷　(清)吳謙等輯　清宣統元年(1909)簡青齋書局石印本　四冊　存十八卷(四至二十、首一卷)

520000－2801－0009821　18538
御批歷代通鑑輯覽一百二十卷　(清)傅恒編纂　清光緒十一年(1885)同文書局石印本　八冊　存四十六卷(一至十四、四十七至五十二、五十八至七十七、一百一至一百六)

520000－2801－0009822　18539
御纂周易折中二十二卷首一卷　(清)李光地等纂　清末石印本　一冊　存十二卷(十一至二十二)

520000－2801－0009823　18541
盛世危言五卷　(清)鄭觀應著　清光緒十九年(1893)刻本　五冊　存三卷(一至三)

520000－2801－0009824　18544
御案詩經備旨八卷首一卷　(清)鄒聖脈纂輯　清刻本　一冊　存三卷(一至二、首一卷)

520000－2801－0009825　18547
御定駢字類編二百四十卷　(清)聖祖玄燁纂　清光緒十三年(1887)石印本　二冊　存十一卷(九十三至一百三)

520000－2801－0009826　18548
御批歷代通鑑輯覽一百二十卷　(清)傅恒等撰　清光緒石印本　一冊　存七卷(四十九至五十五)

520000－2801－0009827　18549
管子二十四卷　(春秋)管仲撰　清末掃葉山房石印本　一冊　存十四卷(九至二十二)

520000－2801－0009828　18550
普天忠憤全集十四卷　(清)魯陽生編定　清光緒二十一年(1895)石印本　十二冊

520000－2801－0009829　18551
家蔭堂一瞬錄一卷　(清)周際華著　清道光十九年(1839)刻本　一冊

520000－2801－0009830　18552
家蔭堂來西錄一卷　(清)周奎照撰　**家蔭堂一瞬錄一卷**　(清)周際華著　清道光十九年(1839)刻本　一冊

520000－2801－0009831　18553
葆筠堂劍南七律讀本一卷　(宋)陸遊撰　清刻本　二冊

520000－2801－0009832　18554
鼎鍥趙田了凡袁先生編纂古本歷史大方綱鑑補三十九卷首一卷　(宋)劉恕外紀　(元)金履祥前編　(明)袁黄編纂　清刻本　二冊　存一卷(六)

520000－2801－0009833　18555
愚一錄十二卷　(清)鄭獻甫著　清光緒二年(1876)黔南道署刻本　六冊

520000－2801－0009834　18556
[光緒]普安直隸廳志二十二卷　(清)曹昌祺等修　(清)覃夢榕等纂　清光緒刻本　一冊　存二卷(十三至十四)

520000－2801－0009835　18557
曾文正公全集十三種　(清)曾國藩撰　(清)李瀚章編錄　清刻本　三冊　存二種

520000－2801－0009836　18558
曾文正公家訓二卷　(清)曾國藩撰　清刻本　二冊

520000－2801－0009837　18559
御纂歷代三元甲子編年一卷　(清)欽天監編　清刻本　一冊

520000－2801－0009838　18560
盛世危言十四卷　(清)鄭觀應纂著　清刻本　四冊　存七卷(六至十二)

520000－2801－0009839　18561
盛世危言六卷　(清)鄭觀應輯著　**續編四卷**　(清)杞憂生輯著　清刻本　二冊　存三卷(四、續編三至四)

520000－2801－0009840　18562
御纂醫宗金鑑七十四卷首一卷　(清)吳謙等輯　清宣統元年(1909)簡青齋書局石印本　一冊　存一卷(首一卷)

520000－2801－0009841　18563
御撰資治通鑑綱目三編二十卷　(清)張廷玉等編次　清末石印本　一冊　存四卷(一至四)

520000－2801－0009842　18564
策學備纂三十二卷首一卷　(清)吳熲炎等輯　清光緒十三年(1887)點石齋石印本　四十一冊　存二十八卷(一至十六、二十一至三十二)

520000－2801－0009843　18565
鴻蒙室叢書　(清)方玉潤著　清同治十三年(1874)刻本　六冊　存一種十八卷(詩鈔三至二十)

520000－2801－0009844　18566
望眉草堂喬梓聯吟草一卷　(清)顏嗣徽撰

清光緒二十六年(1900)刻本　一册

520000－2801－0009845　18567
望眉草堂文集　(清)顔嗣徽撰　清文蔚堂刻本　一册　存一卷(三)

520000－2801－0009846　18568
望眉草堂文集　(清)顔嗣徽撰　清刻本　一册　存一卷(一)

520000－2801－0009847　18569
望眉草堂詩集十二卷　(清)顔嗣徽撰　清刻本　二册　存四卷(一至四)

520000－2801－0009848　18570
[望溪先生全集]四種　(清)方苞撰　清咸豐元年(1851)刻本　十三册　存二十六卷(文集四至十二、十五至十八,集外文一至十,集外文補遺一至二,年譜,年譜附録一)

520000－2801－0009849　18571
[望溪先生全集]四種　(清)方苞撰　清刻本　二册　存六卷(集外文七至十、年譜一、年譜附録一)

520000－2801－0009850　18572
讀書偶識十卷附一卷　(清)鄒漢勛撰　清刻本　二册　存六卷(三至八)

520000－2801－0009851　18573
續古文辭類纂三十四卷目録一卷　王先謙纂集　清光緒八年(1882)王氏虚受堂刻本　七册　存三十二卷(一至九、十二至三十四)

520000－2801－0009852　18574
庸盦海外文編四卷目録一卷　(清)薛福成著　清光緒二十三年(1897)上海醉六堂石印本　二册

520000－2801－0009853　18575
題鳳館稿一卷　(清)朱鑑成著　清同治十年(1871)成都刻本　一册

520000－2801－0009854　18576
竹里詩存不分卷　(清)王惠撰　清咸豐十年(1860)刻本　一册

520000－2801－0009855　18577
周禮節訓增句六卷　(清)黄叔琳著　(清)李盛卿增句　清光緒十五年(1889)刻本　二册

520000－2801－0009856　18578
夷牢溪廬文鈔六卷　(清)黎汝謙撰　清光緒二十七年(1901)羊城刻本　六册

520000－2801－0009857　18579
海峰文集八卷　(清)劉大櫆著　清刻本　八册

520000－2801－0009858　18580
庚子山集十六卷　(清)倪璠編　清光緒二十年(1894)儒雅堂刻本　十册　存十二卷(一至六、十至十二、十四至十六)

520000－2801－0009859　18581
崇川咫聞録十二卷　(清)徐縉　(清)楊廷述輯　清道光十年(1830)刻本　十二册

520000－2801－0009860　18582
鄭學録四卷　(清)鄭珍撰　清同治四年(1865)刻本　二册

520000－2801－0009861　18583
蜀檮杌二卷　(宋)張唐英撰　清四川存古書局刻本　一册

520000－2801－0009862　18585
小學鉤沉十九卷　(清)任大椿學　(清)王念孫校正　清光緒十年(1884)龍氏刻本　三册　存十三卷(一至九、十五至十八)

520000－2801－0009863　18586
農書述要十六卷　(清)江志伊輯　清末鉛印本　一册　存十一卷(一至十一)

520000－2801－0009864　18590
在野邇言八卷　(清)王嘉楨著　清末刻本　二册　存四卷(三至六)

520000－2801－0009865　18591
成唯識論述記鈔祕藴□□卷　(唐)釋窺基述記　清末刻本　五册　存十五卷(三十二至四十六)

520000－2801－0009866　18593
農書述要十六卷　(清)江志伊輯　清末鉛印

本　一冊　存十一卷(一至十一)

520000－2801－0009867　18594

農書述要十六卷　(清)江志伊輯　清末鉛印本　一冊　存十一卷(一至十一)

520000－2801－0009868　18595

農書述要十六卷　(清)江志伊輯　清末鉛印本　一冊　存十一卷(一至十一)

520000－2801－0009869　18596

農書述要十六卷　(清)江志伊輯　清末鉛印本　一冊　存十一卷(一至十一)

520000－2801－0009870　18597

書目答問不分卷　(清)張之洞撰　**國朝著述諸家姓名略一卷四川省城尊經書院記一卷**　清光緒五年(1879)貴陽王秉恩刻本　二冊

520000－2801－0009871　18598

靈峯草堂集不分卷　陳矩撰　清光緒十九年(1893)刻本　一冊

520000－2801－0009872　18601

岳麓文集八卷　(清)蔣勵常撰　清咸豐九年(1859)刻本　一冊　存三卷(一至三)

520000－2801－0009873　18602

家蔭堂存藁□□種　(清)周際華撰　清道光二十年(1840)刻本　三冊　存二種

520000－2801－0009874　18603

大還閣琴譜六卷　(清)徐祺撰　清刻本　一冊　存二卷(一至二)

520000－2801－0009875　18604

顗頏室詩稿四卷　(清)李瀚昌撰　清光緒三十四年(1908)石印本　二冊

520000－2801－0009876　18608

劍南詩鈔不分卷　(宋)陸游著　(清)楊大鶴選　清刻本　二冊

520000－2801－0009877　18612

狀元閣三才略一卷　(□)□□撰　清李光明莊刻本　一冊

520000－2801－0009878　18613

管子二十四卷　(春秋)管仲撰　清末上海廣益書局石印本　二冊　存十二卷(七至十八)

520000－2801－0009879　18618

海國大政記十二卷　(英國)麥丁富得力編纂　清末刻本　四冊　存四卷(五至八)

520000－2801－0009880　18619

文信國公集二十卷首一卷　(清)曾宏旅原刻　**史忠正公集四卷末一卷**　(清)史氏原刻　清同治七年(1868)刻本　十六冊

520000－2801－0009881　18620

爾雅疏十卷　(宋)邢昺等校定　清同治十二年(1873)江西書局刻本　六冊

520000－2801－0009882　18621

哀絃集一卷　(清)尤侗撰　清末刻本　一冊

520000－2801－0009883　18623

春秋非左二卷　(明)郝敬撰　清光緒十七年(1891)三餘州堂刻本　一冊

520000－2801－0009884　18627

賢母錄一卷　(清)黄彭年輯　清末刻本　一冊

520000－2801－0009885　18628

美國名君言行錄不分卷　(美國)貝德禮著　清光緒三十年(1904)上海廣學會鉛印本　一冊

520000－2801－0009886　18629

變法經緯公例論二卷　(清)張鶴齡撰　清光緒刻本　一冊　存一卷(上)

520000－2801－0009887　18632

鄭福蘭堂丸藥彙集一卷　(清)鄭德軒編　清光緒四年(1878)刻本　一冊

520000－2801－0009888　18633

宦滇存藁五卷　(清)陳燦著　清光緒貴陽文通書局鉛印本　一冊　存一卷(五)

520000－2801－0009889　18634

歐羅巴通史四部　(日本)箕作元八　(日本)峰岸米造纂　(清)徐有成等譯　清光緒二十六年(1900)東亞譯書會鉛印本　一冊　存一

部(三)

520000－2801－0009890　18636
庚子紀不分卷　(清)□□撰　清末抄本　一册

520000－2801－0009891　18639
英政概五篇　(清)劉啟彤譯編　清光緒二十三年(1897)雙梧書屋石印本　一册

520000－2801－0009892　18640
皇朝謚法表十卷　(清)楊澍纂　(清)劉振鏞補　清光緒二十八年(1902)刻本　二册

520000－2801－0009893　18641
賑濟科不分卷　(□)□□撰　清末抄本　一册

520000－2801－0009894　18642
批點聊齋志異十六卷　(清)蒲松齡撰　(清)何守奇批點　清刻本　一册　存一卷(十六)

520000－2801－0009895　18643
聊齋志異新評十六卷　(清)蒲松齡撰　(清)王士正評　(清)但明倫新評　清刻本　一册　存一卷(七)

520000－2801－0009896　18645
清壹統輿圖□□卷　(清)□□撰　清刻本　二册　存二卷(北四、北十二)

520000－2801－0009897　18646
論語註疏解經二十卷　(宋)邢昺疏　清同治十二年(1873)江西書局刻本　六册

520000－2801－0009898　18647
孝經註疏九卷　(清)阮元撰　清同治十二年(1873)江西書局刻本　二册

520000－2801－0009899　18648
蒙學叢書二十種　(宋)王應麟撰　清刻本　一册　存四種

520000－2801－0009900　18649
播川詩鈔五卷　(清)趙旭撰　清咸豐三年(1853)刻本　一册

520000－2801－0009901　18650
自娱軒續草一卷　(清)牟思敬撰　清末石印本　一册

520000－2801－0009902　18651
家蔭堂詩鈔一卷　(清)周際華著　清道光十九年(1839)刻本　一册

520000－2801－0009903　18652
植物圖說四卷　(英國)傅蘭雅撰　清光緒二十一年(1895)刻本　一册

520000－2801－0009904　18653
通鑑釋文辯誤十二卷　(元)胡三省撰　清末石印本　一册

520000－2801－0009905　18654
百子全書一百種　(□)□□撰　清末掃葉山房石印本　一册　存三種

520000－2801－0009906　18655
南坡居士歐陽輯瑞評註二卷　(清)歐陽明府批註　清末錦章圖書局石印本　一册　存一卷(下)

520000－2801－0009907　18664
荒政輯要九卷首一卷　(清)汪志伊纂　清同治八年(1869)楚北崇文書局刻本　二册

520000－2801－0009908　18668
儀禮私箋八卷　(清)鄭珍撰　清同治五年(1866)成山唐氏刻本　二册

520000－2801－0009909　18689
雪樵經解三十卷附錄三卷　(清)馮世瀛輯　清光緒十一年(1885)馮氏辨齋鉛印本　三册　存十七卷(一至十一、二十五至三十)

520000－2801－0009910　18698
說文逸字二卷附錄一卷　(清)鄭珍記　清咸豐八年(1858)刻本　二册

520000－2801－0009911　18699
說文逸字二卷附錄一卷　(清)鄭珍記　清咸豐八年(1858)刻本　二册

520000－2801－0009912　18700
說文逸字二卷附錄一卷　(清)鄭珍記　清咸豐八年(1858)刻本　二册

520000－2801－0009913　18701
說文逸字二卷附錄一卷　(清)鄭珍記　清咸豐八年(1858)刻本　一冊

520000－2801－0009914　18702
說文逸字二卷附錄一卷　(清)鄭珍記　清咸豐八年(1858)刻本　一冊

520000－2801－0009915　18703
說文逸字二卷附錄一卷　(清)鄭珍記　清咸豐八年(1858)刻本　一冊

520000－2801－0009916　18704
奏定學堂章程不分卷　(清)張百熙等纂　(清)鉛字局校印　清末貴州學務處鉛印本　十八冊

520000－2801－0009917　18705
紫柏老人集二十九卷　(明)釋德清閱　清刻本　十冊

520000－2801－0009918　18706
解迷顯智成悲十月論一卷　(唐)李通玄撰　清同治八年(1869)如皋刻經處刻本　一冊

520000－2801－0009919　18707
通關文二卷　(清)劉一明著　清嘉慶十八年(1813)至善堂刻本　一冊　存一卷(上)

520000－2801－0009920　18708
代數答問一卷　(清)□□撰　清光緒三十年(1904)上海徐家匯鉛印本　一冊

520000－2801－0009921　18709
韋廬詩内集四卷首一卷末一卷　(清)李秉禮撰　清光緒十三年(1887)江陽官舍刻本　二冊

520000－2801－0009922　18710
大清壹統輿圖□□卷　(清)嚴樹森撰　清刻本　二冊　存二卷(北十三至十四)

520000－2801－0009923　18711
字學舉隅一卷　(清)龍啟瑞撰　清同治十三年(1874)湖北崇文書局刻本　一冊

520000－2801－0009924　18712
鐵笙庵詩集一卷　(清)張翰撰　清光緒二十三年(1897)刻本　一冊

520000－2801－0009925　18713
小學韻語一卷　(清)羅澤南著　清光緒二十一年(1895)江南製造總局刻本　一冊

520000－2801－0009926　18719
筱園詩話四卷　(清)朱庭珍著　清光緒十年(1884)刻本　一冊

520000－2801－0009927　18720
行學五書一卷　(英國)威理孫原本　(清)陳沚翻譯　清光緒三十二年(1906)京師官書局鉛印本　一冊

520000－2801－0009928　18724
格致彙編十二卷　(英國)傅蘭雅輯　清光緒六年(1880)上海格致書院鉛印本　十二冊

520000－2801－0009929　18729
朱柏廬先生大學講義不分卷　(清)朱柏廬撰　清光緒二年(1876)江蘇書局刻本　一冊

520000－2801－0009930　18730
金石古文十四卷古文韻語一卷石鼓文音釋三卷附錄一卷　(明)楊慎撰　(清)李調元校　清嘉慶十四年(1809)刻本　一冊　存三卷(十二至十四)

520000－2801－0009931　18732
葬經内篇一卷　(晉)郭璞撰　(□)□□注
黃帝宅經二卷　(□)□□撰　清光緒三年(1877)刻本　一冊

520000－2801－0009932　18734
江南鄉試闈墨一卷　(清)萬人傑等撰　清光緒元年(1875)刻本　一冊

520000－2801－0009933　18735
恒星圖表一卷　(□)□□撰　清光緒二十八(1902)刻本　一冊

520000－2801－0009934　18738
名賢手札不分卷　(清)郭慶藩輯　清光緒十年(1884)湘陰郭氏岵瞻堂摹刻本　三冊　存六種(沈文肅公手札、駱文忠公手札、胡文忠公手札、李肅毅伯手札、曾文正公手札、曾威

毅伯手札）

520000－2801－0009935　18740
金剛般若波羅蜜經一卷　（後秦）釋鳩摩羅什譯　（清）宋伯魯書　清光緒刻本　一冊

520000－2801－0009936　18745
孫文恭公遺書二十卷　（明）孫應鼇撰　**黔詩紀畧孫文恭公小傳一卷**　（清）莫友芝撰　清光緒四年（1878）鉛印本　六冊　存十八卷（淮海易談一至四、四書近語一至六、學孔精舍詩鈔一至六、補輯雜文一，黔詩紀畧孫文恭公小傳一卷）

520000－2801－0009937　18746
儀禮私箋八卷　（清）鄭珍撰　清同治五年（1866）成山唐氏刻本　三冊

520000－2801－0009938　18747
儀禮私箋八卷　（清）鄭珍撰　清同治五年（1866）成山唐氏刻本　二冊

520000－2801－0009939　18754
莘齋文鈔四卷　（清）宦懋庸撰　清光緒二十年（1894）川東道署刻本　二冊

520000－2801－0009940　18757
刻天仙正理直論增註二卷　（明）伍守陽撰并註　清光緒七年（1881）善成堂刻本　二冊

520000－2801－0009941　18759
四元玉鑑細艸三卷首一卷末一卷　（元）朱世傑編述　清光緒二十二年（1896）鴻寶齋書局石印本　一冊　存二卷（上之一、中之四）

520000－2801－0009942　18761
沈文肅公手札一卷　（清）沈葆楨撰　**彭大司馬手札一卷**　（清）彭麟玉撰　**李肅毅伯手札一卷**　（清）李鴻章撰　清刻本　一冊

520000－2801－0009943　18762
四書人物類典串珠四十卷目錄一卷　（清）臧志仁編輯　清嘉慶四年（1799）刻本　九冊　存三十三卷（一至二十七、三十五至四十）

520000－2801－0009944　18763
金臚精萃一卷　（清）□□撰　清光緒九年（1883）刻本　一冊

520000－2801－0009945　18764
韋廬詩内集四卷首一卷末一卷　（清）李秉禮撰　清光緒十三年（1887）江陽官舍刻本　二冊

520000－2801－0009946　18765
寶藏興焉十二卷　（英國）費而奔著　（英國）傅蘭雅口譯　（清）徐壽筆述　清末江南製造總局刻本　十五冊　存八卷（一至八）

520000－2801－0009947　18766
洋防輯要二十四卷　（清）嚴如熤輯　清末刻本　十冊　存二十一卷（一至七、九至二十二）

520000－2801－0009948　18767
新增繪圖幼學故事瓊林四卷首一卷　（清）程允升原本　（清）鄒聖脈增補　清光緒二十六年（1900）安順會文書局石印本　二冊　存二卷（三、首一卷）

520000－2801－0009949　18770
親屬記二卷　（清）鄭珍撰　陳矩補　清光緒十二年（1886）貴陽陳氏刻本　二冊

520000－2801－0009950　18771
種香樓初學入門金鍼一卷　（清）沈昭雲著　（清）張傑等參訂　清光緒十三年（1887）刻本　一冊

520000－2801－0009951　18772
蘇鄰遺詩二卷續集一卷　（清）李鴻裔撰　**墓誌銘一卷**　（清）黎庶昌等撰　清末刻本　一冊

520000－2801－0009952　18773
蘇鄰遺詩二卷續集一卷　（清）李鴻裔撰　**墓誌銘一卷**　（清）黎庶昌等撰　清末刻本　一冊

520000－2801－0009953　18774
莘齋詩鈔七卷詩餘一卷　（清）宦懋庸撰　清光緒二十年（1894）川東道署刻本　一冊

520000－2801－0009954　18775

正蒙字義一卷 （清）□□抄 清末抄本 一册

520000－2801－0009955 18776
格言摘要一卷詩話集錦一卷 （清）潘齡皋書 清宣統二年（1910）文成堂書莊石印本 一册

520000－2801－0009956 19806
畫圖新報九卷（光緒十二年） （清）上海聖教書會編 清光緒十七年（1891）上海美華圖書館鉛印本 一册

520000－2801－0009957 18781
西學書目答問一卷 （清）趙惟熙編 清光緒二十七年（1901）貴陽學署刻本 一册

520000－2801－0009958 18783
通鑑釋文辯誤十二卷 （元）胡三省撰 清末石印本 四册

520000－2801－0009959 18784
欽定七經綱領一卷 （清）□□輯 **勘誤表一卷** 清宣統元年（1909）學部圖書局鉛印本 一册

520000－2801－0009960 18786
四家經義不分卷 （宋）王安石等撰 清光緒二十八年（1902）刻本 一册

520000－2801－0009961 18788
修辭學教科書二編 （清）湯振常編 清光緒三十一年（1905）南洋中學堂鉛印本 一册

520000－2801－0009962 18792
［光緒］江西通志一百八十卷首五卷 （清）劉坤一修 （清）趙之謙等纂 清光緒七年（1881）刻本 二十四册 存三十五卷（二十至四十、九十九至一百十二）

520000－2801－0009963 18793
滿洲蒙古御使題名一卷 （清）□□撰 清末刻本 一册

520000－2801－0009964 18794
列國歳計政要十二卷首一卷 （英國）麥丁富得力編纂 （美國）林樂知口譯 （清）鄭昌棪筆述 清光緒元年（1875）刻本 六册

520000－2801－0009965 18795
飲冰室癸卯文集二卷 梁啟超撰 清光緒三十年（1904）廣智書局鉛印本 二册

520000－2801－0009966 18796
白芙堂算學叢書二十三種 （清）吳嘉善述 清光緒十七年（1891）上海鴻文書局石印本 六册

520000－2801－0009967 18798
宦鄉要則七卷首一卷 （清）張鑒瀛輯 清光緒十五年（1889）珍藝書局石印本 二册

520000－2801－0009968 18799
新增宦鄉要則七卷 題（清）味蘭室主人輯 清光緒十七年（1891）務本書局刻本 四册

520000－2801－0009969 18800
刊謬正俗八卷 （唐）顔師古撰 清光緒三年（1877）湖北崇文書局刻本 一册

520000－2801－0009970 18801
隋經籍志考證十三卷 （清）章宗源撰 清光緒三年（1877）湖北崇文書局刻本 四册 存十三卷（一至十三）

520000－2801－0009971 18802
三國志證聞三卷 （清）錢儀吉撰 清光緒十一年（1885）江蘇書局刻本 二册

520000－2801－0009972 18803
九經三傳沿革例一卷 （宋）岳珂撰 清光緒三年（1877）湖北崇文書局刻本 一册

520000－2801－0009973 18804
儀禮古今文疏義十六卷 （清）胡承珙撰 清光緒三年（1877）湖北崇文書局刻本 四册

520000－2801－0009974 18805
離騷草木疏四卷 （宋）吳仁傑撰 清光緒三年（1877）湖北崇文書局刻本 一册

520000－2801－0009975 18806
楚辭辯證二卷 （宋）朱熹撰 清光緒三年（1877）湖北崇文書局刻本 一册

520000－2801－0009976　18807
離騷一卷　(宋)錢杲之集傳　清光緒三年(1877)湖北崇文書局刻本　一冊

520000－2801－0009977　18808
左傳舊疏考正八卷　(清)劉文淇撰　清光緒三年(1877)湖北崇文書局刻本　四冊

520000－2801－0009978　18809
酉陽雜俎二十卷　(唐)段成式撰　清光緒三年(1877)湖北崇文書局刻本　四冊

520000－2801－0009979　18810
續酉陽雜俎十卷　(唐)段成式撰　清光緒三年(1877)湖北崇文書局刻本　二冊

520000－2801－0009980　18811
人譜類記六卷　(明)劉宗周著　清光緒三年(1877)湖北崇文書局刻本　二冊

520000－2801－0009981　18812
人譜正篇一卷　(明)劉宗周著　清光緒三年(1877)湖北崇文書局刻本　一冊

520000－2801－0009982　18813
八線備旨四卷　(清)申江中西書院撰　清光緒二十七年(1901)上海美華書館鉛印本　一冊

520000－2801－0009983　18814
地理問答二卷　(清)□□撰　清光緒二十八年(1902)鉛印本　一冊

520000－2801－0009984　18815
採輯歷朝詩話一卷　(清)胡鳳丹纂輯　清末刻本　一冊

520000－2801－0009985　18817
左氏文法教科書□□編　(清)吳之瑛撰　清光緒三十一年(1905)鉛印本　一冊　存一編(上編)

520000－2801－0009986　18825
刻先賢先儒位次及祭譜記一卷　(清)□□撰　清刻本　一冊

520000－2801－0009987　18826
家蔭堂省心錄一卷　(清)周際華述　清道光十九年(1839)家蔭堂刻本　一冊

520000－2801－0009988　18827
蓮花山紀略一卷　(清)陳文政輯　清光緒八年(1882)刻本　一冊

520000－2801－0009989　18828
槍法準繩一卷　(清)吳大中著　清光緒十六年(1890)湖南善後局刻本　一冊

520000－2801－0009990　18829
槍法準繩一卷　(清)吳大中著　清光緒十六年(1890)湖南善後局刻本　一冊

520000－2801－0009991　18832
初等文法教科書不分卷　(清)侯鴻鑑撰　清光緒三十一年(1905)鉛印本　一冊

520000－2801－0009992　18833
農政全書六十卷　(明)徐光啟纂輯　清末影印本　十二冊

520000－2801－0009993　18834
列國歲計政要十二卷首一卷　(英國)麥丁富得力編纂　(美國)林樂知口譯　(清)鄭昌棪筆述　清光緒元年(1875)刻本　六冊

520000－2801－0009994　18835
宋名臣言行錄前集十卷後集十四卷續集八卷別集二十六卷外集十七卷　(宋)朱熹等輯　清光緒二十九年(1903)播州華氏刻本　十二冊

520000－2801－0009995　18926
五經味根錄□□卷　(清)劉昌齡輯　清光緒十四年(1888)同文書局石印本　八冊　存十七卷(易經一至四、首一卷,書經一至六、首一卷,詩經一至四、首一卷)

520000－2801－0009996　18927
滇繫□□卷　(清)師範纂輯　清光緒十三年(1887)雲南通志局刻本　二十九冊　存十三卷(一之一至二、三之一、五之一至二、六之一、七之一至六、八之一至九、十五至十七、九之一、十之一至二、十一之一至二、十二之一)

520000－2801－0009997　18928

歷代帝王年表三卷　(清)齊召南編　清光緒十二年(1886)蘇州埽葉山房刻本　三冊

520000－2801－0009998　18929
歷代帝王年表三卷　(清)齊召南編　清光緒十二年(1886)蘇州埽葉山房刻本　三冊

520000－2801－0009999　18930
歷代帝王年表三卷　(清)齊召南編　清光緒十二年(1886)蘇州埽葉山房刻本　三冊

520000－2801－0010000　18931
歷代帝王年表三卷　(清)齊召南編　清光緒十二年(1886)蘇州埽葉山房刻本　三冊

520000－2801－0010001　18932
儀禮圖六卷　(清)張惠言述　清同治九年(1870)楚北崇文書局刻本　三冊

520000－2801－0010002　18938
錢南園先生遺集五卷　(清)錢灃撰　**別傳一卷**　(清)袁文揆撰　**墓志銘一卷**　(清)程含章撰　**輓詩一卷**　清同治十一年(1872)星沙刻本　二冊

520000－2801－0010003　18940
自娛軒未是草一卷續草一卷自娛軒詩稿序一卷　(清)牟思敬撰　清光緒二十七年(1901)貴陽文通書局鉛印本　二冊

520000－2801－0010004　18941
自娛軒未是草一卷續草一卷自娛軒詩稿序一卷　(清)牟思敬撰　清光緒二十七年(1901)貴陽文通書局鉛印本　二冊

520000－2801－0010005　18942
自娛軒未是草一卷續草一卷自娛軒詩稿序一卷　(清)牟思敬撰　清光緒二十七年(1901)貴陽文通書局鉛印本　二冊

520000－2801－0010006　18945
金剛三昧經通宗記十二卷首一卷末一卷　(清)釋寂震述　清光緒十三年(1887)刻本　三冊

520000－2801－0010007　18946
芥子園畫傳四集四卷　(清)丁皋等摹編　清嘉慶二十三年(1818)刻本　二冊　存二卷(一至二)

520000－2801－0010008　18947
芥子園畫傳二集四種首一卷　(清)王概等摹編　清文光堂刻本　一冊　存一種(蘭譜、首一卷)

520000－2801－0010009　18951
書目答問不分卷　(清)張之洞撰　**國朝著述諸家姓名略一卷四川省城尊經書院記一卷**　清光緒五年(1879)貴陽王秉恩刻本　二冊

520000－2801－0010010　18952
賢母錄一卷　(清)鄭珍撰　清同治二年(1863)刻本　一冊

520000－2801－0010011　18953
學孔精舍詩鈔六卷附錄一卷　(明)孫應鼇撰　清光緒六年(1880)刻本　一冊　存三卷(五至六、附錄一卷)

520000－2801－0010012　18956
紅葉館話別圖題詞一卷　(清)陳明遠輯　清光緒十八年(1892)刻本　一冊

520000－2801－0010013　18957
古文講授談二編古文魂不分卷　尚秉和輯　清末天津官書局鉛印本　二冊

520000－2801－0010014　18958
古文講授談二編古文魂不分卷　尚秉和輯　清末天津官書局鉛印本　二冊

520000－2801－0010015　18959
古文講授談二編古文魂不分卷　尚秉和輯　清末天津官書局鉛印本　二冊

520000－2801－0010016　18960
古文講授談二編古文魂不分卷　尚秉和輯　清末天津官書局鉛印本　二冊

520000－2801－0010017　18961
古文講授談二編古文魂不分卷　尚秉和輯　清末天津官書局鉛印本　二冊

520000－2801－0010018　18962
鄭學錄四卷　(清)鄭珍撰　清同治四年

(1865)刻本　二冊

520000－2801－0010019　18965
呻吟語六卷　(清)呂坤著　清道光二十八年(1848)刻本　六冊

520000－2801－0010020　18966
禮記要義三十三卷　(宋)魏了翁撰　清光緒十二年(1886)江蘇書局刻本　十冊　存二十五卷(三至二十二、二十九至三十三)

520000－2801－0010021　18967
四元玉鑑細艸三卷首一卷末一卷　(元)朱世傑編述　清光緒二十二年(1896)鴻寶齋書局石印本　二冊　存二卷(上之一、中之十)

520000－2801－0010022　18969
巢經巢詩鈔九卷　(清)鄭珍撰　清咸豐四年(1854)刻本　二冊

520000－2801－0010023　18971
時園詩草二卷雜詩一卷　(清)余家駒撰　清光緒七年(1881)刻本　一冊

520000－2801－0010024　18973
播雅二十四卷　(清)鄭珍編次　(清)唐樹義校訂　清宣統三年(1911)貴陽文通書局鉛印本　八冊

520000－2801－0010025　18974
六祖大師法寶壇經一卷　(明)釋法海編集　明萬曆二十八年(1600)刻本　一冊

520000－2801－0010026　18975
皇朝經世文統編一百七卷　(清)邵之棠編　清末石印本　十三冊　存二十八卷(二十三至三十四、四十三至五十八)

520000－2801－0010027　18978
勸學篇二篇　(戰國)荀子撰　清光緒二十四年(1898)貴陽府知府嚴雋熙刻本　一冊

520000－2801－0010028　18979
勸學篇二篇　(戰國)荀子撰　清光緒二十四年(1898)貴陽府知府嚴雋熙刻本　一冊

520000－2801－0010029　18980
勸學篇二篇　(戰國)荀子撰　清光緒二十四年(1898)貴陽府知府嚴雋熙刻本　一冊

520000－2801－0010030　18981
高山流水一卷　(□)□□撰　清抄本　一冊

520000－2801－0010031　18983
易學三編三卷附圖一卷彙說一卷　(清)丁澤安著　清光緒十八年(1892)刻本　一冊

520000－2801－0010032　18984
御纂周易折中二十二卷首一卷　(清)李光地等纂　清同治十年(1871)湖北崇文書局刻本　十二冊

520000－2801－0010033　18991
宦遊紀略二卷　(清)唐樹義撰　清光緒二十年(1894)刻本　一冊　存一卷(上)

520000－2801－0010034　18992
文選六十卷　(南朝梁)昭明太子蕭統撰　清乾隆三十七年(1772)刻本　十五冊　存五十六卷(一至十二、十七至六十)

520000－2801－0010035　18994
皇清經解一千四百三十卷　(清)阮元輯　清末石印本　二冊　存二十卷(一百五十六至一百六十七、一百八十三至一百九十)

520000－2801－0010036　18995
皇清經解一千四百卷　(清)阮元輯　清末石印本　一冊　存十三卷(禮經釋例一至十三)

520000－2801－0010037　18996
欽定春秋傳說彙纂三十八卷首二卷　(清)王掞等輯　清刻本　二冊　存二卷(五至六)

520000－2801－0010038　18997
讀書偶識三十二卷　(清)鄒漢勛撰　(清)鄒世繇編　清刻本　一冊　存二卷(一至二)

520000－2801－0010039　18998
孫山甫督學文集四卷　(明)孫應鼇撰　清刻本　一冊　存二卷(三至四)

520000－2801－0010040　19000
欽定春秋傳說彙纂三十八卷首二卷　(清)王掞等輯　清刻本　二冊　存十二卷(二十七至三十八)

520000－2801－0010041　19002
錦里新編十六卷首一卷　(清)張邦伸纂輯　清嘉慶五年(1800)敦彝堂刻本　二册　存五卷(一至二、十五至十六,首一卷)

520000－2801－0010042　19005
新增繪圖幼學故事瓊林四卷　(清)程允升原本　清刻本　一册

520000－2801－0010043　19007
宋元舊本書經眼錄三卷附錄二卷　(清)莫友芝撰　清同治十二年(1873)刻本　一册

520000－2801－0010044　19008
輶軒語一卷　(清)張之洞撰　清光緒五年(1879)貴陽刻本　一册

520000－2801－0010045　19011
中西匯參醫學□□卷　(清)王有忠編輯　(清)章秉鉞校閲　清光緒三十二年(1906)石印本　一册　存一卷(十)

520000－2801－0010046　19014
催官篇□□卷　(宋)賴太素著　清嘉慶刻本　一册　存一卷(三)

520000－2801－0010047　19015
韻蘭集賦鈔四卷　(□)□□撰　清刻本　一册　存一卷(四)

520000－2801－0010048　19016
[貴州清平]孫氏族譜不分卷　(清)□□編　清抄本　一册

520000－2801－0010049　19017
讀通鑑論三十卷末一卷　(清)王夫之撰　清末石印本　一册　存一卷(五)

520000－2801－0010050　19018
金剛決疑一卷　(後秦)釋鳩摩羅什譯　(明)釋德清撰　清末刻本　一册

520000－2801－0010051　19020
學説不分卷　(清)□□編　清末廣益書局鉛印本　一册

520000－2801－0010052　19023
十藥神書注解二卷　(元)葛可久編　(清)陳念祖注　清光緒三十一年(1905)上海文盛堂書局石印本　一册

520000－2801－0010053　19024
漁洋山人精華録訓纂十卷目録二卷　(清)王士禛撰　(清)惠棟訓纂　清光緒十七年(1891)會稽徐氏述史樓刻本　一册　存二卷(目録二卷)

520000－2801－0010054　19026
學孔精舍詩鈔六卷　(明)孫應鼇撰　清末鉛印本　一册　存三卷(一至三)

520000－2801－0010055　19027
椒園詩鈔四卷　(清)黎庶蕃撰　清刻本　一册　存二卷(二至三)

520000－2801－0010056　19028
丁亥入都紀程二卷　(清)黎庶昌撰　清光緒二十年(1894)川東道署刻本　一册　存一卷(上)

520000－2801－0010057　19029
鄉賢家乘四卷　(清)暘谷甫著　清刻本　三册　存三卷(二至四)

520000－2801－0010058　19030
曹集銓評十卷　(三國魏)曹植撰　(清)丁晏纂　清同治十一年(1872)刻本　一册　存六卷(一至六)

520000－2801－0010059　19032
新鐫曆法便覽象吉備要通書大全二十九卷　(清)魏鑑彙述　清宏道堂刻本　三册　存十一卷(一至二、七至八、十一、十四至十九)

520000－2801－0010060　19035
暗室燈俗講二卷　題(清)深山居士原本　清同治三年(1864)抄本　一册

520000－2801－0010061　19036
歸根表文一卷　(□)□□撰　清光緒九年(1883)刻本　一册

520000－2801－0010062　19040
儀禮私箋八卷　(清)鄭珍撰　清刻本　一册　存三卷(六至八)

520000－2801－0010063　19047
文獻通考輯要二十四卷　湯壽潛編輯　清刻本　一冊　存三卷（七至九上）

520000－2801－0010064　19051
九通通二百四十八卷首一卷目録一卷　（清）劉可毅輯　清光緒二十八年（1902）武進劉氏石印本　十四冊　存五十八卷（七至十五、二十二至三十一、四十一至四十四、八十八至一百二十二）

520000－2801－0010065　19052
揅經室集□□卷　（清）阮元撰　清刻本　十冊　存二十五卷（二集三至八、三集一至三、四集一至十一、外集一至五）

520000－2801－0010066　19053
九通提要十二卷　（清）柴紹炳纂　清光緒二十八年（1902）上海鉛印本　六冊

520000－2801－0010067　19055
闕史二卷　（唐）高彦休著　清光緒三年（1877）湖北崇文書局刻本　一冊

520000－2801－0010068　19056
小學集解六卷　（清）張伯行纂輯　清光緒十年（1884）刻本　二冊　存二卷（五至六）

520000－2801－0010069　19057
欽定七經綱領不分卷奏定學堂章程摘録一卷　（清）學部輯　清末鉛印本　一冊　殘

520000－2801－0010070　19058
裁汰老弱練軍章程一卷　（□）□□撰　清刻本　一冊

520000－2801－0010071　19059
重訂越南圖説六卷　（清）盛慶紱纂輯　清光緒十九年（1893）刻本　二冊　存四卷（一至四）

520000－2801－0010072　19060
增定鑑畧妥註善本四卷國號歌一卷　（明）李廷機手著　（清）鄒聖脈原訂　清刻本　一冊　存一卷（一）

520000－2801－0010073　19061
寶顔堂秘笈　（明）陳繼儒輯　明萬曆中繡水沈氏刻本　一冊　存六種（焚椒録、陳眉公重訂歸有園塵談、娑羅館清言、娑羅館逸稿、續娑羅館清言、冥寥子游）

520000－2801－0010074　19062
縉紳客目一卷　（□）□□撰　清木活字印本　一冊

520000－2801－0010075　19063
蜀碧四卷　（清）彭遵泗編述　清刻本　一冊　存二卷（一至二）

520000－2801－0010076　19064
楚辭燈四卷　（清）林雲銘撰　清刻本　一冊　存二卷（三至四）

520000－2801－0010077　19065
樗繭譜一卷　（清）鄭珍纂　（清）莫友芝註　清光緒七年（1881）遵義華氏瀘州刻本　一冊

520000－2801－0010078　19066
船山遺書□□種　（清）王夫之撰　清同治四年（1865）湘鄉曾氏金陵節署刻本　九冊　存十七種

520000－2801－0010079　19068
御纂醫宗金鑑七十四卷首一卷　（清）吳謙等輯　清宣統元年（1909）簡青齋書局石印本　一冊　存四卷（七至十）

520000－2801－0010080　19069
答問録存一卷　（清）李杕撰　清宣統元年（1909）土山灣印書館鉛印本　一冊

520000－2801－0010081　19070
藝苑名言八卷首一卷　（清）蔣瀾纂輯　清刻本　三冊　存七卷（一至四、七至八，首一卷）

520000－2801－0010082　19071
蜃樓志二十四卷　題（清）庾嶺老人説　題（清）禺山老人編　清咸豐八年（1858）刻本　二冊　存十二卷（一至六、十三至十八）

520000－2801－0010083　19073
七十二葬法十二章　（宋）賴太素著　（清）尹一勺發義　清刻本　一冊

520000－2801－0010084　19074
曾文正公榮哀錄一卷　(清)黄翼升等撰　清光緒三十一年(1905)上海商務印書館鉛印本　一册

520000－2801－0010085　19075
鑄史駢言十二卷首一卷　(清)孫玉田輯　清光緒二十五年(1899)上海慎記石印本　一册　存六卷(一至六)

520000－2801－0010086　19076
鑄史駢言十二卷首一卷　(清)孫玉田輯　清光緒十八年(1892)上海文淵山房石印本　一册　存六卷(一至六)

520000－2801－0010087　19077
[光緒]常昭合志稿四十八卷首一卷末一卷　(清)鄭鍾祥修　(清)龐鴻文纂　清光緒三十年(1904)木活字印本　十四册

520000－2801－0010088　19078
[光緒]常昭合志稿四十八卷首一卷末一卷　(清)鄭鍾祥修　(清)龐鴻文纂　清光緒三十年(1904)木活字印本　十四册

520000－2801－0010089　19079
南洋官報　(清)南洋官報局出版　清光緒三十二年(1906)鉛印本　十册

520000－2801－0010090　19080
南洋官報　(清)南洋官報局出版　清光緒三十三年(1907)鉛印本　三册

520000－2801－0010091　19082
十六國疆域志十六卷　(清)洪亮吉學　清光緒四年(1878)授經堂刻本　四册

520000－2801－0010092　19083
東晉疆域志四卷　(清)洪亮吉學　清光緒四年(1878)授經堂刻本　二册

520000－2801－0010093　19084
補三國疆域志二卷　(清)洪亮吉學　清光緒四年(1878)授經堂刻本　二册

520000－2801－0010094　19085
御定駢字類編二百四十卷　(清)張廷玉等編　清末石印本　二十五册　存一百三十二卷(七十八至九十二、一百四至一百二十三、一百三十四至二百十二、二百十八至二百三十五)

520000－2801－0010095　19086
相臺五經五種九十三卷　(宋)岳珂編　清賀長齡刻本　三十一册　存七十五卷(毛詩一至二十、尚書一至十三、禮記一至十二、周易一至十、春秋經傳集解十一至三十)

520000－2801－0010096　19087
相臺五經五種九十三卷　(宋)岳珂編　清賀長齡刻本　十册　存二十卷(禮記一至二、七至十,春秋經傳集解十一至十四、十九至二十、二十三至三十)

520000－2801－0010097　19088
相臺五經五種九十三卷　(宋)岳珂編　清賀長齡刻本　二册　存四卷(春秋經傳集解三至四、二十七至二十八)

520000－2801－0010098　19089
大清壹統輿圖□□卷　(清)嚴樹森撰　清刻本　二十二册　存二十二卷(北一至十七,南五、七至十)

520000－2801－0010099　19090
[光緒]曹州府曹縣志十八卷首一卷　(清)陳嗣良等修　(清)孟廣來等纂　清光緒十年(1884)刻本　十一册　存十七卷(一至十一、十四至十八,首一卷)

520000－2801－0010100　19091
諭摺彙存不分卷　(清)□□輯　清光緒二十三年至三十二年(1897－1906)北京鉛印本　二十二册　存四種

520000－2801－0010101　19093
皇朝通典一百卷　(清)嵇璜等修　(清)曹仁虎等纂　清光緒八年(1882)浙江書局刻本　二十六册　存六十四卷(一至四、十一至二十二、三十至五十一、五十三、六十至六十六、六十九至八十六)

520000－2801－0010102　19094

欽定春秋傳說彙纂三十八卷首二卷 （清）王掞等輯　清刻本　二冊　存二卷（十七、十九）

520000－2801－0010103　19095
欽定詩經傳說彙纂二十一卷首二卷詩序二卷 （清）王鴻緒等纂　清同治十年（1871）湖北崇文書局刻本　十冊　存十三卷（一至九、十七、十九，詩序上、下）

520000－2801－0010104　19096
欽定詩經傳說彙纂二十一卷首二卷詩序二卷 （清）王鴻緒等纂　清刻本　三冊　存五卷（一至三、六至七）

520000－2801－0010105　19097
春秋左傳十七卷 （晉）杜預注　清同治十年（1871）湖北崇文書局刻本　一冊　存一卷（十七）

520000－2801－0010106　19098
欽定春秋左傳讀本三十卷 （清）英和等輯　清道光二十五年（1845）刻本　三冊　存八卷（一至四、二十一至二十四）

520000－2801－0010107　19100
欽定儀禮義疏四十八卷首二卷 （清）朱軾等撰　清同治十年（1871）湖北崇文書局刻本　二十九冊　存四十六卷（一至二十二、二十四至四十三、四十六至四十八，首一卷）

520000－2801－0010108　19101
皇朝經世文三編八十卷 （清）陳忠倚輯　清末石印本　八冊　存四十卷（六至十、十六至二十五、三十一至三十五、四十六至六十、六十六至七十）

520000－2801－0010109　19104
皇朝經世文編一百二十卷姓名總目二卷 （清）賀長齡輯　清末石印本　六冊　存六十卷（五十至八十八、一百至一百二十）

520000－2801－0010110　19105
皇朝文獻通考輯要二十六卷 湯壽潛輯要　清末鉛印本　五冊　存十五卷（九、十二至十八、二十至二十六）

520000－2801－0010111　19106
皇朝五經彙解二百七十卷 題（清）抉經心室主人輯　清末石印本　十九冊　存一百七十八卷（十四至二十二、三十二至一百十四、一百二十五至一百三十三、一百四十三至一百六十八、一百八十二至一百九十、二百十至二百二十一、二百二十七至二百四十一、二百五十至二百六十四）

520000－2801－0010112　19107
皇朝五經彙解二百七十卷 題（清）抉經心室主人輯　清末石印本　二十三冊　存一百九十二卷（六至六十、七十一至一百、一百二十七至二百三十三）

520000－2801－0010113　19108
通鑑紀事本末二百三十九卷 （宋）袁樞編輯（明）張溥論正　清光緒二十八年（1902）捷記書局石印本　十九冊

520000－2801－0010114　19109
資治通鑑外紀目錄十卷 （宋）劉恕編集　清末石印本　四冊　存五卷（一至五）

520000－2801－0010115　19110
漢名臣傳三十二卷 （清）國史館編　清末刻本　九冊　存九卷（三、十七至二十四）

520000－2801－0010116　19112
資治通鑑綱目前編二十五卷正編五十九卷續編二十七卷目錄三卷 （宋）司馬光撰　（明）陳仁錫評閱　清刻本　三十六冊　存三十三卷（正編一、十至十二、十四至十五、十七至二十一、二十六至三十、三十四至三十五、三十七至三十九、四十一至五十、五十二、五十五）

520000－2801－0010117　19113
資治通鑑二百九十四卷 （宋）司馬光編集　清末石印本　一冊　存四卷（九至十二）

520000－2801－0010118　19115
宋史四百九十六卷目錄三卷 （元）脫脫等撰　清末石印本　三十二冊

520000－2801－0010119　19117
滿洲名臣傳四十八卷 （清）國史館編　清末

刻本　四十冊　存四十卷(一至三十二、四十一至四十八)

520000－2801－0010120　19118

欽定禮記義疏八十二卷首一卷　(清)鄂爾泰等撰　清刻本　二十五冊　存四十四卷(一至二十五、二十八至二十九、三十四至四十四、四十九至五十二、七十一至七十二)

520000－2801－0010121　19119

相臺五經五種九十三卷　(宋)岳珂編　清賀長齡刻本　三十九冊　存八十一卷(毛詩一至八、十三至二十,尚書十三卷,禮記一至十二,周易十卷,春秋經傳集解一至三十)

520000－2801－0010122　19120

佩文韻府一百六卷韻府拾遺一百六卷　(清)張玉書等彙閱　(清)蔡升元等纂修　清末石印本　二十六冊　存八十五卷(一至四十七、六十三至六十七、七十四至一百六)

520000－2801－0010123　19123

海國圖志一百卷　(清)魏源撰　清光緒二十一年(1895)上海積山書局石印本　十五冊　存九十四卷(一至三十三、四十至一百)

520000－2801－0010124　19124

佩文韻府一百六卷韻府拾遺一百六卷　(清)張玉書等彙閱　(清)蔡升元等纂修　清末石印本　六冊　存六卷(二、七、二十三至二十四、七十、九十二)

520000－2801－0010125　19125

佩文韻府一百六卷韻府拾遺一百六卷　(清)張玉書等彙閱　(清)蔡升元等纂修　清末石印本　二十六冊　存一百十二卷(四、八至十、二十四下至二十五、三十五至四十八、六十至六十四、六十六、七十一至七十五、八十一至八十二、九十五至九十九,拾遺六至四十三、四十九至五十一、七十四至一百六)

520000－2801－0010126　19127

欽定大清會典一百卷　(清)允祹等纂　清光緒十九年(1893)上海圖書集成局石印本　三冊　存三十一卷(一至八、六十三至七十二、八十七至九十九)

520000－2801－0010127　19128

欽定大清會典一百卷首一卷　(清)崑岡等修　吳樹梅等纂　清宣統元年(1909)商務印書館石印本　九冊　存八十九卷(一至八十八、首一卷)

520000－2801－0010128　19129

欽定大清會典事例一千二百二十卷目錄八卷　(清)崑岡等纂　清宣統元年(1909)商務印書館石印本　四十三冊　存三百十三卷(一至二百九、二百七十至三百二十五、五百八十三至五百九十一、六百八十一至六百八十七、七百二十三至七百四十、一千四十四至一千五十四、一千九十、一千九十五,首一卷)

520000－2801－0010129　19130

古文講授談二編　尚秉和輯　清宣統二年(1910)京師京華印書局鉛印本　二冊

520000－2801－0010130　19131

欽定大清會典事例一千二百二十卷目錄八卷　(清)崑岡等纂　清宣統元年(1909)商務印書館石印本　三十八冊　存三百六十四卷(一至六、二十三至三十八、一百一至一百七、一百九十六至二百三、二百七十至二百七十五、九百至一千二百二十)

520000－2801－0010131　19132

古香齋新刻袖珍淵鑑類函四百五十卷目錄四卷　(清)張英　(清)王世正等纂　清光緒二年(1876)刻本　五十三冊　存一百五十九卷(一至六、十一至十三、二十三至二十七、六十二至六十五、六十七至八十五、九十至一百十二、一百十八至一百二十三、一百二十九至一百三十、一百三十五至一百四十八、一百五十八至一百六十、一百六十四至一百七十九、一百九十九至二百三、二百七至二百十九、二百七十九至二百八十一、二百八十八至二百八十九、二百九十三至三百二、三百六至三百七、三百十至三百十一、三百十四至三百十六、三百十九至三百二十二、三百八十九至三百九十一、三百九十五至三百九十八、四百七

至四百十三）

520000－2801－0010132　19133

資治通鑑二百九十四卷目錄三十卷考異三十卷釋例一卷問疑一卷釋文三十卷辯誤十二卷敘錄三卷　（宋）司馬光編集　（清）胡元常審校　清光緒十四年至二十七年（1888－1901）刻本　八十冊　存二百十三卷（一至五、八至十、十四至三十八、四十一至五十四、八十六至九十一、九十五至一百二十七、一百三十一至二百六、二百八十四至二百九十四，目錄六至三十，考異一至五、二十二至三十，釋例一卷）

520000－2801－0010133　19134

古文講授談二編　尚秉和輯　清宣統二年（1910）京師京華印書局鉛印本　一冊　存一編（下）

520000－2801－0010134　19135

資治通鑑二百九十四卷　（宋）司馬光編集　清光緒十四年（1888）長沙楊氏刻本　三冊　存九卷（一百八十一至一百八十六、一百九十九至二百一）

520000－2801－0010135　19136

淵鑑類函四百五十卷目錄四卷　（清）張英等纂　清末石印本　五十冊　存三百五十三卷（一至二十二、二十八至一百九十六、二百十至二百三十、二百三十九至二百九十三、三百九至三百三十四、三百四十四至三百六十四、三百七十一至四百五，目錄四卷）

520000－2801－0010136　19138

欽定春秋左傳讀本三十卷　（清）英和等輯　清末鉛印本　六冊　存十七卷（十二至二十八）

520000－2801－0010137　19139

欽定大清會典一百卷　（清）允祹等纂　清刻本　十三冊　存七十一卷（三至五十二、八十至一百）

520000－2801－0010138　19140

春秋經傳集解三十卷年表一卷名號歸一圖二卷　（春秋）左丘明傳　（晉）杜預注　清刻本　十七冊　存三十卷（春秋經傳集解三十卷）

520000－2801－0010139　19141

春秋左傳十七卷　（晉）杜預集解　（明）葛鼒校訂　清刻本　四冊　存十二卷（四至十五）

520000－2801－0010140　19142

離騷箋二卷　（清）龔景瀚撰　清光緒三年（1877）湖北崇文書局刻本　一冊

520000－2801－0010141　19143

重刊宋本公羊註疏二卷校勘記一卷　（漢）何休解詁　（唐）徐彥疏案　清同治十二年（1873）江西書局刻本　一冊

520000－2801－0010142　19144

欽定禮記義疏八十二卷首一卷　（清）鄂爾泰等撰　清末石印本　一冊　存十一卷（十二至二十二）

520000－2801－0010143　19147

欽定春秋傳說彙纂三十八卷首二卷　（清）王掞等輯　清同治十年（1871）湖北崇文書局刻本　二十冊

520000－2801－0010144　19149

欽定周官義疏四十八卷首一卷　（清）允祿等撰　清同治十年（1871）湖北崇文書局刻本　四冊　存八卷（五至六、九至十、十五至十六、二十一至二十二）

520000－2801－0010145　19151

欽定詩經傳說彙纂二十一卷首二卷詩序二卷　（清）王鴻緒等纂　清同治十年（1871）湖北崇文書局刻本　十七冊　存二十三卷（一至二十一、詩序二卷）

520000－2801－0010146　19152

欽定儀禮義疏四十八卷首二卷　（清）朱軾等撰　清同治十年（1871）湖北崇文書局刻本　二十冊　存二十九卷（一至二、七至十一、十四至十七、三十二至四十八，首一卷）

520000－2801－0010147　19153

欽定禮記義疏八十二卷首一卷　（清）鄂爾泰

等撰　清同治十年(1871)湖北崇文書局刻本　四十四冊　存七十四卷(三至五十八、六十一、六十五至八十,首一卷)

520000－2801－0010148　19154
淵鑑類函四百五十卷目錄四卷　(清)張英等纂　清末石印本　二十四冊　存一百六十五卷(九十八至一百四、二百八十五至四百十六、四百二十五至四百五十)

520000－2801－0010149　19197
教餘教子錄一卷　(清)黎愷撰　清光緒十八年(1892)刻本　一冊

520000－2801－0010150　19198
教餘教子錄一卷　(清)黎愷撰　清光緒十八年(1892)刻本　一冊

520000－2801－0010151　19199
巢經巢集　(清)鄭珍撰　清同治五年(1866)成山唐氏刻本　九冊　存五種

520000－2801－0010152　19200
巢經巢集　(清)鄭珍撰　清同治五年(1866)成山唐氏刻本　一冊　存一種

520000－2801－0010153　19201
巢經巢集　(清)鄭珍撰　清同治五年(1866)成山唐氏刻本　一冊　存一種

520000－2801－0010154　19202
巢經巢集　(清)鄭珍撰　清同治五年(1866)成山唐氏刻本　一冊　存一種

520000－2801－0010155　19203
巢經巢集　(清)鄭珍撰　清同治五年(1866)成山唐氏刻本　一冊　存一種

520000－2801－0010156　19203
巢經巢詩鈔九卷　(清)鄭珍撰　清光緒三十年(1904)石印本　二冊

520000－2801－0010157　19204
巢經巢遺文五卷　(清)鄭珍撰　清光緒二十年(1894)刻本　一冊　存一卷(一)

520000－2801－0010158　19205
巢經巢詩鈔九卷　(清)鄭珍撰　清咸豐四年(1854)刻本　二冊

520000－2801－0010159　19206
巢經巢詩鈔九卷　(清)鄭珍撰　清咸豐四年(1854)刻本　三冊

520000－2801－0010160　19207
巢經巢詩鈔九卷　(清)鄭珍撰　清咸豐四年(1854)刻本　三冊

520000－2801－0010161　19208
巢經巢詩鈔九卷　(清)鄭珍撰　清咸豐四年(1854)刻本　二冊　存六卷(一至三、七至九)

520000－2801－0010162　19209
古文講授談二編　尚秉和輯　清宣統二年(1910)京師京華印書局鉛印本　一冊　存一編(下)

520000－2801－0010163　19210
鄭學錄四卷　(清)鄭珍撰　清同治四年(1865)刻本　二冊

520000－2801－0010164　19213
船山遺書□□種　(清)王夫之撰　清同治四年(1865)湘鄉曾氏金陵節署刻本　四十六冊　存二十二種

520000－2801－0010165　19214
船山遺書□□種　(清)王夫之撰　清同治四年(1865)湘鄉曾氏金陵節署刻本　五十九冊　存三十九種

520000－2801－0010166　19215
船山遺書□□種　(清)王夫之撰　清同治四年(1865)湘鄉曾氏金陵節署刻本　四冊　存十三種

520000－2801－0010167　19216
船山遺書□□種　(清)王夫之撰　清同治四年(1865)湘鄉曾氏金陵節署刻本　一冊　存一種

520000－2801－0010168　19217
船山遺書□□種　(清)王夫之撰　清刻本　一冊　存一種

520000－2801－0010169　19524
淵鑑類函四百五十卷目錄四卷　（清）張英等纂　清康熙四十九年（1710）刻本（卷二百五十八至二百七十補配抄本）　一百十七册　存三百七十九卷（一至一百五十八、一百六十二至一百六十五、一百七十至一百八十九、一百九十二至二百、二百十三至二百二十二、二百三十至二百四十一、二百四十六至二百七十九、二百八十六至二百九十一、二百九十九至三百五、三百八至三百二十、三百三十九至三百八十二、三百八十六至三百八十七、三百九十一至四百十六、四百二十一至四百五十、目錄四卷）

520000－2801－0010170　19527
五禮通考二百六十二卷　（清）秦蕙田編輯　（清）方觀承訂　（清）王鳴盛　（清）宋宗元參校　清刻本　二十六册　存七十一卷（一百六十一至二百二十九、二百四十六至二百四十七）

520000－2801－0010171　19528
五禮通考二百六十二卷　（清）秦蕙田編輯　（清）方觀承訂　（清）盧見曾　（清）宋宗元參校　清末刻本　八十六册　存二百二十六卷（二十四至三十五、三十九至一百四、一百十一至一百三十六、一百四十一至二百六十二）

520000－2801－0010172　19529
五禮通考二百六十二卷　（清）秦蕙田編輯　（清）方觀承訂　（清）錢大昕　（清）沈廷芳參校　清刻本　二十二册　存三十二卷（一百四十八、一百五十一至一百六十、一百六十二至一百六十五、一百九十九至二百十四、二百五十）

520000－2801－0010173　19530
湖北叢書三十種　（清）趙尚輔輯　清光緒十七年（1891）三餘草堂刻本　一百册

520000－2801－0010174　19531
湖北叢書三十種　（清）趙尚輔輯　清光緒十七年（1891）三餘草堂刻本　八十八册　存二十八種

520000－2801－0010175　19532
唐會要一百卷　（宋）王溥撰　清刻本　二十一册　存八十六卷（六至五十九、六十五至八十七、九十二至一百）

520000－2801－0010176　19533
資治通鑑二百九十四卷　（宋）司馬光編集　清刻本　十四册　存四十一卷（二十二至二十七、三十四至四十二、二百三十三至二百五十八）

520000－2801－0010177　19535
約章成案匯覽甲篇十卷乙篇四十二卷　（清）北洋洋務局編　清光緒三十一年（1905）上海點石齋石印本　四十六册

520000－2801－0010178　19536
約章成案匯覽甲篇十卷乙篇四十二卷　（清）北洋洋務局編　清光緒三十一年（1905）上海點石齋石印本　三十一册　存三十七卷（乙篇一至三、七、九至二十八上、三十上至四十二）

520000－2801－0010179　19557
宋名臣言行錄前集十卷後集十四卷續集八卷別集二十六卷外集十七卷　（宋）朱熹等輯　清光緒二十九年（1903）播州華氏刻本　十二册

520000－2801－0010180　19558
宋名臣言行錄前集十卷後集十四卷續集八卷別集二十六卷外集十七卷　（宋）朱熹等輯　清光緒二十九年（1903）播州華氏刻本　十二册

520000－2801－0010181　19559
宋名臣言行錄前集十卷後集十四卷續集八卷別集二十六卷外集十七卷　（宋）朱熹等輯　清光緒二十九年（1903）播州華氏刻本　十二册

520000－2801－0010182　19560
宋名臣言行錄前集十卷後集十四卷續集八卷別集二十六卷外集十七卷　（宋）朱熹等輯

清光緒二十九年(1903)播州華氏刻本　十二册

520000－2801－0010183　19561
宋名臣言行錄前集十卷後集十四卷續集八卷別集二十六卷外集十七卷　(宋)朱熹等輯
清光緒二十九年(1903)播州華氏刻本　十二册

520000－2801－0010184　19562
宋名臣言行錄前集十卷後集十四卷續集八卷別集二十六卷外集十七卷　(宋)朱熹等輯
清光緒二十九年(1903)播州華氏刻本　十二册

520000－2801－0010185　19563
宋名臣言行錄前集十卷後集十四卷續集八卷別集二十六卷外集十七卷　(宋)朱熹等輯
清光緒二十九年(1903)播州華氏刻本　十二册

520000－2801－0010186　19564
宋名臣言行錄前集十卷後集十四卷續集八卷別集二十六卷外集十七卷　(宋)朱熹等輯
清光緒二十九年(1903)播州華氏刻本　十二册

520000－2801－0010187　19565
宋名臣言行錄前集十卷後集十四卷續集八卷別集二十六卷外集十七卷　(宋)朱熹等輯
清光緒二十九年(1903)播州華氏刻本　十二册

520000－2801－0010188　19566
宋名臣言行錄前集十卷後集十四卷續集八卷別集二十六卷外集十七卷　(宋)朱熹等輯
清光緒二十九年(1903)播州華氏刻本　十二册

520000－2801－0010189　19567
宋名臣言行錄前集十卷後集十四卷續集八卷別集二十六卷外集十七卷　(宋)朱熹等輯
清光緒二十九年(1903)播州華氏刻本　十二册

520000－2801－0010190　19568
宋名臣言行錄前集十卷後集十四卷續集八卷別集二十六卷外集十七卷　(宋)朱熹等輯
清光緒二十九年(1903)播州華氏刻本　九册
存六十一卷(前集六至十,後集十四卷、續集八卷、別集上五至十三、別集下一至十三、外集一至十二)

520000－2801－0010191　19569
宋名臣言行錄前集十卷後集十四卷續集八卷別集二十六卷外集十七卷　(宋)朱熹等輯
清光緒二十九年(1903)播州華氏刻本　三册
存二十二卷(後集卷六至十四、續集八卷、別集上一至五)

520000－2801－0010192　19570
宋名臣言行錄前集十卷後集十四卷續集八卷別集二十六卷外集十七卷　(宋)朱熹等輯
清光緒二十九年(1903)播州華氏刻本　十二册

520000－2801－0010193　19571
宋名臣言行錄前集十卷後集十四卷續集八卷別集二十六卷外集十七卷　(宋)朱熹等輯
清光緒二十九年(1903)播州華氏刻本　十二册

520000－2801－0010194　19572
宋名臣言行錄前集十卷後集十四卷續集八卷別集二十六卷外集十七卷　(宋)朱熹等輯
清光緒二十九年(1903)播州華氏刻本　十二册

520000－2801－0010195　19573
宋名臣言行錄前集十卷後集十四卷續集八卷別集二十六卷外集十七卷　(宋)朱熹等輯
清光緒二十九年(1903)播州華氏刻本　十二册

520000－2801－0010196　19574
宋名臣言行錄前集十卷後集十四卷續集八卷別集二十六卷外集十七卷　(宋)朱熹等輯
清光緒二十九年(1903)播州華氏刻本　十二册

520000－2801－0010197　19575

[光緒]雲南通志二百四十二卷首四卷 (清)岑毓英修 (清)陳燦纂 清光緒二十年(1894)刻本 二十册 存三十九卷(二十七至二十八、三十一至三十六、八十七至八十八、一百至一百二、一百十一至一百十二、一百十七至一百十八、一百二十五至一百二十六、一百四十一至一百四十二、一百五十七至一百六十八、一百九十一至一百九十二、一百九十五至一百九十六、二百二十七至二百二十八)

520000－2801－0010198 19577
[光緒]續雲南通志稿一百九十四卷首六卷 (清)王文韶等修 (清)唐炯等纂 清光緒二十四年(1898)刻本 七十四册 存一百五十九卷(一至四十一、四十三至四十六、五十二至五十八、六十至六十三、六十六至六十七、七十一至七十六、八十一至九十四、一百至一百一、一百九至一百二十三、一百二十六至一百二十八、一百三十六至一百三十八、一百四十一至一百九十四,首一至三、六)

520000－2801－0010199 19578
[光緒]續雲南通志稿一百九十四卷首六卷 (清)王文韶等修 (清)唐炯等纂 清光緒二十四年(1898)刻本 七十五册 存一百四十九卷(一至三十四、六十至六十七、五十二至五十八、八十五至八十八、一百王至一百九十四,首六卷)

520000－2801－0010200 19579
[光緒]續雲南通志稿一百九十四卷首六卷 (清)王文韶等修 (清)唐炯等纂 清光緒二十四年(1898)刻本 二册 存四卷(一百六十七至一百七十)

520000－2801－0010201 19580
宋史四百九十六卷目錄三卷 (元)脱脱等修 清光緒二十八年(1902)上海文瀾書局石印本 十五册 存三百六十一卷(一至三十五、六十一至八十四、一百四十九至三百二十七、三百五十至三百七十三、三百九十八至四百九十六)

520000－2801－0010202 19581
魏書一百十四卷 (北齊)魏收撰 清光緒二十八年(1902)上海文瀾書局石印本 六册

520000－2801－0010203 19582
魏書一百十四卷 (北齊)魏收撰 清光緒二十八年(1902)武林竹簡齋二次石印本 八册

520000－2801－0010204 19583
元史二百十卷目錄二卷 (明)宋濂等修 清末石印本 六册 存一百五十卷(二十八至一百七十七)

520000－2801－0010205 19585
史記一百三十卷 (漢)司馬遷撰 (南朝宋)裴駰集解 (唐)司馬貞索隱 (唐)張守節正義 清光緒二十八年(1902)武林竹簡齋石印本 八册

520000－2801－0010206 19586
金史一百三十五卷 (元)脱脱等修纂 清光緒二十八年(1902)武林竹簡齋二次石印本 七册 存一百十九卷(一至八十三、一百至一百三十五)

520000－2801－0010207 19587
明史三百三十二卷目錄四卷 (清)張廷玉等修纂 清光緒二十八年(1902)武林竹簡齋二次石印本 二十四册

520000－2801－0010208 19590
宋史四百九十六卷目錄三卷 (元)脱脱等修 清光緒二十八年(1902)史學會社石印本 五册 存一百五十五卷(一至九十、一百七至一百四十二、三百三至三百三十一)

520000－2801－0010209 19593
鼎鍥趙田了凡袁先生編纂古本歷史大方綱鑑補三十九卷首一卷 (宋)劉恕外紀 (元)金履祥前編 (明)袁黄編纂 清刻本 一册 存一卷(二十九)

520000－2801－0010210 19594
前漢書一百二十卷 (漢)班固撰 (唐)顔師古注 清光緒十年(1884)上海同文書局影印本 四册 存九卷(一、八至十二、八十六至

八十七、九十七)

520000－2801－0010211　19596
測海山房中西算學彙刻初編二十七種　題(清)測海山房主人輯　清末石印本　二冊　存一種

520000－2801－0010212　19597
隋書八十五卷　(唐)魏徵撰　清光緒二十八年(1902)上海文瀾書局石印本　四冊

520000－2801－0010213　19601
皇朝通志一百二十六卷　(清)嵇璜等修　(清)曹仁虎等纂　清末刻本　二十二冊　存六十五卷(三十八至七十二、八十七至一百十四、一百十九至一百二十)

520000－2801－0010214　19602
皇明文獻通考□□卷　(□)□□纂　清刻本　一冊　存一卷(三十三)

520000－2801－0010215　19603
欽定續文獻通考二百五十卷　(清)嵇璜等修　(清)曹仁虎等纂　清末刻本　二冊　存五卷(十二至十四、十七至十八)

520000－2801－0010216　19604
重訂談天正議一卷　(清)吳調陽述　清光緒刻本　一冊

520000－2801－0010217　19607
二十四史　(漢)司馬遷等撰　清同治八年(1869)刻本　三百七十三冊　存十九種

520000－2801－0010218　19608
二十四史　(漢)司馬遷等撰　清刻本　七十一冊　存七種

520000－2801－0010219　19609
宋史四百九十六卷目錄三卷　(元)脫脫等撰　清刻本　七十三冊　存三百三十七卷(一至七十四、二百三十四至四百六十七、四百七十五至四百九十六、四百六十八至四百七十四)

520000－2801－0010220　19610
二十四史　(漢)司馬遷等撰　清刻本　一百冊　存三種

520000－2801－0010221　19611
明史三百三十二卷目錄四卷　(清)張廷玉等修纂　清刻本　五十一冊　存一百四十二卷(二十至三十、四十至四十一、四十四至五十六、六十三至八十八、九十三至九十九、一百八十七至一百九十五、一百九十九至二百七、二百二十七至至二百三十、二百三十五至二百三十七、二百四十一至二百五十二、二百五十六至二百六十四、二百六十九至二百七十四、二百八十一至二百八十五、二百九十五至三百、三百六至三百十二、三百二十至三百三十二)

520000－2801－0010222　19612
後漢書一百二十卷　(南朝宋)范曄撰　(南朝梁)劉昭注補　(唐)章懷太子李賢注　清同治十年(1871)成都書局刻本　二十六冊

520000－2801－0010223　19613
史記一百三十卷　(漢)司馬遷撰　(南朝宋)裴駰集解　(唐)司馬貞索隱　(唐)張守節正義　清同治十一年(1872)成都書局刻本　十一冊　存七十七卷(一至三、四十至四十三、六十一至一百三十)

520000－2801－0010224　19614
明史三百三十二卷目錄四卷　(清)張廷玉等修纂　清刻本　六十四冊　存二百六十七卷(三十六至二百八十二、三百十三至三百三十二)

520000－2801－0010225　19615
五代史七十四卷目錄一卷　(宋)歐陽修撰　(宋)徐無黨注　清同治十一年(1872)湖北崇文書局刻本　九冊　存六十二卷(一至四、六至五十九、七十一至七十四)

520000－2801－0010226　19616
宋史四百九十六卷目錄三卷　(元)脫脫等撰　清刻本　一冊　存一卷(二百三十三)

520000－2801－0010227　19617
二十四史　(漢)司馬遷等撰　清刻本　八十

四冊　存十六種

520000－2801－0010228　19618

二十四史　(漢)司馬遷等撰　清同治八年(1869)金陵書局刻本　三百二十一冊　存十五種

520000－2801－0010229　19620

明史三百三十二卷目錄四卷　(清)張廷玉等修纂　清末刻本　四十四冊　存二百十八卷(一至三十一、三十六至一百一、一百十一至一百十三、二百十五至三百三十二)

520000－2801－0010230　19622

二十四史　(漢)司馬遷等撰　清同治十三年(1874)江蘇書局刻本　六十二冊　存三種

520000－2801－0010231　19623

宋史四百九十六卷目錄三卷　(元)脫脫等修　清末刻本　一冊　存五卷(三百十五至三百十九)

520000－2801－0010232　19624

欽定儀禮義疏四十八卷首二卷　(清)朱軾等撰　清刻本　四冊　存四卷(十至十三)

520000－2801－0010233　19625

北齊書五十卷　(唐)李百藥撰　明末汲古閣刻本　二冊　存二十八卷(十三至四十)

520000－2801－0010234　19626

宋史四百九十六卷目錄三卷　(元)脫脫等修　清末刻本　一冊　存四卷(一百七十三至一百七十六)

520000－2801－0010235　19627

宋史四百九十六卷目錄三卷　(元)脫脫等修　清末刻本　一冊　存六卷(四百九十一至四百九十六)

520000－2801－0010236　19628

廿二史考異一百卷　(清)錢大昕學　清刻本　一冊　存三卷(二十三至二十五)

520000－2801－0010237　19629

皇朝一統輿地全圖一卷　(□)□□撰　清刻本　一冊

520000－2801－0010238　19630

巢經巢詩鈔九卷　(清)鄭珍撰　清咸豐四年(1854)刻本　一冊　存四卷(六至九)

520000－2801－0010239　19631

巢經巢詩鈔後集六卷　(清)鄭珍撰　清光緒二十年(1894)貴築高氏刻本　一冊　存二卷(一至二)

520000－2801－0010240　19632

說文逸字二卷附錄一卷　(清)鄭珍記　清咸豐八年(1858)刻本　一冊　存一卷(下)

520000－2801－0010241　19634

後漢書一百二十卷　(南朝宋)范曄撰　(南朝梁)劉昭注補　(唐)章懷太子李賢注　清同治八年(1869)金陵書局刻本　一冊　存四卷(一至四)

520000－2801－0010242　19635

北齊書五十卷　(唐)李百藥撰　清刻本　五冊　存二十一卷(一至六、十三至十八、二十三至三十一)

520000－2801－0010243　19636

隋書八十五卷　(唐)魏徵　(唐)長孫無忌等撰　清刻本　二冊　存七卷(五十八至六十四)

520000－2801－0010244　19637

宋史四百九十六卷目錄三卷　(元)脫脫等修　清刻本　一冊　存三卷(一百七十至一百七十二)

520000－2801－0010245　19762

樗繭譜一卷　(清)鄭珍纂　清宣統元年(1909)遵義府官書局鉛印本　一冊

520000－2801－0010246　19763

樗繭譜一卷　(清)鄭珍纂　清宣統元年(1909)遵義府官書局鉛印本　一冊

520000－2801－0010247　19764

樗繭譜一卷　(清)鄭珍纂　清宣統元年(1909)遵義府官書局鉛印本　一冊

520000－2801－0010248　19765

樗繭譜一卷　(清)鄭珍纂　清宣統元年(1909)遵義府官書局鉛印本　一冊

520000－2801－0010249　19766
樗繭譜一卷　(清)鄭珍纂　清宣統元年(1909)遵義府官書局鉛印本　一冊

520000－2801－0010250　19767
樗繭譜一卷　(清)鄭珍纂　清宣統元年(1909)遵義府官書局鉛印本　一冊

520000－2801－0010251　19768
樗繭譜一卷　(清)鄭珍纂　清宣統元年(1909)遵義府官書局鉛印本　一冊

520000－2801－0010252　19769
樗繭譜一卷　(清)鄭珍纂　清宣統元年(1909)遵義府官書局鉛印本　一冊

520000－2801－0010253　19770
樗繭譜一卷　(清)鄭珍纂　(清)莫友芝註　清光緒七年(1881)遵義華氏刻本　一冊

520000－2801－0010254　19771
樗繭譜一卷　(清)鄭珍纂　(清)莫友芝註　清光緒七年(1881)遵義華氏刻本　一冊

520000－2801－0010255　19772
樗繭譜一卷　(清)鄭珍纂　(清)莫友芝註　清光緒七年(1881)遵義華氏刻本　一冊

520000－2801－0010256　19773
樗繭譜一卷　(清)鄭珍纂　(清)莫友芝註　清光緒七年(1881)遵義華氏刻本　一冊

520000－2801－0010257　19774
樗繭譜一卷　(清)鄭珍纂　(清)莫友芝註　清光緒七年(1881)遵義華氏刻本　一冊

520000－2801－0010258　19775
樗繭譜一卷　(清)鄭珍纂　(清)莫友芝註　清光緒七年(1881)遵義華氏刻本　一冊

520000－2801－0010259　19776
樗繭譜一卷　(清)鄭珍纂　(清)莫友芝註　清光緒七年(1881)遵義華氏刻本　一冊

520000－2801－0010260　19777
樗繭譜一卷　(清)鄭珍纂　(清)莫友芝註　清光緒七年(1881)遵義華氏刻本　一冊

520000－2801－0010261　19778
樗繭譜一卷　(清)鄭珍纂　(清)莫友芝註　清光緒七年(1881)遵義華氏刻本　一冊

520000－2801－0010262　19779
樗繭譜一卷　(清)鄭珍纂　(清)莫友芝註　清光緒七年(1881)遵義華氏刻本　一冊

520000－2801－0010263　19780
樗繭譜一卷　(清)鄭珍纂　(清)莫友芝註　清光緒七年(1881)遵義華氏刻本　一冊

520000－2801－0010264　19781
樗繭譜一卷　(清)鄭珍纂　(清)莫友芝註　清光緒七年(1881)遵義華氏刻本　一冊

520000－2801－0010265　19782
樗繭譜一卷　(清)鄭珍纂　(清)莫友芝註　清光緒七年(1881)遵義華氏刻本　一冊

520000－2801－0010266　19783
樗繭譜一卷　(清)鄭珍纂　(清)莫友芝註　清光緒七年(1881)遵義華氏刻本　一冊

520000－2801－0010267　19784
樗繭譜一卷　(清)鄭珍纂　(清)莫友芝註　清光緒七年(1881)遵義華氏刻本　一冊

520000－2801－0010268　19785
樗繭譜一卷　(清)鄭珍纂　(清)莫友芝註　清光緒七年(1881)遵義華氏刻本　一冊

520000－2801－0010269　19786
樗繭譜一卷　(清)鄭珍纂　(清)莫友芝註　清光緒七年(1881)遵義華氏刻本　一冊

520000－2801－0010270　19787
樗繭譜一卷　(清)鄭珍纂　(清)莫友芝註　清光緒七年(1881)遵義華氏刻本　一冊

520000－2801－0010271　19788
樗繭譜一卷　(清)鄭珍纂　(清)莫友芝註　清光緒七年(1881)遵義華氏刻本　一冊

520000－2801－0010272　19789

檉繭譜一卷　(清)鄭珍纂　(清)莫友芝註　清光緒七年(1881)遵義華氏刻本　一冊

520000－2801－0010273　19790
檉繭譜一卷　(清)鄭珍纂　(清)莫友芝註　清光緒七年(1881)遵義華氏刻本　一冊

520000－2801－0010274　19791
檉繭譜一卷　(清)鄭珍纂　(清)莫友芝註　清光緒七年(1881)遵義華氏刻本　一冊

520000－2801－0010275　19792
檉繭譜一卷　(清)鄭珍纂　(清)莫友芝註　清光緒七年(1881)遵義華氏刻本　一冊

520000－2801－0010276　19793
檉繭譜一卷　(清)鄭珍纂　(清)莫友芝註　清光緒七年(1881)遵義華氏刻本　一冊

520000－2801－0010277　19794
檉繭譜一卷　(清)鄭珍纂　(清)莫友芝註　清光緒七年(1881)遵義華氏刻本　一冊

520000－2801－0010278　19795
檉繭譜一卷　(清)鄭珍纂　(清)莫友芝註　清光緒七年(1881)遵義華氏刻本　一冊

520000－2801－0010279　19796
檉繭譜一卷　(清)鄭珍纂　(清)莫友芝註　清光緒七年(1881)遵義華氏刻本　一冊

520000－2801－0010280　19797
檉繭譜一卷　(清)鄭珍纂　(清)莫友芝註　清光緒七年(1881)遵義華氏刻本　一冊

520000－2801－0010281　19798
檉繭譜一卷　(清)鄭珍纂　(清)莫友芝註　清光緒七年(1881)遵義華氏刻本　一冊

520000－2801－0010282　19799
檉繭譜一卷　(清)鄭珍纂　(清)莫友芝註　清光緒七年(1881)遵義華氏刻本　一冊

520000－2801－0010283　19800
檉繭譜一卷　(清)鄭珍纂　(清)莫友芝註　清光緒七年(1881)遵義華氏刻本　一冊

520000－2801－0010284　19801
檉繭譜一卷　(清)鄭珍纂　(清)莫友芝註　清光緒七年(1881)遵義華氏刻本　一冊

520000－2801－0010285　19802
檉繭譜一卷　(清)鄭珍纂　(清)莫友芝註　清光緒七年(1881)遵義華氏刻本　一冊

520000－2801－0010286　19803
檉繭譜一卷　(清)鄭珍纂　(清)莫友芝註　清光緒七年(1881)遵義華氏刻本　一冊

520000－2801－0010287　19804
畫圖新報八卷(光緒十二年)　(清)上海聖教書會編　清光緒十七年(1891)上海美華圖書館鉛印本　一冊

520000－2801－0010288　19805
畫圖新報八卷(光緒十二年)　(清)上海聖教書會編　清光緒十七年(1891)上海美華圖書館鉛印本　一冊

書名筆畫字頭索引

一畫

二畫

三畫

四畫

五畫

六畫

七畫

八畫

九畫

十畫

十一畫

十二畫

十三畫

十四畫

十五畫

十六畫

十七畫

十八畫

十九畫

二十畫

二十一畫

二十二畫

二十三畫

二十四畫

二十五畫

二十九畫

其他

書名筆畫索引

一畫

二畫

三畫

四畫

五畫

六畫

七畫

八畫

九畫

十畫

十一畫

十二畫

十三畫

十四畫

十五畫

十六畫

十七畫

十八畫

十九畫

二十畫

二十一畫

二十二畫